名詞句の世界

ひつじ研究叢書〈言語編〉

第 84 巻　接尾辞「げ」と助動詞「そうだ」の通時的研究　　　　　　漆谷広樹 著
第 85 巻　複合辞からみた日本語文法の研究　　　　　　　　　　　　田中寛 著
第 86 巻　現代日本語における外来語の量的推移に関する研究　　　　橋本和佳 著
第 87 巻　中古語過去・完了表現の研究　　　　　　　　　　　　　　井島正博 著
第 88 巻　法コンテキストの言語理論　　　　　　　　　　　　　　　堀田秀吾 著
第 89 巻　日本語形態の諸問題　　　　　　　　　　　　須田淳一・新居田純野 編
第 90 巻　語形成から見た日本語文法史　　　　　　　　　　　　　　青木博史 著
第 91 巻　コーパス分析に基づく認知言語学的構文研究　　　　　　　李在鎬 著
第 92 巻　バントゥ諸語分岐史の研究　　　　　　　　　　　　　　　湯川恭敏 著
第 93 巻　現代日本語における進行中の変化の研究　　　　　　　　　新野直哉 著
第 95 巻　形態論と統語論の相互作用　　　　　　　　　　　　　　　塚本秀樹 著
第 97 巻　日本語音韻史の研究　　　　　　　　　　　　　　　　　　高山倫明 著
第 98 巻　文化の観点から見た文法の日英対照　　　　　　　　　　　宗宮喜代子 著
第 99 巻　日本語と韓国語の「ほめ」に関する対照研究　　　　　　　金庚芬 著
第 100 巻　日本語の「主題」　　　　　　　　　　　　　　　　　　　堀川智也 著
第 101 巻　日本語の品詞体系とその周辺　　　　　　　　　　　　　　村木新次郎 著
第 103 巻　場所の言語学　　　　　　　　　　　　　　　　　　　　　岡智之 著
第 104 巻　文法化と構文化　　　　　　　　　　　　　　　　秋元実治・前田満 編
第 105 巻　新方言の動態 30 年の研究　　　　　　　　　　　　　　　佐藤髙司 著
第 106 巻　品詞論再考　　　　　　　　　　　　　　　　　　　　　　山橋幸子 著
第 107 巻　認識的モダリティと推論　　　　　　　　　　　　　　　　木下りか 著
第 108 巻　言語の創発と身体性　　　　　　　　　　　　　児玉一宏・小山哲春 編
第 112 巻　名詞句の世界　　　　　　　　　　　　　　　　　　　　　西山佑司 編

ひつじ研究叢書
〈言語編〉
第112巻

名詞句の世界

その意味と解釈の神秘に迫る

西山佑司 編

ひつじ書房

西山佑司教授 近影　古稀を迎えて
中井延美氏撮影

編者まえがき

　わたくしは、2006年3月、それまで35年間勤務していた慶應義塾大学言語文化研究所を退き、同年4月に明海大学外国語学部に移った。慶應義塾大学退職後もしばらく同大学院文学研究科で「意味論・語用論」のゼミを担当していたが、そのとき取り上げていたテーマは、わたくしが2003年、ひつじ書房より上梓した『日本語名詞句の意味論と語用論—指示的名詞句と非指示的名詞句』（以下西山（2003）と略記）における議論が中心であった。西山（2003）におけるさまざまな主張と仮説は出版直後より活発な学問的議論を呼び起こしていたので、西山ゼミでの格好の議論の材料となったわけである。慶應義塾大学大学院での仕事も2009年3月には終了したが、当時の院生たちの一部から「西山先生と意味論・語用論研究会をぜひ続けたい」という強い要望があり、それはもとよりわたくしの望むところでもあったので、意味論・語用論の研究会をインフォーマルな形で続けることになった。その第1回の研究会は2009年4月18日、三田キャンパスで行われた。この研究会は正式名称を「慶應意味論・語用論研究会」（通称：西山研究会）とし、1ヶ月に一度のペースで開催され、2009年4月より今日に至るまで続いており、すでに47回以上に及んでいる。毎回、午後1時半頃から7時半頃まで長時間にわたるものではあったが、実に楽しい時間であった。メンバーのひとりがちょっとしたなんの変哲もない文や表現を取り上げ、それを意味理論的に深く分析するといかに興味深いことがいえるかを話し始める。すると、他の人たちがそれに反応し、議論が高まり、皆、時間が経過するのも忘れてその議論の渦のなかに巻き込まれるのであった。多くの場合、その渦から脱出することはできないのであるが、たまには遠くにかすかな出口が見えてくることもある。そのときこそ、われわれは、共に意味理論

を創造していく喜びを味わうのであった。西山研究会の当初の構成は、松尾洋氏、峯島宏次氏、西川賢哉氏らを中心とする少人数のメンバーであったが、そのうちに小屋逸樹氏が加わり、九州から熊本千明氏が加わることもあった。（ちなみに小屋、熊本両氏は意味論分野でのわたくしの最初の教え子である。）その後、この研究会には、いろいろな方々が不定期で参加したが、しばらくして山泉実氏と梶浦恭平氏が参加し、さらに中井延美氏も常連のメンバーとして加わるようになった。

　あるとき、「西山研究会におけるわれわれの興味深い議論をこのままにするのはもったいないので、なんとか形にあるものにしようではないか」という意見がどこからともなく表明され、研究会のメンバーの発表原稿を基にした論文集を刊行しようということから本書の企画が始まった。それは2011年秋のことである。奇しくも、2013年3月17日、わたくしは70歳の誕生日を迎えるということもあり、わたくしのための「古稀記念論文集」の意味あいをも兼ねる方向で本書の企画はさらに膨らんだ。「古稀記念論文集」と言っても、本書は、お弟子さんたちによる寄稿論文集という形をとる通常の「古稀記念論文集」とはその性格を異にする。むしろ、古稀を迎える当人が、執筆と編集に直接関わるばかりでなく、若い仲間と一緒になって考え、徹底的に議論した結果を各自の執筆に反映させるというものであり、その点きわめてユニークな企画となった。したがって、本書は、「西山佑司とその仲間たちによる共同作品」とでもいうべき特徴をもつといえよう。それは、大きな壁画を描くとき、すべてをひとりでは描くことができないので、気持ちを同じくした数人の画家がそれぞれ分担して描き、最終的にはひとつの大きな作品を製作する行為に似ている。われわれ7人の執筆者は、「名詞句の意味と解釈」という共通のテーマを明確に意識し、西山(2003)の主張と仮説を出発点としながらも、それを乗り越え、いかに学問的に発展させるかということ、そのことのみに集中して執筆作業を行なったのである。わたくしは今、この記念すべき年に、志を同じくする若い優秀な仲間が力を結集して頑張ってくれたことを心からうれしく思うと同時に、かれらと一緒に、このような学問

的にも価値の高い作品を完成できたことの幸せをかみしめている。わたくしにとってこれ以上の素晴らしい「古稀の贈り物」はない。

　本書のタイトル『名詞句の世界―その意味と解釈の神秘に迫る』についてひとこと述べておこう。このタイトルにおける「神秘に迫る」の「神秘」は、Chomskyが言うProblems（科学的に解明可能な問題）から区別されたMysteries（神秘的で、およそ科学的に解明不可能な謎）の意味での「神秘」ではない。むしろ、「現代生命科学が生命の神秘を探っている」というときの「神秘」と同じ意味で用いている。一般に科学研究のおもしろさは、普通はその存在すら意識しない現象の存在をひとたび意識し、その中身に探りをいれてみると、そこには目に見えないたくさんの糸が複雑に織りなしていることが分かり、その神秘ともいうべき美しさに驚嘆することにある。本書では、名詞表現を中心とする言語現象を取り上げ、この現象にたいして徹底的に言語科学的なアプローチで立ち向かうことを試みた。しかし、名詞句の意味と解釈の問題を反証可能なレベルで、科学的にきちんと捉えるという仕事は、言葉に関心をもつ一般の人々や大部分の言語学者が通常、想像している以上に、実はたいへん難しい、高度な仕事であり、相当の理論武装をしてとりかからなければならない。いい加減な理論や素手でこの問題に挑戦しようとすると、大やけどをするだけである。それはちょうど、宇宙の神秘をさぐるのに、素手で立ち向っても意味がなく、高度で精緻な物理理論、天文学理論を用意しておかなければならないのと同じである。本書は、そのような理論武装をしてこそはじめて見えてくる「名詞句の意味と解釈」のいくつかの側面を具体的に述べようと試みたものである。したがって賢明な読者であれば、名詞句の世界には当初想像もできなかった神秘的といえるほど美しい数々の法則性があることを知り、驚嘆を禁じえないという思いを強くすることであろう。わたくし自身、このような自然言語を人間に与えたもうた絶対者にあらためて敬意を表せざるをえないのである。

　本書の刊行に際して多くの方々のお世話になった。とくに、執筆者の一人である西川賢哉氏には、ひつじ書房との交渉や連絡役をはじめ、各原稿の細かいチェックや編集作業、執筆者との連絡に至る

まで、たくさんの裏方の仕事をしていただいた。論文集刊行という難しい仕事が比較的短期間で可能となったのもひとえに西川氏の献身的な努力のおかげである。心から感謝の意を表したい。奇しくも西山（2003）を刊行してからちょうど10年後に、「同書の継承と発展」とでも位置づけられるべき本書を同じ出版社から刊行することができたことは感無量である。ひつじ書房の松本功氏のご理解とご尽力に心からお礼申し上げる次第である。

2013年6月30日
西山佑司

目　次

編者まえがき　　　　　　　　　　　　　　　　　VII

凡例　　　　　　　　　　　　　　　　　　　　　XIX

I　名詞句それ自体の意味　　　　　　　　　　　1

第I部　総論　　　　　　　　　　　西山佑司　3

第1章　非飽和名詞とそのパラメータの値　　山泉実　11

1. はじめに　　　　　　　　　　　　　　　　11
   1.1. 非飽和名詞とは　　　　　　　　　　　11
      1.1.1. パラメータとその多様性　　　　12
      1.1.2. 定義　　　　　　　　　　　　　13
   1.2. 非飽和名詞はどのようなカテゴリーか　14
   1.3. 非飽和性は語彙レベルだけの特性か　　15
2. カキ料理構文以外の非飽和名詞が関わる構文
   「XをYに、…する」構文　　　　　　　　16
3. パラメータの値の選択に影響する文法的要因　20
   3.1. 意味的・文法的要因　　　　　　　　　21
      3.1.1. テンス・アスペクト　　　　　　21
      3.1.2. 語順と格　　　　　　　　　　　22
   3.2. 情報構造からの制約　　　　　　　　　25

第2章　非飽和名詞を主名詞とする連体修飾節構造の意味表示
　　　　　　　　　　　　　　　　　西川賢哉　29

1. はじめに　ノ型連体句と連体修飾節　　　　29
2. 非飽和名詞のパラメータとして機能する節
   準カキ料理構文・準所有文における振る舞い　30
3. 内の関係か外の関係か？　　　　　　　　　33
4. 「太郎が知らない理由」の曖昧性　　　　　39
5. むすび　　　　　　　　　　　　　　　　　43

         6. 付録：「一朗を殺した犯人」の意味構造
            山泉 (2010) について   44

   第3章 非飽和名詞のパラメータに対する意味解釈
          自由変項読みと束縛変項読み   西川賢哉   51
    1. はじめに   51
    2. 自由変項読みと束縛変項読み   51
    3. 束縛変項読みの必要性   53
         3.1. 量化表現   54
         3.2. 疑問詞疑問   55
         3.3. 分裂文   56
         3.4. 連体修飾節   56
         3.5.「だけ」付与   57
         3.6.「そうする」   58
    4. 束縛変項読みに課される制約   60
    5. むすび   62

   第4章「NP$_1$ の NP$_2$」タイプ F
          譲渡不可能名詞 NP$_2$ とその基体表現 NP$_1$ 西川賢哉   65
    1. はじめに   65
    2. 譲渡不可能名詞と非飽和名詞の区別   66
         2.1. 譲渡不可能名詞の飽和性   67
         2.2.「鼻は象が長い」構文と名詞の飽和性   68
         2.3. 語用論的拡充の可能性
            杉岡・影山 (2011) について   70
    3. 譲渡不可能名詞の意味特性およびタイプ F の意味構造   72
    4. 名詞の意味特性と「NP$_1$ の NP$_2$」の意味解釈の可能性   74
    5. 意味論上の概念としての譲渡可能性   76
    6. むすび   78

   第5章「NP$_1$ の NP$_2$」タイプ D′ とタイプ F′
          「横暴な理事長の大学」と「長い髪の少年」   西川賢哉   83
    1. はじめに   83
    2. タイプ D′、タイプ F′ の意味的特徴   85
         2.1. 語順転倒   85

2.2. NP_1の修飾表現　　　　　　　　　　　　　　　86
    3.「象は鼻が長い」構文に対応する二重装定形式　　　　87
    4.「AはBがC（だ）」構文に対応する二重装定形式　　90
    5.「きれいな妹の少年」の不適格性　タイプD'に課される制約　92
    6.「ほくろの少年」の適格性　　　　　　　　　　　　94
    7.「派手なネクタイの先生」の意味構造
        タイプA'としての「NP_1のNP_2」？　　　　　96
    8. むすび　　　　　　　　　　　　　　　　　　　　98

第6章「ウナ重のお客さん」について　　　　西山佑司　103
    1. はじめに　　　　　　　　　　　　　　　　　　　103
    2. ウナギ文にたいする分析　　　　　　　　　　　　104
    3.「ウナギのお客さん」にたいする分析　　　　　　　109
    4.「ウナ重のお客さん」とタイプB　　　　　　　　　112
    5.「ウナ重のお客さん」とタイプA　　　　　　　　　117
    6. むすび　　　　　　　　　　　　　　　　　　　　120

第7章「モーツァルトのオペラ」と「オペラのモーツァルト」
       「NP_1のNP_2」の解釈をめぐって　　　小屋逸樹　123
    1. はじめに　　　　　　　　　　　　　　　　　　　123
    2. 西山（2003）の分類と修正点　属性を表すNP_1を中心に　125
    3.「オペラのモーツァルト」的表現　　　　　　　　　130
    4.「オペラのモーツァルト」とタイプA　　　　　　　134
    5. タイプGとの関連　　　　　　　　　　　　　　　136

第8章「あの頃のアイドル歌手」について　　西山佑司　141
    1. はじめに　　　　　　　　　　　　　　　　　　　141
    2.「あの時の横綱」にたいする西山（2003）の見解　　141
    3.「横綱」は本当に非飽和名詞か　　　　　　　　　　145
    4.「あの頃のアイドル歌手」の分析　　　　　　　　　149

Ⅱ　コピュラ文と名詞句の解釈　　　　　　　　　　　157

第Ⅱ部　総論　　　　　　　　　　　　　　　　　西山佑司　159

第9章　二重コピュラ文としての「AはBがC（だ）」構文
　　　　「象は鼻が長い」構文を中心に　　　　　　　西川賢哉　167

1. はじめに　「象は鼻が長い」と三上章　　　　　　　　　　167
2. 「の」基底説　　　　　　　　　　　　　　　　　　　　168
3. 措定文が埋め込まれた指定文　　　　　　　　　　　　　170
4. AとBとの意味的緊張関係　ノ的磁力線の種類　　　　　　177
   4.1. 非飽和名詞Bとそのパラメータの値A（タイプD）　　178
   4.2. 譲渡不可能名詞Bとその基体表現A（タイプF）　　　178
   4.3. 行為名詞Bとその項A（タイプE）　　　　　　　　179
   4.4. Aと関係Rを有するB（タイプA）　　　　　　　　179
5. 束縛　ノ的磁力線の正体　　　　　　　　　　　　　　　185
6. 象鼻構文の成立条件としての束縛　　　　　　　　　　　191
7. むすび　　　　　　　　　　　　　　　　　　　　　　193
8. 付録：「AはBがC（だ）」構文
　　　二重コピュラ文と非二重コピュラ文　　　　　　　　195
   8.1. 二重コピュラ文　　　　　　　　　　　　　　　　196
       8.1.1. 指定内蔵型指定文（象鼻構文）　　　　　　　197
       8.1.2. 倒置指定内蔵型指定文（「故郷が青森だ」構文）　197
       8.1.3. 指定内蔵型指定文（カキ料理構文）　　　　　199
       8.1.4. ウナギ内蔵型指定文　　　　　　　　　　　200
       8.1.5. 潜伏疑問内蔵型指定文　　　　　　　　　　200
       8.1.6. 値コメント内蔵型指定文　　　　　　　　　201
       8.1.7. 絶対存在内蔵型指定文（所有文）　　　　　　202
   8.2. 非二重コピュラ文　　　　　　　　　　　　　　　203
       8.2.1. 「頭が痛い」構文　　　　　　　　　　　　203
       8.2.2. 「鼻は象が長い」構文（鼻象構文）　　　　　204
       8.2.3. 「魚は鯛がいい」構文　　　　　　　　　　205

第10章　固有名と（疑似）カキ料理構文　　　　　小屋逸樹　213

1. はじめに　　　　　　　　　　　　　　　　　　　　　213
2. 先行研究　非飽和名詞とカキ料理構文　　　　　　　　　214
3. 固有名と「NP_1のNP_2」　　　　　　　　　　　　　217
4. 固有名と非飽和名詞　　　　　　　　　　　　　　　　220
5. 飽和名詞の非飽和的解釈　　　　　　　　　　　　　　225

- 6. 疑似カキ料理構文と見立て行為 　　　　　　　228
- 7. 提示文との関連 　　　　　　　　　　　　　　233
- 8. 残された問題 　　　　　　　　　　　　　　　235

　　　III　存在文と名詞句の解釈　　　　　　　　　　241

第III部　総論　　　　　　　　　　　　　西山佑司　243

第11章　名詞句の意味機能から見た存在文の多様性　西山佑司　251

- 1. はじめに 　　　　　　　　　　　　　　　　　251
- 2. 場所存在文 　　　　　　　　　　　　　　　　252
- 3. 絶対存在文 　　　　　　　　　　　　　　　　254
- 4. 場所辞を有する絶対存在文 　　　　　　　　　260
- 5. 場所存在文と絶対存在文で曖昧なケース 　　　262
- 6. 数量詞と絶対存在文 　　　　　　　　　　　　265
- 7. 「部分集合文」の問題点 　　　　　　　　　　270
- 8. 帰属存在文の解釈 　　　　　　　　　　　　　275
- 9. 所有文の解釈 　　　　　　　　　　　　　　　285
    - 9.1. 所有文と場所存在文 　　　　　　　　　285
    - 9.2. 所有文と絶対存在文 　　　　　　　　　287
    - 9.3. 所有文におけるAとBの意味的関係 　　288
    - 9.4. 所有文の二重構造 　　　　　　　　　　291
    - 9.5. 所有文の本質的特徴 　　　　　　　　　296
- 10. リスト存在文 　　　　　　　　　　　　　　　299
- 11. リスト存在文と所有文の区別 　　　　　　　　304
- 12. 間スペース対応存在文 　　　　　　　　　　　308
- 13. 二重存在文 　　　　　　　　　　　　　　　　315
    - 13.1. 二重存在文とは 　　　　　　　　　　　315
    - 13.2. 場所存在文が埋め込まれた絶対存在文 　316
    - 13.3. 場所存在文が埋め込まれた場所存在文 　318
    - 13.4. 絶対存在文が埋め込まれた絶対存在文 　319
- 14. むすび 　　　　　　　　　　　　　　　　　　324

IV 「変項名詞句」の一般化　　　329

第IV部　総論　　　　　　　　　西山佑司　331

第12章　帰属的用法とWhoever節の機能　　熊本千明　341
　　1. はじめに　　　341
　　2. 帰属的用法の名詞句、指示的用法の名詞句、変項名詞句　　342
　　3. Wh．ever節の付加　　　349
　　4. Whoever節内の it と s/he の選択　　　355
　　5. むすび　　　366

第13章　変化文、潜伏疑問文、潜伏命題文　　西山佑司　369
　　1. はじめに　　　369
　　2. 変化文の曖昧性　　　369
　　3. 潜伏疑問文と倒置指定文　　　374
　　4. 潜伏疑問名詞句と指示的名詞句との曖昧性　　　381
　　5. 潜伏命題文　　　387
　　6. 非標準的潜伏疑問文　　　391
　　7. 非標準的潜伏命題文　　　402
　　8. むすび　　　404

第14章　変項名詞句の階層　　　峯島宏次　407
　　1. はじめに　　　407
　　2. 2階の変項名詞句　　　407
　　3. 潜伏疑問文が埋め込まれた2階の変項名詞句　　　412
　　4. Aタイプ読みとBタイプ読みの曖昧性　　　416
　　5. Aタイプ読みにおける名詞句の意味機能　　　419
　　6. 絶対存在文が埋め込まれた2階の変項名詞句　　　422

第15章　左方転位構文と名詞句の文中での
　　　　意味的・情報構造的機能　　　山泉実　431
　　1. はじめに　　　431
　　　1.1. 左方転位とは　　　432
　　　1.2. 通言語的に最も広く見られる左方転位　　　433
　　　1.3. 左方転位のバリエーション　　　433
　　　1.4. 左方転位と似て非なる構文　主題化構文と焦点移動構文　　434
　　　1.5. 情報構造と主題・焦点　　　436

2. 左方転位の情報構造的機能　　　　　　　　　　437
　　　2.1. 通説　　　　　　　　　　　　　　　　438
　　　2.2. 反例　　　　　　　　　　　　　　　　439
　　　2.3. 左方転位の機能再考　　　　　　　　　441
　3. 変項を含む命題を表わす表現の主題性・指示性　442
　　　3.1. 変項を含んだ命題は主題になれないとする説　442
　　　3.2. 間接疑問節の左方転位　　　　　　　　444
　　　3.3. 指示的名詞句の性質と「指示性」　　　447
　4. 左方転位要素としての日本語無助詞名詞句　　449
　　　4.1. 考察の対象　　　　　　　　　　　　　449
　　　4.2. 主題的な無助詞名詞句　　　　　　　　450
　　　　　4.2.1. 語順　　　　　　　　　　　　　451
　　　　　4.2.2. 機能　　　　　　　　　　　　　452
　　　　　4.2.3. 主題的無助詞名詞句の文法的位置づけ　453
　5. むすび　　　　　　　　　　　　　　　　　　454

　　　Ⅴ　名詞句の語用論的解釈　　　　　　　　　459

第Ⅴ部　総論　　　　　　　　　　　　　　西山佑司　461

第16章 「よい」の曖昧性とアドホック概念構築　梶浦恭平　471

　1. はじめに　　　　　　　　　　　　　　　　　471
　2. 「よい」の解釈の多様性　　　　　　　　　　472
　3. do so テスト　　　　　　　　　　　　　　　475
　4. ゆるやかな同一性読み　　　　　　　　　　　480
　5. 「よい」の曖昧性　　　　　　　　　　　　　482
　6. 意味論と語用論の境界　　　　　　　　　　　486
　　　6.1. MORとゆるやかな同一性読み　　　　　486
　　　6.2. 語用論的操作による束縛変項の導入　　487
　7. むすび　　　　　　　　　　　　　　　　　　494

第17章 生成語彙論の問題点　　　　　　　　梶浦恭平　497

　1. はじめに　　　　　　　　　　　　　　　　　497
　2. クオリア構造　　　　　　　　　　　　　　　497
　3. 選択的束縛と形容詞の解釈　　　　　　　　　500
　　　3.1. 美しいダンサー　　　　　　　　　　　500

XVII

3.2. よいナイフ　　　　　　　　　　　　　　　　　501
　4. 目的クオリアの問題　　　　　　　　　　　　　　505
　　　4.1. よい石とよいナイフ　　　　　　　　　　　　505
　　　4.2. 目的クオリアの情報と語の解釈の多様性　　　507
　5. むすび　　　　　　　　　　　　　　　　　　　　510

第18章 自由拡充をどのように制約するか　　峯島宏次　513

　1. はじめに　　　　　　　　　　　　　　　　　　　513
　2. 文脈主義と指標主義　　　　　　　　　　　　　　514
　　　2.1. 自由拡充と文脈主義　　　　　　　　　　　　514
　　　2.2. 指標主義とその問題点　　　　　　　　　　　518
　　　2.3. 自由拡充の適切な制約に向けて　　　　　　　520
　3. 自由拡充に対する意味論的な制約　　　　　　　　523
　　　3.1. 対象志向的な概念と属性概念　　　　　　　　524
　　　3.2. 自由拡充への意味論的制約　　　　　　　　　526
　　　3.3. 自由拡充の独立性と指標主義のさらなる問題　528
　　　3.4. 動詞句が表す概念に対する自由拡充　　　　　531
　　　3.5. Hallによる反論　　　　　　　　　　　　　　532
　　　3.6. 情報構造に基づく制約の問題点　　　　　　　536
　4. 自由拡充の本性　　　　　　　　　　　　　　　　537
　　　4.1. 自由拡充はどのように生じるのか　　　　　　538
　　　4.2. 語用論的操作の適用順序　　　　　　　　　　542
　5. 「過剰生成」の問題　　　　　　　　　　　　　　544
　　　5.1. Stanleyの提起する問題　　　　　　　　　　　544
　　　5.2. Hallによる「過剰生成」問題への語用論的アプローチ　545
　6. むすび　　　　　　　　　　　　　　　　　　　　549

　　参考文献　　　　　　　　　　　　　　　　　　　559
　　西山佑司教授　年譜及び研究業績　　　　　　　　573
　　あとがき　　　　　　　　　　　　　　　　　　　589
　　索引　　　　　　　　　　　　　　　　　　　　　593
　　執筆者一覧　　　　　　　　　　　　　　　　　　598

凡例

《　》		意味・解釈（和文表記の場合）
	【例】	《看護婦デアル洋子》
SMALL CAPITALS		意味・解釈（欧文表記の場合）
	【例】	IT'S RAINING IN TOKYO
R		名詞句「NP_1 の NP_2」タイプ A における自由変項
	【例】	《太郎と関係 R を有する本》
$α, β, \ldots$		名詞句「NP_1 の NP_2」の NP_1 として機能する変項
	【例】	《$α$ ノ妹》、《$α$ ノ鼻》、 《$α$ と関係 R を有するネクタイ》
e		内の関係の連体修飾節中の空所
	【例】	《［太郎が e_i ヲ買った］本$_i$》
∅		変項（ウナギ文、「よい」の基準、述語の項、など）
	【例】	《［∅ ガウナギデアル］お客さん》、 《この椅子は［∅ として］よい》、 《［太郎が ∅ ヲ知らない］理由》
x		命題関数の変項
	【例】	［x ガ銀行強盗犯デアル］
$i, j, \ldots$		インデックス
	【例】	《太郎$_i$ が $α_i$ ノ父親をぶった》

XIX

I　名詞句それ自体の意味

第Ⅰ部
総論
西山佑司

　名詞句（Noun Phrase; NP）とはいうまでもなく、主要語としての名詞に修飾語を付した表現である。では、名詞句の意味と解釈はいかにして得られるのであろうか。西山（2003）で述べたように、この問題を考察する時、(i) 名詞句それ自体の言語的意味、(ii) 文のなかで果たす名詞句の意味機能、(iii) 発話のコンテクストのなかでの名詞句にたいする解釈、の三つを明確に区別することが重要である。(i) と (ii) は意味論（semantics）の問題であるが、(iii) は語用論（pragmatics）の問題である。本書の第Ⅰ部の各論文は、(i) の問題に焦点をあてて論じたものである。名詞句それ自体の言語的意味に関する先行研究はすくなくないが、これらの先行研究は(1) や (2) のような、主名詞句［以下、下線部で示す。］と修飾表現（形容詞や連体修飾節など）との関係をいかに規定するかという問題にもっぱら集中してきたといえる。

(1) a.　若い女性
　　 b.　美しい花子さん
(2) a.　太郎が付き合っていた女性
　　 b.　太郎が付き合っていた例の女性

(1a)(2a)では、修飾表現が主要語の概念《女性》を限定しているという意味で制限的であるのにたいして、(1b)(2b)では、修飾表現は、対象を独立に同定できる主要語にたいして、付随的情報を付加している非制限的な表現である。この制限的、非制限的という区別とは独立に、日本語学研究では、連体修飾節における「内の関係」と「外の関係」の区別も指摘されてきた。(寺村（1975–1978/1992）参照。)(2)のような連体修飾節は [[太郎が e_i と付き

3

合っていた］（例の）女性ᵢ］のように修飾節のなかに空所があり主要語が空所を埋めているという関係になっており、英語の関係節に相当し、「内の関係」と呼ばれる。一方、(3) (4) (5)のような連体修飾節は、修飾節のなかに空所を含まず、「外の関係」と呼ばれる。

(3) a. 首相は退陣すべきだという<u>考え</u>
  b. 太郎が花子を裏切ったという<u>事実</u>
(4) a. 魚の焼ける<u>匂い</u>
  b. 誰かがわたくしの後をつけてくる<u>気配</u>
(5) a. たばこを買った<u>おつり</u>
  b. 花子が離婚した<u>原因</u>

(3)の連体修飾節は、考えの内容、事実の中味を指定しており、「内容節」と呼ばれる。(4)の連体修飾節は、「どんな匂い」「どんな気配」にたいする答えを提供しており、ここではひとまず「感覚描写節」と呼んでおこう。一方、(5)は「何のおつり」「何の原因」にたいする答えを提供しており、「おつり」「原因」などの「相対名詞」と呼ばれる名詞の特殊性によるものであるとされ、多くの議論がなされた。(5)のタイプの連体修飾節は「相対的補充節」と呼ばれる。

 ところで、日本語では、名詞の修飾表現として、名詞句が「の」を介して別の名詞（句）を修飾するケースもある。（英語にもこれに相当する表現として［NP₂ of NP₁］や［NP₁ ＋アポストロフィ・エス ＋ NP₂］があるが、日本語の「NP₁ の NP₂」と完全に同じではない。）このような名詞句を以下、「NP₁ の NP₂」と表記する。この形式における NP₁ と NP₂ との関係は多様である。「NP₁ の NP₂」の扱いをめぐっては、大きくわけて二つのアプローチがあった。一つは、「NP₁ の NP₂」の意味・用法をいくつも列挙し、分類するというやり方である。もう一つのアプローチは、「NP₁ の NP₂」を曖昧とせず、そこに単一の緊張関係を認め、それがコンテクストのなかで多様な用法として具現化すると考える立場である。大島（2003:

107）は後者の立場であり、〈「NP₁のNP₂」におけるNP₁は、NP₁をキーワードとする連体修飾節の縮約版である〉という見解をとる。しかし、「NP₁のNP₂」のなかには「太郎の妹」のようにNP₁を連体修飾節の縮約版とみなせないものもある。また、連体修飾節に言い換えできたとしても、言い換えの仕方は一様ではなく、そこに言語学的に重要な質的な違いをみてとる必要がある。西山（2003: 6-58）は、上のいずれのアプローチとも異なり、「NP₁のNP₂」という形式の名詞句はNP₁とNP₂のあいだの意味的緊張関係という観点から、以下の五つのタイプに区別されることを主張した。

(6) a. タイプA：NP₁と関係Rを有するNP₂
　　　　　例：山田先生の本、洋子の首飾り、ピアノの音
　　b. タイプB：NP₁デアルNP₂
　　　　　例：コレラ患者の学生、看護婦の洋子、病気の父
　　c. タイプC：時間領域NP₁における、NP₂の指示対象の断片の固定
　　　　　例：着物を着た時の母、大正末期の東京
　　d. タイプD：非飽和名詞NP₂とそのパラメータの値NP₁
　　　　　例：この芝居の主役、太郎の妹、この小説の作者
　　e. タイプE：行為名詞NP₂と項NP₁
　　　　　例：物理学の研究、この町の破壊、田中先生の忠告

これらのうち、タイプAだけはコンテクスト次第で多様な解釈を許すことに注意しよう。たとえば、「山田先生の本」は、意味のレベルではこの表現の解釈が決定できず、山田先生と本とのあいだに存在する関係Rをコンテクストに照らして埋めること——これは「飽和化」（saturation）と呼ばれる語用論的操作である——によって初めてこの表現の解釈（たとえば《山田先生が書いた本》という解

釈）が決定されるのである。一方、A以外のタイプについては、このような語用論的解釈が侵入する余地はなく、NP$_1$とNP$_2$のあいだの緊張関係に関しては意味論だけで決定されるのである。このように、同じ「NP$_1$のNP$_2$」という形式の名詞句であっても、意味論と語用論の役割に関してタイプAとそれ以外のタイプとのあいだには大きな違いがある。

　さて、西山（2003）以降、「NP$_1$のNP$_2$」にたいするこのような区別に関しては活発な議論がなされた。とくに多くの議論を呼んだのは、(6d)における「非飽和名詞」という概念である。(たとえば、黒田（2009）、大島（2010: 242-250）、杉岡・影山（2011: 227-228）を参照。)(6d)の主名詞、「主役」「妹」「作者」は、名詞の意味からしてそれと結合する変項を必ず要請するタイプの名詞であり、このタイプの名詞を筆者は「非飽和名詞」と呼んだ。そして、非飽和名詞の意味から要求される、その名詞と結合する変項のことを「パラメータ」と呼んだ。非飽和名詞とは、パラメータの値が固定されないかぎりそれ単独では外延（extension）を定めることができず、その点で意味的に不完全な名詞のことである。一方、「首飾り」「水」「俳優」「リンゴ」「窓」「鼻」などのように、それ自体で意味が完結しており、ある対象がその名詞の属性を満たすかどうかを自立的に定めることができるタイプの名詞を「飽和名詞」と呼んだ。(6d)のタイプDの名詞句「NP$_1$のNP$_2$」は、いずれもNP$_2$が非飽和名詞であり、NP$_1$がそのパラメータの値を表す関係になっている。なお、西山（2003）で述べたように、非飽和名詞という概念は単に語彙概念としての特徴づけにとどまらず、「カキ料理構文」や「ウナギ文」と呼ばれる構文を成立させるための制約としても重要な役割を果たすのである。

　西山（2003）では非飽和名詞のパラメータの値として名詞句だけが想定されていた。しかし山泉（2010）は、非飽和名詞のなかには節をパラメータとしてとるものがあることを指摘した。ここから、伝統的には「相対名詞」という概念で捉えられてきた上の(5)の「おつり」「原因」などの特殊性は、「節をパラメータとしてとる非飽和名詞」という観点から再構築される可能性が出てき

のである。

　第1章、山泉実の「非飽和名詞とそのパラメータの値」は、非飽和名詞に関するこれらの事実を踏まえ、非飽和名詞とそのパラメータの値という概念のインプリケーションをさらに深く考察したものである。西山（2003）では非飽和名詞をもっぱら語彙レベルに限定して論じていたが、山泉は、「非飽和名詞」の概念を語彙レベルから句レベルにまで拡大して論じ、とくに句レベルでの非飽和化、つまり、飽和名詞を主要部とする名詞句が非飽和になる可能性を論じている。そして、非飽和名詞という概念は名詞の語彙意味論にとどまらず、節・動詞の文法や情報構造とも深い関係があることを示している。

　第2章、西川賢哉の「非飽和名詞を主名詞とする連体修飾節構造の意味表示」は、「洋子が離婚した理由」などを例にして連体修飾節が非飽和名詞のパラメータの値として機能することを論じ、それは外の関係であることを確認している。さらに「太郎が知らない理由」のような外の関係とも内の関係ともとることができる曖昧な連体修飾節構造を取り上げ、その意味構造（論理形式）について深く掘りさげて考察している。

　第3章、西川賢哉の「非飽和名詞のパラメータに対する意味解釈―自由変項読みと束縛変項読み」では、非飽和名詞が「〜の」という明示的なパラメータ値を伴わずに登場する「太郎が父親をぶった。」のような文を取り上げ、この種の文が、パラメータの意味解釈に応じて「自由変項読み」と「束縛変項読み」をもち、意味論的に曖昧であることを論証している。ここで導入される「自由変項読み」と「束縛変項読み」という概念は第II部以降の議論にも効いてくるきわめて重要な概念である。

　西山（2003）以降、「NP_1 の NP_2」という形式の名詞句の意味構造にたいする研究は、(6)のような区別を基礎にして研究が進んだ。その結果、この区別自体にもいくつかの点で改訂が必要であることが分かってきた。第4章–第8章は、そのような改訂の具体案を提示したものである。第4章、西川賢哉の「「NP_1 の NP_2」タイプF―譲渡不可能名詞 NP_2 とその基体表現 NP_1」は、(6)の分類に

(7)のタイプFを追加することを提案するものである。

(7)「NP$_1$のNP$_2$」タイプF：譲渡不可能名詞NP$_2$とその基体表現NP$_1$
例：太郎の手、象の鼻、家の玄関、車のハンドル、鍋の蓋

　この論文で、西川は、譲渡不可能名詞は非飽和名詞としばしば混同されるが両者は区別すべきであることを強調している。
　「大学の理事長」「少年の髪」はそれぞれタイプDとタイプFであるが、二つのNPを入れ替えた「理事長の大学」「髪の少年」は元の意味からずれてしまう。ところが、「横暴な理事長の大学」「長い髪の少年」とすると元のタイプD、タイプFの意味関係が維持され、奇妙ではなくなる。これはなぜであろうかという問題を考察したのが第5章、西川賢哉の「「NP$_1$のNP$_2$」タイプD′とタイプF′─「横暴な理事長の大学」と「長い髪の少年」」である。西川は、この種の「NP$_1$のNP$_2$」は既存のどのタイプの「NP$_1$のNP$_2$」にも該当しないこと、そこには、「大学は理事長が横暴だ」「少年は髪が長い」という「象は鼻が長い」型の構文の意味構造が隠れていることを論証している。ここにも「NP$_1$のNP$_2$」という名詞句とコピュラ文（今のばあいは二重コピュラ文）との内的関係を見てとることができる。
　第6章、西山佑司の「「ウナ重のお客さん」について」は、「ウナ重のお客さん」「イブニングドレスの女性」「胃潰瘍の叔父」「76 m^{2}の部屋」などに見られる「NP$_1$のNP$_2$」について論じている。西山は、この種の名詞句が、いわゆるウナギ文、つまり、「(あの)お客さんはウナ重です」「(あの)女性はイブニングドレスだ」「叔父は胃潰瘍だ」「(この)部屋は76 m^{2}だ」から派生した名詞句であることを確認した上で、この種の名詞句はタイプAとタイプBと共通している側面があるにもかかわらず、既存のどのタイプの「NP$_1$のNP$_2$」にも該当しないことを主張する。その議論を通して、一見単純に思われるこの種の名詞句の意味構造を正しく理解するた

めには意味理論および語用理論上の概念装置を用意しておかなくてはならないことを述べる。

　第7章、小屋逸樹の「「モーツァルトのオペラ」と「オペラのモーツァルト」―「NP₁のNP₂」の解釈をめぐって」は、タイトルに登場する二つの「NP₁のNP₂」がどのような意味の違いを表しているのかを考察したものである。小屋は両表現ともタイプAの「NP₁のNP₂」であるが、「オペラのモーツァルト」の解釈は「モーツァルトのオペラ」と異なり、その解釈は語用論的に自由ではなく、「NP₁で有名なNP₂」のような解釈が要請されることを主張している。つまり、この表現は、「NP₁（メルクマール）のNP₂（指示的名詞句）」という構成をもつウナギ文的性格を色濃く反映したタイプAの非制限的用法の表現であると論じる。ここから、「だんご鼻の君佳」や「左足の中村俊輔」「雨の中嶋」など多くの例をあげて、なぜこれらの表現が自然であるかを説明しようとしている。

　第8章、西山佑司の「「あの頃のアイドル歌手」について」は、「あの頃の首相」「あの時の横綱」といった名詞句にはタイプDの意味もあるとした西山（2003: 48–49）の主張を修正するものである。「あの頃の首相」は表面的には「NP₁のNP₂」の形をしているものの、「あの頃」が《首相の地位を占める》を修飾している関係にあること、つまり、この表現は、「副詞＋の＋名詞」と分析されるべきであることを論証しようとしている。さらに、

(8) a.　田中角栄が、あの頃の首相だった。
　　 b.　あの頃は、田中角栄が首相だった。

(8a)は指定文であるが、(8b)は(8a)に対応するカキ料理構文に似ているものの、実はカキ料理構文ではないこと、結局、「首相」「横綱」「アイドル歌手」などは時間の経過に従って対象が変化するが、だからといって、これらの名詞が時間をパラメータにとる非飽和名詞であるとみなすべきではない、ということを主張している。

　このように、一見単純に思われる名詞句の意味構造を正しく理解するためには、かなりの理論武装が必要であることが分かるであろ

う。まず、「非飽和名詞句とパラメータ」という概念装置は不可欠である。また、「NP_1のNP_2」という名詞句の意味構造を解明するためには、コピュラ文の意味構造についての知識も必要とされる。ということは、名詞句の意味構造を理解するためには、第II部で詳しく論じる、「変項名詞句」「値名詞句」「指定文」「措定文」「二重コピュラ文」「自由変項」「束縛変項」、さらには「装定と述定」といった意味理論的概念装置を用意しておかなくてはならないことを意味する。さらに、「飽和化」という語用論上の概念装置も解釈の説明に必要とされるばあいもある。冒頭で述べたように、名詞句の意味と解釈の問題を考える際、(i) 名詞句それ自体の言語的意味、(ii) 文のなかで果たす名詞句の意味機能、(iii) 発話のコンテクストのなかでの名詞句にたいする解釈、の三つは明確に区別される必要があるが、それにもかかわらず、名詞句の言語的意味の研究は、名詞句の意味機能についての研究とも、名詞句にたいする語用論的解釈の研究とも有機的な関係を有していることの認識は重要である。

第1章
非飽和名詞とそのパラメータの値
山泉実

1. はじめに

本章は、西山（1990b, 2003）で提案された非飽和名詞とそのパラメータの値という概念のインプリケーションを明らかにすることを目的とする。まずは、非飽和名詞の概念を紹介し、理論的定義・操作的定義を提示する（1.1節）。そして、非飽和名詞のカテゴリーとしての特徴を考察する（1.2節）。次に、語彙レベルから句レベルに議論を展開し、名詞句レベルでの非飽和化、つまり、飽和名詞を主要部とする名詞句が非飽和になり得るという最近の所説を紹介する（1.3節）。その次に、非飽和名詞を要求するとされる「XをYに、…する」構文の成立条件を再考し、非飽和名詞のパラメータの値を明示的に表わすものは名詞句だけではないことを示す（2節）。これを踏まえて、非飽和名詞を含む節や関係節構造（関係節＋被修飾非飽和名詞）において、パラメータの解釈に影響を与える要因について論じ、非飽和名詞は名詞の語彙意味論、名詞句の意味論・語用論にとどまらず、節・動詞の文法や情報構造とも深い関係があることを示す（3節）。

1.1. 非飽和名詞とは

まずは、非飽和名詞とは何かを、飽和名詞の「会社員」と非飽和名詞の「社員」を例に説明する。ある人が会社員と言えるかどうかを判断するには、会社を特定する必要はない。どの会社のメンバーも同じ会社員のカテゴリーに属すと考えられるので、A社のメンバーとB社のメンバーをまとめて「会社員2名」ということができる。しかも、「会社員」という飽和名詞を使う場合、会社を明示すると「?A社の会社員」のように不自然になる。これとは対照的に、

ある人が社員と言えるかどうかを問題にするには、どの会社が念頭にあるのかをまず確定しなければならない。その点を明らかにせずにＡ社の社員とＢ社の社員をまとめて「社員2名」というのは不自然である。「?Ａ社の会社員」とは対照的に「Ａ社の社員」という表現は、まったく自然であるし、どの会社が念頭にあるのか伝わらない恐れがある場合には、「Ａ社の」という表現は不可欠でさえある。

1.1.1. パラメータとその多様性

「社員」の会社のように、非飽和名詞を用いるにあたって何であるのかを確定させておかなければならない部分の変項をパラメータという。「社員」の場合には、東京電力、ソニー、ひつじ書房など様々な値を取り得る。もちろん、パラメータを埋めることができるものには非飽和名詞ごとに制限があり、例えば「作曲者」は曲、「子」は親がパラメータになる。上の例ではパラメータの値は全て個体であるが、「(ネズミの) 天敵」「(カキ料理の) 本場」のように、個体ではなく種やタイプでパラメータを埋める必要がある非飽和名詞もある。さらに、パラメータはモノ (物・者、つまり人を含む) に限らない。例えば、「(太郎を殺した) 犯人」、「(ひろしにオリンピックを目指させた) 張本人」、「(人を説得する) 達人」、「(日本がモスクワオリンピックに参加しなかった) 理由／原因／目的」(本書第Ⅰ部第2章 (西川論文) 参照) のようにある種の事柄がパラメータである非飽和名詞もある。また、数は多くないと思われるが、「子供」のように飽和と非飽和で多義的な名詞もある。「子供」は、飽和名詞としては《未成年者》のような意味で、ある人が未成年者であれば親が誰かは問題にしないで「子供」と言える。非飽和名詞としては《(親aノ) 子》のような意味で、親を特定すれば未成年者でなくても「(長嶋茂雄の) 子供」のように言うことができる。二つの意味は明確に分かれているので、例えば自分の子供一人と、自分と血縁関係のない未成年者一人が同じ部屋にいる時に、「?この部屋に子供が二人いる」というのは奇妙である。

1.1.2. 定義

非飽和名詞は、西山 (2003: 33) で「「Xの」というパラメータの値が定まらないかぎり、それ単独では外延 (extension) を決めることができず、意味的に充足していない名詞」と定義されている。「社員」の例に戻ると、どの会社かを確定しないとある人が社員かどうか決められないのは、会社というパラメータを埋めて初めて、「社員」で指示可能な対象の集合が定まるからである。A社の社員1名とB社の社員1名をまとめて「社員2名」ということができないのは、「A社の社員」と「B社の社員」がそれぞれ別の外延を作るからである。

非飽和名詞はこのように意味によって規定されるカテゴリーであるため、ある名詞が非飽和名詞か飽和名詞かすぐには判然としないことがある。ある名詞が非飽和名詞かどうかを判別するために、以下の文型などがテストとして使えるだろう。まず、カキ料理構文（本書第I部第8章（西山論文）および第II部第10章（小屋論文）参照）や「XをYに、…する」構文（本章2節参照）のように、特定の位置に非飽和名詞を要求する構文はこの役目を果たす。ただし、構文の他の性質に由来する特有の制約もある上に、同様の構文がない言語には適用できない。一方、以下の二つにはそのような問題はない。

先行文脈無しに「あなた／あの人／これは［名詞］ですか？」という風に問うと、非飽和名詞であればパラメータが埋まっていないはずなので、(1a) が示すように、答えようのない問いになる。

(1) a. ?あの人は作者ですか？
　　 b. 　あの人は作家ですか？

(1b) のように答えられる質問になれば飽和名詞、答えられない問いになれば非飽和名詞ということである。

また、「ある種の［名詞］」という表現も我々の目的に供する。この表現が使われる時には、［名詞］が表わす上位カテゴリーの存在が前提とされていて、その中の下位カテゴリーを「ある種の［名

詞]」が表わすことになる。したがって、カテゴリーを外延と同一視してよければ、[名詞]が非飽和名詞の場合、パラメータが埋まっていない状態では上位カテゴリーが決まらない。そのためにこの表現は「?ある種の作曲者」(cf.「ある種の作曲家」)のように不自然になる。

1.2. 非飽和名詞はどのようなカテゴリーか

非飽和名詞は、元々西山(1990)においてカキ料理構文という日本語の特定の構文の成立条件のために提唱されたものである。しかし、それ以外の役に立たない概念であるわけでは決してなく、他の構文などの記述にも不可欠であることがその後の研究で明らかになった(例えば三宅(2000)、山泉(2010))。つまり、飽和名詞、非飽和名詞というカテゴリーは、英語などにある可算名詞、不可算名詞のような、文法体系に根を張っている名詞の下位類であり、可算名詞と不可算名詞では名詞の文法的振る舞いが異なるのと同様に、飽和名詞か非飽和名詞かも、名詞の振る舞いに様々な点で影響を与える。

可算名詞と不可算名詞の区別には、認知的な動機づけがあるとしばしば論じられてきた(例えば、Taylor 2002: Ch.19)。しかし、究極的にはこの区別は言語ごとの慣習に委ねられている。例えば、《情報》という意味でのinformationは英語では不可算名詞だが、フランス語やドイツ語では可算名詞である。同様のことが飽和名詞と非飽和名詞の区別についても言える。生物種を表わす「猫」のような語はパラメータにあたるような独立した概念に関連付けられていないので、飽和名詞であるのが自然であろう。逆に、「相手」のような語は、パラメータにあたるものと概念的に不可分であるので非飽和名詞であることが自然であろう。これまで挙げた非飽和名詞からも、非飽和名詞のメンバーシップには概念的な動機づけがありそうだと察せられる。しかし、動機づけが何であれ、ある名詞が飽和か非飽和かを完全に予測することはできないだろう。例えば、「婚約者」(女性を表わす場合)、「嫁」、「妻」は、いずれも夫あるいは未来の夫(議論を単純にするため同性婚は議論の対象としない)

をパラメータとして持つ非飽和名詞である。「先妻」や「元妻」も過去に夫だった者がパラメータの非飽和名詞である。したがって、突然「あなたは婚約者／嫁／妻／先妻／元妻ですか？」と既婚女性が聞かれても答えようがない。一方、夫が故人となっている「寡婦」「未亡人」はなぜか飽和名詞であり、亡夫を特定せずに「あなたは寡婦／未亡人ですか？」と問うことができる。夫が存命か否かがこれらの名詞の飽和性を決定する必然的な理由は考え難い。おそらく、飽和名詞と非飽和名詞の区別は、非言語的・認知的な捉え方のレベルに還元しきれないもので、そのレベルで飽和名詞と非飽和名詞の違いを捉えることは難しいだろう。つまり、飽和／非飽和の区別は、究極的には慣習によって決まっていると考えるしかないようなもので、純粋に言語的意味のレベルでなされるものであろう。

日本語以外では非飽和名詞の研究はなされていないようだが、可算名詞・不可算名詞のように、飽和・非飽和の区別がない言語があっても不思議ではない。また、日本語においても、「会社員」と「社員」のような、飽和名詞と非飽和名詞のペアが存在することは必然とは考え難い。もし、「社員」という語が日本語になければ、現実の日本語の「会社員」よりも用途の広い「会社員′」が「社員」の代わりとしても使えるはずで、「東京電力の会社員′」のような表現も自然になるだろう。

1.3. 非飽和性は語彙レベルだけの特性か

これまでの議論から、名詞の（非）飽和性は、包括的な文法理論にとって、その目的が記述であれ説明であれ、無視できないものであることが明らかになった。では、「パラメータの値が決まらなければ外延が決まらない」という非飽和性は、どのレベルの言語表現が持つ性質なのだろうか。これまでの議論では、「非飽和名詞」という表現が示すように、語レベルのものだと想定されてきた。先行研究の所説はというと、最初に非飽和名詞を提案した西山（1990b）はこの点について明確ではないが*1、三宅（2000）は、以下の引用が示すように、名詞の飽和／非飽和の区別を最大でも語のレベルにしか当てはまらないものと主張している。

> 本稿は、西山の提案する飽和／非飽和という区別は、語以下のレベルの意味論において導入されるべき概念であると主張する。即ち、名詞という品詞の語について、語彙意味論のレベルで記述できるもの、換言すれば、辞書の記述において指定できるもの、であると考える。　　　　　　　　　　（三宅 2000: 87）

　これを受けて西山（2003: 57）も「「飽和／非飽和」の区別を名詞句のレベルにまで投射することが本当にできないかどうかは慎重に検討する必要がある」と留保しながらも、「三宅に従い、大部分の名詞は、基本的に、辞書記述において、飽和名詞か非飽和名詞かの分類がなされるべきであるとひとまず仮定」している。
　しかし近年、「［飽和名詞₁］の［飽和名詞₂］」という名詞句の中には、その解釈に飽和を要するものがあるということが今井・西山（2012）で主張されている。具体的には、タイプAといわれる名詞句にこのことが当てはまる。例えば、「太郎の本」「尺八の音」「男性の鞄」のような名詞句は、構成する名詞は全て飽和名詞であるにも関わらず、多様な解釈が可能である。「太郎の本」を例にとると、《太郎が所有する本／太郎が読む本／太郎が編集している本／太郎が所有していた本／太郎が書いた本》のように多様な解釈が可能である。したがって、言語的意味としては、《太郎と関係Rを有する本》のように漠然としていて、解釈の際には、非飽和名詞のパラメータを埋めるのと同様に、関係Rがコンテクストから埋められて上のような解釈の一つが得られるというのが今井・西山（2012: 98-99）の説である。これが正しいとすると、飽和性は名詞の語彙レベルだけではなく、名詞句のレベルにおいても当てはまるということになる。

2. カキ料理構文以外の非飽和名詞が関わる構文
「XをYに、…する」構文

　名詞の非飽和性が関わる構文としては、カキ料理構文がよく論じられてきた（西山（1990b）、三宅（2000）など）。もちろん、非

飽和性が関わる構文はそれだけではない。以下では、そのような構文のもう一つの例として、下の（2）が例示する「XをYに、…する」構文を取り上げる。まずは先行研究（村木（1983）、寺村（1983/1992）、三宅（2000））に従って構文を紹介し、その後、先行研究で議論されてきたその成立条件を再考する。

（2）a. 地図をたよりに、人をたずねる。　　　（村木 1983: 267）
　　b. 同力士は「体力の限界」を理由に引退届を出した。（同）
　　c. ナンシーは、舞台女優を母に、セールスマンを父に生まれたが、　　　（p.285、毎日新聞1980年8月1日朝刊）

この構文は、大雑把に言うと、上の例で下線が引いてある「XをYに」が、主節「…する」の付帯状況を表わす。形式面で注目すべきは、「XをYに」は独立性が低いということである。第一に、「XをYに」には述語がない（「Yに」の後に「して」を足すことはできる）。また、語順が固定しており、「Xを」と「Yに」の順番を入れ換えることができない（p.269）。さらに、筆者の観察するところでは、「Xを」「Yに」と同じレベルの固有のガ格名詞句を主節から独立して持つことはない。

　さて、この構文が成立する文法的条件として、寺村（1983/1992）は、以下の（I）、（II）を挙げている*2。

（I）Yは「帰属性の名詞」である。

「帰属性の名詞」とは、「本来的に「何かのY」であるというような性格をもった名詞」（寺村 1983/1992: 123）、「本来的に何かに属する、あるいは何かについての、何かに対する実体、あるいは観念を表す名詞」（p.124）のことである。帰属性の名詞は、三宅（2000）と同様に非飽和名詞と解釈してよいだろう。（2）のYにあたる名詞を見ると、「たより」、「理由」、「母」で、確かにこれらは非飽和名詞である。

第1章　非飽和名詞とそのパラメータの値　　17

(II)「名詞X、Yと、S（あるいはそれを構成する主格語と述語）の間に、Xが、SのYだ　という意味関係が存在する」

(寺村 1983/1992: 123)

例えば、(3a)の背後には (3b) が表わす意味関係がある。

(3) a. 両超大国のつばぜり合いがチャドとスーダンを舞台に激化している。　（村木 1983: 267、下線は引用者、以下同様）
　　 b. チャドとスーダンが、両超大国のつばぜり合いが激化している舞台である。

つまり、我々の言い方では、Yを非飽和名詞、Sをそのパラメータとし、XでYの変項の値を指定する指定文の意味関係があるということである。なお、寺村が指摘するように、Yが身体部位を表わす場合（村木が「所持」と分類したカテゴリー）では「XがSのYだ」という関係にならない（p.124）。

(4) a. 母親が、娘の遺影を胸に持参金廃止を訴えた。
(村木 1983: 285、毎日新聞1980年9月6日夕刊)
　　 b. ?娘の遺影が母親の胸だ。

身体部位詞は概念的基盤として部分（身体部位）と全体（身体全体）の関係がある。この関係は非飽和名詞とパラメータの関係とは別物であり、身体部位詞は非飽和名詞ではない（詳しくは本書第I部第4章（西川論文）参照）*3。この構文においても、Yが身体部位を表わす名詞の場合は、XがYの変項の値になっていない点で、身体部位詞は異質である。

　この寺村 (1983/1992) の条件 (II) に対して三宅 (2000) は、Yが身体部位以外でも《SのY》という意味関係が成り立たない次の例を挙げて異を唱えている。

(5) a. 天ぷらと刺身を肴に、日本酒をくみかわした。
(三宅2000が村木1983: 286にある東海林さだお著
『ショージ君の東奔西走』文藝春秋の例を改変したもの)
   b. ?日本酒を酌み交わした肴
   c. 日本酒の肴
(6) a. 包装用のプラスチックを素材に作り上げたこの作品。
   b. ?この作品を作り上げた素材
   c. この作品の素材

これらの例では、「Xが、SのYだ」という関係が成り立たないことは、容認度の低い (5b) (6b) が示す通りである。むしろ (5c) (6c) が自然なことから、三宅の考えでは、「"SのY"というような、主節"S"そのものが"Y"を修飾するというような関係ではなく、主節"S"の中のいずれかの項が"Y"を修飾するというような関係」が仮定できる (三宅2000: 82)。そこで三宅は寺村の (II) の代案として、(II′) を挙げ、「帰属性の名詞」を「非飽和名詞」とする解釈と合わせて形式化した (II″) を提案している。

(II′) YはSの中のいずれかの項から修飾を受けるという関係が潜在する。
(II″) Yは、Sの中のいずれかの項と同一指標を持つ空の代名詞 (pro) の限定を受けており、その空の代名詞はYが [－飽和性] の場合にのみ認可される。即ち、次のような構造をなす。
Xを (pro$_i$ の) Yに、[$_S$...Arg$_i$...]。("Arg"は"項"を表す)
(三宅2000: 81)

しかし、三宅の (II″) に対して反例となる (7) が村木 (1983) に挙がっている。

(7) a. 同力士は「体力の限界」を理由に引退届を出した。
   b. ?同力士の理由

c. ?引退届の理由
　　　d.　同力士が引退届を出した理由

　(7b)(7c)の容認度の低さ、及び(7d)の容認度の高さが示すように、(7a)のY(「理由」)を限定しているのは、S(「同力士は引退届を出した」)の項のどちらかではなく、S全体と考えるべきだろう。こうなるのは、1.1節で述べたようにY(「理由」)はコトをパラメータにとる非飽和名詞であり、Sでそのコトを表わしているのは、項ではなくS全体だからである。すなわち、この構文においては、非飽和名詞Yのパラメータが、Sの一部あるいは全部で埋まっていればよく、寺村の(II)と三宅の(II')のどちらかが成り立てばよい。したがって、必ずしも三宅が(II'')で主張する構造にはなっておらず、三宅の記法に従えば[s]に$_i$がつくこともあるのである。

　以上の「XをYに、…する」構文に関する議論は、非飽和名詞のパラメータの値を表わすのは、「カキ料理の(本場)」のような名詞句だけではないことを示している。以下でも、名詞句以外がパラメータの値を表わすことがあることを念頭に置いて考察を続ける。

3. パラメータの値の選択に影響する文法的要因

　パラメータは非飽和名詞が持つ変項であり、必ず値を埋める必要があるので、非飽和名詞を含む文の中に、パラメータの値となることができる要素が全く表わされていない場合にも、何かを値として解釈しなければならない。何を値とするかは、「作曲者」のパラメータの値は曲に限られるというような意味論的制約以外は、語用論に委ねられる。ただ、同一文中にパラメータの値となることが意味論的に可能である要素が表わされている場合にも、無条件にそれがパラメータの値と認められるわけではない。パラメータの値の選択には以下で述べるような文法的要因も影響を与える。本章の残りではそのような要因について述べる。

3.1. 意味的・文法的要因

「社員」のパラメータは会社、「子」のパラメータは親である者、のようにどのようなものがパラメータの値になれるかには、意味的な制約があるということは既に述べた通りである。これらの例のようにパラメータがモノ（物・者）の場合に比べて、「犯人」のようにパラメータがコトの場合には、事情はより複雑である。以下では、内の関係の修飾節が被修飾・非飽和名詞のパラメータを埋めていると解釈しやすい場合としにくい場合をテンス・アスペクト、語順・格の観点から考察していく（外の関係がパラメータの値を表わす場合は本書第I部第2章（西川論文）参照）。

3.1.1. テンス・アスペクト

「天賦の才能を持った者」の意味の「天才」のパラメータは、天才が天賦の才能のために得意とするコトである。そのパラメータの値を「天才」を修飾する関係節で直接表わすことができる。

(8) a.　人を説得する天才

(8a)の人を説得するというコトは、ある時ある場所で起こったような一度きりのコトではなく、繰り返し起こり得るような、いわばコトのタイプである。したがって、そのような節は、(8b)のように進行中の事態や結果状態を表わすテイル形であってはならず、(8c)のようにタ形であってもならない。

(8) b.　人を説得している天才
　　c.　人を説得した天才

そのようなアスペクト・テンスでは、コトのタイプを表わすことができない、あるいは少なくともそれはデフォルトの解釈にはならないからである。(8b)や(8c)の「天才」が人を説得する天才であることは排除されないが、そのパラメータの解釈はパラメータが明示されていない場合と同様の語用論的推論の結果である。それに対

してル形の (8a) では、他のコトをパラメータの値とした解釈は、よほど特殊な状況を想像しないとできず、他のコトをパラメータの値としない解釈が文法によって強く促されている。

「犯人」などある時に一度起こった個別的なコトをパラメータとしてもつ非飽和名詞の場合も、関係節をパラメータの値として解釈しやすいかどうかにアスペクトが関係する。

(9) a. 3年前に太郎を殺した犯人
　　 b. 3年前に太郎を殺している犯人

(9a) では、よほど特殊な文脈を想像しない限りは、「犯人」のパラメータの値は3年前に太郎を殺したこととしか考えられないが、(9b) では他のコトをパラメータの値として解釈する、つまり他の悪事のために「犯人」とよばれている可能性に気づくことが比較的容易である*4。

非飽和名詞のパラメータは、それがモノであれコトであれ、「太郎の」や「太郎殺し事件の」のように名詞句が表わすと従来想定されてきた。論理形式でも《αノ》という形が想定されている（本書第I部第3章（西川論文）参照）。このように名詞句でパラメータを表わすと、テンス・アスペクトなどが中和されるので、上で述べたような微妙な文法的要因はパラメータの表示に反映されない。このレベルの表示に反映させる必要はないのだが、捨象されたものがパラメータの解釈に影響を与えていないわけではない。以下でもこのことを引き続き論じる。

3.1.2. 語順と格

名詞句の格も、それが表わすものがパラメータの値として解釈されやすいかどうかに影響を与える。また、ある名詞句と非飽和名詞との順序関係も、その名詞句がパラメータの値を表わしていると解釈できるかどうかを左右する。ここでは、ガ格といわゆる相棒の（つまり意味的に必須の要素を表わす）ト格を例にしてこのことを示す。これまで、名詞修飾節構造（修飾節＋被修飾名詞）に注目し

てきたが、視野を広げて述定（名詞修飾ではない節）の形も考慮に入れることにする。

　先行するガ格の名詞句（「花子」）で同じ節の後ろにあるト格の非飽和名詞（「旦那さん」）のパラメータを埋めることには問題がない。

(10) a.　花子が旦那さんとけんかした。（ガ→ト *5）

この例では、「旦那さん」のパラメータを「花子」が埋めていると解釈できる。両者を入れ替えることで格を取り換えると、真理条件は保たれるはずだが、「旦那さん」のパラメータを「花子」で埋めることができなくなる。(11a)が奇妙に聞こえるとしたらそのためであろう。

(11) a.　!旦那さんが花子とけんかした。（ガ←ト）

非飽和名詞がガ格で文頭だと、節の残りの部分のどこかがパラメータを埋めているとは解釈できないようである。「旦那さんが」を「花子と」の後ろにすると、この奇妙さはなくなるけれども、主に別の事情によるものである。

(11) b.　花子と旦那さんがけんかした。

この例では、語順、つまり「花子」が「旦那さん」に先行していることだけでなく、［花子と旦那さん］がNPを成すことで、句レベルでパラメータが埋められていることも相まって「花子」で「旦那さん」のパラメータの値を埋めることが可能になっている。「旦那さんが」を「花子と」の前に出さなくとも、「花子と」と「旦那さんが」の間に「昨日」のような副詞的要素を入れてNP［花子と旦那さん］の形成を妨げると、(11a)ほどではないものの、同様の奇妙さが感じられるようになるのはそのためである。

(11)　　c.（!）花子と昨日旦那さんがけんかした。（ト→ガ）
cf.(10)　b.　　花子が昨日旦那さんとけんかした。（ガ→ト）

(10b)が示すように、「花子」と「旦那さん」の格が逆の場合には同様の奇妙さは感じられないので、やはり語順だけではなく、格もパラメータ補充の可能性に関与的であることが分かる。残る論理的可能性、先行するト格の非飽和名詞のパラメータの値を後ろにあるガ格名詞句で埋める場合は、(11c)と同様、(11a)ほど奇妙ではないものの、(10b)ほど全く自然というわけでもない。

(12)　（!）旦那さんと昨日花子がけんかした。（ト←ガ）

これらの例から、格と語順という非飽和名詞の意味と直接的なつながりを見出すのが難しい要因も、パラメータの解釈に関与していることが分かる。

　なぜガ格の非飽和名詞は同一文中の他の要素でパラメータを埋めるのが難しいのかは明らかではない。パラメータの値を埋めていると解釈しにくい例において、ガをハに変えてもそのことは変わらないので、表層の形態格が問題なのではないだろう。この問題には、再帰代名詞の束縛のように、統語的アプローチが可能かもしれない。文の形式が語の解釈の（ニュアンスではなく指示対象やパラメータの値の特定のように）飽和というプロセスが関わる根本的な部分に影響を与えていると思われるからである。一方、語順の与える影響は語用論の観点から説明が可能である。非飽和名詞よりも前に表わされる要素が後に表わされる要素よりもパラメータの値になりやすいのは、以下の理由からだろう。パラメータの値が明示されずに非飽和名詞が現れると、パラメータの値は既に了解済みであると話し手は考えていると聞き手は想定する。そのため、あえて非飽和名詞よりも後の言語表現からパラメータの値を探してきて拾うということをしないのだと考えられる。さらに、パラメータの補充には体系的な情報構造的制約がある。これについては項を改めて論じることにする。

3.2. 情報構造からの制約

議論の導入として、次のペアを検討しよう。

(13) a. 花子が父を叩いた。
　　 b.(!) 花子が父は叩いた。

(13a) では「父」を花子の父と解釈するのは問題ない。一方、(13b) では、語順や格の観点では問題なさそうだけれども、その解釈が取りにくい。文の情報構造と非飽和名詞の前提構造が齟齬をきたしているからである。

非飽和名詞の持つ前提構造　意味論的性質からの語用論的帰結

　非飽和名詞は、パラメータの値が決まらなければ、外延が決まらない。外延が決まってはじめて、文中での名詞句の機能を（指示的であれ、非指示的であれ）果たせるようになる。したがって、発話時にパラメータの値が何であるかが話し手と聞き手に共有されていることは、非飽和名詞が適切に使用されるための語用論的必要条件である。別の言い方をすると、非飽和名詞のパラメータの値がこれこれのものであるということは、非飽和名詞を使う際に満たされている必要がある語用論的前提である。もちろん、話し手と聞き手の間でパラメータの値が何かが了解済みであれば、値を言語化する必要はない。了解済みでない場合でも、「カキ料理の本場」のように、非飽和名詞を直接修飾する要素としてパラメータの値が表現されていれば問題ない。しかし、それ以外の方法によって値に同一文中で言及すると、意図した値の解釈がされにくくなることがある。具体的には、文の焦点（その文によって新たに伝わる命題の、予測不可能・語用論的に回復不可能と想定される発話の要素）を表わす部分（焦点領域*6）に現れている要素は、パラメータの値と解釈しにくい。特に、非飽和名詞がそれ以外の部分（前提内）にある場合にこのことが当てはまる。事前に共有されていると想定されるものが予測不可能な部分から埋められるとは考えにくいからである。一方、前提内にある要素は、意味的に問題なければ、パラメータの値とし

て解釈できる。

　下の例では、非飽和名詞「犯人」はハが付いているので焦点領域の外にある。焦点は、パラメータの値と意図される部分（「太郎を殺した」）、またはその一部（「太郎」か「殺した」のどちらか）である。

　　(14)！犯人は、太郎を殺した。

いずれが焦点の場合でも、他に話題になっている事件がない場合でさえ「太郎を殺した」を「犯人」のパラメータの値と解釈することはできない。
　「花子」が分裂文の焦点になっている（15）も同様である。

　　(15)父が起こしたのは花子だ。

　(13b) も同様に、ハの付いている非飽和名詞「父」が焦点領域の外、前提内にあり、「花子」は焦点領域にあると解釈するのが自然であるために、「花子」を「父」のパラメータの値と解釈することが難しいのである。
　以上の例で、焦点を表わす部分にある要素は、前提内にある非飽和名詞のパラメータの値となることができないということを確認した。非飽和名詞とそのパラメータの値は、カキ料理構文の分析に有効であるだけでなく、他の構文とも関わりがあり、なおかつ文法や情報構造とも無縁ではないのである。

　　　　　　　　　　　付　記

　本章は Yamaizumi (2009)、山泉 (2010) で既に書かれた内容を含む。ただし、その後の研究の進展により筆者の考えが変わった点が多く、本章はそれを反映している。

*1　西山（2003: 57）によると、西山（1990b）の段階では、「飽和と非飽和の区別を、名詞という語のレベルおよび名詞句という句レベル両方の問題だとみなしていた」。

*2　それ以外にも「典型的にはSが意図的な行為を表す。」という条件も寺村は挙げているのだが、この条件には例外が多いので、三宅（2000）と同様、本章でも検討しない。

*3　ただし、三宅（2000: 86）は身体部位詞を非飽和名詞としている。

*4　もっとも、(9a)の内の関係の名詞修飾節「3年前に太郎を殺した」そのものが「犯人」のパラメータを直接表わしていると考える必要はないし、(山泉（2010）ではそのように想定していたが）筆者がここでそのように主張しているのではない。特殊な文脈を考えれば《太郎を殺した（別の事件aノ）犯人》のように、別の事件がパラメータを埋めている解釈も可能だろう。通常の解釈で「3年前に太郎を殺した」がパラメータを直接表わしていると考えると、特殊な文脈での解釈のためには別の論理形式を用意する必要があることになってしまう。どちらの解釈にも対応できるようにするためには、(9a)の通常の解釈の場合でも内の関係の名詞修飾節はパラメータを直接埋めるのではなく、それが表わすコトが「犯人」に付随する変項aを埋めていると解釈されるのだと考えるべきだろう。こう考えることは、非飽和名詞の修飾節がその非飽和名詞のパラメータの値として解釈されるのは、外の関係にある場合（例えば、「太郎が逃げた理由」）だけで内の関係であることはない、という本書第I部第2章（西川論文）の指摘とも整合する。

*5　パラメータの値を埋める関係を→で表わすことにする。

*6　「焦点領域」と「前提内」はそれぞれ、Lambrecht（1994）のfocus domainとin presuppositionの訳語である。焦点（focus）の定義もLambrecht（1994）に従う。

第2章
非飽和名詞を主名詞とする連体修飾節構造の意味表示

西川賢哉

1. はじめに　ノ型連体句と連体修飾節

次の例を見てみよう。

(1)　｛ a. 中央線の遅延の　｝原因
　　　｛ b. 中央線が遅れた　｝
(2)　｛ a. 洋子の離婚の　　｝理由
　　　｛ b. 洋子が離婚した　｝
(3)　｛ a. 約款の策定の　　｝目的
　　　｛ b. 約款を策定する　｝
(4)　｛ a. 太郎の出家の　　｝動機
　　　｛ b. 太郎が出家した　｝

(寺村（1975-1978/1992: 228）の例を一部改変)

これらの名詞句の主名詞「原因」「理由」「目的」「動機」は、西山（2003）の言う非飽和名詞（unsaturated noun）である。すなわち、パラメータを意味的に含んでおり、それ単独では外延（extension）を決めることができず、意味的に充足していないタイプの名詞である。(1) – (4) の (a) に挙げた名詞句は、西山（2003）の「NP_1 の NP_2」の意味分類に従うと、タイプD（非飽和名詞 NP_2 とそのパラメータの値 NP_1）に該当する（本書第Ⅰ部第1章（山泉論文）参照）*1。「NP_1（の）」によってパラメータが設定されることで初めて (a) の各表現は飽和し、その外延が決定されることになる。

　本章では、(a) とほぼ同じ意味を表す (b) のような名詞句（連体修飾節構造）を考察の対象とし、そこに含まれる連体修飾節も非飽和名詞のパラメータの値として機能していること、連体修飾節と

主名詞との関係は、いわゆる内の関係ではなく外の関係であることを論じる。また、外の関係（パラメータ—非飽和名詞の関係）とも内の関係とも読める、曖昧な連体修飾節構造を取り上げ、この種の連体修飾節の意味構造についてさらに考察を加える。これらの議論を通じて、この種の名詞句の意味構造が特定構文の意味構造にも深いレベルで反映していることを示す。

2. 非飽和名詞のパラメータとして機能する節
準カキ料理構文・準所有文における振る舞い

　ここでは、(1b) の連体修飾節「中央線が遅れた」が、(1a) の名詞句「中央線の遅延」と同様、非飽和名詞「原因」のパラメータとして機能していることを示す構文的証拠を提示する（(2) – (4) についても同様の議論が当てはまるので、以下では (1) だけを取り上げる）。

　まず、準備として、次の構文ペアを見てみよう。

(5)　a.　信号機トラブルが<u>中央線の遅延</u>の原因だ。
　　　b.　<u>中央線の遅延</u>は信号機トラブルが原因だ。

(5a) は指定（コピュラ）文、(5b) はカキ料理構文と呼ばれる構文である。これら二つの構文の間には統語的にも意味的にも密接な関係がある。形式的には、指定文「BがAのCだ」において、Aを文頭に取り出せば*2 カキ料理構文「AはBがCだ」が構築される。ただし、以下の例に見られるとおり、この対応関係が常に保持されるわけではない。

(6)　a.　これが、洋子の首飾りだ。
　　　b.　?<u>洋子</u>は、これが首飾りだ。　　　　　（西山 2003: 262）

(6a) の「洋子」を文頭に取り出して構築したカキ料理構文 (6b) は不適格である。西山 (2003: 276) によると、カキ料理構文には

以下の意味論的制約が課せられる。

(7) 指定文「BがAのCだ」において、Cが非飽和名詞で、Aがそのパラメータの値を表す時に限り、対応するカキ料理構文「AはBがCだ」が構築できる。

(6b) が不適格なのは、C「首飾り」が飽和名詞（意味的に充足しており、単独で外延を定めることができる名詞）であり、それとA「洋子」との間に、非飽和名詞とそのパラメータの値という緊張関係が成立していないためである。一方、(5b) は、C「原因」とA「中央線の遅延」との間に、非飽和名詞とそのパラメータの値という関係が成立しているため、適格である。

この制約を踏まえて、次の例を見てみよう。

(8) a. 信号機トラブルが中央線が遅れた原因だ。
    b. 中央線が遅れたのは信号機トラブルが原因だ。

(8a) は (5a) と同様、指定文である。(8b) は (8a) に含まれる節「中央線が遅れた」を文頭に取り出した構文であり、文全体は適格である（以下、(8b) のタイプの構文を「準カキ料理構文」と呼ぶことにしよう）。さて、(8a,b) における節「中央線が遅れた」は、文頭に取り出せるという点で、(5a,b) における名詞句「中央線の遅延」（非飽和名詞「原因」のパラメータの値）と文法的に同じ振る舞いを示す*3。また、(5b) と (8b) は内容的にはほとんど同じである。これらの事実は (8a,b) に含まれる節「中央線が遅れた」が非飽和名詞「原因」のパラメータとして機能していることを強く示唆する。

また、次の例を見よう。

(9) a. これが洋子が所有している首飾りだ。
    b. ?洋子が所有しているのはこれが首飾りだ。

節を文頭に取り出しているという点では(8)と変わるところはないが、その結果構築された準カキ料理構文(9b)は不適格である。この不適格性に対しては、(6b)の不適格性と同様の説明が可能である。「首飾り」は上に見た通り飽和名詞であるから、(9a)における連体修飾節と主名詞との間に〈パラメータ―非飽和名詞〉の関係が成立していない。そのため、(9a)の連体修飾節を文頭に取り出すという操作が許されないのである。

　(1b)の連体修飾節が非飽和名詞「原因」のパラメータの値として機能していることは、別の構文ペアによっても示すことができる。まず、次の例を見てみよう。

(10) a. 　中央線の遅延の原因が二つある。
　　 b. 　中央線の遅延には原因が二つある。

(10a)は絶対存在文、(10b)は所有文と呼ばれる構文であり、この二つの構文の間にも密接な関係がある。詳細は本書第Ⅲ部第11章（西山論文）に譲り、きわめて大雑把に述べると、絶対存在文「AのBがある／いる」において、Aを文頭に取り出し、「(に)は」を付加すれば、所有文「A（に）はBがある／いる」が構築される*4。

　このことを念頭において次の例を見てみよう。

(11) a. 　中央線が遅れた原因が二つある。
　　 b. 　中央線が遅れたのには原因が二つある。

(10a, b)の関係と(11a, b)の関係は平行的であり、かつ(10b)と(11b)の間に大きな内容的な違いは感じられない（(11b)のタイプの構文を「準所有文」と呼ぶことにしよう）*5。(10)の「中央線の遅延」が「原因」のパラメータとして機能しているのであれば、(11)に含まれる節「中央線が遅れた」も「原因」のパラメータとして機能していると考えるのが妥当であろう。

　以上、準カキ料理構文および準所有文における節の振る舞いから、

(1b) の連体修飾節が非飽和名詞のパラメータの値として機能していることを示した。

3. 内の関係か外の関係か？

周知のように、連体修飾節は大きく二つのタイプに分類される（寺村 1975–1978/1992）。

(12) a. さんまを焼く男
b. さんまを焼く匂い　　　　　（寺村 1975–1978/1992: 192）

一つは、(12a) のように、連体修飾節中に空所があり、その空所を主名詞が埋めるという関係になっているものである（この種の空所を以下 e で表す）。

(13) [e_i ガさんまを焼く] 男_i　(←男ガさんまを焼く)

このような連体修飾節は「内の関係」と呼ばれる。このタイプの連体修飾節構造は、(13) の括弧内に示したように、基本的意味を保持したまま文に展開することができる（以下、文に展開した形式を述定形式と呼ぶ）。
　連体修飾節のもう一つのタイプは、(12b) のように、連体修飾節が主名詞によって埋められる空所を有さず、主名詞とは独立に文として充足しているものである。このような連体修飾節は「外の関係」と呼ばれる*6。
　さて、この区別を受け入れるとすると、(1) – (4) の (b) における連体修飾節と主名詞との関係は、内の関係であろうか、それとも外の関係であろうか (cf. 寺村 1975–1978/1992: 228–229)。何人かの言語学者はそれらを内の関係とみなしている。例えば、益岡・田窪 (1992: 200) は、「花子が学校を休んだ原因」について、連体修飾節と主名詞との間に「(その) 原因で学校を休んだ」という関係が成立することから、それを内の関係（彼らの用語では「補

足語修飾節」）とみなしている。同様に、大島（2010: 6-7）は、「円高が進んだ原因」を「その原因で円高が進んだ」と対応する、内の関係の連体修飾節構造であると述べる。また、加藤（2010: 162）は、「円高が進んだ原因」と本質的に同じ構造を有すると考えられる「株価が値下がりした要因」について、「その要因で、株価が値下がりした」と言い換えられることから、それを厳密な意味での外の関係からはずしている。

　このような見解に対し、以下では、(1b)における連体修飾節と主名詞との関係を内の関係とみなす説には難点があり、妥当ではないこと、また、外の関係ととらえる方が、連体修飾節が非飽和名詞のパラメータの値として機能しているとする説と整合的であることを示す。

　まず、データ面から検討してみよう。次の例を見よう。

(14) a.　太郎が買った絵（←太郎が絵ヲ買った）
　　　b.　ピカソが晩年に描いた絵（←ピカソが晩年に絵ヲ描いた）
　　　c.　太郎が買った、ピカソが晩年に描いた絵
　　　　　（←太郎がピカソが晩年に描いた絵ヲ買った）

(14c)に見られるとおり、内の関係の連体修飾節構造であれば、連体修飾節を重ねて使用することができる。しかし、(1b)に関しては、これと同様のことはできない。

(15) a.　中央線が遅れた原因（=(1b)）
　　　b.　山手線が運休した原因
　　　c.　?中央線が遅れた、山手線が運休した原因
　　　　　（←?山手線が運休した原因デ中央線が遅れた）

(15a, b)の連体修飾節を内の関係と捉えるのであれば、この点で(14a, b)と変わるところがないことに注意しよう。となれば、(14c)と平行的に、(15c)は適格になるはずである。しかし、実際には不可能である*7。内の関係と考える立場から(14c)と

34　I　名詞句それ自体の意味

(15c) の対比を説明するのは困難であろう。

さらに、(15) と次の (16) を比較してみよう。

(16) a.　次郎が突き止められなかった原因*8
　　　　（←次郎が原因ヲ突き止められなかった）
　　　b.　山手線が運休した原因（＝(15b)）
　　　c.　次郎が突き止められなかった、山手線が運休した原因
　　　　（←次郎が山手線が運休した原因ヲ突き止められなかった）

(15c) と異なり、(16c) は適格である。(15c) と (16c) の相違点は外側の連体修飾節だけであり、要するに (15a) と (16a) との違いである。(16c) の括弧内に記したように、そこに含まれる連体修飾節「次郎が突き止められなかった」は主名詞に対して内の関係に立つことに注意しよう。さて、もし (15c) の連体修飾節「中央線が遅れた」が内の関係であるのならば、(15c) は (16c) と同じ構造を有することになり、適格であることが予測される。しかし実際には、(15c) は不適格である。このことは、(15a) と (16a) とで連体修飾節の機能が異なることを強く示唆する。

以上、(14c) と (15c) の対比、および (15c) と (16c) の対比から、(1b)「中央線が遅れた原因」が「原因デ中央線が遅れた」という述定形式に対応する内の関係の連体修飾節だとは考えにくいことを示した。これに対して、(1b) の連体修飾節と主名詞との関係を、〈パラメータ―非飽和名詞〉の関係という一種の外の関係と捉えるならば、(15c) の不適格性は次のように説明できる。すなわち、(15c) が不適格なのは、非飽和名詞「原因」のパラメータが「中央線が遅れた」という表現によって既に埋まっているにも関わらず、「山手線が運休した」というさらに別のパラメータ値を付加したからである。一方、(16c) が適格なのは、「次郎が突き止められなかった」が内の関係の連体修飾節として機能しており、パラメータ節「山手線が運休した」とは別の機能を果たしているからである。

次に、主名詞「原因」の非飽和性を (1b) 全体の意味構造にど

のように反映させるかという点から、連体修飾節「中央線が遅れた」の機能を検討してみよう。「原因」は非飽和名詞であり、外延決定のためのパラメータを含む。そうである以上、(1b)の連体修飾節を内の関係とみなす立場に立てば、(1b)の意味表示はおおよそ次のように表されることになろう（非飽和名詞のパラメータをaで表す）。

(17)《[$_S$ e$_i$ デ中央線が遅れた][$_{N'}$　a（ノ）　　　原因]$_i$》
　　　　　内の関係　　　　　　パラメータ　　非飽和名詞

(17)においては、「原因」のパラメータaは自由変項（free variable）として機能し、その具体的な値は、飽和化（saturation）と呼ばれる語用論的操作によって埋められることになる（論理形式における自由変項については、本書第Ⅰ部第3章（西川論文）を、飽和化をはじめとする各種語用論的操作については、第Ⅴ部所収の各論文を参照）。

(17)の構造は果たして妥当であろうか。このことを検討するための手掛かりとして、次の名詞句を見てみよう。

(18)昨夜逮捕された犯人
(19)《[$_S$ e$_i$ ガ昨夜逮捕された][$_{N'}$　a（ノ）　　　犯人]$_i$》
　　　　　内の関係　　　　　　パラメータ　　非飽和名詞

(18)の意味構造(19)は、(17)とほぼ平行的である。「犯人」は非飽和名詞であり、《事件》をパラメータの値として要求する。この場合、パラメータaは自由変項として機能しており、それを埋める具体的な値は語用論的に決定される。(18)全体は「犯人が昨夜逮捕された」という述定形式と関連する、内の関係の連体修飾節構造である。

さて、意味構造(19)に自由変項が含まれている以上、(18)は意味的に不完全であり、飽和化が適用されなければ（「どの事件の」犯人かを定めなければ）、その名詞句全体の外延が決定されない。

このことは比較的明らかであろう。

しかし、同じことが（1b）「中央線が遅れた原因」に関しても言えるであろうか。直観的には、（1b）は意味的に充足しており、語用論的操作は不要である。また、（17）のように、意味構造に自由変項が存在すると考えてしまうと、コンテクストによっては、（1b）に対して、

(20)《中央線が遅れた［山手線が運休した］原因》

という解釈が可能であることを予測してしまうが、その予測が誤りであることはすぐ前に見た通りである。この場合、意味構造に自由変項が含まれていてはむしろ困るのである。以上の点で、（1b）の意味構造を（17）とみなすのは妥当ではない。

準カキ料理構文の成立に関しても、（1b）と（18）とでは差が出る。上に示した構造（17）（19）においては、主名詞は非飽和名詞であるものの、連体修飾節はそのパラメータの値としては機能していない点に注意しよう。したがって、その連体修飾節を文頭に取り出して構築した準カキ料理構文は不適格になることが予測される。この予測は、（18）に関しては正しい。

(21) a. あの男が、昨夜逮捕された犯人だ。
　　 b. ?昨夜逮捕されたのは、あの男が犯人だ。
 cf. a'. あの男が、三億円事件の犯人だ。
 cf. b'. 三億円事件は、あの男が犯人だ。

しかし、既に（8）で見た通り、（1b）の節を文頭に取り出して準カキ料理構文を構築することは可能である。

(8) a. 信号機トラブルが中央線が遅れた原因だ。
　　b. 中央線が遅れたのは信号機トラブルが原因だ。

(1b)を（18）と同様、内の関係の連体修飾節構造として扱う説で

は、(8) と (21) の適格性の違いを適切に説明することができないであろう。

　以上、(1b) の連体修飾節を内の関係とみなすと、「原因」のパラメータの意味解釈に不都合が生じることを見てきた。これに対して、(1b) の連体修飾節と主名詞との関係を、〈パラメータ—非飽和名詞〉という一種の外の関係とみなすのであれば、自由変項を仮定する必要がなくなり、名詞句全体は（まさしくその連体修飾節によって）飽和しているという、直観に合致した意味構造を得ることができる。また、準カキ料理構文に対しても、自然な説明を与えることができる。

　さて、内の関係を支持する立場からは、上に述べた難点を回避するため、(1b) に対して (17) ではなく (22) のような意味表示を仮定することが考えられるかもしれない。

(22) 《[$_S$ e$_i$ デ中央線が遅れた]　　原因$_i$》
　　　　パラメータ・内の関係　　非飽和名詞

すなわち、内の関係であることは保持しつつ、その節が同時に非飽和名詞「原因」のパラメータを埋めているという構造を仮定するわけである。確かに、このように考えれば、余計な自由変項を仮定する必要はなくなり、上で見た難点は回避できる。しかし、(22) の構造を仮定すると、別の深刻な難点が生じる。

　(1b) 全体は飽和しており、したがって次のような集合を作ることができる。

(23) $\{x \mid x$ ガ中央線が遅れた原因デアル$\}$

一方で、(1b) の連体修飾節がデ格を空所として持つ内の関係だとすると、連体修飾節の部分だけでも、次のような集合を作ることができるはずである。

(24) $\{x \mid x$ デ中央線が遅れた$\}$

ここで、(23) と (24) は同じ集合であることに注意しよう。外延的に示すと、ある世界では、(23) と (24) はどちらも、次のような集合と等価となろう。

(25) {信号機トラブル、強風、人身事故、停電、...}

「パラメータ＋非飽和名詞」から作られる集合と、そのパラメータ単独で作られる集合が同一であるのならば、非飽和名詞がここで果たす意味論的貢献はどのようなものであろうか。非飽和名詞とは、パラメータが定まってはじめてその外延を決定できる（その条件を満たす集合を作れる）タイプの名詞であった。しかし、パラメータが定まったとしても、そのパラメータの外延が「パラメータ＋非飽和名詞」の外延と等しいのであれば、結局のところ、外延決定という点では、非飽和名詞はそれを含む名詞句全体に対して意味論的になんら貢献していない、と結論付けざるを得ない。これは奇妙である。この点で、(22) の意味構造は妥当なものとは言えないのである*9。

　以上、複数の連体修飾節を含む構造の適格性、およびパラメータの意味解釈に着目し、(1b) における連体修飾節と主名詞との関係を内の関係ととらえる説には難点があること、その関係を外の関係ととらえれば、そのような難点は生じないことを論じた。

4.「太郎が知らない理由」の曖昧性

　次の例を見てみよう。

(26) 太郎が知らない理由

(26) は曖昧（ambiguous）であり、例えば（27a, b）に挙げる読みが可能である*10。

(27) a. 読み1: 洋子が離婚した。しかし、友人である太郎はまだそのことを知らない。太郎が知らない理由は何だろう（＝なぜ太郎は知らないのだろう）。あ、分かった。太郎が（洋子が離婚したことを）知らない理由は、太郎が今海外出張中であることだ。

b. 読み2: 洋子が離婚した。それにはいろいろ理由があるのだが、友人である太郎はその理由をすべて知っているわけではない。太郎が知らない理由は何だろう。あ、分かった。太郎が知らない（洋子が離婚した）理由は、洋子の夫の浪費癖だ。

同様の曖昧性は、以下のような名詞句にも見られる。

(28) 次郎が突き止められなかった原因（＝(16a)）
(29) 三郎が尋ねた目的
(30) 四郎が調べている動機
(31) 太郎が見た現場
　　　　　　　　　　　　　　　　　　　（西山2010）

妥当な意味論は、この種の曖昧性を説明・予測できるものでなければならない。以下では、今までの議論を踏まえて、(26)の持つ二つの読みの意味表示がどのようなものであるか、曖昧性の要因がどこにあるかを論じる。

　まず、(26)に対する読み1の意味構造について検討しよう。読み1の意味構造は概略次のようなものであると思われる。

(32) 《[ₛ 太郎がφヲ知らない]　　理由 》
　　　　パラメータ（外の関係）　　非飽和名詞

これは上で見た、〈パラメータ節―非飽和名詞〉という、一種の外の関係の連体修飾節構造である。外の関係であるから、連体修飾節

中には、主名詞「理由」によって埋められる空所eは存在しない。ここで注意すべきは、非飽和名詞「理由」のパラメータは既に節によって埋まっているものの、その節の中（「知らない」の目的語に相当する箇所）に自由変項ϕが存在するという点である。その変項に対しては、飽和化によって語用論的に具体的な値が埋められることになる。ϕに《洋子が離婚したこと》を補完すれば、次のような表意（explicature）が得られる。

(33)《太郎が［洋子が離婚したこと］ヲ知らない理由》

これが（27a）に挙げた読みである。もちろん、飽和化は語用論的な操作であるから、コンテクストによってϕに「次郎と三郎が喧嘩したこと」などさまざまなものが入りうる。
　次に、（26）に対する読み2の意味構造について検討しよう。この読みの意味構造はおおよそ次のように表示することができる。

(34)《[$_S$ 太郎が e$_i$ ヲ知らない] [$_{N'}$　α（ノ）　理由]$_i$》
　　　　　　　内の関係　　　　　　パラメータ　非飽和名詞

(34)の連体修飾節中にも空所が存在するが、この空所は自由変項ではなく、主名詞「理由」によって埋められるべきものである。すなわち（34）は、「太郎が理由ヲ知らない」という述定形式に対応する、内の関係の連体修飾節構造である。非飽和名詞「理由」のパラメータαはここでは自由変項として機能する（この構造は（18）「昨夜逮捕された犯人」の意味構造（19）と平行的である）。自由変項を含む以上、この場合もまた、飽和化という語用論的操作が必要となる。(34)の変項αに《洋子が離婚した》を語用論的に補完すれば、次のような表意が得られる。

(35)《太郎が知らない［洋子が離婚した］理由》

これが（27b）に挙げた読みである。

第2章　非飽和名詞を主名詞とする連体修飾節構造の意味表示　41

以上、(26)に対する二つの読みの意味構造を見た。まとめると、(26)が曖昧であるのは、連体修飾節と主名詞の関係を、〈パラメータ—非飽和名詞〉の関係（一種の外の関係）と解釈することも、内の関係と解釈することもできるからである。非飽和名詞のパラメータ解釈という観点からこのことを言い直せば、非飽和名詞「理由」のパラメータは、連体修飾節によって埋まっているとも解釈できるし、自由変項とも解釈できる、ということになる。どちらの意味構造にも自由変項が含まれ、したがって飽和化という語用論的操作が必須だが、自由変項の意味構造上の位置（すなわち意味上の機能）は両者で異なる*11。

以上の分析を踏まえて、再び準カキ料理構文および準所有文における名詞句の意味解釈について検討してみよう。先に、節を文頭に取り出してこれらの構文を構築できるのは、その節が非飽和名詞のパラメータとして機能している時のみであることを見た。(26)に関するここでの分析が正しければ、(26)を含む指定文・絶対存在文は依然として曖昧でありうるのに、それらに対応する準カキ料理構文・準所有文は（構文の意味からして節をパラメータとして読む読みが強制されるので）一義的にしか読めないことが予測される。以下の例に見られる通り、この予測は正しいと思われる。

(36) a. それが太郎が知らない理由だ。
b. 太郎が知らないのはそれが理由だ。

指定文 (36a) は、述語名詞句（「＿＿だ」の位置に登場する名詞句）の曖昧性に起因し、次の二つの解釈を許す（分かりやすさのため、以下では論理形式ではなく、そこに含まれる自由変項に《洋子が離婚した（こと）》を補完した表示を示す）。

(37) a. 《それが太郎が［洋子が離婚したこと］ヲ知らない理由だ》
b. 《それが太郎が知らない［洋子が離婚した］理由だ》

しかし、(36a) に対応する準カキ料理構文 (36b) は曖昧ではなく、(38a) の読み（節をパラメータとして読む読み）のみ可能である。

(38) a. 《太郎が［洋子が離婚したこと］ヲ知らないのはそれが理由だ》
　　 b. ?《太郎が知らないのはそれが［洋子が離婚した］理由だ》

絶対存在文と準所有文のペアについても同様である。

(39) a. <u>太郎が知らない理由がある</u>。
　　 b. <u>太郎が知らないのには理由がある</u>。

絶対存在文 (39a) は (40a, b) 両方の解釈を許す曖昧な文であるのに対し、それに対応する準所有文 (39b) は (41a) の読みのみ可能で、(41b) の読みは無理である。

(40) a. 《太郎が［洋子が離婚したこと］ヲ知らない理由がある》
　　 b. 《太郎が知らない［洋子が離婚した］理由がある》
(41) a. 《太郎が［洋子が離婚したこと］ヲ知らないのには理由がある》
　　 b. ?《太郎が知らないのには［洋子が離婚した］理由がある》

これらのデータは、われわれの今までの分析と整合的である。

5. むすび

本章の主張は次のようにまとめられる。

(42) a. 「名詞句＋の」という形式の他に、節の形式も非飽和名詞のパラメータとして機能しうる。
　　 b. (1b)「中央線が遅れた原因」における連体修飾節と主名詞との関係は、内の関係ではなく、むしろ外の関係

である。

c. (26)「太郎が知らない理由」の曖昧性は、連体修飾節と主名詞の関係を、〈パラメータと非飽和名詞〉の関係(外の関係の一種)と取るか、内の関係と取るかによって生じる。

　議論を通じて、連体修飾節と主名詞との間に見られる関係が、準カキ料理構文など、他の構文の意味構造にも反映していることを見た。この種の考察は、管見の限り、連体修飾節を主題とする従来の研究には見られなかったと思われるが、(連体修飾節を含む)日本語名詞句の意味論研究一般にとって重要な意味合いを持つと考えられる。この線での研究が進展すれば、例えば本章では触れなかった(43c, d)のような構文の意味構造も(指定文(43a)やカキ料理構文(43b)と関連付けた形で)明らかになるものと期待される*12。

(43) a. 夫の浪費癖が洋子が離婚した理由だ。
　　 b. 洋子が離婚したのは、夫の浪費癖が理由だ。
　　 c. 夫の浪費癖が理由で、洋子が離婚した。
　　 d. 夫の浪費癖を理由に、洋子が離婚した。

6. 付録:「一朗を殺した犯人」の意味構造
山泉(2010)について

　本章の議論に関連して、山泉(2010)の議論を検討しておこう*13。山泉は、次の(44)について(45)のような意味構造を提示している。

(44) 一朗を殺した犯人　　(山泉 2010: 79; 庵 1995: 91 にも同種の例)
(45) 《[$_S$ e$_i$ ガ一朗を殺した]　　犯人 $_i$》
　　　パラメータ・内の関係　　　非飽和名詞

つまり山泉は、内の関係の連体修飾節が同時に非飽和名詞「犯人」

のパラメータとして機能していると考えるわけである*14。しかし、この種の構造は妥当ではないと思われる。というのは、連体修飾節の集合（46a）と、それを含む名詞句全体の集合（46b）が等しくなってしまい、

(46) a. $\{x|x$ ガ一朗を殺した$\}$
b. $\{x|x$ ガ一朗を殺した犯人デアル$\}$

非飽和名詞「犯人」が（44）全体に対して果たす意味的貢献が説明できないからである（(22)およびその周辺の議論を参照）。

（44）の「犯人」を字義通り解釈するならば（「悪事を働いた人」のように飽和的に解釈するのではなく、あくまで非飽和名詞として解釈するのであれば）、（44）の意味構造は（45）ではなく、（47）のようなものだと思われる。

(47) 《[$_S$ e$_i$ ガ一朗を殺した] [$_{N'}$　a（ノ）　　犯人]$_i$》
　　　　内の関係　　　　　　パラメータ　　　非飽和名詞

この構造は、(18)「昨夜逮捕された犯人」の意味構造（19）と本質的に同じである。すわなち、非飽和名詞「犯人」のパラメータは自由変項であり、その値は語用論的に決定される。自由変項であるから、コンテクストによって多様な値が入りうるが、山泉（2010）の意図する読みは、そこに「一朗殺し事件」を入れることによって得られる（発話直前のコンテクストで「一朗殺し事件」にアクセスできないケースも当然ありえるが、その場合には、連体修飾節の意味内容が一種のコンテクストとして機能することになる）。この読みをした場合、次のような表意が得られるが、

(48)《一朗を殺した［一朗殺し事件］ノ犯人》

この表意はいわば冗長（redundant）である。（44）について、日常的にはしばしば見聞きする表現であることは認めつつも、その容

認性に若干抵抗を感じる話者がいるが（本章の筆者もそのうちの一人である）、それは（44）の表意（48）が持つ冗長性に起因するものだと思われる。

　なお、山泉（2010）の意図からは外れるが、(44) は

(49)《一朗を殺した［三億円事件］ノ犯人》

のように解釈することも可能である（この読みには（48）のような冗長性はない）。(44) に対する (49) のような読みをも許容するためには、自由変項を含む (47) の意味構造はどのみち必要となる。ここでの主張は、(44) の意味構造としては (47) 一つで十分であり、これ以外の意味構造（例えば (45)）は必要ない、というものである。

　(44) の意味構造を (47) と考えると、関連するいくつかのデータに対して適切な説明を与えることができる。まず、(44) に対応する述定形式を取り上げよう。

(50) 犯人が一朗を殺した。　　　　　　　　　　（山泉 2010: 79）

(50) では、(44) とは異なり、非飽和名詞「犯人」のパラメータを「一朗殺し事件」とは解釈できない（このことを山泉は「パラメータの値の解釈の不可逆性」と呼んでいる）。(50) の意味構造は概略次の (51) のようなものである。

(51)《[$_{NP}$　α（ノ）　　犯人 ］が一朗を殺した》
　　　　　　パラメータ　　非飽和名詞

ここでまず注意すべきは、(44) の意味構造を (47) と考える限り、「犯人」のパラメータは (47)(51) いずれのケースでも自由変項として機能しており、したがって意味構造のレベルでは (44) と (50) との対応関係は保持されているという点である。つまり、（語用論的解釈以前の）意味構造のレベルにおいては、(44) と

(50)との対応関係に何か特別な現象（山泉の言う不可逆性）が見られるわけではなく、

(52)a.　逮捕された｛犯人／男｝
　　b.　｛犯人／男｝が逮捕された。

における関係と変わるところはないと考えられる。
　さて、(50)における「犯人」のパラメータを「一朗殺し事件」と解釈することができないのは確かだが、このことは語用論的に説明できる。もし（51）における「犯人」のパラメータに「一朗殺し事件」を補完してしまうと、

(53)《[一朗殺し事件] ノ犯人が一朗を殺した》

という表意が構築されることになるが、(53)は、(語用論的に拡充された)主語の内容の一部を述語で繰り返しているだけという意味でトートロジカルであり、大抵のコンテクストで関連性のある(relevant)解釈とはなりえない。そのため、この読みは語用論的に排除されるのである（一方（48）の表意は、冗長ではあるものの、関連性のあるものでありうるため、コンテクストによってはその解釈が選ばれうる）。
　また、次の例では、述定形式であるにも関わらず、「犯人」のパラメータを「一朗殺し事件」と解釈することが可能である。

(54)犯人が一朗を殺したのは、5時55分だ。　　（山泉 2010: 123）
(55)《[一朗殺し事件] ノ犯人が一朗を殺したのは、5時55分だ》

これは、(55)がトートロジカルな表意とはならず、適切なコンテクストのもとでは関連性のある解釈となりうるからである。
　山泉（2010）は以上のデータに対して、情報構造に基づく説明を与えているが、妥当な意味理論（(44)に対して(47)のような構造を出力する意味理論）と妥当な語用理論（例えば関連性理論）

第2章　非飽和名詞を主名詞とする連体修飾節構造の意味表示　　47

さえあれば、他の概念装置に訴えることなく、(44) およびそれに関連するデータを適切に説明することができるのである。

　　　　　　　　　　　　付　記

　本章の基本的着想（節をパラメータの値としてとる非飽和名詞、準カキ料理構文）は 2006 年ごろ既に得ていたが、しばらくは草稿の形でしかまとめていなかった。本章執筆の直接のきっかけとなったのは、山泉実氏の博士論文（山泉 2010）を読んだことである。山泉氏とはその後数回にわたり私的に議論する機会があり、本章で取り上げた種々の言語データについて理解を深めることができた。同氏に心から感謝する。

---

*1　(1) – (4) の (a) では、NP_1 自体が「NP_1 の NP_2」という形式で表現されているが（「中央線の遅延」「洋子の離婚」「約款の策定」「太郎の出家」）、これらの名詞句は、西山（2003）のタイプ E（行為名詞 NP_2 とその項 NP_1）に該当する。

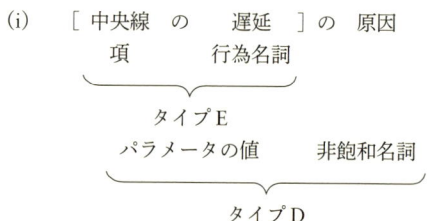

　　(i)　［　中央線　の　　遅延　］の　原因
　　　　　　　項　　　　行為名詞

　　　　　　　　　　　タイプ E
　　　　　　　パラメータの値　　非飽和名詞

　　　　　　　　　　　タイプ D

*2　「文頭に取り出す」という表現は、指定（コピュラ）文 (5a) とカキ料理構文 (5b) との対応関係を表すために用いるに過ぎず、実際にそのような統語的操作を仮定しているわけではない。

*3　準カキ料理構文において、文頭に取り出された節には「の」が付加されるが、この「の」は補文標識（complementizer）であり、節に名詞性を与えるために挿入されると考えておく。

*4　カキ料理構文「A は B が C だ」における A と C との関係とは異なり、所有文「A（に）は B がある／いる」における A と B との関係は、「非飽和名詞 B とそのパラメータの値 A」に限定されず、それ以外の関係も許容される。詳細は本書第Ⅲ部第 11 章（西山論文）参照。

*5　ただし、絶対存在文と準所有文の対応関係については、やっかいな問題もある。次の例を見よう。

　　(i)　洋子の結婚に反対する理由はない。
　　(ii)　洋子の結婚に反対するのに理由はない。

(i) は絶対存在文、(ii) はそれに対応する準所有文であるが、これらは微妙に意味合いが異なる。すなわち、(i) では洋子の結婚に賛成しているのに対し、(ii) では逆に反対しているように感じられる。この違いについては何らかの説明が必要とされるところだが、本章では立ち入ることができない。
*6 「内の関係」と「外の関係」の区別についての詳細な議論は、加藤 (2003) を参照。
　「内の関係」「外の関係」とならぶ連体修飾節に関する重要な区別に、「制限的」（主名詞の外延を狭める）と「非制限的」（主名詞に付加的な情報を与える）の区別があるが (cf. 三宅 1995)、この区別は本章の議論に直接は関係しない。そのため、以下に挙げる例は、どちらで読んでもかまわない（ただし、一方の読みの方が自然なケースがあるかもしれない）。なお、非飽和名詞のパラメータとして機能する節については、制限的／非制限的の区別は適用されない。
*7 (15c) の括弧内（以下 (i) として再掲）に示したように、(15c) に対応する（と想定される）述定形式も不適格である。これがなぜであるかは、本章の議論とも関連する、非常に興味深い問題であるが、込み入った議論を要するため、本章では割愛せざるをえない。関連するデータだけ挙げておくと、(ii) に見られるとおり、「原因で」に連体修飾節を付加することができないわけではない。また、(iii) に示すように、「原因で」単独で用いることはできない。
　　(i)　？山手線が運休した原因デ中央線が遅れた。(＝(15c) の括弧内)
　　(ii)　　意外な原因で中央線が遅れた。
　　(iii)　？原因で中央線が遅れた。
*8 実は (16a) は曖昧である。(16a) の括弧内に示した通り、ここでは内の関係の読みに限定するが、連体修飾節を「原因」に対するパラメータの値として読む読み（一種の外の関係）も可能である。この種の曖昧性については本章 4 節で論じる。
*9 なお、以下の (i) は内の関係の連体修飾節であるが、このケースでも節の集合が名詞句全体の集合と等しい。
　　(i)　　太郎が窓を壊した道具
しかし、この (i) のケースと本文で述べたケースとでは事情が異なる。「道具」は飽和名詞であり、それ単独で外延を決定できる（その条件を満たす集合を作ることができる）。そして、名詞句全体では、主名詞の集合と節の集合の積 (intersection) をとっている（なお、ここでは節を制限的に読んでいる）。
　　(ii)　　{$x | x$ ガ道具デアル ＆ x デ太郎が窓を壊した}
節の集合との積をとるという点で、(結果として節の外延と名詞句全体の外延が等しいとはいえ) 主名詞は名詞句全体の外延を決定するのに貢献していると言える。
　一方、「中央線が遅れた原因」の場合、主名詞「原因」が非飽和名詞であるため、それ単独で集合を作ることはできない。そのため、節の集合との積をとるなどという操作は不可能である。
　　(iii)　　{$x | x$ ガ原因デアル ＆ x デ中央線が遅れた}
　　　　　　　　　???
*10 (26) に対しては、(27a, b) に挙げた読みの他に、次の (i) のような読みも可能である ((i) は西山佑司氏 (2009 年 12 月 26 日私信) に提示していた

だいたものである)。
　　　(i)　読み3: この10年間に田中家では数々の出来事が生じた。田中家の番頭である太郎はそのほとんどの出来事について、その出来事が生じた理由に精通している。ただ、さすがの太郎も知らない理由があるという。太郎が知らない理由は何だろう。あ、分かった。太郎が知らない理由は、次女の洋子が離婚した理由だ。

結局、(26)は3通りに曖昧である。ただし本章では、読み3については検討しない(読み3の意味表示を適切に論じるためには、「2階の変項名詞句」(本書第IV部第14章(峯島論文)参照)という概念装置が必要になると思われる)。
＊11　以下の(i)も曖昧であるが、この曖昧性と(26)の持つ曖昧性とは本質的に異なる。
　　　(i)　太郎が知らない事実
(i)には、「太郎が(その)事実ヲ知らない」という述定形式と関連する内の関係の読みのほかに、「太郎が(しかじかのこと)ヲ知らないという事実」でも表現できる外の関係の読みがあり、この点で曖昧である。しかし、この後者の読みと、(26)に対する〈パラメータ―非飽和名詞〉の読みとは(どちらも外の関係とはいえ)厳格に区別すべきである。「事実」は飽和名詞であり、その意味解釈にパラメータを必要とはしない。したがって、(i)の連体修飾節はパラメータの機能は果たしていない。この連体修飾節は、主名詞「事実」の内容を表す内容節として機能している。
＊12　(43d)のタイプの構文については、本書第I部第1章(山泉論文)およびそこに挙げられている文献も参照。
＊13　本書第I部第1章(山泉論文)の注4から明らかなように、山泉氏自身は現在、ここで取り上げる山泉(2010)の見解を保持しているわけではない。しかし、同論文は、連体修飾節の意味構造を考える上で重要な意味合いをもつと考えられるため、編者西山佑司氏の要請に従い、ここで検討する次第である。
＊14　ただし、山泉(2010: 129)は、(1b)「中央線が遅れた原因」の類の名詞句については本章と同様の分析を提示している。

第3章
非飽和名詞のパラメータに対する意味解釈
自由変項読みと束縛変項読み

西川賢哉

1. はじめに

　名詞には、単独で外延（extension）を決定できるタイプの名詞と、「a（ノ）」というパラメータを意味的に含んでおり、その値が定まらない限り、外延を決定できないタイプの名詞とがある。西山（1990b, 2003）は、前者を「飽和名詞」（saturated noun）、後者を「非飽和名詞」（unsaturated noun）と呼んだ。

　本章では、非飽和名詞が「〜の」という明示的なパラメータ値を伴わずに登場する（1）－（4）のような文（およびそれに関連する表現）を取り上げ、一見何の変哲もないこの種の文が、パラメータの意味解釈に応じて二つの異なる論理形式（logical form）に対応すること、すなわち意味論的に曖昧（ambiguous）であることを論じる。

(1) 太郎が父親をぶった。　　（「父親」：非飽和名詞）
(2) 太郎が部下を叱った。　　（「部下」：非飽和名詞）
(3) 太郎がライバルをほめた。（「ライバル」：非飽和名詞）
(4) 太郎が弁護人をだました。（「弁護人」：非飽和名詞）

2. 自由変項読みと束縛変項読み

　最初に、(1) に対応する二つの論理形式を提示しておこう（(2)－(4) についても同様の議論が当てはまるので、以下では (1) だけを取り上げる）。

(5) 《太郎がαノ父親をぶった》
(6) 《太郎ᵢがαᵢノ父親をぶった》

(5) では、非飽和名詞「父親」のパラメータαは自由変項 (free variable) として機能する。自由変項とは論理形式における空所であり、それを埋める値は語用論的に決定される（論理形式に存在する自由変項をコンテクストを参照して埋める語用論的操作は飽和化 (saturation) と呼ばれる）。(5) の場合、自由変項には《（話し手である）一郎》《太郎》《ジョン》などコンテクスト次第で多様な要素が入りうる。あるコンテクストでは次のように解釈されるであろう。

(7) 《太郎が［一郎］ノ父親をぶった》

この読みで注意すべきは、(5) のような自由変項を含む論理形式に対しては、飽和化という語用論的操作の適用が義務的であるという点である。これは、自由変項が空のまま残っている限り、その発話で明示的に伝えようとする中身―関連性理論で言う表意 (explicature) ―が確定しないからである（飽和化をはじめとする、表意構築のための語用論的操作については、本書第Ⅴ部所収の論文を参照）。

　次に、(1) に対応するもう一つの論理形式 (6) を見てみよう。(6) においても、「〜の」という形式で値が設定されていない以上、非飽和名詞「父親」のパラメータαは論理形式では変項として機能するが、(5) とは異なり、パラメータαは「太郎」とリンクを張っており、それによりαが充足する（すなわち「父親」が飽和する）。このように、文中の他の要素とリンクを張ることで変項が充足するという緊張関係（このことを添え字"ᵢ"で示す）は「束縛」と呼ばれ、文中の他の要素によって束縛される変項は束縛変項 (bound variable) と呼ばれる*1。(6) に登場する非飽和名詞「父親」のパラメータαは束縛変項として機能しているわけである。(6) の論理形式は、次のような日本語表現でも表すことができる。

(8) 太郎が自分の父親をぶった。*2

この読みで注意すべきは、パラメータaの解釈という点では意味論的に完結しており、飽和化という語用論的操作は不要であるという点である*3。この点で、飽和化の適用が義務的であった（5）の読みとは大きく異なる。

3. 束縛変項読みの必要性

（1）に意味論的に異なる二つの読み—パラメータに対する自由変項読み（5）と束縛変項読み（6）〔以下に再掲〕—があることを前節で述べた。

(5) 《太郎がaノ父親をぶった》
(6) 《太郎$_i$がa_iノ父親をぶった》

これに対して次のような疑問がすぐに思いつく。すなわち、(1)に対応する論理形式としては自由変項を含む（5）だけを認め、(6) で意図されている読みは、(5) の自由変項（非飽和名詞「父親」のパラメータ）に《太郎》を語用論的に補完した結果得られたものとみなせばよいのではないか、という疑問である。この見解によれば、上に見た二つの読みは、意味論的曖昧性の問題ではなく、語用論的解釈の問題であるということになる。確かに、自由変項を含む（5）の論理形式を基盤にして、次のような表意を得ることは十分可能であろう。

(9) 《太郎が［太郎］ノ父親をぶった》

この（9）の読みと（6）の束縛変項読みとの違いははっきりしない。少なくとも真理条件的には明確な違いはないように見える。となれば、(6) の束縛変項読みは不要で、結局（1）は曖昧ではないということにしてもよいかもしれない。しかし、(1) だけを見て

いると気づきにくいが、データに若干の工夫を施せば、自由変項を含む論理形式およびそれに対する飽和化という語用論的操作では贖いきれない読みがあることを、比較的はっきりとした形で示すことができる。以下、そのようなデータを取り上げよう。

3.1. 量化表現

（1）の「太郎」の部分を量化表現に置き換えた文を検討しよう。

（10）ある人／誰か　が父親をぶった。
（11）みんな父親をぶった。
（12）誰も父親をぶたなかった。

ここでは（10）を見てみる（同種の議論は（11）–（12）についても可能である）。（10）には「ある人が特定の人物（太郎なら太郎の父親）をぶった」という読みと、「ある人が家庭内暴力を振るった（自分の父親をぶった）」という読みとがある。われわれの見解に従えば、前者が自由変項読み、後者が束縛変項読みということになる。自由変項読みの場合、「父親」によって指示される特定の人物（太郎なら太郎の父親）と、その人をぶつという行為を働いた人物との間に親子関係が成立している必要はないが、束縛変項読みの場合、まさしく自分の父親をぶったのでなければ真にならないことに注意しよう。

　さて問題は、（10）に対する束縛変項読みが、自由変項を含む論理形式（13）から得られるかである。

（13）《ある人が a ノ父親をぶった》

先ほどの「太郎が父親をぶった」のケースでは、論理形式（5）における自由変項に《太郎》を語用論的に補完することで、束縛変項読み（で意図される読み）を贖うことができた。しかし周知のように、量化表現は他の表現と同列に扱うことはできない。そもそも、飽和化という語用論的操作によって《ある人／誰か》というような、

54　I　名詞句それ自体の意味

特定的ではない概念を自由変項に入れると考えるのは無理があるし*4、仮に可能であったとしても、その結果次のような表意が構築されることになり、

(14)《ある人が［ある人］ノ父親をぶった》

ここで意図している読みを表さない（二つの「ある人」という表現が同一人物を指すとは解釈されず、ある人が別の人の父親をぶったとしても（14）は真になる）。
　また、当然のことながら、(13) の自由変項に《太郎》などの特定的な値を入れても、「家庭内暴力を振るった」の読みは出てこない。
　つまり、自由変項を含む論理形式およびそれに対する飽和化操作というやり方では、(10) が持つ「家庭内暴力を振るった」の読みが得られないのである。その読みを得るためには、意味論のレベルで、自由変項読みとは別に、次のような束縛変項読みを認めておかなければならない。

(15)《ある人$_i$が$α_i$ノ父親をぶった》

3.2. 疑問詞疑問

次の文についても、上と同様の議論が可能である。

(16) 誰が父親をぶったのか。

(16) には、「誰が特定の人物（太郎なら太郎の父親）をぶったのか」という意味のほかに、「誰が家庭内暴力を振るったのか」という読みがあり、それぞれの論理形式は概略次のように表せる。(18) の読みは、(17) の自由変項にどのような値を入れても得られない。

(17)《［x ガ $α$ ノ父親をぶった］の x を埋める値は何か》

(18)《[x_i ガ a_i ノ父親をぶった] の x を埋める値は何か》

(16) に対する「家庭内暴力」読みを得るためには、意味論のレベルで (18) を認めておかなければならないのである。

3.3. 分裂文
(19) は分裂文 (cleft sentence) と呼ばれる構文である。

(19) 父親をぶったのは太郎だ。

分裂文は広義には指定文 (specificational sentence) の一種であり、[x ガ父親をぶった] のごとく節に空所が含まれ、その空所を「太郎」で埋める (指定する)、という意味構造を有する。

　さて、問題は空所を含む節の意味解釈である。(19) には《特定の人物 (太郎なら太郎の父親) をぶったのは太郎だ》という意味のほかに、《家庭内暴力を振るったのは太郎だ》という読みがある。後者の読みは、(20) の自由変項 a を特定の値で埋めることでは得られない。意味論の段階で (21) の論理形式 (束縛変項読み) を認めておく必要がある。

(20)《[x ガ a ノ父親をぶった] の x を埋める値は「太郎」だ》
(21)《[x_i ガ a_i ノ父親をぶった] の x を埋める値は「太郎」だ》

(21) において、「父親」のパラメータ a は、空所 x によって束縛される。

3.4. 連体修飾節
次の名詞句も同様の曖昧性を有する。

(22) 父親をぶった人

(22) はいわゆる内の関係の連体修飾節構造である。この名詞句に

は「特定の個体（太郎なら太郎の父親）をぶった人」の他に「家庭内暴力を振るった人」の意味があるが、後者の読みは、(23)の論理形式を発展させることによっては得られない。この読みを得るためには、別に（24）の論理形式をも認めておく必要がある*5。

(23)《[e_i ガ α ノ 父親をぶった] 人_i》
(24)《[e_i ガ a_i ノ 父親をぶった] 人_i》

(24) は内の関係の連体修飾節であるから、その中には主名詞によって埋められる空所 e が存在する。「父親」のパラメータはその空所 e によって束縛される。

3.5.「だけ」付与

次に、(25) を見てみよう。

(25) 太郎だけが父親をぶった。

これは、(1) の「太郎」に「だけ」を付与したものである。束縛変項読みとの差をはっきりさせるため、ここでは自由変項に《太郎》を入れる読みに限定しよう。そうすると、(25) に対する自由変項読みと束縛変項読みそれぞれの表意は概略次のように表すことができる。

(26)《太郎だけが [太郎] ノ 父親をぶった》
(27)《太郎_i だけが a_i ノ 父親をぶった》

この二つの読みは、よく似ているように思われるかもしれないが、大きな違いがある。例えば、互いに血縁関係のない太郎と次郎が太郎の父親をぶった場合、自由変項読み (26) は偽になるが（太郎の父親をぶったのは太郎だけではない）、束縛変項読み (27) は真になりえる（自分の父親をぶった＝家庭内暴力を振るったのは太郎だけである）。後者の読みは、自由変項を含む論理形式と、飽和化

という語用論的操作では得ることができない。この読みを説明するためには、(27)の論理形式が別途必要となるのである。

3.6. 「そうする」

今までは、(1)の「太郎」を別の表現で置き換えたり、(1)に他の要素を加えたりして得られた例を見てきた。ここでは、(1)をそのままの形で含む、次のような文連鎖を見てみよう。

(28) 太郎が父親をぶった。次郎もそうした。

束縛変項読みとの差をはっきりさせるため、ここでも自由変項に《太郎》を入れる読みに限定することにしよう（また、先ほどと同様、太郎と次郎は血縁関係のない、赤の他人だとしよう）。その上で特に第2文の解釈に着目すると、内容的には次の二つの解釈が可能であることが分かる。

(29) a. 《太郎が太郎の父親をぶち、次郎も太郎の父親をぶった》
　　　（二人とも特定の人物をぶった）
　　b. 《太郎が太郎の父親をぶち、次郎も次郎の父親をぶった》
　　　（二人とも家庭内暴力を振るった）

(29a)は「厳密な同一性読み」、(29b)は「ゆるやかな同一性読み」と呼ばれる。問題は、これらの二つの解釈が可能であることをどのように説明するかである。

本書第V部第16章（梶浦論文）で「そうだ」の解釈に関して次のような条件が提案されている。

(30) 表意同一性条件（Explicature Identity Condition）
　　　第1文（S_1）と 第2文（S_2）が連結しているとする。S_2は、S_1の主語を置き換え、S_1の述語部を do so 表現（もしくは「…もそうだ」表現）で置き換えて得られた文であるとする。[S_1, S_2]の連結文が具体的なコンテクストの中で用いられ

た時、S₂における do so 表現（もしくは「…もそうだ」表現）は S₁ の発話が表す表意の述語部分を受ける。

この条件の正当化は本書第Ⅴ部第16章（梶浦論文）にゆだね、ここではこれが正しいと仮定しよう。さらに、日本語表現「そうする」も「そうだ」と同様、表意の同一性を要求すると仮定しよう。

さて、(28) の第1文の表意を、自由変項に《太郎》を入れた (31a) のようなものであると考えると、(30) の条件により、第2文は (31b) のような表意を持つことになる。

(31) a. 《太郎が［太郎］ノ父親をぶった》
　　 b. 《次郎も［太郎ノ父親をぶった］》

(31b) の読みは「厳密な同一性読み」である。ここで、(31a) からは、第2文に対する「ゆるやかな同一性読み」(29b) が得られない点に注意しよう。「そうする」は言語的意味《αノ父親をぶった》（αは自由変項）ではなく、あくまで表意を受けるので、第1文の自由変項に《太郎》を入れて表意を構築してしまった以上、第2文の表意にもその要素が登場することになってしまうのである*6。

(28) において「ゆるやかな同一性読み」が可能であることを説明するためには、(28) の第1文に対して、自由変項読みとは別に、(32a) の読み、すなわち束縛変項読みを論理形式のレベルで仮定しなければならない（束縛変項に対しては飽和化は適用されないので、論理形式がほぼそのままの形で表意となる）。

(32) a. 《太郎$_i$ が $α_i$ ノ父親をぶった》
　　 b. 《次郎$_i$ も［$α_i$ ノ父親をぶった］》

(28) の第1文の表意が (32a) のように決まれば、(30) の条件により、第2文は (32b) のような表意を持つことになる（(32b) の変項 $α$ も束縛変項であることに注意されたい）。これにより、緩やかな同一性読みを得ることができる。

第3章　非飽和名詞のパラメータに対する意味解釈　　59

以上の議論は、自由変項を含む論理形式（およびそれに対する飽和化という語用論的操作）だけで意図する読みを賄えると思われた(1)ですら、（「表意同一性条件」(30)を正しいとみなす限り）実は理論的には曖昧であり、意味論のレベルで複数の論理形式を用意しておかなければならない、ということを示す。

4. 束縛変項読みに課される制約

　前節で、非飽和名詞のパラメータを束縛変項として読む読みがあることをいくつかのデータに基づいて示した。しかし、この読みは常に可能であるわけではなく、言語的な制約が存在する。
　まず次の文を見てみよう。

　(33)太郎が　主役／作者／犯人　をぶった。

(33)に登場する「主役」「作者」「犯人」はいずれも非飽和名詞であるが、そのパラメータは自由変項としてしか解釈されず、文全体は曖昧ではない。(33)に束縛変項読みがないのは意味論的な制約によるものである。非飽和名詞は、それが要請するパラメータに意味的な制約を課している（西山2003: 39）。例えば、「主役」であれば《芝居・映画》等、「作者」であれば《本・論文》等、「犯人」であれば《事件》、といった具合である*7。そのため、次のような表現は意味的に不適格である。

　(34)a. ?太郎の主役
　　　b. ?太郎の作者
　　　c. ?太郎の犯人

この種の制約は、「〜の」という形式で明示的に表現されたパラメータ値だけでなく、パラメータを束縛する要素にも適用される。(33)では、パラメータを束縛する要素が「太郎」であり、非飽和名詞「主役」「作者」「犯人」からパラメータに課される制約に合致

しない。そのため、束縛変項読みが排除されるわけである。以上のことは次のようにまとめられる。

 (35)非飽和名詞のパラメータを束縛する要素は、飽和名詞がそのパラメータに課す意味論的制約に違反してはならない。

(35)は意味論的な制約であるが、これとは異なるタイプの制約もある。次の文を見よう。

 (36)母親がある男の子をぶった。
 (37)ある男の子が母親にぶたれた。

(36)には自由変項読みしかなく、「母親」のパラメータが「(ある)男の子」によって束縛されているという読みは無理である。一方、(36)に形式的に対応する受動文(37)では、自由変項読みに加え、束縛変項読みも可能である。(37)で束縛変項読みが可能である以上、(36)に束縛変項読みがないことを上に見た意味論的な制約(35)によって説明するわけにはいかない。ここでは、次のような別の制約が働いていると思われる。

 (38)パラメータを束縛する要素は、そのパラメータ(束縛変項)より構造的に上位に位置していなければならない。

(38)において、「構造」というのは統語構造のことであり、「上位」というのはc統御(c-command)のような概念で規定されるものと思われるが、詳細は省略する。ここでは、主語は他の要素より上位にあると仮定し、(36)では束縛する要素(「(ある)男の子」)が束縛される要素(「母親」のパラメータ)より上位にないため、束縛変項読みが許されないと考えておく。

5. むすび

　本章では、文中での非飽和名詞のパラメータに対する意味解釈を考察の対象とし、自由変項読みと束縛変項読みという二つの解釈が可能な場合があること、それに伴い文全体が曖昧になることを論じた。
　(1) と本質的に同じ曖昧性は英語でも観察される。例えば、(39) に登場する *his* は非飽和名詞 *father* のパラメータの値として機能しているが、自由変項とも束縛変項とも解釈でき、文全体は曖昧である。

　　(39) John hates *his* father.　　　　(Heim and Kratzer 1998: 246)

英語ではこのように、非飽和名詞のパラメータが音形を持つことが多く*8、(39) のような文はもっぱら代名詞の意味解釈という観点から論じられてきた。一方日本語の場合、非飽和名詞のパラメータはしばしば音形を欠くため、(1) のような文 (に登場する名詞句) の解釈は議論の対象とはなりにくかったと思われる。本章では、意味的にパラメータを含む名詞―非飽和名詞―の意味解釈という点から出発し、それを含む文の曖昧性を論じた*9。
　束縛変項読みには言語的 (意味的・統語的) な制約があり、常に可能なわけではないことを見たが、逆に、特定の構文の特定の位置に出現した名詞については束縛変項読みが強制されることを最後に指摘しておこう。

　　(40) 洋子は父親が医者だ。
　　(41) 太郎は故郷が青森だ。
　　(42) カキ料理は広島が本場だ。
　　(43) 次郎には妻も子供もいない。

(40) – (43) はそれぞれ、「象は鼻が長い」構文、「故郷は青森だ」構文、カキ料理構文、所有文と呼ばれる構文である。ここに登場す

る非飽和名詞「父親」「故郷」「本場」「妻」「子供」のパラメータは、自由変項としては解釈されず、それぞれ「洋子」「太郎」「カキ料理」「次郎」によって束縛される束縛変項として解釈される。これらの構文において束縛という概念装置が重要な役割を果たすことは、本書第 II 部第 9 章（西川論文）および第 III 部第 11 章（西山論文）で論じられる。

＊1　ここで言う「束縛変項」「自由変項」は、論理学で言うところの「束縛変項」「自由変項」とは別の概念である。
＊2　「自分」については膨大な量の研究があるが、本章では単純に、束縛変項として機能すると考えておく（ただし、束縛変項がすべて「自分」で表現できるという主張をするわけではないし、「自分」が常に束縛変項として機能するという主張をするわけでもない）。
＊3　束縛変項が「自分」で表現されている (8) においても飽和化は不要で、表意のレベルで「自分」を「太郎」と読み替える必要はない。
＊4　(13) の自由変項に《ある人／誰か》を語用論的に入れることが可能だとすると、コンテクストによっては以下の (i) を、(ii) のような表意を持つものとして解釈できるはずである。
　　(i)　　父親が笑った。
　　(ii)　《[ある人] ノ父親が笑った》
しかし、実際にはどのようなコンテクストにおいてもそのような解釈は無理であろう。
＊5　(22) およびそれに関連する表現を「A がいる／いない」の A に埋め込むと、次のような存在文（絶対存在文）が得られる。
　　(i)　　父親をぶった人がいる。　　（cf. (10) ある人／誰かが父親をぶった。）
　　(ii)　父親をぶたなかった人はいない。　（cf. (11) みんな父親をぶった。）
　　(iii)　父親をぶった人はいない。　　（cf. (12) 誰も父親をぶたなかった。）
絶対存在文は動詞文に言い換えられることが知られているが（本書第 III 部第 11 章（西山論文）参照）、(i) – (iii) の言い換えとしては、括弧内に示したように、先に見た (10) – (12) が対応する。このように言い換えても曖昧性が保持されているのは興味深い。
＊6　「そうだ」「そうする」が言語的意味（(28) の場合、《a ノ父親をぶった》）を受けるのであれば、ここでの a は（仮定上）自由変項であるため、その自由変項に《次郎》を入れることで、(28) の第 2 文を《次郎も次郎の父親をぶった》と解釈することが可能となる。しかし、そのような解釈は (30)「表意同一性条件」によって禁じられる。
＊7　非飽和名詞がパラメータに対して課すこの種の制約は、非飽和名詞の意味

の一部として辞書に記述されるべきものである。したがって、単に辞書内で［±飽和性］といった素性を与えることによって名詞の飽和性を示すやり方（三宅 2000）は、名詞の意味記述として十分ではない。

*8　ただし、英語においてもパラメータが音形を欠く場合がある。次の例を見よう。

(i)　　John has *a sister*.
(ii)　　Every participant had to confront and defeat *an enemy*.

(Partee 1989/2004: 262)

sister, enemy は非飽和名詞である。英語では通常、非飽和名詞のパラメータは *a's* という形式で表されるが（e.g. *John's sister, his enemy*）、(i)(ii) ではそれらのパラメータは言語表現化されていない。この種のデータは、"implicit variable"、"hidden indexical"などの名のもとに近年活発に議論されている（本書第V部所収の論文に挙げられている文献を参照）。

*9　本章では、議論の対象を非飽和名詞の意味解釈に限定した。そのため、飽和名詞についても同様の現象が見られるか、もし見られるとすると、それはどのような仕組みによるものか、といったことは取り上げなかった。この点について、例えば (i) を見てみよう。

(i)　　太郎が顔を洗った。

(i) の「顔」は、譲渡不可能名詞と呼ばれる特殊な飽和名詞であるが（本書第I部第4章（西川論文）参照）、この名詞句については束縛変項読みが可能であるように思われる。

　また、これに関連して、竹沢（1991: 68–69）が挙げる興味深いデータを見てみよう。

(ii)　　山田さんが髪を染めている。［「髪」：譲渡不可能名詞］
(iii) a.《山田さんが自分の髪を染めている》
　　　b.《山田さんが田中さんの髪を染めている》

ここでのポイントは「ている」の解釈である。(ii) を (iiia) のように読んだ場合、「ている」を進行相とも結果相とも解釈できるが、(iiib) のように読んだ場合、「ている」は進行相の読みのみ可能で、結果相の読みは無理である。竹沢（1991）はこのことを次のようにまとめている（下線は本章の筆者による）。

(iv)　　「ている」の結果相解釈は、主語が影響動詞の目的語を束縛している場合に得られる。

(iv) で言う「束縛」と、本章で述べてきた「束縛」とは同じ概念なのか違う概念なのか、違うとすればどのように違うのか、これらのデータと本章で挙げたデータを統一的に扱うにはどうすればよいか—これらは興味深い問いではあるが、稿を改めて論じることにしたい。

第 4 章

「NP₁ の NP₂」タイプ F
譲渡不可能名詞 NP₂ とその基体表現 NP₁

西川賢哉

1. はじめに

西山（2003: 第1章）は、「NP₁ の NP₂」という形式の名詞句を、NP₁ と NP₂ の意味的緊張関係という観点から次の五つのタイプに分類した。

(1) a. タイプ A：NP₁ と関係 R を有する NP₂
       例：山田先生の本、洋子の首飾り、ピアノの音
   b. タイプ B：NP₁ デアル NP₂
       例：コレラ患者の学生、看護師の洋子、病気の父
   c. タイプ C：時間領域 NP₁ における、NP₂ の指示対象の断片の固定
       例：着物を着た時の母、大正末期の東京
   d. タイプ D：非飽和名詞 NP₂ とそのパラメータの値 NP₁
       例：この芝居の主役、太郎の妹、この小説の作者
   e. タイプ E：行為名詞 NP₂ と項 NP₁
       例：物理学の研究、この町の破壊、田中先生の忠告

本章では、この分類に次のようなタイプ―タイプ F と呼ぶ―を追加することを提案する。

(2) タイプ F：譲渡不可能名詞 NP₂ とその基体表現 NP₁

タイプFの例を挙げる。

(3) a. 太郎の手、象の鼻、少年の髪、次郎の歯、王様の耳、チーターの尻尾
b. 家の玄関、ホールの天井、この部屋の窓、建物の柱、3号棟のエレベーター
c. あの車の　ハンドル／ブレーキ／アクセル／エンジン／タイヤ
d. 鍋の　蓋／取っ手
e. 服の　襟／袖／ポケット
f. 雑誌の表紙*1、本の序文、論文の目次、事典の索引
g. この曲のコーダ
h. 大山のぶ代の声、東京スカイツリーの影、マルクスの墓

　身体部位表現をはじめとする、いわゆる〈全体─部分（whole-part）〉の関係を表す「NP₁のNP₂」はここに属する。また(3h)のような、〈全体─部分〉の関係とは言えない表現もタイプFに含めてよいと思われる（ただし以下では、典型的と思われる(3a-g)を主に取り上げる）。
　タイプFの成立に重要な役割を果たすのは、主名詞NP₂の辞書的意味特性である。「NP₁のNP₂」がタイプFである時、その主名詞NP₂を譲渡不可能名詞（inalienable noun）と呼ぶことにしよう*2。(3)の主名詞NP₂「手」「鼻」「髪」…はすべて譲渡不可能名詞である。このタイプの名詞は、後述する非飽和名詞（unsaturated noun）や譲渡可能名詞（alienable noun）とは異なる特性を持つ。これらの名詞との比較を通じて、タイプFの意味構造の解明を試みる*3。

2. 譲渡不可能名詞と非飽和名詞の区別

　譲渡不可能名詞は非飽和名詞と混同される（あるいは区別されない）ことが多い（三宅2000、小野2009、杉岡・影山2011、など）。

非飽和名詞とは、「α（ノ）」というパラメータを意味的に含んでおり、その値が定まらない限り、外延を決定できないタイプの名詞である（西山 2003）。これに対し、譲渡不可能名詞は、それ単独で外延を決定できるという意味で飽和名詞であり、非飽和名詞とは本質的に異なる*4。

　両者の違いを集合概念を使って述べると次のようになる。例えば「妹」は非飽和名詞であるから、単独ではそれを満たす集合は作れない（それゆえ、「妹の集合」や「美しい妹の集合」という概念は適切ではない）。一方で、本章で譲渡不可能名詞に分類される「取っ手」については、それを満たす集合を単独で作ることが原理的に可能である（したがって、「取っ手の集合」「白い取っ手の集合」という概念は適切である）。

　この節では、非飽和名詞と譲渡不可能名詞の概念上の違いが言語現象にも反映していることを、具体的なデータで確認しておこう。

2.1. 譲渡不可能名詞の飽和性

　名詞の飽和性を調べるテストはさまざま提案されているが（本書第 I 部第 1 章（山泉論文）参照）*5、ここでは (4) のスキーマを用いるテストを見てみよう。

　　(4) この N は {誰の／何の／どの〜の／…} N？*6

(4) では "N" が 2 回登場しているが、この位置には同じ名詞を代入することとする。N の位置に飽和名詞を代入することは可能である。

　　(5) この傘は誰の傘だろう。
　　(6) この本は誰の本だろう。

しかし、N に非飽和名詞を代入すると不適格な文になる。

　　(7) ?この妹は誰の妹だろう。

第 4 章　「NP₁ の NP₂」タイプ F　　67

(8) ?この主役はどの芝居の主役だろう。

　これは次のような事情による。主語名詞句「このN」は、Nが飽和していなければ（その外延が決定されていなければ）使うことができない。Nが非飽和名詞の場合には、したがって、そのパラメータの値が語用論的に埋められる状況でなければ使えない。一方、述語名詞句には疑問詞が含まれており、主名詞Nが非飽和名詞の場合、疑問詞でそのパラメータの値を求めることになる。ということは、Nが非飽和名詞の場合には、パラメータ解釈に関して主語名詞句と述語名詞句とで齟齬が生じることになる。その結果、文全体は不適格になるのである。これに対し、Nが飽和名詞の場合は、このような齟齬が発生せず、得られた文は原則として適格なものでありうる。

　さて、譲渡不可能名詞に分類される「手」や「取っ手」などは、(4)のNに位置に登場しうる。

(9) この手は誰の手だろう。（コタツの中で誰かの手をつかんで）
(10) この取っ手はどの鍋の取っ手だろう。

(9)(10)の適格性は、「手」「取っ手」という名詞が「誰の」手か、「どの鍋の」取っ手か分からない状況でも（「この手」「この取っ手」という形で）使用可能であること、すなわち、それらが単独で外延を決定できる飽和名詞であることを示す。

2.2.「鼻は象が長い」構文と名詞の飽和性

　譲渡不可能名詞と非飽和名詞の区別は、特定構文の成立条件にも関与している。ここでは「象は鼻が長い」構文（以下、象鼻構文）とそれに対応する「鼻は象が長い」構文（以下、鼻象構文）を取り上げよう*7。よく知られているように、象鼻構文「AはBがC（だ）」においては、AとBとの間にある種の意味的な関係がなければならない（三上（1953）はこの関係を「ノ的磁力線」と呼んだ。詳細は本書第II部第9章（西川論文）参照）。「NP$_1$のNP$_2$」の分類

で言うと、象鼻構文「AはBがC（だ）」におけるAとBの関係がタイプA（Aと関係Rを有するB）、タイプE（行為名詞Bとその項A）の場合には、対応する鼻象構文「BはAがC（だ）」を構築することができる。

(11) a. 田中先生はネクタイが派手だ。〔タイプA〕
　　 b. ネクタイは田中先生が派手だ。
(12) a. チーズは消化が早い。〔タイプE〕
　　 b. 消化はチーズが早い。

また、AとBとの関係がタイプF（譲渡不可能名詞Bとその基体表現A）の場合にも、対応する鼻象構文を構築することができる。

(13) a. チーターは尻尾が長い。〔タイプF〕
　　 b. 尻尾はチーターが長い。
(14) a. この部屋は天井が高い。〔タイプF〕
　　 b. 天井はこの部屋が高い。
(15) a. この車はハンドルが軽い。〔タイプF〕
　　 b. ハンドルはこの車が軽い。
(16) a. この本は表紙がきれいだ。〔タイプF〕
　　 b. 表紙はこの本がきれいだ。
(17) a. 洋子は声がきれいだ。〔タイプF〕
　　 b. 声は洋子がきれいだ。

しかし、象鼻構文「AはBがC（だ）」におけるAとBの関係がタイプD（非飽和名詞Bとそのパラメータの値A）の場合、対応する鼻象構文は構築できない。

(18) a. 花子はお父さんが政治家だ。〔タイプD〕
　　 b. ?お父さんは花子が政治家だ。　　　　（西山2003:255）
(19) a. あの芝居は主役が上手だ。〔タイプD〕
　　 b. ?主役はあの芝居が上手だ。

(20) a. この小説は作者が日本人だ。〔タイプ D〕
　　 b. ?作者はこの小説が日本人だ。
(21) a. あの少年は妹がきれいだ。〔タイプ D〕
　　 b. ?妹はあの少年がきれいだ。
(22) a. 豊臣家は敵が手強い。〔タイプ D〕
　　 b. ?敵は豊臣家が手強い。

このように、特定構文の成立条件を適切に記述するためにも、譲渡不可能名詞を非飽和名詞から区別しておかなければならないのである。

2.3. 語用論的拡充の可能性　杉岡・影山（2011）について

譲渡不可能名詞は非飽和名詞ではない、という本章の見解に対して、杉岡・影山（2011）はそれらはどちらも意味的に不完全な名詞（彼女らの用語では「相対名詞」）であるという議論を展開している。本章で譲渡不可能名詞に分類される名詞「蓋」「腕」について、彼女らは次のように述べる。

(23) いきなり、「これは蓋です」と言われても、十分に意味が理解できず、「何の蓋ですか?」と問い直したくなる。なぜなら、「蓋」は、それを含むより大きな物体の一部分にすぎないからである。したがって、これらの名詞が指すものを十分に理解するには、「やかんの蓋」のように「全体」を「〜の」で明示するか、あるいは全体が何であるのかが文脈から推測できることが必要になる。　　（杉岡・影山 2011: 225）

(24) いきなり「これは腕です」と言うのは意味的に不完全である。　　　　　　　　　　　　　　　　　　　　（杉岡・影山 2011: 229）

大抵のコンテクストで「これは蓋／腕です」と言われれば、「何の蓋／誰の腕ですか?」と問い直したくなるのは確かである。しかしそれは語用論的な問題であり、意味論的にその情報が要請されるわけではない。何の蓋／誰の腕であるのかが分からない時であっても、

「蓋」「腕」という名詞が使えるケースはあるのである。実際、「蓋」「腕」は（4）のテストをパスする。

　（25）この蓋は何の蓋だろう。
　（26）この腕は誰の腕だろう。

このことは、（25）（26）の主語名詞句「この蓋」「この腕」の理解に「全体」概念は含まれていないことを示す。
　また、彼女らは、譲渡不可能名詞「腕」について、次のようにも述べている。

　（27）たとえばバラバラ殺人事件において被害者の「腕」だけが見つかったとしよう。その場合、刑事は「これは腕だ」と言えるが、それは、腕がこの事件の被害者のものに違いないということが前もってわかっているからである。
　　　　　　　　　　　　　　　　　　（杉岡・影山 2011: 226）

しかし、（27）には問題がある。次のような状況を考えてみよう。刑事が腕を発見したが、その腕はその刑事が担当している事件の被害者のものではないと考えたとする。（27）と平行的に考える限り、この時（28）を用いて（29）の内容を伝達することができるはずである。

　（28）これは腕ではない。
　（29）《これは［この事件の被害者の］腕ではない》

しかし、実際には（28）に対して（29）のような解釈をするのは無理である。（28）は、「誰の」腕であるかとは無関係に、「これ」の指示対象が腕であれば偽、さもなくば真と判断されるであろう。このことは、（28）の真理条件に腕の「全体」概念は含まれていないこと、すなわち、（28）の理解に腕の「全体」概念は含まれておらず、「腕」は意味的に完全であることを示す。

第4章 「NP$_1$のNP$_2$」タイプF　71

（28）とは対照的に、問題の名詞が非飽和名詞の場合、パラメータの値の理解は必須であり、また語用論的に補完された値は否定の対象となる（真理条件に寄与する）。例えば（30）を見よう。

(30) あの人は父親ではない。

（30）では非飽和名詞「父親」のパラメータの値が明示されておらず、したがって、それを含む文全体も意味的に不完全である（命題を表しえない）。そのため、飽和化（saturation）という語用論的操作*8によって、そのパラメータの値を補完する必要がある。今、あるコンテクストで（30）が（31）のように解釈されたとしよう。

(31)《あの人は［この事件の被害者の］父親ではない》

この場合、「あの人」の指示対象がこの事件の被害者の父親であれば偽、そうでなければ（たとえ別の事件の被害者の父親であっても、この事件の被害者の父親でなければ）真と判断される。先ほどの「腕」の例とは異なり、「誰の」父親であるかが真偽判断に効いてくるのである*9。

このように、譲渡不可能名詞と非飽和名詞には解釈上重要な違いがあり、それらを区別しない杉岡・影山（2011）は妥当ではないと言わざるをえない。

3. 譲渡不可能名詞の意味特性およびタイプFの意味構造

前節で譲渡不可能名詞が飽和名詞（単独で外延を決定できる名詞）であることを見た。このことを踏まえ、この節では譲渡不可能名詞および「NP$_1$のNP$_2$」タイプFについて、詳しく検討しよう。

飽和名詞の中には、ある概念との関係において意味が規定される名詞がある。例えば、「手」「玄関」「ハンドル」にそれぞれ（32）に示すような意味成分が含まれていることは直観的に明らかであろう。

(32) a. 「手」:　　　《[[体] の一部分]》
　　 b. 「玄関」:　　《[[建物] の一部分]》
　　 c. 「ハンドル」:　《[[乗りもの] の一部分]》

(33) が分析的 (analytic) であること、また、(34a) が (34b) を伴立 (entail) することからも、(32) のような意味成分を持っていることが確認される*10。

(33) 手は体の一部分だ。
(34) a.　太郎は手をつかんだ。
　　 b.　太郎は体の一部分をつかんだ。

このように、ある概念との関係において意味が規定される飽和名詞を譲渡不可能名詞と呼ぶことにする*11。
　譲渡不可能名詞の意味成分に含まれる関係の項となる概念を「基体」と呼ぶ。(32) で言えば、《体》《建物》《乗りもの》という意味成分がそれぞれ「手」「玄関」「ハンドル」の基体である(それに対して、《[[…] の一部分]》は関係である)。ここで重要なのは、基体が変項 (variable) ではなく定項 (constant) であるという点である。定項である以上、その部分に対する概念の拡充は、少なくとも意味論的には要請されない(語用論的に必要とあらば拡充してもよいが、その操作は必須ではない。注 8, 9 も参照)。譲渡不可能名詞の意味の中には、定項は存在するが変項は存在しないと考えられる。この点で、意味の中に変項を持つ非飽和名詞とは異なり、譲渡不可能名詞は「意味的に完全」なのである。
　譲渡不可能名詞がいわゆる「全体」概念を連想させるのは確かである。それは、その意味に含まれる成分(基体)によるものである。しかし、「全体」概念が定まらなければその外延が決定されない、と考えるのは誤りである。譲渡不可能名詞の基体は定項である(したがって譲渡不可能名詞単独でその外延を決定できる)のに対し、非飽和名詞のパラメータは変項である(したがって非飽和名詞単独では外延を決定できない)ことを改めて強調しておこう。

第 4 章 「NP₁ の NP₂」タイプ F　　73

さて、名詞句「NP₁のNP₂」においてNP₂が譲渡不可能名詞である時、NP₁はNP₂の基体（定項）を具現化（elaborate）する表現として機能するケースがある*12。これが「NP₁のNP₂」に対するタイプFの読みである。「太郎の手」の意味構造はおおよそ次のように表すことができる。

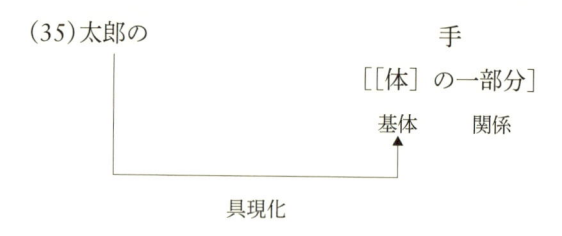

(35) 太郎の　　　　　　　　　　手
　　　　　　　　　　　　　　[[体]の一部分]
　　　　　　　　　　　　　　基体　　関係

　　　　　　　　　　具現化

　このように、「NP₁のNP₂」において、NP₁がNP₂（譲渡不可能名詞）に含まれる基体を具現化する機能を果たす時、NP₁を「基体表現」と呼ぶことにしよう（ここで「基体」と「基体表現」とは区別されることに注意されたい。「基体」は譲渡不可能名詞に含まれる意味成分／概念のことを言うのに対し、「基体表現」はその名の通り（基体を具現化する）具体的な言語表現（NP₁）のことを言う）。
　タイプFにおいては、NP₁（基体表現）とNP₂（譲渡不可能名詞）の関係は意味論的に決定されており、関係の理解に語用論は必要ない。というのは、基体との関係《[[…]の一部分]》が譲渡不可能名詞NP₂の意味の中に既に含まれているからである。この点で、NP₁とNP₂の関係を語用論的に補完しなければならないタイプAとは異なる。

4. 名詞の意味特性と「NP₁のNP₂」の意味解釈の可能性

　譲渡不可能名詞以外の飽和名詞を「譲渡可能名詞」と呼ぶことにしよう。「傘」「首飾り」「本」「リンゴ」など、大多数の名詞は譲渡可能名詞に分類される。ここで名詞の意味タイプを整理すると、次のようになる。

(36) a. 非飽和名詞
　　b. 飽和名詞
　　　 i. 譲渡不可能名詞
　　　 ii. 譲渡可能名詞

この節では、これらの名詞の意味特性と「NP₁のNP₂」の意味解釈との関係を検討しよう*13。

名詞句「NP₁のNP₂」において、NP₂の位置に譲渡可能名詞が登場した時、その名詞句をタイプA《NP₁と関係Rを有するNP₂》として読むことは可能でも、タイプDやタイプFとして読むことは不可能である*14。タイプD、タイプFと読むためには、NP₂がそれぞれ非飽和名詞、譲渡不可能名詞でなければならないからである。例えば、(37)は、NP₂「傘」が譲渡可能名詞であるから、タイプAの読みしか許容されない。

(37) 洋子の傘

しかし、NP₂の位置に譲渡不可能名詞が登場したからといって、「NP₁のNP₂」はタイプFの読みに限定されるわけではない。もう一度次の例を見てみよう。

(38) 太郎の手

この表現をタイプFとして読むことはもちろん可能である。しかし、《太郎と関係Rを有する手》というタイプAの読みも可能である。すなわち、(38)は曖昧（ambiguous）である*15。この曖昧性は、次の文ではっきりすると思われる。

(39) 太郎の手は洋子の手だ。

子供たちがこたつの中で誰かの手をつかむという遊びをしているのを見ている大人が(39)を発したとしよう。この場合、(39)は次

のように解釈できる。

(40)《太郎[がつかんでいる]手は、洋子の手だ》
　　　　タイプA　　　　　　　タイプF

つまり、ここでは「太郎の手」をタイプFではなく、タイプA（《太郎と関係Rを有する手》）と読んでいるわけである。
　また、NP$_2$が譲渡不可能名詞であっても、タイプFの読みが意味的に排除される場合がある。

(41) あの男の子の袖

NP$_2$「袖」の基体は《服》であるから、NP$_1$「あの男の子」は「袖」の基体表現（基体を具現化する表現）としては機能しえない。したがって、(41)をタイプFと読むことは不可能である。しかし、(41)をタイプA（《あの男の子と関係Rを有する袖》）と読むことは可能である。タイプAであるから、NP$_1$とNP$_2$の関係の理解には語用論の助けが必要となる（《あの男の子[が着ている上着の]袖》など）。
　このように、NP$_2$の辞書的意味特性から「NP$_1$のNP$_2$」の意味タイプが自動的に決まるわけではない点に注意すべきである*16。

5. 意味論上の概念としての譲渡可能性

　前節までに、譲渡不可能名詞およびそれを含む表現の意味解釈について論じてきたが、譲渡可能性に関して一つ注意すべきことがある。それは、本章で言う譲渡可能性は、ことばの問題、特にことばの意味（sense）の問題であって、ことばによって指示される現実世界あるいは可能世界における対象（reference）の問題ではないという点である*17。譲渡可能性について、文献に以下のような見解が見られるが（下線は本章の著者による）、これらは譲渡可能性を二つの名詞句の意味（sense）の間に成立する関係とみなしてお

らず、ことばの意味以外の概念に依拠しているという点で、本章の見解とは異なる。

(42) a. It seems intuitively clear that conceptual distance is greater when possession is *alienable* than when it is not: possessor and possessum are not indissolubly bound together where possession is alienable, <u>either in fact or in the perception of speakers.</u>　　　　(Haiman 1985: 130)
b. Inalienable possession refers to a permanent relationship between <u>two entities.</u>　　　　(Croft 1990: 175)
c. 又、別の観点から見ると、所有傾斜[*18]は所有者と所有物の間の<u>物理的な、或いは心理的な近さ・密接さの程度</u>を表すといえる。　　　　(角田 2009: 127)

また、譲渡可能性に関して、「物理的に切り離すことができるか否か」という点がしばしば問題とされることがある。

(43) 機能的にも、体から切り離されてしまった「腕」はもはや本来の役目を果たさない。　　　　(杉岡・影山 2011: 226)

しかし、このことは偶然的（contingent）にそうであるだけで、ことばの意味とは無関係である。逆に、物理的な意味で切り離せないと考えると、意図する意味解釈が得られない場合がある。例えば以下の文を見てみよう。

(44) 王様の耳はロバの耳。

この名で知られる寓話[*19]のコンテクストで (44) を理解する時、そこに含まれる「王様の耳」と「ロバの耳」はともにタイプFの表現であることに注意しよう。特に、述語名詞句「ロバの耳」について、ロバから切り離されているからといって、譲渡不可能な関係（〈譲渡不可能名詞NP$_2$とその基体表現NP$_1$〉という意味的緊張関

係）が成立していないと考えるのは妥当ではない。また、（ことばの意味とは無縁だが）「耳」が本来の機能を果たしていないというわけでもないであろう。「切り離せる」云々は、譲渡可能性の本質とは一切関係ないのである*20。

なお、蛇足かもしれないが一言。寓話の世界だからと言って、この文を理解する時、「耳」の辞書的意味を変更しているわけではないという点にも注意しておこう。むしろことばの意味を変更していないからこそ、(44)を寓話に現れる文として理解できると考えるべきである。

6. むすび

本章での議論をまとめると、次のようになる。

(45) a. 「NP_1 の NP_2」という形式には《譲渡不可能名詞 NP_2 とその基体表現 NP_1》という意味タイプがある。これをタイプFと呼ぶ。
  b. 譲渡不可能名詞とは、ある概念（基体）との関係において意味が規定される飽和名詞のことをいう。
  c. 譲渡不可能名詞は飽和名詞であって非飽和名詞ではない（この点でタイプFはタイプDから区別される）。
  d. 「NP_1 の NP_2」タイプFの場合、NP_1 と NP_2 の関係は NP_2 の意味の中に含まれており、語用論的な読み込みは不要である（この点でタイプFはタイプAから区別される）。
  e. 「太郎の手」はタイプFともタイプAとも読める曖昧な名詞句である。
  f. 譲渡可能性は、ことばの意味の問題であり、世界の中の対象の問題ではない。

譲渡不可能名詞とその基体表現という意味的緊張関係は、単に名詞句「NP_1 の NP_2」だけでなく、特定構文の論理形式にも反映される

という点で重要である。「象は鼻が長い」構文、「鼻は象が長い」構文については既に見たが、以下のような所有文「A（に）はBがある／ない」の構文記述にも効いてくる（本書第III部第11章（西山論文）参照）。

(46) 人間には尻尾がない。

譲渡不可能名詞の規定については、なお理論的に詰めるべき問題も多いが、今後の課題とする。

＊1　西山（2003: 33）では「表紙」が非飽和名詞に分類されているが、譲渡不可能名詞と見るのが妥当である。後に挙げる例文（16）およびその周辺の議論を参照。

＊2　後述するように、譲渡可能性は名詞が持つ特性であって、そのような特性を持つ要素をNP（Noun Phrase；名詞句）と表示するのは厳密には誤りであるが、西山（2003: 57注46）の非飽和名詞の扱いにならい、（特に譲渡不可能名詞が「NP$_1$のNP$_2$」のNP$_2$の位置に登場する場合）NPという表示も認めることにする。

＊3　本論に入る前にここで一つ注意しておく。本章の主張は、(3)に挙げた日本語表現が「NP$_1$のNP$_2$」タイプFの意味構造を有するというものであって、身体部位表現だからと言って、例えば「太郎の手」に相当する各言語の表現がすべてタイプFの意味構造を有する、と主張するわけではない。各言語において、身体部位を表す名詞がすべて譲渡不可能名詞だとは限らないからである。言語によっては非飽和名詞の場合もあり得るし、譲渡不可能名詞と非飽和名詞の二つが語彙化されている場合もあり得よう。個別言語で身体部位を表す名詞がどのような意味的特性を持つかはアプリオリには決められず、その言語における言語現象に基づき経験的に決定されなければならない。

＊4　非飽和名詞と譲渡不可能名詞の区別を示唆している先行研究として、三上（1960）を挙げることができる。
　(i)　ところが、名詞（体言）のほうは必ずしも「ノ」を要求しません。
　　　関係概念や部分を表す名詞、例えば
　　　　ダレカノ娘、妻、母……
　　　　何モノカノ目、鼻、手、足……
　　　などはかなり強く「ノ」を要求しますが、それでも、
　　　　鼻は、呼吸器官でもある。
　　　のように一本立ちになることもできます。大多数の名詞は、「Xノ

　　　　　　を待たずに一本立ちしています。　　　　　　（三上 1960: 151)

ここに挙げられている名詞のうち、「娘」「妻」「母」は非飽和名詞であり、「目」「鼻」「手」「足」は譲渡不可能名詞である。

＊5　すべての名詞についてその飽和性を判定できる単一のテストなど、おそらく存在しないであろう。後述の（4）を使ったテストも決して万能ではない。名詞の飽和性（および譲渡可能性）は、究極的には、いくつかのテストを組み合わせ、またそれが関与する言語現象を観察しながら、総合的に判断するしかない。

＊6　（4）を使うテストは西山佑司氏によって提示されたものである。

＊7　「象は鼻が長い」構文は措定文（predicational sentence)、「鼻は象が長い」構文は指定文（specificational sentence）であり、文のタイプがそもそも異なる。そのため、両者を同義（synonymous）と見ることはできない。この二つの構文の意味構造については本書第Ⅱ部第9章（西川論文）で論じられる。ここでは詳細には立ち入らず、単に対応する構文が成立するか否かだけに着目することにする。

＊8　飽和化（saturation）とは、言語表現の意味に含まれる自由変項（非飽和名詞のパラメータなど）を、コンテクストを参照して語用論的に埋める操作のことを言う。この操作は、同じく語用論的操作である自由拡充（free enrichment）とは区別される。自由拡充とは、純粋に語用論的な要請により（言語表現の意味からは自由 free に）言語表現の表す概念を拡充する操作である。自由拡充の適用は随意的であるのに対し、飽和化の適用は、意味構造に自由変項が含まれている限り義務的である。これらの語用論的操作に関する詳細については、本書第Ⅴ部所収の各論文を参照されたい。

＊9　（28）-（31）の類いのデータに対する詳細な説明、およびそれが提起する理論的意義については、本書第Ⅴ部第18章（峯島論文）を参照されたい。ここでは、そこでの議論を譲渡不可能名詞に適用してみたに過ぎない。

　ここでの議論に関係する範囲で（28）-（31）〔以下に再掲〕に対する説明を試みると、次のようになる。

　　（i）　これは腕ではない。（=（28））
　　（ii）　《これは［この事件の被害者の］腕ではない》（=（29））
　　（iii）　あの人は父親ではない。（=（30））
　　（iv）　《あの人は［この事件の被害者の］父親ではない》（=（31））

まず、譲渡不可能名詞の「全体」概念を拡充する語用論的操作（(ii) で意図されている操作）が飽和化ではなく自由拡充であることを押さえておこう（注8参照）。さて、(28) は措定文（predicational sentence）であり、「腕」は叙述名詞句（predicate nominal）である。本書第Ⅴ部第18章（峯島論文）で提示される西山・峯島の仮説に従えば、叙述名詞句には原理的に自由拡充という語用論的操作が適用できないとされる。したがって、(i) を用いて (ii) の内容を伝達するとみなすことが関連性が高いはずのコンテクストであっても、(i) の「腕」の全体概念を自由拡充によって読みこんで《［この事件の被害者の］腕》と語用論的に解釈することはできないのである。

　一方、(iii) も措定文であり、「父親」は叙述名詞句であるが、「父親」は非飽和名詞であるため、(iii) を用いて (iv) の内容を伝達するとみなすことが関連

性が高いようなコンテクストにおいては、(iii) の「父親」のパラメータを飽和化によって読みこんで《[この事件の被害者の] 父親》と語用論的に解釈することは可能なのである。このように、譲渡不可能名詞と非飽和名詞の区別は、西山・峯島の仮説によっても裏付けを得られるということができよう。

なお、彼らの仮説は叙述名詞句にのみ適用されるものであり、指示的名詞句については原理的に自由拡充を適用することが可能である。例えば、次の (v) を見てみよう。

　　(v)　この事件の被害者に会った。腕が汚れていた。

ここでは譲渡不可能名詞「腕」が指示的な位置に登場しているが、この場合の「腕」は《[この事件の被害者の] 腕》と解釈するのが自然であろう。

*10　文の意味性質 (semantic property) や、文と文との間の意味関係 (semantic relation) を正しく説明・予測することは意味論の任務の一つであるが、ここでは (33) の分析性、(34) の伴立関係を語 (名詞) の意味に求めているわけである。

*11　「ある概念との関係において意味が規定される」をルースに解釈すると、「傘」は「雨」という概念との関係において規定される以上、譲渡不可能名詞に分類される、という議論も可能だということになるが、これはもちろん意図するところではない。この種のことは、譲渡不可能名詞における可能な「基体との関係」を制限することにより対処できると思われるが、この方向での譲渡不可能名詞の規定の精緻化は今後の課題とする。

なお、基体との関係は《…の一部分》がすぐに思いつくが、おそらくそれに限られるわけではない。例えば (3h)「墓」が譲渡不可能名詞であり、その基体が《人》だとすると、その関係は、後者《の一部分》といったものではありえないであろう。

*12　「定項の具現化」というアイディアは、影山 (2002: 187) に見られる。同論文は動詞の意味構造 (語彙概念構造) を扱ったものだが、(35) に示したように、このアイディアは名詞句の意味構造にも適用可能だと思われる。

*13　ここでは、名詞が語用論的調整を受けたケースは検討しない。例えば、「アキレス腱」は辞書的意味としてはあくまで譲渡不可能名詞であり、したがって飽和名詞であるが、比喩的に用いられた場合、《…の致命的な弱点》のごとく非飽和名詞のように解釈される。

　　(i)　太郎のアキレス腱

これは、飽和名詞が、アドホック概念構築 (*ad hoc* concept construction) という語用論的操作の適用を受けた結果、非飽和名詞的に解釈されたものであると考えられる。ただし、この種の説明には理論的な観点からの異論もある (本書第V部第 16 章 (梶浦論文) を参照)。

*14　「東京の府中」などの表現が〈全体―部分〉の関係と理解されることもあるが、ここでの NP$_2$ (「府中」) は譲渡不可能名詞ではないため、本章でいうタイプ F には該当しない。この表現は《東京 [に所在している] 府中》と解釈される、タイプ A の表現である。

*15　Chomsky (1972: 37-38) は、"John's leg" という英語表現について、(38) と同種の曖昧性を指摘している。

*16　参考までに、「NP$_1$ の NP$_2$」において NP$_2$ が非飽和名詞であってもタイプ

第 4 章 「NP$_1$ の NP$_2$」タイプ F　　81

Dの読みが排除される例を挙げておこう。
  (i) 慶應義塾大学の妹

(i) をタイプDとして読むことはできない。非飽和名詞がパラメータに対して課す意味論的制約（「妹」のパラメータは《人間》ないしそれに準じるものでなければならない）に違反するからである。しかし、(i) を (ii) のような意味構造を有するタイプAとして読むことは可能である。(i) が例えば (iii) のように使われた場合、(iv) のように解釈されるであろう。
  (ii) 《慶應義塾大学と関係Rを有するaノ妹》
  (iii) 太郎には大学に通っている妹が3人いるんだけど、今度慶應義塾大学の妹を紹介してくれるらしい。
  (iv) 《慶應義塾大学［に通っている］［太郎］ノ妹》

*17 このことは、実は〈譲渡不可能名詞とその基体表現〉の関係に限らず、「NP_1のNP_2」におけるNP_1とNP_2との関係全般について言えることである。われわれが名詞句「NP_1のNP_2」を考察する時、NP_1の意味とNP_2の意味との間の緊張関係—NP_1の意味とNP_2の意味がどのように合成 (compose) され、「NP_1のNP_2」全体の意味が構築されるか—を論じているのであって、世界におけるNP_1の指示対象とNP_2の指示対象の間の関係を論じているわけではない。以上の点は比較的明らかだと思われるのだが、話が譲渡可能性になると、ことば（名詞句）の意味の問題として扱われないことが多いように思われる。別途節を設けた所以である。

*18 「所有傾斜」(possession cline) とは「分離不可能所有と分離可能所有の分類を精密化したもの」とされ、次のように規定される（角田 2009: 127）。
  (i) 所有傾斜：身体部分　＞　属性　＞　衣類　＞（親族）＞　愛玩動物　＞　作品　＞　その他の所有物

*19 オウィディウス『変身物語』巻11（中村善也訳 (1984)『オウィディウス変身物語（下）』岩波文庫．pp.119–120）。

*20 (44) に関連して、次の名詞句を見てみよう。
  (i) 王様のロバの耳

(i) に対してはいくつかの読みが可能だが、(44) と同じコンテクストで解釈する限り、「王様」も「ロバ」も、譲渡不可能名詞「耳」に対する基体表現として機能していると分析される。この分析が正しいとすれば、この点にも譲渡不可能名詞と非飽和名詞の違いを見てとることができる。というのは、非飽和名詞のパラメータは通常一つに限られるからである。ただし、この分析には詰めるべき問題もあり、その妥当性の検証については、別稿に譲る。類例として (ii) も参照。
  (ii) 大山のぶ代のドラえもんの声

第 5 章

「NP₁ の NP₂」タイプ D′ とタイプ F′
「横暴な理事長の大学」と「長い髪の少年」

西川賢哉

1. はじめに

　前章に引き続き、「NP₁ の NP₂」という形式をもつ名詞句の意味構造を検討する。本章で取り上げるのは、タイプ D およびタイプ F に含まれる二つの NP を入れ替えた（ように見える）、次のような名詞句である（括弧内は対応するタイプ D、タイプ F の表現である）。

タイプ D′：非飽和名詞 NP₁ とそのパラメータの値 NP₂ *1

(1) 横暴な理事長の大学　　（cf. 大学の理事長）
(2) 下手な主役の芝居　　　（cf. 芝居の主役）
(3) 日本人の作者の小説　　（cf. 小説の作者）

タイプ F′：譲渡不可能名詞 NP₁ とその基体表現 NP₂

(4) 長い髪の少年　　　　（cf. 少年の髪）　　（坂原 2005: 10）
(5) 重いハンドルの車　　（cf. 車のハンドル）
(6) 広い玄関の家　　　　（cf. 家の玄関）

(1)–(3) のタイプを「タイプ D′（プライム）」、(4)–(6) のタイプを「タイプ F′（プライム）」と呼ぶことにしよう。
　これらの名詞句は、既存のどのタイプの「NP₁ の NP₂」にも該当しない。主名詞 NP₂「大学」「芝居」「小説」「少年」「車」「家」は、非飽和名詞（unsaturated noun）でもなければ行為名詞（verbal noun）でもない。また、譲渡不可能名詞（inalienable noun）でも

ない。したがって、タイプD（非飽和名詞NP$_2$とそのパラメータの値NP$_1$）、タイプE（行為名詞NP$_2$とその項NP$_1$）、タイプF（譲渡不可能名詞NP$_2$とその基体表現NP$_1$）の可能性は排除される。NP$_1$は時間領域を表す表現ではないので、タイプC（時間領域NP$_1$におけるNP$_2$の指示対象の断片の固定）でもない。タイプB（NP$_1$デアルNP$_2$）だとすると、対応する措定文（predicational sentence）「NP$_2$はNP$_1$だ」が構築できるはずであるが、以下に見る通り、そのような措定文は不可能である*2。

(7)?大学は横暴な理事長だ。
(8)?芝居は下手な主役だ。
(9)?小説は日本人の作者だ。
(10)?少年は長い髪だ。
(11)?車は重いハンドルだ。
(12)?家は広い玄関だ。

したがって、タイプBでもない。残る可能性はタイプAであるが、これにも該当しないと思われる。もっとも、上記の表現をタイプAとして読むことは不可能ではない。例えば、(1)の意味構造を

(13)《[$_{NP1}$ 横暴なaノ理事長] と関係Rを有する [$_{NP2}$ 大学]》（ここでaおよびRは自由変項）

とみなし、これを基礎にして語用論的に

(14)《横暴な[農協]ノ理事長[が経営している]大学》

のように解釈することは理論的には可能である。しかし、すぐ後に示すように、(1)には(14)のような読みとは本質的に異なる、より自然な読みがある*3。ここで検討するのは、後者の読みである。

以下では、まず(1)–(6)の意味的特徴を整理したうえで、

「象は鼻が長い」型の「AはBがC（だ）」構文の意味構造がこれらの名詞句に反映しているという仮説を提示する。

2. タイプD′、タイプF′の意味的特徴

この節では、本論に先立ち、(1) – (6) のタイプの名詞句に関して説明すべき意味論的事実を2点指摘しておく。

2.1. 語順転倒

まず、非飽和名詞／譲渡不可能名詞（すなわちNP₁）に後続する名詞句（NP₂）が、そのパラメータの値／基体表現と解釈されることに着目しよう。ひとまず議論の対象を非飽和名詞とそのパラメータの値の関係に限定すると、タイプDの場合に見られるように、パラメータの値は非飽和名詞に先行するのが普通である（cf. 西山2003: 295）。にもかかわらず、なぜ (1) – (3) では、非飽和名詞に後続する名詞句がそのパラメータと解釈されるのであろうか。

これに対する一つの回答として、非飽和名詞「理事長」「主役」「作者」のパラメータは実はNP₂によって埋められているわけではなく、自由変項として機能しており、飽和化（saturation）という語用論的操作によってその自由変項を埋めることで意図されている読みが得られる、という説明が考えられるかもしれない（(13) の意味構造を参照）。しかし、次のような例については、その種の説明は不可能である。

(15) 横暴な理事長の大学なんて存在しない。

(15) には「どの大学の理事長も横暴ではない」とパラフレーズできる読みがあるが、非飽和名詞「理事長」のパラメータを自由変項とみなしてしまうとこの読みは得られない。存在しない《大学》を語用論的に補完することはできないからである。したがって (15) においては、意味論の段階でNP₂「大学」がNP₁「理事長」のパラメータの値と機能しており、その結果名詞句全体は飽和していると

考えざるを得ないのである。

　タイプF'の場合、NP$_1$は譲渡不可能名詞という意味で飽和名詞であるため、上のような飽和性に基づく議論はできないが、直観的にはやはり、(4)–(6)におけるNP$_2$は譲渡不可能名詞NP$_1$の基体表現として機能しているように感じられる。この種の語順転倒については、何らかの説明が与えられなければならない。

2.2. NP$_1$の修飾表現

　次に、(1)–(6)のNP$_1$に含まれる修飾表現を取り除いてしまうと、タイプD'、F'と解釈できず、容認できなくなるという点に注目しよう。

(16) ?理事長の大学
(17) ?主役の芝居
(18) ?作者の小説
(19) ?髪の少年
(20) ?ハンドルの車
(21) ?玄関の家

名詞句内の修飾表現の有無が、その名詞句の適格性・容認性を左右することは通常ない*4。とすれば、なぜタイプD'、タイプF'の場合に限りこのようなことが起こるのか、何らかの説明が求められる。

　これに対し、NP$_1$が1語からなる(22)のような例に基づき、これらの容認性の低さは表層における修飾表現の有無によるものではない、という反論があるかもしれない。

(22) 長髪の少年

しかし、(22)は反例として適切ではない。(22)は措定文(「少年は長髪だ」)の意味構造を持つタイプBであって、意味タイプがそもそも異なるからである*5。なぜタイプD'、F'のNP$_1$から修飾表現を削除してしまうと、タイプD'、F'と解釈されず、不適格になる

のかという問題は残るわけである（なお、「ほくろの少年」のように真の反例に見える名詞句—〈譲渡不可能名詞NP$_1$とその基体表現NP$_2$〉という緊張関係が成立している（ように見える）にもかかわらず、NP$_1$が修飾表現を欠く「NP$_1$のNP$_2$」—も存在するが、この種の例は後ほど別に検討する）。

3.「象は鼻が長い」構文に対応する二重措定形式

　筆者の見解では、タイプD′、タイプF′の意味構造には、「象は鼻が長い」型の「AはBがC（だ）」構文（以下、「象鼻構文」）の意味構造が隠されていると思われる。象鼻構文については、本書第II部第9章（西川論文）で詳述するが、そこでの結論をまとめると次のようになる。

(23) a. 　象鼻構文「AはBがC（だ）」は措定内蔵型措定文の意味構造を有する。すなわち、CはBの指示対象に帰される属性を表し、「BがC（だ）」全体はAの指示対象に帰される属性を表す。
　　 b. 　Bには変項αが付随し、αはAによって束縛される。
　　 c. 　束縛変項αを介したAとBとの意味的な関係には、(i) 非飽和名詞Bとそのパラメータの値A、(ii) 譲渡不可能名詞Bとその基体表現A、(iii) Aと関係Rを有するB、などがある。

(24)

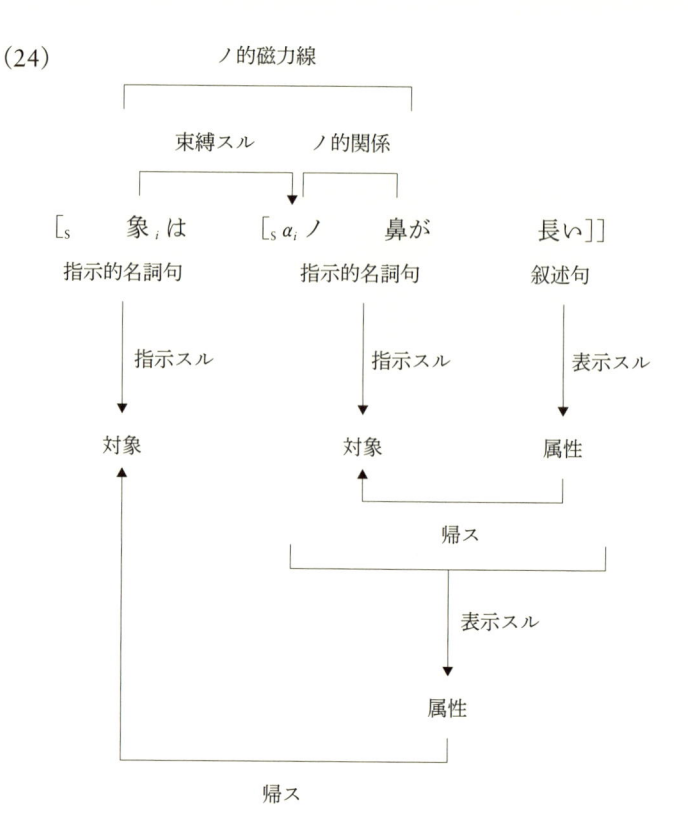

```
                    ノ的磁力線
              ┌──────────────┐
         束縛スル        ノ的関係
           ↓              ↓
    [s   象ᵢ は   [s aᵢ ノ   鼻 が      長い]]
      指示的名詞句      指示的名詞句        叙述句
           │              │              │
         指示スル        指示スル        表示スル
           ↓              ↓              ↓
          対象           対象           属性
                          ↑              │
                          └──── 帰ス ────┘
                                 │
                              表示スル
                                 ↓
                                属性
```
帰ス

ここではひとまず、象鼻構文に二つの措定構造が含まれることに注意しておこう。

　一般に措定文「AはB（だ）」から、Aを主名詞とする連体修飾節構造「B（な／の）A」を構築することができる（この操作を以下、装定化（操作）と呼ぶ*6）。

(25) a. [s 太郎は学生だ]
　　　b. [NP 学生の太郎]
(26) a. [s 洋子はかわいい]
　　　b. [NP かわいい洋子]
(27) a. [s 花子はきれいだ]
　　　b. [NP きれいな花子]

88　Ⅰ　名詞句それ自体の意味

ここで、象鼻構文「AはBがC（だ）」に含まれる二つの措定構造それぞれに対して装定化操作を適用した結果得られた形式（以下、二重装定形式）がタイプD′およびタイプF′であると考えてみよう。具体例を見よう。

(28) a. [S1 大学は [S2 理事長が横暴だ]]
　　 b. [NP [S2 理事長が横暴な] 大学]
　　 c. [NP [NP 横暴な理事長] の大学]

(28a)は、A「大学」とB「理事長」との間に「非飽和名詞Bとそのパラメータの値A」という緊張関係が成立する象鼻構文である。象鼻構文である以上、文全体S1は措定文であり、それゆえ対応する装定形式を構築できる。その結果（28b）が得られる。さて、(28b)の連体修飾節S2も措定の意味構造を持つ。今度はS2に対して装定化を適用してみよう。その結果（28c）が得られる。これが「NP$_1$のNP$_2$」タイプD′にほかならない。

続けて、次の例を見てみよう。

(29) a. [S1 少年は [S2 髪が長い]]
　　 b. [NP [S2 髪が長い] 少年]
　　 c. [NP [NP 長い髪] の少年]

(29a)も象鼻構文であるが、ここではA「少年」とB「髪」との間に「譲渡不可能名詞Bとその基体表現A」という緊張関係が成立している。(29a–c)の間の対応関係は（28）のケースとまったく同じである。その結果得られる（29c）はタイプF′である。

　ここまでをまとめると次のようになる。「NP$_1$のNP$_2$」タイプD′,F′は象鼻構文「AはBがC（だ）」に対応する二重装定化形式であり、象鼻構文におけるAとBの（束縛変項を介した）関係が、非飽和名詞Bとそのパラメータの値Aという関係（タイプDの関係）である時、タイプD′が、譲渡不可能名詞Bとその基体表現Aという関係（タイプFの関係）である時、タイプF′が得られるのである。

(30) a. [S1 A は [S2 B が C（だ）]]
　　　　　　↓　　　　　　　　（外側の措定文 S1 を装定化）
　　b. [NP [S2 B が C（な／の）] A]
　　　　　　↓　　　　　　　　（内側の措定文 S2 を装定化）
　　c. [NP [NP C（な／の）B] の A]

　以上の分析に従えば、前節で見たタイプ D′、F′の二つの意味的特徴は自然に説明される。まず、非飽和名詞／譲渡不可能名詞 NP$_1$ に後続する名詞句 NP$_2$ がそのパラメータの値／基体表現と解釈されること（語順転倒）については、対応する象鼻構文「A は B が C（だ）」における A と B の間の関係が、そのまま「NP$_1$ の NP$_2$」タイプ D′、F′でも保持されていると考えればよい。(23b) に述べたように、象鼻構文における A と B の間には束縛関係がある（B が非飽和名詞の場合、そのパラメータが A によって束縛されることにより飽和する）。装定化に伴う語順転倒が二度に渡って行なわれるため見にくくなっているが、対応する二重装定形式「C（な／の）B の A」でもその関係が成立していると考えれば、NP$_2$ が NP$_1$ のパラメータの値／基体表現として機能していることが説明される。

　また、NP$_1$ に修飾表現が必要なことも、象鼻構文との対応という観点から説明できる。NP$_1$ の修飾表現は、対応する象鼻構文「A は B が C（だ）」では C に相当する（「長い髪の少年」「少年は髪が長い」）。象鼻構文において C はもちろん必須の要素である。象鼻構文との対応関係が保持されていると仮定する限り、象鼻構文の C に相当する表現、すなわち NP$_1$ の修飾表現も必須となるわけである。

4.「A は B が C（だ）」構文に対応する二重装定形式

　以下では、データの範囲を広げて、本章の分析の妥当性を検証してみよう。まず、(31a) および (32a) を見てみよう。これらは「A は B が C（だ）」という形式を持つが、それらに対応する二重装定形式 (31c) および (32c) は不適格である。

(31) a. 火事は原因が漏電だ。
　　 b. 原因が漏電の火事
　　 c. ?漏電の原因の火事
(32) a. 火事は漏電が原因だ。
　　 b. 漏電が原因の火事
　　 c. ?原因の漏電の火事

　ここで注意すべきは、(31a)、(32a) が象鼻構文（措定内蔵型措定文）ではないという点である。本書第II部第9章（西川論文）で導入される用語を使うと、(31a) は「故郷が青森だ」構文（倒置指定内蔵型措定文）、(32a) はカキ料理構文（指定内蔵型措定文）であり、「BがC（だ）」の部分が措定文ではなく（倒置）指定文の構造を有する。本章で想定している二重装定形式とは、あくまで象鼻構文に対応する二重装定形式であり、「故郷が青森だ」構文およびカキ料理構文は対象外であることを強調しておこう*7, 8（「AはBがC（だ）」という形式を持つ構文と象鼻構文とを同一視できないことについては、本書第II部第9章（西川論文）を参照）。
　ここで一つ補足しておくと、(31c) および (32c) の派生が阻止されるのは、NP_1 の修飾表現が「名詞句＋の」であるからではない。既に (3) にその例を挙げているが、次の例 (33c) でも NP_1 に対する修飾表現が名詞句であってもよいことが確認できる。

(33) a. 大学は理事長が<u>外国人</u>だ。
　　 b. 理事長が<u>外国人</u>の大学
　　 c. <u>外国人</u>の理事長の大学

　要するに、統語カテゴリ（形容詞句、形容動詞句、名詞句）にかかわらず、象鼻構文「AはBがC（だ）」のCの位置に出現可能なものは（それが象鼻構文＝措定内蔵型措定文である限り）、二重装定形式「NP_1 の NP_2」における NP_1 の修飾表現として機能しうるということである*9。

第5章　「NP_1 の NP_2」タイプD'とタイプF'　　91

5.「きれいな妹の少年」の不適格性　タイプD′に課される制約

「NP₁のNP₂」タイプD′, F′の背後には象鼻構文（措定内蔵型措定文）の意味構造が隠されている、というのが本章の分析であるが、このことは、すべての象鼻構文から二重装定形式「NP₁のNP₂」が構築できるということを意味するわけではない。次の例を見よう＊10。

(34) a. 少年は妹がきれいだ。
　　 b. 妹がきれいな少年
　　 c. ?きれいな妹の少年
(35) a. 女性は夫が病気だ。
　　 b. 夫が病気の女性
　　 c. ?病気の夫の女性
(36) a. 太郎は先輩が優しい。
　　 b. 先輩が優しい太郎
　　 c. ?優しい先輩の太郎
(37) a. A社は親会社が横暴だ。
　　 b. 親会社が横暴なA社
　　 c. ?横暴な親会社のA社
(38) a. 豊臣家は敵が手強い。
　　 b. 敵が手強い豊臣家
　　 c. ?手強い敵の豊臣家＊11

以上の (a) の例は、正真正銘の象鼻構文（措定内蔵型措定文）であり、「故郷が青森だ」構文（倒置指定内蔵型措定文）でもカキ料理構文（指定内蔵型措定文）でもない。にもかかわらず、対応する二重装定形式 (c) は不適格である。

これらのデータは、象鼻構文に対応する二重装定形式という本章の分析が基本的に正しいとしても、(c) の例を排除する何らかの制約が必要となる、ということを示す。その制約とはどのようなもの

であるか、今のところ確定的なことは言えないが、筆者の暫定的な観察では、非飽和名詞の辞書的な意味特性が関与しているように思われる。

「理事長」と「妹」という二つの非飽和名詞を比較してみよう。「理事長」は、パラメータに《組織》を要請するが、「理事長」自体は《人間》を表す。一方「妹」は、そのパラメータの値に《人間》を要請し、「妹」自体も《人間》を表す。後者のタイプの非飽和名詞、すなわち、それ自体の意味カテゴリと、そのパラメータの値に要請される意味カテゴリが一致する非飽和名詞は、「NP$_1$のNP$_2$」タイプD'のNP$_1$の位置に登場することはできないようである。西山（2003: 269–270）による非飽和名詞の分類（39）に照らすと、後者のタイプの非飽和名詞には、〈関係語〉〈親族語〉のすべて、および〈役割〉〈その他〉の一部が該当する（該当する語に下線を施す）。

(39) a. 〈役割〉:「優勝者」「敗者」「委員長」「司会者」「上役」「媒酌人」「創設者」「弁護人」「黒幕」「幹部」「上司」など
b. 〈職位〉:「社長」「部長」「課長」「(副)院長」「社員」「調査役」「室長」「婦長」「主任」「班長」「学部長」「艦長」など
c. 〈関係語〉:「恋人」「友達」「先輩」「後輩」など
d. 〈親族語〉:「妹」「母」「叔父」「息子」「子ども」など
e. 〈その他〉:「タイトル」「原因」「結果」「敵」「癖」「趣味」「犯人」「買い時」「基盤」「前提」「特徴」「目的」「締め切り」「欠点」など

(西山 2003: 269–270)

なお、タイプF'にはこの種の制約は見られないようである。

6.「ほくろの少年」の適格性

「NP$_1$ の NP$_2$」において、譲渡不可能名詞 NP$_1$ とその基体表現 NP$_2$ という緊張関係が成立している（ように見える）にもかかわらず、NP$_1$ が修飾表現を欠くケースがある。

(40) ほくろの少年
(41) 髭のおじさん
(42) しらがの紳士

NP$_1$ が修飾表現を欠く以上、これらに対応する象鼻構文は想定できない。ということは、(40) – (42) は、象鼻構文に対応する二重装定形式という本章の分析に対する直接の反例となりうる*12。

これらのデータの扱いは難しいが、本章では、(40) – (42) はタイプ F′ としてはあくまで不適格であるものの、それとは異なる事情で成立している、と考えておく。要するに、「長い髪の少年」と「ほくろの少年」という二つの表現を同列に扱うことはできない、と考えるわけである。

これに対し、「長い髪の少年」と「ほくろの少年」と一つの枠組みで扱う角田（2009: 158ff.）のような説もある。角田によると、この種の「NP$_1$ の NP$_2$」において、NP$_1$ は「特徴、目印」を表すとされる。「長い髪」や「ほくろ」は誰もが有しているとは限らず、「少年」に対する特徴、目印として機能しうる。一方、「髪」は誰にでもあるものであり、特徴、目印として機能しない（そのため (19)「?髪の少年」は不適格である）、というのが角田説の骨子である。

角田（2009）と本章の説との詳細な比較・検討は別稿に譲らなければならないが、1 点だけ述べておこう。統一的説明という点では、NP$_1$ に対する修飾表現の有無で意味タイプを場合分けする本章の説よりも、角田の説の方が好ましいように見えるかもしれない。しかし、対象とするデータの射程という点では、本章の説もそれほど劣っているわけではないと思われる。角田の説では、考察の対象

がNP₂が人間を表す名詞に限られるが*13、本章の説では、NP₂が人間以外を表す表現であっても同じように扱える。

(43) 重いハンドルの車（=(5)）

また、本章の説ではタイプD'のケースも同様に扱える。

(44) 横暴な理事長の大学（=(1)）

このように、扱えるデータの射程ということで言えば、象鼻構文に対応する二重装定形式としてのタイプD′, F′を仮定する本章の説は、決して狭くはなく、ある程度の一般性を持つと言えよう。

　本章の立場で検討しなくてはならないのは、(40)–(42)が「NP₁のNP₂」のどのタイプに属するのか、ということである。これについては今後の研究に委ねなければならないが、ここではタイプA（NP₁と関係Rを有するNP₂）である可能性を検討してみよう。タイプAだとすると、NP₁が譲渡不可能名詞であることはここでは効いておらず、以下のような、NP₁の位置に譲渡可能名詞が登場している表現と同列に扱われる、ということになる。

(45) スーツの少年
(46) 眼鏡のおじさん

(40)–(42)をタイプAと考えるのであれば、次のようなデータもうまく扱える。

(47) [NP₁ 髭と眼鏡] のおじさん

(47)では、NP₁が譲渡不可能名詞「髭」と譲渡可能名詞「眼鏡」の連言で構成されているが、これが可能なのは、「NP₁のNP₂」タイプAにおけるNP₁の意味機能に名詞の譲渡可能性は関与していないからである、と説明できる。

ただし、(40) – (42) をタイプAとみなすと、同じく修飾表現を欠く (16) – (21) の容認性の低さをどう説明するか、という別のやっかいな問題が生じる。(16) – (21) もタイプAとみなしてしまうと、それらは語用論的に奇妙 (odd) なだけで、必ずしも意味論的に変則的 (anomalous) なわけではない（したがって、妥当な日本語生成文法はその表現を含む文を音韻・統語・意味構造とともに生成しなければならない）という立場にコミットすることになる。この扱いが適切か否かについては慎重な検討が必要となる。

7.「派手なネクタイの先生」の意味構造
タイプA'としての「NP₁のNP₂」?

本章で取り上げてきた象鼻構文「AはBがC（だ）」は、AとBとの間にタイプDあるいはタイプFの関係が成立しているものであった。しかし、象鼻構文には、以下のように、AとBとの間にタイプA（Aと関係Rを有するB）の関係が成立しているものもある。

(48) 先生はネクタイが派手だ。

これは次のような意味構造を有する。

(49)

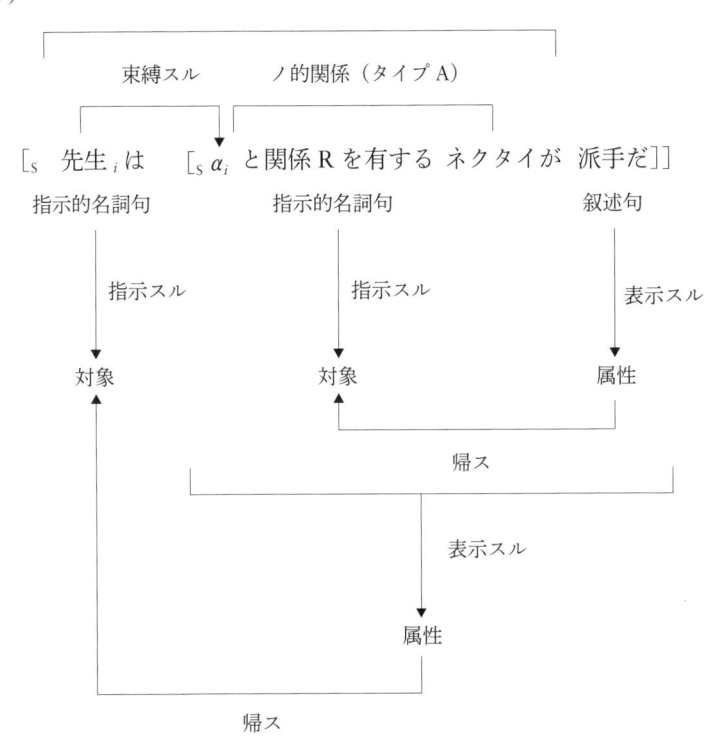

```
                         ノ的磁力線
        ┌──────────────────────────────────┐
        │   束縛スル    ノ的関係（タイプA）      │
        │     ┌──┐  ┌──┐                  │
        ▼     │  ▼  │  ▼                  │
    [_S 先生_i は  [_S α_i と関係Rを有する ネクタイが 派手だ]]
     指示的名詞句      指示的名詞句              叙述句
        │              │                    │
     指示スル         指示スル               表示スル
        ▼              ▼                    ▼
       対象            対象                  属性
        ▲              ▲                    │
        │              └────────────────────┤
        │                     帰ス           │
        │                                   ▼
        │                                 表示スル
        │                                   │
        │                                   ▼
        │                                  属性
        │                                   │
        └───────────────────────────────────┘
                        帰ス
```

ここで、関係Rは自由変項であり、その中身は「身につけている」「デザインした」「所有している」「盗んだ」などコンテクスト次第でさまざまである（詳細は本書第II部第9章（西川論文）を参照）。

さて、この種の象鼻構文に対し先に述べた操作を適用すれば、「NP_1のNP_2」という形式の名詞句を構築することはひとまず可能である。

(50) a. 先生はネクタイが派手だ。(= (48))
 b. ネクタイが派手な先生
 c. 派手なネクタイの先生

では、タイプD′, F′と同様、タイプA′の「NP_1のNP_2」も認めるべきであろうか。

ここで、(50c) は通常のタイプA（《派手なネクタイと関係Rを有する先生》）としても読めるという点に注意しよう。タイプA′に積極的な意義を認めるためには、タイプAに還元できない読みがあることを示す必要があるが、タイプAと読んだ場合とタイプA′と読んだ場合とで実質的な差は今のところ見つかっていない（例えば、どちらの意味構造にも「先生」と「（派手な）ネクタイ」との間の関係を表す自由変項Rが含まれており、この点では差がない）。ここでは「NP₁のNP₂」の意味タイプとしてタイプA′の可能性があることを指摘するにとどめておく。

8. むすび

本章の主張をまとめると次のようになる。

(51) a. 「横暴な理事長の大学」（タイプD′）、「長い髪の少年」（タイプF′）などの表現は、既存の「NP₁のNP₂」のどのタイプ区分にも該当しない名詞句である。
　　 b. タイプD′、タイプF′は、象鼻構文「AはBがC（だ）」に対応する二重装定形式「C（な／の）BのA」である。
　　 c. タイプD′、タイプF′には、(i) 非飽和名詞／譲渡不可能名詞NP₁がそのパラメータの値／基体表現NP₂に先行すること、(ii) NP₁に修飾表現が必要なこと、という二つの意味的特徴があるが、これらは(51b)の帰結として説明される。
　　 d. 「ほくろの少年」の類の名詞句は、タイプF′とは異なる意味構造を有する。

　本章の分析が正しければ、「NP₁のNP₂」タイプD′, F′は、名詞句の内部構造と特定構文（象鼻構文）の論理形式との間に密接な関係があることを示す、興味深いデータであると言えよう*14。
　本章で取り上げた類のデータにはそもそも適格性や解釈がはっきりとしないものが多く、議論を展開しにくいが、新たな興味深い

データ(本章の分析に対する反例を含む)の発掘を促すことを期待し、あえて取り組んだ次第である。

---

*1 例 (1)、(2) は、西山佑司氏に提示していただいたものである。
*2 (1)‒(6) に類似する表現として、次のような名詞句がある。
 (i) 親切な性格の男
 (ii) 八畳の広さの部屋
しかし、(i)(ii) は (1)‒(6) とは異なり、対応する指定文を構築できる。
 (iii) 男は親切な性格だ。   (澤田 2010 の例を一部改変)
 (iv) 部屋は八畳の広さだ。 (井上 2010 の例を一部改変)
この点を踏まえ、(i)(ii) の類の名詞句は (1)‒(6) とは別のタイプ(タイプ B)に属すると考えておく。
 ただし、(iii)(iv) は全体としては指定文ではあるものの、述語名詞句の意味解釈において、(v) のような通常の指定文とは異なることに注意が必要である。
 (v) 男は親切な医者だ。
(iii)(iv) の類のコピュラ文は、澤田 (2010)、井上 (2010)、新屋 (2009) などで論じられているので参照されたい。
*3 したがって、厳密に言えば (1) は曖昧 (ambiguous) である。
*4 例外として、代名詞的な「の」を挙げることができる。このタイプの「の」には修飾表現が必須である。
 (i) a. 安いのがあれば買おう。
   b.*のがあれば買おう。   (神尾 1983: 81–82)
また、特定構文の特定の位置に登場する名詞句については、その名詞句内部の修飾表現の有無が文全体の適格性に影響を及ぼすことがある。
 (ii) a. 彼女は {澄んだ目/長い髪/美しい声} をしている。
   b.*彼女は {目/髪/声} をしている。 (影山 2004: 31)
*5 坂原 (2005: 101–102) は、次の対比について、
 (i) 長い髪の少年 (← ?少年は長い髪だ。) (= (4))
 (ii) 長髪の少年 (← 少年は長髪だ。) (= (22))
「[i] と [ii] (…) が別のタイプになる分類基準は不自然である」と述べる。これに対し、本章では、対応する指定文が存在するか否かは、異なるタイプに分類する十分な根拠になると考える。なお、注 2 も参照。
*6 「装定化(操作)」という用語は、連体修飾節構造と、それに対応する文との関係を表すために用いるに過ぎず、実際にそのような統語的操作を仮定しているわけではない。
*7 (31) および (32) において (b) から (c) の派生が阻止されるのは、結局のところ、(i) および (ii) において (a) から (b) の派生が阻止されるのと

同じ事情によるものであろう。
  (i) a. 火事の原因は漏電だ。 〔倒置指定文〕
    b.?漏電の火事の原因
  (ii) a. 漏電が火事の原因だ。 〔指定文〕
    b.?火事の原因の漏電

すなわち、一般に倒置指定文「A は B だ」や指定文「B が A だ」については、対応する装定形式を構築するのが難しいのである（この点については、本書第 I 部第 6 章（西山論文）の例文 (28) およびその周辺の議論も参照）。

*8 次の (ia)(iia) は厳密な意味では象鼻構文でないが、その延長線上で考えることができる。
  (i) a. 部屋は床が大理石だ。（cf. 部屋は床がぴかぴかだ。）
    b. 床が大理石の部屋 （cf. 床がぴかぴかの部屋）
    c. 大理石の床の部屋 （cf. ぴかぴかの床の部屋）
  (ii) a. 家は柱が杉だ。（cf. 家は柱が太い。）
    b. 柱が杉の家 （cf. 柱が太い家）
    c. 杉の柱の家 （cf. 太い柱の家）

(ia)(iia) における「大理石（だ）」「杉（だ）」は、それ単独では「床」「柱」に帰される属性を表していない。その意味で、括弧内に示した表現とは異なり、(ia)(iia) の「B が C（だ）」の部分は通常の措定文の意味構造をなしているとは言えない。しかし、「B が C（だ）」の部分はいわゆるウナギ文の意味構造をなしていると考えられる（ウナギ文については、本書第 I 部第 6 章（西山論文）を参照）。ウナギ文全体は広義には指定文と言えるので、その意味で (ia)(iia) 全体は指定内蔵型措定文であり、それらに対応する二重装定形式 (ic)(iic) はタイプ F′ と言ってよい。

*9 「NP$_1$ の NP$_2$」タイプ D′, F′ において、NP$_1$ に対する修飾表現が名詞句の場合、NP$_1$ 自体「NP の NP」という形式をとるが（例えば (33c)「外国人の理事長の大学」）、この部分はタイプ B（《外国人デアル理事長》）に該当する。ただし、注 8 に挙げた (ic)「大理石の床の部屋」、(iic)「杉の柱の家」における NP$_1$「大理石の床」「杉の柱」は、タイプ B ではなく、タイプ G に該当する（本書第 I 部第 6 章（西山論文）参照）。

*10 (34)–(38) の (c) と同種のデータは、角田 (2009: 154–155) にも挙げられている。

*11 (36)–(38) の (c) の例は、タイプ B〈NP$_1$ デアル NP$_2$〉と読めば適格である（この場合、非飽和名詞「先輩」「親会社」「敵」のパラメータは自由変項として機能し、その値は語用論的に埋められることになる）。しかし、もちろんこれはここで意図している読みではない。

*12 次の例も本章の分析に対する反例となりうる。
  (i) <u>ロバの耳</u>の王様 （cf. <u>とがった耳</u>の王様）
  (ii) <u>ドラえもんの声</u>の声優 （cf. <u>魅力的な声</u>の声優）

(i)(ii) の NP$_1$ に対する修飾表現（下線を施した表現）はそれ自体属性を表すわけではない（この点で括弧内に記した表現とは異なる）。むしろ、NP$_1$「ロバの耳」「ドラえもんの声」の部分はタイプ F とみなすべきであろう。(i)(ii) に形式的に対応する象鼻構文を構築すると、次のようになるが、

（iii）？王様は耳がロバだ。　　　（cf. 王様は耳がとがっている。）
　　　（iv）？声優は声がドラえもんだ。　（cf. 声優は声が魅力的だ。）
(i) における「ロバ」と「耳」の関係、(ii) における「ドラえもん」と「声」の関係が、それぞれ (iii)(iv) では保持されておらず、意味的に対応しているとは言えない。この種の名詞句に対する分析は今後の課題とする。本書第I部第4章（西川論文）の注20も参照されたい。

*13　角田（2009）の考察の対象が NP_2「所有者」が人間であるような表現に限られるのは、もともとの議論を敬意表現から始めているからである。

*14　影山（2004）は「青い目をしている」構文を扱った論文であるが、その中に次のような記述がある。
　　　（i）　身体属性文の意味を分析的に言い換えてみると、「彼女は細い指をしている」というのは「彼女は指が細い」というのとほぼ等しい。「細い指」という名詞句は、統語的には「指」という名詞をヘッドとする連体修飾構造であるが、意味的には「指が細い」という主述関係を表していると考えられる。　　　（影山2004: 33）

「彼女は指が細い」は本章で言う象鼻構文にほかならない。対象とするデータは異なるが、影山の分析は、象鼻構文との対応を仮定する点で、本章の分析と通じ合うところがある。

第6章
「ウナ重のお客さん」について
西山佑司

1. はじめに

　本章では、(1) や (2) に見られる名詞句「NP_1 の NP_2」について論じる。まず、この種の名詞句が、括弧のなかのようないわゆるウナギ文「NP_2 は NP_1 だ」から派生した名詞句であることを確認する。次に、この種の名詞句がタイプAからタイプFまでのどのタイプの「NP_1 の NP_2」に属するかを検討し、いずれのタイプの名詞句でもないことを論証する。その議論を通して、名詞句解釈において、意味論と語用論がそれぞれいかなる役割を果たしているかを明確にする。

(1) a. ウナ重のお客さん（←あのお客さんはウナ重だ。）
　　 b. イブニングドレスの女性（←あの女性はイブニングドレスだ。）
　　 c. 音韻論の学生（←その学生は音韻論だ。）
　　 d. 胃潰瘍の叔父（←叔父は胃潰瘍だ。）
(2) a. $76\,m^2$ の部屋（←この部屋は $76\,m^2$ だ。）
　　 b. 634 m の東京スカイツリー（←東京スカイツリーは634 m だ。）
　　 c. 3900 円の本（←この本は 3900 円だ。）

　西山（2003: 28–30, 241–247）で述べたように、筆者は、(1)(2) は、それぞれ括弧のなかの述定文から派生した装定表現であり、括弧のなかの述定文は、いわゆる「ウナギ文」とみなすべきであると考えている。結局、(1)(2) のような名詞句はその背後にウナギ文を背負っているのである。(1)(2) のような名詞句がど

のタイプの「NP₁のNP₂」であるかを検討する前に、ウナギ文についての筆者の考えを簡単に整理しておこう。

2. ウナギ文にたいする分析

（3）太郎はウナギだ。
（4）Taro is an eel.

まず、（3）には、英語の（4）の意味を表す措定文読みがあることは否定できない。このばあい、「ウナギ」は属性を表す叙述名詞句である。（3）は、その属性を「太郎」の指示対象に帰している文である。したがってこの読みのばあい、（3）は（5）のような意味表示（論理形式）を有しているといえよう。

（5）措定文読み：

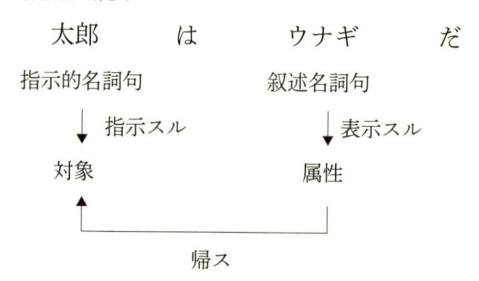

```
    太郎        は      ウナギ       だ
 指示的名詞句           叙述名詞句
    ↓ 指示スル         ↓ 表示スル
    対象                属性
    └──────── 帰ス ────────┘
```

しかし、（3）には（5）とはまったく別の読みもある。今、（3）が食堂などで注文を出すような状況で用いられたばあいは、（4）の意味ではなく、概略、（6）の意味で用いられていることは明らかである。

（6）《太郎は［注文料理はウナギだ］》

（3）にたいする（5）のような読みは、文文法レベルで決定されるとみなされるのが一般的であるが、（3）にたいする（6）のような読みについては具体的なコンテクスト情報が与えられないかぎり、

決定できないという事実も否定できない。事実、コンテクスト次第では、(6)の「注文料理」は、「買いたいもの」「写生対象」「捕獲する対象」などとなるかもしれない。(3)にたいする(6)のタイプの読みをここでは「ウナギ読み」と呼び、ウナギ読みを担う「AはBだ」構文を以下では「ウナギ文」と呼ぶことにする。(3)にたいする(6)のような具体的なウナギ読みそのものは、コンテクスト情報を用いて語用論的な解釈の結果得られるものであり、意味論だけでは決定できない。にもかかわらず、(6)のようなウナギ読みを語用論的に正しく捉えるためには、その前提として、文の意味レベルで、確固とした言語的意味表示(論理形式)を規定しておく必要がある。筆者は西山(2003: 321–326)および今井・西山(2012: 238–247)において、(3)は、文文法レベルでそもそも曖昧であるとみなすべきであるとする議論を展開した*1。つまり、(3)には、(5)のような言語的意味表示(論理形式)とは別に、(7)のような言語的意味表示(論理形式)があると仮定した。

(7) 太郎は［φは　ウナギだ］

ここで、変項φはコンテクストに応じて、「注文料理」「写生対象」「捕獲するもの」などが入る自由変項を表す。たとえば料理屋のコンテクストが与えられれば、φに「注文料理」が入って(6)のような表意—話し手が(3)を用いて相手に明示的に伝達しようとした内容—を構築するわけである。このように、φを埋めていく語用論的操作は「飽和化」(saturation)と呼ばれる。そして、(3)の聞き手は、この発話を理解するために、発話のコンテクストを参照にして(6)のような表意を捉え、それを発話の解釈とみなすわけである。

　ここで注意すべきことは、(6)の［注文料理はウナギだ］は、それ自体、「注文料理は何かといえば、ウナギだ」という倒置指定文の意味を表しており、より正確には(8)のような意味構造を有している、という点である。

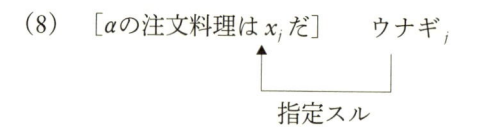

(8)　　［aの注文料理はx_iだ］　　ウナギ$_i$
　　　　　　　　　　↑_____｜
　　　　　　　　　　　　指定スル

　つまり、語用論的に復元される「注文料理」は指示的名詞句ではなく、(8)の角括弧のような命題関数を表す変項名詞句なのである。そして、「ウナギ」はその変項xを埋める値である。つまり、この考えでは、ウナギ文「AはBだ」の「B」は、それ自体では叙述名詞句を表すのではなく、隠れた変項名詞句の変項の値を表す値名詞句であることになる。もしこの分析が正しければ、ウナギ文「AはBだ」は全体としては、主語名詞句の指示対象に属性を帰す措定文であるが、その叙述の部分に倒置指定文の意味構造が埋め込まれており、倒置指定文の主語である変項名詞句が省略されて、変項の値だけが形式上残っているケースであるということになる。要するに、ウナギ文は、措定文の述語の位置に倒置指定文が埋め込まれた「倒置指定内蔵型措定文」であり、本書第II部第9章（西川論文）で論じられる「二重コピュラ文」の一種だということになる*2。
　(6)について、もう一つ注意すべきことは、「太郎」と「注文料理」との関係である。「注文料理」は、その意味からして、「誰かの注文料理」であるから、パラメータaを要求する非飽和名詞であることに注意しよう。そのパラメータaは（コンテクストからいかなる値でも入りうる）自由変項とみなすわけにはいかない。(6)における「注文料理」を「花子の注文料理」「太郎の注文料理」と読んで、(9)と読むわけはいかないのである。

(9)　a.　*《太郎は、花子の注文料理はウナギだ》
　　　b.　*《太郎は、太郎の注文料理はウナギだ》

(6)は、主語名詞句「太郎」の指示対象に、［花子の注文料理はウナギだ］や［太郎の注文料理はウナギだ］という属性を帰しているわけではないからである。したがって、パラメータaは自由変項ではなく、むしろ、主語「太郎」によって束縛されている束縛変項と

みなす必要がある。このように、ウナギ文において、主語名詞句（NP₁）と隠れた変項名詞句（NP₂）との関係は、変項名詞句が非飽和名詞であり、主語名詞句がそのパラメータであるという緊張関係を有していること、つまり、西山（2003）の言うタイプDの「NP₁のNP₂」であることに注意する必要がある。このことは、(3)以外のウナギ文においても確認することができる。(10) – (12) における各（b）は各（a）にたいする応答文であるが、いずれもウナギ文である。そして、これらウナギ文における隠れた変項名詞句を下線部のように（語用論的に）復元すると各（c）のような表意が得られる。

(10) a. 太郎は、出身地はどこですか。
　　 b. 太郎は青森です。
　　 c. 《太郎は［出身地は青森です］》
(11) a. 田中さんは趣味は何ですか。
　　 b. 田中さんは囲碁です。
　　 c. 《田中さんは［趣味は囲碁です］》
(12) a. 花子は、指導教授は誰ですか。
　　 b. 花子は西山先生です。
　　 c. 《花子は［指導教授は西山先生です］》

これらの各（c）の下線部の変項名詞句と、主語名詞句との間の緊張関係は（13）に示すように、［非飽和名詞とそのパラメータ］の関係になっていることは明らかであろう。

(13) a. 太郎の出身地
　　 b. 田中さんの趣味
　　 c. 花子の指導教授

以上のことを考慮して、(3)「太郎はウナギだ」を（6）のようなウナギ読みで読んだ表意の内的構造をより正確に書くと（14）のようになる。

（14）

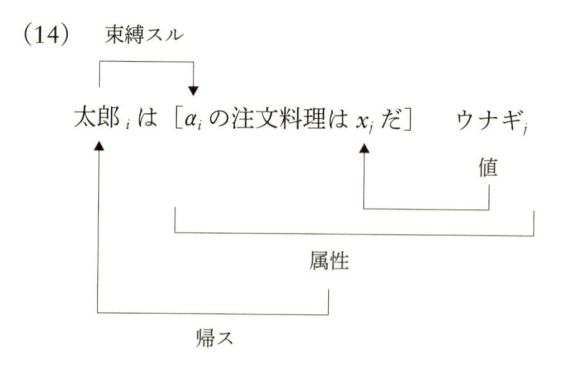

```
        束縛スル
         ┌───→┐
    太郎ᵢは［αᵢの注文料理は xⱼ だ］　ウナギⱼ
    ↑          │         ↑        │
    │          │         │  値    │
    │          │         └────────┤
    │          │       属性       │
    │          └──────────────────┤
    │                             │
    └─────────────────────────────┘
              帰ス
```

　（14）は、（7）のφに「注文料理」という値を飽和化によってコンテクストから埋めた結果である。そこで、このような語用論的操作が適用される以前の「太郎はウナギだ」にたいするウナギ読みの一般的な論理形式として、今井・西山（2012: 245）において、筆者は、（15）を提案した。

（15）（3）のウナギ読みにたいする意味表示（論理形式）

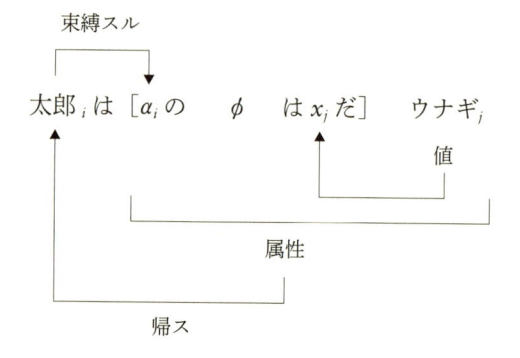

```
        束縛スル
         ┌───→┐
    太郎ᵢは［αᵢの　 φ　 は xⱼ だ］　ウナギⱼ
    ↑          │         ↑        │
    │          │         │  値    │
    │          │         └────────┤
    │          │       属性       │
    │          └──────────────────┤
    │                             │
    └─────────────────────────────┘
              帰ス
```

　結局、（3）という文は意味的に曖昧で、（5）と（15）という二つの意味表示（論理形式）を与えることができる。（5）は単純な措定文読みであり、（15）はウナギ読み、すなわち、倒置指定内蔵型措定文である。（5）における「ウナギ」は属性を表す叙述名詞句であるのにたいして、（15）における「ウナギ」は値名詞句であり、両者が別の意味機能を有していることは明らかであろう。（5）の論理形式には自由変項は含まれていないので、発話解釈に至る過程

で、この論理形式に「飽和化」という語用論的操作は適用されない。一方、(15) のばあい、論理形式に自由変項∅が含まれているため、これに「飽和化」という語用論的操作を適用する必要がある。ちなみに、(3) はこのように意味が曖昧であったが、(16) には措定読みは自然ではなく、ウナギ読みしかない。

(16) あのお客さんは、ウナ重だ／カレーライスだ。

3.「ウナギのお客さん」にたいする分析

今、(17) のような措定文「AはBだ」が与えられたとしよう。措定文の定義からして、述語Bは叙述名詞句であり、属性を表す。そして、措定文全体はその属性を主語名詞句の指示対象に帰しているわけである。

(17) a. 花子は画家だ。
　　　b. （私の）母は病気だ。

さて、(17) のような措定文「AはBだ」が与えられた時、そこから主語を主要語とする連体修飾節の名詞句「BであるA」を (18) のようにつくることができるし、また、(18) の「である」を「の」に置き換えて名詞句「BのA」を (19) のようにつくることができる。

(18) a. ［画家である］花子
　　　b. ［病気である］（私の）母
(19) a. 画家の花子
　　　b. 病気の（私の）母

(19) のような「NP_1 の NP_2」は、西山 (2003) で言う、タイプBの「NP_1 の NP_2」である。措定文「AはBだ」において、Bが叙述名詞句であり、Aの指示対象に帰す属性を表していたが、このこと

は「BであるA」においても、「BのA」においても変わらない。

　さて、ウナギ文にたいする本章2節の分析が正しいと仮定すると、「ウナ重のお客さん」の派生は（20）のようになる。

(20) a. あのお客さんは [ₛ [注文料理は] ウナ重だ]
　　　　　↓
　　 b. [ₛ [注文料理は] ウナ重である] あのお客さん
　　　　　↓
　　 c. [ₛ [　φ　は] ウナ重である] あのお客さん
　　　　　↓
　　 d. [ₛ [　φ　] ウナ重の] （あの）お客さん

結局、冒頭の（1）や（2）の名詞句、つまり（1'）や（2'）の名詞句は、括弧の中のような倒置指定内蔵型措定文から、埋め込み文中の［　］の部分（変項名詞句の部分）を省略したものを基礎にして派生した装定表現（関係節化表現）であるということになる。

(1') a. ウナ重のお客さん（←あのお客さんは［注文料理は］ウナ重だ。）
　　 b. イブニングドレスの女性（←あの女性は［着ているものは］イブニングドレスだ。）
　　 c. 音韻論の学生（←その学生は［専門領域は］音韻論だ。）
　　 d. 胃潰瘍の叔父（←叔父は［かかっている病気は］胃潰瘍だ。）
(2') a. 76 m² の部屋（←この部屋は［床面積は］76 m² だ。）
　　 b. 634 m の東京スカイツリー（←東京スカイツリーは［高さは］634 m だ。）
　　 c. 3900円の本（←この本は［定価は］3900円だ。）

ということは、(1)(2) の「NP₁のNP₂」は、その背後にウナギ文の意味構造を背負っていることになる。たとえば、(1a) の意味構造は (21) のようになる。

(21)「ウナ重のお客さん」にたいする意味表示

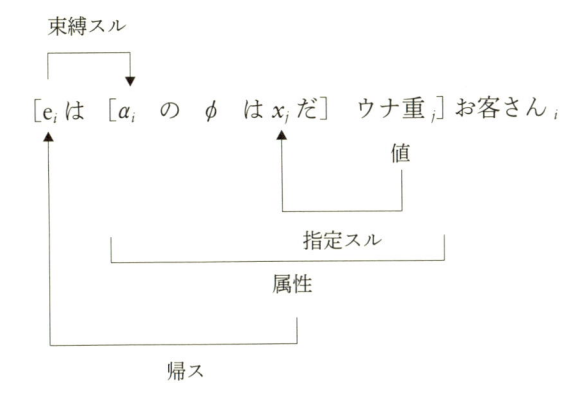

[e_i は [a_i の φ は x_j だ] ウナ重_j] お客さん_i

（束縛スル、値、指定スル、属性、帰ス）

今、料理屋の厨房で、(22) が発話されたとしよう。

(22) <u>ウナ重のお客さん</u>にこの赤いお椀をもっていって。

このばあいの (22) の下線部「ウナ重のお客さん」にたいする語用論的解釈は、簡略的には (23) で表示できるが、より正確には (24) のようなものである。

(23) 《その注文料理がウナ重であるお客さん》

(24)「ウナ重のお客さん」にたいする語用論的解釈

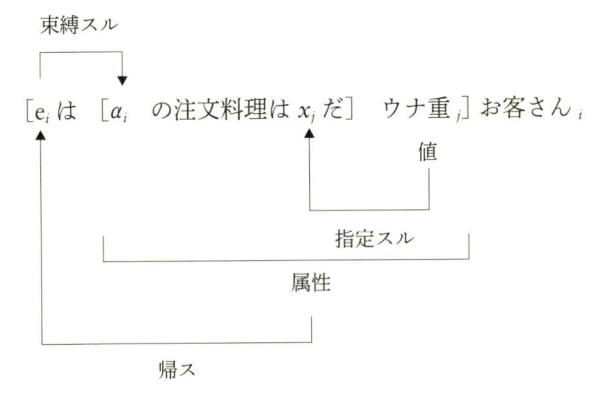

[e_i は [a_i の注文料理は x_j だ] ウナ重_j] お客さん_i

（束縛スル、値、指定スル、属性、帰ス）

(24)は、(21)における∅を飽和化という語用論的操作によって埋めた結果にほかならない。

4.「ウナ重のお客さん」とタイプB

　以上の議論を踏まえた上で、(1)や(2)に見られる「NP$_1$のNP$_2$」という名詞句の位置づけの問題を改めて考えよう。つまり、この種の名詞句は、タイプAからタイプFまでのどのタイプに属するのであろうか、という問題である。この問題にたいする一つの有力な考えは、これをタイプBの「NP$_1$のNP$_2$」の一種とみなすというものである。そう考える理由は、上で見たように、「ウナ重のお客さん」は、「ウナ重デアルお客さん」と言い換え可能であるという点、および、「ウナ重のお客さん」は、「(あの)お客さんはウナ重だ」という措定文から派生された装定表現だとみなすことができるという点である[*3]。事実、(25a)のような典型的なタイプBの「NP$_1$のNP$_2$」の名詞句のばあい、これを、(25b)と言い換え可能であるし、さらに(25b)は、(25c)という措定文に対応する装定表現だとみなすことができることは明らかである。

(25) a.　ピアニストの花子
　　　b.　ピアニストである花子
　　　c.　花子はピアニストである。

　しかし、(1)や(2)の「NP$_1$のNP$_2$」をタイプBとみなすわけにはいかない。ここで、典型的なタイプBの「NP$_1$のNP$_2$」の例(19)をもう一度見てみよう。(19a)において、花子はまさに画家という属性を有しているのであり、(19b)において、(私の)母はまさに病気という属性を有しているのである。つまり、タイプBの「NP$_1$のNP$_2$」において、NP$_1$はそれ自体が叙述名詞句であり、それが表す属性をNP$_2$が有しているのである。ところが、(1)(2)の「NP$_1$のNP$_2$」において、NP$_1$は叙述名詞句ではありえない。たとえば、(1a)の「ウナ重のお客さん」における「ウナ重」は、本

章3節で説明したように、叙述名詞句ではなく、値名詞句なのである。そのことは、以下のいくつかの証拠からも裏付けを得られる。

　第一に、(26)と(27)の対比から明らかなように、一般に、叙述名詞句には「だけ」は付かない。

　(26) a.　太郎は詩人だ。(措定文)
　　　 b.　詩人の太郎（装定）
　(27) a.　*太郎は詩人だけだ。(措定文)
　　　 b.　*詩人だけの太郎（装定）

(27a)が不可であるため、対応する装定表現（27b）も不可である。一方、(28a)から明らかなように、一般に、値名詞句には「だけ」が付きうる。

　(28) a.　合格者は太郎だけだ。(倒置指定文)
　　　 b.　*太郎だけの合格者（装定）

もっとも、(28a)から派生した装定表現（28b）は不可である。これは、一般に、倒置指定文（29a）の主語（つまり、変項名詞句）を主名詞句とする装定表現（29b）は不可であることに起因するのであって、「だけ」の問題ではない*4。

　(29) a.　合格者は太郎だ。(倒置指定文)
　　　 b.　*太郎の合格者（装定）

ところが、ウナギ料理店の厨房における次の発話を見よう。

　(30) この方は、<u>ウナ重だけのお客さん</u>です。お椀はいりません。

このコンテクストでは、(30)における「ウナ重だけのお客さん」の表意は(31)であり、(1)と同類の「NP_1のNP_2」である。

第6章「ウナ重のお客さん」について　　113

(31) 《[その注文料理がウナ重だけである] お客さん》

NP$_1$ が叙述名詞句であれば、このようなことは起こりえないことからして、以上のデータは、(1a) の「ウナ重のお客さん」における「ウナ重」が叙述名詞句ではなく、値名詞句であることを裏付けている。
　第二に、一般に、叙述名詞句には数量詞が付かない。

(32) a. *かれらは 3 人の詩人だ。(措定文)
　　　b. *[3 人の詩人] のかれら (装定)

(32a) が不可であるため、対応する装定表現 (32b) も不可である。要するに、「詩人のかれら」のような「NP$_1$ の NP$_2$」において、NP$_1$ (「詩人」) が叙述名詞句である時、NP$_1$ は数量詞と共起しないのである。一方、(33a) から明らかなように、一般に、値名詞句には数量詞が付きうる。

(33) a.　合格者は、3 人の日本人だ。(倒置指定文)
　　　b. *[3 人の日本人] の合格者 (装定)

もっとも、(33a) から派生した装定表現 (33b) は不可である。これは、(29) で見たように、倒置指定文 (29a) の主語 (つまり、変項名詞句) を主名詞句とする装定表現 (29b) は不可であることに起因するのであって、数量詞の問題ではない。さて、ウナギ料理店の厨房における次の発話を考えよう。

(34) [5 個のウナ重] のお客さんにこの伝票をもって行ってください。

(34) における「5 個のウナ重のお客さん」の表意はもちろん、(35) である。

(35) 《[その注文料理が5個のウナ重である] お客さん》

NP₁が叙述名詞句であれば、このようなことは起こりえないので、(1a) の「ウナ重」は叙述名詞句ではなく、値名詞句であることを裏付けている。

(1a) の「ウナ重のお客さん」における「ウナ重」が叙述名詞句ではなく値名詞句であることを示す三番目の証拠は次のようなものである。名詞句を連言（and）でつなぐ時は一般に (36) が成立する。

(36) 叙述名詞句NP₁とNP₂を連言で結ぶ時は「と」ではなく、「で」が現れる。一方、値名詞句NP₁とNP₂を連言で結ぶ時は「で」ではなく、「と」が現れる。

このことは、(37) のように措定文における叙述名詞句を連言で結ぶ時は「で」が現れるが、(38) のように、倒置指定文における値名詞句を連言で結ぶ時は「と」が現れることからも確認できる。

(37) a. パデレフスキーは、ピアニストで大統領だ。（措定文）
　　 b. *パデレフスキーは、ピアニストと大統領だ。（措定文）*5
(38) a. 洋子の好きな作曲家は、バッハとブラームスだ。（倒置指定文）
　　 b. *洋子の好きな作曲家は、バッハでブラームスだ。（倒置指定文）

そして、同じことは、装定表現についてもいえる。

(39) a. ピアニストで大統領のパデレフスキー ［←(37a)］
　　 b. *ピアニストと大統領のパデレフスキー ［←(37b)］

さて、ウナギ料理店の厨房における次の発話を考えよう。

(40) a. 蒲焼きと鰻巻のお客さんにこのお椀をもって行ってね。
　　 b. ?蒲焼きで鰻巻のお客さんにこのお椀をもって行ってね。

明らかに、(40b) は (40a) より容認可能性が下がる。(40a) における「蒲焼きと鰻巻のお客さん」の表意はもちろん、(41) であり、(1) と同類の「NP_1 の NP_2」である。

(41)《[注文料理が蒲焼きと鰻巻である] お客さん》

これらの事実は (1a) の「ウナ重のお客さん」の「ウナ重」は叙述名詞句ではなく、値名詞句であることを示す。
　さて、(1) や (2) に見られる「NP_1 の NP_2」は、タイプBではないとするもう一つの議論はこうである。そもそも、(1) や (2) のばあい、タイプBと異なり、NP_2 が NP_1 という属性を直接有しているわけではない。(1a) の「ウナ重のお客さん」における「お客さん」が「ウナ重」という属性を有しているはずがないし、(1b) の「イブニングドレスの女性」における「女性」が「イブニングドレス」という属性を有しているはずがない。(1c) (1d) や (2) の各例についても同様である。したがって、(1) や (2) に見られる「NP_1 の NP_2」は、タイプBであるはずがない。さらに、もし (1) や (2) に見られる「NP_1 の NP_2」がタイプBであるならば、NP_1 と NP_2 の緊張関係の解釈において語用論が介入する余地がないはずであるが、これまで見てきたように、(1) や (2) に見られる「NP_1 の NP_2」を解釈するには、語用論が不可欠である。したがって、コンテクスト次第では (1) (2) のそれぞれについて、(42) や (43) のような解釈は十分可能なのである。

(42) a. 《[e_i の写生対象がウナ重である] お客さん$_i$》
　　 b. 《[e_i のデザインした服がイブニングドレスである] 女性$_i$》
　　 c. 《[e_i が単位を落とした科目が音韻論である] 学生$_i$》
　　 d. 《[e_i の研究対象が胃潰瘍である] 叔父$_i$》
(43) a. 《[e_i の壁面積が 76 m^2 である] 部屋$_i$》

b. 《[バス停から e_i までの距離が 634 m である] 東京スカイツリー_i 》
c. 《[e_i の原価が 3900 円である] 本_i 》

タイプ B の「NP₁ の NP₂」ではこのような語用論的変異はありえないので、(1) や (2) に見られる「NP₁ の NP₂」はタイプ B とは別であると言わざるをえない。

5.「ウナ重のお客さん」とタイプ A

本章 4 節で論じたように、(1a)「ウナ重のお客さん」にたいする解釈には語用論が関与していることは事実である。そこから (1a) のような名詞句は、タイプ A の「NP₁ の NP₂」の変種とみなすべきであるという見解が登場するのも自然である。事実、筆者は、西山 (2003, 2004) において、(1) (2) の名詞句をこの方向で扱おうとしていた。たとえば、(1a) の「ウナ重のお客さん」については、(44a) のような意味表示を有すると仮定し、語用論的操作「飽和化」によってスロット R を埋めた結果、(44b) のような表意が得られる、とみなしていた。

(44) a. 《ウナ重と関係 R を有するお客さん》
b. 《ウナ重を注文したお客さん》

本章 3 節で、われわれは、「ウナ重のお客さん」にたいする意味表示として (21) を提案した。(21) のおける ∅ を飽和化という語用論的操作によって、「注文料理」で埋めた結果が (24) であった。(23) は、(24) を簡略的に表示したものである。そして、直観的には、(23) は、(44b) と実質的には異ならないので、いわゆるウナギ読みを背後にもった (1a) の「ウナ重のお客さん」は、タイプ A にほかならない、とされるかもしれない。

しかし、このような見解にはいくつか問題がある。まず、(23) [より正確には (24)] と (44b) とが本当に等価であるかどうかは

慎重な検討を要する。たしかにいずれも語用論的操作、「飽和化」が関与してはいるが、その関与の仕方は微妙に異なる。(21)における自由変項∅に「注文料理」「写生対象」などの非飽和名詞句が入るのにたいして、(44a)における自由変項Rには「注文する」「写生する」などの他動詞句が入るのである。つまり、一口に「飽和化」といっても(24)のように、名詞句（このばあいは、非飽和名詞句で変項名詞句）が∅の値になるケースと、(44b)のように他動詞句が変項Rの値になるケースとは本質的に異なるのである*6。

「ウナ重のお客さん」をタイプAとみなす見解にたいしてはさらに強い反論がある。タイプAの「NP₁のNP₂」においては、NP₁は節を背後にもたず、純粋に名詞句そのものであり、しかも指示的名詞句であることに注意しよう。そのような名詞句には(45b)のごとく、否定辞を付すことは本来的に不可能である*7。

(45) a. 太郎の車
b. *太郎でない車

それにたいして、ウナギ読みを背後にもった「NP₁のNP₂」については(46a)にたいして(46b)の形式は可能なのである。

(46) a. NP₁のNP₂
b. NP₁でないNP₂

ウナギ読みを背後にもった「NP₁のNP₂」については、NP₁が表面的には名詞句であっても、隠れた節の述語の位置にあるが故に、否定辞の付与が可能になるのである。たとえば、「ウナ重のお客さん」については、(21)から明らかなように、「ウナ重」は埋め込まれた節の述語に位置しているのである。したがって、「ウナ重でないお客さん」という言い方は可能であると予測する。実際、ウナギ料理店の厨房でおこなわれた次の発話を見よう。

(47) a. ウナ重のお客さんにこの赤いお椀をもっていって頂戴。

　　　　　それから、ウナ重でないお客さんには、こちらの黒い
　　　　　お椀をもっていってね。
　　　b.　うわ、大変だ！ウナ重でないお客さんにウナ重を出して
　　　　　しまったわ。

もし「ウナ重のお客さん」の解釈が、(24) のようなものであれば、
(47) のデータはごく自然に説明可能である。
　また、タイプAの「NP_1 の NP_2」における NP_1 は、純粋の名詞
句そのものである以上、(48b) のごとく、テンスを付すことは不
可能である。

(48) a.　花子のパソコン
　　 b.　*花子だったパソコン

それにたいして、ウナギ読みを背後にもった「NP_1 の NP_2」につい
ては、NP_1 は節に登場する述語であるため、(49a) にたいして
(49b) の形式は可能である。

(49) a.　NP_1 の NP_2
　　 b.　NP_1 だった NP_2

たとえば、「ウナ重のお客さん」については、「ウナ重」は埋め込
まれた節の述語に位置しているため、「ウナ重だったお客さん」と
いう言い方は可能であると予測する。実際、(50) のようなウナギ
料理店の厨房においてなされた発話は自然である。

(50) a.　店員：店長、ウナ重のお客さんが蒲焼きに変えたいって。
　　 b.　店長：よし分かった。では、ウナ重だったお客さんの
　　　　　　　 伝票をこちらの伝票に取り替えてくれ。

「ウナ重のお客さん」をタイプAとして読むかぎり、(50b) のデー
タの説明は不可能であるが、「ウナ重のお客さん」の解釈が、(24)

であるならば、(50b) のデータはごく自然に説明できるのである。

　否定辞やテンスと同様のことはモダリティについてもいえる。タイプAの「NP_1 の NP_2」においては、NP_1 は純粋に名詞句そのものであることからして、(51b) のごとく、モダリティを付すことは不可能である。

(51) a.　花子のパソコン
　　 b. ＊花子に違いないパソコン

それにたいして、ウナギ読みを背後にもった「NP_1 の NP_2」については、NP_1 は節に登場する述語であるため、(52a) にたいして (52b) の形式は可能である。実際、(53) のようなウナギ料理店の厨房においてなされた発話は自然であろう。

(52) a.　NP_1 の NP_2
　　 b.　NP_1 に違いない NP_2
(53) 店員：店長、あの方はウナ重に違いないお客さんなんですが、ウナ重は絶対に注文していないと言っています。

ここでも、「ウナ重のお客さん」をタイプAとして読むかぎり、(53) のデータの説明は不可能であるが、「ウナ重のお客さん」の解釈が、(24) のようなものであるならば、(53) のデータはごく自然に説明できるのである。

6. むすび

　以上の考察は、(1) や (2) に見られる「NP_1 の NP_2」という名詞句は、タイプBでもなければタイプAでもないことを示している。もちろん、タイプC、D、E、Fのいずれでもないことは明らかである。ということは、(1) や (2) に見られる「NP_1 の NP_2」という名詞句は、タイプGとでも呼ぶべき、これまでとは別のタイプの「NP_1 の NP_2」であると結論づけざるをえない。タイプGは、

NP₁とNP₂の緊張関係の決定に飽和化という語用論操作の介入を許すという点でタイプAと類似しているが、タイプGのNP₁は単なる名詞句ではなくて、背後に連体修飾節を有しているという点で、タイプAとは別である。また、タイプGの「NP₁のNP₂」におけるNP₁は、まさに背後に連体修飾節を有しているという点で、タイプBと類似しているが、NP₁自体は叙述名詞句ではなく値名詞句であるという点で、タイプBとも異なるのである。もし以上のわれわれの議論が正しいならば、「ウナ重のお客さん」「イブニングドレスの女性」「76m²の部屋」「3900円の本」のような一見単純に思われるかもしれない名詞句の意味構造を正しく理解するためには、変項名詞句、値名詞句、非飽和名詞句、束縛関係、指定文、措定文、二重コピュラ文といった高度に理論的な概念装置を用意しておかなくてはならないことを意味していると言えよう。

---

*1　この点についての詳細な議論は今井・西山（2012: 240–247）を参照。
*2　倒置指定内蔵型措定文は本書第Ⅱ部第9章（西川論文）では「「故郷が青森だ」構文」と呼ばれている。この構文においては、倒置指定文（i）
　　（i）　注文料理はウナ重だ。
が補文に埋め込まれた結果、「は」が「が」に変わった（ii）のような形式が自然であるが、「は」がそのまま残った（iii）の形式も可能であるし、（ii）より（iii）の方が自然なケースもある。
　　（ii）　あのお客さんは注文料理がウナ重だ。
　　（iii）　あのお客さんは注文料理はウナ重だ。
本章では、倒置指定内蔵型措定文の形式として（iii）を用いる。なお、本書第Ⅱ部第9章（西川論文）の注25をも参照されたい。
*3　加藤（2003: 96, 108）は（1）のタイプの名詞句について、実質的にはこの方向で処理しているように思われる。（もっとも「タイプB」という術語は西山（2003）における区分であり、加藤（2003）がこの術語を用いているわけではない。）加藤（2003: 16–20, 90–109）は、「NP₁のNP₂」について詳しく論じたあとで、「NP₁のNP₂」は、（ia）と（ib）に大別できるとしている。
　　（i）　a. NP₁がNP₂の属性と解釈できる叙述的な「の」
　　　　　b. NP₁がNP₂の属性と解釈できない非叙述的な「の」
加藤によれば、（ii）の例は叙述的な「の」とされているが、これは筆者の言うタイプBにほかならない。

　　　　(ii) a. お金持ちの斎藤さん
　　　　　　b. 病気のおじさん
一方、(iii)(iv)の例は加藤によれば叙述的でない「の」とされているが、筆者の立場では、(iii)はタイプAであり、(iv)はタイプDにほかならない。
　　　　(iii) a. モダリティの問題
　　　　　　 b. お金持ちの考え
　　　　(iv) a. 私のおじさん
　　　　　　 b. 病気の原因
なお、加藤 (2003) では論じられていないが、(v)(vi)(vii)の例はいずれも叙述的でない「の」に属するというべきであろう。
　　　　(v)　着物を着た時の母
　　　　(vi)　子供の教育
　　　　(vii)　花子の髪
筆者の立場では、(v)はタイプC、(vi)はタイプE、(vii)はタイプFである。以上の観察は、加藤 (2003) が、「NP_1のNP_2」を (ia) と (ib) に大別した時、(ib) の叙述的でない「の」に属するものとして、タイプA、C、D、E、Fを互いに区別していないことを意味する。また、加藤 (2003: 96, 108) は、(viii)のような例をとりあげ、矢印の右側のように言い換えできることから、いずれも (ia) の叙述的な「の」が用いられたケースである、と主張する。
　　　　(viii) a. イブニングドレスの女性　→　その女性はイブニングドレスだ。
　　　　　　　b. 十二指腸潰瘍の友達　→　その友達は十二指腸潰瘍だ。
後述のごとく、筆者は、(viii)のケースはタイプBではなく、タイプGであることを論じるが、もし筆者の議論が正しければ、加藤 (2003) は、「NP_1のNP_2」について、叙述的な「の」に属するもののなかで、タイプBとタイプGを互いに区別していないことを意味する。要するに、「NP_1のNP_2」の本質を捉えるのに、叙述的な「の」か、それとも非叙述的な「の」のいずれであるかという観点だけでは、道具立てとして十分ではないのである。

*4　倒置指定文の主語（つまり、変項名詞句）を主名詞句とする装定表現が不可であることについては岸本 (2012: 54) においても論じられている。
*5　(37b) は、この文を、たとえば、(i)(ii)(iii) などを表意とするウナギ文とみなすならば適格である。
　　　　(i)　《パデレフスキーは、その職業は、ピアニストと大統領だ》
　　　　(ii)　《パデレフスキーは、その接待相手は、ピアニストと大統領だ》
　　　　(iii)　《パデレフスキーは、その写生対象は、ピアニストと大統領だ》
(i)(ii)(iii) はいずれも倒置指定内蔵型指定文の意味構造を有している。したがって、この解釈においては、(37b) における「ピアニストと大統領」は叙述名詞句ではなく値名詞句であり、連言として「と」が現れるのである。装定表現 (39b) についても同様である。
*6　この点は、水谷宗氏の指摘に負う。
*7　この点を筆者に指摘してくれたのは、西川賢哉氏である。

第7章
「モーツァルトのオペラ」と「オペラのモーツァルト」
「NP₁のNP₂」の解釈をめぐって

小屋逸樹

1. はじめに

本章では、タイトルにある「オペラのモーツァルト」といった「NP₁のNP₂」表現が、どのような解釈をもつのかという点を中心に論じてみたい。その関連で、まず文形式の表現との解釈上の違いに簡単に触れておこう。

筆者はKoya (1992: 93ff.) で以下の二文の意味的比較を行った際、第一名詞句Aと第二名詞句Bの関係が、簡単に言うと、モーツァルト作品、又は音楽ジャンルの「全体 (A) とその部分 (B)」のような関係になっているものと想定して議論を進めた。

(1) モーツァルトはオペラがよい。
(2) オペラはモーツァルトがよい。

つまり、上の二文はいずれも《Aに関して言うと、その中ではBがよい》という意味を表している。したがって、Aの中からBを選択できないような現実があると、その文は（語用論的に）奇妙な文となる。

(3) ?プッチーニはオペラがよい。
(4) オペラはプッチーニがよい。

(3) の文が奇妙に感じられるのは、プッチーニが実際にオペラ作品以外をあまり作曲しなかったにもかかわらず、あたかも彼の交響曲や室内楽と対等の比較をしてオペラがよいと主張しているかのように感じられるからである。

文の形式をとる表現では、さらにウナギ文も頻繁に使用される。

（5）モーツァルトはオペラだ。
（6）オペラはモーツァルトだ。
（7）プッチーニはオペラだ。
（8）オペラはプッチーニだ。

ウナギ文の形式で用いられた文は、コンテクストによって語用論的な解釈が多様であるため、（7）も不自然には感じられない。というのも、（7）を用いて《レクイエムじゃなく、プッチーニはオペラを作曲したのだ》と伝えることが可能だからである。

さて、今度は、上の文で現れた二つのNPを「の」で結んだ「NP_1のNP_2」という形式を見てみよう。

（9）モーツァルトのオペラ
（10）オペラのモーツァルト
（11）プッチーニのオペラ
（12）オペラのプッチーニ

ここでは、（1）–（4）で見た違いは既に感じられず、自然な解釈としては（9）と（11）が「作曲者とその作品」という関係を、また（10）と（12）が「得意ジャンルと作曲家」という関係を構築しているように思える。ところが、同じように「全体と部分」を表したと思われる下の対では、NP_1とNP_2の語順を換えた表現が、一見すると（9）–（12）とは異なっているように思える。

（13）象の鼻
（14）?鼻の象

この対では、（13）は全体と部分を示した自然な表現であるのに対して、それを入れ替えた（14）は意味をなさないように筆者には感じられる。それでは、（13）–（14）の対と、（9）–（10）や

124　I　名詞句それ自体の意味

(11) – (12) の対との相違点は何であろうか。換言すれば、後者の対は、なぜ語順を入れ替えても許容できる解釈が生まれるのであろうか。

　(10) や (12) のような「NP₁ の NP₂」表現は、古くは国立国語研究所 (1951)、近年では森田 (2007) の助詞・助動詞の分析においても、また寺村 (1991) や益岡・田窪 (1992)、高橋 (2005) でも、その「の」の用法については論じられていない。「の」の用法は多岐にわたることで知られるが、以下では、まず西山 (2003) で提案された「NP₁ の NP₂」の分類を参照しながら、その分類の概略と若干の修正点を指摘し、続いて「オペラのモーツァルト」的表現に見られる解釈上の特徴を検討してみたい。

2. 西山 (2003) の分類と修正点
　属性を表す NP₁ を中心に

　国立国語研究所 (1951) や森田 (2007) の分類とは異なり、意味論と語用論の区別を明確にしながら、西山 (2003) は「NP₁ の NP₂」の多様な意味を以下の5種類に大別して論じている*1。西山 (2003: 16ff.) に従って、要点と例文のみを簡単に示す。

　(15) タイプ A：NP₁ と関係 R を有する NP₂
　　　　　　例：洋子の首飾り、二階の彼女、2000cc の車
　　　タイプ B：NP₁ デアル NP₂
　　　　　　例：ピアニストの政治家、重症の国王
　　　タイプ C：時間領域 NP₁ における、NP₂ の指示対象の断片の固定
　　　　　　例：大正末期の東京、着物を着た時の洋子
　　　タイプ D：非飽和名詞 NP₂ とそのパラメータの値 NP₁
　　　　　　例：この芝居の主役、太郎の上司
　　　タイプ E：行為名詞 NP₂ と項 NP₁
　　　　　　例：物理学の研究、助手の採用

上の西山の分類は、漫然と列挙されていた「の」の用法を統一的に整理した点で評価されるものであるが、タイプCに見られる細かな規定に対して、タイプAの規定はやや幅の広いもののように感じられる。さて、われわれが検討する「NP₁のNP₂」表現は、上の分類ではタイプAかタイプBに関与するものと思われる。なぜなら、(10) や (12) には、時間領域や非飽和名詞句、行為名詞句に相当するものが含まれてはいないからである。この理由により、ここではタイプAとタイプBのみを取り上げ、導入としては長くなるが、その中身を少し詳しく検証しておこう。

　西山によると、タイプAでは、語用論的に何らかの関係Rを補完しなければ解釈が決まらないという基本的な特徴をもつ。「洋子の首飾り」は《洋子が [所有している／身につけている／買いたがっている] 首飾り》と、多様な解釈を許す可能性をもっており、この解釈を決めるには語用論の介入が必要である。したがって、「洋子の首飾り」は《首飾りと関係Rをもつ洋子》という意味をもっている。「洋子の首飾り」には「修飾語＋主要語」という構成があり、NP₁「洋子」でもってNP₂「首飾り」の集合の部分集合を選択するという制限的な用法が認められる。これに対し、「二階の彼女」では、NP₁「二階」はNP₂「彼女」の非制限的な付随情報であり、NP₁を省いてもNP₂の指示対象が決定されるという関係にある。NP₂は定指示の名詞句である。さらに、「2000ccの車」では、《[Rは] 2000ccである車》という属性数量詞を含むが、ウナギ文と同様の語用論的補完（Rを「排気量」などとすること）を行う必要があることから、西山は、これを意味論的に完結しているタイプBとは区別し、タイプAとして分類している*2。

　一方、タイプBの「ピアニストの政治家」は、《ピアニストデアル政治家》と、NP₁とNP₂の間を意味的に結びつけるだけの関係になっている。《ピアニストという性質をもつ政治家》、すなわち《ピアニストであり、同時に政治家でもある人》という風に、NP₁が叙述的な意味を表し、NP₂がその叙述があてはまる対象となっている。このようなタイプBは、「NP₂はNP₁である」という主述関係を成し、コピュラ文と密接なつながりを有する表現である。西山

は措定的な関係の表現を解説しているが、同定的な関係を示す「NP$_1$のNP$_2$」もタイプBとして可能だと思われる*3。

(16) 第96代内閣総理大臣の安倍晋三

上の例でも「安倍晋三は第96代内閣総理大臣だ」と倒置同定コピュラ文における主述関係が認められ、「第96代内閣総理大臣である安倍晋三」とパラフレーズできる。尚、ここではNP$_1$が定性名詞句であり、「ピアニスト」のような性質を示す非指示的名詞句ではない点に注意しよう。いずれにしても、タイプBは語用論的補完が必要ではないようなコピュラ文（したがって、非ウナギ文）と対応する表現である。

さて、西山（2003: 22ff.）によると、タイプAとタイプBを区別するものとして、NP$_1$に量化をかけた時とNP$_1$を連言にした時に以下のような違いが見られるという。

(17) 何人かの学生の車（タイプA）
(18) ?何人かの女性の運転手（タイプB）
(19) 太郎と花子の車（タイプA）
(20) フランス文学者でピアニストの政治家（タイプB）

タイプAでは、修飾語NP$_1$に量化をかけることが可能であるが、タイプBでは《何人かの女性デアル運転手》の意では不可、とされる。この理由は、量化された表現は叙述性を欠くからである。(18)は、そもそも《[何人かの女性]の運転手》と《何人かの[女性の運転手]》と量化表現がどのNPを修飾するかで曖昧であり、後者の構造では、(18)は《女性運転手数名》を意味し、受容可能な表現である。西山の「NP$_1$の量化」というのは、前者の構造のみを問題にしたものであろう。次に、(19)–(20)に見られるように、NP$_1$を連言表現にすると、タイプAでは「AとB」のように「と」で結ばれるが、タイプBでは「AでB」と「で」を使って連言が行なわれる。

西山のテストは、具体的に違いが明らかになる現象として興味深いが、問題がないとは言えない。まず、西山が（15）でタイプAとした属性数量詞を含む表現は、上のテストではタイプBと判定される。

　　（21）何台かの2000ccの車
　　（22）何人かの200キロの力士
　　（23）2000ccで3ドアの車
　　（24）200キロで2mの力士

（21）と（22）は、《何台かの［2000ccの車］》、《何人かの［200キロの力士］》と解されてこそ受容可能となるが、NP₁のみに量化をかけた《［何台かの2000cc］の車》と《［何人かの200キロ］の力士》は（18）と同様に不可で、したがって「2000ccの車」や「200キロの力士」はタイプBと判別される。また、（23）と（24）の結果からも、属性数量詞表現をタイプAと分類することの妥当性に関して疑問が生じる。西山（2003: 341ff.）が属性数量詞構文をウナギ文と同様の語用論的補完を含むタイプAとしていることは既に述べたが、次に属性数量詞構文をウナギ文の一種と見なす考え方を検討してみよう。そのために、まず以下のウナギ的表現の典型例を見てみよう。

　　（25）ウナギとビールの部長（cf. 部長は［注文品は］ウナギとビールだ。）
　　（26）イタリアとスペインの山田さん（cf. 山田さんは［旅行先は］イタリアとスペインだ。）

上の二例は明確なウナギ的関係を有する表現だが、連言にすると「で」ではなく「と」が現れる。したがって、ウナギ文が「NP₁のNP₂」という形式に反映された場合は、タイプAと見なすことはテストと矛盾しない。ところが、属性数量詞表現と似たような振る舞いをする以下のような例も存在する。

(27) 病気の部長（cf. 部長は病気だ。）
(28) リウマチの部長（cf. 部長はリウマチだ。）
(29) リウマチで糖尿病の部長

(27)は明らかなタイプBの例であろう。問題は、「病気」の代わりに病名の「リウマチ」を使った（28）で、「部長はリウマチだ」をウナギ文と見なし、「リウマチの部長」をその「NP_1のNP_2」表現と考えるかどうかである。確かに「部長」イコール「リウマチ」ではないので、多分にウナギ的であるが、（29）では「で」によって連言され、属性数量詞表現（23）と（24）と同様の結果となっている。テストを信頼すれば、これは「リウマチ」が叙述名詞句と見なされていることを示すが、この点を議論するにあたり、ここで次のようなコンテクストを考えてみよう。部長は、実はリウマチと糖尿病を患った人ではなく、リウマチと糖尿病を研究対象としている医学部長であると。すると、今度は以下のように「と」による連言が現れる。

(30) リウマチと糖尿病の医学部長

つまり、「部長はリウマチだ」という時、人間が主語にたつと「リウマチ」は即ち《リウマチ患者》だと叙述名詞句化して解されるデフォルトの解釈があり、ウナギ的な性格が薄れる。そして、この解釈では、連言は（29）のように「で」で結ばれる。一方、リウマチが研究対象の時は、ただ「部長はリウマチだ」と言うと誤解されるほどウナギ性が高く、語用論的補完が不可欠となる。この場合、連言は（30）のように「と」で結ばれる。このように、ウナギ文として機能しているかどうかの判断では、ウナギ的性質の段階性を考慮して議論する必要があるように思われる[*4]。

　以上の観察を見ると、属性数量詞表現を含む「2000ccの車」が（23）や（24）のように「で」で連言されることは、どこまでを属性と考えるのかという問題を提起する。連言のテストの妥当性を認め、たとえ語用論的補完が施されていても、慣例的なデフォルト解

釈によってNP₁が属性を示しているものと見なすのか（筆者の立場）、あるいは、語用論が入る余地があること自体を意味論から明確に区別する証左とし、これに基づいて分類分けを決めるのか、である。前者の立場にたつと、属性数量詞表現の「NP₁のNP₂」はタイプA《[駅からの距離は]300 mの東京タワー》など、とタイプB《[高さは]300 mの東京タワー》の両方の意味を併せ持つことになるであろう。これは、「リウマチの部長」が《リウマチ（患者）の部長》と《リウマチ（研究者）の部長》を意味するのとパラレルである。次の表現も、ウナギ性はほとんど感じられないかもしれないが、厳密にはデフォルト的解釈が働いている可能性がある。

(31) 52歳の部長（cf. 部長は［年齢は］52歳だ。)

意味論と語用論の概念的区別をないがしろにするものではないが、(31)は現象としては両分野のボーダーライン・ケースだと思われる。このように、属性数量詞表現や(28)の病名を含む表現をめぐる議論には、属性という概念をどのようにとらえるかという問題が残っていることを指摘しておく。

3.「オペラのモーツァルト」的表現

さて、「NP₁のNP₂」の形式において、まず下の二つの表現はどのような意味の違いを表しているのかを確認しておこう。

(9) モーツァルトのオペラ
(10) オペラのモーツァルト

(9)では、《モーツァルトが作曲したオペラ》というのが自然な解釈であろうが、これはわれわれがモーツァルトがオペラを作曲した事実を知っているが故の解釈である。論理的には、他にも《モーツァルトが手本とした（他人の）オペラ》とか《モーツァルトを讃えるオペラ》といった解釈も語用論的な条件が満たされれば可能で

ある。上で見た西山（2003）の分類では、このようなタイプの「NP₁のNP₂」は《NP₁と関係Rを有するNP₂》というタイプAと分類される。このタイプは、様々な語用論的補完を許し、よって多様な解釈を可能にする表現だという点にまず注目したい。一方、形の上では（9）のNP₁とNP₂が入れ替わっただけの（10）はどのようなタイプの表現なのであろうか。この表現の意味は、恐らく《オペラで有名なモーツァルト》と解するのが最も自然で、NP₁でモーツァルトの特記事項を表した言い方だと思われる。この表現では《オペラが苦手なモーツァルト》という解釈は一般的ではなく、この点、（9）のように多様な解釈を許さない。つまり、（10）の解釈はある程度固定されたものである。このような表現は、実はわれわれの言語生活では頻繁に見られるものであるが、あまり文献に取り上げられることがない。そこで、この種の例がいかに多く存在するかを確認しておこう。以下では、（9）と（10）の関係に類似する表現を並記するが、左側に（10）のタイプを記す。

（32）モミジの永観堂／永観堂のモミジ
（33）餃子の王将／王将の餃子
（34）レストラン評価のミシュラン／ミシュランのレストラン評価
（35）銀メダルの太田選手／太田選手の銀メダル
（36）通天閣の大阪／大阪の通天閣
（37）女性問題の鴻池氏（2009年5月20日、読売新聞）／鴻池氏の女性問題

上のように、左側に記した（10）のような表現には、一般に、その右側に記した（9）のような語順を入れ替えた形式の表現も存在するが、われわれは（9）のタイプの存在を前提に（10）を派生的に想定している訳ではない。（10）のような形式しかもたない表現もあるかもしれない。さて、この両者が有する解釈には大きな差があると思われる。以下には、恐らく一番自然だろうと思われる解釈をあげるが、まず、「モミジの永観堂」は紅葉で有名な永観堂（京都市左京区）の意で、「永観堂のモミジ」は永観堂の境内にある紅

葉である。「餃子の王将」は餃子が看板料理のチェーン店「王将」の意だが、「王将の餃子」は「王将」という店で提供している餃子である。「レストラン評価のミシュラン」は、三つ星などのレストラン評価で知られるミシュランの意で、「ミシュランのレストラン評価」はミシュラン社が行うレストラン評価の意である。「銀メダルの太田選手」は銀メダルを獲得して注目されている太田選手の意だが、「太田選手の銀メダル」は太田選手が獲得した銀メダルの意である。「通天閣の大阪」は通天閣がランドマークの大阪の意だが、「大阪の通天閣」は通天閣の所在地が大阪であるという意である。最後に、「女性問題の鴻池氏」は女性問題で世間を騒がせた鴻池氏の意で、「鴻池氏の女性問題」は鴻池氏が起こした女性問題の意である。このように、それぞれの例で、二つの表現は異なる解釈を与えるものと考えられる。

　上の例に見られる共通点としては、まず右側に示した（9）のタイプの表現は、（36）を除き、NP_1 が NP_2 の意味を限定する制限的用法となっているが、左側に示した（10）のタイプの表現にはそのような関係は見られず、NP_1 と NP_2 との間は非制限的である。次に、「モミジの永観堂」以降の例では、NP_1 が、固有名詞である NP_2 の言わば謳い文句となっている。つまり、《NP_1 で［有名な／知られる／話題となっている］NP_2》といった解釈を生むために、NP_1 をメルクマールとして使用し、NP_2 の特徴を強調するという用法と言える。ここでは、このような NP_1 を「メルクマール」と呼び、二つの NP 間には「NP_1（メルクマール）の NP_2（指示的名詞句）」という関係が存在するものと仮定しよう*5。このように想定すると、（14）の不自然さが説明できる。

（14）？鼻の象

上の表現が不自然なのは、「鼻」のみで象のメルクマールとしているからである。以下の表現と比較してみよう。

（38）？鼻の君佳

132　I　名詞句それ自体の意味

(39) だんご鼻の君佳
(40) ?鼻の君佳
(41) 八重歯の君佳

(38) と (40) では、NP$_1$ が NP$_2$ のメルクマールとして十分な情報を提供しているとは解しにくい。「鼻」や「歯」は、多くの人間に共通する一般的な表現に過ぎないからである。ところが、これを (39) や (41) の NP$_1$ のように少し豊かな記述に変えると、特定の人物を形容するに足るメルクマールとして機能する。ちなみに、「だんご鼻」や「八重歯」は鼻や歯の一種であり、「石頭」や「太っ腹」などの性格描写表現とは異なる点に注意しよう*6。どのような表現がメルクマールとして機能するかは、多分に語用論的な事情が作用し、厳密な形式的条件というものはないが、例えば、下の例の NP$_1$ を考えてみよう。

(42) 左足の中村俊輔

上は、単に「左足」としか述べていない NP$_1$ をもちながらも、事情を知る人にとっては、全体として不自然な印象がない例である。これは何故であろうか。注目すべきは、「左足」そのものは多くの人に共通する表現でありながら、それが有名なサッカー選手に対して用いられている点である。すると、ここでの「左足」は物理的な肉体の一部ではなく、サッカーという競技において重要な役割を担う左足の巧みな使い方を指し、全体として《黄金の左足をもつ中村俊輔》といった解釈を語用論的に可能にしている。つまり、「左足」は「中村俊輔」のメルクマール的な表現と認められるのである。したがって、コンテクストが理解されれば、(42) は極めて自然な表現として許容されるだろう。このような点を考慮すると、実は、(14) やそれに類似する (38)、(40) の不自然さは、あくまで NP$_1$ がメルクマールとして機能しにくいコンテクストによる不自然さだと言える。もし、仮に (38) が鼻や舌の機能的能力がものをいうソムリエ・コンテクストなどで使用されたら、その不自然さはかなり

軽減されるであろうと思われる。さらに、以下の例を見てみよう。

　(43) 雨の中嶋

上は実際に新聞紙上でよく見られる表現だが、これだけでは奇妙な表現と感じられるかもしれない*7。しかし、ここでの「中嶋」がかつてのF1ドライバーの「中嶋悟」を指し、彼が雨天レースに強かったことを知ると、(43) は許容可能な表現となる。つまり、NP₁ 自体が短く何の特徴もない表現であったとしても、それにメルクマールとしての価値をもたせるコンテクストが与えられれば、「NP₁ の NP₂」全体としては自然な表現になるのである。このような例からも、(14) や (39)、(41) の不自然さは程度の問題であると言っていいだろう。

4.「オペラのモーツァルト」とタイプ A

　それでは、「オペラのモーツァルト」のように「メルクマールと指示的名詞句」という構成をもつ表現は、どのようなタイプの「NP₁ の NP₂」と見ればよいのだろうか。すでに見たように、この表現の解釈が典型的に《NP₁ で有名な NP₂》のようなものであるなら、西山 (2003) の言う語用論的な補完が行われていることは明らかである。したがって、(15) の分類に基づく限り、「オペラのモーツァルト」はタイプ A と認められるだろう。先述したように、タイプ A は「関係 R」を幅広くカバーするタイプであり、(9) も (10) も同じタイプ A に含まれる。一方、タイプ B は、《NP₁ デアル NP₂》と言い換えられるものであり、NP₁ がコピュラ文での主格補語に相当する名詞句となっている。措定関係であれ、同定関係であれ、(10) をタイプ B として解釈すると《オペラであるモーツァルト》、《オペラという性質をもつモーツァルト》という解釈になり、意味をなさない。しかし、「オペラのモーツァルト」は、同じタイプ A であっても「モーツァルトのオペラ」と基本的に異なった性質を持っているように思われる。つまり、

(5) モーツァルトはオペラだ。
(6) オペラはモーツァルトだ。
(9) モーツァルトのオペラ
(10) オペラのモーツァルト

上の(5)や(6)のウナギ文の自然な解釈は《モーツァルトはオペラが苦手だ》とか《オペラはモーツァルトがダメだ》といった否定的なものではなく、肯定的な解釈であろう。したがって、(10)は(5)や(6)のようなウナギ文と関連性があるように思えるが、一方の(9)にはそのような対応がない。(10)では主要語が「モーツァルト」であるため、それに対応するウナギ文は、奥津(1978)を参考にすると「モーツァルト」を主語とした(5)であろうが、同様の論法は(9)と(6)には当てはまらない。(9)には(6)に見られる評価的意味合いが感じられないからである。このような関連はあくまでも語用論的な解釈に基づいているが、同じことが(32)-(37)の例にも当てはまり、「モミジの永観堂」は「永観堂はモミジだ」に、「餃子の王将」は「王将は餃子だ」に近い解釈をもっていると思われる。これは、例えば「モミジの永観堂」が「永観堂」に対するコメントであり、「モミジ」に関するコメントではないことからも明らかであろう。

タイプAとして西山があげた制限的用法の例「洋子の首飾り」は、確かに語用論的にさまざまに補完され、異なった意味を表しうるが、「首飾り」を主語としたウナギ文(45)の一般的な解釈、例えば《首飾りは、[注文した客は]洋子だ》などとの関連は考えにくい。一方、非制限的用法の「二階の彼女」はウナギ文(47)の通常の解釈と近似である。

(44) 洋子の首飾り
(45) 首飾りは洋子だ。
(46) 二階の彼女
(47) 彼女は二階だ。

非制限的用法のタイプAがウナギ文の意味に類似するというのは、「ウナギの僕」が「僕はウナギだ」と近似であることに示されているが、制限的用法と思われる「僕のウナギ」は「ウナギは僕だ」に関連しているとは感じられない。「二階の彼女」は、「ウナギの僕」や「オペラのモーツァルト」と同様に、「彼女」を主語として文頭に出したウナギ文と類似の解釈を許す。しかし、「洋子の首飾り」には、このようなウナギ文との対応を認めることは困難である。これは、ちょうど上の (5)–(6)、(9)–(10) で観察した結果と同じであり、この差が「NP_1 の NP_2」の制限的／非制限的用法と深く関わっているように思われる。以上の点を総合すると、「NP_1（メルクマール）の NP_2（指示的名詞句）」は、(15) の分類では、ウナギ的性格を色濃く反映したタイプAの非制限的用法の表現であると言えるだろう。

5. タイプGとの関連

さて、本書第I部第6章（西山論文）「「ウナ重のお客さん」について」で、西山はウナギ文に対応する「NP_1 の NP_2」を新たにタイプGとすることを提案している。タイプGはタイプAと異なり、NP_1 に否定辞やテンス、またモダリティを付すことができるとされる。上で見た通り、「オペラのモーツァルト」は、ウナギ的性格を反映しているので、この点を西山の新たな主張と照らし合わせて考えてみよう。(48) では、現実に関するわれわれの知識に見合うよう、「モーツァルト」を「ショパン」に替え、否定辞をウナギ文と相性のよい口語体にしてある。

(48) a.　ショパンはオペラじゃない。
　　 b.　オペラじゃないショパン
(49) a.　モーツァルトはオペラだった。
　　 b.　オペラだったモーツァルト
(50) a.　モーツァルトはオペラのはずだ。
　　 b.　オペラのはずのモーツァルト

上の（b）表現がウナギ文に関連する「NP$_1$のNP$_2$」だが、適当なコンテクストが与えられれば基本的に受容可能な表現であろうと思われる。「オペラじゃないショパンを積極的に評価する気になれない」とか、「オペラだったモーツァルトが今度はレクイエムに挑んだ」とか、「オペラのはずのモーツァルトが、どうしてこんな駄作を書いたのだろう」などといった発話は十分に自然だと思われる。

「ウナ重のお客さん」との違いがあるとすれば、恐らく次のようなものである。「ウナ重のお客さん」は、NP$_1$がNP$_2$にとって言わば制限的に用いられており、「ウナ重以外のお客さん」を区別することを可能にするが、メルクマール解釈での「オペラのモーツァルト」は、果たして「オペラ以外のモーツァルト」と対比できるのか、という点である。もとより、「お客さん」は集合を形成し、さまざまな個体をその成員としてもつが、「モーツァルト」は単一の指示対象しかもたない。したがって、「ウナ重以外のお客さん」は、異なる「お客さん」として「ウナ重のお客さん」と比較できるが、「オペラ以外のモーツァルト」はもはやメルクマール解釈から離れた、「オペラ以外を作曲したモーツァルト」のような解釈になってしまうのではないだろうか。ただし、「オペラ」が「モーツァルト」のメルクマールではないと主張する場合は、「オペラじゃなくピアノ協奏曲のモーツァルト」とメルクマールを訂正すること自体は可能である。しかし、そもそもメルクマールNP$_1$はNP$_2$の特記事項という役目を担うので、何かを積極的に示さなければメルクマール解釈は得られない。メルクマールを否定する場合は、「オペラじゃないモーツァルト」とするのではなく、「オペラのモーツァルトじゃない」とするのが自然であろう。

「ウナ重のお客さん」と共に、「ウナ重の私」という非制限的な用法も可能である。この場合も、「ウナ重じゃない私」、「ウナ重だった私」、「ウナ重のはずの私」は自然な表現であり、タイプGとすることに何ら問題はない。つまり、NP$_2$が単体指示の場合でもタイプGの「NP$_1$のNP$_2$」は成立すると言える。ここで興味深いのは、西山（2003）の分類（15）で示されたタイプAの非制限的用法の例「二階の彼女」である。この表現は、上で述べたようにウナギ文

と密接な関係がある。以下に、上の(46)と(47)をまとめて示そう。

(51) a. 彼女は二階だ。
　　 b. 二階の彼女

(51a)は、《彼女は[居場所は]二階だ》や《彼女は[リフォームするのは]二階だ》などの解釈を許すウナギ文だと言えよう。したがって、(51b)もウナギ文に関連する「NP_1のNP_2」で、事実、「二階じゃない彼女」、「二階だった彼女」、「二階のはずの彼女」は適切なコンテクストが与えられれば自然な表現である。したがって、タイプGが提案された現段階では、従来の非制限的用法のタイプAは、今やタイプGとして分類されるべきで、この中に「オペラのモーツァルト」等のメルクマール解釈をもつ「NP_1のNP_2」も統合されるべきものと考えられる。

　最後に、ウナギ文との関連で一つ課題となる点を指摘しておこう。それは、既に言及したように、ウナギ文とその形式的対応をもつと思われる「NP_1のNP_2」の解釈についてである。

(52) a. オペラはモーツァルトだ。(=(6))
　　 b. モーツァルトのオペラ (=(9))

ウナギ文(52a)では、《オペラは[この分野で素晴らしいのは]モーツァルトだ》のような解釈を許すが、(52b)ではそのような解釈よりも《モーツァルトが作曲したオペラ》という制限的用法のタイプAの解釈が自然であろう。(52b)はNP_2に人物ではなく音楽ジャンルが来ており、「?モーツァルトじゃないオペラ」や「?モーツァルトだったオペラ」、あるいは「?モーツァルトのはずのオペラ」は極めて不自然である。(52b)にウナギ文の解釈が反映されにくいのはなぜか、疑問が残るが今後の課題としよう。

付　記

　本章は『慶應義塾大学言語文化研究所紀要』第41号（2010年）に所収の拙論「「モーツァルトのオペラ」と「オペラのモーツァルト」―「NP$_1$のNP$_2$」の解釈をめぐって」を修正・加筆したものである。本章の執筆にあたっては、山泉実氏から有益なコメントをいただいた。

---

*1　その後、西山は今井・西山（2012: 98ff.）や本書第I部第6章（西山論文）で分類を拡大しているが、(15)自体は実質的に受け継がれている。本章では取り上げなかったが、(15)に関して次の二点を指摘しておきたい。まず、タイプEに関して、「類似品の存在」や「占領軍の駐留」など、NP$_2$に非行為名詞をとりながらNP$_1$が項の関係を示す例が見られることから、タイプEの規定には修正が求められる。次に、「真相隠しの東京電力」や「ノーベル賞受賞の山中教授」といった例は、それぞれ《真相を隠した東京電力》や《ノーベル賞を受賞した山中教授》という連体修飾節に対応する意味を表しており、(15)の分類に追加すべき新しいタイプの「NP$_1$のNP$_2$」であると思われる。

*2　西山流のウナギ文のメカニズムとコピュラ文との関連についての議論は、西山（2001, 2003）を参照。

*3　コピュラ文の同定文に関しては、熊本（1995）を参照。

*4　ウナギ文の段階性に関しては、小屋（2003）を参照。「主人は［居場所は］ここです」と「主人は［テレビを見る場所は］ここです」を比較し、ウナギ性の度合いの違いを論じている。

*5　このような「NP$_1$のNP$_2$」の存在は、コピュラ文にも「特徴記述」という概念が重要な役割を果たす「同定文」というタイプがあることからも、言語の表現手段として自然なものと言えよう。同定文の「特徴記述」に関しては、熊本（1995）を参照。

*6　性格を描写する「石頭の部長」などの表現は、「石頭である部長」が可能で、「部長は石頭だ」と語用論が介在する余地がないことから、タイプBと言えよう。この点、「だんご鼻の君佳」は「？だんご鼻である君佳」とは言えず、《だんご鼻で特徴づけられる君佳》と解すべきであろう。

*7　「雨の中嶋」に関しては、他の例のように二つのNPの語順を入れ替えた「中嶋の雨」が少々不自然に感じられるが、それでも《中嶋に好都合な雨》といった解釈は語用論的に可能であろう。

第8章
「あの頃のアイドル歌手」について

西山佑司

1. はじめに

　本章では、「あの頃のアイドル歌手」の種類の表現について考察し、これは表面的には「NP$_1$のNP$_2$」の形をしているものの、意味的には「NP$_1$のNP$_2$」ではないこと、したがって、西山（2003）におけるタイプAからタイプEまでの分類のいずれにも属さないことを主張する。そして、「あの頃のアイドル歌手」における「あの頃」は副詞であり、副詞「あの頃」が述語の意味《アイドル歌手の地位を占める》を修飾している関係にあること、つまり、この表現は、「副詞＋の＋名詞」と分析されるべきであることを論証する。またそこから、「あの時の横綱」という名詞句は、タイプAとタイプCに加えてタイプDの意味もあり、曖昧であるとした西山（2003:48-49）の主張を一部修正する。

2.「あの時の横綱」にたいする西山（2003）の見解

　西山（2003:48）は、「横綱」という名詞について次のように述べている。

(1) 「横綱」という名詞は「時点のパラメータ」を要求する非飽和名詞であることに注意しよう。ある力士、たとえば貴乃花について「彼は横綱ですか」と問うたとしても、「現在の」とか「8年前の」とか「15年前の」といった時点を固定しないかぎり答えることができないであろう。

(西山 2003:48)

西山（2003: 48–49）では、「あの時の横綱」という名詞句「NP$_1$のNP$_2$」について、(2)を前提とし、それに基づいて、「あの時の」と「横綱」との関係からして、タイプA、タイプC、タイプDの読みの可能性があり曖昧であると考えていた。

（2）「横綱」は非飽和名詞であり、パラメータとして「あの時」や「あの頃」のような時点名詞句を要求する。

　まず、「あの時の横綱」にたいするタイプAの読みが自然であるケースを見よう。

（3）3ヶ月前にあるパーティーでわたくしは、横綱に出会い、すこしだけ話をしたのだが、あの時の横綱は誰だったかな。

ここでは、「横綱」の要求する時点のパラメータがコンテクストからすでに設定されているとみなすことができる。たとえば、「横綱」は《現在の横綱》と読むのである。そして、「あの時の」が複数の現在の横綱のなかから、一人を選択するための限定詞として働いていると読む。この読みのばあい、「あの時の横綱」の意味表示は(4)であると思われるのでタイプAとみなすことができる。

（4）《あの時とある種の関係Rを有している［時点aの］横綱》

　次に、「あの時の横綱」にたいするタイプCの読みが自然であるケースを見よう。「横綱」でもって、特定の個人、たとえば、白鵬を指示するとしよう。このばあい、「横綱」の要求する時点パラメータがコンテクストから「現在の」に設定されているわけである。さて、人間、白鵬の時間の流れ（つまり、白鵬のこれまでの人生）の中から「あの時」で切りとられた断片を表す、と読む。このばあい、「横綱」の指示対象である人間、白鵬が、「あの時」で指された時点で、たまたま横綱であってもかまわないが、かならずしもその必要はない。たとえば、2013年の元旦、新聞記者が、目の前の横

綱、白鵬関にインタビューをするなかで、「あの時」で「2005年の秋」を指して、(5) を口にしたとしよう。

 (5) あの時の横綱は、まだ前頭二枚目でしたね。

(5) は矛盾文ではない。それは、(6) が「中学生と結婚していた」を意味しないのと同じである。

 (6) あの時の妻は、まだ中学生でした。

(6) において「妻」は《現在の（わたくしの）妻》を意味し、《あの時、わたくしの妻の地位を占めていたひと》の意味ではないからである。したがって、(5) は (7) と言い換えても実質的な意味内容は同じである。

 (7) a. あの時の白鵬関は、まだ前頭二枚目でしたね。
   b. あの時のあなたは、まだ前頭二枚目でしたね。

また、(5) や (7) の「あの時の」は主名詞から遊離させて、(8) のように副詞として用いても文意は変わらない。

 (8) a. 横綱は、あの時、まだ前頭二枚目でしたね。
   b. 白鵬関は、あの時、まだ前頭二枚目でしたね。
   c. あなたは、あの時、まだ前頭二枚目でしたね。

こんどは、「あの時の横綱」にたいするタイプDの読みが自然であるように思われるケースを見よう。

 (9) a. あの時の横綱は貴乃花だった。（倒置指定文）
   b. あの頃の横綱は人格高潔であった。（措定文）

(9) において、「横綱」は「優勝者」「首相」「社長」などと同様、

「時点のパラメータ」を要求する非飽和名詞であるとみなし、「あの時の」や「あの頃の」を「横綱」の要求するパラメータを表示している、と読むのである。(9a) は (10) で言い換えることができる意味を表し、西山 (2003) で言う「倒置指定文」にほかならない。

(10) あの時、横綱の地位にあったひとは誰かといえば、貴乃花だった。

一方、(9b) は (11) で言い換えることができる意味を表し、西山 (2003) で言う「措定文」にほかならない。

(11) あの頃、横綱の地位にあったひとは、人格高潔であった。

次の文の下線部もこのタイプの例である。

(12) a. 田中は8年前に離婚し、すぐ再婚したが、8年前の田中の妻は大学教師だった。
b. ぼくは、東京オリンピック当時の首相に会ったことがある。
c. 山田副社長が、わたくしが入社した時の庶務課長だった。
d. あの時の課長は今の専務取締役の鈴木さんでしたよね。

このように、「あの時の横綱」という名詞句は、「あの時の」と「横綱」との緊張関係からして、タイプA、タイプC、タイプDの読みの可能性があり曖昧であるとしたわけである。ここで問題は、「あの時の横綱」にたいするタイプDの読みである。この名詞句にタイプDの読みの可能性を認めるということは、「横綱」が「時点のパラメータ」を要求する非飽和名詞であること、つまり (2) を前提にしている。

(2) 「横綱」は非飽和名詞であり、パラメータとして「あの時」や「あの頃」のような時点名詞句を要求する。

この前提はほんとうに正しいであろうか。次節ではこの問題を検討する。

3.「横綱」は本当に非飽和名詞か

　西山（2003: 48）において、「横綱」という名詞が「時点のパラメータ」を要求する非飽和名詞であるとみなした根拠の一つは、(1) の引用で示したように、ある力士、たとえば貴乃花について「彼は横綱ですか」と問うたとしても、「現在の」とか「8年前の」といった時点を固定しないかぎり答えることができない、ということであった。「横綱」を「時点のパラメータ」を要求する非飽和名詞であるとみなしたもう一つの根拠は、(13a) から (13b) のようなカキ料理構文らしきものを構築できるという点にあった。

(13) a. 貴乃花が、あの時の横綱だった。（指定文）
　　　b. あの時は、貴乃花が横綱だった。（？カキ料理構文）

西山（2003: 第6章）で詳しく述べたが、カキ料理構文とは、(14a) や (14b) に対応する (14c) のタイプの構文のことを言う。

(14) a. 広島がカキ料理の本場だ。
　　　b. カキ料理の本場は広島だ。
　　　c. カキ料理は広島が本場だ。

(14a) と (14b) はいずれも《カキ料理の本場はどこかといえば、広島がそうだ》という意味である。西山（2003）は、(14a) を「指定文」、(14b) を「倒置指定文」と呼んだ。より正確にいえば、(14a) における「カキ料理の本場」は変項名詞句であり、「広島」が変項の値という関係になっており、この文全体は、(15) のような意味表示を有すると考えられる。

(15) 広島が　　　　カキ料理の本場　だ
　　　値名詞句　　　　変項名詞句
　　　広島　　　[x がカキ料理の本場である]

ここで、「本場」は非飽和名詞であり、「カキ料理」はそのパラメータであるので、「カキ料理の本場」はタイプDの「NP$_1$のNP$_2$」であることに注意しよう。このばあいは、(14a)に対応して、(14c)を構築できるのである。(14c)においても、「本場」は変項名詞句(の一部)、「広島」はその変項を埋める値を表し、「広島が本場だ」の部分が指定文の意味構造を有する点は(14a)と変わらないのである。そして、「広島が本場だ」全体は、「カキ料理」の指示対象に帰される属性を表すとみなすことができる。これにたいして、同じ指定文であっても、たとえば(16a)に対応して、カキ料理構文として(16b)を構築することはできない。

(16) a.　花子が、あの時の女性だった。(指定文)
　　 b.？あの時は、花子が女性だった。(？カキ料理構文)

「女性」は飽和名詞であり、「あの時の女性」はタイプDではないからである。
　要するに、カキ料理構文「AはBがCだ」にとって重要なことは、(i) [BがC(だ)]は指定文構造を有する、(ii) AとCとの間にタイプDの関係があること、つまり、Cは非飽和名詞であり、Aがそのパラメータという関係を結んでいるということである。(17)の各文はいずれもこの条件を満たしているので「カキ料理構文」といえる。

(17) a.　太郎は、青森が故郷だ。
　　 b.　花子は、山田教授が指導教授だ。
　　 c.　この会社は、58歳が定年だ。
　　 d.　この病院は、田中が理事長だ。

e.　この芝居は、太郎が主役だ。

さて、以上のことを念頭において（13）をもう一度見てみよう。

(13)a.　貴乃花が、あの時の横綱だった。（指定文）
  b.　あの時は、貴乃花が横綱だった。（?カキ料理構文）

(16a)に対応して（16b）を構築できないが、(13a)に対応して(13b)を構築できる。したがって、(13b)はカキ料理構文であり、「あの時の横綱」はタイプDとみなすことができるように思われるのである。これが、筆者が西山（2003）において、「横綱」を「時点のパラメータ」を要求する非飽和名詞であるとみなす根拠であった。ところがここに問題がある。(13)の例から、「あの時の横綱」をタイプDとみなすことができるのであれば、まったく同様の議論で、(18)において、(18a)に対応して(18b)を構築できるので、「優勝者」も「時点の名詞句」をパラメータとして要求する非飽和名詞だ、ということになってしまう。

(18)a.　高橋尚子が、あの時の優勝者だった。（指定文）
  b.　あの時は、高橋尚子が優勝者だった。（?カキ料理構文）

しかし、これは問題である。「優勝者」は非飽和名詞であるが、そのパラメータに入るのは「シドニーオリンピック女子マラソン」のような競技名であって、「あの時」のような時点の名詞句ではない。さもなければ、「優勝者」は複数のパラメータを要求することになってしまう。そればかりではない。(19)(20)(21)における各(a)に対応して各(b)を構築できるように思われる以上、(19b)(20b)(21b)の例をカキ料理構文とみなすことになる。

(19)a.　カローラが、あの頃の田中の車だった。（指定文）
  b.　あの頃は、カローラが田中の車だった。（?カキ料理構文）
(20)a.　この小さなアパートが、新婚当時の我が家だった。（指

定文）
  b.　新婚当時は、この小さなアパートが我が家だった。
   （？カキ料理構文）
(21) a.　ショパンが、あの頃の（わたくしの）好きな作曲家
   だった。（指定文）
  b.　あの頃は、ショパンが（わたくしの）好きな作曲家
   だった。（？カキ料理構文）

　ということは、明らかに飽和名詞句である「田中の車」も「我が家」も、「（わたくしの）好きな作曲家」もすべて時点の名詞句をパラメータとして要求する非飽和名詞句になってしまうことを意味する。しかし、これはあきらかに奇妙である。「田中の車」、「我が家」、「（わたくしの）好きな作曲家」はすべて飽和名詞句であり、時点の名詞句をパラメータとして要求する名詞句ではないと考えるべきである。「好きな作曲家」は「誰の」というパラメータを要求する点で非飽和名詞句であるが、「わたくしの好きな作曲家」となれば、そのパラメータが補充されており飽和名詞句であるはずである。つまり、「（わたくしの）好きな作曲家」にこれ以上のパラメータは要求されないのである。

　この点に関連して庵（1995）は（22）の例を出し、（23）のように述べる。

(22) a.　山口百恵が、あの頃のアイドル歌手だった。（指定文）
  b.　あの頃は、山口百恵がアイドル歌手だった。（？カキ料理構文）
(23) 西山（1990b）の立場からしてもこれ（=「アイドル歌手」）は「非飽和名詞句」ではないと推察される…。しかし、するとAがCのパラミータでない時でも「Bが、AのCだ」から「Aは、BがCだ」が派生できることにな（る）。…こうした問題が生じるのは…「Bが、AのCだ」から「Aは、BがCだ」が派生できるための条件を「純粋に意味論」（西山（1990b: 181））的な問題とするのには無理があるのであ

148　I　名詞句それ自体の意味

り、この構文の成立には「A」と「BがCだ」の間に叙述（predication）関係が成り立つか否かという運用論的（pragmatic）要因も関与しているのである。　　　（庵 1995: 93）　＊1

　庵の指摘の通り、筆者は「アイドル歌手」を非飽和名詞句であるとはみなしていない。もちろん、「アイドル歌手」の指示対象が時代によって変化する以上、「あの頃のアイドル歌手」という言い方は可能であるが、だからといって、「アイドル歌手」は「あの頃」のような時点の名詞句をパラメータとして要求する非飽和名詞句であるとみなすことにはならない。「田中の車」「我が家」「わたくしの好きな作曲家」も同様である。そして、「横綱」も同様であり、「横綱」という名詞は「あの時」のような時点の名詞句をパラメータとして要求する非飽和名詞であるという前提（2）が実は間違っていたのである。要するに、「横綱」は非飽和名詞ではなく、したがって、「あの時の横綱」にたいするタイプDの読みと思われていたものはタイプDではなかったのである。では、「あの時の横綱」にたいするタイプDの読みと思われていたものはいかなる意味構造を有するのであろうか。その問題を次節で検討しよう。

4.「あの頃のアイドル歌手」の分析

　「あの時の横綱」にたいするタイプDの読みと思われていたものに関して、筆者は次のように考える。それは、（24）のように副詞「あの時」が述語「地位を占める」を修飾している関係であり、「副詞＋の＋名詞」の関係であって、「NP₁のNP₂」のケースではないのである。

　（24）あの時　　横綱の地位を占めるひと

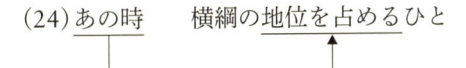

　（24）において、「あの時」は、名詞「横綱」自体を修飾する形容詞的限定ではなく、「横綱である」もしくは「横綱の地位を占める」

という述語「地位を占める」に掛かる副詞的限定なのである。「田中の車」も「我が家」も「わたくしの好きな作曲家」も「アイドル歌手」も以下に示すように同様である。

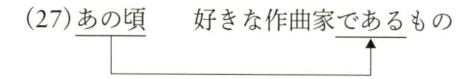

(25) あの頃　　田中の車であるもの

(26) 新婚当時　　我が家であるもの

(27) あの頃　　好きな作曲家であるもの

(28) あの頃　　アイドル歌手であるひと

「あの時の横綱」「あの頃の田中の車」「新婚当時の我が家」「あの頃の（わたくしの）好きな作曲家」「あの頃のアイドル歌手」についてこのような「副詞＋の＋名詞」としての解釈が可能なのも、これらの名詞句の主要語「横綱」「田中の車」「我が家」「（わたくしの）好きな作曲家」「アイドル歌手」が時間の経過に従って、その外延が変化しうるからにほかならない。西山（2003：第1章）で述べたように、筆者の言う非飽和名詞は、「主役」「理事長」「指導教授」「妻」「妹」「先輩」のようにパラメータの値を定めないかぎり、外延が存在しないケースであった。「誰の妹」の「誰」を決めないままでは、「妹」の外延を問題にすること自体が不可能なのである。したがって、「誰」を決めないままでは、「妹の集合」という概念も意味をなさないのである。まったく同じ理由で「好きな作曲家」は非飽和名詞句であり、「誰の好きな作曲家」の「誰」を決めないままでは、「好きな作曲家」の外延を問題にすることはできないのである。ところが、今、「好きな作曲家」のパラメータの値を「わたくし」によって埋めた「わたくしの好きな作曲家」は飽和名詞句と

なり、その外延を問題にすることが可能となる。ただ、時間の経過に従って、その外延が変化することもあり、そのばあいは、「わたくしの好きな作曲家である」のはいつの時点かを問題にするかに応じて、ショパンになったりベートーヴェンになったりするのである。これは、「わたくしの好きな作曲家である」のはいつのことかという時点を定めないかぎり、「わたくしの好きな作曲家」の外延が存在しないということではなく、時点を固定しないかぎり特定の外延が定まらないということでしかない。要するに、「（わたくしの）好きな作曲家」が時間の経過に従って変化するからといって、時点をパラメータとする非飽和名詞句とみなす必要はないのである。「横綱」「田中の車」「我が家」「アイドル歌手」についても同様である。そして、(29b)からもあきらかなように、冷蔵庫が時代によって変遷するというコンテクストでは (29b) も自然であるが、だからといって「冷蔵庫」が時点のパラメータを要求する非飽和名詞であると主張するひとはいないであろう。

(29) a. 驚くかもしれませんが、なんとこれが、明治30年頃の冷蔵庫でした。
　　 b. 驚くかもしれませんが、明治30年頃は、なんとこれが冷蔵庫でした。

ただ、残された問題がないわけではない。第一は、上で問題にした次の文が本当にカキ料理構文であるかどうか、という問題である*2。

(13b) あの時は、貴乃花が横綱だった。（?カキ料理構文）
(18b) あの時は、高橋尚子が優勝者だった。（?カキ料理構文）
(19b) あの頃は、カローラが田中の車だった。（?カキ料理構文）
(20b) 新婚当時は、この小さなアパートが我が家だった。（?カキ料理構文）
(21b) あの頃は、ショパンが（わたくしの）好きな作曲家だった。（?カキ料理構文）

(22b) あの頃は、山口百恵がアイドル歌手だった。(?カキ料理構文)

　もちろんこれはカキ料理構文にたいする定義次第であるが、この構文にたいする筆者の規定によれば、カキ料理構文「AはBがCだ」にとって、AとCとの間にタイプDの関係があること、つまり、Cは非飽和名詞であり、Aがそのパラメータという関係を結んでいるということが必要条件である以上、上の各文はこの条件を満たしていないので、いずれもカキ料理構文ではないことになるであろう。同様に、(29b)もカキ料理構文ではない。さらに、本書第Ⅱ部第9章（西川論文）によれば、(14b)や(17)のようなカキ料理構文は「指定内蔵型措定文」であり、二重コピュラ文の一種であるとみなされている。ところが、(13b)(18b)(19b)(20b)(21b)(22b)(29b)は文頭に「あの時は」や「明治30年頃は」などが付加されているとはいえ、文全体は単純な指定文であり、二重コピュラ文といえないであろう。この点からもこれらの文をカキ料理構文とみなすわけにはいかないのである。もしこれらの議論が正しいならば、庵の主張する「「Bが、AのCだ」という指定文から「Aは、BがCだ」というカキ料理構文が派生できるための条件、すなわち、カキ料理構文の成立条件には運用論的（＝語用論的）要因が関与する」という見解は、(22b)がカキ料理構文でない以上、そのままでは成立しない、と言わざるをえない。
　残された問題の第二は、(16b)と(22b)はともにカキ料理構文ではないことはよいとしても、(16a)に対応して(16b)が不可能であるのに、(22a)に対応して(22b)が可能であるのはなぜか、という点である。

(16) a. 花子が、あの時の女性だった。(指定文)
　　　b. ?あの時は、花子が女性だった。(?カキ料理構文)
(22) a. 山口百恵が、あの頃のアイドル歌手だった。(指定文)
　　　b. あの頃は、山口百恵がアイドル歌手だった。(?カキ料理構文)

(16b)と(22b)は、これを「AはBがCだ」構文とみたてたばあい、Cは飽和名詞（句）であり、Aがそのパラメータという関係を結んでいないため、AとCとの間にタイプDの関係がないという点では共通しているにもかかわらず、なぜ(22b)は容認可能か、という問題である。おそらくそれは、「誰がアイドル歌手であるか」にたいする答えが時間の経過に従って変化するものであるのにたいして、「誰が女性であるか」にたいする答えが時間の経過に従って変化するものでない、という違いに求めることができるであろう。このことは、(30a)には変貌読みとは別に入れ替わり読みも可能であるが、(30b)には変貌読みは可能であっても入れ替わり読みは無理であるという事実にも反映される*3。

(30) a. アイドル歌手が変わった。
　　 b. 女性が変わった。

私見では、この違いは純粋に名詞（句）「女性」と「アイドル歌手」のあいだに見られる意味論上の違いというよりも、むしろ語用論上の違いであると思われる。もしそうであるならば、(13b)(18b)(19b)(20b)(21b)(22b)(29b)の容認可能性は、主要語「横綱」「優勝者」「田中の車」「我が家」「アイドル歌手」「冷蔵庫」などが時間の経過に従って（入れ替わりの意味で）変化するとみなされやすいコンテクストで発話される否かに依拠するということになろう。しかし、そのことは、カキ料理構文の成立条件が意味論だけでは決まらず、語用論的要因が関与するとする庵の議論を支持することにはつながらない。(14c)や(17)の各文のような純粋のカキ料理構文と、(13b)(18b)(19b)(20b)(21b)(22b)(29b)のようなカキ料理構文に類似している別の構文を明確に区別することで、カキ料理構文の成立条件を意味論だけで規定できるとする西山(2003)の議論は十分維持できると思われる*4。

*1　庵（1995: 93）の原文では、西山（1990b）に合わせて「X は、Y が Z だ」という表示になっているが、本書での表示に合わせて「A は、B が C だ」に変更し、それにともなう表示の変更を適宜おこなった。

*2　(13b)(18b)(19b)(20b)(21b)(22b)における「B が C だ」の部分は指定文構造であるので、次のように倒置指定文構造「C は B だ」で置き換えても実質的な意味は変わらない。

　　(i)　　あの時は、横綱は貴乃花だった。
　　(ii)　　あの時は、優勝者は高橋尚子だった。
　　(iii)　　あの頃は、田中の車はカローラだった。
　　(iv)　　新婚当時は、我が家はこの小さなアパートだった。
　　(v)　　あの頃は、（わたくしの）好きな作曲家はショパンだった。
　　(vi)　　あの頃は、アイドル歌手は山口百恵だった。

注意すべきは、これらの文はいずれも単純な倒置指定文であり、本書第Ⅱ部第9章（西川論文）による「倒置指定内蔵型措定文」（この典型例は「太郎は、故郷は青森だ」である。）という意味での二重コピュラ文の一種とみなすことは無理である、という点である。

*3　変化文における変貌読みと入れ替わり読みの詳細については、本書第Ⅳ部第13章（西山論文）1節を参照されたい。

*4　坂原（1990b: 31）はメンタル・スペース理論の枠組みで役割（role）の関数的性格を論じる時、「「大統領」は、国名と年代を変域にし、大統領の集合を値域にする役割関数である」と言う。その議論の延長で、坂原（1990b: 32）は次のように述べる。

　　次の文は、役割「首相」のパラメータ「現在」での値が海部であることを表す。
　　(i)　　[=(2)] 現在の首相は海部だ。

しかし、本章の議論が正しいかぎり、「「首相」のパラメータが「現在」である」と坂原が言う時の「パラメータ」は、筆者が言う「非飽和名詞句が要求するパラメータ」とは別物であることは明らかであろう。また、坂原（1990b: 58）は、役割は変域要素の変化に伴い、取る値を変えるとし、役割「優勝者」の変域要素「あの時」を遊離させて、(iia)から(iib)に変形できるとする。

　　(ii)　a. あの時の優勝者は、太郎だった。
　　　　　b. あの時は、優勝者は、太郎だった。

しかし、ここでも、「「あの時」が「優勝者」の変域要素である」と坂原が言う時の「変域要素」は、筆者が言う「非飽和名詞句が要求するパラメータ」とは別物であることに注意しよう。ただ、ここまでは、坂原と筆者が「パラメータ」や「変域要素」という術語を互いに別の意味で使っていることを示すだけであり、とくに問題ではない。しかしながら問題は、坂原が、坂原（1990b: 43-59）において、(iia)から(iib)への変形を、(iiia)から(iiib)への変形、あるいは(iva)から(ivb)への変形、あるいは(va)から(vb)への変形とパラレルに扱おうとしているという点である。

　　(iii)　a. カキ料理の本場は、広島だ。
　　　　　b. カキ料理は、本場は、広島だ。

(iv) a. 源氏物語の作者は、紫式部だ。
　　 b. 源氏物語は、作者は、紫式部だ。
(v) a. この事故の原因は、整備不良だ。
　　 b. この事故は、原因は、整備不良だ。

ここで、坂原は、「「カキ料理」が「本場」の変域要素である」、「「源氏物語」が「作者」の変域要素である」、「「この事故」が「原因」の変域要素である」と考えているわけである。しかし、「本場」「作者」「原因」はいずれも筆者の言う非飽和名詞である故、この変域要素とされている「カキ料理」「源氏物語」「この事故」はまさに、筆者の言う「非飽和名詞句が要求するパラメータ」にほかならない。ここに、筆者の言うパラメータと、坂原が言うパラメータもしくは変域要素がしばしば混同される要因がある。さらに注意すべきは、(iiib)(ivb)(vb)はいずれも「太郎は、故郷は青森だ」に典型的に表される「倒置指定内蔵型措定文」という意味での二重コピュラ文の一種である（二重コピュラ文については、本書第II部第9章（西川論文）を参照されたい。）のにたいして、本章注2で述べたように (iib) は単純な倒置指定文であり、二重コピュラ文ではない、という点である。結局、本章の議論は、坂原が暗黙のうちに同じタイプの構文だとみなしている (iib) と (iiib)(ivb)(vb) とのあいだには、意味構造上の本質的な違いがあることを示しているともいえるであろう。

II　コピュラ文と名詞句の解釈

第 II 部
総論

西山佑司

　第 I 部総論で強調したように、名詞句自体の意味と文中で名詞句が果たす意味機能は明確に区別されなければならないが、そのことを確認するために、(1) の各文における「学長」を見よう。

(1)　a.　学長は、病気だ。(指示的名詞句)
　　　b.　あの方は学長だ。(叙述名詞句)
　　　c.　あの方が学長だ。(変項名詞句)
　　　d.　学長は、あの方だ。(変項名詞句)
　　　e.　この事件の責任者は学長だ。(値名詞句)

ここで、「学長」自体の意味はいずれの文においても同一であるが、その意味機能は互いに異なる。(1a) の「学長」は世界のなかの特定の対象を指すという意味機能をもち、「指示的名詞句（referential NP）」と言われる。(1b) の「学長」は、主語名詞句「あの方」の指示対象が有する属性を表すという意味機能をもち、「叙述名詞句（predicate nominal）」と言われる。(1c) は (1b) の「は」を「が」に変えた文であるが、《誰が学長かといえば、あの方がそうだ》という意味をもち、(1b) と意味が大きく異なる。(1c) の「学長」は、$[x$ が学長である$]$ という命題関数を表すという意味機能をもち、「変項名詞句（NP involving a variable）」と言われる。(1d) は (1c) の語順を変えた文であるが、(1c) と意味が同じである。したがって、(1d) の「学長」も $[x$ が学長である$]$ という命題関数を表すという意味機能をもち、変項名詞句である。(1e) の「学長」は、命題関数 $[x$ がこの事件の責任者である$]$ における変項 x の値を表すという意味機能をもち、「値名詞句（value NP）」と言われる。

このように、ある名詞句がいかなる意味機能を果たすかはその名詞句が文の中で現れる位置によって決まるのであって、文とは独立に名詞句自体で決まるものではない。そして名詞句の妥当な文法理論は、このような名詞句の多様な意味機能を正しく説明、予測できる理論でなければならない。(1)の各文はいずれも主語Aと述語Bを「繋辞」（コピュラ）と呼ばれる特殊な動詞「デアル」で結びつけたものであり、「コピュラ文」と呼ばれる。コピュラ文はいかなる言語にも存在するもっとも基本的な構文である。

　第II部の各章は、コピュラ文におけるAおよびBが果たす意味機能を掘り下げて論じたものである。西山（2003）で詳しく論じたが、コピュラ文はその表面の単純さにもかかわらず、意味的には複雑な構造を有しており、またそれ故にしばしば曖昧である。(1a)(1b)をもう一度見よう。(1a)の主語名詞句「学長」は対象を指示する機能をもつので指示的名詞句であるが、述語名詞句「病気」は対象に帰す属性を表わす機能をもつので叙述名詞句である。同様に、(1b)の「あの方」は指示的名詞句であるが、「学長」は叙述名詞句である。(1a)や(1b)のような「AはBだ」は、いずれもAの指示対象について属性Bを帰すという特徴をもち、「措定文」（predicational sentence）と呼ばれる。措定文の意味構造を図式的に表すと(2)となる。[cf. 西山（2003）]

(2) 措定文「AはBだ」
　　　あの方は　　　　　　学長　　　だ。
　　　指示的名詞句　　　　叙述名詞句
　　　　　↓指示スル
　　　　　　　　　　　　　↓表示スル
　　　　　　　　　　　　　属性［学長］
　　　　　　　↑
　　　　　　　帰ス

ところが「AはBだ」という形をしていても（1d）は（1a）（1b）と大きく異なる。（1d）の「あの方」がある個体を指示し、指示的名詞句であることは明らかである。一方、主語の「学長」は上述のごとく、世界の中の個体を指示しようとしているのではなくて、［xが学長である］という命題関数を表している変項名詞句なのである。（1d）全体は、「あの方」の指示対象が変項xを満たしているということを述べており、「あの方」は値名詞句という意味機能をもつ。つまり、（1d）は、誰が学長かといえば、あの方がそうだ、と主張しているわけである。上林（1988）は（1d）のようなコピュラ文を「倒置指定文」(specificational sentence)と呼んだ。倒置指定文の定義は（3）であり、その意味構造は（4）である。［cf. 西山（2003）］

(3) 倒置指定文「AはBだ」
   Aは変項名詞句［…x…］であり、Bは変項xを満たす値名詞句である。

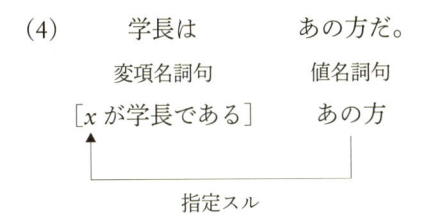

(4)　　　学長は　　　　あの方だ。
　　　　変項名詞句　　　値名詞句
　　　［xが学長である］　あの方
　　　　　　　　指定スル

倒置指定文「AはBだ」は、それと同じ意味を「BがAだ」というコピュラ文によっても表すことができる。「BがAだ」を「指定文」と呼ぶ。倒置指定文（1d）に対応する指定文は（1c）であり、（1c）は（1d）と意味が同じである。

　英語も本質的に同じである。Akmajian（1979）、Higgins（1979）、Declerck（1988）が指摘しているように、たとえば、（5）は指定文であり、斜体部は叙述名詞句であり、my fatherに帰される属性を表す。一方、（6a）は倒置指定文、（6b）はそれに対応する指定文であり、斜体部はいずれも変項名詞句である。（6a）と（6b）は

ともに、《誰が銀行強盗かといえば、こいつがそうだ》という意味を表す。

　　（5）My father is *a painter*.（父は画家です。）
　　（6）a.　*The bank robber* is this guy.（銀行強盗はこいつだ。）
　　　　b.　This guy is *the bank robber*.（こいつが銀行強盗だ。）

　このように、「AはBだ」や"A is B."という形式をもつコピュラ文は、AやBの位置に登場する名詞句がどのような意味機能を有するかに応じて指定文の読みと倒置指定文の読みとで曖昧になりうることが分かるであろう。
　たとえば（7）は、《わたくしが述べた意見は、党の意見を反映している》と読めば措定文読みとなるが、《わたくしの意見は何かといえば、党で決める意見がそうだ》と読めば倒置指定文読みになるのである。

　　（7）わたくしの意見は党の意見だ。　　　　　（cf. 上林（1988））

要するに、ある名詞句が指示的名詞句であるかそれとも変項名詞句であるかは、文の意味の決定に寄与するわけである。
　西山（2003）は、上で見たコピュラ文における指定文・措定文の区別および、その背後にある指示的名詞句、叙述名詞句、変項名詞句、値名詞句という観点から、「象は鼻が長い」およびそれに関連するいくつかの構文について考察した。周知のとおり、「象は鼻が長い」型の構文は、日本語文法でもっともよく論じられてきた構文であるが、このような観点からなされた研究はこれまでなかったといえる。西山（2003）は、「象は鼻が長い」構文を、象について「鼻が長い」を叙述している措定文とみなした上で、「鼻が」の「が」を中立叙述とみなすか、それとも指定（久野（1973）の「総記」にほぼ相当）とみなすかに応じて曖昧になる、とした。そして、「象は鼻が長い」を「象の鼻が長い」という指定文から派生もしくは関係づけようとする分析には問題があることを指摘した。さらに、

「象は鼻が長い」構文は「AはBがC（だ）」という形をしているが、「AはBがC（だ）」という形式の構文がすべて「象は鼻が長い」構文ではないことに注意すべきであると主張した。事実、(8)–(10)はいずれも「象は鼻が長い」構文とは異なるのである。

(8) カキ料理は広島が本場だ。
(9) 太郎は、注文料理がウナ重だ。（→太郎はウナ重だ。）
(10) 魚は鯛がよい。

(8)において、C（「本場」）とA（「カキ料理」）とのあいだに非飽和名詞とそのパラメータという関係を見て取ることが重要である。さらに、(8)が「広島がカキ料理の本場だ」という指定文と意味的に密接な関係を有していることは明らかであろう。これは、「象は鼻が長い」構文には見られなかった特徴である。(8)のタイプの構文は「カキ料理構文」と呼ばれる。一方、(9)において、B（「注文料理」）とA（「太郎」）とのあいだに非飽和名詞とそのパラメータという関係を見て取ることが重要である。西山（2003）では、(9)は、《[xが（太郎の）注文料理である]を満たすxの値がウナ重だ》という倒置指定文の読みが隠れており、それを太郎について叙述している指定文であるとみなした。そして、(9)のB（「注文料理」）がコンテクストから復元可能なばあいは括弧のなかの文のように、しばしば省略され、いわゆる「ウナギ文」が構築されるのである。一方、(10)は、魚について、「鯛がよい」を叙述しているわけではないので「象は鼻が長い」構文とは異なることは明らかであろう。

　第9章、西川賢哉の「二重コピュラ文としての「AはBがC（だ）」構文―「象は鼻が長い」構文を中心に」は、上述の西山（2003）の議論を出発点にしながら、二重コピュラ文という観点を導入し、「象は鼻が長い」構文ばかりでなく、カキ料理構文（8）や（9）のような構文をも再分析しようとした意欲的な試みである。上述のごとく、西山（2003）においては、「象は鼻が長い」構文を、象について「鼻が長い」を叙述している指定文とはみなしていたが、

「鼻が長い」自体が措定文であるという認識はなく、二重コピュラ文という観点は欠如していた。それにたいして、西川はこの構文を「述語に措定文構造を内蔵する措定文」として分析する。もっとも、西山（2003）でも、(9)については「述語に倒置指定文構造を内蔵する措定文」と考えていたわけであるから、ここに二重コピュラ文という観点の萌芽があったともいえる。西川論文では、一般に、二重コピュラ文「AはBがC（だ）」の述語「BがC（だ）」の部分に、Aによって束縛される変項が付随しているということを論じているがこれはきわめて重要な指摘である。この論点があってはじめて「二重コピュラ文の意味理論」の構築が可能となるのである。

　西山（2003）における「カキ料理構文」にたいする仮説の中心部分は、(8)について述べたように、C（「本場」）とA（「カキ料理」）とのあいだに非飽和名詞とそのパラメータという関係があることであった。ところが、Cが飽和名詞句であっても「カキ料理構文」らしきものが構築されるという事実はこの仮説にたいする問題を提起する。第10章、小屋逸樹の「固有名と（疑似）カキ料理構文」は、(11)のような例をもとに、下線部「NP_1のNP_2」は《日本にとってのベッカム的存在》のような意味をもち、NP_2「ベッカム」は固有名であるにもかかわらず非飽和名詞とみなせる性質を持っていると主張する。そこから、小屋は、(12)のような疑似カキ料理構文が可能となることを指摘する。

(11) 中田が<u>日本のベッカム</u>だ。
(12) 日本では、中田が<u>ベッカム</u>だ。

ただし、固有名を含んだ表現についてつねに疑似カキ料理構文が可能であるわけではなく、(13b)のごとく、「AはBをCとみなす」という見立て行為が関与していることが決定的であると論じる。

(13) a.　カローラが我が家のポルシェだ。
　　 b.　我が家は、カローラがポルシェだ。

以上のように、第II部の各章は、コピュラ文「AはBだ」ばかりでなく「AはBがC（だ）」のような二重コピュラ文におけるA、B、およびCが果たす意味機能を掘り下げて論じることを通して、コピュラ文における名詞句の果たす役割の本質に迫ろうとする論考である。

第9章
二重コピュラ文としての「AはBがC（だ）」構文
「象は鼻が長い」構文を中心に

西川賢哉

1. はじめに 「象は鼻が長い」と三上章

本章では、「AはBがC（だ）」という形式を持つ構文、特に

(1) 象は鼻が長い。

に代表されるタイプの構文（以下、「象鼻構文」）を考察の対象とする。このタイプの構文は、主語論、主題論、あるいは助詞論の観点から論じられることが多かったが、本章では名詞句の意味論という観点から、この構文の論理形式（logical form）の解明を試みる。

「象は鼻が長い」の分析としては三上（1960）の「代行」「兼務」が広く知られており、それ以後の研究（主語論、主題論、助詞論）に多大な影響を与えたと言える*1。しかし、実は三上は－そのような用語を使っているわけではないが－名詞句の意味論についても1950年代に少なくとも二つの重要な指摘をしているのである。

そのうちの一つは、名詞文（準詞文）の分類である（三上1953: 43–46, 132–135）。三上は、(i)「AはBだ」には措定（predication）の読みと指定（specification）の読みという少なくとも二つの読みがあること、(ii) 指定の読みをした場合に限り、同じ意味を「BがAだ」でも表せることを指摘している*2。

(2) 私は幹事です。〔措定〕
(3) 幹事は私です。／私が幹事です。〔指定〕

名詞句の意味論に関する三上のもう一つの重要な指摘は、象鼻構文に見られる「ノ的磁力線」である。三上は、「象は鼻が長い」に

おける「象」と「鼻」との間に、「の」で結ぶことのできるような「目に見えない意味上のつながり」があると指摘し、それを「ノ的磁力線」と呼んだ（三上 1953: 126, 131）。

　本章では、これらの概念が象鼻構文をはじめとする「AはBがC（だ）」構文の論理形式を解明する上で決定的な役割を果たすと考える立場に立って議論を展開していく。

　残念なことに、三上（1953）ではこれらの概念がきわめて漠然とした形でしか提示されていない。「措定」「指定」の概念規定は棚上げされており（cf. 上林 1988: 64）、また、ノ的磁力線の具体的な中身も詳しく論じられてはいない（後者については、のちの三上（1960）で「代行」「兼務」にいわば「発展的に解消」されてしまった。cf. 尾上 2004: 54 注 11）。

　しかしわれわれは、議論を三上（1953）から始める必要はない。われわれには既に西山（2003）があり、コピュラ文「AはBだ」「BがAだ」の論理形式についても、名詞句「NP_1のNP_2」の意味構造についても、同書の議論を参照できるという恵まれた状況にある。本章は、三上（1953）を背後に持つものの、直接的には西山（2003）の研究から出発する*3。

2.「の」基底説

　本論に入る前に、現在においてもなお有力な通説と思われる「『の』基底説」（野田 1996: 31）について、それが妥当ではないことを示しておこう*4。「の」基底説とは、概略「象の鼻が長い（こと）」を基底形として、そこから「象は鼻が長い」が派生されるとする説のことである（久野 1973、菊地 1990、野田 1996 など。論者によって細部は異なるが、ここでは問題としない）。この説の長所は、「事実関係としての意味を正確にとらえられる」（野田 1996: 32）ことだとされる。「象は鼻が長い」のようなもっとも単純な例については、これでもうまくいく（ように見える）。しかし、データに多少の工夫を施すことで、この説が妥当でないことを比較的簡単に示すことができる。

まず、次の例を見てみよう。

(4) ある象は鼻だけでなく尻尾も長い。

(4)では、「鼻」の持ち主*5と「尻尾」の持ち主は同一の個体であると理解される。このことは「事実関係としての意味」に反映されてしかるべきである。とすると、「の」基底説の立場では、そのことが読み取れる基底形が設定されなければならない。しかし、(4)の妥当な基底形とは一体どのようなものであろうか。

(5) a. 鼻だけでなくある象の尻尾も長い（こと）
    b. ある象の鼻だけでなく尻尾も長い（こと）
    c. ある象の鼻だけでなくある象の尻尾も長い（こと）

(5a)と(5b)は、それぞれ「鼻」「尻尾」が「Aの」という形式を伴っておらず、(4)の意味が反映されていない（「鼻」の持ち主と「尻尾」の持ち主が同一の個体であることが読み取れない）という点で不備がある。また、(5c)は、「鼻」「尻尾」両方が「Aの」という形式を伴ってはいるものの、「鼻」と「尻尾」の持ち主が異なっていてもよいことになり、(4)の「事実関係としての意味」を捉え損なっている。この点で(5c)にも不備がある。つまり、(5)のどの形式も(4)の基底形として妥当ではない。以下に挙げる例も同様である。

(6) 3割の象は鼻が尻尾より長い。
(7) 何頭かの象は鼻に加え尻尾も長い。
(8) 多くの象は鼻も尻尾も長い。

要するに、象鼻構文「AはBがC（だ）」において、Aが量化表現であり、Bに相当する要素が複数存在する時、「事実関係としての意味」を捉えるレベルの基底形は設定できないのである。
　別種のデータとして、次の例を見てみよう。

(9) 象だけ　鼻だけが長い。

　(9) も象鼻構文の一種であることは直観的に明らかである*6。さて、一般に「だけ」は取り立て助詞として扱われているようであるが、「も」「さえ」などと異なり、「だけ」は「事実関係としての意味」に貢献する。言い換えると、「だけ」は真理条件に寄与する（飯田 2001: 33-34）。となると、「の」基底説の立場では、基底形にも「だけ」（または「だけ」の意味）が現れていなければならない。このように考えると、以下 (10) に挙げるどの形式も、(9) の基底形としては妥当ではないことが分かる。

(10) a.　象だけの鼻が長い（こと）
　　　b.　象の鼻だけが長い（こと）
　　　c.　象だけの鼻だけが長い（こと）

　(10a, b) は「だけ」が一つしか出現しておらず、(9) の「事実関係としての意味」を正しく表していない。(10c) はやや解釈に手間取る形式だが、あえて読めば「象が排他的に所有している（他の動物と共有していない）鼻が長く、それ以外の身体部位（例えばキリンの首、チーターの尻尾、象とキリンが共有している鼻）は長くない」ということになろうか。しかし、この解釈はとても (9) の「事実関係としての意味」を表しているとは言えない。(10a-c) 以外に (9) の基底形の候補が考えられないとすれば、(9) は基底形を欠く象鼻構文となり、「の」基底説では説明できないということになる。
　以上、「の」基底説では扱うことができないデータがあることを示した。象鼻構文の構造を「AのB」という形式を含む基底形から説明することはきっぱりあきらめなければならない*7。

3. 措定文が埋め込まれた措定文

　この節では、象鼻構文「AはBがC（だ）」全体の意味構造を検

討する（AとBの間に働くノ的磁力線については次節以降で検討する）。象鼻構文をはじめとする「AはBがC（だ）」構文の論理形式には、コピュラ文「AはBだ」「BがAだ」の論理形式が反映していると考えられる。そこでまずコピュラ文、その中でも本章の議論に直接関係する措定文および（倒置）指定文の論理形式を、西山(2003)に沿って簡単に見ておこう*8。

西山はまず、指示性に関する文中での意味機能という観点から名詞句を次のように分類する。

(11) a. 指示的名詞句（referential NP）：世界の中の対象を指示する名詞句
 b. 非指示的名詞句（nonreferential NP）
  i. 叙述名詞句（predicate nominal）：属性を表す名詞句
  ii. 変項名詞句（NP involving a variable）：命題関数 $[...x...]$ を表す名詞句

これらに基づき、措定文および（倒置）指定文を次のように規定する。

(12) 措定文「AはBだ」
 a. Aは指示的名詞句
 b. Bは叙述名詞句
 c. Aの指示対象にBで表された属性を帰す
 d. 例：太郎は学生だ。

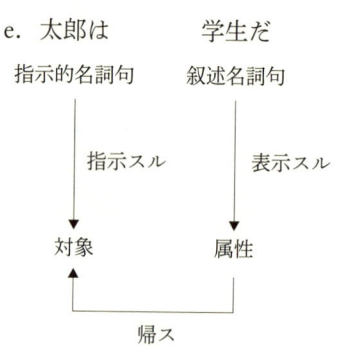

```
    e.  太郎は         学生だ
      指示的名詞句   叙述名詞句
            │             │
         指示スル       表示スル
            ▼             ▼
           対象          属性
            ▲             │
            └─────帰ス────┘
```

(13) 倒置指定文「AはBだ」／指定文「BがAだ」
    a. Aは変項名詞句
    b. Bは値名詞句*9
    c. Aの変項をBで指定する
    d. 例：銀行強盗犯はあの男だ。／あの男が銀行強盗犯だ。
    e. 銀行強盗犯は　　あの男だ

```
       変項名詞句       値名詞句
            │
         表示スル
            ▼
    [x ガ銀行強盗犯デアル]
            ▲
            └──指定スル──┘
```

　措定文についてここで一つ注意しておく。措定文「AはB（だ）」においては、「B（だ）」が属性を表すことがポイントであって、Bが名詞句である必要はない。属性は、形容詞句や形容動詞句はもちろん、ある種の動詞句（例：「しゃれている」）によっても表すことができる。それらが「AはB（だ）」のBの位置に登場し、Aの指示対象に帰される属性を表している限り、その文を措定文から区別する理由はない（西山2003: 128-131）*10。叙述名詞句を含め、属性を表す句を叙述句と呼ぶことにすると、以下の文の述語「B（だ）」はいずれも叙述句であり、文全体は措定文である。

(14) a.　太郎は賢い。　　　　　〔形容詞句〕
　　 b.　太郎は勇敢だ。　　　　〔形容動詞句〕
　　 c.　太郎はしゃれている。　〔動詞句〕

　以上のコピュラ文の意味構造を踏まえて、象鼻構文の分析に移ろう。象鼻構文「AはBがC（だ）」は、「BがC（だ）」の部分が（Bの指示対象にCで表される属性を帰すという意味で）措定の意味構造をなし、文全体も（Aの指示対象に「BがC（だ）」で表される属性を帰すという意味で）措定構造をなす、すなわち、一つの文の中で二重の措定構造が実現された文（措定内蔵型措定文）である、と考えられる。図式的に示すと次のようになる。

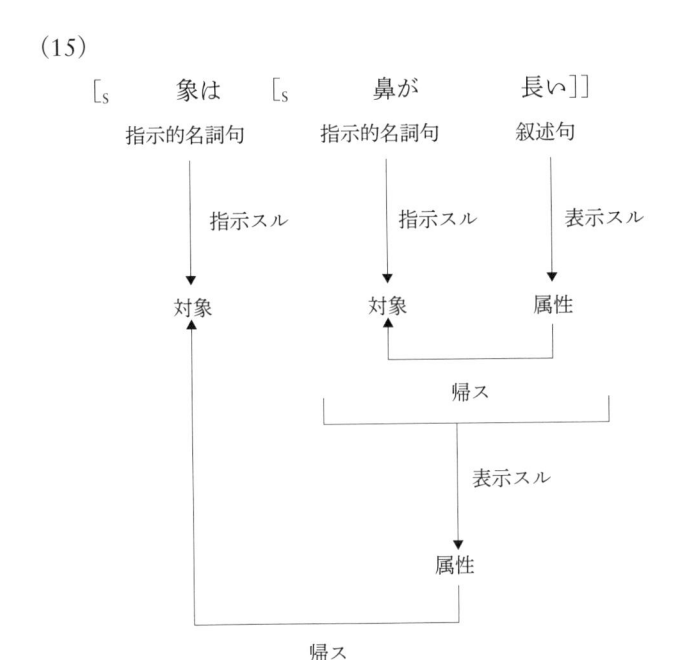

(15)
　　[s　　象は　　[s　　鼻が　　　長い]]
　　　　指示的名詞句　　指示的名詞句　　叙述句

　　　　　↓指示スル　　　↓指示スル　　　↓表示スル

　　　　　対象　　　　　対象　　　　　属性
　　　　　　　　　　　　　└──┬──┘
　　　　　　　　　　　　　　　帰ス
　　　　　　　　　　　　　　　↓表示スル
　　　　　　　　　　　　　　　属性
　　　　　└─────────────┘
　　　　　　　　　　帰ス

　象鼻構文に対して二重構造を仮定する分析は珍しくないが（古くは三矢（1908: 455–464）、橋本（1935: 190–194）、最近では尾上（2004: 16）、堀川（2012: 42）など）*11、文全体の構造も「BがC（だ）」の構造も、どちらも措定コピュラ文の意味構造をなすと

考える点で、二重構造を仮定する他の説とは異なる。そのため、以下に挙げる「AはBがC（だ）」構文は、本章で言う象鼻構文とはみなされない。

　　(16) 太郎は故郷が青森だ。
　　(17) カキ料理は広島が本場だ。
　　(18) わたくしは頭が痛い。
　　(19) 鼻は象が長い。
　　(20) 魚は鯛がいい。

　(16) および (17) は「BがC（だ）」の部分が（(倒置) 指定コピュラ構造をなしているものの）措定コピュラ構造をなしていない点で、(18) は二重の措定構造をなしていない点で、(19) および (20) は文全体が措定構造をなしていない点で、それぞれ象鼻構文から区別される。これらの文の特徴およびこれらを象鼻構文から区別する意義については、本章付録を参照されたい。

　象鼻構文が措定内蔵型措定文の構造を有していることを、A、B、C、および「BがC（だ）」が文中で果たす意味機能の観点から確認しておこう。

　まず、「BがC（だ）」が属性を表すこと（属性は名詞句や形容詞句だけでなく、節「BがC（だ）」によっても表すことができること）を次のデータで見てみよう。

　　(21) a.　何頭かの象は大きい。
　　　　b.　何頭かの象は鼻が長い。
　　　　c.　何頭かの象は［大きくて鼻が長い］。

(21a) は措定文であり、述語「大きい」は属性を表す叙述句である。また、(21c) に見られるように、「大きい」は「鼻が長い」とともにテ形連言の連言肢になることができる。今、同じ意味機能を果たすものだけが連言可能であるという単純な制約を設けるとすると、(21c) が適格であることから、連言肢である「鼻が長い」は

「大きい」と同じ意味機能を持つ、すなわち属性を表す、ということになる。

　次に、措定内蔵型措定文という分析によると、AもBも指示的名詞句ということになるが（Aは属性「BがC（だ）」が帰される対象を、Bは属性Cが帰される対象を指示する）、このことは量化表現の出現可能性によって確かめられる。量化表現は本来的に指示的機能のみ持ち、以下に見るように、叙述名詞句や変項名詞句としては機能しないとされるが、

　(22) a. ?彼らは3人の／多くの／すべての画家だ。
　　　 b. ?多くの／3人の学生は彼らだ。　　　（西山2007: 7, 12）

量化表現は象鼻構文のAの位置にもBの位置にも登場しうる。

　(23) どの象も　何本かの歯が弱い。

(23) が適格であることは、象鼻構文のAもBもどちらも指示的名詞句であることを強く示唆する。
　最後に、Cが叙述句（属性を表す句）であることを確認しよう。Cが形容詞句などの場合にはそのことは明らかだと思われるので、ここではCが名詞句の場合を検討してみる。まず、叙述名詞句としては機能しない量化表現は、Cの位置には登場しない。

　(24) ?太郎は親戚が多くの／3人の小説家だ。
　　　 （cf. 太郎は多くの／3人の親戚が小説家だ。）

　また、(25) に見られるように、叙述名詞句を連言にする時、「と」ではなく「で」が用いられることが知られているが、

　(25) a.　石原慎太郎は政治家で小説家だ。
　　　 b. ?石原慎太郎は政治家と小説家だ。　　　（西山2007: 9）

象鼻構文のCが名詞句の場合にも、連言にする時は「と」ではなく「で」が用いられる。

(26) a.　石原良純は父親が政治家で小説家だ。
　　 b.？石原良純は父親が政治家と小説家だ。

これらの事実は、象鼻構文「AはBがC（だ）」のCが叙述名詞句であることを示す。

以上、象鼻構文の構成要素が文中で果たす意味機能の観点から、象鼻構文が措定内蔵型措定文の意味構造を有することを示した。

ここで措定内蔵型措定文という分析に関して、2点注意しておく。

第一に、措定文であれば「BはC（だ）」のように「は」であるべきところに「が」が使われているが、これは措定文が補文に埋め込まれているからであると考えられる。周知のように、補文に埋め込まれた場合、「は」が「が」に変わる。

(27) a.　太郎は学生だ。
　　 b.　もし太郎が学生なら、…

これを同じことが、象鼻構文の「BがC（だ）」にも起こっているわけである。念のために言い添えておくと、措定文が補文に埋め込まれ、「は」が「が」に変わったからと言って、その文が措定文以外の何物かに変わるわけではないし、そこに含まれる名詞句の意味機能が変わるわけでもない。(27a) でも (27b) でも、「太郎」は指示的名詞句であり、「学生」は叙述名詞句である。同様に、(25a) でも (26a) でも、「石原慎太郎」「父親」は指示的名詞句であり、「政治家」「小説家」は叙述名詞句である（さもなくば、(26a) において「で」が用いられていることを説明できないであろう）。

第二に注意すべきは、措定構造の埋め込みの数には（少なくとも原理的には）制限がないという点である。例えば次の文は、三重の措定構造が成立している象鼻構文である。

(28) このホテルはどの部屋も天井が高い。

ただし、原理的には制限がないとは言え、三重以上の構造になるととたんに容認性が下がることが多い。以下でもひとまず二重構造までを考察の対象とする。

4．AとBとの意味的緊張関係　ノ的磁力線の種類

次に、象鼻構文「AはBがC（だ）」のAとBの意味的緊張関係がいかなるものであるかを検討しよう。

いくつかの先行研究では、AとBの緊張関係は次のように規定されている*12。

(29) a. 包摂の関係、「全体－部分」の関係（親族関係、性状・所有者の関係）　　（柴谷1978: 207–212, 219–220 注32）
b. 全体－部分関係、包摂関係、所有者－被所有者関係
（Shibatani 1990: 275）
c. AがBを（何らかの意味で）含む（B＝Aを構成する要素、Aの一側面、Aの領域内の事物・人物など）
（菊地1990: 120）
d. BがAに所属する関係
　i. 具体的関係：構成員・所有関係および包摂・付随関係
　ii. 抽象的関係：Bが側面語〔属性が抽象化したもの〕
（丹羽2003: 62–64）
e. Bは、「BがC（だ）」という叙述内容をAと結びつけるフックとしての機能を果たしている。　（西山2003: 208）
f. Aの一部ないし一面であるB（全体－部分関係、個体－能力、個体－その関係項、など）　（尾上2004: 16–17）

これらの規定が事実として大きく誤っているわけではないが*13、いずれも象鼻構文におけるAとBの間の緊張関係を適切な粒度で

捉えられていないと思われる*14。

　象鼻構文のAとBとの意味的緊張関係が、三上（1953）の言うノ的磁力線（「の」で結ぶことができる関係）であるならば、それは「NP₁のNP₂」におけるNP₁とNP₂の意味的緊張関係の観点から適切に規定できるはずである。「NP₁のNP₂」については既に西山（2003）の研究があり、また本書第Ⅰ部所収のいくつかの論文で修正・拡張がなされている。そのうち象鼻構文に関連するのは次のものである。

(30) a. タイプD：非飽和名詞Bとそのパラメータの値A
　　 b. タイプF：譲渡不可能名詞Bとその基体表現A
　　 c. タイプE：行為名詞Bとその項A
　　 d. タイプA：Aと関係Rを有するB

以下、順に見ていこう。

4.1.　非飽和名詞Bとそのパラメータの値A（タイプD）

(31) 太郎は妹が看護師だ。
(32) あの大学は理事長が横暴だ。

B「妹」「理事長」は非飽和名詞（「αノ」という外延決定のためのパラメータを含む名詞）であり、Aはそのパラメータの値となっている。

4.2.　譲渡不可能名詞Bとその基体表現A（タイプF）

(33) 象は鼻が長い。
(34) この車はハンドルが重い。

B「鼻」「ハンドル」は譲渡不可能名詞（ある概念（基体）との関係で意味が規定される飽和名詞）であり、Aはその基体表現（譲渡

不可能名詞の基体概念を具現化する表現）として機能している。本書第Ⅰ部第4章（西川論文）で述べたように、譲渡不可能名詞は非飽和名詞と混同されやすいが、(33)–(34)で働いているノ的磁力線は、(31)–(32)で働いているノ的磁力線とは異なる。

4.3. 行為名詞Bとその項A（タイプE）

(35) チーズは消化が早い。
(36) この定理は証明が難しい。

B「消化」「証明」は項構造を持つ行為名詞であり、A「チーズ」「この定理」はその項として機能している。
　ここで次の例を見てみよう。

(37) 豚は消化が早い。

(37)は曖昧（ambiguous）であり、概略《豚は高性能の消化器系を有している》の意味にも、《豚（肉）は胃にやさしい》の意味にも取れる。これは、行為名詞「消化」が二つの項を持ち、A「豚」をその外項（「豚ガ」）とも内項（「豚ヲ」）とも解釈できるためである。このような二つの読みが可能だということは、BがAの項として機能していること、すなわちAとBがタイプEの関係にあることを強く示唆する。

4.4. Aと関係Rを有するB（タイプA）

(38) 田中先生はネクタイがしゃれている。
(39) ピアノは音が大きい。

これらの文の論理形式には、AとBの関係を表す自由変項（空所）が存在する。この自由変項（以下、関係Rと呼ぶ）の具体的な中身は意味論的には決まらず、語用論的な読み込みが必要とされる

（これに対し、今まで見てきたタイプD、F、Eの場合、AとBとの関係は意味論的に決定され、語用論の出番はない）。例えば（38）は、コンテクスト次第で次のような解釈が可能である。

(40) a. 《田中先生は［締めている］ネクタイがしゃれている》
　　 b. 《田中先生は［デザインした］ネクタイがしゃれている》
　　 c. 《田中先生は［所有している］ネクタイがしゃれている》
　　 d. 《田中先生は［盗んだ］ネクタイがしゃれている》
　　 e. …

　このタイプの象鼻構文をめぐっては、いくつか誤解が生じているようなので、ここで補足しておきたい。
　第一に、Bが「譲渡可能な所有物」の場合、象鼻構文が成立しにくいという趣旨の主張がなされることがあるが、それは誤りである。Bが「ネクタイ」のような譲渡可能名詞であっても、原理的には象鼻構文は可能である。ただ、AとBの間に非飽和名詞Bとそのパラメータの値A、または譲渡不可能名詞Bとその基体表現Aという緊張関係があれば、「BがC（だ）」をAの指示対象に帰される属性として解釈しやすい、というだけのことであろう。
　第二に、第一の点とも関係するが、AとBとの関係はそもそも「所有関係」でなくても構わないという点に注意しよう。コンテクストによっては、（40c）以外の解釈（例えば（40d））も十分可能である。
　第三に、AとBとの関係は語用論的なもので、要するに「何でもあり」だという具合に、きわめて大雑把に理解されることがしばしばあるが、これも誤り（考えようによってはもっとも深刻な誤り）である。次の文を見よう。

(41) a. ?石原良純はこの人が政治家だ。
　　 b. ?石原良純は石原慎太郎が政治家だ。
　　 c. 　石原良純は父親が政治家だ。

石原良純と石原慎太郎の関係（前者が後者の息子であること）を知識として持っていたとしても、(41a, b) の解釈は難しい。このことは、単にAとBとの関係を〈語用論的関係〉と規定するだけでは不十分であることを示す。(41a, b) の不適格性については後ほど取り上げるが、ここではひとまず、AとBとの関係の具体的な中身が意味論的には決まらないタイプの象鼻構文であっても、その論理形式にはAとBとの関係が自由変項（関係R）として表示されていることに注意しておこう。また、このことの帰結として、(i) 関係Rを語用論的に補完する操作（飽和化 saturation）は義務的であること、(ii) 語用論的に補完された要素は、推意（implicature）ではなく、表意（explicature）の一部を構成すること（したがってその発話の真理条件に寄与すること）*15、の2点にも注意すべきである（これらの点については、本書第V部所収の論文を参照）。この種の考察は、意味論と語用論の適切な関係 — 例えば、複数の解釈が可能な言語表現に対して、いかなる論理形式をいくつ設定すべきか — を検討する上でも重要である。単に〈語用論的関係〉と言って済ませられたのは過去の話である。象鼻構文におけるAとBとの関係について、本章では〈語用論的関係〉以上の強い主張をしていることを強調しておきたい。

　以上、象鼻構文におけるAとBとの関係（ノ的磁力線）を見た。上に挙げた例はどれも措定内蔵型措定文という意味で象鼻構文であると言えるが、AとBの間に働くノ的磁力線には意味論的に区別すべきいくつかのタイプがあり、それは「NP_1 の NP_2」のタイプ区別に対応することを示した。
　象鼻構文におけるノ的磁力線全般についていくつか補足しておこう。
　第一に、「NP_1 の NP_2」の意味タイプには、上記 (30) に挙げたものの他に、タイプB（NP_1 デアル NP_2）およびタイプC（時間領域 NP_1 における NP_2 の指示対象の断片の固定）があるが、それらは原理的に象鼻構文のAとBの間に働くノ的磁力線として機能しないと考えられる。タイプBから見てみよう。

(42) 看護師の男性　〔「NP₁のNP₂」タイプB《看護師デアル男性》〕
(43) 看護師は男性が親切だ。　〔「AはBがC（だ）」構文〕

　(43)にはある種の解釈があるが、象鼻構文として読む（「看護師」の指示対象に「男性が親切だ」で表される属性を帰すと読む）ことは難しい。このことは、名詞句の文中での意味機能の観点から説明できる。タイプBのNP₁は叙述名詞句であり、世界の中の対象を指示する機能を持たない。一方で、象鼻構文は措定文であり、Aは対象を指す指示的名詞句である。このように、意味機能上の齟齬が発生してしまう以上、タイプBの関係は象鼻構文のノ的磁力線として実現されることはないと考えられる。なお、「NP₁ₐでNP₁ᵦ（の）」のように、NP₁を「で」を用いた連言の形式にすると、NP₁を叙述名詞句として読む読みが強制されるが、そのNPは「AはBがC（だ）」構文のAの位置には登場しない。

(44)　政治家で小説家の老人〔「NP₁のNP₂」タイプB〕
(45) ?政治家で小説家は老人が饒舌だ。*16

　このことは、タイプBの関係が象鼻構文のノ的磁力線としては機能しないことを裏付ける。
　次にタイプC（時間領域NP₁におけるNP₂の指示対象の断片の固定）のケースを検討してみよう。

(46) 着物を着た時の女性　　　　　　〔「NP₁のNP₂」タイプC〕
(47) 着物を着た時は女性が素敵だ。〔「AはBがC（だ）」構文〕

　(47)に対してもある種の解釈は可能だが、これもまた象鼻構文として読む（すなわち、「着物を着た時」の指示対象に「女性が素敵だ」という属性を帰すと読む）ことは難しい。このことも意味機能の観点から説明できると思われる。タイプCのNP₁は、意味機能的には一種の副詞句と考えられる。西山（2003）で指摘されているように、タイプCの名詞句が措定文「AはB（だ）」のAの位置

に登場した時、NP₁の部分を副詞句にして言い換えることができる。

(48) a. 着物を着た時の女性は素敵だ。
　　 b. 着物を着た時、女性は素敵だ。

（西山（2003: 57注44）の例を一部改変）

そのような性質を持つ名詞句（あるいは副詞句）が、属性が帰される対象を指示する（措定文「AはBがC（だ）」のAの位置に登場する）とは考えにくい。タイプCの関係も、象鼻構文のノ的磁力線としては機能しないと考えるのがよいであろう*17。

　ノ的磁力線について補足すべき第二の点は、AとBとの関係が「NP₁のNP₂」のタイプ区分のいずれにも一見該当しない象鼻構文があるが、それらは既存のタイプの拡張（非飽和名詞句とそのパラメータの値）として理解できる、という点である。次の例を見よう。

(49) 花子は姑が警察官だ。
(50) 花子は夫の母親が警察官だ。

このうち(49)については、非飽和名詞B「姑」とそのパラメータの値A「花子」という関係（タイプDの関係）と理解してよい。問題は、(50)におけるB「夫の母親」とA「花子」との関係である。(50)で働いているノ的磁力線は、非飽和名詞句B「夫の母親」とそのパラメータの値A「花子」だと考えられる。名詞句「夫の母親」において、非飽和名詞「母親」のパラメータは「夫（の）」という表現で埋まっているものの、「夫」という名詞も非飽和名詞であり、そのパラメータの値は言語表現で明示されていない。そのため、名詞句全体は、《αノ夫の母親》のごとくパラメータを含んでおり、それ単独で外延を決定できないという意味で、飽和していない。A「花子」がそのパラメータの値となることで、その外延が決定される（飽和する）と考えるわけである。

　飽和性は語以下のレベルの意味論において導入されるべき概念と考えられているが（三宅2000: 3、西山2003: 57注46）、それを句

のレベルにまで拡張するのは理論的にも好ましい。(49) と (50) はきわめて類似した意味を表しており、両者に異なる分析を与えるのは意味論的に有意義な一般化を捉えそこなうことになると言わざるを得ない。(49) – (50) におけるＡとＢの間のノ的磁力線については、飽和性（単独で外延を決定できるか否か）という同一の意味論的概念装置で説明すべきである。飽和性を句のレベルにまで拡張すれば、両者を同じように扱うことができるのである。

やや異なる例として、次の象鼻構文を見てみよう。

(51) 田中先生は、<u>締めているネクタイ</u>がしゃれている。

この文におけるＡとＢとの関係も、非飽和名詞句Ｂ「締めているネクタイ」とそのパラメータの値Ａ「田中先生」とみなしうる。名詞句Ｂは次のような構造を有している。

(52)《[$_{NP}$ [$_S$ αガ e_i ヲ締めている] ネクタイ$_i$]》

すなわち、変項α（この場合連体修飾節の述語「締めている」のガ格項）を含んでおり、それゆえ単独では外延が決定されない。Ａ「田中先生」がそのパラメータの値として機能することで、非飽和名詞句Ｂは飽和するのである。もちろん、この場合のＡとＢとの関係は、厳密な意味では（すなわち、「の」で結ぶことのできる関係という意味では）「ノ的磁力線」とは言えないが、それに準ずる関係として了解される*18。

第三に、ＡとＢとの間に働くノ的磁力線は名詞句Ｂそれ自体の意味特性によって自動的に決まるわけではないという点に注意しよう。

(53) あの男の子は袖が短い。

(53) のＢの位置に登場している「袖」は譲渡不可能名詞であるが、ここで働いているノ的磁力線はタイプＦ（譲渡不可能名詞Ｂとその基体表現Ａ）ではない。本書第Ⅰ部第4章（西川論文）で述べたよ

うに、「袖」の基体は《服》であり、「あの男の子」を「袖」の基体表現として解釈することは意味的に排除されるからである。ここで働いているノ的磁力線はタイプAだと思われる。タイプAであるから、関係の具体的な中身は語用論的に補完されることになる。あるコンテクストでは（53）は次のように解釈されるであろう。

(54)《あの男の子は［今着ている上着の］袖が短い》

もちろん語用論的な読み込みであるから、それ以外の解釈も原理的には可能である。例えば、「あの男の子」が半人前の仕立て屋であれば、（53）を次のように解釈することもできるであろう。

(55)《あの男の子は［客のために仕立てる上着の］袖が短い》

なお、純理論的に言えば、「象は鼻が長い」の「象」と「鼻」の関係をタイプAとして読むことも不可能ではない。例えば、《象は［獲物として捕らえた動物の］鼻が長い》など。すなわち「象は鼻が長い」は、少なくとも理論的には（「象」と「鼻」の関係をタイプFととるかタイプAととるかで）曖昧である。ただし、議論を単純にするため、以下ではこの種の曖昧性は考えないことにする。

5. 束縛　ノ的磁力線の正体

この節では、前節で見たノ的磁力線が象鼻構文の論理形式にどのように反映しているかを検討しよう。

手掛かりとして、まず、Bが非飽和名詞の場合を考えてみる。

(56) 太郎は妹が看護師だ。（＝(31)）

(56)のB「妹」は非飽和名詞であり、外延決定のためのパラメータを意味のうちに含む。ここでの問題は、そのパラメータがどのように解釈されるかである。

本書第I部第3章（西川論文）で、非飽和名詞が「〜の」という形式を伴わずに用いられた時、そのパラメータは、自由変項（コンテクストを参照し語用論的にその具体的な値が決定される）、あるいは束縛変項（文中の他の要素とリンクを張ることで充足する）として機能することを見た。例えば、以下の (57) は、(58a) と (58b) の二つの読みがあり、曖昧である。

(57) 太郎が妹をぶった。
(58) a. 《太郎がαノ妹をぶった》　　〔α：自由変項〕
　　 b. 《太郎$_i$がα_iノ妹をぶった》　〔α：束縛変項〕

これに対し、象鼻構文 (56) においては、B「妹」のパラメータはA「太郎」によって束縛される束縛変項としてのみ機能し、自由変項としては機能しないと考えられる。このことをいくつかのデータで確認しよう。

まず、非飽和名詞のパラメータが自由変項であれば、以下に見るように、コンテクスト次第で多様な値をそこに補完することができ、またその値を「〜の」という形式で明示的に表すことが可能である。

(59) a. 太郎が次郎の妹をぶった。
　　 b. 太郎が花子の妹をぶった。
　　 c. 太郎が太郎の妹をぶった。

しかし、象鼻構文のBの位置に登場した非飽和名詞のパラメータについては、そのようなことは難しい。

(60) a. ?太郎は次郎の妹が看護師だ。
　　 b. ?太郎は花子の妹が看護師だ。
　　 c. ?太郎は太郎の妹が看護師だ。

この点で、問題のパラメータは自由変項としての特徴を示さないのである。

次に、Aの位置に量化表現が登場している象鼻構文を検討しよう。

(61) ある学生は妹が看護師だ。

非飽和名詞のパラメータが自由変項であれば、その値は飽和化という語用論的操作によって埋められることになるが、(61)のB「妹」のパラメータにどのような値を入れたとしても、意図する読みが得られないことに注意しよう。仮に次のような表意を想定したとしても、

(62)《ある学生は［ある学生］ノ妹が看護師だ》

BのパラメータとAが必ずしも同一の個体であることが保証されず、意図する読みを表さない。これに対し、(63)に示すように、BのパラメータがAによって束縛されると考えれば、(61)で意図される読みを得ることができる。

(63)《ある学生$_i$は$α_i$ノ妹が看護師だ》

さらに、別種のデータとして次の(64)を見てみよう。

(64) 太郎は妹が看護師だ。次郎もそうだ。

第2文「次郎もそうだ」は概略《次郎も妹が看護師だ》と解釈されるが（この時、太郎の妹と次郎の妹は同一人物でなくてもよい）、ここではこの解釈がどのように得られるかを検討してみよう*19。
　「そうだ」に関しては、本書第Ⅴ部第16章（梶浦論文）で次のような条件が提示されている。

(65) 表意同一性条件（Explicature Identity Condition）
　　 第1文（S$_1$）と 第2文（S$_2$）が連結しているとする。S$_2$は、S$_1$の主語を置き換え、S$_1$の述語部をdo so表現（もしくは

「…もそうだ」表現）で置き換えて得られた文であるとする。［S_1, S_2］の連結文が具体的なコンテクストの中で用いられた時、S_2における do so 表現（もしくは「…もそうだ」表現）はS_1の発話が表す表意の述語部分を受ける。

この条件の正当化は本書第Ⅴ部第16章に委ね、ここでは議論なしにこれが正しいとしよう。さて、(64) の第1文（象鼻構文）におけるB「妹」のパラメータを自由変項とみなし、そこに語用論的に「太郎」を埋める読みをとった場合、第1文の表意は（66a）のようになり、(65) の条件により第2文は（66b）のような表意をもつことになる。

(66) a. 《太郎が［太郎］ノ妹が看護師だ》
b. ?《次郎も［太郎の妹が看護師だ］》

しかし、(66b) は奇妙であり、(64) の第2文で意図される表意と考えることはできない。

これに対し、第1文の論理形式で「妹」のパラメータがAによって束縛されていると考えると、その表意は（67a）のように表せる（束縛されている以上、パラメータに対して飽和化という表意形成のための語用論的操作は適用されず、論理形式がほぼそのまま表意となる）。第1文の表意がこのように決定されると、(65) の条件により第2文は（67b）のように解釈される。

(67) a. 《太郎$_i$はa_iノ妹が看護師だ》
b. 《次郎$_j$も［a_jノ妹が看護師だ］》

(67b) は意図する読みである。(67) においては、二つの「妹」のパラメータが異なる要素によって束縛されているため、「妹」によって指示される対象が同一の個体である（太郎の妹と次郎の妹が同一人物である）という解釈をする必要がないことに注意しよう。

このように、B「妹」のパラメータがAによって束縛されるとい

う分析は、「表意同一性条件」(65)によっても裏付けを得ることができる。

以上、Bが非飽和名詞の場合、そのパラメータがAによって束縛されることを見てきたが、Bに変項が付随し、その変項はAによって束縛されるという分析は、Bが飽和名詞（譲渡不可能名詞・譲渡可能名詞）の場合にも適用することができる。

(68) 象は鼻が長い。(=(33))
(69) 《象$_i$はa_iノ鼻が長い》
　　　タイプF
(70) 田中先生はネクタイがしゃれている。(=(38))
(71) 《田中先生$_i$はa_iと関係Rを有するネクタイがしゃれている》
　　　タイプA

Bが行為名詞の場合も同様である。

(72) チーズは消化が早い。(=(35))
(73) 《チーズ$_i$はa_iノ消化が早い》
　　　タイプE

ここで重要なのは、上のような分析を与えることによって、本章2節で「の」基底説に対する反例としてあげた例（以下、(74)、(76)として再掲）を適切に説明することができる、という点である。

(74) ある象は鼻だけでなく尻尾も長い。(=(4))
(75) 《ある象$_i$はa_iノ鼻だけでなくβ_iノ尻尾も長い》
(76) 象だけ鼻だけが長い。(=(9))
(77) 《象$_i$だけa_iノ鼻だけが長い》

(74)の論理形式(75)においては、「鼻」にも「尻尾」にも変項が付随しており、どちらの変項も同じ要素（「象」）によって束縛さ

第9章　二重コピュラ文としての「AはBがC（だ）」構文　189

れている。このことによって、「鼻」の持ち主と「尻尾」の持ち主が同一の個体であるという、(74)に対する自然な読みが得られる。また、(76)についても、その論理形式(77)から、(「象だけの鼻」あるいは「象が他の動物と共有していない鼻」などといった奇妙な意味解釈をすることなく)意図する読みが得られる。

　以上の分析に関してここで一つ注意すべきことがある。先に見た〈非飽和名詞Ｂとそのパラメータの値Ａ〉(56)のケースとは異なり、論理形式(69)、(71)、(73)、(75)、(77)においてＢに付随している変項は、Ｂに登場する名詞(「鼻」「尻尾」「ネクタイ」「消化」)によって直接的に要請されるものではない、という点である。これらの名詞は、非飽和名詞ではない以上、それ自体の意味のうちに変項(パラメータ)を含んでいるとは見なせないからである。Ｂに付随するこれらの変項は、象鼻構文という特殊な構文によって要請されるものであると考えられる。

　ここでようやく本節冒頭の問い―ノ的磁力線は象鼻構文の論理形式にどのように反映しているか―に答える準備が整った。以上の考察から、三上の言う「ノ的磁力線」は、次のように表示することができる。

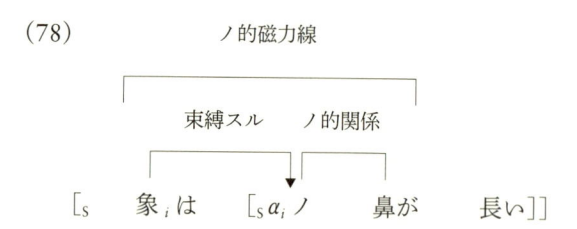

(78)　　　　　　　ノ的磁力線

[$_S$ 象$_i$ は　[$_S$ a_i ノ　鼻が　長い]]

束縛スル　ノ的関係

　すなわち(目に見えない)「ノ的磁力線」とは、Ｂに付随する(目に見えない)変項aとＡの間に成立する束縛関係として了解される*20(変項aとＢとの関係は、前節でみた通り、「NP$_1$のNP$_2$」におけるNP$_1$とNP$_2$の関係(ノ的関係)である)。前節までは、ＡとＢとの間に直接「の」で結ばれる関係があるかのような言い方をしてきたが、厳密にはそれは正確ではない。その関係は、あくまで束縛変項aを介した関係なのである。

6. 象鼻構文の成立条件としての束縛

　象鼻構文「AはBがC（だ）」において、Bに付随する変項とAとの間に束縛という緊張関係が働いていることを見た。この種の束縛関係は象鼻構文の成立に重要な役割を果たす。本章3節で述べた通り、象鼻構文は措定文であり、「BがC（だ）」の部分はAの指示対象に帰される属性を表す。しかし、当然のことながら「BがC（だ）」は常に属性を表すわけではない。ここでもう一度（41）（以下（79）として再掲）を見てみよう。

(79) a. ?石原良純は<u>この人</u>が政治家だ。
　　 b. ?石原良純は<u>石原慎太郎</u>が政治家だ。
　　 c. 　石原良純は<u>父親</u>が政治家だ。

(79a, b)のBの位置に直示表現「この人」、固有名詞「石原慎太郎」が登場しているが、この種の名詞句は通常それ単独で対象（個体）を指示する機能を持つ。そのため、それらに変項が付随しているとは読みにくく、「BがC（だ）」は変項を含まない完全な命題として、Aとは独立に解釈されることになる。このような要素は、Aの指示対象に帰される属性としては機能しえないのである。(79a, b)の不適格性はこの点に求められる。

　一方（79c）では、B「父親」に変項が付随していると読むことは可能であり、この場合には（「父親」が非飽和名詞である以上）むしろその読みが義務的である。その変項がAによって束縛されることによって、「BがC（だ）」（「父親が政治家だ」）がA「石原良純」の指示対象に帰される属性として機能すると考えられる。以上のことを次のようにまとめておこう。

(80)「AはBがCだ」が象鼻構文（措定内蔵型措定文）である限り、「BがC（だ）」は、Aの指示対象に帰される属性として機能しなければならない。そのためには、Bに付随する変項がAによって束縛されていなければならない（したがって、

Bの位置に、変項が付随しているとはみなせない名詞句 – 例えば直示表現や固有名詞*21 など、単独で個体を指示すると考えられる名詞句 – は登場できない)。

象鼻構文のBに変項を設けることについて、柴谷(1990)は次のように否定的見解を述べている。

(81) もっとも、〔[象は[鼻が長い]]〕については、[eの鼻が長い]として変項を述部に設定することも可能であり、変項の代わりに、名詞句「象の」を仮定する試みもなされた(柴谷1978参照)。しかし、[鼻が長い]の鼻が象以外のものを指示しているような状況では、「象は鼻が長い」という文が意味的に成立しないということは、「象は太郎が学生だ」の場合と同じように、主題に対する述部の意味的妥当性 – いわゆる"aboutness condition" – によって一般的に説明できるので、統語構造において、変項や「象の」という名詞句を仮定する必要はないと思われる。 (柴谷1990: 294)

柴谷のこの見解に対して、本章では(統語構造はさておき)意味構造には変項が存在すると考える。特にBが非飽和名詞の場合、意味構造(論理形式)に変項(パラメータ)が存在することは明らかであり、その変項は意味論のレベルで適切に解釈されなければならない。柴谷の見解(81)とはむしろ逆に、"aboutness condition"で扱われてきたデータ(の一部)は、変項に対する束縛という(80)の条件で扱う方が妥当だと思われる。

ここで、象鼻構文における名詞句Bの意味解釈について検討しておこう。西山(2003: 202–203, 221注9)は、以下の象鼻構文を例にとり、

(82) 洋子は髪が長い。

B「髪」はあくまで属性表現「髪が長い」の一部であって、「洋子

の髪」を指示する表現ではないことを強調している。この点に異論はないが、(82)のB「髪」が指示的名詞句ではないと思わせる点で、西山のこの主張はいささかミスリーディングである。B「髪」は、属性C「長い」が帰される対象を指示するという意味で、文中での意味機能としては指示的名詞句である。ただし、B「髪」はA「洋子」によって束縛されているため、指示的名詞句でありながら、特定の対象（例えば洋子の髪）を指示するわけではない。この点に、Bの意味解釈の特殊性がある。この種の意味解釈の特殊性は、次の英文にも見られる。

(83) No one$_i$/Someone$_i$ thinks that [$_S$ his$_i$ father is a genius].

この文に登場している *his father* は、*one* によって束縛されているため、特定の対象を指示しえない（例えば対象を指差したりすることはできない）。にもかかわらず、補文の措定文 "A is B" のAの位置に登場している以上、*his father* は文中での意味機能としては指示的名詞句である（それによって指示される対象に属性 *a genius* が帰される）。(82)における「髪」もほぼ同様の意味解釈を受ける。

7. むすび

本章の議論をまとめると、次のようになる。

(84) a. 象鼻構文「AはBがC（だ）」は措定内蔵型措定文の意味構造を有する。すなわち、CはBの指示対象に帰される属性を表し、「BがC（だ）」全体はAの指示対象に帰される属性を表す。
b. Bには変項αが付随し、αはAによって束縛される（これがノ的磁力線の正体である）。
c. 束縛変項αを介したAとBとの意味的な関係（ノ的磁力線）には、
　i. 非飽和名詞（句）Bとそのパラメータの値A（タイ

プD)、
ii. 譲渡不可能名詞Bとその基体表現A（タイプF）、
iii. 行為名詞Bとその項A（タイプE）、
iv. Aと関係Rを有するB（タイプA）、がある。

象鼻構文の論理形式を図式的に表すと、次のようになる。

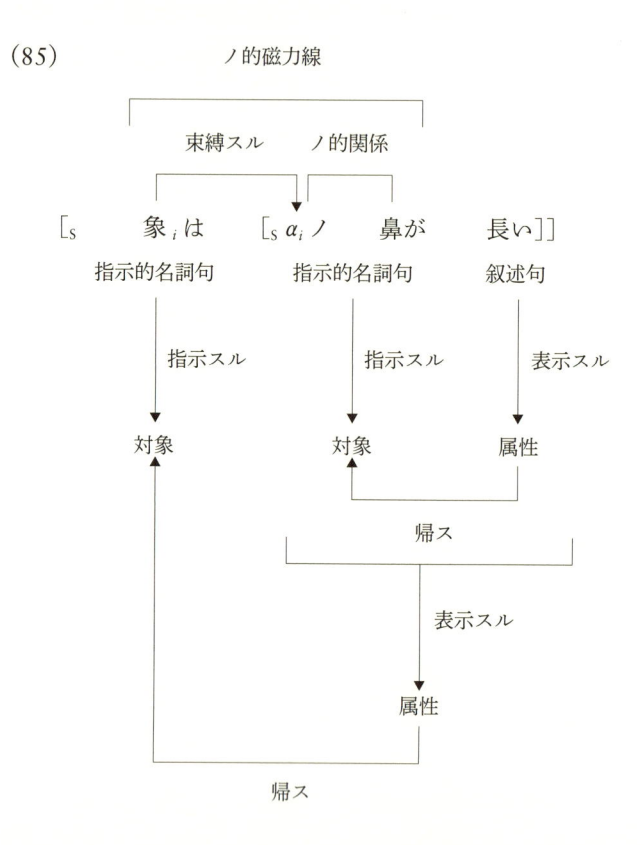

(85)　　　　　　　　ノ的磁力線

束縛スル　　ノ的関係

$[_S$　象$_i$は　$[_S\, \alpha_i$ ノ　鼻が　長い$]]$

指示的名詞句　　指示的名詞句　　叙述句

指示スル　　　　指示スル　　　表示スル

対象　　　　　　対象　　　　属性

帰ス

表示スル

属性

帰ス

西山（2003: 1）が述べる通り、名詞句の意味や解釈には次の三つの側面がある。

(86) a. 名詞句（例えば「NP$_1$のNP$_2$」）それ自体の言語的意味
  b. 文中で果たす名詞句の意味機能（例えば、対象を指示する名詞句か、属性を表す名詞句か）

c. 名詞句が登場する文の具体的使用における当の名詞句に対する解釈（例えば、「田中先生のネクタイ」は《田中先生が締めているネクタイ》か、《田中先生がデザインしたネクタイ》か、それ以外か）

象鼻構文はこれら三つが交差する、興味深い構文であると言えよう。このうち（86a）と（86b）を結びつけるのが「束縛」という概念装置であった[*22]。

8. 付録：「AはBがC（だ）」構文
二重コピュラ文と非二重コピュラ文

ここでは、象鼻構文以外の「AはBがC（だ）」構文について簡単に見ておこう。このことは、「AはBがC（だ）」構文における象鼻構文（措定内蔵型措定文）の位置づけを明らかにするのにも役立つ。網羅的であることは意図していない。他の文献での分類（坂原1990b、菊地1995、野田1996、丹羽2003、尾上2004、など）との比較も重要であるが、省略に従う。

分類にはいろいろな基準が考えられるが、ここでは二重コピュラ文（コピュラ文が埋め込まれたコピュラ文、後述）であるか否かで大きく二つに分ける。

(87) a. 二重コピュラ文
    i. 措定内蔵型措定文〔象鼻構文〕
        例：象は鼻が長い。
    ii. 倒置指定内蔵型措定文〔「故郷が青森だ」構文〕
        例：太郎は故郷が青森だ。
    iii. 指定内蔵型措定文〔カキ料理構文〕
        例：カキ料理は広島が本場だ。
    iv. ウナギ内蔵型措定文
        例：慶応の学食は牛丼が380円だ。
    v. 潜伏疑問内蔵型措定文

            例：この火事は原因が不明だ。
        vi. 値コメント内蔵型措定文
            例：この部屋は温度が高い。
        vii.（絶対存在内蔵型措定文〔所有文〕）
            例：太郎（に）は妹がいる。
    b. 非二重コピュラ文
        i. 「頭が痛い」構文
        ii. 「鼻は象が長い」構文
        iii.「魚は鯛がいい」構文

8.1. 二重コピュラ文

　(87a) に挙げた「AはBがC（だ）」構文は（(87avii) を除き）、文全体も、そこに埋め込まれている「BがC（だ）」の部分も、コピュラ文の意味構造を有している。

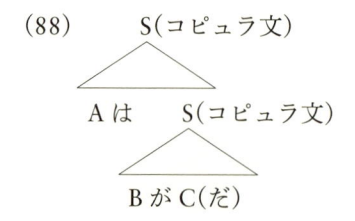

(88)　　　　S(コピュラ文)
　　　　　　／＼
　　　　　Aは　S(コピュラ文)
　　　　　　　　／＼
　　　　　　　BがC(だ)

　このような意味構造を有する「AはBがC（だ）」構文を「二重コピュラ文」と呼ぶことにしよう*23。象鼻構文も二重コピュラ文の一種である。象鼻構文をはじめとする二重コピュラ文では、AとBの間、あるいはAとCの間にノ的磁力線が働く（BあるいはCに変項が付随し、その変項がAによって束縛される）。そのことによって、コピュラ構造を有する節「BがC（だ）」がAの指示対象に帰される属性として機能するわけである*24。

　「BがC（だ）」の部分がどのようなコピュラ構造を有するかによって、二重コピュラ文は下位分類される。この下位分類は重要である。というのは、埋め込まれているコピュラ文の意味構造によって、AとB（またはAとC）の間に働くノ的磁力線のタイプが異な

るからである。次の文を見てみよう。

(89) a. 田中先生はネクタイがしゃれている。
〔象鼻構文＝措定内蔵型措定文〕
b. ?田中先生はネクタイがこれだ。
〔「故郷が青森だ」構文＝倒置指定内蔵型措定文〕
c. ?田中先生はこれがネクタイだ。
〔カキ料理構文＝指定内蔵型措定文〕

(89a)象鼻構文における「田中先生」と「ネクタイ」との関係はタイプA（《田中先生と関係Rを有するネクタイ》）であるが、この関係は、(89b)「故郷が青森だ」構文（倒置指定内蔵型措定文）や(89c)カキ料理構文（指定内蔵型措定文）では不可能である。このように、埋め込まれたコピュラ文の意味構造によってノ的磁力線のタイプが異なることから、各二重コピュラ文ごとに可能なノ的磁力線を指定しておく必要がある（もっとも、どのタイプのノ的磁力線が働いているのかについては、不明な点も残されており、以下で深く立ち入ることはできない）。

各二重コピュラ文について簡単に見ておく。

8.1.1. 措定内蔵型措定文（象鼻構文）

(90)象は鼻が長い。

(本文参照)

8.1.2. 倒置指定内蔵型措定文（「故郷が青森だ」構文）

(91)太郎は故郷が青森だ。

Bは変項名詞句、Cはその変項を埋める値を表し、「BがCだ」の部分は倒置指定文（cf. (13)）の意味構造を有する。「BがCだ」

全体はAの指示対象に帰される属性を表す。ニックネームがあると便利なので、仮に「故郷が青森だ」構文と呼んでおく。西山（2003: 220 注8）では「故郷が青森だ」構文が象鼻構文から区別されていないが、「BがC（だ）」の意味構造が異なることに加え、(89)で見たとおり、AとBの間に働くノ的磁力線の種類が異なるので、両者は区別すべきである。

　「故郷が青森だ」構文と象鼻構文には、さらに別の相違点もある。「Bが」を「Bは」に変えた次の例を見よう。

　　(92) 太郎は故郷は青森だ。
　　(93) 太郎は指導教官は山田先生です。

堀川（2012: 131）は「一般に主題解説構文において、後続の解説部中に含まれるハは強い対比の色を帯びる。「象は鼻は長い」「カキ料理は広島は本場だ」などすべてそうである」と述べる。堀川のこの指摘は基本的には正しいと思われるが、「故郷が青森だ」構文はその例外となるようで、(92)(93)のように「Bは」としても特に強い対比の色を帯びるとは感じられない*25（この点、「は」の助詞論の立場からの説明が求められるところであろう）。

　「故郷が青森だ」構文の意味構造は、いわゆるウナギ文との関連でも重要である。西山（2003: 340）によれば、ウナギ文は次のような意味構造を持つ（本書第I部第6章（西山論文）も参照）。

　　(94) a.　ウナギ文「ぼくは、ウナギだ」は、措定文であり、その言語的意味（ウナギ読み）は、〈ぼくは、[ϕはウナギだ]〉である。
　　　　 b.　「ウナギ」それ自体を叙述名詞句とみなすわけにはいかない。
　　　　 c.　[ϕはウナギだ]の部分は倒置指定文の意味を持つ。
　　　　 d.　ϕは変項名詞句の機能を果たし、「ウナギ」は、その変項名詞句の値を表す。
　　　　 e.　コンテクストから、語用論的な補完操作によってϕの中

身が補完される。(以下略)

この構造は、「故郷が青森だ」構文の意味構造にほかならない。要するに、「故郷が青森だ」構文のB「故郷」を言語表現化しなければ、ウナギ文が得られるのである。

(95) ぼくはウナギだ。　(←あなたは注文料理は何ですか。)
(96) 太郎は青森だ。　(←太郎は故郷はどちらですか。)

8.1.3. 指定内蔵型措定文（カキ料理構文）

(97) カキ料理は広島が本場だ。

Cは変項名詞句、Bはその変項を埋める値を表し、「BがCだ」の部分は指定文の意味構造を有する。「BがCだ」全体は、Aの指示対象に帰される属性を表す。(97)の例文が頻繁に用いられるため、「カキ料理構文」のニックネームを持つ。カキ料理構文の詳細については、西山 (2003: 第6章) を参照されたい*26。
　二重コピュラ文という観点から見ると、カキ料理構文ではノ的磁力線がAとBとの間にではなく、AとCとの間に働くという点が特徴的である*27。このことに関連して、次の文を見てみよう。

(98) 映画『菊次郎の夏』は監督が主役だ。

(98) は、ノ的磁力線がAとBの間に働いているとも、AとCの間に働いているとも読め、その点で曖昧である。「BがCだ」(「監督が主役だ」) の意味構造の曖昧性と組み合わせると、文全体ではさらに異なる読みが可能である ((98) が全部で何通りの読みを持つかは読者に委ねる)。

8.1.4. ウナギ内蔵型措定文

(99) 慶応の学食は牛丼が380円だ。

「BがCだ」の部分がウナギ文の意味構造を有する「AはBがCだ」構文である。先に論じたとおり、ウナギ文自体も二重コピュラ文（倒置指定内蔵型措定文）の意味構造を有するので（本書第Ⅰ部第6章（西山論文）も参照）、ウナギ内蔵型措定文は意味論的には三重コピュラ文ということになる。ウナギ文も広義には措定文である以上、その意味でこの構文も措定内蔵型措定文と言える。ただし、同じ措定内蔵型措定文とは言え、ウナギ内蔵型措定文のCは値名詞句であるのに対し、象鼻構文のCは叙述（名詞）句であり、両者でCの意味機能が異なる点に注意すべきである。(99)と以下の(100)を比較されたい。

(100) 慶応の学食は牛丼が安い。〔象鼻構文、Cは叙述句〕

8.1.5. 潜伏疑問内蔵型措定文

(101) この火事は原因が不明だ。

B「原因」は指示的名詞句ではなく、《原因は何か》という疑問の意味を表す変項名詞句である。また、C「不明だ」は潜伏疑問（concealed question）を意味的な項として要求する述語（以下、CQ述語）である*28。「原因は不明だ」全体で、《$[x$ ガαノ原因デアル$]$ の x を埋める値が何であるかが不明だ》の意味を表す。このタイプの「AはBがC（だ）」構文を仮に「潜伏疑問内蔵型措定文」と呼んでおく（潜伏疑問文については、本書第Ⅳ部第13章（西山論文）参照）。

　Bが変項名詞句であるという点で、潜伏疑問内蔵型措定文は「故郷が青森だ」構文（倒置指定内蔵型措定文）と意味的に密接に関係する。(101)と以下の(102)とを比較してみよう。

（102）この火事は原因が漏電だ。〔「故郷が青森だ」構文〕

両者の違いは、変項名詞句B「原因」の変項を埋める値が何であるかが「不明だ」と述べているのか、その変項を埋める値を「漏電」で指定しているのか、という点である。

野田（1996:49）は、次の（103）を「象は鼻が長い」構文とみなしているが、本章の分類では象鼻構文（措定内蔵型措定文）ではなく、潜伏疑問内蔵型措定文に属する。

（103）ペルシャ湾への掃海部隊の派遣は目的が明確で、期間も六ヶ月。

（『朝日新聞』1992.6.1 朝刊 p.1「PKO法案日本の転換点」、下線は本章の筆者による）＊29

8.1.6. 値コメント内蔵型措定文

（104）この部屋は温度が高い。

B「温度」は指示的名詞句ではなく、[xガαノ温度デアル]という命題関数を表す変項名詞句とみなすべきである。C「高い」は変項名詞句Bの変項を埋める値についてコメントしていると考えられる。仮に「値コメント内蔵型措定文」と呼んでおく。Bの意味機能において象鼻構文とは大きく相違する。Bが変項名詞句という点で潜伏疑問内蔵型措定文と共通するが、BとCとの緊張関係は、両者で微妙に異なる。この違いは、例えば変項名詞句Bを間接疑問文に置き換えられるか否かに現れる。

（105）　この火事は原因が何であるかが不明だ。〔潜伏疑問内蔵型〕
（106）?この部屋は温度が何度であるかが高い。〔値コメント内蔵型〕

第9章　二重コピュラ文としての「AはBがC（だ）」構文　201

8.1.7. 絶対存在内蔵型措定文（所有文）

　（107）太郎（に）は妹がいる。

「BがC（だ）」の部分がコピュラ文ではなく存在文（絶対存在文）であるという点で、厳密には二重コピュラ文とは言えないが、構造的に二重コピュラ文にきわめて類似しているので、参考までにここに挙げておく。所有文についての詳細は、本書第III部第11章（西山論文）参照。ここでは、所有文（絶対存在内蔵型措定文）と「故郷が青森だ」構文（倒置指定内蔵型措定文）の意味構造上の類似点を見ておこう（比較のため、所有文の例として以下の（108）を用いる）。

　（108）太郎（に）は故郷がない。　〔所有文〕
　（109）太郎は故郷が青森だ。　〔「故郷が青森だ」構文〕（＝（91））

（108）と（109）は、(i) 文全体は、A「太郎」の指示対象に「BがC（だ）」で表される属性を帰す措定文であること、(ii) A「太郎」とB「故郷」との間にノ的磁力線（非飽和名詞Bとそのパラメータの値A）が働いていること*30、(iii) B「故郷」が変項名詞句であること、の点で共通している。相違点は、所有文（108）では、変項名詞句B「故郷」の変項を埋める値の有無をCで述べているのに対し、「故郷が青森だ」構文（109）では、その変項を埋める値をCで指定しているという点である。

　ここまでの議論をまとめておこう。上に挙げた「AはBがC（だ）」構文はいずれも文全体は措定文であり、「BがC（だ）」はAの指示対象に帰される属性を表す。「BがC（だ）」の内部構造はさまざまなものがある。BおよびCの意味機能に着目して整理すると、次のような表が得られる*31。

表1 二重コピュラ文「AはBがC（だ）」におけるBおよびCの意味機能

構文タイプ	例文	Bの意味機能	Cの意味機能
措定内蔵型措定文 （象鼻構文）	象は鼻が長い。	指示的名詞句	叙述句
倒置指定内蔵型措定文 （「故郷が青森だ」構文）	太郎は故郷が青森だ。	変項名詞句	値名詞句
指定内蔵型措定文 （カキ料理構文）	カキ料理は広島が本場だ。	値名詞句	変項名詞句
ウナギ内蔵型措定文	慶応の学食は牛丼が380円だ。	指示的名詞句	値名詞句
潜伏疑問内蔵型措定文	この火事は原因が不明だ。	変項名詞句	CQ述語
値コメント内蔵型措定文	この部屋は温度が高い。	変項名詞句	コメント
絶対存在内蔵型措定文 （所有文）	太郎（に）は妹がいる。	変項名詞句	存在量化

8.2. 非二重コピュラ文

すべての「AはBがC（だ）」が二重コピュラ文であるわけではない。ここでは、二重コピュラ文ではない「AはBがC（だ）」構文にも触れておこう。ただし、細かい分類を提示することはせず、コピュラ文との関連で重要だと思われる三つのタイプを挙げるにとどめる*32。詳細については、関連文献を参照していただきたい。

8.2.1. 「頭が痛い」構文

(110) わたくしは頭が痛い。

A「わたくし」とB「頭」との間にノ的磁力線が働いており（または働いているように見え）、象鼻構文と紛らわしい。実際、柴谷 (1978: 209)、西山 (2003: 201) では (110) が象鼻構文として扱われている。しかし、「わたくしは頭が大きい」（象鼻構文）などとは異なり、「BがC（だ）」の部分が措定構造をなしている（C「痛い」がB「頭」の指示対象に帰される属性を表している）とは言い

第9章 二重コピュラ文としての「AはBがC（だ）」構文　203

にくく、この点で二重コピュラ構造をなしていないと見るべきだろう。ただし、「わたくし」の指示対象に対して「頭が痛い」という属性を帰しているという意味で、文全体は措定文であるとは言える。

（110）のタイプの「AはBがC（だ）」構文は、尾上（2004）の言う第1種二重主語文に該当すると思われる。他の例も含め、詳細は同論文を参照されたい。

8.2.2. 「鼻は象が長い」構文（鼻象構文）

（111）鼻は象が長い。

（111）を、「鼻」の指示対象に「象が長い」で表される属性を帰している文と見ることは相当に難しい。また、「長い」で表される属性が「象」の指示対象に帰されると考えるのも無理がある（むしろ、その属性は「鼻」の指示対象に帰されると見るべきであろう）。これらの点で（111）を二重コピュラ文とみなすことはできない。

しかし、（111）は二重コピュラ文と無縁の構文というわけでもない。西山（2003: 229）は（111）を、次の（112）の変種と捉えている。

（112）象が鼻が長い。

（112）の意味内容は（111）とほぼ同じである。（112）の「鼻が」を文頭に取り出し「は」を付せば、（111）「鼻は象が長い」が構築される（詳しくは西山（2003: 第5章）を参照）。ここで着目したいのは、鼻象構文（111）に対応する（112）が二重コピュラ文（措定内蔵型指定文）だという点である。すわなち、（112）全体は指定文であり、《[xハ鼻が長い]の変項xを埋める値は「象」だ》、という意味を表す。命題関数[xハ鼻が長い]は、象鼻構文の意味構造を有し、したがって「鼻が長い」の部分は措定構造をなす。このように、「鼻は象が長い」構文それ自体は二重コピュラ文ではないとは言え、二重コピュラ文（措定内蔵型指定文）（112）の変種

であり、その意味で二重コピュラ文と密接な関係がある、とは言えよう。

　ただし、「象が鼻が長い」構文と「鼻は象が長い」構文は常に対応するわけではない。「象が鼻が長い」構文「AがBがC（だ）」において、Bが非飽和名詞でAがそのパラメータの値を表す時、対応する鼻象構文「BはAがC（だ）」は構築できない（例は本書第I部第4章（西川論文）の(18)–(22)）。また、Bが量化表現の場合にも、対応する鼻象構文は構築できないようである。

(113) a.　象がどの歯も強い。
　　　b.　?どの歯も象が強い。

8.2.3.「魚は鯛がいい」構文

(114) 魚は鯛がいい。

(114)も、「魚」の指示対象に「鯛がいい」という属性を帰していると読むことは難しい。また、A「魚」とB「鯛」との間にノ的磁力線が働いているわけでもない*33。これらの点で、(114)を二重コピュラ文と見ることはできない。(114)は、[x がいい]のxを「鯛」で埋める、という緊張関係が実現されている文であり、「魚は」はその変項xを走る範囲を限定するという機能を有する。つまり、(114)全体は、措定文ではなく指定文である。詳細は、西山(2003: 第5章)を参照。

---

*1　現代的な（言い換えると、三上(1960)から一定の距離を置いた）主語論、主題論、あるいは助詞論については、尾上(2004)および堀川(2012)を参照。
*2　三上(1953)による「措定」「指定」の区別の指摘が、英語圏における（生成文法理論を背景に持つ）本格的なコピュラ文研究 – 例えば、Akmajian

(1979)〔元のPh. D. 論文は1970年〕やHiggins（1979）〔元のPh. D. 論文は1973年〕－よりはるかに先んじていることは強調されてよい、と思う。

また、三上（1953）は、「AはBだ」に対する「措定」「指定」の読みに加え、「端折り」（今日の用語で言う「ウナギ文」）の読みも提示しており、この点にも鋭さを感じさせる。ただし、現代的観点から見れば、「端折り」は「措定」「指定」の区別と同列に扱うべきではない（cf. 上林1988: 61–62、西山2003: 337）。この構文については、本書第I部第6章（西山論文）および本章付録（「倒置指定内蔵型指定文」）を参照。

*3 西山（2003: 第4章）でも象鼻構文の分析が提示されているが、そこでの分析と本章の分析はいくつかの点で異なる。本章の分析の方が妥当であり、かつ西山（2003）における他の主張とも整合的だと考える。

*4 本章2節は、編者西山佑司氏の示唆に従い追加したものである。筆者は当初、「の」基底説について、21世紀も十年以上経過した現在、もはや取り上げるまでもないと考えていた。しかし編者は、筆者のそのような認識の誤りを説得的に示してくれた。編者に心から感謝する。

*5 「持ち主」は、ここだけで用いる便宜的な用語であり、理論的意味合いはない。

*6 「AはBがC（だ）」という形式ではない以上、(9)は「の」基底説の対象外だという議論も不可能ではないだろうが、(1)「象は鼻が長い」と(9)「象だけ鼻だけが長い」に対して別々の分析を与えるのは、言語学的に有意義な一般化を失っていると言わざるを得ない。

*7 以上の議論に対して、量化表現や「だけ」の意味は、ここでいう「事実関係としての意味」から除外される、という反論があるかもしれない。しかし、その反論は「事実関係としての意味」をどのように解釈しても受け入れがたい。また、一歩譲ってそのような反論を受け入れたとしても、なお問題が残る。例えば次の文の「事実関係としての意味」はどのようなものであろうか。

　　(i)　　性格の不一致だけが洋子の離婚の原因ではない。

（工藤（2000: 132）に類例あり）

もちろん(i)は象鼻構文ではないが、「事実関係としての意味」はあらゆる文（少なくともあらゆる平叙文）について問うことができるはずである。(i)から「だけ」を外すと、

　　(ii)　　性格の不一致が洋子の離婚の原因ではない。

となり、これが(i)の「事実関係としての意味」を表すことになるが、これは明らかに奇妙である。むしろ、

　　(iii)　　性格の不一致が洋子の離婚の原因だ。

の方が(i)の表す事実を表しているとさえ言える（cf. 飯田2001: 34）。このように、「だけ」を「事実関係としての意味」から除外することは、否定辞「ない」の意味をもそこから除外せざるを得なくなる（場合がある）という点で、深刻な問題を引き起こすのである。そのことを是とするのであれば、そのような「事実関係としての意味」に一体どのような言語学的意義があるのかを説明しなければならない。

*8 他のタイプのコピュラ文（同定文、同一性文、定義文、提示文）については、西山（2003: 第3章）を参照。西山（2003: 第3章）に挙げられていない

（新たなタイプと見られる）コピュラ文もいくつかあるが、そのうち以下のものについては、本章付録で簡単に取り上げる。
　　　(i)　　昨日の火事の原因はいまだ不明だ。〔潜伏疑問叙述文〕
　　　(ii)　　この部屋の温度は高い。　　　　　〔値コメント文〕
*9　値名詞句は指示的名詞句のこともあるが、それ自体変項名詞句のこともある。本書第IV部第14章（峯島論文）参照。
*10　この点については、三上（1953）にも同様の見解が見られる。三上（1953: 43）は、以下の二つの文について「形式が似ているばかりでなく、内容もほとんど同じである」と述べる。
　　　(i)　　イナゴ（トイフ虫）ハ有害ダ。〔形容詞文〕
　　　(ii)　　イナゴ（トイフ虫）ハ害虫ダ。〔名詞文（三上の「準詞文」）〕
*11　三上（1963: 105–106）は、次の図を挙げ、「（…）二重、三重になる構造の一部を主述関係と読みならわして平気でいられるのは、ありていに言えば、文法的センスが欠如しているのです」と述べる。
　　　(i)　　象は、　　鼻が　　長い。
　　　　　　―――　　――――――
　　　　　　　　　　　小主語　　小述部
　　　　　　―――――――――――――
　　　　　　大主語　　　大述部

本章1節で述べた通り、本章では主語論の観点からの議論は行なわないが、措定文「AはB（だ）」の「A」を主語、「B（だ）」を述部と考えるのであれば（これは妥当な仮定であろう）、象鼻構文（措定内蔵型措定文）は(i)の通り二重の主述関係が成立している文であり、二つの主語（「象」および「鼻」）を含む二重主語文ということになる。
*12　文献によっては「XはYがZ（だ）」のようにXとYが用いられているが、引用に際し本書の表記に合わせA、Bに変更した。
*13　ただし、(29)に挙げたもののなかには、「魚は鯛がいい」など、本章の見解では象鼻構文とは言えない「AはBがC（だ）」構文におけるAとBとの関係も含まれており（「包摂」）、それは除く必要がある。
*14　象鼻構文におけるAとBとの関係にいかなるものがあるかの考察は、象鼻構文以外の「AはBがC（だ）」構文を考える上でも重要である。本章付録で見るように、形式的には同じ「AはBがC（だ）」構文であっても、埋め込まれているコピュラ文「BがC（だ）」の意味構造によって、そこで働く「ノ的磁力線」は異なるのである。
*15　例えば、(38)（= (i)）を、あるコンテクストで(40a)（= (ii)）のように解釈した場合、
　　　(i)　　田中先生はネクタイがしゃれている。
　　　(ii)　　《田中先生は［締めている］ネクタイがしゃれている》
たとえ「田中先生」と「ネクタイ」との間にある種の語用論的関係があり、かつそのネクタイがしゃれていたとしても、田中先生が締めているネクタイがしゃれているのでなければ、(i)の発話は偽となる。
*16　統語的にも、(44)は次のような構造を有しており、「政治家で小説家」の部分は構成素をなさないと考えられる。
　　　(i)　　[NP [S [VP 政治家で] [VP 小説家の]] 老人]
*17　ただし、注21を参照。

*18　(51) から連体修飾節「締めている」を削除しても、適格な象鼻構文が得られることに注意しよう。
　　　　(i)　　田中先生は、締めているネクタイがしゃれている。(＝(51))
　　　　(ii)　　田中先生はネクタイがしゃれている。(＝(38))
(ii) は先に見た、AとBとの間にタイプAのノ的磁力線が働く象鼻構文である。タイプAであるから、その関係の具体的な中身（例えば「締めている」）の決定には語用論的操作が必要とされる。これに対し、(i) におけるAとBとの関係（非飽和名詞句Bとそのパラメータの値A）は意味論のレベルで決定されており、その解釈に語用論的操作は不要である。(i) と (ii) のこのような対比から、(i) のBに含まれる連体修飾節「締めている」は、意味論的には (ii) におけるAとBとの関係を明示化した表現とも捉えることができる。

*19　類似の議論は、本書第I部第3章（西川論文）でも行なっている。

*20　Bに付随する変項は「その」という音形を持つ場合もある。
　　　　(i)　　象はその鼻が長い。　　　　　　　　　　　　　　　　（三上 1960: 153）
三上 (1960) は、代行から先行の題目に変わったものと見ている。

*21　固有名詞はしばしば扱いが厄介であり、固有名詞Bに変項aが付随していると解釈するのが妥当なケースもある。一つは、固有名詞Bが特定の個体を指示せず、《「…」という名前の持ち主》という解釈にとどまる場合である（cf. 上林 2000、西山 2003: 126）。例えば、各クラスに「太郎」という名前の生徒がいる場合、(i) は象鼻構文として適切に解釈しうる。
　　　　(i)　　どのクラスも太郎がよくできる。（久野 (1973: 38) の例を一部改変）
(i) は (ii) のような論理形式を持ち、そこから (iii) のような表意を構築できるであろう。
　　　　(ii)　《どのクラス$_i$もa_iと関係Rを有する「太郎」という名前の持ち主がよくできる》
　　　　(iii)　《どのクラス$_i$もa_i[に所属している]「太郎」という名前の持ち主がよくできる》
また、固有名詞が単独で特定の個体を指示する機能を持ちながら、それに変項aが付随していると読むのが自然な場合もある。次の (iv) を見てみよう。
　　　　(iv)　信州は月がきれいだ。　　　　　　　　　　　　　　　（西山 2003: 205）
(iv) では、固有名詞Bによって指示される個体の一側面を切り出すという機能をAが果たしており、そのBに対してCで属性づけている、と読むことができる。このように解釈される限り、(iv) は (v) のような論理形式を持つ象鼻構文として適格である。
　　　　(v)　《信州$_i$はa_iと関係Rを有する月がきれいだ》
論理形式 (v) から (vi) のような表意を構築できるであろう。
　　　　(vi)　《信州$_i$はa_i[から見る]月がきれいだ》
〔付記：ここでは (iv) で働いているノ的磁力線をタイプAと考えたが、編者西山佑司氏から、タイプC（の変種）と読む方が自然ではないかという指摘を受けた。本章4節で、タイプCは象鼻構文のノ的磁力線としては機能しないと述べたが、確かに固有名詞で指示される個体の一側面（断片）を切り出すという機能は、タイプCの意味と整合的である。(iv) におけるノ的磁力線については、今後の課題とする。〕

*22 本章の分析を踏まえて、「象は鼻が長い」の英訳を考えてみよう。三上（1955: 252）は、速川（1953: 43）による次のような英訳を引用し、
 (i) a. The elephant has a long trunk.
   b. The elephant's trunk is long.
   c. The elephant is long-trunked.
   d. As for the elephant, his trunk is long.
「英語としては不自然であっても、最後の訳文が最も忠実に日本文の姿を伝えていると思う」と述べる。これに対し、本章では「象は鼻が長い」の英訳として次の（ii）を提示したい（三上と同様、英語としての自然さは考慮外である）。
 (ii) The elephant is such that his trunk is long.
         （Shibatani（1990: 274）にも同種の英訳あり）
(ii) は、[イ] 措定内蔵型指定文であること、[ロ] B (*trunk*) に変項 (*his*) が付随しており、その変項は A (*elephant*) によって束縛されること、[ハ] 変項 (*his*) と B (*trunk*) との関係がタイプFであること、の3点を満たす点で、「象は鼻が長い」のもっとも忠実な翻訳であると考えられる（英語の *such that* 構文については、Quine（1960: 110–114）、Heim and Kratzer（1998: 106–108）を参照）。

*23 二重コピュラ文には「AがBがC（だ）」「AもBがC（だ）」「AはBもC（だ）」「AだけBがC（だ）」「AだけBだけC（だ）」「AさえBがC（だ）」といった形式のものも含まれる。このうち「AがBがC（だ）」という形式の二重コピュラ文（措定内蔵型指定文）については、後ほど「鼻は象が長い」構文との関連で簡単に取り上げる。

なお、用語について一言。次のようにコピュラ *is* が冗長に繰り返された英語表現が「二重コピュラ」（double copula）と呼ばれることがあるが、本章の「二重コピュラ文」とは無関係である。
 (i) My point is is... (cf. What my point is is...)

*24 ノ的磁力線によらず成立する二重コピュラ文は存在しえないであろうか。はっきりしたことは今後の課題としなくてはならないが、以下の（i）のタイプの構文がそれに該当する可能性がある。
 (i) モーツァルトはオペラがよい。
西山（2003: 第4章）によると（i）は曖昧であり、象鼻構文の読みに加え、もう一つ別の読みが可能である。後者の読み（西山が［指定内蔵–読み］と呼ぶ読み）は、次のような意味構造を持つとされる。
 (ii) a.「BがC（だ）」はAの指示対象に帰される属性を表す（文全体は措定文の意味構造を有する）
   b.「Bが」の「が」は「指定」（久野（1973）の「総記」）の「が」であり、[x ガ C（だ）] の x を埋める値を表す（「BがC（だ）」の部分は指定文の意味構造を有する）
   c. 変項 x の走る領域は、Aを手がかりに語用論的に構築された集合A'によって限定される（Bは集合A'のメンバーになる）
   （以上、西山（2003: 196）の記述を本章の筆者が整理しなおしたもの）
要するに、(i) は二重コピュラ文ではあるが、(ii) のように読んだ場合のAとBとの関係は、Aを手がかりに語用論的に構築された集合（例えば「モーツァ

ルトが作曲した作品群」という集合）を介した間接的なもので、ノ的磁力線のような直接的なものではない。次の（iii）のように、Bの位置に（しかるべき状況でそれ単独で対象を指示する）直示表現を用いることが可能なことからも、AとBの間にノ的磁力線が働いていないことが分かる。
　　　　（iii）　モーツァルトはこれ／この曲がよい。
（i）に対する（ii）の分析が正しいとすれば、ノ的磁力線は二重コピュラ文を成立させる一つの手段に過ぎず、他の方法によっても二重コピュラ文は成立しうる、ということになる。ただし、この件については、（ii）の妥当性も含め、更なる検討が必要である。
＊25　これは峯島宏次氏の観察による。
　なお、「故郷が青森だ」構文のCの位置に疑問詞が登場した場合、「Bは」のほうが落ち着きがよく、「Bが」はむしろ奇妙に感じられる。
　　　　（i）　　太郎は故郷は／？がどちらですか。
　　　　（ii）　 太郎は指導教官は／？がどなたですか。
これらの文における「Bは」にも対比の色は感じられない。
＊26　カキ料理構文と象鼻構文の類似点が西山（2003）にいくつか挙げられているが、その中に以下のような記述がある。
　　　　（i）　　カキ料理構文の場合はCはつねに叙述名詞であるが、「象は鼻が長い」構文でも「太郎は奥さんが画家だ」のようにCが叙述名詞である場合もあり、このかぎりで両構文は類似している。
　　　　　　　　　　　　（西山2003：312；下線は本章の筆者による。
　　　　　　　　　　　　また「Z」を本章の表記にあわせ「C」に変更した）
しかし、カキ料理構文の「BがCだ」は指定の意味構造を有する以上、Cは叙述名詞句ではなく変項名詞句である。したがって、（i）は次のような修正を必要とする（修正を加えた箇所に下線を施した）。
　　　　（ii）　 カキ料理構文の場合はCはつねに変項名詞句という意味で非指示的名詞句であるが、「象は鼻が長い」構文でも「太郎は奥さんが画家だ」のようにCが叙述名詞句という意味で非指示的名詞句である場合もあり、このかぎりで両構文は類似している。
（ii）の修正案については、西山佑司氏の示唆を得た。
＊27　ノ的磁力線がAとCとの間に働く二重コピュラ文が、カキ料理構文（指定内蔵型指定文）以外に存在するのかについては、はっきりしたことが分かっていない。西山（2003：296ff.）の言う「第二タイプのカキ料理構文」（例：「この芝居は田村正和が端役だ」）が（指定内蔵型指定文として）それに該当する可能性があるが、詳しい検討は今後の課題とする。
＊28　CQ述語には、「不明だ」「明らかだ」「謎だ」「秘密だ」など、「AはB（だ）」のBの位置、あるいは「AはBがC（だ）」のCの位置に登場するものだけでなく、「知る」「尋ねる」「白状する」など、コピュラ文を構成するとは言えない述語も含まれる。本書第Ⅳ部第13章（西山論文）および第Ⅳ部第14章（峯島論文）参照。
＊29　（103）の「期間も六ヶ月」の部分は、倒置指定の意味構造を有する。
＊30　ここで、所有文における（ノ的）磁力線について一言。所有文「A（に）はBがある」においては、AとBとの間に（「AがBを所有する」という意味で

の）所有関係が成立している、と考える向きもあるようだが、それには問題がある。次の所有文を見てみよう。

　　（i）　（億万長者の）太郎にだって、所有していないものがある。

この文におけるA「太郎」とB「所有していないもの」との関係を所有関係とみなすのはナンセンスであろう。所有文は、その名に反して、所有関係（少なくとも上に述べた意味での所有関係）を表すわけではないのである。所有文においてどのような（ノ的）磁力線が働くかについては、本書第III部第11章（西山論文）を参照されたい。

　なお、この種の検討は、いわゆる「所有」とは厳密にはいかなる概念か、そもそもそれは所有文（あるいは日本語の構文一般）の意味記述に有意義な概念か、という議論にまで広がりうる。そのような議論を行なう余裕は無論ここにはないが、象鼻構文におけるノ的磁力線の記述（本章4節参照）、および名詞句「NP_1 の NP_2」の意味記述（本書第I部所収の各論文参照）に「所有」という概念装置が一切使われていない点には注意しておきたい。

*31　先に述べた通り、絶対存在内蔵型措定文（所有文）は二重コピュラ文とは言えないが、便宜上ここに含めておく。

*32　本書第I部第8章および第IV部第13章（西山論文）で次のような構文が取り上げられ、いずれも本章でいうところの二重コピュラ文ではない、という議論が展開されている。

　　（i）　あの時は、貴乃花が横綱だった。
　　（ii）　その壺は色が赤い。

*33　「魚」と「鯛」との関係が、「象」と「鼻」との関係と本質的に異なるという指摘は、西山（2003: 第5章）にある。

第 10 章
固有名と（疑似）カキ料理構文

小屋逸樹

1. はじめに

　一般に、固有名は意味的には記述内容を欠いた指示的機能のみをもつ名詞句として使われることが多い。しかし、固有名が種々の用法をもち、以下のように必ずしも指示的に使われているとは思われない文も散見される。

(1) 山田太郎は私です。
(2) 中田は日本のベッカムだ。
(3) 東京がミラノなら、京都はフィレンツェだ。

(1)の「山田太郎」は、すでに西山（1985）が指摘した通り、《[x ガ「山田太郎」という名前の持ち主デアル]》という変項を含む名詞句として機能し、「私」がその変項を埋める値となった文である。ここでは、指示的な名詞句は「私」であり、「山田太郎」はその名前をもつ人物という意で、これを「彼」などの指示的な人称代名詞で置き換えることはできない。(2)では、「中田」は指示的な固有名として使用され、「彼」と置き換えることが可能であるが、「ベッカム」は「日本の」という制限を受けた範囲における《ベッカムのような人物》を意味し、一種の叙述名詞句として主語の属性を述べている。また、(3)の「ミラノ」や「フィレンツェ」に関しても、仮言的判断であることが明確な文の中では、「日本の」と明示された表現を欠いても実質的には(2)の「ベッカム」と同様の働きをしていると思われる。したがって、然るべきコンテクストが与えられない限り、「日本の」を省いた(4)や、前件を省いた(5)は指示対象が異なるものを同一と主張していると感じられ、少なくとも

語用論的には奇妙である。

(4) ?中田はベッカムだ。
(5) ?京都はフィレンツェだ。

上の文は、例えば、二つの固有名を用いながらも、その固有名によって指示される人や物が同一であると主張する下の文とは本質的に機能が異なっていると思われる。

(6) 美空ひばりは加藤和枝だ。(芸名と本名)
(7) 縄手通りは大和大路通りである。(京都市にある同じ通りの別称)

本章では、特に(2)に見られる固有名の用法を取り上げ、「日本のベッカム」のような表現が、パラメータ値と非飽和名詞という構成の「カキ料理の本場」などといかに類似し、また異なっているかを論じてみたい。議論を進めるにあたり、まず西山(2003)のカキ料理構文、及び「NP$_1$のNP$_2$」の考察を概観し、その後、カキ料理構文の構築に関して新たな課題となる点を取り上げてみたい。

2. 先行研究　非飽和名詞とカキ料理構文

西山(2003: 259ff.)は、次の文を比較し、以下のように述べている。

(8) 広島が、カキ料理の本場だ。(指定文)
(9) カキ料理の本場は、広島だ。(倒置指定文)
(10) カキ料理は、広島が本場だ。(カキ料理構文：全体として措定文)

(8)と(9)の「カキ料理の本場」では、「本場」が「カキ料理の」というパラメータを必要とする非飽和名詞であり、「カキ料理の」

を欠いた単なる「本場」は意味的に自立せず、単独で外延が定められない関係になっている。つまり、「本場」そのものに関してその集合を求めることは不可能で、「カキ料理の本場」というようにパラメータの値を設定してはじめて意味的に充足した表現となる。このような関係を構成する「NP₁のNP₂」が文に含まれると、NP₁が「は」でマークされ主題として文頭に起こることがある。これがいわゆるカキ料理構文と呼ばれる（10）のような文で、(8) の指定文「広島（B）が、カキ料理（A）の本場（C）だ」において、Cが非飽和名詞で、Aがそのパラメータとして機能している場合に「Aは、BがCだ」という形式が可能になると見られている。(10) は文全体として「カキ料理」について属性を帰している措定文ではあるものの、(8)–(10) の文は、三つの名詞句の結びつきにおいて、実質的な意味が共有されているとされる。

　飽和名詞と非飽和名詞の違いを明示するため、西山（2003: 277）は以下の例文を比較している。

(11) a.　紫式部が、源氏物語の作者だ。
　　 b.　源氏物語は、紫式部が作者だ。
(12) a.　紫式部が、平安時代の作家だ。
　　 b. ?平安時代は、紫式部が作家だ。

(11a) に含まれる「作者」は単独では外延が定まらない非飽和名詞であり、「源氏物語の」というパラメータ値を伴ってはじめて意味的に充足する。この場合、パラメータ値を文頭に置いたカキ料理構文 (11b) は自然であり、また (11a) の意味は基本的に保持されている。一方、(12a) の「作家」はパラメータを必要としない、単独で外延が定まる飽和名詞である。「彼女は作者である」には何かが欠けているように感じるが、「彼女は作家である」はこれ自体で完結している。このような飽和名詞を修飾する「Aの」を文頭に出した (12b) はカキ料理構文にならない。西山（2003: 35）は、「平安時代の作家」に見られるような、飽和名詞と修飾要素との関係は外延同士の限定であり「外的な結びつき」を構成するのに対し、

「源氏物語の作者」のようなパラメータ値が設定されない限り非飽和名詞の外延が定まらない関係を「内的な結びつき」であると述べている*1。

このように、カキ料理構文は非飽和名詞の存在を前提とする訳であるが、名詞句が飽和か非飽和かの区別で興味深いのは、次のような例文である。

(13) a. 太郎がこのジャズバンドのピアニストだ。
   b. このジャズバンドは、太郎がピアニストだ。

「ピアニスト」は、語彙の意味論レベルでは単独で外延が定まる飽和名詞である。西山 (2003: 304) は「ピアニスト」は飽和名詞でしかなく、辞書的には曖昧な語ではないと強調している。したがって、「NP_1 の NP_2」の表現「このジャズバンドのピアニスト」は、本来パラメータ値と非飽和名詞という構成になっていないはずである。ところが、(13b) のような一見カキ料理構文と思われるような文が自然な文として成立する。これに関する西山の説明は、(13) に現れた「ピアニスト」は、《ピアノ演奏を受けもつ人》、つまり《ピアノ担当者》という意味を表すために用いられた「言葉の緩い使用」(loose talk) であり、このように語用論的に読みかえられ非飽和名詞と見立てられた「ピアニスト」に対しては「このジャズバンドの」がパラメータになりうる、というものである。したがって、(13b) は意味的にはカキ料理構文としては不適格であるが（つまり、「ピアニスト」は《ピアノ担当者》ではなく《本職のピアノ演奏家》の意なので）、しかるべきコンテクストのもとでは発話の意味（表意）としてカキ料理構文《このジャズバンドは、太郎がピアノ担当者だ》といった解釈が可能になる。

以上、非飽和名詞とパラメータという概念が決定的な役割を果たすカキ料理構文の概要を見た。西山の見解をまとめると、およそ以下の三点に要約できるだろう。

(14) a. 「BがAのC（であること）」という形をもつ文において、「AのC」が述語名詞句であるとき、Cが非飽和名詞で、Aがそのパラメータの値を表すときにかぎり、カキ料理構文「Aは、BがCだ」を構築することができる。

(西山2003: 297) ＊2

b. 「カキ料理の本場」などの句レベルの表現「NP$_1$のNP$_2$」はカキ料理構文の基の形である指定文における構成「AのC」と同一である。

c. 「BがAのCだ」のCが飽和名詞であっても、しかるべきコンテクストが与えられれば、Cは語用論的に非飽和名詞と読みかえられ、カキ料理構文として自然な文になり得る。

3. 固有名と「NP$_1$のNP$_2$」

さて、次に以下のような文の環境に現れた「NP$_1$のNP$_2$」の表現を見てみよう。

(15) 中田は日本のベッカムだ。（＝(2)）
(16) 蘇州は東洋のベニスだ。
(17) 鳩山邦夫は平成の坂本龍馬だ。
(18) エリザベス・テーラーは20世紀のクレオパトラだ。

今、いったん（15）−（18）が表す文全体の意味は無視し、「NP$_1$のNP$_2$」のみを取り上げてみよう。上の文において下線でマークした「NP$_1$のNP$_2$」にはそれぞれ固有名が含まれている。固有名は特定の人や物を指示する機能を有するものであるが、上の文における「NP$_1$のNP$_2$」では、「ベッカム」や「ベニス」、または「坂本龍馬」や「クレオパトラ」は、本来その表現によって指示されるべき対象を指示していない。ここでは、「～の」という表現によって固有名が適用される範囲が定められ、その範囲内で当の固有名に相当する人や物が示されていると思われる。つまり、「日本のベッカム」、

「東洋のベニス」、「平成の坂本龍馬」、「20世紀のクレオパトラ」における「NP$_1$の」は固有名の適用範囲を示し、NP$_2$はその範囲内における固有名の属性を有するカウンターパートになっていると言えるだろう。この意味で、下線部全体の外延は必然的に固有名それ自体の指示対象ではありえない。「日本のベッカム」は「イングランド代表のベッカム」とは異なる人物を指し、また「東洋のベニス」は「夜明けのベニス」と、「平成の坂本龍馬」は「寺田屋の坂本龍馬」と、「20世紀のクレオパトラ」は「アレクサンドリアのクレオパトラ」とは異なる対象を指示している*3。したがって、ここでの「NP$_1$のNP$_2$」は、「NP$_1$の」によって時空的に限定し、固有名NP$_2$によってその属性特徴を投影できる類似個体を示す、という機能をもっている訳である。言い換えれば、「NP$_1$の」はNP$_2$の外延を決定する上で欠かせない存在となっており、この表現を欠くとNP$_2$は異なる対象を指示するとも言えるのである。

　もちろん、NP$_2$に固有名をもつ「NP$_1$のNP$_2$」は、異なる文の環境に現れると異なった解釈を許すこともある。例えば、「日本のベッカム」はコンテクストによって《日本にいるベッカム》や《日本人にアピールするベッカム》など、語用論的に多様な解釈が可能であり、句レベルの表現として解釈が定まっている訳ではない。特に「NP$_1$のNP$_2$」が「場所＋の＋人名」という構成になる時は、その傾向が強い。

(19) a.　イタリアのゲーテ
　　 b.　フランスのヒッチコック

上の例では、《イタリアにおけるゲーテのような作家》や《フランスにおけるヒッチコックのような映画監督》といった解釈と共に、《イタリア滞在中のゲーテ》や《フランス滞在中のヒッチコック》といった解釈も頻繁に見られるだろう。このように、同じ表現であっても解釈が複数可能な場合があるが、「NP$_1$のNP$_2$」が一般に表す多様な意味に関し、ここで西山（2003: 16ff.）が整理した分類を見ておこう。以下にその概略を示す*4。

(20) タイプA：NP$_1$と関係Rを有するNP$_2$
　　　　例：「洋子の首飾り」（NP$_1$「洋子」でもってNP$_2$「首飾り」の集合の部分集合を選択するという制限的な用法）
　　　　「二階の彼女」（NP$_1$「二階」はNP$_2$「彼女」の非制限的な付随情報。NP$_1$を省いてもNP$_2$の指示対象が決定される）
　　　　「2000ccの車」（属性数量詞表現は「（Rが）2000cc」と語用論的補完が必要）
　　タイプB：NP$_1$デアルNP$_2$
　　　　例：「ピアニストの政治家」「重症の国王」
　　タイプC：時間領域NP$_1$における、NP$_2$の指示対象の断片の固定
　　　　例：「大正末期の東京」「着物を着た時の洋子」
　　タイプD：非飽和名詞NP$_2$とそのパラメータの値NP$_1$
　　　　例：「この芝居の主役」「太郎の上司」
　　タイプE：行為名詞NP$_2$と項NP$_1$
　　　　例：「物理学の研究」「助手の採用」

本章でわれわれが検討の対象としているのは、典型的には「AはBだ」というコピュラ文のBの位置に起こる「NP$_1$のNP$_2$」の解釈で、(15) – (18) に見られるように、Aと共にNP$_2$が固有名の場合、つまり固有名（または任意の個体）について別の固有名でコメントする場合に見られるものである。「日本のベッカム」が《日本にいるベッカム》などの解釈の場合は、(20)におけるタイプAの解釈であり、関係Rがどのようなものであるかによって多様な解釈を許す。タイプAは、語用論が関わることから、その解釈もコンテクストによって多岐にわたるという性質がある。一方、「中田は日本のベッカムだ」という文の中で使われた「日本のベッカム」は、語用論的に様々な解釈を許す訳ではない。「Aは韓国のベッカムだ」や「Bは中東のベッカムだ」などと、「～の」の国名・地域名が変わっても基本的に《～という地理的範囲におけるベッカム的人物》

という解釈は一定している。一方、「東洋のベニス」に目を向けると、この表現は解釈のバラツキが少なく、タイプAに見られる「東洋」と関係Rをもつ「ベニス」といった解釈はちょっと想像し難い。もしそのような解釈があるとすれば、東洋にベニスそっくりのコピー都市を作った時ぐらいのものであろう。また、「平成の坂本龍馬」や「20世紀のクレオパトラ」にしても、タイプAとしてはせいぜい《平成における坂本龍馬像》や《20世紀におけるクレオパトラ像》といった解釈で、またタイプCの可能性を検討しても、NP$_2$がそもそも存在しない時間領域が現れているので、西山 (2003: 32) の言う「NP$_2$の指示対象の時間の流れのなかで、その時間上の位置を占めているかぎりの断片を切り取っている」表現とも考えることはできない。「坂本龍馬」や「クレオパトラ」が生存していた時期は、われわれの百科事典的知識によるもので、意味論的判断ではないとも言えるが、ここでのNP$_1$(「平成」や「21世紀」)は、そもそもタイプCに見られるような、NP$_2$(「坂本龍馬」や「クレオパトラ」)を制限的に修飾しているとは解釈できないであろう。

　以上を考慮に入れると、関連のないタイプBとタイプEを除外し、(15) – (18) の下線部はタイプDの可能性が高いということになる。「NP$_1$の」は空間的、時間的なパラメータの値として機能しているように見え、NP$_2$の外延はNP$_1$を伴って初めて決まると想定することもできよう。例えば、「東洋のベニス」は、「～のベニス」に対するパラメータの値として「東洋」が補完され、全体として東洋の街「蘇州」の属性を示す表現だと考えるのである。

4. 固有名と非飽和名詞

　それでは、(15) – (18) で現れた下線部の「NP$_1$のNP$_2$」をタイプDとの関連で検討してみよう。タイプDの「NP$_1$のNP$_2$」というのは「NP$_1$(パラメータの値) のNP$_2$(非飽和名詞)」という構成で、すでに上で見たように以下のようなカキ料理構文を可能にする。(8) と (9) の下線部がタイプDの表現である。

(8) 広島が、カキ料理の本場だ。(指定文)
(9) カキ料理の本場は、広島だ。(倒置指定文)
(10) カキ料理は、広島が本場だ。(カキ料理構文：全体として措定文)

非飽和名詞「本場」のパラメータ値に相当する「カキ料理」は、(10) においては主題として機能し、「広島」が「カキ料理の本場」の変項を埋める値となっている。

　さて、西山（2003）は任意の名詞句が飽和名詞であるか非飽和名詞であるかは意味論の語彙レベルで決まると述べている。固有名は、一部に比喩的に使用される用法はあっても、一般には「本場」などの非飽和名詞とは異なり、それ自体で外延が決まるタイプの名詞句であろう*5。そのような固有名が文法的なレベルで非飽和的であると判定されるような性質をもっているだろうか。この問題を見るために、まず以下の日本語と同様の意味を表す英語、ドイツ語、イタリア語の例を比較してみよう。

(21) 中田は日本のベッカムだ。（＝(2)）
(22) Nakata is the Beckham of Japan.
(23) Nakata ist der Beckham von Japan.（Nakata is the Beckham of Japan.）
(24) Nakata è il Beckham giapponese.（Nakata is the Japanese Beckham.）

日本語では文法的に示されないが、英語やドイツ語、イタリア語では本来定冠詞を必要としない固有名「ベッカム」が定冠詞を伴って現れている*6。さらに、ドイツ語とイタリア語では、この定冠詞がそれぞれ男性名詞「ベッカム」に呼応した形式になっている。これは、当の固有名が上の例文の環境では普通名詞として機能していることを示すもので、「ベッカム」はその名称によって指示される本来の対象ではなく、その対象がもつ典型的な属性を有する似た人物を表していると考えられる。このように普通名詞としての意味を

もつ場合に統語的な変化を引き起こすというのは、この意味の違いが文法的に反映されているという証左であろう。したがって、上の英語、ドイツ語、イタリア語の例での「Beckham」の用法は、語用論の問題ではなく、統語論・意味論に関連する現象だと言えるだろう。ただし、意味の差が「Beckham」と「the/der/il Beckham」の対比として統語的に具現化される言語とは異なり、日本語では同じ文法的操作が使えない。となると、「Beckham」と「the/der/il Beckham」の違いは、日本語では「NP$_1$ の NP$_2$」全体から、恐らく語用論的に判断するしかないであろう。すでに見たように、固有名はそれ自体で外延が決まるので、本来「〜の」というパラメータの値を要求する必要はない。問題は、「日本のベッカム」や「東洋のベニス」という句レベルの表現になった時に、この「ベッカム」や「ベニス」が非飽和名詞と見なせる性質を持っているかということであろう。

それでは、これらの固有名が非飽和名詞と同じ行動を見せるか観察してみよう。(8) – (10) の文はいずれもコピュラ文であった。したがって、これらの文は「A は B だ」という形式に還元されている。このようなコピュラ文においては、一般に、措定文では「叙述名詞句 + の + 個体名詞句」という形式を、また指定の意を含んだ文においては「変項名詞句 + の + 値名詞句」という形式を作り、(20) のタイプ B を構成する「NP$_1$ の NP$_2$」を作ることが可能である。これは、タイプ B が表す「NP$_1$ デアル NP$_2$」の意がコピュラ文と密接な関係にあることから自然な現象と言えるが、非飽和名詞もタイプ B の NP$_1$ の位置に現れることが可能である。

(25) サラリーマンの私
(26) 歌手の美空ひばり
(27) 当選者の山田さん
(28) カキ料理の本場の広島

上の文は (25) – (26) が措定の意味を、また (27) – (28) が指定の意味を含んだものと言えるだろう。「指定の意を含んだ」と述

べたのは、(27)と(28)では、すでに指定行為は完了し、実質的には二つのNPは措定関係にあると思われるからである。つまり、(27)を例にとると、この表現は「山田さんが当選者です」と人探しをする段階を終え、「山田さんは当選者です」という措定の意を反映したものとなっているということである。さて、ここで(27)と(28)に非飽和名詞が含まれている点に注目しよう。(27)の「当選者」は、本来「宝くじの当選者」等のパラメータの値が明示されることが期待される。したがって、(28)のようなパラメータを表示した形にすると意味的に十全であるが、何の当選者かすでに明らかな場合は単に「当選者」とだけ言うことも可能である。(28)も既にカキ料理の話題が導入されている場合は単に「本場の広島」とだけ言うこともできよう。(27)のようなパラメータの値を省略した表現には、他にも「妹の花子」、「先輩の北山さん」、「犯人の少年A」、「敵のタリバン軍」などが可能で、「誰か（何か）の」というパラメータ値が欠如しながらも自然な表現になっていると言えよう。したがって、コンテクストからパラメータ値が明らかな場合、「52歳の当選者」のように属性表現と非飽和名詞を組み合わせたタイプBを作ったり、非飽和名詞を二つ組み合わせた「当選者の妻－「（宝くじの）当選者である（彼の）妻」、または「（宝くじの）当選者自身の妻」の意－のような表現ですら可能なのである。

　一方、(15)－(18)ではどうであろうか。これらの文から(25)－(28)のような形式をつくると以下のような結果になる。

(29) a. ?ベッカムの中田
　　　b. 日本のベッカムの中田
(30) a. ?ベニスの蘇州
　　　b. 東洋のベニスの蘇州
(31) a. ?坂本龍馬の鳩山邦夫
　　　b. 平成の坂本龍馬の鳩山邦夫
(32) a. ?クレオパトラのエリザベス・テーラー
　　　b. 20世紀のクレオパトラのエリザベス・テーラー

上の例で、各(a)文はおよそ意味をなさず、極めて不自然である。一方、各(b)文は「の」の繰り返しが文体的に違和感を生むが、基本的には文法的な表現と認められよう。NP$_3$直前の「の」を「デアル」と読めばタイプBとして自然な表現だと思われる。この観察で示唆されることは、(15)–(18)の下線部「NP$_1$のNP$_2$」では、NP$_2$からNP$_1$を分離できないということである。非飽和名詞「当選者」と比較すると、「当選者」は本来それ自体では外延が決まらず、「～の」というパラメータの値を必要とするが、「宝くじの当選者」も何らかの「当選者」であることには変わりがない。つまり、外延を固定するための情報として「当選者」が「宝くじの」という情報を欠いているだけである。ところが、「ベッカム」や「ベニス」はそれだけで独自の外延をもつので、「日本のベッカム」や「東洋のベニス」から「～の」を省くと異なる外延をもってしまうのである。

このように、NP$_2$からNP$_1$を分離できないということは、以下のように「日本」や「東洋」を切り離して主題として文頭に出すカキ料理構文は作りにくいということにつながる。

(33) ?日本は、中田がベッカムだ。
(34) ?東洋は、蘇州がベニスだ。
(35) ?平成は、鳩山邦夫が坂本龍馬だ。
(36) ?20世紀は、エリザベス・テーラーがクレオパトラだ。

さらに、措定文であるカキ料理構文「AはBがCだ」からは、パラメータの値を主要語とした「BがCのA」も可能な表現である。

(37) 広島が本場のカキ料理
(38) 紫式部が作者の源氏物語
(39) 京子が妻の政夫
(40) 前方不注意が原因の事故

いずれも措定文における属性表現全体が「の」を介してパラメータ

値に結びついた形式である。簡単に言うと、措定文の主格補語を前に出して主語と繋ぐ操作であるが、この操作をカキ料理構文が作れなかった（15）–（18）に適用してみると、以下のような結果になる。

(41) ?中田がベッカムの日本
(42) ?蘇州がベニスの東洋
(43) ?鳩山邦夫が坂本龍馬の平成
(44) ?エリザベス・テーラーがクレオパトラの20世紀

上のように自然な表現が得られないことは、やはり（15）–（18）の「NP$_1$のNP$_2$」はNP$_2$からNP$_1$を分離することができず、上で見た西山のタイプDの表現とは性質を異にするのではないかという印象を与える。

5. 飽和名詞の非飽和的解釈

さて、ここで本来は非飽和名詞ではない表現が非飽和的に解釈された（13）を今一度見てみよう。

(13) a. 太郎がこのジャズバンドのピアニストだ。
　　 b. このジャズバンドは、太郎がピアニストだ。

上の「ピアニスト」は、西山（2003: 303ff.）によると、語用論的に読み込まれた結果、《ピアノ担当者》という解釈で使うことができる例である。どのような場合に語用論的読み込みが起こるのか、またどのような名詞句が語用論的読み込みの対象になるのか詳細は明らかにされていないが、基本的には「このジャズバンドのNP」が《このジャズバンドにとってのNP》のように相対化された時だと思われる。純然たる非飽和名詞を含むタイプDの表現「カキ料理の本場」や「源氏物語の作者」、または「京子の夫」では、《〜にとってのNP》という解釈にはならないことに注意しよう。これは、

「本場」や「作者」、「夫」が相対的な見方によって左右される概念ではないからである。この点、以下の西山の例における「洋子のヴァイオリン」も「このジャズバンドのピアニスト」と類似の表現だと言えよう。

(45) a.　これが洋子のヴァイオリンだ。
　　 b.　洋子は、これがヴァイオリンだ。

上の「ヴァイオリン」を非飽和的に解釈した《洋子にとってヴァイオリンと見立てられているもの》も、洋子の見方に左右された概念であり、相対化が関与していると言える。(13) の「ピアニスト」は「このジャズバンド」という範囲内で与えられる機能ではあるが、《本職はピアニストではない人》と (45) の《実際はヴァイオリンではないもの》が《A にとって》そのような役割をもつという点では、(13) と (45) は共通していると見なすことができる。

　さて、《A にとっての NP》という相対化された解釈では、今まで見てきた固有名を含む「NP$_1$ の NP$_2$」も類似の性質を有していると思われる。「日本のベッカム」は《日本にとってのベッカム的存在》と、また「東洋のベニス」は《東洋にとってのベニス的存在》と、「20 世紀のクレオパトラ」は《20 世紀にとってのクレオパトラ的存在》とそれぞれ相対的に見立てられた概念と考えられよう。実際、(22) をパラフレーズした次の文は、情報構造としてはカキ料理構文と同じ NP の語順をとっているが、「A にとって」という部分が語彙化されている。

(46) For Japan, Nakata is the equivalent of Beckham.

このような《A にとって》と相対化された解釈は、「A の」が特に個人的な関係を示す概念の時に得やすいのではないかと思われる。

(47) a.　カローラが我が家のポルシェだ。
　　 b.　我が家は、カローラがポルシェだ。

上の例は「東洋のベニス」と同様の固有名を含む「NP$_1$のNP$_2$」だが、「我が家の」と個人的な関係が示されているので、この視点から見立てられた解釈が得やすい。大衆車を高級車のように大切に扱う家庭のことだと理解でき、(47a) を (47b) とカキ料理構文にしても、筆者の語感では不自然さが感じられない。このように考えると、(33) - (36) の不自然さは、(15) - (18) において「Aの」の部分が国や時代であったために、身近なものとして相対化されにくかったからではないかという可能性がある。この違いは次節で再度検討するとして、ここで、(13a) と (47a) を例に前節で見た言い換えを当てはめてみよう。(以下の例では、「いわゆる」というニュアンスを示すために、相対的に見立てられた概念を「" "」によって示す。)

(48) a. ?"ピアニスト"の太郎
　　 b. このジャズバンドの"ピアニスト"の太郎
　　 c. 太郎が"ピアニスト"のこのジャズバンド
(49) a. ?"ポルシェ"のカローラ
　　 b. 我が家の"ポルシェ"のカローラ
　　 c. カローラが"ポルシェ"の我が家

それぞれの (a) はNP$_1$を非飽和的に読むには情報が足らない。(48a) は《本職がピアニストの太郎》という意味なら可だが、《ピアノ担当者》とは解釈しにくい。また、(49a) では、「ポルシェ」をどう読もうと「カローラ」とは結びつけられない。「"ピアニスト"」も「"ポルシェ"」も、(b) のように「〜の」を伴って初めて非飽和的に読み込むことが可能である。また、(c) に関しては見立てられた名詞を含む両表現には実質的な差が感じられない[*7]。ということは、「ポルシェ」の文は「ピアニスト」や「ヴァイオリン」の文と基本的に同じ性質を有しているということであろう。したがって、本章で問題にしている日本語の固有名は、非飽和名詞としての用法がより一般的な「メッカ」などの少数例を除くと、飽和名詞であっても語用論的に読み込まれて非飽和的に使われていると言

える。そして、この時の「Aの」はまさにパラメータの値という役割を担っていると見なせるだろう。以上をひとまず簡単にまとめると、以下のようになるだろう。

(50) カキ料理構文「AはBがCだ」において：
 a. Cが語彙レベルで非飽和名詞であるなら、基本的に「CのB」が可能である。(例：「作者の紫式部」、「後輩の山田君」、「締切りの11月30日」など)
 b. Cが語彙レベルで飽和名詞であるなら、「CのB」でCを非飽和的に読むことはできない。「[AのC]のB」と句レベルで初めてCを非飽和的に解釈できる。(例：「[このジャズバンドの"ピアニスト"]の太郎」)

一方、英語やドイツ語、イタリア語では、定冠詞によって統語的にマークされる固有名は、パラメータ値と共起する必要があり、「定冠詞＋固有名＋of A」として本来の固有名の用法から区別されている。以下の二文で明らかなように、「of A」を欠いた「the Beckham」はそれ自体では単独に主格補語として現れることはできない。

(51) Nakata is the Beckham of Japan.（＝(22)）
(52) * Nakata is the Beckham.

このように、本来、語彙レベルでは飽和名詞である「Beckham」は、「of A」を伴って句レベルになると普通名詞として非飽和的な機能をもつ。つまり、英語では飽和名詞は句レベルになると非飽和名詞になり得るということである*8。

6. 疑似カキ料理構文と見立て行為

さて、今まで見てきた固有名を含む「NP_1のNP_2」は、本来は飽和名詞であるNP_2を非飽和化して解釈する表現だと見なすことが

できる。英語やドイツ語、イタリア語では、固有名が普通名詞として使用される時がまさに「非飽和化」が起こった時であり、飽和名詞であるNP$_2$の、いわば統語的ステイタスが変わった時でもあると言えよう。このように、「Aの」を伴って飽和名詞から非飽和名詞と解釈されるNP$_2$と、どのような環境で起こっても非飽和名詞であるNP$_2$は基本的に性格の違うものであり、この差は区別されなければならない。ここでは飽和名詞が非飽和名詞として解釈され、カキ料理構文と同様の機能を有する場合を「疑似カキ料理構文」と呼ぶことにしよう。

「Aは、BがCだ」という形式のカキ料理構文と疑似カキ料理構文の違いの一つは、前者が「Aは」と「は」だけをとるのに対して、後者は「Aでは」や「Aには」と他の助詞を組み込んだ方が自然になるケースが多いという点である。

(10)　カキ料理は、広島が本場だ。
(11b)源氏物語は、紫式部が作者だ。
(53)　良夫は、京子が妻だ。
(54)　宝くじは、京子が当選者だ。
(55)　原稿は、11月30日が締め切りだ。

上の文では、「Aは」の部分に他の助詞が介在する余地はない。基になる「AのC」の「A」は「は」のみにマークされて主題となっている。一方、疑似カキ料理構文では、以下のように他の助詞が「A」に付くことによって、意味をより鮮明にし、文全体の自然さを上げることが可能である。

(56)このジャズバンドでは、太郎がピアニストだ。
(57)洋子には、これがヴァイオリンだ。
(58)東洋では、蘇州がベニスだ。
(59)20世紀では、エリザベス・テーラーがクレオパトラだ。

「で」や「に」を付けて「A」を主題化させると、(56)と(57)で

は「ピアニスト」や「ヴァイオリン」が相対的な概念であることが鮮明になり、非飽和名詞の解釈が理解されやすい。また、(58)と(59)では、基の指定文に起こる「NP$_1$のNP$_2$」の二つのNPが切り離しにくく、疑似カキ料理構文の主題が「は」のみでマークされた時は不自然だった文が、かなり自然な文になってくる。つまり、他の助詞を顕在化させると「C」が見立てられた要素であることが明確になるのである。これは、疑似カキ料理構文で主題化された「A」には、主題化される以前の「AのC」において非飽和名詞の場合とは異なる意味的な関係が含まれていたことを示している。(56)–(59)を見た限りでは、このような「A」は空間的・時間的な制限を受けたものとして提示されていると考えられる（上の(57)に見られる「洋子には」では、「に」が《洋子にとっては》という相対化を示すものとなっている）。

　それでは、どのような飽和名詞が見立て行為、あるいは比喩の対象となって疑似カキ料理構文を可能にするのであろうか。実は、その詳細はそれほど明らかではない。というのも、メタファー表現のような見立て行為そのものを反映した概念ですら自然な疑似カキ料理構文にならない例があるからである。

　　(60)　庶務課は、君佳が花だ。(cf. 君佳が庶務課の花だ。)
　　(61)？警察は、あの男が犬だ。(cf. あの男が警察の犬だ。)

それぞれの基になる指定文は自然であるものの、比喩的に見立てられた「花」と「犬」を上の疑似カキ料理構文にすると、許容度に違いが生じると筆者には感じられる。(60)の場合、比較的多くの組織の中で「花」と呼びうる候補が選びやすいせいか、(61)に比べると自然な文と見なせるであろう。この違いは「Aの花」の方が「Aの犬」よりもメタファーとして幅広く使用されていることに起因しているのかもしれない。例えば、以下の文は、(60)に比べて自然さ度合いがかなり低くなっていると思われる。

(62) ?イングランドは、ダイアナ妃がバラだ。(cf. ダイアナ妃がイングランドのバラだ。)

「バラ」も「花」の一種で、(60)と類似のメタファーが使われているが、(62)はやや不自然であろう。このように、メタファー表現であっても、疑似カキ料理構文になりにくい例が観察されるが、その理由が何かを述べることは容易ではない。尚、ここで見た「花」や「犬」、「バラ」も、それ自体は飽和名詞句であるものの、例えば「庶務課の花」や「警察の犬」という句レベルの表現になると、「花」や「犬」は非飽和的に解釈されていると言っていいだろう。「Aの」がパラメータとして機能している点で、本章で取り上げた固有名を含む表現に似ている。ちなみに、メタファーとして使われる表現の中には、以下の文のようにすでに語彙レベルで非飽和的な名詞句も多く存在する。

(63) 日本は、成田空港が表玄関だ。(cf. 成田空港が日本の表玄関だ。)
(64) ?日本経済は、渋沢栄一が父だ。(cf. 渋沢栄一が日本経済の父だ。)

「表玄関」や「父」は、そもそもパラメータを必要とする非飽和名詞句であろう。しかしながら、これらの表現がさらにメタファーとして用いられた上の文では、カキ料理構文としての二文の間には自然さに関して違いが認められる。それぞれの指定文が自然な文であることを考えれば、両文が同様に自然なカキ料理構文を構築して然るべきであるが、(64)はやや許容度が落ちると言っていいだろう。非飽和名詞を含んだ「純正の」カキ料理構文の場合でも、許容度に差が生じるのは興味深い現象である。

さて、話を一般の疑似カキ料理構文に戻し、このような文がいかに可能になっているかを見てみよう。上で述べた通り、疑似カキ料理構文では「Aにとって」何かがあるものに見立てられているという特徴がある。今、この特徴を以下のように規定してみよう。

第10章 固有名と(疑似)カキ料理構文 231

(65) 飽和名詞句が非飽和的に解釈される「疑似カキ料理構文」は、以下の条件で可能になる。
    a.　「ＡはＢをＣと見なす」という文が語用論的に許容可能であること。
    b.　上が保証された場合、「ＢがＡのＣ」という指定文が可能になり、疑似カキ料理構文「Ａは、ＢがＣだ」が得られる。

具体例に照らして検証してみよう。

(66) a.　洋子はこのガラス玉をダイヤモンドと見なす。
    b.　このガラス玉が洋子のダイヤモンドだ。
    c.　洋子は、このガラス玉がダイヤモンドだ。
(67) a.　?洋子はこのガラス玉をヴァイオリンと見なす。
    b.　?このガラス玉が洋子のヴァイオリンだ。
    c.　?洋子は、このガラス玉がヴァイオリンだ。

(66a)では、幼い洋子が「このガラス玉」を「ダイヤモンド」に見立てていることは語用論的に容易に推定できる。したがって、(66b)では「洋子のダイヤモンド」という西山の言うタイプＡの表現が《洋子にとってのダイヤモンド》という解釈を可能にし、疑似カキ料理構文（66c）を可能にする。一方、(67a)では、「このガラス玉」が通常「ヴァイオリン」とは見立てにくいという語用論上の理由から、これに基づく（67b）や（67c）も同様に容認できない文となっている。疑似カキ料理構文の成立条件を（65）のように想定すると、今までに見た疑似カキ料理構文のほとんどが説明できるだろう。飽和名詞句の非飽和化は、見立てが許容されれば指定文でも観察できるが、疑似カキ料理構文になると非飽和的解釈が一義的に与えられる。カキ料理構文が非飽和的解釈を要求する構文であるとの見方は山泉（2010）にも見られるが、次に必要なことは、どのような名詞句がこの構文に共起し、また共起し得ないかを説明することであろう。（67c）が示すように、語用論的にも成立

が困難な疑似カキ料理構文の例は存在する。この説明のためには(65)の規定が必要であり、これによって見立て行為の範囲が制限され、二つの名詞句の共起可能性が指摘できるであろう。以下の例も、(65)によって、なぜ許容された疑似カキ料理構文になれるのかが説明できると思われる。

(68) a. 酒が太郎の薬だ。
b. 太郎は、酒が薬だ。

「太郎は酒を薬と見なす」という前提が許容されると、上の疑似カキ料理構文が可能になる。その結果、(68b)は、太郎が酒を薬代わりに飲んでいることを主張した文だと理解される訳である。

本章で取り上げた「日本のベッカム」や「東洋のベニス」を含んだ文も基本的には同様の見立て行為が関与していると考えられる。ただ、このような固有名を含んだ指定文が、疑似カキ料理構文にすると不自然になる点と、パラメータNPを主要語にした修飾ができない点とが上記の疑似カキ料理構文とは異なっている。この理由としては、見立て行為の主体がパラメータとして語彙化されておらず、誰に相対化した見立てなのかが明示されていないことがあげられる。このように考えると、疑似カキ料理構文とは、見立てる主体がパラメータとして語彙化されている構文のことと言えよう[*9]。(61)や(62)の不自然さは、見立て行為以外の他の要因(文のスタイルや表現の使用頻度など)が関与していると思われるが、この点は今度の課題としよう。

7. 提示文との関連

他方、(64)で見た通り、非飽和名詞句を含む文であっても、あらゆるタイプの文からカキ料理構文が構築できる訳ではない。その一例となるのが提示文である。

(69) a. 遂に明らかにされたのが原子力委員会の議事録である。
　　 b. ?原子力委員会は、遂に明らかにされたのが議事録である。
(70) a. そこに現れたのが太郎の上司だ。
　　 b. ?太郎は、そこに現れたのが上司だ。
(71) a. 特に注目されるのが北朝鮮の反応です。
　　 b. ?北朝鮮は、特に注目されるのが反応です。

　上の「議事録」や「上司」、「反応」は非飽和名詞句であり、「Aの」の部分はパラメータとして機能していると考えられる。にもかかわらず、自然なカキ料理構文を構築することはできない。提示文は、熊本（2006）によると、「談話に導入される要素に注意を喚起し、出来事全体を丸ごと述べるはたらきをもつ」文で、変項と値、いわば質問と答、という情報構造を有する指定文とは異なるものである。上の（69a）〜（71a）は、いずれも典型的な提示文の例と言えるが、指定文の場合とは違い、カキ料理構文を作ることができない。この理由には、カキ料理構文がどのようなタイプの文であるかが関与していると考えられる。西山（2003: 261）は、指定文とカキ料理構文の対応を指摘すると共に、カキ料理構文が全体として措定文であると述べている。この想定に立つならば、カキ料理構文は指示的名詞句である主語に対して、何らかの属性を帰する性質の文でなければならない。例えば、「カキ料理」という主語の属性として「広島が本場であること」が主張されている訳である。したがって、すでに見たように、「属性＋の＋主語」という西山の分類（20）のタイプBに相当する表現を作ることができる。

　(37) 広島が本場のカキ料理

　一方、上の（69b）〜（71b）では、このような主語属性が見当たらない。「遂に明らかにされたのが議事録であること」が「原子力委員会」の、また「そこに現れたのが上司であること」が「太郎」の、さらに「特に注目されるのが反応であること」が「北朝鮮」の属性であるとは見なすことができないであろう。これらの表現が属性と

して機能していないことは、以下の「NP₁のNP₂」が可能ではないことによっても示されている。

(72) ?遂に明らかにされたのが議事録の原子力委員会
(73) ?そこで現れたのが上司の太郎
(74) ?特に注目されるのが反応の北朝鮮

以上で明らかな通り、提示文を基にしたカキ料理構文は成立しないと言っていいだろう。提示文は何かを談話に登場させることが目的の文であり、その一過性の表現内容は、カキ料理構文の何かについて語る性質とは相容れないものであると思われる。

8. 残された問題

さて、上で見た非飽和的なメタファー表現のケースに加えて、指定文の中には一見して提示文と似ているものがあり、カキ料理構文の成立に関して問題を呈する例がある。

(75) あそこで待っている人が君佳の婚約者です。
(76) 最近出回ったものが原子力委員会の議事録です。

熊本 (2006: 120) は、提示文では「の」を形式名詞「人」や「もの」と置き換えることはできないと述べている。これは、提示文の「の」が個体を指す機能をもたないことを示唆しているが、この見解に従えば、(75) と (76) は指定文ということになる。すると、この両文からはカキ料理構文が構築できるはずであるが、すべての文が自然な文になるとは言えない。

(77) 君佳は、あそこで待っている人が婚約者です。
(78) ?原子力委員会は、最近出回ったものが議事録です。

(77) は、「Bが」の部分を短くした下の文の方が許容度が高いと思

われるが、それでもかなり自然な文だと思われる。

　(79) 君佳は、あの人が婚約者です。

一方、(78)は、同じように「Bが」を短くしても不自然なままである。

　(80) ?原子力委員会は、これが議事録です。

　以上見てきたように、「BがAのCだ」において、Cが飽和名詞の場合に疑似カキ料理構文が可能なケースと不可能なケースがあり、また、Cが非飽和名詞でAがそのパラメータの値を表していてもカキ料理構文が構築できないケースもある。このように、現象にバラツキが見られることは、(14a)で見た西山(2003: 297)の一般化に対しても然るべき修正が求められることになるだろう。
　最後に、「Aの」がパラメータ値として機能しているのか否かの判断に関する問題に触れておこう。例えば、Cに非飽和名詞句である「先生」が起こった場合、情報を補完する要素として「誰の先生」、「何の先生」また「どこの先生」などが起こる可能性があるだろう。このうち、何がパラメータ値なのかという判断はどのような根拠に基づいて行えばよいのであろうか。以下の指定文を見てみよう。

　(81) a.　山田さんが私の先生です。
　　　 b.　山田さんがドイツ語の先生です。
　　　 c.　山田さんが大学の先生です。

上の文から、「Aの」を主題化すると以下の文が得られる。

　(82) a.　私は、山田さんが先生です。
　　　 b.　ドイツ語は、山田さんが先生です。
　　　 c.　?大学は、山田さんが先生です。

カキ料理構文が措定文であるという想定に立つと、(82a)は主題に対して属性が付与されている文と思われ、カキ料理構文であると見なすことが可能であろう。一方、(82b)は「山田さんが先生であること」が「ドイツ語」の属性と言えるかに疑問が残るので、カキ料理構文とは別の構文である可能性がある。ただし、「ドイツ語」を科目名と捉え、例えば「ドイツ語上級は、山田さんが先生です」のように解釈するなら、(82b)も「科目とその担当者」という形の属性付与だと言えるかもしれない。(82c)は、「大学」が不定の大学という意味では不自然な文である。しかし、これを特定化し「慶応大学は、山田さんが先生です」などとすると許容度が増すものと思われるが、やはり「山田さんが先生であること」が「慶応大学」の属性とは見なしにくいだろうから、カキ料理構文とは言えないことになる。ここでの「慶応大学の先生」は、例えば「会社の上司」のように、「所属先と人物」を示す関係で、西山の分類 (20) の中ではタイプAに属する表現だと思われる。このように観察すると、「先生」のパラメータとして問題がないのは「私の」のみということになる。教える対象としては「誰に」と「何を」が考えられるが、前者のみをパラメータと見なすことは、例えば英語の「a teacher of A」のAに科目名が入りうることを参考にすると、われわれのパラメータという概念に対する感覚に見合うものなのかどうか、今後の課題の一つとなろう*10。

以上、固有名を含んだ表現とカキ料理構文との関連を見てきた。(疑似) カキ料理構文の成立条件に関しては、さらに今後の検証が必要であるが、本章での議論のまとめとして、以下の点をあげておこう。

(83) a. 「日本のベッカム」には、《日本に滞在中のベッカム》などタイプAの解釈もあるが、《日本におけるベッカム的存在》を意味する場合はタイプDとしてパラメータ値と非飽和名詞という構成をもつものと考えられる。自ら移動の主体になれない「ベニス」は、「東洋のベニス」ではタイプDの解釈が固定化していると思われる。

ただし、この種のタイプD的解釈が語用論的に与えられた産物と見なすなら、タイプAの変種と分類することもできよう。

b. 本来、飽和名詞である「ベッカム」や「ベニス」は句レベルで初めて非飽和的に解釈された名詞句である。英語、ドイツ語、イタリア語では、限定詞（determiner）の存在が示すように、これらの固有名は非飽和の普通名詞として統語的に異なる扱いを受ける。

c. 「日本のベッカム」や「東洋のベニス」においては、NP_2からNP_1を切り離して「?ベッカムの中田」や「?中田がベッカムの日本」といった表現を作ることはできない。

d. 疑似カキ料理構文では、「Aは」がさらなる助詞を伴うことで見立て行為が理解されやすく、相対化が明確になるので、より自然な文になる。

e. 疑似カキ料理構文は、見立て行為を反映した「AはBをCと見なす」が語用論的に許容されれば、「BがAのCだ」が可能になり、「Aは、BがCだ」が得られる。

f. 非飽和名詞句とパラメータを含む文であっても、提示文を基にしたカキ料理構文は構築できない。提示文は何かを談話に登場させることを目的とし、何かについて述べるカキ料理構文とは性質を異にするからである。

付　記

本章は『慶應義塾大学言語文化研究所紀要』第42号（2011年）に所収の拙論「固有名とカキ料理構文」を修正・加筆したものである。執筆にあたり、山泉実氏から有益なコメントをいただいた。

*1　類似の観察がAllerton（2003）にも見られる。彼は「名詞の結合価（valency）による要請」であるとしている。

*2　西山（2003: 297）の原文では「XはYがZだ」という表示になっているが、本書での表示に合わせて「AはBがCだ」に変更した。

*3　ここではいったん「NP₁のNP₂」のみを文から切り離して議論している。当然、この表現が（15）–（18）のように主格補語として現れた場合は、指示性の議論は文中の機能によって左右される。

*4　西山は、その後、今井・西山（2012）で分類を拡大しているが、（20）そのものは継承されている。筆者は、属性数量詞表現はタイプBと分類すべきで、またタイプEに関しても、「類似品の存在」や「占領軍の駐留」など、NP₂が非行為名詞でありながらタイプEの他の例と同様の関係をもつ表現があることから、西山の分類には若干の修正が求められると考えている。また、「真相隠しの東京電力」や「ノーベル賞受賞の山中教授」など、連体修飾節に対応した意味を示す表現は新たなタイプとして分類に加えるべきであろう。詳しくは本書第I部第7章（小屋論文）を参照。

*5　西川（2010）は「生成文法のメッカ」を基に、「生成文法は、MITがメッカだ」等のカキ料理構文として自然な表現を観察しているが、「メッカ」は本来の固有名としての使用よりも「〜の中心地」という非飽和的な比喩的用法の方が一般的であろう。このような固有名は少数派だと思われる。

*6　上の例には、他に「Nakata is the Japanese Beckham.」という、ちょうど（24）のイタリア語と同様に形容詞を用いた形式も存在するが、定冠詞が起こるという点では変わりがない。ちなみに、イタリア語では「Nakata è il Beckham del Giappone.（Nakata is the Beckham of Japan.）」という言い方は一般的ではないようである。また、固有名が普通名詞として使用される時は、他にも「He is another Mozart.」や「He is the next Mozart.」のような例があるが、本章では（15）–（18）に現れる「NP₁のNP₂」の用法を検討しているので、ここでは取り上げない。

*7　（45）の「ヴァイオリン」の文では、指示代名詞の「これ」が主要語になりにくいので（例えば「?百科事典のこれ」など）、「この板」のような表現に置き換えると同様の結果が得られる。

　　（i）　a.？"ヴァイオリン"のこの板
　　　　 b.　洋子の"ヴァイオリン"のこの板
　　　　 c.　この板が"ヴァイオリン"の洋子

*8　全ての「the Beckham of A」が一律に非飽和名詞と認められるかは定かではない。例えば、「Beckham is not the Beckham of 2002.」のような文では、定冠詞はやはり「of 2002」の補完と呼応しているが、これを意味的に非飽和として扱うかは議論の余地があると思われる。時間的な限定を受けただけと見なせば、西山の説くタイプCの用法とも考えられる。

*9　見立て主体がパラメータとして語彙化されているにもかかわらず、「?ジーコは中田がベッカムだった」は不自然な疑似カキ料理構文と言えるかもしれない（山泉実氏の指摘による）。三つのNPが全て固有名という点で特異な文だが、ここでの「ベッカム」が代表チームにおける中心的役割を果たす選手として使

われていることが理解されれば、この文はさほど不自然ではないと筆者には感じられる。さらなる例として、「オバマはヒラリーがキッシンジャーだった」をあげておく。

＊10　パラメータが何かという問題に関しては、いわゆるコロケーションの問題も関与してくるであろう。例えば、「英語の達人」とは言えても「? 英語学の達人」は不自然で、この差には動作の技能が感じられるか否かの判断が影響していると思われる。

III　存在文と名詞句の解釈

第III部
総論

西山佑司

　第II部総論において、コピュラ文の意味を論じ、(1)のような文は主語の「わたくしの意見」を指示的名詞句ととるか、それとも変項名詞句ととるかに応じて措定文の読み《わたくしが述べた意見は党の意見を反映している》と倒置指定文読み《わたくしの意見は何かといえば、党の意見がそうだ》が生じ、曖昧になることを説明した。

(1) わたくしの意見は党の意見だ。

　第III部では、この指示的名詞句と変項名詞句の区別は(1)のようなコピュラ文ばかりでなく、存在表現の意味解釈にも深く影響するということを論じる。存在を表す表現（以下、「存在文」と呼ぶ）もコピュラ文と同様、いかなる言語にも存在し、人間のもっとも基本的な思考の言語表現として昔から注目されてきたものである。ところが、存在文に関するこれまでの言語学的研究は、古典的なものとしてはMilsark（1974, 1976）やLumsden（1988）などがあるが、統語論的議論が中心であり、意味論的にはそれほど深い考察と言えるものではなかった。従来の存在文の研究は、たとえば英語の存在文であれば、(2a)と(2b)の関係についての議論、あるいは、"there is NP"構文のNPにたいする定性制限（definiteness restriction）に関する議論が中心であった。

(2) a.　There is a wolf at the door.
　　b.　A wolf is at the door.

一方、日本語の存在文であれば、存在動詞「イル」と「アル」の使

い分け、あるいは存在動詞の「在ル」と所有動詞の「有ル」の区別、あるいは、「机の上に本がある」と「本が机の上にある」のいずれが無標の語順かといった問題が話題となる程度であった。そこでは、存在文における主語名詞句の意味機能という観点からの考察が欠如しており、当然のことながら、存在文の意味構造をコピュラ文の意味構造と関連づけるという視点はなかったのである。

　それにたいして、西山（1994）は、日本語の存在文「Aがある／いる」の主語名詞句Aが指示的名詞句であるかそれとも変項名詞句であるかという観点からこの構文を考察し、存在文と指定コピュラ文とのあいだに潜む密接な意味的関係を浮き彫りにした。たとえば、(3) の下線部を指示的名詞句ととれば、《投票しなかったひとが、しかじかの場所に二人いる》という意味［場所存在文の読み］になるが、(3) の下線部を［xが投票しなかったひとである］のような命題関数を表す変項名詞句ととれば、《［xが投票しなかったひとである］を満たすxの値が二個存在する》という意味［絶対存在文の読み］をもつ。

（3）<u>投票しなかったひと</u>が二人いる。

興味深いことに、(3) にたいする絶対存在文の読みのばあいに限り、(3) は (4) のような非存在文で言い換えることができるのである。

（4）二人のひとが投票しなかった。

さらに、(3) にたいする絶対存在文の読みは (5) のような倒置指定コピュラ文と密接な関係があるのである。

（5）<u>投票しなかったひと</u>は太郎と花子だ。

(5) の下線部も、絶対存在文として読まれた (3) の下線部と同様、［xが投票しなかったひとである］のような命題関数を表す変項名

詞句なのである。(3)にたいする絶対存在文の読みが変項名詞句の値の有無を述べているのにたいして、(5)のような倒置指定コピュラ文は変項名詞句の値を「太郎」と「花子」で指定しているのである。

　西山（1994）は、日本語の存在文「Aがいる／ある」を主語名詞句Aのこのような意味機能の違いに注目して、(6)のように意味的には異なったいくつかのタイプに分類した。

(6) 存在文の分類（西山1994）
　　I. 場所表現を伴うタイプ
　　(i)　 場所存在文　（例：机の上にバナナがある。）
　　(ii)　所在文　　　（例：おかあさんは、台所にいる。）
　　(iii) 存現文　　　（例：おや、あんなところにリスがいるよ。）
　　II. 場所表現を伴わないタイプ
　　(i)　 実在文　　　（例：ペガサスは存在しない。）
　　(ii)　絶対存在文　（例：太郎の好きな食べ物がある。）
　　(iii) 所有文　　　（例：山田先生には借金がある。）
　　(iv) リスト存在文（例：甲：母の世話をする人はいないよ。
　　　　　　　　　　　　　 乙：洋子と佐知子がいるじゃないか。）

　これまで、言語学で存在文がとりあげられた時、もっぱらIのタイプの「場所表現を伴う存在文」（なかでも(i)の「場所存在文」）に集中しており、IIのタイプの「場所表現を伴わない存在文」にはほとんど注意が払われなかった。もっともII(iv)の「リスト存在文」は、英語のばあい、(7b)のごとく、"there is NP"構文のNPにたいする定性制限にたいする例外としてとりあげられることはあったが、日本語のリスト存在文がとりあげられることはなかった。

(7) a.　A: Who was at the party last night?
　　b.　B: There was John, Mary, Susan and Peggy.

さらに、リスト存在文には必ず隠れた変項名詞句が関与しており、その意味でリスト存在文は絶対存在文を裏返した構文であるという認識をもつ者はいなかった。一方、II (iii) の所有文については、独立の構文としてこれまで話題になることはもちろんあったが、それは主として、所有文が自動詞構文か他動詞構文かという観点からの統語論的な考察が中心であり、存在文全体のなかでの所有文の位置づけは明確にされないままであった。それにたいして、西山 (1994) では、所有文は、変項名詞句の関与という点で、絶対存在文と密接な関係があることを明らかにした。このように、西山 (1994) は、単に日本語の存在文の意味的分類を提示することにとどまらず、存在文同士の内的意味関係を浮き彫りにした点で、存在文全体の研究に新しい光を投げかけたといえる。

　西山 (1994) 以降、存在文の意味論的研究は急速に進み、西山 (2002, 2003, 2005a, 2009) によって、(i)「実在文」は「間スペース対応存在文」にまで拡張すべきであること、(ii) 絶対存在文の主語名詞句は、弱い数量詞とは共起するが、強い数量詞とは共起しないこと、(iii) リスト存在文と所有文は似ているだけに混同されやすいが本質的に異なること、(iv) 場所辞と領域限定辞は区別されるべきであること、(v) 所有文は述語の位置に絶対存在文が埋め込まれた措定コピュラ文の一種であること、などが明らかになった。また、西山 (2005a) では、「帰属存在文」なるものを新たに導入した。帰属存在文とは、たとえば、(8b) に登場するタイプの文をいう。

(8) a.　甲：あなたはなぜこの大学院を志望したのですか。
　　 b.　乙：この大学院に、<u>私が指導を受けたい教授</u>がいるからです。

(8b) の下線部は特定の教授を指しているので、(8b) は絶対存在文ではない。また、(8b) の「この大学院に」は「この大学院を構成している指導教員メンバーのなかに」を表しており、空間的場所を表していないので、(8b) は場所存在文でもない。結局、(8b)

は、《この大学院を構成している指導教員メンバーのなかに「私が指導を受けたい教授」が指示する特定のひとが帰属している》の意味を表す帰属存在文なのである。そこから、(9) には、場所存在文、絶対存在文、帰属存在文の読みがあり、3通りに曖昧であることが分かる。

(9) あの大学にこの難題を解けるひとがいる。

もし「あの大学に」を場所辞ととるならば、《あの大学のキャンパス内に、この難題を解けるひとが所在している》という意味になり、場所存在文の読みが得られる。一方、(9) の下線部を命題関数 [x がこの難題を解けるひとである] を表す変項名詞句ととるならば、《[x がこの難題を解けるひとである] を満たす x の値があの大学の構成員の集合の中に落ちる》という意味になり、絶対存在文の読みが得られる。さらに、この難題を解けるひとは山田太郎であることが分かっており、山田太郎の所属大学がどこかが話題になっている状況で (9) が発話されたならば帰属存在文の読みが得られる。このように、(9) が3通りに曖昧であるということは直観だけに頼っていたのでは分からないのであって、存在文についての意味理論が開発されてはじめて予測できることなのである。

場所存在文と所有文の区別については微妙なケースがある。

(10) 車にエンジンがある。(There is an engine in the car.)

Muromatsu (1997) が指摘しているように、(10) および括弧のなかの対応する英文は、(11a) と (11b) の読みがあり曖昧である。

(11) a. The car has an engine. [Integral reading]
　　 b. In the car is an engine. [Spatial reading]

われわれの術語でいえば、(11a) は《車はエンジンが付いている》という一種の所有文の読みであり、(11b) は《車のなかに、エン

ジンが置かれている》という場所存在文の読みである。前者の読みでは、《エンジンが車を構成している一部である》ということにほかならないが、後者の読みでは、車のバックシートに、たまたまエンジンが置かれているような状況とも両立する読みである。Muromatsu（1997）が正しく指摘しているように、(10)にたいする（11a）（11b）のいずれの読みをとるかに応じて、「車」を疑問詞にしたばあいの形式は（12a）（12b）のように異なる。

 (12) a. エンジンは<u>何に</u>あるの？
   b. エンジンは<u>どこ</u>にあるの？

この違いは、「車」と「エンジン」の意味的緊張関係が［基体－譲渡不可能名詞］であるかそれとも［場所辞－所在物］であるかの違いに帰されるように思われる。

 ただし、(10)にたいする（11a）の読みは所有文であるが、所有文「AにはBがある」の扱いにおいてこのAとBの間の意味的緊張関係はつねに［基体－譲渡不可能名詞］に限定されるわけではないことにも注意すべきである。(13)の各例はいずれも所有文ではあるが、AとBの間の意味的関係は［基体－譲渡不可能名詞］ではなく、［パラメータ－非飽和名詞］の関係である。

 (13) a. 田中氏には妻子がある。
   b. 花子には欠点がある。
   c. 豊臣家には敵がいる。

さらに、所有文（14）はその表意（explicature）［話し手が相手に明示的に伝達しようとしている内容］の一つを《ソクラテスにはその著作物がない》と読むことができるが、このばあいのAとBのあいだの緊張関係は意味論的には決定できず、語用論的にしか決まらないのである。

 (14) ソクラテスには本がない。

このように、所有文「Aには、Bがある」におけるAとBの間の意味的緊張関係についての考察はきわめて重要であるにもかかわらず、従来の所有文研究ではこの点に関して踏み込んだ議論は見られず、西山（2009）ではじめて論じられたといえる。

　日本語の存在文の研究としては、上で挙げたもの以外に注目すべきものとして金水（2002, 2006）がある。金水（2002, 2006）の存在文の分類は西山（1994）と重なる部分もあるが、異なる側面もある。金水（2006: 24）は（15）のような文は「連体修飾節を用いて部分集合を言語的に設定し、その集合の要素の有無多少について述べる種類のものである」として、「部分集合文」と呼んでいる。

（15）最近は、教科書以外の本は一冊も読まない学生がいる／ある。

（15）は、西山の分類でいえば《最近、[xが教科書以外の本は一冊も読まない学生である]を満たすxの値が存在する》という意味を表す絶対存在文にほかならない。ここに、金水の言う「部分集合文」と西山の言う「絶対存在文」がどこまで等価な概念であるかという興味深い問題が生じる。

　絶対存在文と場所存在文を組み合わせた（16）のような文も考察に値する構文である。

（16）この教室にいないひとがいる。

（16）は一見矛盾しているように思われるかもしれないが、《[xがこの教室にいないひとである]を満たすxの値が存在する》を意味しているわけであるから矛盾文ではない。ここでは、連体修飾節は場所存在文であるが、主文は絶対存在文なのである。（17）も同様に読むことができるが、そのばあいは、《（ここには）なんでもある》の意味になる。

（17）ないものはない。

もっとも（17）のばあいは、連体修飾節も主文も、ともに場所存在文とみなし、《ここにないものはどこを探したってないよ》という一種のトートロジーとして読むこともできる。ところが（17）には、さらに、連体修飾節も主文も、ともに絶対存在文とみなす読みも可能なのである。(16)や(17)のような構文を「二重存在文」と呼ぶとすれば、従来の存在文研究では、二重存在文はほとんど考察の対象とならなかったといってさしつかえないであろう。

　最近の存在文の研究は日本語以外にも広がりを示している。熊本（2001, 2005）は、西山の存在文分析を基礎にして、英語の存在文との比較研究を推進した。また東郷（2009）は、フランス語の"il y a NP"構文の意味解釈を、存在文にたいする金水の分析と西山の分析を比較しながら談話モデル理論の立場から論じている。

　第Ⅲ部は、西山佑司の「名詞句の意味機能から見た存在文」という単一章からなるが、上で概説した、西山（1994）以降の存在文の諸研究をいわば集大成したものであると同時に、上で触れた興味深い諸問題を掘り下げて論じたものである。

第11章
名詞句の意味機能から見た存在文の多様性

西山佑司

1. はじめに

　西山 (1994, 2002, 2003) は、「存在文」と無造作に呼ばれているものの意味はけっして均質的ではなく、意味的には異なったいくつかのタイプに分類できることを論じた。そのなかでもっとも重要な論点は、日本語の存在文「Aがいる／ある」は主語名詞句Aの意味機能の違いに応じて、いくつかのタイプに区分されるという点である。その観点から、西山 (1994, 2002, 2003) では、存在文は、「場所表現を伴う存在文」（以下「場所存在文」と呼ぶ）と「場所表現を伴わない存在文」とに大別できるとしたが、後者はさらにいくつかのタイプの存在文に区分されることも指摘した。本章では、まずそれらの要点を整理したあと、とくに場所存在文以外の存在文に焦点をあてて詳しく論じる。とくに、西山 (1994, 2002, 2003) では簡単にしか触れなかった「所有文」「リスト存在文」を取り上げ、さらに、西山 (1994, 2002, 2003) では論じることのなかった「帰属存在文」について詳しく論じる。最後に、「二重存在文」というタイプの存在文を導入する。本章を通して、存在文に登場する名詞句の意味機能を深く洞察することによって、存在文、コピュラ文、所有文のあいだにある意味的に密接な関係を浮き彫りにするつもりである。本章の構成は以下の通りである。

1. はじめに
2. 場所存在文
3. 絶対存在文
4. 場所辞を有する絶対存在文
5. 場所存在文と絶対存在文で曖昧なケース

6. 数量詞と絶対存在文
7. 「部分集合文」の問題点
8. 帰属存在文の解釈
9. 所有文の解釈
9.1. 所有文と場所存在文
9.2. 所有文と絶対存在文
9.3. 所有文におけるAとBの意味的関係
9.4. 所有文の二重構造
9.5. 所有文の本質的特徴
10. リスト存在文
11. リスト存在文と所有文の区別
12. 間スペース対応存在文
13. 二重存在文
13.1. 二重存在文とは
13.2. 場所存在文が埋め込まれた絶対存在文
13.3. 場所存在文が埋め込まれた場所存在文
13.4. 絶対存在文が埋め込まれた絶対存在文
14. むすび

2. 場所存在文

場所存在文は、(1) の形式を有しており、空間的場所 L に、個体 A が位置している／位置していないことを表す。(2) がその具体例である。

(1) L ニ、A ガアル／イル。
　　　L：場所辞（場所を指示する指示的名詞句）
　　　A：存在主体（個体を指示する指示的名詞句）
(2)　a. 机の上にバナナがある。
　　　b. 隣の部屋に母がいる。
　　　c. あの教室に学生がたくさんいる。

つまり、場所存在文における存在動詞「ある／いる」は場所辞Lと対象Aを必須項として要求する2項述語とみなすべきである。もっとも、(3)のように、場所辞Lはコンテクストから明らかなばあいは省略されうる。

(3) a. あれ、太郎の妹がいないよ。どこに行ったのだろう。
　　 b. ヤバイ、警察官がいるぞ。

場所存在文の主語Aは、特定的であれ、不特定的であれ、個体を指示する指示的名詞句であることに注意すべきである。たとえば、(3a)は、「太郎の妹」で指示されている特定の個人について、その人がしかじかの場所にいないということを述べているのであって、太郎に妹がいることは前提となっている。

　従来、言語学で存在文がとりあげられる時は、もっぱらこのような場所存在文にのみ焦点があてられてきた。たとえば、益岡・田窪(1992: 84)は日本語の存在表現について(4)のような主張をしている*1。

(4) 人やものの存在を表す表現は、「(場所)ニ＋(存在の主体)＋ガ＋イル／アル」の構文を基本とする。

英文の(5)(6)も場所存在文であることは明らかである。

(5) a. There are two books on the desk.
　　 b. There is a cat on the mat.
　　 c. There is a picture on the wall.
　　 d. There were many students in the hall.
(6) a. Two books are on the desk.
　　 b. A cat is on the mat.
　　 c. His car is in the garage.
　　 d. The boy is in the garden.

第11章　名詞句の意味機能から見た存在文の多様性

日英語の存在文について詳しく論じている久野（1973: 288）は、いかなる存在文にも場所辞 L が不可欠であることを強調している。このように、存在文の基本は場所存在文であるとする見解は広く受け入れられているが、筆者の見解では、場所存在文は、数多くある存在文の一つのタイプにすぎず、場所存在文とは異質な存在文がいくつもあることに注意すべきである。場所存在文とは別の存在文としてまず、絶対存在文を見よう。

3. 絶対存在文

(7a) の話し手は、波線部によってある個体を指し、その個体がしかじかの場所に所在していないことを述べているわけではない。

(7) a. <u>100 m を 3 秒で走ることができるひと</u>はいない。
　　b. ［x が 100 m を 3 秒で走ることができるひとである］
　　c. ¬∃x（Fx）
　　d. 誰も 100 m を 3 秒で走ることはできない。

もし（7a）の波線部がなんらかの個体を指しているとすれば、その個体について「そのひとは誰ですか」「そのひとは日本人ですか」「そのひとは男性ですか」といった質問をすることが可能となるはずである。ところが、(7a) は、そのような問いとは両立しないであろう。結局、(7a) の波線部は (7b) のような命題関数を表す変項名詞句であり、(7a) 全体は、変項 x の値が空であることを述べている文であるといえる。つまり、(7a) における存在動詞「いる／いない」は、(7c) のような、論理学における存在量化詞の機能をもつ特殊な動詞であると言ってさしつかえない。このように、「A が存在する」という存在文における存在主体 A を表す名詞句が変項名詞句であり、文全体が変項の値の有無多少を述べているタイプの存在文を「絶対存在文」と呼ぶ。注意すべきことは、一般に、場所存在文は非存在文で言い換え不可能であるが、絶対存在文はしばしば非存在文で言い換え可能であるという点である。たとえば、

(7a) は (7d) のような非存在文で言い換えることができる。同様に、(8a) も絶対存在文である。

(8) a. <u>花子の好きな科目</u>がある
  b. ［x が花子の好きな科目である］
  c. 花子はある科目が好きだ。

(8a) は、「花子の好きな科目」によってある科目（たとえば数学）を指し、その科目が空間的な場所のどこかに位置するということを述べているのではもちろんない。むしろ、(8a) の波線部は (8b) のような命題関数を表す変項名詞句であり、(8a) 全体は、その変項 x の値が存在することを述べている絶対存在文である。ここでも、(8a) は、(8c) のような非存在文で言い換えることができることに注意しよう。ここで、(8a) との関係で (9) のコピュラ文を見よう。

(9) a. 花子の好きな科目は数学だ。（倒置指定文）
  b. ［x が花子の好きな科目である］（＝(8b)）
  c. 花子の好きな科目は何か。（倒置指定疑問文）

(9a) は、《花子の好きな科目は何かといえば、それは数学だ》という意味であり、第II部で見た倒置指定文にほかならない。つまり、(9a) における「花子の好きな科目」は (9b) のような命題関数を表す変項名詞句であり、(9a) はその変項の値を「数学」によって指定しているわけである。また、(9a) は、倒置指定の疑問文 (9c) にたいする答えでもあることに注意しよう。興味深いことに、絶対存在文 (8a) は、(9c) という倒置指定疑問文にたいする答えが存在することを述べているともいえる。結局、(9a) のような倒置指定文は、変項名詞句における変項の値を具体的に指定する文であるのにたいして、(8a) のような絶対存在文は、変項名詞句における変項の値の有無を述べている文なのである。ここにコピュラ文と絶対存在文とのあいだの密接な関係を見てとることができるであ

ろう。

　ところで国語学でしばしば話題になる問題は、「ある」と「いる」の使い分けに関してである。通常、現代日本語では（10）が成立するとされている。

　　（10）存在主体が人や動物など（「有情」の主体と呼ばれる）であるばあいは「いる」が用いられ、存在主体がモノ（「非情」の主体と呼ばれる）であるばあいは「ある」が用いられる。

そこから、「人について「ある」を使っているばあいは、それは人をモノあつかいしている」とすら言われることもある*2。ところが、（11）の各文では別に人をモノあつかいしていないにもかかわらず、人の存在を表すのに「ある」が使用されていることに注意しよう。

　　（11）a.　なにか質問したいひとはありませんか。　　（寺村1982）
　　　　　b.　この言い方をおかしいと言う人があります。
　　　　　c.　切符をお持ちでない方はありませんか。
　　　　　d.　もし反対なさる方があったら、挙手をしてください。

筆者は、（11）の各文において、人について「ある」が用いられているのは、これらの構文が絶対存在文であるからにほかならない、と考えている。つまり、（11）の各文の下線部は命題関数を表す変項名詞句であり、文全体は、その変項を埋める値の有無を問題にしているのである。変項を埋める値という抽象的なものの存在を問題にしているがゆえに、変項名詞句自体が人間を表す表現であっても「ある」が用いられうるのである*3。同様のことは、次の文についてもいえる。

　　（12）a.　昔々あるところにおじいさんとおばあさんがありました。
　　　　　b.　いまは昔、竹取の翁といふもの有りけり。
　　　　　c.　災害ボランティア活動を希望される方がありましたら、

ご応募ください。

(12a)(12b)は昔話の冒頭に現れる文であるが、特定の個人がどこそこに所在している、ということを述べているのではなくて、《しかじかの条件 F(x) を満たすようなものがこれからお話する物語の世界に登場しますよ》ということを述べている文なのである。言い換えれば、《F(x) を埋める x の値がこの物語の世界を構成していますよ》を述べているので、これは絶対存在文の一種と言ってさしつかえない*4。また、(12c)の前半は、《[x が災害ボランティア活動を希望するひとである]を満たす x の値が存在する》ということを述べている文であるので、明らかに絶対存在文である。そして、絶対存在文は、特定の個人がどこそこに所在している、ということを述べているのではなくて、命題関数 F(x) を満たす x の値の有無を述べている文であるので、有生かモノかの区別が中和されるために、人間についても「ある」が用いられうると思われる。

結局、絶対存在文「A がある／いる」は次のように定義できる。

(13)「A がある／いる」［絶対存在文］
    A は、命題関数 F(x) を表す変項名詞句であり、この文は、命題関数 F(x) を充足する値の有無や多少を述べる*5。

場所存在文が日常よく使用されることはいうまでもないが、絶対存在文もそれと気づかぬうちに日常、かなり頻繁に使用されている。たとえば、(14)を見よう。

(14)a. あなたより美しいひとはいない。
   b. 鼻が短い象などいない。
   c. 自分の父親を尊敬している若者が多い。
   d. たまたま田中先生にお会いする機会があった。
   e. 外国語を勉強するための簡単な方法などない。
   f. 外交政策に関して、自民党の見解と民主党の見解とのあいだには大きな違いがある。

  g. 文書で質問したにもかかわらず、<u>先方からの返答</u>は全くなかった。

 (14a)で、「あなたより美しいひと」である個体を指しているわけではないことは明らかであろう。(14b)も同様である。(14c)は、［xが自分の父親を尊敬している若者である］を満たすxの値の個数が多いことを述べている文であり、場所辞は無関係である。(14d)(14e)(14f)(14g)について、「機会」「方法」「違い」「返答」のような抽象的なものがしかじかの場所に位置している、と考えるひとはいないであろう。(14)の各文はそれぞれ(15)のような非存在文に言い換えできることも、これらが絶対存在文であることを裏付けている。

 (15)a. 誰もあなたより美しくない。／あなたが一番美しい。
   b. どんな象も鼻が短くない。
   c. 多くの若者は、自分の父親を尊敬している。
   d. ある機会に田中先生にお会いした。
   e. 簡単な方法では外国語を勉強できない。
   f. 外交政策に関して、自民党の見解は、民主党の見解と、大きく違う。
   g. 文書で質問したにもかかわらず、先方からは返答がなされなかった。

 絶対存在文は英語や他の言語にもたくさんある。たとえば、(16a)は、《そのコースの必読書2冊が書棚かどこかに置かれている》という意味ではなくて、「命題関数(16b)を満たすxの値が2個存在する」ということを述べている絶対存在文であり、平たく言えば、《そのコースを受講するには、2冊の本を読まなくてはならない》という意味である。

 (16)a. There are two books required for the course.
   b. [x is the book required for the course]

同様に、(17)の各文も場所存在文ではなくて、絶対存在文であることは明らかであろう。

(17) a.　There are many *Japanese expressions you can never translate into English*.（英語に訳すことのできない日本語表現はたくさんある。）
　　 b.　There were some *problems that I didn't solve*.（わたくしが解けなかった問題がいくつかあった。）

以下の例文はすべて高等学校英語教科書に登場した文を基に、筆者が若干の手直しをしたものであるが、いずれも絶対存在文とみなすことができる。

(18) There was *opposition* to the plan from those who claimed the reconstruction would be of no use.（再建が無駄であると主張した人からの計画反対があった。）

(19) There are more *fields* in which the physically challenged can participate equally.（身体に障害のある人が等しく参加できる分野はもっと多くある。）

(20) There is no *evidence* to suggest that males are biologically programmed to talk more than females.（男性が女性よりも多く話すように生物学的に仕組まれていることを示す証拠はなにもない。）

(21) There is *a lot of work* to be done.（多くのやるべき仕事があります。）

(22) There's *nothing* surprising about that.（それに関して驚くべきことはなにもない。）

(23) In cooking, there is no *end* to creativity.（料理には、創造性の終わりというものが全くない。）

(24) There are still some *problems* for left-handed people.（左利きの人々にとって、まだ、いくつかの問題がある。）

(25) There was only one *way* to save her life.（彼女の命を救うに

は一つの方法しかない。)
(26) There was strong *evidence* that Africa and South America had once been one land mass.（かつて、アフリカと南アメリカが大きなひとかたまりの陸であったという強い証拠がある。)

これらの文の主語名詞句の主要語は斜体の部分であるが、いずれも抽象的なものであり、しかじかの具体的場所に位置している、と読むことはできないであろう。

4. 場所辞を有する絶対存在文

　上で見たように、絶対存在文では基本的に場所辞は現れない。もっとも、表面上、場所辞らしきものが現れるにもかかわらず、絶対存在文とみなすべきものがあるので注意を要する。次の例文を考えよう。(27) は、表面的には (1) の形式をもち、場所存在文と思われるかもしれない。

　(27) このクラスに、花子よりも数学ができる生徒がいる。

しかし、(27) における「このクラスに」は場所辞ではない。それは、このクラスと関係するあるメンバーの集合、つまり、「このクラスを構成するメンバー」を表す表現である。そして、「花子よりも数学ができる生徒」は (27) のような命題関数を表す変項名詞句である。

　(28) [x が花子よりも数学ができる生徒である]

(27) の「このクラスに」は、(28) の x を埋める値が走る領域を限定しているのである。このような特徴をもつ「このクラスに」のような表現を「領域限定辞」と呼ぶ。結局、(27) 全体は、《このクラスの構成メンバーの中に、花子よりも数学ができる生徒がい

る》の意味をもつ絶対存在文にほかならない。

今、スミス邸におけるスミス氏殺人事件を捜査していた刑事コロンボが、物語の終わりの方で、スミス家の家族ならびにスミス邸で働いている執事ほか12名を居間に集めて、静かな口調で（29）を発したとしよう。

(29) この中に、スミス氏を殺した人がいます。

(29) の「この中に」は「居間に」を表す場所辞ではなく、このコンテクストでは、《あなた方12人の中に》の意味を表す領域限定辞なのである。したがって、(29) はその意味を (30) で明示できるような絶対存在文にほかならない。

(30)《[xがスミス氏を殺した人である]のxを埋める値は、あなた方12人の中に存在する》

この意味での (29) は (31) のような非存在表現で言い換えできるのである。

(31) あなた方の中の誰かがスミス氏を殺した。

ところが、久野 (1973: 288) は、いかなる存在文にも場所辞が不可欠であり、表面的には場所辞を欠く文であっても、「この世のなかに」あるいは「どこかに」と解釈されるべき文法形式が（基底構造において）要求されると言う。たとえば、(32) は実質的には (33) の意味であると久野は考えるのである。

(32) There are many people who don't like rice.
(33)《この世のなかには、米の嫌いなひとが多くいる》

もちろん、(32) は in the next room のような場所辞が省略された文だとみなすならば場所存在文の読みも可能であるが、久野の言う

ように、(33) と解釈される限りの (32) は場所存在文であるはずがない。むしろ (32) の people who don't like rice は、(34) のような命題関数を表している変項名詞句なのである。

(34) [x are people who don't like rice]

(33) の「この世のなかには」はもちろん、場所辞ではなく、「この世界を構成するメンバーのなかには」という意味である。それは、変項名詞句 (34) の変項 x を埋める値の走る範囲を述べている領域限定辞にほかならない。結局、(32) は、命題関数 (34) の変項 x を埋める値が多いことを述べている絶対存在文なのである。同様に、(35) も絶対存在文であるが、「2 と 10 のあいだに」を場所辞と考えるひとはいないであろう。

(35) 2 と 10 のあいだに、素数が 3 個ある。

こんどは次例を見よう。

(36) There are buses leaving every ten minutes *from the station*.
(10 分毎に停留所から出発するバスがあります。)

(36) の話し手はこの文を、特定の停留所において、10 分毎に何台ものバスが出発しているのを実際に観察しながら発話しているのではない。むしろこの文は、バスの時刻表を見ながら発話しているのである。したがって、(36) は場所存在文ではない。結局、この文は《10 分毎にその停留所からバスが出発する》を言わんとしている絶対存在文にほかならない。

5. 場所存在文と絶対存在文で曖昧なケース

場所存在文の読みと絶対存在文の読みで曖昧な文もある。(37) を見よう。

(37) あの大学にノーベル賞受賞者がいる。

(37) の「あの大学に」を場所辞と解釈し、「ノーベル賞受賞者」を指示的名詞句ととるならば、この文は、あの大学のキャンパス内のどこかに講演かなにかで訪れているノーベル賞受賞者が所在しているという意味をもち、場所存在文の読みになる。一方、(37) の「あの大学に」を「あの大学のスタッフの中に」ととり、「ノーベル賞受賞者」を (38) のような命題関数を表す変項名詞句と解釈するならば、(37) は (39) のような意味をもち、絶対存在文の読みが得られる。このばあい、(37) は非存在文 (40) で言い換え可能な読みとなる。

(38) [x がノーベル賞受賞者である]
(39) 《[x がノーベル賞受賞者である] の変項 x の値があの大学のスタッフの中に存在する》
(40) あの大学のスタッフの誰かがノーベル賞を受賞している。

(37) がこの絶対存在文の読みで真とされるばあい、この文の発話時点で、当該のノーベル賞受賞者が大学のキャンパス内にいる必要はなく、外国出張中であっても構わないのである。英語の (41) も同様の曖昧性をもつ。

(41) There is a professor who won the Nobel prize at the university. 　　　　　　　　　　　　　　　(熊本 2005: 4)

(42) も場所存在文と絶対存在文で曖昧な文である。

(42) There is *something John wouldn't eat*. 　　　(熊本 2005: 4)

(42) における斜体部を指示的名詞句とみなし、その指示対象がコンテクストから了解されているある場所(たとえば、冷蔵庫のなか)に位置していると読むならば、(42) は場所存在文となる。一

方、斜体部を変項名詞句とみなすならば、(42) は《好き嫌いのないジョンではあるが、彼とてあらゆるものを食べるわけではなく、彼がけっして食べようとしないものがある》という意味の絶対存在文となる。要するに、(42) の曖昧性は、名詞句 something John wouldn't eat を指示的名詞句とみなすかそれとも変項名詞句とみなすかに依拠する純粋に意味論的な曖昧性なのである。同様に、次の例も曖昧である。

　(43) <u>花子が欲しいもの</u>はなにもない。

(43) を、《花子は、以前からあるものを欲しいと思っているが、それがしかじかの場所に見当たらない》と読めば場所存在文である。このばあい、(43) の下線部は指示的名詞句であり、その指示対象がしかじかの場所に所在していないと読んでいるのである。一方、(43) を、《花子は別にこれといって欲しいものがない》、つまり、《花子は無欲である》と読めば絶対存在文である。このばあい、(43) の下線部を (44) のような命題関数を表す変項名詞句ととり、その変項 x を満たす値が存在しないと読んでいるのである。

　(44) [x が花子が欲しいものである]

このように、(43) は、場所存在文と絶対存在文の両方の意味をもち曖昧である*6。

　重要な点は、(37)(41)(42)(43) がもつこのような曖昧性は文の意味構造に起因する純粋に意味論上の問題であり、語用論上の問題ではない、という点である。つまり、(45) のいずれの考えもとるわけにはいかないのである。

　(45) a.　(37)(41)(42)(43) の言語的意味としては場所存在文と絶対存在文から中立的なものを仮定し、語用論的操作によっていずれかの読みを表意として得る。
　　　b.　(37)(41)(42)(43) の言語的意味としては場所存在

文だけを仮定し、絶対存在文の読みを語用論的に得る。
  c. （37）（41）（42）（43）の言語的意味としては絶対存在文だけを仮定し、場所存在文の読みを語用論的に得る。

そもそも、文中のある名詞句について、それを指示的名詞句でもなく、変項名詞句でもない、中立的なものを仮定することなどは不可能であるばかりでなく、語用論的操作によって指示的名詞句を変項名詞句に置き換えることも、また、逆に、変項名詞句を指示的名詞句に置き換えることなど理論的に不可能なのである。したがって、すべての存在文を場所存在文とみなす久野の立場では、（37）（41）（42）（43）がもつこのような曖昧性を適切に説明できないであろう。

6. 数量詞と絶対存在文

本章3節で述べたように、一般に、絶対存在文は、それと意味を同じくする非存在文に言い換えることができる。飯田（2002: 13）はこの関係を、非存在文を基本にしてそこから絶対存在文を構築する規則*7によって捉えようとしている。これは、存在主体に「多くの」「3人の」のような数量詞が付されたばあいも同様である。たとえば、非存在文（46a）（47a）について、それと意味を同じくする絶対存在文（46b）（47b）をそれぞれ構築することができる*8。

(46) a. 多くの／3人の／幾人かの学生が笑った。
  b. 笑った多くの／3人の／幾人かの学生がいる。（絶対存在文）
(47) a. 太郎が多くの／3冊の／いくつかの本を読んだ。
  b. 太郎が読んだ多くの／3冊の／いくつかの本がある。（絶対存在文）

ただし、あらゆる非存在文についてそれと意味を同じくする絶対存在文を構築できるわけではない。次例を見よう。

(48) a. すべての／大部分の学生が笑った。
　　 b. ?笑ったすべての／大部分の学生がいる。(絶対存在文)

飯田 (2002: 12–18) が指摘しているように、(48a) に対応して (48b) のような絶対存在文を構築することは許されないのである。(48b) は、「隣の部屋に」のような場所辞が省略された場所存在文として読むのであれば適格な文であるが、絶対存在文として読むかぎり非文である。ここでのポイントは、絶対存在文の成立条件に、(49a) のタイプの数量詞と (49b) のタイプの数量詞との区別が効いてくるという点である*9。

(49) a. 弱い数量詞：「たくさんの」「3人の」「いくつかの」
　　 b. 強い数量詞：「すべての」「大部分の」「半分の」「10％の」

飯田 (2002: 16) は、概略 (50) のような仮説をたてる。

(50) 弱い数量詞は場所存在文と絶対存在文のいずれとも共起するが、強い数量詞は場所存在文とのみ共起し、絶対存在文とは共起しない。

(50) が、非存在文から絶対存在文を構築する際の制約となるわけである。筆者も (50) は基本的に正しいと考える。しかし、問題はなぜ (50) が成立するかである。この点を以下、検討してみよう。まず、データをもうすこし広げて整理してみよう。非存在文 (51a) については、数量詞「3人の」を名詞から移動した (51b) の形もある。このような数量詞移動の統語操作は「数量詞遊離 (quantifier float)」と呼ばれる。

(51) a. 3人の学生が笑った。
　　 b. 学生が3人笑った。

（51a）と（51b）の意味は同じと考えることができる。さて、（51）に対応して（52a）のような絶対存在文についても数量詞遊離は可能である。

(52) a. 3人の笑った学生がいる。（絶対存在文）
     b. 笑った学生が3人いる。（絶対存在文）

ここでも、（52a）と（52b）の意味は同じと考えることができる。同様に、（53）のような非存在文に対応して（54）のような絶対存在文を構築することができる。

(53) a. たくさんの家が壊れた。
     b. 家がたくさん壊れた。
(54) a. たくさんの壊れた家がある。（絶対存在文）
     b. 壊れた家がたくさんある。（絶対存在文）

ここで注目すべきは、絶対存在文（52b）（54b）である。筆者の見解では、（52b）（54b）の意味はより厳密には、それぞれ、（55）と（56）のように表すことができる。

(55) 《[xが笑った学生である]を満たすxの値が3個存在する》
(56) 《[xが壊れた家である]を満たすxの値がたくさん存在する》

要するに、（52b）の「笑った学生」および、（54b）の「壊れた家」は変項名詞句であり、（52b）（54b）全体は、その変項の値の存在を個数に関して述べている文なのである。

ここで、「3人の」や「たくさんの」のような弱い数量詞は、絶対的な個数を数えあげるタイプの数量詞であること、つまり、基数（cardinality）を表す数量詞であることに注意しよう。このタイプの数量詞が、変項名詞句の値の個数を数える際に用いられるのは自然なことである。ところが、非存在文（57）に対応して（58）のような絶対存在文を構築することはできないのである。

第11章　名詞句の意味機能から見た存在文の多様性　267

(57) a. すべての学生が笑った。
　　 b. 学生がすべて笑った。
(58) a. ?すべての笑った学生がいる。(絶対存在文)
　　 b. ?笑った学生がすべている。(絶対存在文)

同様に、非存在文(59)に対応して(60)のような絶対存在文を構築することはできないのである。

(59) a. 大部分の家が壊れた。
　　 b. 家が大部分壊れた。*10
(60) a. ?大部分の壊れた家がある。(絶対存在文)
　　 b. ?壊れた家が大部分ある。(絶対存在文)

ここで、「すべての」や「大部分の」のような強い数量詞は、与えられた母集合のなかで占める割合を表すタイプの数量詞であること、つまり、比率的数量詞(proportional quantifier)であることに注意しよう*11。すなわち、「すべての学生」は、語用論的に限定された学生(たとえばしかじかの大学でA教授の授業を受けている学生)の集合が与えられ、その集合のメンバーのうちのすべてを指すのである。一方、「大部分の家」は、語用論的に限定された家(たとえばある地震の被害にあった村の家)の集合が与えられ、その集合のメンバーのうちの過半数以上の部分を指すのである。したがって、「すべて」や「大部分」は値を数え上げるタイプの数量詞ではない。ところが、(58)や(60)を絶対存在文として読むかぎり、「笑った学生」や「壊れた家」は変項名詞句であり、変項を埋める値を数えあげるタイプの数量詞を要求するのであるが、「すべて」や「大部分」はこの要求を満たさないのである。したがって、(58)や(60)は非文となるのである*12。要するに、絶対存在文において、存在主体は変項名詞句であり、文全体はその変項を埋める値の有無、あるいは、値の個数の多少を問題にするがゆえに、絶対存在文の存在主体に、[強い数量詞＋名詞句]は出現できず、[弱い数量詞＋名詞句]しか出現できないといえる。以上の議論をふま

えて次の例を見よう。

　(61) 試験を受けなかった学生がたくさんいる。
　(62) 試験を受けなかった学生が大部分いる。

(61)のような数量詞を含む存在文は場所辞が省略された場所存在文として解釈することもできるが、絶対存在文として読むこともでき、曖昧である。一方、(62)は場所辞が省略された場所存在文として解釈するのであれば適格であるが、絶対存在文として読むことはできず、曖昧ではない。ここでのポイントは、(61)における「たくさん」のような数量詞は、絶対的な個数を数え上げるタイプの弱い数量詞であるのにたいして、(62)における「大部分」のような数量詞は、与えられた母集合のなかで占める割合を表す強い数量詞である、という違いにほかならならず、仮説(50)の予測と整合的である。

　もっとも、仮説(50)には、反例と思われるものがないわけではない。今、A教授が自分が担当している科目の定期試験をすませた後、(63)を口にしたとしよう。

　(63) 試験を受けなかった学生が半分／10％いる。

(63)は、「隣の教室に」のような場所辞が省略された場所存在文として読むことも不可能ではないが、より自然な解釈は、(64)で言い換えることができるような絶対存在文の読みであろう*13。

　(64) 半分の／10％の学生が試験を受けなかった。

「半分」や「10％」は明らかに強い数量詞である。にもかかわらず(63)にたいして絶対存在文の読みが可能なのはいったい何故であろうか。ここで注意すべきは、(63)にたいして「隣の教室に」などを補って場所存在文として読んだばあいは「試験を受けなかった学生」を母集合としてその「半分」や「10％」を問題にしている

のにたいして、(63) を (64) と言い換えできる読みで解釈したばあいは、「試験を受けなかった学生」を母集合とするのではなく、「A教授の該当科目の定期試験を受けるべき学生」を母集合としているのである。今、A教授の該当科目の定期試験を受けるべき学生が50人いたとしよう。そのばあい、(63) の発話の表意を (65) と読むことは許されるのである。

(65)《試験を受けなかった学生が、50人のうち半分／50人のうち10%いる》

したがって、(50) の「強い数量詞は絶対存在文とは共起しない」という部分は、より正確には (66) のように述べるべきである。

(66) 数量詞Qを含んだ絶対存在文「AがQある／いる」において、存在主体Aは変項名詞句であり、文全体は変項を埋める値の個数をQで量化された形で問題にする。したがって、Qには弱い数量詞は出現できるが、Aを母集合とする強い数量詞は出現できない。ただし、Qに、A以外のものを母集合とする強い数量詞は出現可能である。

7.「部分集合文」の問題点

日本語の存在文について詳しく論じている金水 (2006: 24–30) は、本章で言う場所存在文にほぼ対応する「空間的存在文」とは別に、場所辞を要求しないタイプの存在文として、「限量的存在文」なるものを認めている。限量的存在文は、(67) のごとく下位分類される。

(67) a.　部分集合文：
　　　　「最近は、教科書以外の本は一冊も読まない学生がいる／ある」のごとく、連体修飾節を用いて部分集合を言語的に設定し、その集合の要素の有無多少について述

べる文。
    b. 初出導入文：
    「昔、ある山奥の村に太郎という男の子がいた／あった」のごとく、物語の冒頭によく見られる、登場人物を導入するための文。
    c. 疑似限量的存在文：
    「昔、太郎という男の子がある山奥にいた」のごとく、物語の冒頭によく見られる、登場人物を導入するための文であるが、「いる」は2項存在動詞であり、空間的存在文に近い。

このうち、(67a) の部分集合文 – これは、元は寺村（1982）の術語である – は、われわれの言う絶対存在文に限りなく近い概念である。金水（2006: 24）の挙げている例をもういちど見よう。

(68) 最近は、<u>教科書以外の本は一冊も読まない学生</u>がいる／ある。

(68) は、われわれの分析でいえば、下線部が (69) のような命題関数を表し、その変項の値が「最近は空でない」ことを主張している絶対存在文である。

(69) [x が教科書以外の本は一冊も読まない学生である]

このように、金水が部分集合文とみなす例はすべて、本章で言う絶対存在文と言ってもさしつかえない。しかし、本章で言う絶対存在文とみなされるものがつねに金水の言う部分集合文になっているかというとかならずしもそうではない。(67a) の部分集合文の定義からして、このタイプの存在文「Aが存在する」における主語Aは (70) のごとく、つねに連体修飾節を伴う名詞句でなければならないことに注意しよう。

(70) [$_S...e_i...$] NP$_i$ が存在する

第11章 名詞句の意味機能から見た存在文の多様性　271

たしかに、本章で見てきた絶対存在文の例（7a）（8a）（11）（12b）（12c）（14a）（14b）（14c）などに関するかぎり、いずれも（70）の形式を有しており、したがってそれらを部分集合文とみなすことは可能である。しかし、本章で言う絶対存在文の主語が、つねに（70）のような連体修飾節を伴う名詞句であるわけではない。次例を見よう。

　（71）花子の夫がいる／ある。

（71）には（「2階に」「隣の部屋に」などの）場所辞が省略されているとみなせば、場所存在文である。しかし、（71）には、（72）で表示できる絶対存在文の意味もある。

　（72）《[xが花子の夫である]を満たすxの値が存在する》

この意味での（71）は、（73）のような非存在文で言い換えることができる読みであり、また（74）のような所有文に近い読みでもある。

　（73）花子は結婚している。（非存在文）
　（74）花子には夫がある。（所有文）

では、（71）の絶対存在文の読みは金水の言う部分集合文の定義に合致するであろうか。否である。（71）の主語「花子の夫」は連体修飾節を伴う名詞句でないため、（70）の形式に合わないからである。この種の例は、（75）のように枚挙にいとまがない。

　（75）a.　いいかね、この芝居の主役は存在しないんだよ。
　　　　b.　花子の欠点が二つある。
　　　　c.　披露宴の司会者がいないのでは困るよ。
　　　　d.　今回のコンクールの優勝者はいない。
　　　　e.　太郎の指導教授が二人もいるため、太郎はかえって

　　　　困っている。
　f.　中央線の遅延の原因が二つある。
　g.　この大学の門は三つある。
　h.　あの部屋の窓など存在しない。
　i.　田中社長の車は1台しかない。

これらの文の下線部はいずれも変項名詞句であり、文全体はその変項の値の有無多少について述べているので絶対存在文とみなすことができるが、下線部の名詞句は連体修飾節を伴っていないため、(67a)で定義されたような部分集合文とみなすことができないのである。

　そればかりではない。部分集合文にたいする(67a)の定義では、連体修飾節を伴う名詞句を主語にする(78)のような文をも部分集合文とみなすことができないのである。

　(76)　花子が離婚した理由が二つある。

(76)の論理構造は概略(77)である。

　(77)《[花子が離婚した]理由が二つ存在する》

主名詞「理由」は非飽和名詞である以上、それ単独では集合をつくることができない。つまり、「理由の集合」なるものはそもそも構築できないのである。したがって、(76)は、連体修飾節「花子が離婚した」を用いて、理由の集合の部分集合を設定しているケースとはいえない。したがって、(67a)の定義による部分集合文とはいえない。(むしろ、「花子が離婚した」は「理由」のパラメータになっているのである。)しかし、(76)は(78)のような変項名詞句の変項 x の値の存在を述べている文であるので絶対存在文とみなすことができる。

　(78)　[x が[花子が離婚した]理由である]

同様に、本章3節で見た絶対存在文（14d）（14e）（14f）（14g）も部分集合文とはいえない。これらの文の主名詞「機会」「方法」「違い」「返答」はそれ自体で集合をつくることができないからである。次例も（76）と同様のタイプの絶対存在文であるが部分集合文ではない。これらの文の下線部の名詞はいずれも非飽和名詞であって、それだけでは集合を作ることができないからである。

(79) a. 中央線が遅れた<u>原因</u>が二つある。*14
b. 若さを保つ<u>秘訣</u>が一つだけある。
c. 太郎がカンニングした<u>証拠</u>がある。

したがって、筆者の言う「絶対存在文」と金水の言う「部分集合文」は等価な概念ではないことが分かる。では、金水（2006）の分類では、(71)(75)(76)(79)のような例、さらには（14d）（14e）（14f）（14g）のような例はどこに分類されるのであろうか。これらの文は空間的存在文ではないので、限量的存在文のはずである。ところが上で見たように、これらの文は、部分集合文ではない。かといって、初出導入文でも疑似限量的存在文でもないことは明らかである。ということは、(71)(75)(76)(79)や（14d）（14e）（14f）（14g）のタイプの存在文は金水（2006）の分類ではどこにも属さないことになる。しかし、(71)(75)(76)(79)や（14d）（14e）（14f）（14g）の文は、主語名詞句が命題関数を表す変項名詞句であり、その変項の値の有無多少を述べている絶対存在文であるという点で、金水の言う部分集合文（68）と本質的には同じ構文のはずである。ということは、「部分集合文」という概念は、言語学的に有意義な一般化を逸していると言わざるをえない。部分集合文（68）のみならず、(71)(75)(76)(79)や（14d）（14e）（14f）（14g）をも統一的に捉えることのできる存在文の概念として、「部分集合文」よりも「絶対存在文」という概念の方がはるかに優れていることは明らかであろう。

8. 帰属存在文の解釈

以上のことを念頭において次の文を考えよう。

(80) この店に、私の欲しい皿がある。

(80) にはいくつかの読みが可能であるが、まず、(81) のような読みとして解釈することができる。

(81)《この店という地理空間に、私の欲しい皿が位置を占めている》

これはいうまでもなく場所存在文の読みである。このばあい、「この店に」は場所辞であり、(80) の下線部は指示的名詞句である。たとえば、わたくしが、有田焼の赤絵付きの六角形の皿を欲しいと思っていたとしよう。たまたま、ある店で、その皿が置かれているのをみつけた時、(81) の読みでの (80) は真となる。注意すべきは、この読みでは、「この店」は、別に皿を商品として扱っている店でなくても構わないという点である。ある割烹料理屋で出された料理に用いられた皿が、わたくしがかねて欲しいと思っていた皿であったばあいでも、あるいは、ある楽器店の壁にその皿が飾られていたばあいでも (81) の読みでの (80) は真となるのである。

(80) にたいするもう一つの読みは、「この店に」を「この店で扱っている商品のなかに」と理解する読みである。このばあい、「この店に」を地理空間としての場所辞とみなすのではない。たとえば、皿などにまったく興味のなかったひとがたまたま、ある陶器店の商品カタログを眺めていて、カタログ中の特定の皿に注意を奪われ、すっかり気に入ってしまったとしよう。その時、そのひとは (80) を口にすることができる。そのばあい、(80) は (82a) の意味であり、より正確には (82b) のような読みをもつであろう。

(82) a. 《わたくしは、この店で扱っている皿の一つをぜひ欲しいと思う》
　　b. 《[x が私の欲しい皿である] を満たす x の値は、この店で扱っている商品のなかに収まっている》

　この読みでは、(80) の下線部は変項名詞句であり、「この店に」は、その変項を埋める値の走る範囲を限定する領域限定辞である。これは、(80) にたいする絶対存在文の読みにほかならない。
　興味深いことに、(80) にはもう一つ別の読みもある。今、わたくしが、かねてから有田焼の赤絵付きの六角形の皿を欲しいと思い、いろいろ手を尽くして探していたがなかなかみつからなかったとしよう。ところが、ある時、たまたま、ある陶器店の商品カタログを眺めていたところ、そのなかに、まさにわたくしが欲しいと思っていた有田焼の赤絵付きの六角形の皿があったとしよう。そのばあい、われわれは (80) を口にすることができる。これは、場所存在文の読みであろうか、それとも絶対存在文の読みであろうか。まず、場所存在文の読みではありえないことは明らかである。なぜなら、この読みでは「この店に」を「この店で扱っている商品のなかに」と理解しており、地理空間としての場所辞とみなしていないからである。では、これは絶対存在文の読みであろうか。絶対存在文の読みでもない。なぜなら、(80) の下線部は、わたくしが欲しいと思っていた特定の皿、すなわち有田焼の赤絵付きの六角形の皿を指しているからである。つまり、(80) の下線部は指示的名詞句であって変項名詞句ではない以上、絶対存在文ではないのである。そのことは、この読みでの (80) の下線部を (83) で言い換えても真理値は変わらないことからも裏付けを得られる。

　　(83) この店に、有田焼の赤絵付きの六角形の皿がある。

ということは、(80) の「この店に」を「この店で扱っている商品のなかに」と理解したとしても、つねに絶対存在文になるとはかぎらないことを示している。(80) にたいするこの 3 番目の読みを、

「帰属存在文」と呼ぶことにしよう。帰属存在文にたいする規定は次のようなものである。

(84)「L ニ A ガイル／アル」という形式において、L（もしくは L を基礎にして語用論的に構築された L'）がしかじかの構成員からなる集合を表すとする。その時得られる、《A の指示対象がその構成員の集合に属している》という読みを「帰属存在文の読み」と呼ぶ。このばあい、L は場所辞ではなく構成員からなる集合を表し、A は指示的名詞句である。

結局、(80) は (i) 場所存在文、(ii) 絶対存在文、(iii) 帰属存在文の3通りに曖昧な文である、ということになる。場所存在文、絶対存在文、帰属存在文の区別は微妙なのでもうすこし例をあげよう。

(85) K 大学図書館に、<u>太郎が読みたい本</u>がある。

まず、(85) にたいする場所存在文の読みは語用論的な理由であまり自然ではないが不可能ではない。今、太郎がダンテの『神曲』を読みたいと思っているとしよう。このばあい、いうまでもなく、(85) の下線部はダンテの『神曲』を指示するので指示的名詞句である。今、(85) における「K 大学図書館」を場所辞とみなすならば、《K 大学図書館の建物のなかに、太郎が読みたい本、つまり、ダンテの『神曲』が所在している》という読みが得られる。これは、場所存在文の読みである。注意すべきは、この読みのばあい、ダンテの『神曲』は別に K 大学図書館の蔵書でなくても一向に構わないという点である。たとえば、K 大学図書館を利用しているある女子学生が、たまたま彼女のカバンのなかに、ダンテの『神曲』を入れているとしよう。その時、ダンテの『神曲』は、K 大学図書館の建物という地理空間のなかに所在するのであるから、場所存在文の読みとしての (85) は真になるのである。

(85) にたいする2番目の読みはこうである。今、太郎は、これといってとくに読みたい本がなかったと仮定しよう。たまたま、太

郎はK大学図書館の蔵書をコンピュータで検索する機会があり、その過程でちょっと気になった本をみつけ、その内容の詳細を調べていくうちに、どうしてもその本を読みたいと思うようになったと仮定しよう。この状況を報告する文として (85) を用いることができる。このばあい、(85) の下線部は (86) のような命題関数を表す変項名詞句である。

(86) [x が太郎が読みたいと思う本である]

また、「K大学図書館」は場所辞ではなく、《K大学図書館の蔵書のなかに》を語用論的に意味する領域限定辞である。結局、この読みをより厳密に表すと (87) のようになるであろう。

(87)《K大学図書館の蔵書の中に、[x が太郎が読みたいと思う本である] を満たす x の値が存在している》

これは、絶対存在文の読みにほかならない。この読みは (88) のような非存在文で言い換えることができよう。

(88) 太郎は、K大学図書館の蔵書のうちのある本を読みたいと思っている。

仮に、(85) の発話時点において、当該の本が館外貸し出し中であり、K大学図書館の建物のなかには存在しないとしても、(88) が真でありさえすれば (85) はその絶対存在文の読みとしては真となるのである。

(85) にたいする3番目の読みはこうである。第一の読みと同様、太郎がダンテの『神曲』を読みたいと思っていると仮定しよう。このばあい、(85) の下線部は指示的名詞句である。今、ダンテの『神曲』が、K大学図書館の蔵書として登録されているとしよう。この時、(85) が真となるとすればそれは帰属存在文の読みである。仮に、(85) の発話時点で、ダンテの『神曲』が館外貸し出し中

であり、K大学図書館の建物のなかには存在しないとしても帰属存在文の読みとしての（85）は真となるのである。このばあい、「K大学図書館」は建物ではないので場所辞ではなく、《K大学図書館の蔵書のなか》を語用論的に意味する表現であり、「構成員からなる集合」を表しているといえる。

このように、（85）にたいする絶対存在文の読みにおいても、帰属存在文の読みにおいても、「K大学図書館」は場所辞ではなく、このコンテクストでは、《K大学図書館の蔵書のなかに》という同じ意味を（語用論的に）表すが、両構文における《K大学図書館の蔵書のなかに》の意味機能は同じではないことに注意しよう。絶対存在文のばあいは、《K大学図書館の蔵書のなかに》は、命題関数 [xが太郎が読みたいと思う本である] における変項を埋める値の走る範囲を限定する「領域限定辞」としての機能を果たすのであるが、帰属存在文のばあいは、《K大学図書館の蔵書のなかに》は「太郎が読みたい本」、すなわちダンテの『神曲』が帰属する集合としての機能を果たすのである。さらに、帰属存在文においては、構成員表示Lは必須の要素であるが、絶対存在文のばあいは領域限定辞Lは随意的であり、必須の要素ではない。たとえば、上で見た（76）にはいかなる領域限定辞も要求されていない。

(76) 花子が離婚した理由が二つある。

これまで絶対存在文の例として挙げた（7a）（8a）（11）などについては領域限定辞が言語化されていないものの、コンテクストから、変項の走る範囲についてしかるべき領域限定がなされていると考えることもできるであろう。しかし、（14）の各例や（16）–（26）などの絶対存在文については、いかなる領域限定も要求されていないのである。この点でも帰属存在文と絶対存在文との間の本質的な違いを見てとることができる。

帰属存在文と絶対存在文の区別にさらに決定的に効いてくるのは、本章6節で見た数量詞との共起関係である。絶対存在文の存在主体Aは変項名詞句である以上、強い数量詞とは共起せず、弱い数量詞

とのみ共起するのであったことを思い起こそう。一方、帰属存在文の存在主体Aは指示的名詞句である以上、弱い数量詞ばかりでなく、強い数量詞とも共起するのである。この観点から次例を検討しよう。

(89)a.　K大学図書館に、すべての<u>太郎が読みたい本</u>がある。
　　 b.　K大学図書館に、<u>太郎が読みたい本</u>がすべてある。

(89)の各文は互いに同じ意味である。まず、(89)にたいして場所存在文としての読みは可能である。今、太郎が読みたいと思っている本がA, B, C, D, Eのごとく5冊あったとしよう。そのすべてがK大学図書館の建物のなかに所在していると仮定する。その時、(89)はいずれも真となるであろう。「すべて」は強い数量詞である。場所存在文の存在主体は指示的名詞句である以上、弱い数量詞ばかりでなく、強い数量詞とも共起するのである。

さて、(89)にたいするより自然な解釈はこうであろう。今、太郎が読みたいと思っている本がA, B, C, D, Eの5冊あったとしよう。つまり、(89)の下線部はこれらの本を指示する指示的名詞句である。太郎がコンピュータで、K大学図書館の蔵書検索にかけたとする。その結果、それら5冊すべての本がK大学図書館の蔵書に登録されていることが分かったとしよう。その時、(89)は真となるであろう。(89)にたいするこの読みは帰属存在文の読みにほかならない。この帰属存在文の読みのばあい、それら5冊のすべてあるいは一部が館外貸し出し中であるか否かはここでは問題ではない。一方、(89)のような強い数量詞「すべて」は変項名詞句と共起しないため、(89)にたいする絶対存在文の読みはありえないのである。結局、(89)は場所存在文と帰属存在文とで2通りに曖昧であることが分かる。では、(90)のように、存在主体が弱い数量詞「たくさん」と共起している存在文はどうであろうか。

(90)a.　K大学図書館に、たくさんの<u>太郎が読みたい本</u>がある。
　　 b.　K大学図書館に、<u>太郎が読みたい本</u>がたくさんある。

(90)にはもちろん、(89)と同様、場所存在文の読みと帰属存在文の読みがある。しかし、(90)には(89)と異なり、絶対存在文の読みもある。これといって特定の読みたい本がなかった太郎が、たまたま、K大学図書館の蔵書をコンピュータで検索する機会があり、その過程で読みたいと思うようになった本がたくさんみつかったとしよう。その状況を報告する文として(90)を用いることができるからである。このばあい、(90)の下線部は(86)のような命題関数を表す変項名詞句であり、その変項を埋める値の個数が多いことを述べている。このばあい、「K大学図書館に」は、その変項を埋める値の走る範囲を限定しているのである。したがって、これは絶対存在文の読みである。この読みのばあい、太郎が読みたいと思うたくさんの本のすべてあるいは一部が館外貸し出し中であったとしても(90)は真でありうる。結局、弱い数量詞と共起する存在主体を含む(90)は、強い数量詞と共起する存在主体を含む(89)と異なり、3通りに曖昧だ、ということになるわけである。

こんどは次の文を考えよう。

(91) この会社に<u>花子を殺したひと</u>がいる。

(91)にはまず、《花子殺しの犯人が建物としてのこの会社のどこかに所在している》という意味での場所存在文の読みがある。次に、(91)には、《この会社の社員の誰かが花子を殺した》という意味での絶対存在文の読みもある。そのばあいは、花子を殺した特定の社員が同定されている必要はない。そうではなくて、数々の証拠からして、[xが花子を殺したひとである]を満たす値は、この会社の社員の中に落ちる、ということを主張しているのである。ところが(91)には帰属存在文の読みもある。今、花子殺しの犯人は山田太郎であることが判明しており、山田太郎は指名手配されているにもかかわらず、長期間逃亡していると仮定しよう。ところが、ある時、山田太郎が偽名でこの会社に勤務していることが分かったとしよう。そのことを述べる文として(91)が発話されたばあい、(91)の下線部は山田太郎を指しているので指示的名詞句である。

そして、(91) は《花子を殺したひとがこの会社の社員に属している》という意味であるので帰属存在文である。この読みでは、(91) を (92) で言い換えても真理値は変わらない。

(92) この会社に例の山田太郎がいる。

こんどは次の例を見よう。

(93) 新宿駅前のN不動産に、太郎の買いたい物件がある。

(93) にたいして場所存在文の読みは理論的には可能であるが、語用論的理由で自然ではない。今、太郎が「4LDKで、専有面積100㎡以上で、南向きで、5000万円以下のマンション」を求めている時、新宿駅前のN不動産という会社の建物のなかに、そのようなマンションがあるとはふつう想像できないからである。したがって、(93) の「新宿駅前のN不動産に」を場所辞とみなすことは難しい。むしろ、(93) にたいする自然な解釈は、《新宿駅前のN不動産で扱っている物件のなかに、太郎の買いたい物件、すなわち、「4LDKで、専有面積100 m^2 以上で、南向きで、5000万円以下のマンション」が登録されている》というものであろう。これは、帰属存在文の読みである。それにたいして、太郎が、これといってとくに買いたい物件を頭に描いていなかったにもかかわらず、たまたま新宿駅前のN不動産の広告を見ていて、ある物件に食指が動いた状況を報告するために (93) を口にしたとすれば、それは絶対存在文の読みになるであろう。

　以上で述べてきた場所存在文、帰属存在文、絶対存在文の区別を整理すると次の表のようになる。

(94)

LニAガ イル／アル	L	A （存在主体）	存在文の意味
a. 場所存在文	場所辞	指示的名詞句	《LにAが位置している》
b. 帰属存在文	構成員表示	指示的名詞句	《LにAが属している》
c. 絶対存在文	（領域限定辞）	変項名詞句	《Aを満たす値が（Lの領域の中に）存在する》

(94c)において、「領域限定辞」および「Lの領域の中に」を括弧でくくったのは、上で説明したように、絶対在文のばあいは、領域限定辞は随意的であり、必須の要素ではないからである。この表を使うことによって、与えられた存在文のタイプについて、簡単に判別ができる。(95)と(96)を見よう。

(95) a. K大学図書館に、<u>ダンテの『神曲』</u>がある。
　　b. K大学図書館に、<u>例の本</u>がある。
(96) K大学図書館の蔵書のなかに、<u>太郎の読みたい本</u>がある。

(95)の主語名詞句（下線部）は指示的名詞句でしかないので、(94)に従えば、場所存在文か帰属存在文の読みは可能であるが、絶対存在文の読みは不可能であることが分かる。一方、(96)は、Lが領域指定辞もしくは構成員表示であるため、(94)に従えば、帰属存在文か絶対存在文の読みが可能であり、場所存在文の読みは不可能であることが分かる。こんどは、(97)を見よう。

(97) <u>ここから脱出する方法</u>は二つある。

(97)の下線部は抽象的であり、その指示対象がしかじかの空間的場所に位置しているわけではないので場所存在文ではありえない。また、構成員表示が提示されていないので帰属存在文でもない。領域限定辞も提示されていないが、絶対存在文にとって領域限定辞は必須要素でないので、結局、(97)は(98)の意味を表す絶対存在

第11章　名詞句の意味機能から見た存在文の多様性　283

文である、と言うことができる。

(98)《[xがここから脱出する方法である]を満たす値は二つある》

こんどは(85)の否定文である(99)を見よう。

(99) K大学図書館に、<u>太郎が読みたい本</u>がない。

(99)には、肯定形の(85)と同様、場所存在文、帰属存在文、絶対存在文の読みがあるが、ここでは、帰属存在文の読みと絶対存在文の読みを比較しよう。今、太郎が読みたいと思っている本がA, B, C, D, Eの5冊あったとしよう。このばあい、(99)の下線部は指示的名詞句となる。太郎は、これら5冊について、K大学図書館の蔵書検索にかけたとする。その結果、それらの本もK大学図書館の蔵書に登録されていないことが分かったとしよう。その時、(99)は真となるであろう。(99)にたいするこの読みは帰属存在文の読みにほかならない。(99)にたいするこの帰属存在文の読みのばあい、(99)が真であるかどうかを確認するためにはコンピュータを使用すれば、10分もあれば十分であろう。一方、(99)にたいする絶対存在文の読みは(100)で表されるようなものである。

(100)《K大学図書館所蔵のどの本も太郎は読みたいと思わない》

(100)の読みでの(99)が真であることを確認するためには、太郎は、K大学図書館所蔵の1冊、1冊について、それを読みたくないと判断しなくてはならない。今、K大学図書館所蔵書数が300万冊であると仮定すると、(100)の読みでの(99)が真であるかどうかを確認するためにはコンピュータを駆使したとしても、1年、いやそれ以上の莫大な年月かかるであろう。ここからも、帰属存在文と絶対存在文の違いは歴然としているであろう。

　以上の考察は、帰属存在文の読みと絶対存在文の読みが本質的に異なるものであることを示すであろう。

9. 所有文の解釈

　これまで、場所存在文、絶対存在文、帰属存在文という三つのタイプの存在文の意味を論じてきたが、そこでの議論のもっとも重要なポイントは主語名詞句Ａの指示性・非指示性であった。つまりＡが指示的名詞句であるか変項名詞句であるかに応じて、コピュラ文であれば措定文の読みと倒置指定文の読みの違いが生じるのにたいして、存在文であれば場所存在文もしくは帰属存在文の読みと絶対存在文の読みの違いが生じるのであった。この指示的名詞句と変項名詞句の区別を念頭において、絶対存在文と指定コピュラ文の両方の性質を合わせもった「所有文」に目を転じよう。筆者の考えでは、所有文は、意味構造の観点からすると、絶対存在文と措定コピュラ文が統合された、きわめて興味深い構文なのである。

9.1. 所有文と場所存在文

　一般に「所有文」と呼ばれているものは（101）や（102）のように「Ａ（に）はＢがある」という形をとり、Ａが所有者、Ｂが所有の対象とされる。

　（101）花子（に）は夫がある。
　（102）a.　このコース（に）は必読書がある。
　　　　b.　太郎（に）は欠点がある。

所有文について注意すべきはＢが人や動物のような有情の名詞句であるばあい、動詞が「ある」ばかりでなく、「いる」という形式も可能であるという点である。たとえば、（101）は（103）で言い換え可能であり、その意味もほとんど変わらない。

　（103）花子（に）は夫がいる。

また、（104）のように、「ある」よりも「いる」の方が自然であるケースもすくなくない。

(104)a. あの学生（に）は指導教授がいない／*ない。
　　b. この会社（に）は副社長が3人いる／*ある。
　　c. 豊臣家（に）は敵がいる／*ある。

Kuno（1973: 87）、柴谷（1978: 347）などの古典的分析によれば、(101) は所有文（他動詞文）であり、「花子」が主語で「夫」が目的語であるのにたいして、(103) は場所存在文（自動詞文）であり、「夫」が主語で「花子に」が場所を表す付加詞であるとされる。しかし、筆者は、(103) は (101) と同じ意味を表す所有文であり、「花子に」は場所辞でないと考えている。同様に、(104) の各文も場所存在文でなく、所有文であるとみなすべきであろう。所有文は場所存在文と形が似ているにもかかわらず、場所存在文と本質的に異なる。第一に、所有文のばあい、上例に見るように、「に」を省略して、「AはBがある／いる」という形は自然であるが、場所存在文のばあい、「に」の省略は許されない。

(105) *机の上は、リンゴがある。

第二に、場所存在文「AにBがある／いる」におけるBは指示的名詞句であるのにたいして、後述するように、所有文「A（に）はBがある」におけるBは変項名詞句（の主要部）である。その点で所有文は場所存在文よりも絶対存在文と密接に関係する。第三に、場所存在文「AにBがある／いる」において、AはBが所在する位置を表す場所辞であり、AとBとの間に内的な意味関係はないのにたいして、所有文におけるAは、後述するように、Bとある種の意味的関係を結ぶ要素であるという点に注意すべきである。たとえば、(106) は、場所存在文として読むならば、フランスという地理空間に、ある国（たとえば、モナコ）の国王が所在するという意味になるが、所有文として読むならば、「国王」は「フランス国王」でしかなく、この文は結局、《フランスは君主制だ》という意味になる。後者の読みでは、「フランス」は地理空間を表す場所辞ではなく、フランス国家を表す所有者である。

(106) フランスには、国王がいる。

9.2. 所有文と絶対存在文
興味深いことは、所有文（101）（103）と絶対存在文（107）との意味関係である。

(101) 花子（に）は夫がある。
(103) 花子（に）は夫がいる。
(107) 花子の夫が存在する。

(107)の波線部は変項名詞句である。(107)全体は、《[xが花子の夫である]を満たすxの値が空でない》ことを述べており、「花子は結婚している」と実質的には同じ意味をもつ。所有文（101）（103）も（107）に近い意味を有している。このことは、(101)(103)の「夫」も変項名詞句の主要部であることを示唆している。もし（101）（103）の「夫」をなんらかの個体（たとえば、太郎）を指す指示的名詞句とみなすならば、「夫」を「太郎」で置きかえた（108）も所有文として可能となるはずであるが、(108a)は適格でないし、(108b)は文としては適格ではあるが所有文の意味をもたないのである*15。

(108) a. *花子（に）は、太郎がある。
   b. 花子（に）は、太郎がいる。

同様に、所有文（102a）は、絶対存在文（109）に近い意味をもつ。

(109) このコースの必読書が存在する。

本章6節の（50）で、「絶対存在文の存在主体は弱い数量詞とは共起するが、強い数量詞とは共起しない」ことを指摘したが、(110)の例は、所有文「A（に）はBがある」のBも絶対存在文の存在主体とまったく同じ制約下にあることを示している。

(110)a. このコース（に）は、必読書が3冊／たくさんある。
b. *このコース（に）は、必読書が大部分／すべて／半分ある。
c. 花子（に）は、子供が3人／たくさんいる。
d. *花子（に）は、子供が大部分／すべて／半分いる。
e. この試験（に）は、合格者が8人いる／ほとんどいない。
f. *この試験（に）は、合格者が大部分／すべて／半分いる。
g. 豊臣家はたくさんの敵がいる。
h. *豊臣家は大部分の敵がいる。

したがって、所有文について、(111)の仮説をたてておくことは十分正当化されるであろう。

(111) 所有文「A（に）はBがある」における名詞句Bは弱い数量詞とは共起するが、強い数量詞とは共起しない。

飯田（2002: 16）は、de Swart（2001）を引用して、(112)が示すように英語の所有文についても(111)と同様の制約があることを指摘している。

(112)a. The house has windows/at least two windows/many windows/no windows/less than five windows...
b. *The house has all windows/most windows/neither windows...

以上の事実は、日本語であれ、英語であれ、所有文は絶対存在文と意味的に密接に関係していることを強く裏付けているといえよう。

9.3. 所有文におけるAとBの意味的関係

本節では、所有文「A（に）はBがある／いる」におけるAとB

の関係を考える。その手掛かりとして、所有文に対応する絶対存在文「AのBが存在する」における「AのB」に着目しよう。所有文(101)(102)(103)(104)(106)に対応する絶対存在文における「AのB」は、「花子の夫」「このコースの必読書」「太郎の欠点」「あの学生の指導教授」「この会社の副社長」「豊臣家の敵」「フランスの国王」のような名詞句であることに注意しよう。本書第Ⅰ部第1章(山泉論文)および第2章(西川論文)で述べたように、これらの名詞句の主要語(下線部)は西山(2003: 33)の言う非飽和名詞である。非飽和名詞とはパラメータを含み、パラメータの値が具体的に定まらないかぎり、それ単独では外延を定めることができず、意味的に充足していない名詞のことであった。たとえば、「$α$の夫」の$α$を定めないまま、あるひとが夫であるか否かを決めることができず、「花子の夫」となってはじめて完全な名詞句となるので「夫」は非飽和名詞である。したがって、所有文(101)や(103)においても、「花子」と「夫」のあいだに〈パラメータと非飽和名詞〉という西山(2003)で言う「タイプD」の緊張関係が成立していることが分かる。所有文(102)(104)(106)についても同様のことがいえる。結局、所有文(101)(102)(103)(104)(106)については、対応する絶対存在文「AのBが存在する」における「AのB」という名詞句は、〈[パラメータの値]＋の＋[非飽和名詞]〉という関係、すなわち、タイプD関係になっているのである。

　こんどは(113a)のような所有文と対応する絶対存在文(113b)を見よう。

(113)a.　その部屋(に)は窓がない。(所有文)
　　　b.　その部屋の窓が存在しない。(絶対存在文)

(113a)は、(113b)のような絶対存在文に近い意味をもつ。ただ、(113b)における「その部屋」と「窓」の関係は〈パラメータと非飽和名詞〉というタイプD関係とは異なる。ある対象が窓であるかどうかは、部屋とは独立に決定できるという意味で「窓」は飽和名詞だからである。しかし、窓は部屋を構成する部分であり、そこ

から、(113b) の「その部屋」と「窓」の関係は、本書第Ⅰ部第4章（西川論文）で述べた譲渡不可能な関係（つまりタイプFの関係）であることが分かる。つまり、「窓」は基体表現aを手として要求し、「その部屋」はaの値となっているのである。絶対存在文 (113b) に対応する所有文 (113a) においても、「その部屋」と「窓」のあいだに〈基体表現と譲渡不可能名詞〉というタイプFの関係が成立することは変わらない。(114) は (113a) と同種の所有文である。

(114)a. この車（に）はカーナビがある。
　　 b. 人間（に）は尻尾がない。
　　 c. この本（に）は目次がない。

こんどは (115a) を見よう。(115a) は、対応する絶対存在文 (115b) に近い意味をもち、そのかぎりで、所有文とみなしてよいと思われる*16。

(115)a. 田中先生（に）は本がたくさんある。（所有文）
　　 b. 田中先生の本がたくさん存在する。（絶対存在文）

(115b) の主語名詞句「田中先生の本」は、〈パラメータと非飽和名詞の関係〉でもなければ、〈基体表現と譲渡不可能名詞の関係〉のいずれでもなく、〈NP_1とNP_2との間の語用論的関係〉（タイプA関係）にほかならない。つまり、「田中先生の本」の言語的意味は《田中先生と関係Rを有する本》以上のものではなく、関係Rの中身は語用論的に決まってくるのである。したがって、コンテクスト次第で、《田中先生が所有している本》《田中先生が執筆した本》《田中先生について書かれている本》、さらには《田中先生が書評を書くことになっている本》など多様な解釈が可能である。それに対応して、所有文 (115a) も、文の意味としては曖昧ではないものの、語用論的には (116) のような多様な解釈が可能であろう。

(116)a. 《田中先生は、所有している本がたくさんある》
  b. 《田中先生は、執筆した本がたくさんある》
  c. 《田中先生について書かれている本がたくさんある》
  d. 《田中先生は、書評を書くことになっている本がたくさんある》

要するに、所有文「A（に）はBがある」におけるAとBの関係を、狭い意味での「所有する」に限定する必要はないのである。
　以上をまとめると、所有文、「A（に）はBがある」におけるAとBの関係は、〈パラメータと非飽和名詞の関係〉（タイプD）、〈基体表現と譲渡不可能名詞の関係〉（タイプF）、〈AとBとのあいだの語用論的関係〉（タイプA）のいずれかであることが分かる。

9.4. 所有文の二重構造

　筆者は、所有文「A（に）は、Bがある」は、対応する絶対存在文「AのBが存在する」に意味が近いということを強調してきたが、両者の意味は同一ではない。本章9.1節で触れたように、所有文「Aには、Bがある」の「に」は省略可能であるので、以下では「Aは、Bがある」の形の所有文に限定して絶対存在文「AのBが存在する」との意味関係を検討しよう。直観的に言えば、たとえば絶対存在文（117a）は（117b）を主張している文であるが、所有文（118a）は、太郎について「彼の妹の存在」を叙述している文である。この言語直観を文の言語的意味（論理形式）として書き表すと（118b）のようになる。

(117)a. 太郎の妹がいる。（絶対存在文）
   b. ［xが太郎の妹である］を満たすxの値が存在する
(118)a. 太郎は妹がいる。（所有文）

b. 「太郎は妹がいる」(118a) の意味構造

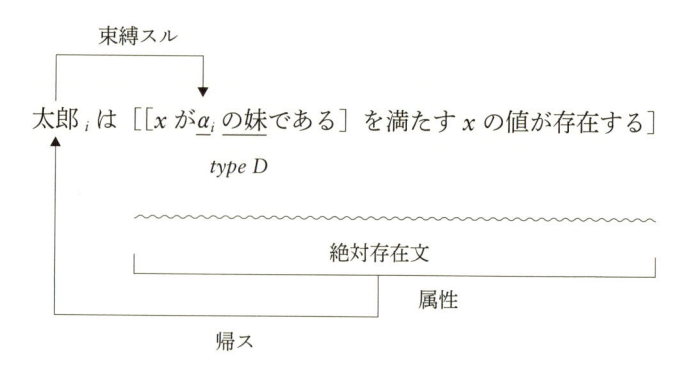

太郎$_i$は [[xがa_iの妹である] を満たすxの値が存在する]

束縛スル / type D / 絶対存在文 / 属性 / 帰ス

　まず、(118b) が示すように、「太郎」は「a_iの妹」のa_iを束縛している。そして、「a_i」と「妹」の関係は〈パラメータと非飽和名詞の関係〉(タイプD) である。さらに、「a_iの妹」は [xがa_iの妹である] という命題関数を表す変項名詞句であり、波線部は、その変項xの値が存在することを述べている絶対存在文である。この絶対存在文は、太郎について叙述している属性を表している。したがって、意味構造 (118b) は全体として、〈述語の位置に絶対存在文が埋め込まれた措定文〉であることを示している。要するに、所有文「AはBがいる／ある」は、「Bがいる／ある」の部分が絶対存在文の意味構造をなし、文全体はAの指示対象に「Bがいる／ある」で表される属性を帰すという意味で措定構造をもつ構文、すなわち、「絶対存在文内蔵型措定文」である、と考えられる。

　(118b) の表示で、非飽和名詞「妹」はパラメータとして変項aをとり、変項aが「太郎」によって束縛される関係になっているという点の認識は重要である。変項aと「太郎」にインデックスiを付しているのはこの束縛関係を表すためである。言い換えれば、「妹」のパラメータは、意味論レベルで、「太郎」によって束縛される変項として解釈されるべきである。つまり、いかなるコンテクストが与えられても、(118a) を (119a) のように解釈することはできないばかりでなく、「妹」のパラメータとして「太郎」を直接入れ、(118a) を (119b) のように解釈することも不適切なのである。

(119)a. 《太郎は［次郎の妹］が存在する》
　　　b. 《太郎は［太郎の妹］が存在する》

(118b)のごとく、「妹」のパラメータを束縛変項とみなす分析は、(120a)のような所有文のWh疑問の論理形式を(120b)として表示する時、主語「誰」によって束縛される束縛変項を介在させる必要があることからも正当化される*17。

(120)a. 誰が妹がいるの。
　　　b. 《誰$_i$が［［$α_i$の妹］がいる］の》

ここで、「妹」のパラメータとして主語「誰」を入れるわけにはいかない点に注意しよう。なお、(120b)の波線部は絶対存在文であり、「誰」について叙述している属性を表している。ただし(120a)は全体として指定文であり、「絶対存在文内蔵型指定文」であるが、この種の文も所有文の一種とみなしてよいであろう。(121)も(118a)と同じタイプの所有文である。

(121)a. 花子は欠点が二つある。
　　　b. この芝居は主役がいない。
　　　c. あの事件は犯人が二人いる。

(121a)において、非飽和名詞「欠点」はパラメータとして変項$α$をとり、変項$α$が「花子」によって束縛される関係になっているので、所有文の基本構造を満たしているのである。(121b)(121c)も同様である。

　所有文を「絶対存在文が埋め込まれた措定文」とする上の分析は、他の所有文についてもあてはまる。たとえば、(113a)の意味表示は概略、(122)である。

第11章　名詞句の意味機能から見た存在文の多様性　293

(122)「その部屋は窓がない」(113a) の意味構造

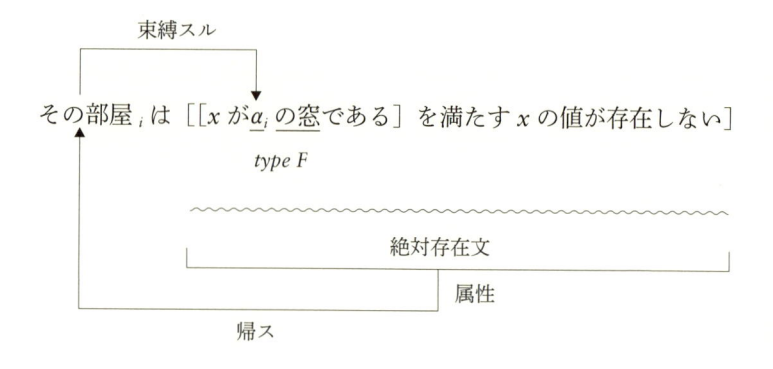

```
        束縛スル
      ┌─────┐
      │     ↓
その部屋ᵢ は [[x が aᵢ の窓である] を満たす x の値が存在しない]
  ↑              type F
  │                 ~~~~~~~~~~~~~~~~~~~~~~~~~~~~~~~~~~~~
  │                       絶対存在文
  │                                              属性
  └──────────┘
        帰ス
```

まず、(122) が示すように、「その部屋」は「a_iの窓」のa_iを束縛している。そして、「a_iの窓」における「a_i」と「窓」の関係は〈基体表現と譲渡不可能名詞の関係〉(タイプ F) である。さらに、[a_iの窓] は [xがa_iの窓である] という命題関数を表す変項名詞句であり、波線部は、その変項xの値が存在しないことを述べている絶対存在文である。この絶対存在文は、その部屋について叙述している属性を表している。したがって、意味構造 (122) は全体として、〈述語の位置に絶対存在文が埋め込まれた措定文〉であることを示している。(114) の各文も (122) と同様の意味構造をもつ。

(114) a. この車 (に) はカーナビがある。
　　　b. 人間 (に) は尻尾がない。
　　　c. この本 (に) は目次がない。

さらに、所有文にたいする二重構造分析は、(115a) のようにAとBの関係が語用論的に結ばれるタイプの所有文についてもあてはまる。たとえば、(115a) の論理形式は概略、(123) のようなものであると思われる。

(123)「田中先生は本がたくさんある」(115a) の意味構造

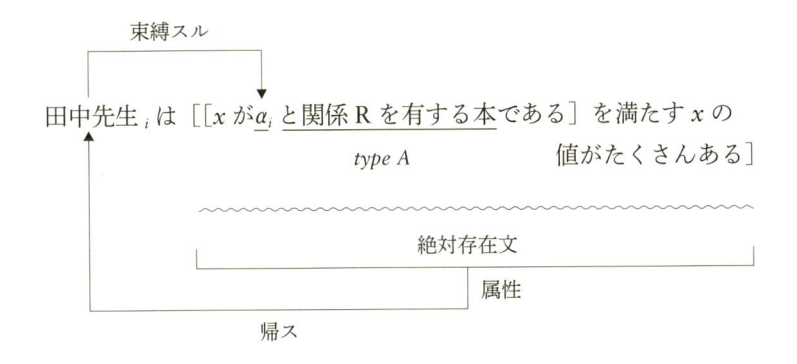

```
         束縛スル
      ┌──────────┐
      ↓          │
  田中先生ᵢは [[xがaᵢと関係Rを有する本である] を満たすxの
                    type A                    値がたくさんある]
                 ～～～～～～～～～～～～～～～～～～～～～～
                        絶対存在文
                              属性
                 帰ス
```

(123) が示すように、「田中先生」は「a_iの本」のa_iを束縛している。「a_iの本」の意味は、より正確には《a_iと関係Rを有する本》であるが、[xがa_iと関係Rを有する本である] という命題関数を表す変項名詞句の機能を果たしている。そして波線部はその変項xの値がたくさん存在することを述べている絶対存在文である。そして、この波線部が「田中先生」にたいする叙述になっている。(123) はしかるべきコンテクストのもとでRを語用論的に解釈すれば、たとえば、(116) のような表意を表すことができる。

こんどは (124) を見よう。

(124) 太郎は、寝る前に飲むワインがある。*18

(124) も所有文「Aは、Bがある」という形をしているが、これまで見てきた所有文と異なり、「AのBが存在する」という形の絶対存在文に対応していない。(124) は、Bの連体修飾節 [a_iが寝る前に飲む] の部分に変項a_iがあり、そのa_iがAによって束縛される束縛変項になっているケースである。したがって、(124) の論理形式は (125) のようなものである。

(125)

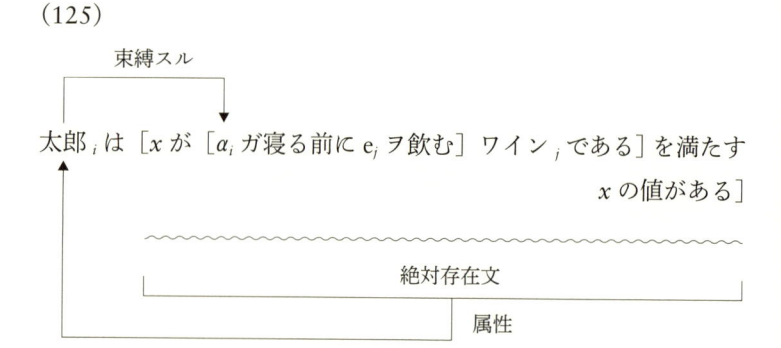

太郎$_i$は [x が [a_i ガ寝る前に e$_i$ ヲ飲む] ワイン$_j$ である] を満たす x の値がある]

束縛スル／帰ス／絶対存在文／属性

（125）の波線部は絶対存在文の意味構造を有しており、波線部全体が「太郎」にたいする属性になっているのである。

9.5. 所有文の本質的特徴

以上を整理すると、所有文「A は、B がある」の論理形式は（126a）もしくは（126b）であり、それらに共通する本質的な特徴は（127）であると言うことができる。

(126) a. 《A$_i$ は [a_i の B] が存在する》
    b. 《A$_i$ は [[... a_i ... である] B] が存在する》
(127) a. B の意味構造には変項aが付随しており、その変項aはAによって束縛されている。
    b. （126a, b）の下線部は、絶対存在文の意味構造を有している。
    c. （126a, b）の下線部は、A にたいする叙述として機能しており、（126a, b）全体は措定文の意味構造を有している。

要するに、所有文は、絶対存在文内蔵型措定文である、と考えられるのである。そこから、所有文「A（に）は B がいる／ある」の成立条件として（128）を仮定することが正当化されるであろう。

(128) 所有文「A（に）はBがいる／ある」が成立するためには次の二つの条件が満たされていなければならない。
- (i) 「Bがいる／ある」の部分が絶対存在文の意味構造を有していなければならない。とくに、Bが変項名詞句としての条件を満たしていなければならない。
- (ii) Aの指示対象に「Bがいる／ある」で表される属性を帰すための条件が満たされていなければならない。そのためには、Aによって束縛されている変項がBのどこかに（目に見えない形で）付随している必要がある*19。

本章9.2節で、所有文「A（に）はBがある／いる」におけるBの位置の名詞句は、「二人の」「少ない」「たくさんの」のような弱い数量詞と共起するが、「すべて」「ほとんど」「大部分」のような強い数量詞と共起しにくいこと、つまり、所有文のBの位置の名詞句には、いわゆる定性制限が課せられることを指摘したが、これは(128)の(i)の条件から自然に導きだされる帰結であるとみなすことができる。また、(128)の(ii)から、Aによって束縛される変項がBに付随しているとみなせないような文は、たとえ全体が「A（に）はBがいる／ある」という形式を有しており、また「Bがいる／ある」の部分が絶対存在文の意味構造を有していても、所有文とみなすことはできないということ示す。この観点から(129)の各文を見よう。

(129) a. 太郎（に）は、あの女性がいる。
　　　b. 太郎（に）は、花子がいる。
　　　c. 太郎（に）は、正夫の妹がいる。
　　　d. 太郎（に）は、すべての妹がいる。

(129a)のように、Bの位置に登場している直示表現「あの女性」は、通常それ単独で個体を指示する機能を持ち、変項が付随しているとは考えにくい。また、「あの女性がいる」の部分は絶対存在文

を構築しえない。したがって、(129a)は所有文の成立条件(128)の(i)も(ii)も満足しておらず、二重の意味で不適格である。また、(129b)における「花子がいる」の部分は《「花子」という名前の持ち主がいる》という意味での絶対存在文を構築することも不可能ではないが、あまり自然ではない。さらに、(129b)の主語「太郎」に束縛されているような変項が「花子」に付随しているとは考えにくいため、「花子がいる」は太郎に帰す属性にならない。したがって(129b)は、所有文の成立条件(128)の(i)および(ii)を満足しておらず、所有文として不適格である。また、(129c)における「正夫の妹がいる」の部分は、それ単独では絶対存在文を構築しうるが、非飽和名詞「妹」はパラメータがすでに「正夫」で埋まっているため、「太郎」に束縛されうるような変項としてのパラメータは存在しない。したがって、「正夫の妹がいる」は「太郎」によって束縛されうるような変項が付随していないため、太郎に帰される属性としては機能しない。したがって、(129c)は、所有文の成立条件(128)の(ii)を満足しておらず、所有文としては不適格である。さらに、(129d)は、「妹」という非飽和名詞のパラメータが「太郎」によって束縛される変項になっているため、所有文の成立条件(128)の(ii)を満足している。しかし、「妹」が強い数量詞「すべて」と共起しているため、「すべての妹がいる」の部分が絶対存在文として成立しない。したがって、(129d)は、所有文の成立条件(128)の(i)を満足しておらず、所有文としては不適格になるのである。

　もし以上のわれわれの分析が正しいならば、所有文は絶対存在文と意味が近いとはいえ、論理形式はかなり異なることが分かる。前者はコピュラ文のなかに絶対存在文が埋めこまれている二重構造を有しているのにたいして、後者は単一構造でしかない。また、所有文の分析には、束縛変項を介在させる必要があるのにたいして、絶対存在文の分析にはその必要はない。本節で提示した「コピュラ措定文と絶対存在文の二重構造」という分析は、(128)のような厳密な成立条件の仮説を可能にし、これまで漠然としてしか理解されてこなかった所有文の意味構造にたいして新しい光を投げかけるで

あろう。なお上で見た（129）の各文は、ここで定義されるような意味での所有文としては不適格であるが、別のタイプの存在文としては適格な文として解釈できるのである。そのことを次節で論じる。

10. リスト存在文

まず、次の夫婦の会話を見よう。

(130)a. 太郎：お前が見てくれなければ、お袋の面倒を見る人はいないよ。
　　b. 花子：あなたの妹の正子さんがいます。

(130b)は場所存在文ではないことに注意しよう。これは、むしろ(131)のような意味である。

(131) 《[xが太郎の母の面倒を見る人である]を満たすxの値として、太郎の妹の正子が存在する》

(131)と解釈できる(130b)のようなタイプの文を「リスト存在文」と呼ぶ。興味深いことに、(130b)の意味を(131)と分析できるところから、(130b)が、(132)のような倒置指定文とも、また(133)のような絶対存在文とも意味的に深く関わることが分かる。

(132) 太郎の母の面倒を見る人は正子だ。（倒置指定文）
(133) 太郎の母の面倒を見る人が存在する。（絶対存在文）

つまり、(130b)、(132)、(133)のいずれにも［xが太郎の母の面倒を見る人である］という命題関数を表す変項名詞句が関与していることに注意すべきである。倒置指定文(132)はその変項xの値を「正子」によって具体的に指定しており、絶対存在文(133)は、変項xの値がそもそも存在すということを述べている。それにたい

して、リスト存在文（130b）は、変項 x の具体的な値、つまり「正子」を主語にして値の存在を肯定的に主張する構文である。このように、リスト存在文の背後には、たとえ言語化されていなくてもかならずなんらかの変項名詞句が介在していることの認識は重要である。なお、リスト存在文は値の存在を肯定的に主張する構文である以上、否定文になることはない。

（134）の第2文はリスト存在文の典型例である（cf. 西山 2003: 412–417）。

(134) a. 太郎：東京で見るべきものなどないだろう。
b. 花子：そんなことないわよ。浅草、歌舞伎町、お台場、それにスカイツリーがあるじゃない。

（134b）の第2文の意味表示は（135）であり、ここでも ［x が東京で見るべきものである］のような命題関数を表す変項名詞句が関与しているのである。

(135) 《［x が東京で見るべきものである］を満たす x の値として、浅草と歌舞伎町とお台場とスカイツリーが存在する》

ここで、本章9.5節で所有文としての適格性を問題にした（129）の例文をもう一度見てみよう。

(129) a. 太郎（に）は、あの女性がいる。
b. 太郎（に）は、花子がいる。
c. 太郎（に）は、正夫の妹がいる。
d. 太郎（に）は、すべての妹がいる。

本章9.5節で、（129）の各文いずれも所有文として不適格であると述べた。しかし、しかるべきコンテクストにおいては、（129）はリスト存在文として解釈することは可能である。たとえば、（136b）の2番目の文である（129a）（129b）（129c）は、リスト

存在文として解釈するのが自然であろう。

(136)a. 甲：太郎は、まだ独身だそうだが、誰かよい女性を紹介してあげなくてもいいかな。
b. 乙：その必要はないわよ。太郎（に）は、あの女性がいるわよ。／太郎（に）は、花子がいるわよ。／太郎（に）は、正夫の妹がいるわよ。

こんどは、(137)の会話を見よう。

(137)a. 甲：山田家では、皆、山田太郎に反抗する者ばかりで、誰も山田太郎の味方になるようなひとはいないのかな。
b. 乙：太郎には、すべての妹がいるんだから、大丈夫だ。

(137b)における「太郎（に）は、すべての妹がいる」(129d)は、《太郎には、[xが太郎の味方になるひとである]を満たすxの値として、すべての妹がいるから、大丈夫だ》を意味しているリスト存在文と読むのが自然であろう。

ここで、これまで述べてきた倒置指定文、絶対存在文、リスト存在文の要点をまとめると次のようになる。

(138)a. [...x...]を満たすxの値は a だ（倒置指定文）
b. [...x...]を満たすxの値が存在する／存在しない（絶対存在文）
c. [...x...]を満たすxの値として a が存在する（リスト存在文）

今、「Aがある／いる」という形式から考えると、この文を絶対存在文とみなすということは、A自体を、[...x...]のような変項名詞句とみたて、その値が存在する、ということを主張しているのである。それにたいして、「Aがある／いる」という形式をリスト存

第11章　名詞句の意味機能から見た存在文の多様性

在文とみなすということは、隠れた変項名詞句［...x...］を想定し、その変項xを埋める値としてAが存在する、ということを主張しているのである。いずれの構文も、［...x...］のような命題関数を表す変項名詞句が介在し、変項を満たす値が存在するということを主張している点では共通しているが、変項名詞句を主語として明示的に構築した存在文が絶対存在文であるのにたいして、変項名詞句を背後において、変項を満たす値名詞句を主語として明示的に構築した存在文がリスト存在文なのである。結局、絶対存在文とリスト存在文は表裏の関係にあるといえる。

なお、リスト存在文は英語では、(139)(140b)(141b)のように、there 構文でありながら定名詞句が生じて、いわゆる「定性制限」を受けない構文として Rando and Napoli（1978）などの研究によってよく知られている。

(139) There's the park, a very nice restaurant, and the library. That's all as far as I'm concerned.
(140) a. Mary: I don't have any friends.
   b. Bill: Oh, don't be silly! There's John and me and Susan...　　　　（Rando and Napoli 1978: 308）
(141) a. John: I guess everybody is here now.
   b. Mary: No, there's still John and Mary.
　　　　　　　　　　　　　　　　　（久野・高見 2004: 152, 161）

これらの各例において、何が隠れた変項名詞句であるかは明らかであろう。またこれらの例から「リスト存在文は、いくつかの値を列挙する（リストアップする）構文である」としばしば考えられやすいが、それはリスト存在文の本質ではないので注意を要する。上で述べたように、リスト存在文の本質は「変項名詞句の変項xを満たす値が存在すること」にあるのであって、その値が複数個あるかどうかはポイントではないからである。事実、上で見た (130b) のばあいは、値が単一であるにもかかわらず、リスト存在文なのである。

よく知られているように、there 構文（142a）は文法的であるが（142b）は定性制限に反するので非文法的であると言われる。

(142) a.　There is a book on the table.
　　　 b.　*There is the book on the table.

ところが、(143) のような対話において、(143b) として使用されたばあいは (142b) は容認可能となる。(cf. Abbott 1993: 44)

(143) a.　John: What can I use to prop open the door?（ドアを支えて開けた状態にしておくのに、何を使ったらいいですか。）
　　　 b.　Mary: There is the book on the table.（テーブルの上の本があるわよ。）

(143b) は、《ドアを支えて開けた状態にしておくのに、使えるものとしてテーブルの上の本がある》を言わんとしているのであり、構造的には (144a) ではなく、(144b) と理解すべきである。(144b) は、リスト存在文にほかならないが、このばあいも、変項を埋める値は単一であり、列挙する、リストアップするということとは無縁である。

(144) a.　There is the book [on the table]
　　　 b.　There is [the book on the table]

リスト存在文の研究が当初、Rando and Napoli によって、英語の (139) – (141) の類いの例を出発点にして、there 構文における「定性制限」との関係で論じられたため、もっぱら列挙する、リストアップという側面が強調されてきたきらいがあるが、そのことによって、リスト存在文の本質を見失ってはならない。筆者の見解では、リスト存在文の本質は、複数の要素をリストアップするということにあるのではなく、あくまで隠れた変項名詞句における変項の

第11章　名詞句の意味機能から見た存在文の多様性　　303

値が存在することを肯定的に述べる点にあるのである。その意味で「リスト存在文」という術語は誤解を招きやすいと言わざるをえない*20。

11. リスト存在文と所有文の区別

　リスト存在文は本章9節で見た所有文と混同されやすいので注意を要する。こんどは、(145)の会話を見よう。

(145)a.　妻：わたくしたちが旅行中、お祖父さんをほっといて大丈夫かしら？
　　　b.　夫：大丈夫だよ。お祖父さんには花子がいるから。

(145b)の第2文は所有文であろうか、それともリスト存在文であろうか。筆者の考えでは、これは所有文ではなく、むしろ(146)のように分析すべきリスト存在文である。

(146)《[xが祖父の世話役である]を満たすxの値として花子がいる》

仮に、(145b)の「花子」がたまたまお祖父さんの孫であったとしても、(145b)の第2文を所有文とみなすわけにはいかない。ここで、本章9.5節で(128)の(ii)として述べたこと、つまり、(147)を思い起こそう。

(147) 所有文「A（に）はBがある／いる」において、Aによって束縛されている変項がBのどこかに（目に見えない形で）付随している必要がある。

したがって、Bにそのような束縛変項が付随しているとみなせないような文は、「A（に）はBがいる／ある」という形式を有していても所有文とみなすことはできないのである。その点、(145b)の

ように、Bの位置に登場して固有名「花子」は、通常それ単独で個体を指示する機能を持ち、変項が付随しているとは考えにくく、所有文ではないのである。

　こんどは、(148)(149)を見よう。

(148) われわれには、前方にあの高い山があるから、これ以上前へ進めない。
(149) 学生たちには、あの図書館があるから、よい論文が書けるはずだ。

これらの文はいずれも、「A（に）はBがいる／ある」という形式を有している。では、これらの文におけるAによって束縛されている変項がBのどこかに付随しているとみなすことができるであろうか。これらの文のBの位置に登場している直示表現「あの高い山」や「あの図書館」は、それ単独で個体を指示する機能を持ち、変項が付随しているとは考えにくいのである。さらに、Bが指示的名詞句である以上、「Bがいる／ある」の部分が絶対存在文であるはずがない。したがって、(148)や(149)は、述語部分に絶対存在文が埋め込まれた措定文という意味での所有文ではありえない。むしろ、(148)(149)は、それぞれ、(150)(151)のように分析すべきリスト存在文なのである。

(150) 《[xがわれわれが前へ進む障壁である] を満たすxの値として、あの高い山がある》
(151) 《[xが学生たちが論文作成に利用できる施設である] を満たすxの値として、あの図書館がある》

　岸本・影山（2011: 242）は、(152)という文について(153)のように述べる。

(152) 先生の［ところ／研究室］に大英語辞典がある。
(153) …(152)［=(3b)］から「のところ／研究室」を削除す

ると、どうなるであろうか。「先生に大英語辞典がある」というのは、存在を表す文としては確かにおかしいが、「先生には大英語辞典があるから、英語の質問があれば何でもあの先生に聞きましょう」とすると、意味が通じるようになる。この場合の「先生に大英語辞典がある」というのは「先生は大英語辞典を持っている」という所有の意味になるからである。

しかし、筆者の見解では、「先生に大英語辞典があるから、英語の質問があれば何でもあの先生に聞きましょう」というばあいの（154）は一見、所有文に似ているのでまぎらわしいが、実は所有文ではなく、（155）のように分析すべきリスト存在文であると思われる。

(154) 先生に大英語辞典がある。*21
(155) 《[x が先生が英語の質問に答える道具なり] を満たす x の値として大英語辞典が存在する》

ここで、所有文「AにはBがある」のBには定性の制限が課せられるが、リスト存在文「Aに（は）、Bがある」のBには定性の制限が課せられないことに注意しよう。つまり、リスト存在文のBには、強い数量詞や固有名詞や指示語で限定された名詞も可能である。

(156) 先生には { a. 大半の英語辞典　b. すべての英語辞典　c. 大部分の英語辞典　d. オックスフォード英語辞典　e. 例の大きな英語辞典 } があるから、英語の質問があれば何でもあの先生に聞きましょう。

上の事実は、「先生に（は）大英語辞典がある」がリスト存在文であって所有文でないことを裏付けている。もちろん、たまたま

（154）の例で、先生が当該の英語辞典を所有している可能性もあるため、「所有文」と誤解されやすいが、ここでは「先生」と「大英語辞典」とのあいだの所有関係がポイントではないのである。

　所有文とリスト存在文との関係で興味深いのは、（157）と（158）との違いである。

　　（157）花子は夫がある。
　　（158）花子は夫がいる。

（157）にたいするもっとも自然な読みは所有文の読みであり、それは（160）として分析できる絶対存在文（159）と密接な意味的関係をもつ。

　　（159）花子の夫が存在する。
　　（160）《[x が花子の夫である] を満たす x の値が存在する》

絶対存在文（159）は、「花子は結婚している」と言い換えることができる読みである。さて、本章9節の分析に従えば、（157）は、絶対存在文（159）を述語の位置に埋め込んだ指定文と分析できるので所有文である。今、花子の夫が田中太郎としよう。そのばあい、（157）を言い換えて（161）といえるであろうか。否である。

　　（161）花子は田中太郎がある。

所有文（157）の「夫」は変項名詞句の一部であって指示的名詞句ではない故、それを指示的な固有名詞で置き換えることなど原理的にできないのである。
　こんどは（157）に似ている（158）を見よう。実は、（158）は所有文の読みとリスト存在文の読みとがあり、曖昧なのである。もし（158）を所有文と読んだばあいは、（158）は（157）と同じ意味をもつ。そのばあい、（157）と同様、「花子の夫＝田中太郎」だからといって、（158）を（162）で言い換えることはできない。

(162) 花子は田中太郎がいる。

ところが、(158) には、もう一つ別の読みがある。次のコンテクストを考えてみよう。

(163)a.　甲：花子が引っ越しするそうだけど、手伝いにいかなくてもいいのかな？
　　　b.　乙：大丈夫だよ。花子は夫がいるから。

(163) の第2文にたいする自然な解釈は、所有文の意味ではなく、むしろ、(164) のように分析できるリスト存在文として読むものであろう。

(164)《[x が花子の引っ越しを手伝うひとである] を満たす x の値として花子の夫（すなわち、田中太郎）が存在する》

この読みでは、(158) の「夫」は指示的であり、(158) を (162) で言い換えることができる。したがって、このばあい、(163) を (165) と言い換えてもさしつかえないのである。

(165)a.　甲：花子が引っ越しするそうだけど、手伝いにいかなくてもいいのかな？
　　　b.　乙：大丈夫だよ。花子は田中太郎がいるから。

12. 間スペース対応存在文

　言語哲学の文脈でしばしばとりあげられる存在文は次のようなタイプの文である。

(166)a.　シャーロック・ホームズは存在しない。
　　　b.　浦島太郎はいたんだよ。
　　　c.　Santa Claus does not exist.

d. Pegasus does not exist.

これらは、小説、神話、伝説、おとぎ話などの世界に登場した人物、生物などについて、現実世界にその対応物が存在するとか存在しないということを述べた文である。問題はこれらの文の下線部の指示性である。現代の分析哲学者の多くは、たとえば、(166a) の「シャーロック・ホームズ」を指示的とみなすことに懐疑的である。なぜなら、もし (166a) の「シャーロック・ホームズ」がある対象を指示するとするならば、この文はシャーロック・ホームズについてなにかを叙述していることになる。ところが、(166a) はシャーロック・ホームズが存在しないと言っている以上、それについて語っている対象が存在しないことを意味している。したがって、(166a) は、シャーロック・ホームズについてなにかを述べている文ではありえない。つまり、「シャーロック・ホームズ」を指示的とみなすわけにはいかない。むしろ、(166a) は、個体としてのシャーロック・ホームズが存在しないと述べているのではなく、「シャーロック・ホームズ」という概念が空虚であることを述べていること、言い替えれば、(167) を意味しているのである－と。

(167)《[x がシャーロック・ホームズである] を満たす x の値が空である》

現代の分析哲学者の多くは (166) の他の文についても同様の扱いをする。(166) にたいする以上のような見解は、本章の術語で言えば、これらの文を絶対存在文として扱おうとする立場であるといえる。筆者は、西山 (1994, 2003) において、現代の分析哲学者のあいだで比較的広く受け入れられているこのような見解に同意できないことを述べた。本章3節で強調したように、絶対存在文の「A が存在する」の A は変項名詞句であって指示的ではなかった。ところが、(166) の主語名詞句「シャーロック・ホームズ」、「浦島太郎」、'Santa Claus'、'Pegasus' はいずれも指示的名詞句であり、(166) の各文は主語名詞句の指示対象について述べているのであ

り、絶対存在文とはまったく異質である。その証拠に、たとえば、「シャーロック・ホームズ」のことをまったく知らないひとが、(166a) を聞いて、(168) のような問いを発することは十分ありうるであろう。

 (168)a. あなたは、「シャーロック・ホームズ」で一体、誰のことを指しているのですか。
   b. そのシャーロック・ホームズっていう人、どんな方ですか。

(168a) の質問にたいして、「わたくしは、「シャーロック・ホームズ」で、コナン・ドイルの推理小説の主人公を指しています。」と答えることができるであろう。また、(168b) の質問にたいして、(169) のいずれかで答えたならば、その答えは真であるが、(170) のいずれかで答えたならば、その答えは偽である。

 (169)a. <u>シャーロック・ホームズ</u>は天才的な名探偵だ。
   b. <u>シャーロック・ホームズ</u>は独身だ。
   c. <u>シャーロック・ホームズ</u>はロンドンのベーカー街221Bに住んでいる。
   d. <u>シャーロック・ホームズ</u>の下宿先の女主人はハドスン夫人だ。
 (170)a. <u>シャーロック・ホームズ</u>はピアニストだ。
   b. <u>シャーロック・ホームズ</u>には兄弟がいない。
   c. <u>シャーロック・ホームズ</u>はフランス人だ。
   d. <u>シャーロック・ホームズ</u>は日本語が達者だ。

ということは、(166a) が真であっても（つまり、シャーロック・ホームズが存在しなくても）、(169) および (170) の下線部「シャーロック・ホームズ」は人間シャーロック・ホームズを指示する指示的名詞句であり、全体は真や偽になりうることを示している。この点が本章3節で見た絶対存在文との大きな違いである。こ

のようなことは絶対存在文では起こりえない。たとえば、(171a)にたいする自然な解釈は、(171b)で言い換えできるような絶対存在文としての読みであろう。

(171)a. <u>花子より美しい人</u>はいない。（絶対存在文）
　　　b. 花子が一番美しい。

(171a)が下線部の指示対象についてなにかを述べている文ではない以上、この文の聞き手は、(172)のような問いを発することはありえないのである。

(172)a. あなたは、「花子より美しい人」で一体誰のことを指しているのですか。
　　　b. その花子より美しい人って、どんな人ですか。

また、(171a)が真でありながら、(173a)やその否定（173b）のいずれかが真になることもありえないのである。

(173)a. 花子より美しい人は学生だ。
　　　b. 花子より美しい人は学生でない。

要するに、(166a)は(171a)のような絶対存在文とは本質的に異なるタイプの文なのである*22。むしろ、(166a)の「存在する」という述語は主語の指示対象、つまり、コナン・ドイルの小説の主人公シャーロック・ホームズについてあることを述べている文なのである。では、(166a)の「シャーロック・ホームズ」は指示的名詞句であるからといって、(166a)は場所存在文になるであろうか。この文は、シャーロック・ホームズがロンドンのしかじかの場所に所在していることを述べている文ではないので、場所存在文でありえない。実は、(166a)は、(174)で言い換えることができるような特殊な存在文なのである。

（174）現実世界に、シャーロック・ホームズは存在しない。

注意すべきは、（174）における「現実世界に」は場所辞ではないという点である。「現実世界」というのは、人間や対象が位置する空間的場所を表す表現ではない。それは、「小説の世界」「映画の世界」「神話の世界」「絵画の世界」「ある人の信念の世界」などと同様、対象を登録する舞台セッティングを表す表現である。この種の表現は、メンタル・スペース理論の術語を使えば、対象を設定するメンタル・スペースを表していると言える。したがって、（166a）は、《コナン・ドイルの小説の主人公である「シャーロック・ホームズ」の指示対象は、現実世界のメンタル・スペースには対応物がない》ということを表しており、（175）とでも言い換えできるタイプの文なのである。

　　　（175）シャーロック・ホームズは、実在人物ではない。

（166）の他の文も同様である。そこから、西山（1994）では、（166）のタイプの存在文を「実在文」と呼んだ。虚構の世界をベースにしてその世界の要素から現実世界への対応関係を表しているこの種の文はきわめて特殊な存在文であると言える。さて、（166）のような実在文は、小説、神話、絵画、映画、芝居などが構築する虚構世界から現実世界への対応物の存在・非存在を問題にする構文であったが、かならずしもこの方向だけではなく、逆に現実世界をベースにしてその世界の要素から虚構世界への対応物の存在・非存在を問題にする次のような文もある。

　　　（176）ドラマ『女たちの忠臣蔵』には、浅野内匠頭と吉良上野
　　　　　　介がいない。

（176）は、（177）で言い換えることができるような意味を有している。

(177) ドラマ『女たちの忠臣蔵』には、浅野内匠頭と吉良上野介は登場しない。

つまり、(176)の意味するところは、《浅野内匠頭と吉良上野介は実在した人物であるにもかかわらず、ドラマ『女たちの忠臣蔵』の登場人物のなかには、かれら二人はいない》というものである。したがって、(176)の下線部の「浅野内匠頭」と「吉良上野介」が現実世界にその指示対象をもつ指示的名詞句であることは明らかであろう。同様に、(178)はラファエロの有名な絵画『アテナイの学堂』についてのコメントであるが、下線部の名詞句は実在していたギリシャの哲学者を指す指示的名詞句であり、かれらが『アテナイの学堂』という絵に登場しているという意味である。

(178) 『アテナイの学堂』にはプラトン、アリストテレス、ソクラテスがいる。

このように、(166)のような実在文ばかりでなく(176)や(178)のような存在文も、複数のスペース間の要素間の対応関係を表している存在文として統一できるので、西山(2003: 417-423)では、これらの文を「間スペース対応存在文」と呼んだ。実在文は間スペース対応存在文の一つのケースである。「間スペース対応存在文」にたいする定義は次のようなものである。

(179) 間スペース対応存在文とは、2個のメンタル・スペース M_1、M_2 を仮定し、M_1 における指示対象をもつ表現 A が、M_2 においてはその対応物を有する／有さない、ということを主張している文のことを言う。A は指示的名詞句である。
(西山 2003: 422)

間スペース対応存在文と絶対存在文の本質的な違いを見るために、次の文を考えよう。

（180）シャーロック・ホームズの仕事上の相棒はいない。

まず、（180）の下線部を変項名詞句とみなし、文全体を絶対存在文と解釈することができる。このばあい、（180）は《誰もシャーロック・ホームズの仕事上の相棒ではない》といった読みであり、より正確には（181）で表される意味をもつ。

　　　（181）《[x がシャーロック・ホームズの仕事上の相棒である] を
　　　　　　満たす x の値が空である》

これをコナン・ドイルの小説世界のなかでの話とみなすかぎり、シャーロック・ホームズにはジョン・H・ワトスン医師という仕事上の相棒がいるため、この読みでの（180）は偽ということになる。一方、（180）の下線部をジョン・H・ワトスンを指す指示的名詞句とみなし、ジョン・H・ワトスンは実在していないという意味で（180）を解釈するならば、（182）のような間スペース対応存在文として読むことができ、この文は真となる。

　　　（182）a. シャーロック・ホームズの仕事上の相棒は実在人物ではない。
　　　　　　b. 現実世界に、シャーロック・ホームズの仕事上の相棒、すなわち、ジョン・H・ワトスン医師は存在しない。

要するに、（180）には、絶対存在文と実在文の読みが可能であり、曖昧なのである。
　以上、われわれは多様な存在文を考察してきた。われわれの議論が正しいならば、絶対存在文と指定コピュラ文とのあいだ、リスト存在文と倒置指定文とのあいだ、絶対存在文と所有文とのあいだ、さらには所有文と措定コピュラ文とのあいだに、意味的にきわめて密接な関係があることが明らかとなったといえよう。と同時に、間スペース対応存在文と絶対存在文とのあいだに本質的な違いがあることも明らかとなったといえよう。そのことはまた、名詞句の指示

性・非指示性という概念が、存在文の意味とコピュラ文の意味とを結びつける重要な要因であることをも示しているのである。

13. 二重存在文

本節では、存在文の主語が、別の存在文によって修飾されている構文を考察する。

13.1. 二重存在文とは

まず、次の文はいずれも場所存在文であり、意味もほぼ同じである。

(183) a. あの川に多くの<u>魚</u>がいる。(場所存在文)
　　　b. あの川に<u>魚</u>が多くいる。(場所存在文)
　　　c. あの川に<u>魚</u>が多い。*23 (場所存在文)

(183a) の「多くの」に数量詞遊離を適用すると (183b) ができる。「多い」は《多く存在する》の意味であるので、(183b) を (183c) に書き換えることができる。ここで、(183) の下線部の「魚」はいずれも指示的名詞句であることに注意しよう。こんどは (183) に意味が類似している (184) を見よう。

(184) あの川にいる魚が多い。

(184) はその主語名詞句「魚」が、場所存在文「あの川にいる」によって修飾されているが、(184) は、《[x があの川にいる魚である] を満たす x の値が多い》を述べており、文全体としては絶対存在文である。要するに、意味が類似しているように思われる (183) と (184) は構造的に大きく異なるのである。ここで、本章 6 節で見た (50) を思い起こそう。

(50) 弱い数量詞は場所存在文と絶対存在文のいずれとも共起するが、強い数量詞は場所存在文とのみ共起し、絶対存在文とは共起しない。

(184) が絶対存在文であることは、(185) が適格であるのにたいして、(186) が不適格であることからも確認できる。一方、(187) も (188) も適格であることは、(183) が場所存在文であることを裏付けている。

(185) あの川にいる魚がたくさんいる／ほとんどいない。(絶対存在文)
(186) ?あの川にいる魚が大部分／すべている。(絶対存在文)
(187) あの川に魚がたくさんいる／ほとんどいない。(場所存在文)
(188) あの川に魚が大部分／すべている。(場所存在文)

13.2. 場所存在文が埋め込まれた絶対存在文

存在文「Aが存在する」において、主語名詞句Aの連体修飾節が存在文になっている (189) のような意味構造をもつ文を以下、「二重存在文」と呼ぶ。

(189) 《[e_i ガ存在スル] A_i が存在する》
         ─────────
            存在文
     ─────────────────────
              存在文

ここで、(184) をもう一度考えよう。

(184) あの川にいる魚が多い。

(184) は (190) のような構造をもっていると思われる。

(190) 《[x が [e$_i$ ガあの川にいる] 魚$_i$ である] を満たす x の値が多い》
　　　　　　　　　　場所存在文
　　　　　　　　　　　　絶対存在文

したがって、(184) は絶対存在文の主語名詞句に場所存在文が埋め込まれており、二重存在文の特殊なケースなのである。

なお、(191) は一見矛盾した文のように思われるかもしれないが、(192) のようなコンテクストで使用されたならば、なんら矛盾でない読みが得られる。

(191) 多い魚は少ない。
(192) 〈魚屋が客に〉
　　　お客さん、このところの荒れた天気のおかげで店に魚が入ってこないんだよ。とくに今日は、多い魚は少ないよ。多い魚はサバとイワシだけで、他はみな、数匹しかないよ。

このばあい、(191) の表意 (explicature) は (193) のような二重存在文であろう。

(193) 《[x が [店に e$_i$ ガ多く存在する] 魚$_i$ である] を満たす x の値が少ない》
　　　　　　　　場所存在文
　　　　　　　　　　絶対存在文

次の文はいずれも、(184) と同じく、場所存在文が埋め込まれた絶対存在文というタイプの二重存在文である。

(194) a. あの本屋にない哲学書は少ない。
　　　　（→あの本屋には、ほとんどすべての哲学書が揃っている。）

b.　この教室にいない女子学生が多い。
　　　c.　A駅の地下道にいる乞食が最近多くなった。

ここで、(195)と(196)を比較しておこう。両者は一見、意味が類似しているが、よく考えると明らかに意味が異なる。(195)は単文の場所存在文であるのにたいして、(196)は主語名詞句に場所存在文が埋め込まれた絶対存在文で、二重存在文なのである。

　(195)　この本屋に、言語学書が1冊だけある。
　(196)　この本屋に1冊だけある言語学書がある。

(196)は(195)と異なり、《この本屋に複数の言語学書がある》や《この本屋に、問題となる本以外の言語学書はすべて2冊以上ある》という語用論的含意を有することに気づくであろう。

13.3.　場所存在文が埋め込まれた場所存在文

　(197)も二重存在文ではあるが、主語名詞句に場所存在文が埋め込まれている場所存在文であり、(198)のような意味構造をもっている。

　(197)　あの川に多い魚がこちらの川には少ない。
　(198)　《[[e_i　ガあの川に多い] 魚_i]が、こちらの川に少ない》
　　　　　　　　　場所存在文
　　　　　　　　　　　　　　場所存在文

次の文はいずれも、(197)と同じく、場所存在文が埋め込まれた場所存在文というタイプの二重存在文である。

　(199)a.　花子の家には、ぼくの家にないものがたくさんある。
　　　b.　このデパートの3階の婦人服売り場には、あちらのデパートのショーウィンドウにあったようなしゃれたド

318　　III　存在文と名詞句の解釈

レスが一つもない。
c. あの青空市場マルシェには、わが家に1枚しかない赤絵付き角皿が5枚もある。
d. この大型書店にない本は他のどの本屋にもないだろう。

13.4. 絶対存在文が埋め込まれた絶対存在文

こんどは次の文を見よう。

(200) 数は存在しない。

(200) は明らかに偽の命題を表す文であるが、文としては絶対存在文の単文である。では次の文はどうであろうか。

(201) 存在しない数がある。

(201) は絶対存在文の主語名詞句に絶対存在文が埋め込まれている二重存在文であり、(202) のような意味構造を有している。

(202) 《[x が [[e_i ガ存在しない] 数$_i$] なり] を満たす x の値が存在する》
         ────絶対存在文────   ──存在する──
         ─────────────絶対存在文─────────────

ちなみに、「最大の素数」のように存在しない数は存在するので、(201) は真である。(203) もこの種の二重存在文といえる。

(203) 少なくとも48個ある数が存在する。

(203) は、《その個数が少なくとも48個存在する数がある》という意味であり、(204) のような意味構造を有している。

(204) 《[x が [[e_i ガ少なくとも 48 個存在する] 数_i] なり] を
　　　　　　　　　　　絶対存在文　　満たす x の値が存在する》
　　　　　　　　　　　　　　　　絶対存在文

「完全数*24 は少なくとも 48 個存在する」とされているので、(203)は、完全数が存在する以上、真といえる。
　最後に、二重存在文という観点から、(西山 2002: 55–56; 2003: 407–408) で論じた曖昧な存在文 (205) をもう一度とりあげよう。

(205) ないものはない。

(205) は、下線部の解釈如何で場所存在文とも絶対存在文とも読むことができ、曖昧である。この文のもつ第一の読みはこうである。たとえば、自分の携帯電話を紛失し、1 時間以上も探したのだが、どうしてもみつからなくてあきらめる時に (205) を使うことができる。このばあい、下線部「ないもの」で「話し手の携帯電話」を指示し、それは「どこにもない」という性質をもつ、と述べているのである。これは、(206) のような意味構造をもつ二重存在文である。

(206) 《[e_i ガない] もの_i がない》
　　　　　場所存在文
　　　　　　　　　　場所存在文

つまり、場所存在文の主語名詞句に場所存在文が埋め込まれている文である。埋め込まれている文と主文とが同じ文であるので、一種のトートロジー (同語反復) である。もちろん、この意味での (205) は探し物をするのをあきらめる時だけに使用されるのではない。ある客が、通常、店に置かれていないような商品 (たとえば、スーダンの国旗) を求めて来たとしよう。店主が「それはうちの店

にはありません」とどんなに言っても引き下がらない客にたいして、(205)を口にすることによって、《この店に置いてないものはこの店に置いていません》という表意を伝え、《ですからお引き取りください》という推意 (implicature) を伝えるばあいにも使用できるであろう。

(205)にたいする2番目の読みはこうである。(205)は、店の客呼び込みが「さあ、いらっしゃい、いらっしゃい、この店にはどんなものでもそろっていますよ…」と言うような状況で使用されうる。これは、《この店に置いてないものはない》、つまり、《この店には何でもある》という意味を表す。これは、(207)のような意味構造をもつ二重存在文である。

(207) 《[x が [この店に e_i ガない] もの$_i$ である] を満たす x の値がない》
　　　　　　　　場所存在文　　　　　　　　　　　値がない
　　　　　　　　　　　　絶対存在文

このばあい、(205)の下線部は、(208)という変項を含む命題を表しており、文全体は、その変項 x を埋める値が存在しないこと、すなわち、「なんでもあること」を表しているわけである。

(208) [x が [この店に e_i ガない] もの$_i$ である]

この読みでは、(205)は、絶対存在文の主語名詞句に場所存在文が埋め込まれていることになる。興味深いことに、(205)にはさらに3番目と4番目の読みがある。たとえば、次の会話を見よう。

(209) a. 息子：お母さん、丸い四角ってどうしてないの？
　　　b. 母：そんなこと聞かれてもお母さん困るわ。ないものはないのよ。

(209b)の2番目の文は、埋め込まれている文と主文とが同じ絶対

第11章　名詞句の意味機能から見た存在文の多様性

存在文であるので、一種のトートロジー（同語反復）である。この意味での（205）は（210）のような意味構造をもつ二重存在文である。

(210) 《[x が [e$_i$ ガない] もの$_i$ である] を満たす x の値がない》
　　　　　　　　　絶対存在文
　　　　　　　　　　　　　絶対存在文

これは、「ないもの」で、母親は「丸い四角のようにそもそも存在しないもの」を念頭におき、それは「ないよ」と繰り返し述べているだけであり、実質的な意味を欠いているといってもよい。

（205）にたいする4番目の読みはこうである。今、次のような哲学青年同士の会話があったとしよう。

(211) a. 甲：この世には存在するものも多いけれども、存在しないものもあるよね。
　　　b. 乙：たとえばどんなものが？
　　　c. 甲：最大の自然数とか、丸い四角などたくさんあるじゃないか。
　　　d. 乙：いや、ぼくはそうは思わないよ。最大の自然数も丸い四角も、なんらかの世界では存在するんだよ。
　　　e. 甲：そんな馬鹿げた考えは受け入れられないよ。
　　　f. 乙：でも、ギリシャのある哲学者が「ないものはない」と言っていたんだよ。

(211f) の「ないものはない」は《およそこの世に存在しないようなものは存在しない》、言い換えれば、《万物が存在する》という読みである。この意味での（205）は（210）と同じ意味構造をもつ二重存在文である。しかし、明らかに3番目の読みと4番目の読みは異なる。3番目の読みはトートロジーであるのにたいして、4番目の読みは（偽であるとはいえ）内容のある実質的な主張を行って

いる。では、3番目の読みと4番目の読みをどのように意味論的に区別したらよいか。これはなかなか難しい問題である。この興味深い問題を「変項名詞句の階層」という観点から解決しようとしているのが本書第IV部第14章の峯島論文である。この詳細についてはそちらの議論を参照していただきたい。

なお、理論的には、(212) のような構造をもつ二重存在文、つまり、場所存在文の主語名詞句に絶対存在文が埋め込まれている文もあってもよさそうである。

(212) [e_i ガ存在スル] A_i が存在する
　　　　　絶対存在文
　　　　⎵⎵⎵⎵⎵⎵⎵⎵⎵⎵⎵⎵⎵
　　　　　　場所存在文

事実、このケースもないわけではない。たとえば (213) がその例といえるであろう*25。

(213) 世界に5人しかいないこの難題を解ける数学者が、隣の部屋にすべている。

(213) 全体は場所存在文であるが、下線部の主語名詞句は、絶対存在文 (214) の変項名詞句（波線部）の位置を空所にして得られる連体修飾節を伴う名詞句であり、(215) のような意味構造を有している。

(214) この難題を解ける数学者は世界に5人しかいない。
(215) [e_i は世界に5人しかいない] この難題を解ける数学者$_i$

したがって、(213) は (216) の意味を表わすので、これは (212) のケースということになろう。

(216) 《[e_i ガ世界に 5 人しかいない] この難題を解ける数学者_i が隣の部屋にすべている》

　ここで興味深いのは、(213) は場所存在文であることからして、下線部の主語名詞句は、絶対存在文が埋め込まれている名詞句でありながら、指示的名詞句として解釈されるという点である。これをどのように説明するかは今後に残された課題の一つである*26。

14. むすび

　本章では、「A がアル／イル」という形式の日本語の存在文について、(i) その意味はけっして等質的なものではなく多様であること、(ii) その意味構造の解明に A が指示的名詞句か変項名詞句かの区別が決定的に効いていること、(iii) 絶対存在文、所有文、リスト存在文は変項名詞句という概念を媒介にしてコピュラ文（とくに指定文や倒置指定文）と意味的に深いレベルでつながっていること、(iv) 所有文は文全体としては措定文の一種であること、(v) 存在文の主語に別の存在文が埋め込まれた二重存在文に 4 種類あること、などを明らかにした*27。もちろん、このような分析が可能となったのも、指示的名詞句や変項名詞句という観点からのコピュラ文および存在文にたいする考察が背後にあったからである。コピュラ文、存在文、所有文という三つの構文は、「名詞句の意味」を鍵にして意味の深いレベルで密接に関連しあっているのである*28。

---

*1　益岡・田窪 (1992: 84) は、「特定の場所での存在ということではなく存在そのものを問題にするばあい、主体が有情のものであっても「ある」を使うことがある」として
　　(i)　こんなことを言う人がある。
の例を挙げている。(i) はわれわれの言う絶対存在文であるが、益岡・田窪

(1992) は、このような存在文を（4）と異なるタイプの構文として認めているわけでもなければ、この例にたいして特別の分析を与えているわけでもない。

*2 丸谷才一は、丸谷（1986: 42–45）において、「昔昔、欲張りじいさんがありました」という例文を問題にし、次のように述べる。

> 現代日本語では、人の場合はアルを使はないのが普通である。イルで受ける。例外的にアルを使ふのは、人を物あつかひするときである。

丸谷はさらにこの種の例について、これは昔話しの再話者たちの誤りであるとして、

> 世の中には語感のあやしい再話者もゐるし、その現象に追随して誤用を例文にする辞書編纂者もゐる。さらに教科書に載せる者まで現れるのだ。

とまで述べている。しかし、これと正反対の意見もある。三上（1953: 110）は次のように述べる。

> 近頃の小学読本に、〔昔々、或ル所ニオヂイサントオバアサンガアリマシタ〕の「アリマシタ」を「キマシタ」に改めたものがあると聞いたが、ほんとうなら歎かわしい改悪である。

北原（1984: 215–244）は、この点について論じ、尊敬をされる人物、つまり、モノあつかいされていない人物についても「ひとがある」という言い方は認めるべきであり、それはけっして人をモノあつかいしているわけではない、と述べている。筆者も同意見である。問題はなぜこの言い方ができるかという点である。筆者の考えでは、それは、この種の文は、特定の個人がどこそこに所在している、ということを述べている場所存在文ではなくて、しかじかの条件 $F(x)$ を満たすような x の値が世界を構成しているということを述べている一種の絶対存在文だからである。物語の導入で使用されるこの種の文は、「これからお話しする物語の世界はしかじかのひとから構成されています」ということを述べるのであるから、個体について述べているのではなく、世界の構成について述べているのであり、絶対存在文の一種といえるのである。

*3 もちろん、このことは、絶対存在文において、存在主体Aが人間であるばあいには、「Aがイル」という形式がないということを意味しない。事実、(7a) のように、「Aがイル」という形式の絶対存在文も十分可能なのである。ここで言わんとすることは、存在主体Aが人間であるにもかかわらず「Aがアル」形式が実現したばあい、それは絶対存在文である、ということでしかない。

*4 『源氏物語』の冒頭部分「いとやんごとなききわにはあらぬが、すぐれて、時めき給ふありけり」の現代語訳も次のように「ある」が用いられているが、これも (12a) や (12b) がそうであるのと同じ理由によるものであろう。

  (i)   深いご寵愛を得ているひとがあった（与謝野晶子訳）
  (ii) 誰方（どなた）よりも時めいておられる方がありました。（谷崎潤一郎訳）

*5 絶対存在文において、変項名詞句によって表される命題関数 $F(x)$ を充足する値は通常、個体であるが、値が個体ではなく、別の命題関数であるばあいもある。たとえば、(i) の最初の文は絶対存在文であり、概略、(ii) のような意味を表す。

  (i)   この種の実験で重要なことがあります。それは、実験室の温度が何度であるかです。

(ii)　《[xがこの種の実験で重要なことである]を満たすxの値が空ではない》

このばあい、xに入る値は16度とか25度という特定の温度ではなく、(iii) で表されるような疑問命題でありうることに注意しよう。

　　　(iii)　[実験室の温度は何度であるか]

そして、(iii) が (iv) のような命題関数と密接な関係を有していることは明らかであろう。

　　　(iv)　[yが実験室の温度である]

(i) の最初の文のように、〈別の命題関数によって充足される命題関数〉を表す変項名詞句は「2階の変項名詞句」と呼ばれる。2階の変項名詞句についての詳細な議論は本書第Ⅳ部第14章（峯島論文）を参照。

＊6　注意すべきは、(43) を絶対存在文の読みでとったばあい、それは (i) のような所有文にかなり近い読みをもつという点である。

　　　(i)　　花子は、欲しいものがない。（所有文）

絶対存在文と所有文はまったく同じ意味ではないが、後述するように、意味的に密接な関係をもつのである。

＊7　飯田 (2002) はこれを「「いる」／「ある」付加操作」と呼ぶ。その操作の中身については飯田 (2002: 14) を参照されたい。

＊8　ただし、飯田 (2002) は本章で言う「場所存在文」を「所在文」と呼び、本章で言う「絶対存在文」を「存在文」と呼んで区別している。しかし、これは術語上の違いにすぎない。

＊9　[強い数量詞＋名詞] が用いられるときは、名詞がとる母集合の値を前提とし、その値との比率を問題にする。一方、[弱い数量詞＋名詞] が用いられるときは、名詞がとる母集合を前提とせず、単に数量の個数や多寡を表す。数量詞のこの区別については、Milsark (1974) および加賀 (1997) を参照。

＊10　非存在文において、(59a) から (59b) のような「大部分」の数量詞移動がつねに可能というわけではない。たとえば、(i) の容認可能性に比して、数量詞移動を適用した (ii) の容認可能性がかなり落ちるのは事実である。

　　　(i)　　大部分の学生が笑った。
　　　(ii)　？学生が大部分笑った。

(ii) における「大部分」の代わりに「大半」を用いると容認可能性は上がるようである。

　　　(iii)　学生が大半笑った。

＊11　加賀 (1997: 129) 参照。

＊12　もちろん、(58) や (60) を場所辞の省略された場所存在文と読むかぎり適格な文である。

＊13　(63) の例を筆者に指摘してくれたのは、福沢将樹氏である。

＊14　(79a) のタイプの文の意味構造について詳しくは、本書第Ⅰ部第2章（西川論文）を参照。

＊15　後述するように、(108b) は本章10節で述べるリスト存在文の意味ももつ。

＊16　この点を筆者に指摘してくれたのは西川賢哉氏である。

＊17　西川 (2008) は、「太郎は妹が看護師だ」の論理形式について、(i) のよ

うな「妹」のパラメータに束縛変項を介在させる表示を提案し、その提案を正当化する議論を展開している。
　　(i)　　太郎ᵢは［αᵢの妹が看護師だ］
所有文の論理形式に束縛変項を介在させる筆者の分析は、西川のこの分析を所有文に適用したものである。西川の分析の詳細については、本書第Ⅱ部第9章（西川論文）を参照されたい。

*18　(124)の例を筆者に指摘してくれたのは峯島宏次氏である。
*19　これは、象鼻構文「AはBがC（だ）」において、Bには（目に見えない）変項αが付随しており、そのαとAとの間に束縛関係が成立していなければならなかったことと同じである。Bにそのような束縛変項が付随しているとみなせないような「AはBがC（だ）」は象鼻構文とみなすことはできないのである。この点について詳しくは、本書第Ⅱ部第9章（西川論文）を参照されたい。
*20　変項名詞句の概念を用いて、日英語のリスト存在文、指定文、絶対存在文の関連について詳しく論じたものに熊本（2001）がある。
*21　久保田（2012: 201）は、所有文として(i)と(ii)は適格であるが、(iii)は適格ではないとしている。
　　(i)　　花子には夫がいる。
　　(ii)　 花子は夫がいる。
　　(iii)　花子に夫がいる。
筆者の判断も久保田と同じである。その立場でいえば、(154)は形としても所有文として適格ではない。
*22　岸本・影山（2011: 251）に、次の記述がある。
　　　ある物体が一般的に想定される世界（universe）で絶対的に存在することを表す場合は、空間的位置を明示せずに、(i) [(18)]のように表現することがある（絶対存在文）。［中略］
　　(i)　a. There is a Santa Claus./ A Santa Claus exists.
　　　　　　　　　　　　　　　　　　　　　　　　　　(Cf. Milsark 1974)
　　　　　b. サンタさんは、絶対にいる！（Cf.西山 2003、金水 2006 など）
しかし、西山（2003）の言う絶対存在文は(i)のようなタイプの文を指すのではない。(i)のタイプの存在文は金水（2006）の言う部分集合文でもない。(i)のような文はまさに実在文であり、西山（2003）および本章で「間スペース対応存在文」と呼んでいるものである。
*23　存在文が論じられる時「Aが多い」「Aが少ない」という構文が取り上げられることはめったにないが、この種の構文は《Aが多く存在する》《Aが少なく存在する》という意味であり、明らかに存在文の一種である。したがって、(i)は場所存在文の解釈が、(ii)は絶対存在文の解釈がそれぞれ自然であり、(iii)は場所存在文、絶対存在文、帰属存在文で曖昧になるのである。
　　(i)　　あの部屋には女の子が多い。
　　(ii)　 夏休みの宿題が多すぎる。
　　(iii)　この図書館には、太郎の読みたい本が多い。
さらに、(iv)の各文はいずれも「AはBが多い」という形式を有する所有文であるといえる。
　　(iv) a　この川は、魚が多い。　　　［タイプA］

  b. 太郎は、子供が多い。 ［タイプD］
  c. この部屋は、窓が多い。 ［タイプF］
  d. 最近の親は、文句が多い。 ［タイプE］

これらの文は、一般に（v）の意味構造を有しており、［a_iのBが多い］は絶対存在文である。また、a_iとBの緊張関係［NP_1のNP_2］が（iv）のカギ括弧のなかのように様々なのである。

  (v) 《A_iは、a_iのBが多い》

このように見てくると、宮沢賢治の有名な童話『注文の多い料理店』のタイトル（vi）は、連体修飾節に所有文の構造をもつ（vii）のような意味構造をもつことが分かる。

  (vi) 注文の多い料理店
  (vii) ［e_iは、a_iの注文が多い］料理店$_i$

(vi)自体は曖昧であり、多くの意味解釈が可能である。(vi)にたいして、いかなる意味解釈が可能であるかについての詳細な議論は、今井・西山（2012: 133–139）を参照されたい。結局、宮沢賢治は（vi）のもつ可能な意味解釈のうちの二つに注目して、この物語を展開したのである。

＊24 ある数の約数（但し、自分自身は除く）の総和がその数自身に等しい時、その数を完全数と言う。6, 28, 496などがその例である。完全数はこれまで47個存在すると考えられてきたが、2013年2月に48個目の完全数がみつかったとされる。今後さらに新しい完全数がみつかる可能性も否定できない。

＊25 このようなケースの存在を筆者に指摘してくれたのは峯島宏次氏である。

＊26 (213)と同様の現象は、本書第IV部第14章（峯島論文）の最後の部分で（i）として論じられている。

  (i) 太郎が次郎に教えた（洋子の）電話番号は、7桁である。

＊27 本章では、存在文の主要な構文をとりあげるつもりであるが、紙幅の制約で取り上げることのできなかった存在文もある。たとえば、

  (i) ［カーテンを開けて］おや、あそこにリスがいるよ。
  (ii) ［人混みのなかで］あれ、あんなところに妹の花子がいる、いったい何をしているのだろう。
  (iii) ちょっと見て。山田さんの家の前にパトカーがいるよ。

のようなタイプの存在文は「存現文」と呼ばれるが、対象の存在を客観的に述べているのではなくて、一時的、瞬間的な見えを端的に描写する文であり「眼前描写文」とも呼ばれるものである。この構文の文法的特性については検討すべき課題が多い。また、次のような存在文も本章でとりあげることができなかったが、興味深い構文である。

  (iv) ジョンが尊敬する指揮者に日本人がいる。 （西川2006）
  (v) 息子は明日運動会がある。 （久保田2012）
  (vi) ずっと健康であるからこそ、今の私がある。 （鄭・黒川2012）

これらの構文をどのように分析するかは考察に値する重要な問題である。とくに（vi）は、有生の主語をとる「アル」存在文でありながら、絶対存在文に還元できないように思われるだけに注目すべき構文である。

＊28 西山（2009）は、これら三つの構文の内的関連性を整理して論じたものである。

Ⅳ 「変項名詞句」の一般化

第IV部
総論

西山佑司

　西山（1988, 1990a, 1990b, 1992, 2000, 2003, 2005b, 2006, 2009）、Nishiyama（1997）、今井・西山（2012: 5章）で展開した意味理論［以下、かりに「西山 - 意味理論」と呼ぶ］でもっとも重要な概念は「変項名詞句」である。「変項名詞句」という概念は、西山（1988）ではじめて導入されたものであるが、この概念の基本的特徴はその後の議論を通して今日まで変わることなく引き継がれており、本書第II部、第III部の議論でもしばしば登場している。このように、変項名詞句という概念は、西山 - 意味理論の中心概念であるが、かならずしも十分理解されているとはかぎらない。それは、「弱い指示的名詞句」、「名詞句の帰属的用法」(attributive use)、あるいは「役割解釈の名詞句」、さらには「集合を指示する指示的名詞句」［cf. 丹羽（2004a, 2004b）］といった概念と混同されることがすくなくない。第II部総論でも述べたが、この概念は、もともと、コピュラ文「AハBだ」の主語名詞句Aの特殊性を考えるために考案されたものである。今、ある事件の犯人として太郎、次郎、三郎のいずれかが疑われているという状況で（1）が発話されたとしよう。

(1) a.　甲：犯人はいったい誰だ？
　　b.　乙：犯人はきっと三郎だ。

(1a) は、《犯人という条件を満たすのはいったい誰［＝どいつ］だろう》という意味である。(1b) は、《犯人という条件を満たすのは誰かといえば、きっと三郎がそうだ》という意味である。このばあい、(1a) (1b) の主語名詞句「犯人」は個体を指示していないという認識が重要である。そのことは、(1a) の話し手、甲は、

「犯人」でもって、太郎、次郎、三郎のいずれかを指示しているであろうかと問うてみればすぐ明らかになる。もし甲が「犯人」によって、太郎、次郎、三郎のいずれかを指示しているとすれば、その人について「犯人は誰か」などと聞くことは馬鹿げている。その答えがすでに分かっていることを聞かないはずだからである。一方、(1b)の話し手、乙は、「犯人」でもって、太郎、次郎、三郎のいずれかを指示しているであろうか。やはり否である。もし乙が「犯人」で太郎、次郎、三郎のいずれかを指示し、その人について「きっと三郎だ」と言っているとすれば、これまた馬鹿げているからである。結局、(1a) (1b) の主語名詞句「犯人」は世界のなかの個体をいかなる意味でも指示する働きを有しておらず、むしろ (2) のような命題関数を表しているとみなすべきである。

(2) $[x$ が犯人である$]$

(1) における「犯人」のように、命題関数を表す名詞句を、西山 (1988) は「変項名詞句」と呼んだ。結局、(1a) は、命題関数 (2) の変項の値を問うている文であり、(1b) は、命題関数 (2) の変項の値を「三郎」によって指定 (specify) している文なのである。(1a) (1b) のような文は「倒置指定文」と呼ばれる。倒置指定文「AハBだ」に特徴的なことは、その意味を変えずに、「BガAだ」という構文をつくることができるという点である。たとえば、(3) は (1) と同じ意味であり、「指定文」と呼ばれる。

(3) a. 甲：いったい誰が<u>犯人</u>か？
    b. 乙：きっと三郎が<u>犯人</u>だ。

英語も本質的に同じである。たとえば、(4a) は倒置指定文、(4b) はそれに対応する指定文であり、斜体部はいずれも変項名詞句である。

(4) a. *The bank robber* is this guy.

b. This guy is *the bank robber*.

（4a）と（4b）はともに、《誰が銀行強盗犯かといえば、こいつがそうだ》という意味を表す。変項名詞句は非指示的名詞句であるが、おなじく非指示的名詞句である「叙述名詞句」とは意味機能が異なることにも注意しよう。叙述名詞句は措定文（5）における「犯人」のように、主語名詞句「あの男」の指示対象が有する属性を表す機能を有するのである。

（5）あの男は犯人だ。

論理的には、変項名詞句も叙述名詞句も1項述語であるが、単に1項述語と言っただけでは、両者のこのような意味機能を区別することができない点に注意する必要がある。
　西山（1988）以降、「変項名詞句」という概念をめぐっては多くの活発な議論がなされた。その一つは、Fauconnier（1985/1994^2）によるメンタル・スペース理論における「役割関数」という概念と変項名詞句とはどこが異なるのかという点に関する議論である。メンタル・スペース理論の立場から、坂原（1989, 1990a, 1990b）は、（6）のようなコピュラ文は、役割「作者」が変域「源氏物語」において、値「紫式部」をとる文であるとし、「同定文」と呼んだ。

（6）源氏物語の作者は紫式部である。

つまり、メンタル・スペース論者が言う「同定文」（これを以下、西山（2003）に従い、「M-同定文」と呼ぶ。）とは、主語にたいする値変化の役割解釈をその値に結びつける機能をもつ文のことであり、より一般的には（7）のように規定される。

（7）「AはBだ」がM-同定文であるとは、Aが値変化の役割解釈を受け、Bがその役割の値を表す時であり、その時に限る。Aは〈変域＋役割〉という構成をもつ。

一方、西山（2003）の立場では、(6)の主語名詞句「源氏物語の作者」が(8)という命題関数を表す変項名詞句であり、述語「紫式部」がその値を表すとみなされるので、(6)は倒置指定文だということになる。

(8)　［xが源氏物語の作者である］

　同様に、上で、倒置指定文の例としてあげた(1)は、メンタル・スペース理論の立場からすれば、コンテクストから復元される「しかじかの事件」を変域としたM-同定文とみなすことができる。すると、M-同定文と倒置指定文は実質的には同じタイプのコピュラ文を捉えようとしており、M-同定文における主語名詞句〈変域＋役割〉は変項名詞句と同一の概念である、と考えられるかもしれない。西山（2003: 145-166）はこの問題をとりあげ、(i)「M-同定文」は「倒置指定文」とデータとして重なることはあるにしても、本質的に別であること、(ii) M-同定文に登場する「値変化の役割解釈を受ける名詞句」と「変項名詞句」は等価ではないこと、(iii) M-同定文における主語名詞句〈変域＋役割〉に登場する［変域］という概念は、西山（2003）で論じた非飽和名詞句（「首相」「作者」）が要求する「パラメータ」という概念とは異なること、などを指摘した。そこでの要点は、(9)の「あの時」は「男の子」の変域を表すわけではなく、単なる限定辞であり、したがって、M-同定文ではないにもかかわらず、「あの時の男の子」は変項名詞句であり、(9)は倒置指定文になりうるという点であった。つまり、「AはBだ」のAが〈変域＋役割〉という構成を持たないばあいでも倒置指定文が成立するのである。

(9)　あの時の男の子は、太郎だった。

西山のこの議論にたいして、メンタル・スペース理論や談話モデル理論の立場からいくつか反論があった［井元（2004, 2006）、東郷（2005）、酒井（2005）を参照］。たとえば、東郷（2005）は、(9)

における「あの時の男の子」は私が目撃した特定の個体を指しており指示的名詞句であるにもかかわらず、これを変項名詞句とみなす西山の議論は矛盾しているとして批判する。ここで注意すべきは、(9) は、単一スペース内で解釈される倒置指定文の読みと複数のメンタル・スペースが介在する倒置指定文の読みとがあり、曖昧であるという点である。西山 (2003) では前者を「第一タイプの倒置指定文」、後者を「第二タイプの倒置指定文」と呼んだ。東郷が考えている状況では、「あの時の男の子」はあるメンタル・スペースR（たとえば、私の記憶のスペース）において指示的名詞句であるが、別のメンタル・スペースMにおいてその対応物を探すことになるので、(9) を第二タイプの倒置指定文としてみなしていることになる。第二タイプの倒置指定文においては、あるメンタル・スペースで指示的名詞句である要素が別のメンタル・スペースにおいて変項名詞句として機能しうるので、「西山の議論は矛盾している」ことにはならない。しかし、より重要なことは、(9) における「あの時の男の子」は《あの時わたくしを背後から殴った男の子》とでも解釈できる状況でも使用されうるという点である。この状況では、この名詞句は、私が目撃した特定の個体を指示する指示的名詞句ではなく、むしろ、[x があの時わたくしを背後から殴った男の子である] と解釈されうる変項名詞句なのである。このばあい、複数のメンタル・スペースが関与していないので、(9) は第一タイプの倒置指定文である。要するに、「あの時の男の子」は単一のメンタル・スペース内においても変項名詞句でありうるということは、東郷 (2005) の指摘はあたらず、西山 (2003) の上の議論は有効であることを示している。

　井元 (2006) は、倒置指定文の主語名詞句は変項名詞句ではなく、「値を欠いた役割のみを表す名詞句」であること、一方、Donnellan (1966) で導入された (10) の主語にたいする帰属的用法は、「値を有している役割名詞句」であるという議論を展開した。

(10) Smith's murderer is insane.

この井元の議論については西山（2006）で詳細な反論をおこなった。そして、西山（2006）では、コピュラ文の分析にとって、「変項名詞句－値」にとって代わる「役割－値」という概念は有効ではないことを論証した。

　第Ⅳ部所収の論文は、以上の西山－意味理論における議論を踏まえた上で、変項名詞句という概念をさらに掘り下げると同時にその一般化を論じたものである。第12章、熊本千明の「帰属的用法とWhoever 節の機能」は、Donnellan（1966）の言う定名詞句の帰属的用法と指示的用法の区別を出発点にし、(10) の主語名詞句に見られる帰属的用法は本来、指示的名詞句であるにもかかわらず、しばしば変項名詞句と混同されてきたことを具体的に指摘する。さらに、定名詞句が帰属的用法であることをチェックするために用いられてきた「whoever 節の付加」というテストがかならずしも有効ではないこと、とくに whoever it is 節は帰属的用法の名詞句ばかりでなく変項名詞句とも共起しうることを指摘する。著者は、帰属的用法の定名詞句が本来的に指示的であるにもかかわらず、whoever 節内に it と s/he のいずれの代名詞も現れるのはなぜか、という問題をも検討し、it と s/he の選択には、定名詞句が文中で果たす意味機能が深く関わっているという議論を展開している。

　変項名詞句という意味機能上の概念が、意味構造の深いレベルで関与している構文には、コピュラ文以外に、第Ⅲ部第11章（西山論文）で述べた存在文がある。第13章、西山佑司の「変化文、潜伏疑問文、潜伏命題文」は、コピュラ文や存在文以外の構文においても、その意味構造を正しく把握するためには、そこに登場する名詞句が変項名詞句であるか否かの問題が決定的であるということを論じている。著者は、(11) のような変化文は下線部が (12) という命題関数を表す変項名詞句であり、その変項 x の値が入れ替わったとみなす「入れ替わり読み」しかないと考える。

(11) 花子の電話番号が変わった。
(12) [x が花子の電話番号だ]

著者は、(11) がもつ入れ替わり読みは、「花子の電話番号はxxxだ。」から「花子の電話番号はyyyだ。」への倒置指定コピュラ文の変化であるとみなすことができ、この点で入れ替わり読みと倒置指定文との間には内的な意味関係があることを論じる。著者はまた、(13) は《太郎は、花子の電話番号が何番であるかを知っている》という潜伏疑問文の読みであり、(14) は《太郎は、花子の電話番号はしかじかの番号であることに驚いた》という潜伏命題文の読みであることに注目し、(13)(14) の下線部はやはり (12) という命題関数を表す変項名詞句であり、そこには指定文構造が内在しているると論じる。

(13) 太郎は、花子の電話番号を知っている。(潜伏疑問文)
(14) 太郎は、花子の電話番号に驚いた。(潜伏命題文)

著者はさらに、潜伏疑問文、潜伏命題文については、該当する名詞句の背後に、措定構造が隠されている非標準的ケースもあることも指摘している。このように名詞句の意味機能を分析することを通して、これらの多様な構文とコピュラ文との間には内的に密接な意味関係があることがあきらかになったといえる。

第14章、峯島宏次の「変項名詞句の階層」は、変項名詞句がとる値はかならずしも個体とは限らず、命題関数を値としてとるケースがあることに着目し、「変項名詞句の階層」という新しい考え方を導入することによって、多様な構文の意味を考察している。たとえば、倒置指定文 (15) と (16) を対比させてみると、(15) の下線部は、26度のような個体によって充足される命題関数を表す変項名詞句(これを「1階の変項名詞句」と呼ぶ)であるのにたいして、(16) の下線部は「その部屋の温度」のような、[その部屋の温度は何度であるか] という問いを表す1階の変項名詞句によって充足される命題関数を表す変項名詞句(これを「2階の変項名詞句」と呼ぶ)であることが分かる。

(15) この部屋の温度は、26度だ。

(16) この種の実験で一番大切なことは、その部屋の温度だ。

2階の変項名詞句は（16）のようなコピュラ文だけでなく、（17）のような潜伏疑問文、絶対存在文、所有文にも登場する。

(17) a. 教授は学生にこの種の実験で大切なことを教えた。（潜伏疑問文）
　　　b. この種の実験で大切なことが二つある。（絶対存在文）
　　　c. わたくしには、分からないことがたくさんある。（所有文）

ただし、（17a）は曖昧であり、下線部を2階の変項名詞句とみなし、《教授は学生に［何がこの種の実験で大切であるか］を教えた》と解釈する読み（「Bタイプ読み」と呼ぶ）とは別に、（16）を前提にしたばあい、《教授は学生にその部屋の温度が何度であるかを教えた》という読みを可能にする意味（「Aタイプ読み」と呼ぶ）もある。

　もちろん、いかなる名詞句でも2階の変項名詞句としての解釈が可能であるわけではでない。「太郎の書いた本」は指示的名詞句もしくは1階の変項名詞句としての解釈は可能であっても2階の変項名詞句としての解釈は不可能である。そこで著者は、2階の変項名詞句としての解釈が可能な名詞句の条件を検討している。西山（2003）ではもっぱら1階の変項名詞句のケースを扱っていたが、本章の議論を通して、2階の変項名詞句という概念を導入することによって、名詞句の意味機能がこれまで考えられてきた以上に複雑で豊かであることが明らかになったといえよう。

　第15章、山泉実の「左方転位構文と名詞句の文中での意味的・情報構造的機能」は、これまで西山—意味理論であまり考察されていなかった情報構造の観点から、とくに左方転位構文を手掛かりに、名詞句の意味的・情報構造的機能の問題を検討している。まず、左方転位構文の情報構造的機能を整理したあと、左方転位要素は主題だけでなく焦点もアナウンスできるということを指摘する。著者は

さらに、変項を含んだ命題を表す要素、たとえば、疑問詞を含んだ間接疑問節や変項名詞句も主題をアナウンスする左方転位要素となることができると論じる。ここで問題になるのは、変項を含んだ命題を表す要素（たとえば変項名詞句）が主題になれるかどうかという点である。西山（2003: 8章）はこの点について否定的な見解を表明し、(1)(4a)(6)(9)(15)(16)のような倒置指定文は有題文（主題を含む文）とはみなすべきではないことを論じた。この問題に関連して著者は、(18)について、この文は、「(19)のような命題関数における変項xを満たす値を埋めることが簡単である」ということを述べている文であり、変項を含んだ命題についてコメントしている文であること、したがって、変項名詞句「理由」は主題であるといってさしつかえないということを述べている。

（18）僕がなぜ東京へ行くのか、理由は簡単。
（19）[xが僕が東京へ行く理由である]

ところが、主題は一般に指示的であるとされているだけに、このことと、(18)の「理由」が変項名詞句であり、非指示的であるという考えとは両立しなくなる。この問題を解決するために、著者は、世界の中の対象を指し示すという意味での指示性と、叙述の対象になるという意味での主題性を切り離し、(18)の「理由」のように、世界の中の対象を指し示すという意味では指示的とはいえない主題名詞句がありうると考える。さらに著者は、もしそのような主題変項名詞句に「指示性」が求められるとすれば、その「指示性」は、世界の中の対象を指し示すという意味ではなく、discourse referentを表すという意味に解釈すべきであることを提案する。このように、変項を含んだ命題を表す要素も主題をアナウンスする左方転位要素となるという言語事実に着目することは、名詞句の指示性と主題性の問題をこれまで以上に深く考える上で有益であるといえよう。

第12章
帰属的用法と *Whoever* 節の機能

熊本千明

1. はじめに

　変項名詞句（以下NPIV）と混同されやすいものの一つが、Donnellan（1966）のいう「帰属的用法」*1（attributive use）の確定記述*2である。この「帰属的用法」の確定記述句は「指示的用法」（referential use）の確定記述と対比されているために、指示的名詞句の位置に現れている場合でも、指示的ではないと誤って理解されることがある。また、「特定の指示対象を念頭に置かずに用いられた確定記述である」という規定は不明瞭であり、NPIVとの相違を十分に示し得ない。さらに、確定記述が帰属的に用いられていることを示すためにしばしば付加される *wh.ever* 節は、ひるがえって、それ自体が当該の名詞句が帰属的用法の確定記述であることを保証するものであるかのような、間違った印象を与えてきた。本章では、帰属的用法の定名詞句（attributively used definite NP、以下ADNP）は、指示的用法の定名詞句（referentially used definite NP、以下RDNP）と同様、指示的名詞句であるという立場に立って、ADNPを含む文に付加された *whoever* 節に現れる代名詞に注目しつつ *whoever* 節の意味機能を探り、その意味機能と両立するADNPの本質的特徴を明らかにしたい。

　ここで考察するのは、次のような例である。ADNPと共に用いられた *whoever* 節には、*s/he* と *it*、いずれの代名詞も現れることが分かる。

(1) The Ferrari driver, whoever he is, has an unfair advantage.
　　（フェラーリを運転する人は、その人が誰であれ、不当に有利な立場にある。）
　　　　　　　　　　　　　　　　　　　　　　（Powell 1999: 102）

(2) The winner of the race, whoever it turns out to be, plays right wing, be it Fred, Derek, or even Jacob.（レースの勝者は、それが誰と判明しても、右翼の守備をする。フレッドでも、デレックでも、たとえジェイコブでも。）

(Barwise and Perry 1983: 153)

後で詳しく論じるが、*whoever s/he is* が用いられた場合には、その人物が何者であるかという「同定」に関する情報が問題とされないことを、*whoever it is* が用いられた場合には、誰がその記述に当てはまるかという「指定」に関する情報が問題とされないことを示すと考えられる。ADNP が指示的であり、人を指しているとするならば、なぜ、ADNP と共に用いられた *whoever* 節中に、*s/he* と *it*、いずれの代名詞も現れるのであろうか。同定とも指定とも接点があるということは、ADNP のどのような特質を示唆するのであろうか。これらの点を考察する前に、Donnellan の議論を整理しておくことにしよう。

2. 帰属的用法の名詞句、指示的用法の名詞句、変項名詞句

（3）は、Donnellan が確定記述句の帰属的用法と指示的用法の区別を示すために挙げた例である。

(3) Smith's murderer is insane.（スミスの殺害者は精神異常だ。）

(Donnellan 1966: 285)

この文は、状況によって異なる解釈が可能である。まず、Smith が悲惨な殺され方をしているのを見て、ある人が（3）を発した場合を想定しよう。話し手は特定の人を念頭に置かず、誰であれこのようなことをする人は精神異常であると述べている。確定記述句がこのように用いられた時、その用法を Donnellan は「帰属的用法」と呼ぶ。次に、スミス殺しの罪で法廷に引き出された男、Jones の

おかしな振る舞いを見て、ある人が（3）を発した場合を想定しよう。話し手は Jones という特定の人を念頭に置き、その人が精神異常であると述べている。確定記述句のこのような用法を、Donnellan は「指示的用法」と呼ぶ。Donnellan は、帰属的用法と指示的用法の違いを次のように説明する。

(4) A speaker who uses a definite description attributively in an assertion states something about *whoever or whatever is the so-and-so*...In the first case the definite description might be said to occur essentially, for the speaker wishes to assert something about *whatever or whoever fits that description.* (確定記述を帰属的に用いて何かを主張するときには、話者は誰であれもしくは何であれ、しかじかであるような唯一のものについて何ごとかを述べる。…確定記述が帰属的に用いられた場合は、その記述は必要不可欠な仕方で現れていると言ってよいかもしれない。というのも、話者は、それが何であれもしくは誰であれとにかくその記述を充たすものについて何ごとかを述べようとしているからである。)

(Donnellan 1966: 285、強調は筆者　荒磯・訳)

(5) A speaker who uses a definite description referentially in an assertion, on the other hand, uses the description to enable his audience to pick out whom or what he is taking about and states something about that person or thing. (他方、確定記述を指示的に用いて何かを主張するときは、話者はその記述を用いることで自分が誰もしくは何について述べているのかを聞き手が選び出せるようにし、そしてその人物もしくはその事物について何ごとかを述べる。)

(Donnellan 1966: 285、強調は筆者　荒磯・訳)

ここで確認しておきたいのは、Donnellan のいう帰属的用法の確定記述も、指示的用法の確定記述も、世界の中の対象を指すという意味で、「指示的」な名詞句であるということである。Donnellan 自

身、帰属的に用いられた確定記述の指示性を認めている。

> (6) Russell thought, I believe, that whenever we use descriptions, as opposed to proper names, we introduce an element of generality which ought to be absent if what we are doing is referring to some particular thing... If there is anything which might be identified as reference here, it is *reference in a very weak sense—namely, reference to whatever is the one and only one ϕ if there is any such*. Now this is something we might well say about *the attributive use of definite descriptions*...（ラッセルは、我々が記述を用いるときは固有名を用いるときとは対照的に、我々が特定のものを指示しているときには欠けているはずの一般性という要素を常に導入すると考えていたものと私は思う。…もし指示と同一視できるかも知れないものがあるとすれば、それは非常に弱い意味での指示、つまり、ϕであるものがそもそもただ一つだけ存在するのであれば、何であれそれへの指示である。…これは確定記述の帰属的用法について言うのがもっともかもしれない。）
>
> （Donnellan 1966: 303、強調は筆者　荒磯・訳）

この「弱い指示性」という概念についての十分な説明は見られず、そのことが混乱の原因ともなるのであるが、この点については後でふれることにしたい。

　さて、Donnellan はさらに（7）の例を挙げ、その曖昧性も同様に帰属的用法と指示的用法の区別によって説明しようとする。

> (7) Who is the man drinking a martini?（マティーニを飲んでいる男は誰か。）　　　　　　　　　（Donnellan 1966: 287）

彼の説明は次のようなものである。ある人がパーティでマティーニのグラスを手にした興味深い姿の人を見て、あの人は誰か、と問う

場合、話し手は特定の人を念頭に置き、その人について、一体何者であるかを問うている。これは指示的用法のケースである。これに対し、絶対禁酒主義者同盟地方支部の議長が、例会でマティーニを飲んでいる人のいることを聞き、(7) の質問をした場合、議長は特定の人を念頭に置かずに、確定記述 *the man drinking a martini* に当てはまる人を教えてほしいと求めている。したがって、これは、帰属的用法のケースである。——この説明は、一見、何も問題がないように思われる。帰属的用法であるとされる (7) の二番目のケースでは、特定の人が念頭に置かれてはおらず、確かに、記述内容に当てはまるということが重要なようである。しかし、実際には、Donnellan が同じように帰属的用法の確定記述の例であると考える (3) の定名詞句と (7) の定名詞句は、全く性質の異なるものである (cf. Kumamoto 1993、Nishiyama 1997)。このことを少し詳しく見ていくことにしよう。

まず注目すべきは、(3) と (7) のコピュラ文の文タイプの違いである。(3) の文は、定名詞句を指示的用法と解釈した場合も、帰属的用法と解釈した場合も、措定文である。措定文とは、主語名詞句の指示対象について、何かを叙述する機能をもつものである。Higgins (1979: 212-213) によれば、措定文がトピックを導入しそれについて何かを言うという機能を果たすためには、その主張に先立って、主語名詞句が「指示する」対象がなければならないという。いずれの用法においても、措定文 (3) の主語の定名詞句 *Smith's murderer* は、指示的名詞句であることに注意しよう。このことは、次のように示すことができる。

(8) Smith's murderer is insane.　　'Smith's murderer'
　　指示的用法の読み：措定文　　RDNP（指示的名詞句）
　　帰属的用法の読み：措定文　　ADNP（指示的名詞句）

他方、(7) の文は、指示的用法としての読みでは同定文、Donnellan が帰属的用法とした読みでは、指示定文となる。同定文とは、ある指示対象を他から識別して認定するための手がかりを与え

第12章　帰属的用法と *Whoever* 節の機能　　345

る文である。その手がかりは、特徴記述である場合もあれば、すでに知られている個体と結びつけることである場合もある*3。十分な認定はまだ行われていないとしても、ある対象について語るのであり、同定文の主語名詞句は指示的である。対する指定文は、NPIV が表す命題関数［... x ...］の変項を埋める値を指定する文である。NPIV は世界の中の対象を指すものではなく、非指示的な名詞句である。*the man drinking a martini* は、同定文においては指示的名詞句であり、指定文においては非指示的名詞句であって、異なる機能を果たしているという点を認識することは重要である。以上のことをまとめると次のようになる。

（9） Who is the man drinking a martini? 'the man drinking a martini'
　　　指示的用法の読み：同定文*4　　　　　　RDNP（指示的名詞句）
　　　Donnellan のいう帰属的用法の読み：指定文　NPIV　変項名詞句
　　　　　　　　　　　　　　　　　　　　　　　　　　（非指示的名詞句）

ついでながら、（7）の the man drinking a martini を本来の意味での帰属的用法の名詞句ととった場合に、どのような解釈が出てくるか考えてみよう。その場合、（7）は同定文であり、誰であれ、絶対禁酒主義者同盟の例会でマティーニを飲むような人は一体どのような人物か、ということを問う文になるであろう。不特定の人物について、その人を同定する情報を要求するというのは、あまり、ありそうにないことである。Donnellan が意図した解釈はこの解釈ではなく、指定文として、マティーニを飲んでいる人を選び出すことを求めるものであると思われる。

　このように見てくると、Donnellan は ADNP と NPIV を混同していることが明らかとなる。指定文が変項を埋める値を付与する機能をもつことは多くの人が認めるものの、その変項を表す名詞句*5 の性質については、必ずしも意見が一致しない。われわれは指定文の変項を表す名詞句は非指示的であるとする立場をとり、指示的名詞句である ADNP と非指示的名詞句である NPIV をひとまとめにするとはできないと考えるが、変項を表す名詞句は指示的で

あるとする立場では、本来の帰属的用法の名詞句との相違は分かりにくいものとなるであろう。一例として、Declerck（1988）では、指定文の変項を表す名詞句はADNPの下位区分といえる性格を有し、弱い指示性をもつと論じられている。Donnellan自身が帰属的用法を説明するために不適切な例を用いたこと、特定の指示対象を念頭に置かないというだけでは、指示的／非指示的の区別の助けとならないこと、「弱い指示性」という概念が不明確であることなどが、こうした混乱の原因である。

　指定文の変項を表す名詞句はADNPであると考えると問題が生じることを、Higgins（1979）の挙げる次の例は示している。Higginsは、変項を表す名詞句を superscriptional NP と呼び、その非指示性を強調する。指示的な名詞句であるADNPと非指示的な名詞句である superscriptional NP を区別しなければ、（10）の曖昧性を説明することはできない。いくつかの可能な解釈のうち、a. 主語名詞句、述語名詞句共にADNPである場合、b. 主語名詞句が superscripitional NP、述語名詞句がADNPである場合、c. 主語名詞句がADNP、述語名詞句が叙述名詞句である場合の解釈を（11）に挙げよう*6。

(10) The winner of the election might have been the LOser.
　　（その選挙の勝者は敗者であったかもしれない。）
　　a.　referential NP（ADNP）　　referential NP（ADNP）
　　b.　superscriptional NP　　　　specificational NP（ADNP）
　　c.　referential NP（ADNP）　　predicational NP
(11) a.　誰であれ選挙に勝った人は、誰であれ選挙に負けた人と同一人物であったかもしれない。（同一性文）
　　b.　次の人が選挙に勝っていたかもしれない：誰であれ、選挙に負けた人。（指定文）
　　c.　誰であれ選挙に勝った人は、負けていたかもしれない。（措定文）
　　　　　　　　　　　　　　　　　　　　（Higgins 1979: 271-273）

　Higginsのいう superscriptional NP の概念は西山の提案する

NPIVの概念と同一のものではないが、両者とも指定文の変項を表す名詞句は非指示的であると考え、潜伏疑問（Baker 1968、本書第IV部第13章（西山論文））との関連を指摘しているのは興味深い。Nishiyama（1997）によれば、(12a)、(12b)の主語名詞句が疑問文(13)との間に持つ関係は、(14a)–(14c)の目的語名詞句が間接疑問との間にもつ関係と同じである。

(12) a. The man drinking a martini is John White.（マティーニを飲んでいる男はジョン・ホワイトである。）

b. The man drinking a martini is the man standing in front of the door.（マティーニを飲んでいる男は、ドアの前に立っている男である。）

(13) Which one is the man drinking a martini?（どいつがマティーニを飲んでいる男か。） (Nishiyama 1997: 755)

(14) a. George remembered the number of planets.（＝what the number of planets was）（ジョージは惑星の数を思い出した。（＝惑星の数はいくつか））

b. Mary guessed the price of eggs.（＝what the price of eggs was）（メアリーは卵の価格を推測した。（＝卵の価格はいくらか））

c. Fred refused to tell the police the fellows who had been involved.（＝which fellows had been involved）（フレッドは関与した男たちを警察に告げることを拒否した。（＝どの男たちが関与したか）） (Baker 1968: 83)

ADNPの場合には、疑問文との間にこのような対応関係を考えることができない。このことからも、指定文の変項を表す名詞句をADNPであるとする議論には問題があることが分かるが、実際には、そうした誤解が多く見られる。次節では、wh.ever節と共起するという観察が、変項名詞句とADNPの混同に深く関わっていることを見てゆく。

3. *Wh. ever*節の付加

　NPIVを本来の意味でのADNPから区別した上で、今度はADNPの特徴の別な側面、すなわち、*wh. ever*節を用いた言い換えができるという点に目を向けてみよう。特定の指示対象を念頭に置かないという特徴づけが、ADNPとNPIVの混同を招くのと同様、そこから派生した*wh. ever*節が付加できるという特徴も、両者の違いを不明瞭にしてしまう。*wh. ever*節に依拠した議論の一例として、Stampe（1974）を取り上げよう。Stampeは、*wh. ever*節を加えることによって伝えられる意味を伝達しようとしている時、確定記述は帰属的に用いられているとし、次のように述べる。

(15) To use a definite description attributively in a sentence（the *f* is *g*）is to use it in such a way as to convey, or implement the intention of conveying, the same thing that would be conventionally and expressly conveyed by the same sentence with the appropriate wh. ever-clause prefixed to it（wh. ever it may be that is the *f*, the *f* is *g*.）（the *f* is *g* という文の中で確定記述を帰属的に用いるということは、言語化した場合に wh. ever it may be that is the *f*, the *f* is *g*.（*f* であるのは何・誰であれ、*f* は *g* である）のように、その文の先頭に適切な wh. ever 節を付加した形で伝達されるのと同じことがらを伝達するように、あるいは伝達する意図を果たすように、それを用いるということである。）　　(Stampe 1974: 182)

実際、ある名詞句がADNPとして用いられていることを示すために*wh. ever*節を加えることは、広く行われている。(16) – (19) は、そうしたADNPの例である。

(16) They don't know [the answer to the question] Who murdered Smith. But WHOEVER HE IS, the murderer of Smith must be insane.（彼らは誰がスミスを殺したか［その問いの

答え〕を知らない。しかし、その人が誰であれ、スミスの殺害者は精神異常だ。)　　　　　　　　　　(Stampe 1974: 171)

(17) Whoever it may be who is the murderer of Smith, the murderer of Smith is insane.（スミスの殺害者であるのは誰であれ、スミスの殺害者は精神異常だ。）　　(Stampe 1974: 171)

(18) The winner of the race, whoever it turns out to be, plays right wing, be it Fred, Derek, or even Jacob.（レースの勝者は、それが誰と判明しても、右翼の守備をする。フレッドでも、デレックでも、たとえジェイコブでも。)（＝(2)）

(Barwise and Perry 1983: 153)

(19) The grand prize winner {of the Sweepstakes} (whoever s/he turns out to be) will win an all-expenses-paid trip for two to the Bahamas.（特賞当選者｛富くじの｝は、その人が誰と判明しても、ペア無料バハマ旅行を獲得する。)

(Bezuidenhout 1997: 395-396)

　しかしながら、wh.ever 節が付加できるか否か、という観点から定名詞句の用法を考えるのは、同じ機能をもつ名詞句を区別し、異なる機能をもつ名詞句を一つにまとめてしまうという点で、非常に問題のあるものである。確かに、ADNP であれば wh.ever 節を加えることができるとしても、wh.ever 節を加えることができるというのは決して ADNP だけの特徴ではなく、wh.ever 節は、RDNP、NPIV とも共起するものであることに注意しなければならない。
　まず、wh.ever 節が RDNP と共に用いられた例 (20)、(21) を見てみよう。

(20) They've arrested the murderer, but they don't know who he is〔that is, the answer to the question Who is the man who they know to have murdered Smith〕. But WHOEVER HE IS, (even if he's the son of the governor) the murderer of Smith will get the chair.（彼らはスミスの殺害者を逮捕したが、その人は誰か（つまり、スミスを殺したと彼らが知っている

男は誰か、という問いに対する答え）を知らない。しかし、
その人が誰であろうと、たとえ、知事の息子であっても、
スミスの殺害者は死刑になるだろう。）　　（Stampe 1974: 170）

(21) This guy Heidegger, whoever he is, has won yet another race.
（このハイデガーという男は、そいつが誰であれ、また別の
レースに勝った。）　　　　　　　　（Searle 1979/1991: 129）

　wh. ever 節が RDNP と共起しうることは Stampe も気づいており、*wh. ever* 節がどちらの用法の定名詞句とも共に用いられることを認めた上で、ADNP を含む文に付加された *wh. ever* 節と RDNP を含む文に付加された *wh. ever* 節とでは、機能が異なるという指摘を行っている。*whoever* 節は、ADNP を含む (16)、(17) においては、(22) の「誰がスミスを殺したか」という主語を求める疑問に対する答えが問題とされないことを表し、RDNP を含む (20) においては、(23) の「スミスの殺害者は誰であるか」という述語を求める疑問に対する答えが問題とされないことを示すという。

(22) Who murdered Smith?（誰がスミスを殺害したか。）
　　　　　　　　　　　　　　　　　　　　（Stampe 1974: 166）
(23) Who is that man, who is the man who murdered Smith?（あの男は誰か、スミスを殺害した男は誰か。）（Stampe 1974: 166）

　一見したところ、定名詞句が ADNP である (18)、(19) の *whoever* 節では、共に「誰がレースに勝つか」「誰が特賞を獲得するか」という主語を問う疑問に対する答えが問題とされないことが述べられており、(20) と同様に定名詞句が RDNP である (21) の *whoever* 節では、「Heidegger とは何者か」という述語を問う疑問に対する答えが問題とされないことが述べられている、と考えることができるように思われる。しかし、実は、「主語を問う」「述語を問う」という区別では、Stampe が捉えようとした *whoever* 節の曖昧さをうまく説明することはできない。我々の用語を用いると、Stampe の主張は、ADNP を含む文に付加された *wh. ever* 節は、定

名詞句が示す命題関数の変項を埋める値が何であるか、どの値が「指定」されるかには関与しないこと、RDNPを含む文に付加された wh.ever 節は、定名詞句が指示する個体の「同定」のための情報がどのようなものであるかに関与しないことを述べているのである、と言い換えることができる。主語を問うか、述語を問うか、という語順によって指定と同定を区別することがあまり意味をなさないのは、よく知られているように、指定文は倒置することが可能だからである。

(24) a. Smith's murderer is John.（スミスの殺害者はジョンだ。）（倒置指定文）
b. John is Smith's murderer.（ジョンがスミスの殺害者だ。）（指定文）

もっぱら語順に依拠した議論であるという点に問題があるばかりでなく、そもそも、ADNP と共に用いられる whoever 節はすべて指定される値が何（どれ）であるかに関与しない、ということを示しているのかどうかも疑問である。注意深く観察すると、(16) – (19) の whoever 節中で用いられている代名詞には違いがあり、どの場合にも一様に代名詞が命題関数 [...x...] を先行詞としているとはいえないように思われるからである。whoever 節の機能と節内に現れる代名詞の関わりについては、4節で詳しく論じることにしたい。

さて、whoever 節は必ずしも ADNP と共に用いられるのでなく、RDNP と共に用いられる whoever 節もあることを見てきたが、実は、whoever 節が共起するのはこの二種類の定名詞句に限らない。帰属的用法を (15) のように規定した時、Stampe 自身気づかずに whoever 節を伴う ADNP の例として挙げたものの中には、whoever 節を伴う NPIV の例が含まれるのである。RDNP に付加された whoever 節は異なる機能をもつとしても、次のような例の whoever 節は、Stampe の表現を使えば「主語を求める問いに対する答え」に関与しないことを示すという点で、(16)、(17) の whoever

節と同じ機能をもつと思われる。その同じ機能の whoever 節が付加できるならば、(25)、(26) も同様に ADNP であると判断できる、と Stampe は考えるのである。

(25) Whoever it was who betrayed him, it (= the traitor) was the man they called "Sedan Chair."（彼を裏切ったのは誰であれ、それ（裏切り者）は彼らが「セダンチェアー」と呼ぶ男だ。）
(Stampe 1974: 178)

(26) Whatever the price of eggs is, it (= the price of eggs) is around 90 cents a dozen.（卵の価格はいくらであるとしても、それ（卵の価格）は、1 ダース 90 セント位だ。）
(Stampe 1974: 177)

(25)、(26) で問題となっている名詞句が実際には NPIV であることは、これらの例の主節が指定文であることから明らかである。(25) は、[x betrayed him] の x を埋める値を、特定はしないが、彼らが Sedan Chair と呼ぶ人でもって指定する文であり、(26) は、[x is the price of eggs] の x を埋める値が、特定はできないが 1 ダース 90 セント近辺にあるということを述べる文である。これらの例では、wh. ever 節は、命題関数の変項を埋める値の精確な指定には関与しないということを示していると考えられる。もし、(25) の the traitor が指示的名詞句であれば、it ではなく he で受けるはずであり、その人について、「セダンチェアーと呼ばれる人」という特徴によって同定を行う文となるであろう。また、もし、(26) の the price of eggs が指示的名詞句であれば、その価格自体、例えば 88 セントは、90 セントに近いという性質をもつということを述べる措定文となるであろう。いずれの場合も定名詞句を ADNP と解釈するのは無理があるにもかかわらず、(15) の規定に当てはまるものであるために、ADNP であると認定されてしまうのである。"wh. ever it may be that is the f, the f is g" という形式だけに注目し、主節のコピュラ文が措定文であるか、指定文であるかといった違いに目を向けていないのは、大きな問題であるといえよう。

次に、(27)、(28) を (25)、(26) と比較してみよう。Stampe は、主語を求める疑問文の答えを述語名詞句が完全な形で与えない場合には、帰属的用法の解釈が可能であるが、(27)、(28) のように完全な答えを与える場合には、そうした解釈は不可能になるという。

(27) * Whoever it was who betrayed him, it (= the traitor) was Sedan Chair.（彼を裏切ったのは誰であれ、それ（裏切り者）はセダンチェアーだ。） (Stampe 1974: 178)

(28) * Whatever the price of eggs is, it (= the price of eggs) is 90 cents a dozen.（卵の価格はいくらであるとしても、それ（卵の価格）は、1 ダース 90 セントだ。）(Stampe 1974: 176)

(27) と (28) の主節は明らかに指定文であり、主語名詞句は NPIV である。(27) は、[*x* betrayed him] の *x* を埋める値を *Sedan Chair* で指定し、(28) は、[*x* is the price of eggs] の *x* を *90 cents a dozen* で指定する。議論の対象となっている名詞句の性質は、(25)、(26) の場合とまったく同じである。唯一の違いは、(27) と (28) では、精確な値が指定されており、これらの例には、*wh. ever* 節を付加することが出来ないという点である。(25)、(26) の主語名詞句と (27)、(28) の主語名詞句はどちらも NPIV であるにもかかわらず、*wh. ever* 節を付加できるかどうかという観点からは、異なる性質の名詞句として区別されてしまうのである。

Stampe が正しく述べるとおり、(27) と (28) の定名詞句 *the traitor*、*the price of eggs* は ADNP ではない。しかし、その理由は、これらの文が完全な答えを与えてしまっているために、答えには関与しないという *wh. ever* 節の伝達する内容と合致しないからではない。そもそも、問題となっている名詞句が ADNP でないのは、それが変項を表すものであり、したがって、世界の中の個体を指示する名詞句ではないという理由による。*wh. ever* 節が付加できるか否か、ということによらず、定名詞句の用法は、それが文中でどのような機能を果たしているかという観点から考えなければならない。

*wh. ever*節の付加を判断基準としたために、Stampe は、共に NPIV である（25）、（26）の主語名詞句と（27）、（28）の主語名詞句の間の意味機能の類似性を見逃し、また一方で、NPIV である（25）、（26）の主語名詞句と ADNP である（16）-（19）の主語名詞句の間の相違も見逃すことになったのである。

　最後に、NPIV と共に用いられた *wh. ever* 節の例をもう一つ挙げておこう。（29）が述べているのは、[*x* is the new president] の *x* を埋める値が、誰であるにせよ、近いうちに決まるだろうということであり、*the new president* は NPIV である。（29）は潜伏疑問の解釈をもち、この NPIV は、*who the new president will be*（誰が新しい大統領になるか）という間接疑問と関連づけられるものである。

(29) The new president, whoever it is, will be decided soon.（新しい大統領は、それが誰であれ、すぐに決定するだろう。）

主節の定名詞句が NPIV であるのは、Stampe が挙げたようなコピュラ文に限らない。このようなタイプの文も統一的に説明することができるのは、NPIV の概念の利点である。先に、（25）、（26）の例について、NPIV と共起する *wh. ever* 節は、変項を埋める「精確」な値が何であるかということには関与しないことを示す、と述べたが、それは主節が値の指定を行うタイプの文であるからである。（29）ではそのような制約はなく、*wh. ever* 節は変項を埋める値が何であるかについて関与しないことを示す、というだけで十分であろう。

4. *Whoever* 節内の *it* と *s/he* の選択

　ここまで、ADNP の意味特性にまつわる問題を、RDNP、NPIV との対比において検討してきた。本節では、ADNP に付加された *whoever* 節内の代名詞の選択に目を向けることにしよう。前節までの議論から、*wh. ever* 節は、RDNP と関連づけられる場合には、

その名詞句の指示対象の同定情報がどのようなものかについて関与しないことを表し、NPIV と関連づけられる場合には、その名詞句が表す命題関数の変項を埋める（精確な）値が何であるかについて関与しないことを表すことが分かった。では、ADNP と関連づけられる wh. ever 節の場合はどうであろうか。前節で (16) – (19) の例について考えた時に、ADNP を含む文に付加された wh. ever 節の機能は一様ではない可能性があることを指摘した。命題関数の変項を埋める値が何であるかについて関与しない、ということを表していると考えられるものもあるが、すべてがそうではない。whoever 節においては、節の中に現れる代名詞が it と s/he の対比を示すため、この対比を手がかりに、その機能の違いを考えていくことにしよう。

ここで、先に挙げた定名詞句が whoever 節を伴う例を、節の中の代名詞の観点から見直してみることにしよう。これらの例を観察すると、先行詞となる定名詞句の種類によって、whoever 節内で用いられる代名詞が異なることが分かる。その名詞句が RDNP であれば、代名詞 s/he が用いられ、NPIV であれば、it が用いられ、ADNP であれば、it と s/he 共に用いられる。この対比は、次の例に明らかである。

(30) [They've arrested the murderer but they don't know who he is.] But whoever he/*it is (even if he's/*it's the son of the governor), the murderer of Smith will get the chair. (RDNP)

(31) This guy Heidegger, whoever he/*it is, has won yet another race. (RDNP) (cf. (21))

(32) The new president, whoever it/*he is, will be decided soon. (NPIV) (cf. (29))

(33) They don't know [the answer to the question] Who is the murderer. But whoever it/*he is, it is a certain mad man. (NPIV)

(34) The Ferrari driver, whoever he/it is, has an unfair advantage.

（ADNP）（cf.（1））
(35) I bet the winner of this year's Wimbledon men's singles title, whoever it/he is, also wins the US open.（今年のウィンブルドンの男子シングルスの優勝者は、それが／その人が誰であれ、US オープンにも勝つだろう。）（ADNP）
(36) I wonder if Mary's best friend, whoever it/s/he is, will forgive her betrayal.（メアリーの親友は、それが／その人が誰であれ、彼女の裏切りを許すだろうか。）（ADNP）

これまでの観察によって明らかになった、主節の主語名詞句の種類と whoever 節に現れる代名詞との関係を表にまとめると、次のようになる。

(37)

	指示的名詞句		非指示的名詞句
	RDNP	ADNP	NPIV
Whoever s/he is	○	○	×
Whoever it is	×	○	○

先行詞が RDNP の場合には、指示的名詞句であるのだから s/he が用いられ、変項名詞句の場合には、非指示的名詞句であるのだから it が用いられるのは理解できることである。問題は、なぜ、ADNP の場合に、whoever 節内に it と s/he いずれの代名詞も現れるのかということである。ADNP は指示的名詞句であるということを考えると、s/he の使用が自然であると思われるが、一方で、付加された whoever 節は変項を埋める値が何であるかには関与しないということを表すのだとすれば、it の使用が自然であるように思われる。ADNP に付加された whoever 節の特性を考える前に、whoever 節内の代名詞の選択に反映されていると考えられる「指定」と「同定」の区別について少し詳しく見ておくことにしたい。

　Declerck（1988）は、(38) における it と he の使用を、(39) の二つの仮説を立てて説明する。

(38) a. (Who is your friend? = Tell me who is your friend.) ― It is the son of the Prime Minister.（誰があなたの友人か。誰があなたの友人か教えてくれ。―それは首相の息子だ。）

b. (Who is your friend? = Tell me something more about your friend.) ―He is the son of the Prime Minister.（あなたの友人は誰か。あなたの友人についてもっと教えてくれ。―彼は首相の息子だ。）

(39) a. *It*-sentences are specificational, whereas *he/she/they*-sentences are either descriptionally-identifying or predicational.（*it* を用いた文は指定文であり、*he/she/they* を用いた文は記述的同定文か措定文のいずれかである。）

b. Such *it*-sentences are reduced *it*-clefts.（*it* を用いたそのような文は、欠落部のある *it* 分裂文である。）

(Declerck 1988: 124)

Declerck は、(38a) の *it* を用いた文は指定的同定文*7 であり、変項 *the one who is my friend* の値 *the son of the Prime Minister* を指定するものであること、他方、(38b) の *he* を用いた文は記述的同定文であり、指定的同定文により初歩的な同定が行われた後に、十分な同定を行うためにさらなる記述を加えるものであることを論じている。次に挙げる (40) では、まず、指定の情報が与えられ、その後、記述的な同定の情報が加えられている。Declerck は、同定を求める最初の問いは、通常、指定的同定文であると主張する。

(40) a. The girl asked us who was the new president.（少女は誰が新しい大統領かと尋ねた。）

b. We told her that it was the man standing in the corner of the room.（私たちは、それは部屋の隅に立っている男だと教えた。）(specificationally-identifying sentence)（指定的同定文）

c. She then asked us who he/that man was.（それから彼女

　　　　は彼／あの男は誰なのかと尋ねた。）

　　d.　We replied that he was the son of the former president.
　　　　（私たちは、彼は前大統領の息子だと答えた。）（descriptionally-identifying sentence）（記述的同定文）

(Declerck 1988: 101)

　it と *s/he* の選択は与えられる情報の種類による、ということを証拠づけるために Declerck が挙げる例を、いくつか引いておこう。

(41) Last night a man was arrested by the London police and charged with the murder of Annie Jones. It was/He is Mr. James Smith, of Sweetham Street, Bexton. （昨夜一人の男がロンドン警察に逮捕され、アニー・ジョーンズ殺害のかどで告発された。それは／彼はベクストンのスウィータム通りに住むジェイムズ・スミス氏だった。） (Declerck 1988: 119)

(42) The new general, he/it is a friend of the president. （新しい将官、彼／それは大統領の友人だ。） (Declerck 1988: 123)

(43) It / *She was Alice, the one who just had the baby. （それ／彼女はアリスだった、子供を生んだばかりなのは。）
(Gundel quoted in Declerck 1988: 139)

(44) (Who's the murderer?) *8—It/*he is that old man that lives near the river. （誰が殺害者か―それは／彼は川の近くに住むあの老人だ。） (Declerck 1988: 143)

(45) Jack Smith, he/*it is a friend of mine. （ジャック・スミス、彼は／それは私の友人だ。） (Declerck 1988: 139)

　これらの例で *it* が用いられるのは、値を選び出すという、指定を行うための情報を与える場合、*s/he* が用いられるのは、問題になっている人について詳細を述べるという、同定を行うための情報を与える場合であると Declerck は説明する。

　Declerck にしたがい、代名詞の選択はその文が与える情報の種類によって決定されると認めるならば、なぜ NPIV を含む文に付加

第12章　帰属的用法と *Whoever* 節の機能　　359

された whoever 節では it が用いられ、RDNP を含む文に付加された whoever 節では s/he が用いられるのか理解することができる。前者は、指定の情報に関与しないことを、後者は、同定の情報に関与しないことを示すものだからである。それでは、ADNP を含む文に付加された whoever 節では it と s/he、いずれも用いられるという事実は、どのように説明すればよいであろうか。ついでながら、Donnellan 自身は ADNP の説明の際、whoever it is も、whoever s/he is も用いてはいないということを指摘しておこう。(4) でも (6) でも、Donnellan は、whatever or whoever fits that description、あるいは whoever or whatever is the so-and-so という表現を用いるばかりである*9。

　先に、Stampe に従って、ADNP と共に用いられた whoever 節は、指定される値が何であるかに関与しないことを示すと仮定した。もし、指定文では必ず it が用いられるとすると、指定の解釈がなされるはずの whoever 節の中で s/he が用いられた場合には、代名詞の選択と whoever 節の機能の間にずれがあるということになってしまう。これを説明するには、一つは、指定文の中には、変項を表す名詞句を先行詞としながら s/he を用いる特殊なタイプがあると考える方法、もう一つは、ADNP と共に用いられた whoever 節中で s/he が用いられた時には、指定の情報ではなく同定の情報に対する不関与を表していると考える方法がある。第一の解決法は興味深いものであるが、そのような方法は、コピュラ文の理論に重大な影響をもたらすことになる。われわれは、指定文の変項を表す名詞句は非指示的な NPIV であるとする立場をとっている。そうした特殊なタイプの指定文の存在を想定するということは、その指定文の変項を表す名詞句が NPIV ではないという主張、あるいは、NPIV の中に指示的なものがあるという主張につながり、容易に受け入れることはできない。第二の解決法は、現存の理論の中で処理しうるという点で、より問題が少ないものである。ADNP と共に用いられる whoever 節の中で与えられる情報を見直して、代名詞の選択により、指定の情報に関与しないことと同定の情報に関与しないことのいずれかが述べられる、と考えるやり方である。しかし、この

選択肢を採るならば、RDNPの場合に関与しないとされる同定の情報と、ADNPの場合に関与しないとされる同定の情報との間に何らかの違いがあるかどうか、考える必要が生じるであろう。前者の場合は、特定の指示対象を念頭に置いているが、後者の場合はそうではないという違いは、関与しないとされる同定情報の内容に違いをもたらす可能性があるからである。

　ADNPを含む文に付加されたwhoever節内の代名詞に関しては、また別の問題がある。それは、itの先行詞の問題である。(30) と (31) においては、定名詞句はRDNPであり、whoever節内のheは、それぞれthe murderer of Smith、this guy Heideggerの指示性と合致する。(32) と (33) では、定名詞句はNPIVであり、whoever節内のitはそれぞれthe new president、the murdererの非指示性と合致する。(34) – (36) では、定名詞句はADNPである。ここで代名詞s/heが選ばれた場合は、それぞれthe Ferrari driver、the winner of this year's Wimbledon men's singles title、Mary's best friendの指示性と合致するため、その使用は何ら問題を生じない。しかし、これらの文でitが選ばれた場合、それが照応しているものは何か、考えなければならない。変項を表す名詞句は指示的ではないので、itを指示的であるADNPと関連づけることはできない。また、この文の中には直接itと関連づけられるべきNPIVは存在しない。代名詞itがどのような先行詞と関わっているのか、妥当な説明が必要である。

　ここで、ADNPを伴う文に付加されたwhoever節内のitとs/heの用法を説明するには、ADNPが変項を埋める値の概念に対してもつ密接な関係を理解することが手がかりになるということを示したい。ADNPは指示的であり、それ自体は命題関数を表さず、したがって、NPIVではないが、ADNPの指示対象がその値として付与されるような変項の存在を想定する。あるレベルでNPIVが関わり、NPIVが表す命題関数の中の変項がある値で埋められる。その埋められた値がADNPの指示対象である、と考えることができるのではないかと思われる。ADNPは、いわば、記述に当てはまるものとして値が指定された結果を示すのであるから、そうした

ADNPが変項の存在を示唆する *whoever* 節を伴うというのは、まったく自然なことである。また、その節の中に *it* が現れることも理解ができる。ADNPが、変項に付与された値としてNPIVと深く関わることは、(46)のような例を見れば明らかであろう。インターネット上で、主人公ヒカルがSAIに成り代わってZELDA（和谷のハンドルネーム）と碁を打っていたのだが、後日、和谷に対して、他の人がZELDAと打っていたのを見ただけだと言い訳をする場面である。この例からは、まず、*Who was playing?* という問いが変項を埋める値の指定を求め、その答えとして付与された値があること、次に、誰が値として当てはまるかということには関与していないこと、そして、値として了解された *the guy who was playing* の指示対象に、*he* が言及していることが読み取れる。

(46) Hikaru: One time, there was a GO game on one of the computers. That's when I saw the chat between SAI and ZELDA. I remembered it because it was kind of funny.
  Waya: Who was playing?
  Hikaru: Whoever it was, he left too quickly. I never saw his face.
  ヒカル: ある時、ここのコンピューターに碁の画面が映ってた。僕がSAIとZELDAの会話を見たのは、その時だ。ちょっと面白かったから覚えていたんだよ。
  和谷: 誰が打っていたのか。
  ヒカル: 誰だったにせよ、そいつはすぐ帰っちゃった。顔も見てない。　　(*Hikaru no Go*, Game 56, Vol. 7)

ADNPと共に用いられた *whoever* 節の中に *it* が現れるか、*s/he* が現れるかという違いは、指定のどの段階が関わり、何に対しての不関与を表しているか、という違いによるものと理解してよいであろう。もう一度、次の例を見てみよう。

362　IV 「変項名詞句」の一般化

(47) The Ferrari driver, whoever he/it is, has an unfair advantage. (ADNP)（=(34)）
(48) I bet the winner of this year's Wimbledon men's singles title, whoever it/he is, also wins the US open.（ADNP）（=(35)）

　これらの例の *whoever* 節においては、s/he の使用は、指定がすでに終わった段階で、付与された値についてその同定情報に関与しないことを、it の使用は、指定が今、行われている段階で、どの値が入るかについて関与しないことを、それぞれ示していると考えることができる。(47) において it が用いられると、その時だけでなく、いつでもフェラーリに乗る人は不当に有利な立場にあるという読みも可能となるのは、興味深い。この読みは、異なる時に、異なる値の指定が行われることを示す読みである（cf. 西山 2003)。(48) では、試合の結果がまだ知られておらず、勝者の指定が行われていないという理由により、it を好む母語話者がいる。このことは、指定のどの段階を問題にするかという観点から s/he と it の使い分けが説明できることを裏づけるものであるといえよう。

　ここまで、ADNP と共に用いられた *whoever* 節は、Stampe で論じられているのとは異なり、指定の情報に関与しないことばかりではなく、同定の情報に関与しないことを述べる場合があること、そして、同定の情報が関与しないとされるのは、指定がすでに行われた後の段階であることを見てきた。ADNP と共に用いられた *whoever s/he is* において関与しないとされるのが同定の情報であるとするならば、今度は、それが RDNP と共に用いられた *whoever s/he is* において関与しないとされる同定の情報と異なるのかどうか、検討してみなければならない。まず、同定を可能にするためにはどのような情報が与えられるのか、次の例を見てみよう。

(49) The winner? Who is the winner?
    a.   He's that guy over there.（彼は、あそこにいる男だ。）*10
    b.   He's Kei Nishikori.（彼は錦織圭だ。）
    c.   He's Kei Nishikori, a Japanese pro tennis player aged

24.（彼は錦織圭という24歳の日本人プロテニス選手だ。）

d. He's a Japanese pro tennis player who lives in Florida. （彼はフロリダに住む日本人プロテニス選手だ。）

e. He's the first Japanese player to win the Japan Open. （彼はジャパン・オープンで優勝した初めての日本人選手だ。）

f. He's the guy who is dating that what's-her-name table tennis player.（彼はあの何とかいう卓球選手とつきあっている男だ。）

g. He's a famous pro tennis player who's known for endurance.（彼は持久力で知られる有名なプロテニス選手だ。）

同定の助けとなる情報は、(49a) – (49c) のように特定の個体と結びつけるものと、(49d) – (49f) のように詳細な特徴づけを行うものとに大きく分けられる。十分な同定が行われていない場合、どのような情報が不足し、求められているかというのは状況によって異なるが、情報を求めている人の経験した個体と結びつけることによって行われる同定は、より基本的なものであると思われる。名前は知られているが特定の個体と結びつけることができずにいる場合、(49a) と同じような形で、その指示対象を眼前に示すことができれば、あるいは、「昨日の夕食会で君の横に座った人」のように、その指示対象を想起させることができれば、同定は容易に行われるであろう。他方、眼前にいる指示対象が何者であるかを知りたい場合、最も一般的なのは名前を示すことである。例えば、優勝カップを受け取っている優勝者を見ながら、"Who is the winner?"と尋ねられた場合、名前を告げる (49b) の答えが最も自然であろうし、また、例えば、(49d) のような情報だけしかもっていない場合には、名前を告げられない不十分さを述べることになるであろう。

(50) I don't recall his name, but he's a Japanese pro tennis player who lives in Florida.（名前は思い出せないが、彼はフロリダに住む日本人プロテニス選手だ。）

(51) は、コンテクストにより他の解釈も可能であるが、名前を知らない場合に (52) と共に用いられる表現である。(51) では、同定が不十分であるが、名前を手始めとして、様々な情報から得られるであろう同定に関心が向けられないことが示される。

(51) That person, whoever s/he is, seems very nice.（誰なのか知らないが、あの人はとてもいい人のようだ。）

(52) That person, although I don't know his/her name, seems very nice.（名前は分からないが、あの人はとてもいい人のようだ。）

RDNP の指示対象と ADNP の指示対象の大きな違いは、話し手が特定の個体を念頭に置いているかどうかということであった。ADNP の場合、指示対象に関して入手可能な情報は、その指示対象が記述に当てはまるということ、それが変項を埋める値として付与されたものであるということである。それは、特定の個体とは結びつけられていない。この場合、関与しないとされる情報は、その指示対象をある特定の個体と結びつける助けとなる情報であると考えられる。その情報は、他から区別するためにその指示対象の実体を捉えるものであり、固有名詞が典型的なものであろう。他方、RDNP の場合、その指示対象は、特定の個体と結びついたものである。この場合にも固有名詞による同定は行われうるが、さらにその個体の詳細な特徴づけにまで立ち入る可能性が高いと考えられる。ADNP と共に用いられた *whoever s/he is* において関与しないといわれる同定情報と、RDNP と共に用いられた *whoever s/he is* において関与しないといわれる同定情報それぞれの傾向を知れば、どちらも同じ同定でありながら、なぜ ADNP の場合には指定の情報を問題にしないことを示す *whoever it is* と共に用いられることがある

のか、その理由も理解しやすくなるであろう。

5. むすび

　この章では、ADNPが指示的名詞句であるにもかかわらず、非指示的名詞句であるNPIVとしばしば混同されてきたことを概観し、*whoever*節における*it*と*s/he*の選択には、主節の定名詞句が文中で果たす意味機能が深く関わっていることを指摘した。ADNPが指定の結果である「値」の概念と密接に結びついていることを理解することが、ADNPと共に用いられた*whoever*節における代名詞の選択の理解にとって、重要である。どの値が選び出されるか、その指定の段階に関与しないと述べる場合には*it*が用いられ、すでに選び出された値の同定に関与しないと述べる場合には*s/he*が用いられる。また、同定の二つのタイプ、指示対象をある特定の個体と結びつけることによる同定と、指示対象の特徴記述による同定とを区別することによって、ADNPに伴う*whoever*節において関与しないといわれる同定情報と、RDNPに伴う*whoever*節において関与しないといわれる同定情報との間に見られる差異を説明することが、可能になると思われる。

付　記

　本章は、『佐賀大学文化教育学部研究論文集』第15集第2号所収の拙論 "The Attributive Use and the Semantic Functions of Whoever-clauses" に加筆・修正を施したものである。例文のチェックをして下さった Gregory Kirk Jember 氏に謝意を表する。

＊1　'attributive use' は、「属性的用法」とも「帰属的用法」とも訳される。ここでは今井・西山（2012）にしたがい、「帰属的用法」の訳語を用いる。
＊2　確定記述とは、世界に一つしかない個体を指示する表現である。英語においては、通常、*the present king of France*、*the capital of Japan* のように定冠詞

the の後に記述が続く形をとるが、*my biological mother* のように定冠詞を用いないものもある。

*3　熊本（1995）では、「A」は「B」の特徴記述をみたす「もの」であると述べることによって、「A」の指示対象を他から識別して認定するタイプの同定文と、「A」の指示対象を、同定に必要な情報を求めている人の経験した個体である「B」の指示対象と結びつけることによって、他から識別して認定するタイプの同定文とを区別した。

*4　Nishiyama（1997: 766）は、定名詞句をRDNPと解釈した場合、指定の読みも可能であると指摘する。(i)の対話におけるA、Bの発話は、概略、(ii)、(iii)のようにパラフレーズ可能であるという。同定と指定の区別に関しては、さらに議論が必要であると思われる。

(i)　　A: Who is the man drinking a martini?
　　　　B: He is Peter Brown.
(ii)　 What name does the man drinking a martini have?
(iii)　He is the bearer of the name 'Peter Brown.'

*5　厳密に規定された、命題関数を表す「変項名詞句」とは区別し、一般的に、(倒置)指定文の *be* 動詞の前後に現れる名詞句のうち、値ではなく変項と関わりのある方の名詞句、という意味で用いる。Declerck（1988）のいうvalue NPに対するものとしてのvariable NPの訳語である。

*6　Higginsは、述部の *the loser* にストレスを置いた場合、少なくとも8通りの解釈が可能であるとしている。

	The winner of the election	might have been	the LOser.
(i)			
(a)	referential NP（RDNP）	referential NP（RDNP）	(identity sentence)
(b)	referential NP（RDNP）	referential NP（ADNP）	(identity sentence)
(c)	referential NP（ADNP）	referential NP（RDNP）	(identity sentence)
(d)	referential NP（ADNP）	referential NP（ADNP）	(identity sentence)
(e)	superscriptional NP	specificational NP（RDNP）	(specificational sentence)
(f)	superscriptional NP	specificational NP（ADNP）	(specificational sentence)
(g)	referential NP（RDNP）	predicational NP	(predicational sentence)
(f)	referential NP（ADNP）	predicational NP	(predicational sentence)

*7　Declerckは、指定文も同定文の一種であると考え、specificationally-identifyingという用語を用いる。本章ではDeclerckのdescriptionally-identifyingを同定、specificationally-identifyingを指定と呼ぶことにする。

*8　これは、誰が殺人犯であるかを問う質問と解釈した場合の代名詞の選択である。

*9　実際には、Stampeがそうであるように、*whoever* 節の中では意識せずに *it*、*s/he*、どちらも用いることが多い。Barwise and Perry（1983: 156）が、WHOEVER IT ISを挿入できるものがattributive useであると明確に述べているのは興味深い。

*10　Declerck（1988: 97-98）は、同定情報を表す名詞句のdeictic表現 – 名前 – 記述という段階性に言及しているが、彼のいうdescriptionally-identifyingは、記述によってのみ行われ、deictic表現、名前による同定はspecificationally-identifyingであると論じている。例えば、(i)の二番目のBの文は、de-

scriptionally-identifying とは考えられないと Declerck は述べる。
   (i)   A: Who won the first prize?
        B: That man over there.
        A: Who's that man?
        B: Why, don't you recognize him? It's John!
        A: John? Who's John?
        B: Don't tell me you don't know who John is. He is the fellow who sat beside you at the annual dinner party of the club.
(Declerck 1988: 97)

しかしながら、また、本文中の(41)のような例においては、固有名詞が'someone called X'の意味の「記述」として用いられるという指摘もしている。deictic な要素に関わる代名詞の選択、同定文の述部に現れる要素の特性などについて、さらなる検討が必要であると思われる。

第13章
変化文、潜伏疑問文、潜伏命題文

西山佑司

1. はじめに

　本書第II部において、コピュラ文「AはB（だ）」や「AはBがC（だ）」の意味を正しく把握するためには、(i) A、B、Cに登場する名詞句それ自体の意味、(ii) それらの名詞句が文中で果たす意味機能（指示的名詞句、叙述名詞句、変項名詞句、値名詞句）、(iii) (i) と (ii) の相互関係、の三つを明確にしておく必要があることを論じた。本書第III部では、存在文「Aがある／いる」のAに登場する名詞句の意味機能が指示的名詞句であるかそれとも変項名詞句であるかに応じて、存在文の意味が大きく変わることを見た。このように、文中の名詞句の意味機能が構文の意味形成に決定的に効いてくるという事実は、別にコピュラ文と存在文に限られるわけではない。コピュラ文や存在文以外の構文においても、その意味構造を正しく把握するためには、そこに登場する名詞句の指示性の問題が決定的であるということを西山（2003）で述べたが、本章ではまず、変化文や潜伏疑問文についてその要点を整理する。次に、潜伏疑問文には標準的潜伏疑問文とは別に、非標準的潜伏疑問文なるものが存在することを主張する。さらに、潜伏命題文についても標準的潜伏命題文と非標準的潜伏命題文を区別することの重要性を論じる。

2. 変化文の曖昧性

　よく知られているように、(1) のような変化を表す構文（以下、「変化文」と呼ぶ）には変貌読みと入れ替わり読みとがあり、曖昧である。

(1) 花子の一番好きな作曲家が変わった。

(1) における下線部の主語名詞句を世界のなかのある人物を指す指示的名詞句ととり、その人物に帰す属性（たとえば、風貌、性格、考え方、作曲スタイルなど）が時間の経過に従って、Pからnot Pに変化したとみなすならば変貌の読みを得ることができる。つまり、この文は（2a）から（2b）への変化であると読むことができる。

(2) a. （時刻T_kにおいて）花子の一番好きな作曲家はPである。
    b. （時刻T_{k+j}において）花子の一番好きな作曲家はnot Pである。

より具体的にいえばこうなる。今、花子の一番好きな作曲家がメシアン（1908–1992）だとする。メシアンは1980年頃は太っていたが、晩年の1990年頃はすっかりやせていたと仮定しよう。その時、(1) を用いて（3a）から（3b）の変化を表すことができる。

(3) a. 1980年頃、花子の一番好きな作曲家は太っていた。
    b. 1990年頃、花子の一番好きな作曲家はやせていた。

変化文 (1) にたいするこのような変貌読みでは、(3a) と (3b) はコピュラ文であり、しかも措定文の形をしていることに注意しよう。ということは、変貌の読みは、措定文の変化、つまり、同一指示対象について、それに帰す属性の変化を表しているとみなすことができる。ここに変貌読みと措定コピュラ文との内的な意味関係を読みとることができるであろう。

　ところが、(1) には、変貌読みとは別に、その意味を (4) で表せるような入れ替わり読みもある。

(4) 《以前は花子の一番好きな作曲家はA氏であったが、今では花子の一番好きな作曲家はB氏である》

このばあい、(1) の下線部の主語名詞句「花子の一番好きな作曲家」は世界のなかのある人物を指す指示的名詞句ではなく、むしろ、(5) のような命題関数を表す変項名詞句であるとみなすべきである。

(5) ［x が花子の一番好きな作曲家である］

そして、(1) 全体はこの命題関数を満たす変項の値が A 氏から B 氏に入れ替わったと読むべきである。より具体的にいえばこうなる。10 年前は、花子の一番好きな作曲家はベートーヴェンだったが、今では花子の一番好きな作曲家はバッハだと仮定しよう。その時、(1) を用いて（6a）から（6b）の変化を表すことができる。

(6) a. 10 年前、花子の一番好きな作曲家はベートーヴェンだった。
    b. 今は、花子の一番好きな作曲家はバッハだ。

変化文 (1) にたいするこのような入れ替わり読みでは、(6a) と (6b) は倒置指定コピュラ文の形をしていることに注意しよう。ということは、入れ替わり読みは、倒置指定文の変化、つまり、命題関数の変項に入る値がある値から別の値へ変化することを表している構文とみなすことができる。ここに入れ替わり読みと倒置指定コピュラ文との内的な関係を読みとることができるであろう。英語の (7) もまったく同じである。

(7) Mary's favorite composer has changed.

このように、「A が変わる」や "A changes." という変化文は主語名詞句 A が指示的名詞句であるか変項名詞句であるかに依拠して曖昧となり、究極的にはコピュラ文における措定文と倒置指定文の曖昧性に直結していると考えることができる。[cf. 西山 2003: 86–89, 101–103]

もっとも変化文の主語名詞句自体の固有の性質からして、片方の読みしか可能でないばあいもある。たとえば、(8)の各文の主語名詞句は通常、個体を指示する指示的名詞句であるため、変貌の読みしか可能ではないであろう。

(8) a. 君は10年前からちっとも変わらないね。
　　 b. 山田氏は、娘さんを亡くしてからというもの、すっかり変わった。
　　 c. 当社は創業以来、なんら変わらない。
　　 d. その遊び場ができて子供たちがすっかり変わった。

一方、(9)の各文の主語名詞句は名詞句自体の固有の性質からして、変項名詞句とみなすのが自然であるため、入れ替わりの読みしか可能ではないであろう。

(9) a. 花子の電話番号が最近変わった。
　　 b. 当社の初任給が来年からおおきく変わる。
　　 c. 田中教授の研究室が245室から432室に変わった。
　　 d. その大学の学則が変わった。

(9)の各文の下線部を指示的名詞句ととることはできない。たとえば、(9a)は、花子の電話番号が、ある番号から別の番号になった状況で用いられる。このばあい、(9a)の下線部を指示的名詞句とみなし、特定の電話番号を指示するとみなすことはできない。なぜなら、ある特定の電話番号（すなわちある数字）が別の電話番号（すなわち別の数字）に変化するということはありえないからである。そうではなくて、(9a)の下線部は、(10)のような命題関数を表す変項名詞句とみなすべきであり、変項xを埋める値がある番号から別の番号に入れ替わったと読むべきである。

(10) [xが花子の電話番号である]

(9) の他の例についても同様である。

　同様のことは英語についてもいえる。(11) は主語名詞句が人称代名詞であるため、指示的であり、変貌読みのみが可能である。

(11) He has changed since I last saw him.
　　（彼は、この前会った時とは変わったね。）

一方、(12) は、その主語名詞句が (13) のような命題関数を表す変項名詞句であり、その変項 x を埋める値がある数から別の数に入れ替わった、という解釈であり、入れ替り読みのみが可能である。

(12) The number of planets has changed.（惑星の数が変わった。）
(13) [x is the number of planets]

最後に次の文を考えよう。

(14) 田中社長の奥様は、だんだん若くなる。

(14) は《田中社長の奥様は（若返りの薬でも飲んでいるせいか）だんだん若くなる》という読みと、《田中社長は離婚、再婚を繰り返しているが、再婚するたびに以前の奥様よりも若い女性と結婚している》という読みがある。前者は、「田中社長の奥様」を指示的名詞句ととる変貌の読みであり、後者は、「田中社長の奥様」を (15) のような命題関数を表す変項名詞句ととり、時間の経過に従い、x の値として、より若い女性が入ってくるという入れ替わり読みなのである。

(15) [x が田中社長の奥様である]

このように、一般に、変化文はしばしば曖昧であるが、その曖昧性はコピュラ文における措定文と指定文の曖昧性と密接に結びついているのである。[cf. 西山2003、今井・西山（2012）]

3. 潜伏疑問文と倒置指定文

　文中の名詞句のなかには、形は名詞句でありながら意味的には疑問詞疑問（Wh-question）と等価な機能を果たすものがある。この種の名詞句を含む構文は「潜伏疑問文」（concealed question）と呼ばれる。変項名詞句という概念は潜伏疑問文の意味構造を説明する際にも不可欠である。まず、次の文を考えよう。

　　(16) 花子は、その大学の創立者を尋ねた。［潜伏疑問文］
　　(17) 花子は、その大学の創立者が誰であるかを尋ねた。［間接疑問文］

　(16)は、間接疑問文（17）と実質的に同じ意味を表す。つまり、(16)の下線部は名詞句であるにもかかわらず、「その大学の創立者が誰であるか」という疑問文と等価の意味を表わす。このような疑問文と等価の意味を表わす名詞句を含む(16)のタイプの文は潜伏疑問文である。問題はなぜ、(16)が(17)と実質的に同じ意味を表すのかということにたいする理論的説明である。この点について筆者は次のように考えている。(16)の下線部は、意味のあるレベルでは、(18)のような命題関数を表す変項名詞句として解釈される。

　　(18) ［その大学の創立者は x である］

変項名詞句は、名詞句でありながら、変項を含み、変項の値を充足することによって指定文の意味構造を形成する名詞句である。さて、(19)は倒置指定文であり、下線部の主語名詞句は、(18)のような命題関数を表す変項名詞句にほかならない。

　　(19) その大学の創立者は、あの男である。

(19)においては、(18)の変項を満たす値が「あの男」として明

示的に登場しているので、変項名詞句の変項の値が文中で充足されているわけである。

　ところが、(16) のように、変項名詞句における変項の値が文中で充足されないばあいは、変項の位置に疑問詞語（Wh句）を補い、(20) のごとく、「指定疑問文の意味構造」を形成しておく必要がある*1。

(20)［その大学の創立者は誰であるか］

もちろん、この操作が駆動するためには、当該名詞句が、(21a) のようなタイプの動詞の目的語になるか、あるいは、(21b) のようなタイプの動詞の主語になるかのいずれかでなければならない。すなわち、「疑問詞疑問を意味上の項とする述語」が文中に存在していなければならない。この種の述語を「Concealed Question 述語」、略して「CQ述語」と呼ぶことにする。

(21) a. 尋ねる、教える、打ち明ける、白状する、考える、推測する、知っている、分かる、気付く、いぶかる、関心がある、気になる、調べる、検討する、（に）かかる、依拠する、次第だ、…
　　 b. 明らかだ、不明だ、明確だ、秘密だ、重要だ、謎だ、決まっている、…

(16) における主動詞「尋ねる」は、その意味からして、目的語に疑問詞疑問を意味上の項として要求するCQ述語である。そのため、「尋ねる」は、命題関数 (18) における x を疑問詞「誰」に置き換える力をもつ。(16) において、花子は、命題関数 (18) の変項 x の値を尋ねているのである。一般的にいえば、潜伏疑問文の成立条件は (22) のようなものであると思われる。

(22) a.　潜伏疑問文の形式：[[A]$_{NP}$ + CQ述語]
　　 b.　Aは変項名詞句という特徴をもった潜伏疑問名詞句で

あり、CQ述語の項の位置（主語や目的語の位置）に、たたなければならない。

c. 名詞句Aの背後に、倒置指定文「Aはxだ」もしくは指定文「xがAだ」が隠れており、xをCQ述語の疑問の対象にしている。つまり、指定疑問文の構造が隠れている。

ここでの重要なポイントは（22c）である。潜伏疑問文は形式だけでいえば、「花子は、その大学の創立者を尋ねた」のごとく、[[A]$_{NP}$ + CQ述語]であるが、この文の意味構造の背後には、[Aはxだ]という指定疑問文の構造が隠れているという点の認識が重要である。

以上の議論を踏まえて、倒置指定文（23）、潜伏疑問文（24）、間接指定疑問文（25）の関係をもう一度整理してみよう。

(23) その火事の原因は放火だ。[倒置指定文]
(24) 花子は、その火事の原因を尋ねた。[潜伏疑問文]
(25) 花子は、その火事の原因は何であるか尋ねた。[間接疑問文]

まず、倒置指定文（23）の下線部の主語名詞句「その火事の原因」は変項名詞句であり、変項の値を充足することによって指定文の意味構造を形成する。（23）においてこの値は「放火」によって充足されている。次に、潜伏疑問文（24）の下線部の目的語名詞句「その火事の原因」も変項名詞句であり、やはり値を充足することによって指定文意味構造を構築することを要求している。しかし、（24）において、値は充足されていないので、疑問詞語「何」を意味論的に補充し、指定疑問文の意味構造を構築している。そうして構築された指定疑問文意味構造が述語「尋ねる」の対象になっているのである。一方、間接疑問文（25）の下線部「その火事の原因」は補文「その火事の原因は何であるか」の主語名詞句である。この補文はそれ自体、倒置指定文構造を有しているので、主語の下線部は変項名詞句であり、やはり値を充足することによって指定文意味

構造を構築することを要求している。このばあい、具体的な値は充足されていないものの、疑問詞語「何」が明示的に登場しているので補文全体は指定疑問文意味構造を形成している。この指定疑問文意味構造が述語「尋ねる」の対象になっているのである。以上のわれわれの議論が正しければ、(23)(24)(25)は、下線部がいずれも変項名詞句であるという点で互いに密接に関係していることが分かる。

次の文はいずれも潜伏疑問文である。

(26) a. 太郎は、ブラジルの首都を尋ねた。
    b. われわれは、その会社の初任給に関心がある。
    c. 太郎はその事件の黒幕を白状した。
    d. 太郎は洋子に花子が離婚した理由を教えた。
    e. 花子には、太郎の住所が分からなかった。
    f. 太郎は、その町のミルクの価格を調べている。

(26)の各文は(27)のような間接疑問文の構文で言い換えできるが、そのことは(26)の下線部が変項名詞句であり、しかも指定疑問文に対応する意味を表していることを示している。

(27) a. 太郎は、ブラジル首都はどの都市であるかを尋ねた。
    b. われわれは、その会社の初任給がいくらであるかに関心がある。
    c. 太郎はその事件の黒幕が誰であるかを白状した。
    d. 太郎は洋子に花子が離婚した理由が何であるかを教えた。
    e. 花子には、太郎の住所がどこであるかが分からなかった。
    f. 太郎は、その町のミルクの価格がいくらであるかを調べている。

(26)はいずれも目的語に変項名詞句がくる潜伏疑問文であったが、(28)のように主語に変項名詞句がくる潜伏疑問文もある。

(28) a. このクラスで一番よくできる奴は明らかだ。
  b. 中央線が遅れた原因は不明だ。
  c. われわれの計画の目的は明確だ。
  d. 宝くじ1等の当選者は秘密だ。
  e. この実験では、実験室の温度が一番重要だ。

(28)の各文は(29)のような間接疑問文の構文で言い換えできる。

(29) a. このクラスで一番よくできる奴が誰であるかは明らかだ。
  b. 中央線が遅れた原因が何であるかは不明だ。
  c. われわれの計画の目的が何であるかは明確だ。
  d. 宝くじ1等の当選者が誰であるかは秘密だ。
  e. この実験では、実験室の温度が何度であるかが一番重要だ。

ところで、(28)の各文はコピュラ文であるが、それは措定文であろうか。これらの文の下線部の主語名詞句が指示的名詞句でなく、変項名詞句の特徴をもった潜伏疑問名詞句である以上、通常の措定文とは明らかに異なる。たとえば、(28a)における「このクラスで一番よくできる奴」は世界のなかの個体を指示するわけではない。また、個人が「明らかだ」という属性を有するはずがない。むしろ、(28a)は(29a)で言い換えができることが示唆しているように、(28a)の主語名詞句は、「このクラスで一番よくできる奴は誰であるか」という疑問を表しており、その疑問について、「その答えは明らかだ」と述べているのである。このように、変項名詞句の特徴をもった潜伏疑問名詞句を主語にする(28)のタイプの「AはB（だ）」という構文は、主語名詞句について「明らかだ」「不明だ」「秘密だ」「重要だ」などの属性を帰しているという点で一見、措定文に近い面もあるが、標準的な措定文とは本質的に異なる新しいタイプのコピュラ文であり、ここでは「潜伏疑問叙述文」と呼ぶことにする。

「名詞句でありながら、意味的には疑問詞疑問文の意味を有する

表現」という意味での潜伏疑問名詞句の存在そのものは生成文法の初期の時代から気付かれてはいた。実際、(30)の各文は、対応する(31)の各文と実質的には同じ意味をもつことは昔から指摘されていた。

(30) a. John announced *the winner of the contest*.
   b. Mary figured out *the plane's arrival time*.
   c. John told the police *the fellows who did that*.
   d. Mary knows *the price of milk*.
   e. Fred tried to guess *the amount of the stolen money*.
   f. John can't remember *the kind of wine she likes most*.

(31) a. John announced who won the contest.
   b. Mary figured out what the plane's arrival time would be.
   c. John told the police which fellows did that.
   d. Mary knows how much the milk costs.
   e. Fred tried to guess how much money had been stolen.
   f. John can't remember what kind of wine she likes most.

(Baker 1968)

問題は、この事実をいかに説明するか、である。筆者の立場では、この事実にたいする説明は日本語のばあいと同様である。たとえば(30a)の斜体部は意味のあるレベルでは(32)のような命題関数を表す変項名詞句として機能しているとみなすべきである。

(32) [x is the winner of the contest]

この変項名詞句は、announceというCQ述語の目的語になっていることから、(32)のxがWh化され、(33)のような指定疑問文の意味構造を有する潜伏疑問名詞句と解釈されるのである。

(33) Who is the winner of the contest?

その結果、(30a)の意味表示としては(34)が得られ、それは(31a)が表す意味と実質的に同じものである。

(34) JOHN ANNOUNCED WHO WAS THE WINNER OF THE CONTEST.

　(30)の他の文についても同様である。要するに、潜伏疑問文は、当該名詞句が変項名詞句であり、主動詞が引き金になって、変項名詞句の変項の値をWh化している構文といえる。

　潜伏疑問文については、Bakerらの研究以降、たとえば、Grimshaw (1979) などのように、主として、動詞のsubcategorizationの観点から、生成文法理論のsyntaxの枠組みのなかで研究がなされてきた。筆者は、潜伏疑問文の研究には、このような統語論的視点も重要であるが、それと同時に「当該の名詞句は変項名詞句であり、そこには指定コピュラ文構造が隠されている」という意味論的視点も不可欠であると考えている。とくに上で述べたように、(30)の斜体部が疑問詞疑問文の意味を有する表現であるということは、とりもなおさず、その斜体部の名詞句は、世界の対象を指示するのではなく、非指示的であるということに注目すべきである。このことは、CQ述語の項の位置であっても、そこに人称代名詞や数量詞表現が来たばあいは潜伏疑問文を構築しにくいことからも裏付けられる。

(35) a. ?John finally consented to disclose her.
　　　b. ?John agreed to tell us some elephants.　　(Baker 1968)

　日本語でも同様である。西山 (2007: 7) では、次のような名詞句はその固有の意味からして、本来的に指示的機能のみをもつ名詞句であり、叙述名詞句や変項名詞句にもなりにくいタイプであることを指摘した。

(36) a.　人称代名詞：　　「ぼく」「あなた」「彼」「彼女」
　　　　　　　　　　　　「かれら」

b．指示詞（＋名詞）：「そいつ」「やつら」「あの男」「本件」「某所」
　　c．ある種の複数表現：「学生たち」「子供ら」「国々」
　　d．数量詞＋名詞：「多くの学生」「すべての画家」「ほとんどの村民」「大部分の参加者」「3個のリンゴ」

これらの名詞句が変項名詞句になりにくい以上、これらの名詞句が潜伏疑問名詞句を構築しにくいことは十分予測できる。事実、以下の文を潜伏疑問文として読むことは無理であろう。

(37) a．?太郎は、あの男を白状した。
　　 b．?警察は大部分の参加者を尋ねた。
　　 c．?花子は太郎に子供らを教えた。
(38) a．?彼は秘密だ。
　　 b．?あの男は明らかだ。
　　 c．?3個のリンゴは決まっている。

潜伏疑問文のこれまでの研究において、当該の名詞句の意味が疑問詞疑問文の意味に対応することは指摘されてきたが、肝心の疑問詞疑問文が実は、「AはBだ」という倒置指定コピュラ文（あるいは、「BがAだ」という指定コピュラ文）の意味構造を有していること、そして値名詞句Bが疑問の対象になっている、ということについてはこれまでかならずしも十分認識されてこなかったといえる。

4．潜伏疑問名詞句と指示的名詞句との曖昧性

　文のなかには、該当する名詞句を指示的名詞句とも潜伏疑問名詞句とも解釈でき、そのため文全体が曖昧になるケースがある。次の例を見よう。

(39) 太郎は、花子の好きな本に関心がある。

この文の下線部は、指示的解釈と潜伏疑問名詞句の解釈とを許し、文全体が曖昧である。まず、下線部を指示的にとれば、「花子の好きな本」によってある本を指し、太郎もその本に関心がある、という読みになる。これは、今、花子の好きな本がダンテの『神曲』だとすれば、太郎もダンテの『神曲』に関心をもっているという読みになる。一方、(39)の下線部を(40)のような意味を表す潜伏疑問名詞句ととるならば、この文は、《太郎は、花子の好きな本は何であるかに関心をもっている》という読みになる。「関心がある」はCQ述語でもあるからこれが可能なのである。

(40)《花子の好きな本は何か》

このばあい、太郎は、(40)のような潜伏疑問にたいする答えに関心があるのであって、太郎自身、花子の好きな本（たとえば、ダンテの『神曲』）に関心をもっている必要はない。つまり、後者の読みでは、太郎の関心は、ダンテの『神曲』のようなある個体にあるのではなく、あくまで「花子の好きな本はいったい何か」という疑問に答えることにあるのである。(39)にたいする後者の読みが潜伏疑問文の読みにほかならない。この読みは、(41)のような、間接疑問文と実質的には同じ意味をもつ。

(41)太郎は、花子がどの本が好きであるかに関心がある。

「分かる」という述語は「関心がある」と同様、指示的名詞句を目的語にとることもできるが、潜伏疑問名詞句を目的語にとるCQ述語でもある。そのため、この動詞を含む文は意味が曖昧になりうる。次の例を見よう。

(42)わたくしには、夫がどうしても分からない。

(42)は、その下線部「夫」を指示的名詞句にとるならば、《わたくしは（結婚して13年にもなるにもかかわらず）いまだに自分の

夫のことがよく理解できない》といった読みになる。では（42）の下線部「夫」を潜伏疑問名詞句ととるとどうなるであろうか。今、町内会で仮装行列大会があり、自分の夫がそれに参加したとしよう。ところが、彼があまりにもうまく変装したため、思わず（42）を口にしたとしよう。それは、《わたくしには、（仮装行列をしている人のなかで一体）どの人が自分の夫であるか分からない》といった読みになる。後者の読みは、より正確にいえば、《[xが自分の夫である]を満たすxの値が分からない》を意味しているわけであるから潜伏疑問文の読みである。「知らない」も同様の曖昧性をもたらす。

　（43）太郎は、花子をぶっているひとを知らない。

今、（43）の下線部を指示的にとろう。太郎はあるひとが花子をぶっているのを目撃したが、太郎はそのひとと面識がなく、《太郎はそのひとについていかなる知識も情報も持ちあわせていない》といった読みになる。一方、（43）の下線部を潜伏疑問名詞句ととるならばこうなる。今、花子が数人のひとに囲まれており、そのうちの誰かが花子をぶち始めたとしよう。花子の叫び声を聞いた太郎は隣の部屋にいたため、花子が誰にぶたれているかを知らないと仮定する。この状況を報告するために（43）を口にすると、《太郎は、どのひとが花子をぶっているかを知らない》という読みになる。このばあい、太郎は（44）の変項 x の値を満たす能力がない、という意味になる。

　（44）[x が花子をぶっているひとである]

こんどは、次のような興味深い例を考えよう。

　（45）山田太郎が国際作曲コンクールで優勝できるかどうかは彼の好きな作曲家次第だ。

今、山田太郎という青年作曲家がパリで行われた国際作曲コンクールに参加し、最終審査対象の３人にまで残ったとしよう。最終審査では、応募者の作品だけでなく、応募者の音楽観に関する小論文も重視されるとしよう。そして、その小論文のなかでは「わたくしの好きな作曲家」を詳しく論じる必要があったと仮定しよう。このコンクールの審査員は国際的に著名な作曲家、Ａ氏、Ｂ氏、Ｃ氏、Ｄ氏、Ｅ氏の５名であり、Ａ氏が審査委員長を務めているとしよう。さて、このようなコンテクストで、この国際作曲コンクールの裏情報に詳しいあるひとが（45）を口にしたと仮定する。（45）には二つの読みが可能である。まず、下線部「彼の好きな作曲家」を、なんらかの個体を指す指示的名詞句とみなし、この文を（46）と解釈する読みがある。

（46）《山田太郎が国際作曲コンクールで優勝できるかどうかは、「彼の好きな作曲家」で指示されている特定の人物次第だ》

これは、たとえば、山田太郎が、自分の好きな作曲家にＡ氏の名前を挙げるならば、審査に強い影響力をもつＡ氏の力によって優勝できるかもしれないが、もし自分の好きな作曲家としてＤ氏の名前を挙げるならば、Ｄ氏は審査委員会での影響力がＡ氏よりも弱いため、優勝できない可能性が高くなる、といったばあいに得られる読みである。

ところが、（45）には下線部「彼の好きな作曲家」を（47）のような変項名詞句としてみなし、この変項 x を Wh 化して、（48）のように潜伏疑問名詞句として解釈することもできる。

（47）［x が山田太郎の好きな作曲家である］
（48）［誰が山田太郎の好きな作曲家であるか］

このばあい、（45）の読みは（49）のようなものになるであろう。

(49)《山田太郎が国際作曲コンクールで優勝できるかどうかは、誰が山田太郎の好きな作曲家であるかに依拠する》

この読みでは、山田太郎の優勝を決定するのは、山田太郎の好きな特定の作曲家、個人ではなくて、たとえば、(50)あるいは(51)といった命題なのである。

(50) [バッハが山田太郎の好きな作曲家である]
(51) [ショパンが山田太郎の好きな作曲家である]

今、山田太郎が好きな作曲家としてバッハを挙げたとしよう。このばあい、国際作曲コンクールの審査に際して、バッハ個人の力はなんら影響を与えないことはいうまでもない。260年以上前に死んだバッハが墓から出てきて、現在パリで行われている国際作曲コンクールの審査員に圧力をかける、などということはありえないからである。むしろ、(50)という命題がコンクールの審査に影響を与えているのである。つまり、バッハが山田太郎の好きな作曲家であるということに、多くの審査員は感動し、よい印象を与えて、結果的に優勝に結びつく可能性があるということである。それにたいして、もし山田太郎が好きな作曲家としてショパンを挙げたとすると、(51)という命題がコンクールの審査にマイナスの影響を与えて優勝できなくなる可能性が高くなる、といったことである。このように、(45)には二つの読みがあるが、後者の読みが潜伏疑問文読みにほかならない。日本語研究の内部では潜伏疑問文の研究は英語研究のそれほど、進んでいないが、とくに(45)のような文に潜伏疑問文の読みがあるという事実は、管見の限りこれまでまったく指摘されてこなかったことである。

　最後に次の文の曖昧性を考えよう。

(52) *What Henry whispered to Nancy* is a military secret.

(Gundel 1977: 544)

この文は西山（2003: 97）でもとりあげたが、そこでは、この文は2通りに解釈ができるとした。まず、斜体部を指示的名詞句として解釈しよう。たとえば、HenryがNancyに"The commander will resign next week."とささやいたとすれば、斜体部はまさにこのささやいた内容を指示し、それは軍事上の機密だ、と言っていることになる。このばあい、a military secretは叙述名詞句である。これは（52）を標準的な措定文として読んだことになる。次に（52）の斜体部を変項名詞句ととり、その変項の値を a military secretが埋めていると解釈しよう。このばあい、HenryがNancyに何をささやいたかといえば、軍事上の機密をささやいたのだという読みになる。これは、（52）を倒置指定文として読んだことになる。

ところが、（52）には西山（2003: 97）でとりあげなかった三番目の読みがある。それは、（52）を（53）のような意味として解釈するものである。

(53)《HenryがNancyにささやいた内容が何であるかは軍事上の機密だ。（だから公表するわけにはいかない）》

この読みでは、HenryはNancyに、"Let's go to the cinema this evening."とささやいたのかもしれない。この読みでは、a military secretは叙述名詞句であるが、主語が潜伏疑問名詞句であるので、潜伏疑問叙述文とみなすべきである。

（53）の例を挙げたGundelは、上の二番目の倒置指定文の読みを「同定（Identifying）読み」と呼び、三番目の潜伏疑問叙述文の読みを「帰属（Attributive）読み」と呼んで区別する。ところが、Gundel（1977）で提示される同定読みと帰属読みの区別は、われわれの言う倒置指文読みと指定文読みの区別にほぼ相当する。したがって、Gundelは、（39）にたいする三番目の読み（潜伏疑問叙述文の読み）を指定文読みに分類していることになる。しかし、上で述べたように、三番目の潜伏疑問叙述文の読みは指定文読みから区別されるべきである。さらにGundelは（39）にたいする標準的な指定文読みである一番目の読みに気づいていない点にも問題があ

386　Ⅳ 「変項名詞句」の一般化

る。なお、(52) に対応する日本語の文は (54) である。

(54) ヘンリーがナンシーにささやいたことは軍事上の機密だ。

興味深いことに、日本語の (54) は、英語の (52) がもつ3通りの読みに加えて、もう一つ別の読み、つまり、《ヘンリーがナンシーにささやいたということ、そのことは軍事上の機密だ》をも有することに注意しよう。ここから、《だからこの事実は決して軍の外に漏れぬようにせよ》という推意が出てくるかもしれない。ここでは、「ヘンリーがナンシーにささやいた」と「こと」との関係がいわゆる「外の関係（内容補充節）」の連体修飾関係になっているのである。このばあい、「ヘンリーがナンシーにささやいたこと」は当然指示的であり、文全体は措定文の読みということになる。結局、日本語の (54) は4通りの読みをもつ曖昧な文であり、それらのうち措定文として2個異なった読みがあるということになる。

5. 潜伏命題文

こんどは、(55) を見よう。

(55) <u>そのドアの幅</u>が、子供たちの部屋からの脱出を妨げた。

(55) の下線部は指示的名詞句ではない。(55) の「そのドアの幅」は、(仮にそれが85cmだとしても) 85cmを指示するわけではない。そのことは、(56) のような推論が妥当でないことからも明らかである。

(56) a. そのドアの幅が、子供たちの部屋からの脱出を妨げた。
　　　b. そのドアの幅は85cmだ。
　　　　それゆえ
　　　c. ?85cmが子供たちの部屋からの脱出を妨げた。

そもそも（56c）は意味が奇妙である。むしろ（55）は、しかるべきコンテクストでは、（57）のような表意を表しているといえる。

(57)《[そのドアの幅は85cmだ] ということが、子供たちの部屋からの脱出を妨げた》

したがって、（55）の「そのドアの幅」は、意味の深いレベルでは（58）のような命題関数を表している変項名詞句であり、その変項の値は、まさに当該のドアの幅を表示する数字、Nによって充足されるのである。

(58) ［そのドアの幅は x である］
(59) ［そのドアの幅はNである］
　　（但し、Nは、当該のドアの幅を表す数字）

より平易な言い方をすれば、（55）の言語的意味は（60）のようなものとみなすべきである。

(60)《[そのドアの幅は、現にそうであるしかじかの幅である] という事実が、子供たちの部屋からの脱出を妨げた》

（60）における「しかじかの幅」とは、「そのドアの幅が85cmであれば、その現にそうである幅85cm」を指す。ここで注意すべきは、（59）、あるいは（60）の［　］の部分は倒置指定文構造を有しているという点である。したがって、（55）の意味構造の背後には倒置指定文構造が隠れていることが分かる。このように、（55）の下線部は、名詞句でありながら、意味の深いレベルでは、指定文構造を内蔵しているので「潜伏命題名詞句」と呼ぶことにする。そして、（55）のような構文を「潜伏命題文」と呼ぶことにしよう。（61）の各文も下線部は変項名詞句の特徴をもった潜伏命題名詞句であり、文全体は潜伏命題文である。

(61) a. その箱は、入れた荷物の重さのために底が抜けた。
　　 b. 花子は、年齢のせいで、就職がなかなかできないようだ。
　　 c. 東京－熱海間の距離が太郎を疲れさせた。
　　 d. 社長はそのプールの深さが気に入った。
　　 e. 太郎はその会社の初任給に驚いた。
　　 f. 太郎はその会社を志望した理由を書いた。
　　 g. 太郎はその部屋の天井の高さに驚いた。

これらの文は概略、それぞれ、(62)の意味を表しているといえる。

(62) a. 《[その箱に入れた荷物の重さは、現にしかじかの重さである] ということのために、その箱の底が抜けた》
　　 b. 《[花子の年齢は、現にしかじか年齢である]、そのことのせいで、花子は就職がなかなかできないようだ》
　　 c. 《[東京－熱海間の距離は、しかじか距離である] ということが太郎を疲れさせた》
　　 d. 《[そのプールの深さは、現にしかじかの深さである] ということに、社長は気に入った》
　　 e. 《太郎は、[その会社の初任給はしかじかである] ということに驚いた》
　　 f. 《太郎は [その会社を志望した理由はしかじかである] ということを書いた》
　　 g. 《太郎は、[その部屋の天井の高さはしかじかである] ということに驚いた》

(60) や (62) における [ ] の部分はまさに対応する潜伏命題文中の下線部が変項名詞句の特徴をもった潜伏命題名詞句であり、それは倒置指定文構造を有していることを明確に示している。

　潜伏命題文は英語にもある。(63) – (65) を見よう。[cf. Rundle 1979]

(63) *John's age* counts against him.

(64) *The height of the tower* makes it dangerous.
(65) The bridge collapsed because of *its weight*.

たとえば、(63)の斜体部 John's age は指示的名詞句ではなく、意味のあるレベルでは(66)のような命題関数を表している変項名詞句であり、その変項の値が［what it is］によって充足され、(67)のような完結した命題が得られるのである。

(66)［John's age is *x*］
(67)［John's age is what it is］

したがって、(63)の意味は、(68)で言い換えできるようなものである。

(68) The fact that John's age is what it is counts against him.

ここでも、(67)は倒置指定文の構造を有している点に注意しよう。したがって、(63)の意味構造の背後にも倒置指定文構造が隠れていることが分かる。(64)(65)についても同様である。
　次の文は、下線部の解釈に応じて、潜伏疑問文とも潜伏命題文とも読むことができ、曖昧な文である。

(69) わたくしは、花子の年齢が気になる。

(69)の下線部を潜伏疑問名詞句ととれば、(70)のような意味になるが、(69)の下線部を潜伏命題名詞句ととれば、(71)のような意味になる。

(70)《わたくしは、［花子の年齢がいくつであるか］が気になる》
(71)《わたくしは、［花子の年齢は、現にそうであるしかじかの年齢である］ということが気になる》

「気になる」は（70）のごとく CQ 述語ともみなすこともできれば、目的語として命題を要求する述語ともみなすことができるため、このような曖昧性が生じるのである。

6. 非標準的潜伏疑問文

　これまで、潜伏疑問文や潜伏命題文を考察してきたが、これらの文における該当名詞句は意味の深いレベルでは、いずれも（倒置）指定文構造が隠れていることを強調してきた。たとえば、潜伏疑問文（72a）を構築する下線部の名詞句は、（72b）の［　］で示すような、倒置指定コピュラ疑問文の意味構造を有する名詞句、すなわち変項名詞句の特徴をもった潜伏疑問名詞句にほかならなかった。

(72) a.　警察は、あの火事の原因を調べている。
　　 b.　《警察は、［あの火事の原因は何であるか］を調べている》

　要するに、潜伏疑問文は、CQ 述語である主動詞が引き金になって、変項名詞句の変項の値を Wh 化している構文といえる。また、潜伏命題文を構築する名詞句も、（倒置）指定文の意味構造を有する名詞句を基礎にして意味論的に値が充足された結果にほかならなかった。たとえば、潜伏命題文（73a）を構築する下線部の名詞句は、（73b）の［　］で示すような、倒置指定文の意味構造を有する名詞句、すなわち変項名詞句の特徴をもった潜伏命題名詞句にほかならなかった。

(73) a.　太郎の前歴が、周囲のひとを驚かせた。
　　 b.　《［太郎の前歴はしかじかである］ということが周囲のひとを驚かせた》

　このように、潜伏疑問文や潜伏命題文の読みと、指定コピュラ文の読みとのあいだには変項名詞句を介して意味的に密接な関係がある

のである。

　ところが、峯島（2007）は、潜伏疑問文や潜伏命題文のなかには、問題の名詞句が（倒置）指定文の意味構造を有さず、むしろ措定文の意味構造を有するケースが存在するという議論を展開した。次の文を考えよう*2。

　(74) 花子は<u>太郎の性格</u>を尋ねた。

(74)における「尋ねる」はCQ述語があることから、この文は潜伏疑問文であることは十分予想できる。つまり、(74)の下線部の名詞句は指示的名詞句ではなく*3、意味のあるレベルでは疑問文に対応する潜伏疑問名詞句である、とみなすのはごく自然であろう。しかし、(74)の下線部の名詞句を変項名詞句とみなし、そこに（倒置）指定文の意味構造を仮定することは無理であるように思われる。あえて(74)をその線で分析するならば、(74)は(75)のような意味を有することになる。

　(75)《花子は、[xが太郎の性格である]を満たすxの値を尋ねた》

この立場で言うならば、(74)は(76)で言い換えられる文であるということになってしまう。

　(76) a. ?花子は、<u>何が太郎の性格である</u>かを尋ねた。
　　　 b. ?花子は、<u>太郎の性格は何である</u>かを尋ねた。

しかし、(76)は明らかに日本語の文として自然ではない。それは、(76)の下線部が指定文の意味構造を有しているからである。そのことは、(76)の下線部にたいする答えとみなされる(77)が奇妙であることからも裏付けを得られる。

　(77) a. *おとなしいが太郎の性格だ。
　　　 b. ?太郎の性格はおとなしい。

(77a)は指定文としては非文であるし、(77b)は倒置指定文としては容認不可能である。そもそも（倒置）指定文における値が名詞句ではなくて、「おとなしい」のような形容詞で示されるということは日本語では許されないからである。したがって、(74)はたしかに潜伏疑問文ではあるが、下線部の潜伏疑問名詞句は変項名詞句という特徴をもつのではなく、したがって、(77)を答えとするような潜伏疑問文ではないのである。では、(74)の下線部の潜伏疑問名詞句は、どのようなものを答えとする潜伏疑問文とみなすべきであろうか。峯島（2007）によれば、それは、たとえば、(78)のようなものであるとされる。

(78) a. 太郎は、性格がおとなしい。
　　 b. 太郎は、おとなしい。
　　 c. 太郎は、おとなしい性格の持ち主だ。

(78)の各文は実質的には同じ意味を表している。(78b)は(78a)の「性格が」を省略してできた文である。また、(78c)は(78a)と同じ意味内容を別の表現形式で言い換えたものである。ここで注意すべきは、(78)の各文に共通していることは、いずれも主語「太郎」の指示対象にたいして、「おとなしい」という属性を帰しているという点であり、その意味で、これらの文は、(79)で言い換えできるような措定文構造を有している、といえよう。

(79) 太郎は、性格という点では、おとなしい。

そこから、峯島（2007）は、(74)全体は、《花子は、太郎がどのような性格を有しているかを尋ねた》という意味を、そしてより正確には（80）のような意味をもつ、と主張する。

(80)《花子は、[太郎は、性格という点で、どのような属性を有しているのか]を尋ねた》

ここでも、(80)の[ ]の部分は措定文構造であるという点に注意しよう。より正確にいえば、(74)は、(81)のような意味をもつ潜伏疑問文である、というべきであろう。

(81)《花子は、[太郎は（性格という点で）ψだ]を満たす属性ψを尋ねた》

ここで、ψには、なんらかの性格を表す属性表現（たとえば、「おとなしい」「几帳面だ」「温厚だ」「飽きっぽい」「気難しい」など）が入るわけである。(81)のような意味構造には、[太郎はψだ]のような措定疑問文の構造が隠れていることの認識は重要である。潜伏疑問名詞句に措定疑問文の構造が隠れている(74)のようなタイプの潜伏疑問文を「非標準的潜伏疑問文」と呼ぶことにしよう。それにたいして、本章3節、4節で論じた潜伏疑問文は、すべて、その潜伏疑問名詞句に（倒置）指定疑問文の構造が隠れているタイプの潜伏疑問文であるので、「標準的潜伏疑問文」と呼ぶことにする。

結局、潜伏疑問文には標準的潜伏疑問文と非標準的潜伏疑問文とがあるわけである。こんどは(82)を見よう。

(82)花子は、<u>フィンランド教育の特色</u>を知らない。

(82)の下線部は潜伏疑問名詞句であるが、変項名詞句であるわけではない。むしろ、下線部には措定疑問の構造が隠れており、文全体は(83)で言い換えできる意味をもつのである。

(83)a.　花子は、[フィンランド教育がどのような特色を有しているか]を知らない。
　　　b.　花子は、[フィンランド教育は、その特色という点で、どのような属性が帰されるか]を知らない。

したがって、(82)も非標準的潜伏疑問文とみなすべきである。

峯島（2007）は、「よく」や「あまり＿＿＿ない」のような程度表現との共起可能性が、当該の潜伏疑問名詞句が、指定疑問の構造を有している名詞句か（つまり変項名詞句か）それとも措定疑問文の構造を有している名詞句かの区別に効いてくること、したがって、標準的潜伏疑問文と非標準的潜伏疑問文との区別に効いてくることを指摘している。標準的潜伏疑問文は、「よく」や「あまり＿＿＿ない」のような程度表現と共起しえないのにたいして、非標準的潜伏疑問文は、「よく」や「あまり＿＿＿ない」のような程度表現と共起しうるのである。まず、(84)は下線部を指示的名詞句とも潜伏疑問名詞句とも解釈でき曖昧である。

(84) 花子は、<u>帝銀事件の犯人</u>を知らない。

後者の読みでは、(84)は《花子は、[誰が帝銀事件の犯人であるか]を知らない》という意味であるから、下線部は指定疑問文の構造を有している変項名詞句である。したがって、(84)の後者の読みは標準的潜伏疑問文の読みにほかならない。では(85)はどうであろうか。

(85) a. 花子は、<u>帝銀事件の犯人</u>をあまり知らない。
　　 b. 花子は、<u>帝銀事件の犯人</u>をよく知っている。

まず、(85)の下線部を指示的名詞句と解釈することは可能である。つまり、(85a)は、《花子はその犯人とはほとんど面識がない》という意味であり、(85b)は、《花子はその犯人と面識がある》という意味である。ところが、(85)の下線部を指定構造を有する潜伏疑問名詞句、つまり変項名詞句として解釈することは不可能である。つまり、「よく」や「あまり＿＿＿ない」のような程度表現は、標準的潜伏疑問文の読みとは共起しないのである。では、(82)に、「よく」や「あまり＿＿＿ない」を付した(86)を見よう。

(86) a. 花子は、<u>フィンランド教育の特色</u>をあまり知らない。

b.　花子は、フィンランド教育の特色をよく知っている。

（86a）は《花子は、[フィンランド教育がどのような特色を有しているか] をあまり知らない》という意味であり、（86b）は、《花子は、[フィンランド教育がどのような特色を有しているか] よく知っている》という意味であるから、いずれも非標準的潜伏疑問文にほかならない。ということは、（86）の下線部が指定構造を有する潜伏疑問名詞句ではないことを裏付けているといえる*4。
　ここで、典型的な非標準的潜伏疑問文（74）の例に戻ろう。

（74）花子は太郎の性格を尋ねた。

上で、（74）の下線部は（78）を答えとする潜伏疑問名詞句と考えるべきであると述べた。

（78）a.　太郎は、性格がおとなしい。
　　　b.　太郎は、おとなしい。
　　　c.　太郎は、おとなしい性格の持ち主だ。

これらのうち、（78a）をもうすこし丁寧に見ていこう。（78a）は形だけでいえば、「AはBがC（だ）」という形式をしており、一見、（87）の各文と同様の構文であるように思われるかもしれないが、（78a）と（87）とはその内部構造がおおきく異なる。

（87）a.　象は鼻が長い。
　　　b.　太郎は、妹が画家だ。

（87）のような構文は、本書第II部第9章（西川論文）で詳しく論じられているように、措定文「Aは＿＿（だ）」の述語の位置に別の措定文「BハC（だ）」が埋め込まれた「措定内蔵型措定文」という意味で二重コピュラ文の一種である。しかし、（78a）における [性格がおとなしい] の部分は実は措定構造をなしていないので

ある。つまり、(78a)において、「おとなしい」は、性格に帰される属性を表しているのではなく、むしろ太郎に帰される属性を表しているのである。「性格」は「おとなしい」の上位概念を表している以上、そもそも「おとなしい」が性格の属性になるはずがないのである。それは、(88)において、「赤い」が「その壺」の指示対象の属性になりえても、色の属性になるはずがないのと同じである。

(88) その壺は色が赤い。

では、(78a)における「性格」の意味機能はどう考えればよいのであろうか。筆者はこの点について、(78a)における「性格」は、太郎に帰されるべき可能な属性（たとえば、「おとなしい」「几帳面だ」「温厚だ」「飽きっぽい」「気難しい」など）の範囲を限定するという働きを有していると考えている*5。このことは、「性格」がこれらの形容詞の上位概念を表していることと整合的である。同様に、(88)において、「色」は、その壺に帰されるべき可能な属性（たとえば、「赤い」「青い」「白い」「黄色い」など）の範囲を限定するという働きを有していると考えている。(78a)における「性格」や(88)における「色」のような表現を「属性範囲限定辞」と呼ぶことにしよう*6。これは、指示的名詞句、叙述名詞句、変項名詞句などと並ぶ名詞句の果たす意味機能の一種であるとみなすべきであろう。上で、(78a)は、(79)で言い換えできるような措定文構造を有していることを述べたが、より正確に(78a)の意味を表示すると(89)のようになるであろう。

(79) 太郎は、性格という点では、おとなしい。
(89) 《太郎は、性格という範囲の属性に限るならば、「おとなしい」が帰される》

したがって、(78a)は二重コピュラ文ではないのである。それだからこそ、「性格という範囲の属性に限る」ということが了解されているコンテクストにおいては、(78b)のように、「性格」を省略

第13章　変化文、潜伏疑問文、潜伏命題文　397

しても（78a）と実質的な意味が変わらないのである。（78a）が二重コピュラ文ではないのは、（78b）が二重コピュラ文でないのと同じ理由による。

　以上のことを念頭において、次の例文を見よう。これらはいずれも非標準的な潜伏疑問文である。

(90) a. <u>犯人の特徴</u>を教えてくれ。
　　 b. 太郎は花子に、<u>その町の雰囲気</u>を尋ねた。
　　 c. <u>この料理の味</u>は秘密だ。
　　 d. <u>彼女の様子</u>が分かった。
　　 e. <u>こんど買う車の色</u>を打ち明けた。

これらの各文における下線部「犯人の特徴」「その町の雰囲気」「この料理の味」「彼女の様子」「こんど買う車の色」に注目しよう。今、これを［AのB］とおく。(89)で示したように、(78a)における「性格」が太郎に帰される属性の範囲を限定する機能をもっているのと同様、(90)におけるこれらの下線部の名詞句［AのB］において、BはいずれもAの指示対象に帰される属性の範囲を限定しているといえる。そして、このような［AのB］を、(90)の各例のごとく、CQ述語の項の位置（主語もしくは目的語の位置）に置くことによって非標準的潜伏疑問文が構築されるわけである。したがって、(90)の下線部は、それぞれ(91)のように、《Aの指示対象に、Bという範囲内で、いかなる属性ψが帰されるのか》という措定疑問を表しているのであり、より簡略的には(91)の括弧の中のように《AはどんなBを有しているのか》という意味を表しているのである。

(91) a. 《犯人は、特徴という点では、どんな属性を有しているか》（《犯人はどんな特徴を有しているか》）
　　 b. 《その町は、雰囲気という点では、どんな属性が帰されているか》（《その町はどんな雰囲気を有しているか》）
　　 c. 《この料理は、味という点では、どんな属性を有してい

るか》(《この料理はどんな味を有しているか》)
d. 《彼女は、様子という点では、どんな属性が帰されているか》(《彼女はどんな様子を有しているか》)
e. 《こんど買う車は、色という点では、どんな属性を有しているか》(《こんど買う車はどんな色を有しているか》)

したがって、より一般的にいえば、非標準的潜伏疑問文の成立条件は(92)のようなものであると思われる。

(92) a. 非標準的潜伏疑問文の形式：[[AのB] + CQ述語]
b. [AのB]はCQ述語の項の位置にたつ。
c. この構文は、指定文「Aはφ(だ)」と実質的な意味が変わらない「AはBがφ(だ)」構文を背後にもつ。φは属性を表すWh語であり、CQ述語の疑の対象になっている。
d. BはAにたいする属性範囲限定辞である。
e. Bはφの上位概念である。
f. φは、Aに帰される属性を表す。
g. AとBは、「AはφというBを有している」という意味関係にある*7。

ここでの重要なポイントは(92c)である。非標準的潜伏疑問文は形式だけでいえば、「太郎の性格を尋ねる」のごとく、[[AのB] + CQ述語]であるが、この文の意味構造の背後には、[AはBがφ(だ)]という措定疑問文の構造が隠れているという点に注意を払う必要がある。そこから、非標準的潜伏疑問文は無制限に可能ではない、ということが分かる。(92)の観点から、(93)の各文について非標準的潜伏疑問文としての適切性を検討してみよう。

(93) a. 彼女の様子は無視しよう。
b. 太郎の妹を教えてくれ。
c. 太郎は花子に、その家の玄関を尋ねた。

d. 花子の誕生日が分かった。
e. 太郎のパソコンは秘密だ。
f. 太郎は花子の身長を知っている。

(93a) は「無視する」という述語が CQ 述語でないため、(92a) に抵触し、非標準的潜伏疑問文としての解釈はできない。(93b) において、「妹」は太郎にたいする属性範囲限定辞ではない。つまり、「妹」は太郎にたいして帰す属性 ψ の上位概念ではない。したがって、非標準的潜伏疑問文としての解釈は無理である。(93c) も、「玄関」はその家にたいする属性範囲限定辞ではないため、非標準的潜伏疑問文としての解釈は無理である。(93d) も「誕生日」は非飽和名詞であり、「花子」がそのパラメータにはなっているが、「誕生日」は花子にたいする属性範囲限定辞ではないため、非標準的潜伏疑問文としての解釈は無理である。(93e) において、「パソコン」は太郎にたいする属性範囲限定辞ではない。したがって (93e) は非標準的潜伏疑問文として解釈することはできない。(93f) も「身長」は花子にたいする属性範囲限定辞ではないため、非標準的潜伏疑問文としての解釈は無理である。このように、(93) の各文はいずれも、非標準的潜伏疑問文としての解釈は無理であるが、(93a) 以外は標準的潜伏疑問文としての解釈は可能である。つまり、(93a) 以外の下線部を指定疑問文の構造が隠れている潜伏疑問名詞句と読むことは可能なのである。では (94) はどうであろうか。

(94) そのケーキの形を教えてください。

(94) の下線部は、《そのケーキは、どんな形をしているか》という措定疑問文の構造が隠れている潜伏疑問名詞句と読むことが可能であり、(92) の条件をすべて満たしているので、文全体は (95) のような意味をもつ非標準的潜伏疑問文とみなすことができる。

(95) 《[そのケーキは、形という点で、いかなる属性が帰されて

いるか］を教えてください》

　非標準的潜伏疑問文の構文の成立条件（92）を、標準的潜伏疑問文にたいする成立条件（22）と比較すると、非標準的潜伏疑問文の構文の方がはるかに強い制約を課せられていることが分かるであろう。

　上で見た（74）「花子は太郎の性格を尋ねた」を例にして、その意味構造をより詳細に表すと、（96）のようになる。

（96）「花子は太郎の性格を尋ねた」（74）の意味構造

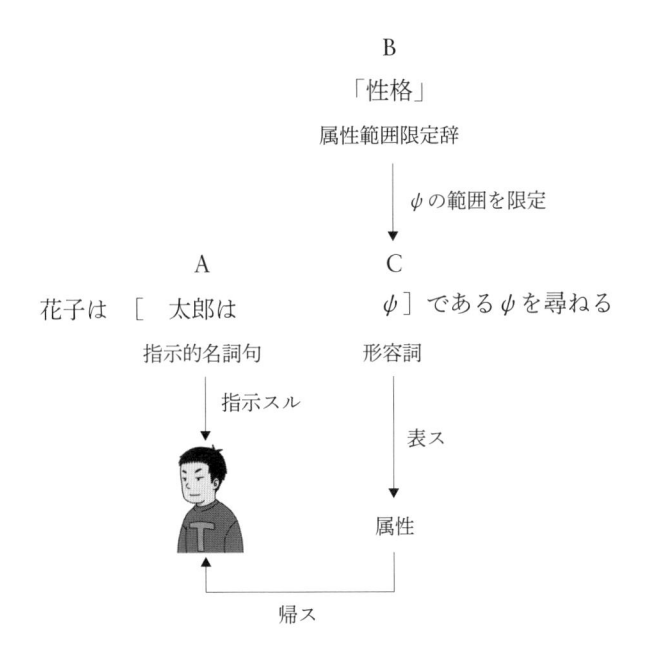

<pre>
                           B
                          「性格」
                        属性範囲限定辞
                             │
                             │ φの範囲を限定
                             ▼
        A   C
    花子は　［　太郎は　　　　　φ］であるφを尋ねる
           指示的名詞句   形容詞
              │   │
              │指示スル   │表ス
              ▼   ▼
           （太郎）   属性
              ▲   │
              └───── 帰ス ─────┘
</pre>

◆「太郎（A）はφ（C）という性格（B）を有している」という意味関係にある。

◆ φ（C）は「性格」（B）という範囲で限定された属性が入る位置を表す。したがって、この潜伏疑問に答えるばあいは、φには、「おとなしい」「温厚な」「几帳面な」「気難しい」などが入りうる。

第13章　変化文、潜伏疑問文、潜伏命題文　401

以上、本節では、標準的潜伏疑問文（指定疑問文に還元できる名詞句を含む文）から区別された非標準的潜伏疑問文（措定疑問文に還元できる名詞句を含む文）を考察した。

7. 非標準的潜伏命題文

　本章5節で、(55)のような潜伏命題文について論じたが、その要点は、(55)の下線部は、名詞句でありながら、意味の深いレベルでは、指定命題を内蔵している潜伏命題名詞句であるという点にあった。

(55) <u>そのドアの幅</u>が、子供たちの部屋からの脱出を妨げた。

非標準的潜伏疑問文と同様、指定命題ではなく、措定命題を内蔵した潜伏命題文もある。次の例をみよう。

(97) ぼくは、<u>太郎の性格</u>が気に入った。

(97)の下線部は、(98)で言い換えできるような措定文構造を有していることに注意しよう。

(98) a.　太郎は、性格という点では、現にあるとおりである。
　　 b.　太郎は、性格という点に関して、現にあるしかじかの属性を有している。

つまり、(97)の下線部は、太郎にたいして、しかじかの属性を帰しているので、措定文構造を有しているのである。ということは、(97)の意味を表示すると(99)のようになるであろう。

(99) 《ぼくは、[太郎は性格という点に関して、現にあるしかじかの属性を有している] ことが気に入った》

(97)のような、名詞句の背後に措定文構造が隠れているタイプの文を「非標準的潜伏命題文」と呼ぶことにする。(100)も非標準的潜伏命題文の例である。

(100) 花子は、性格のせいで、なかなか結婚できないようだ。

(100)の意味を表示すると、概略(101)のようになるであろう。

(101)《花子ᵢは、[彼女ᵢが、性格という点に関して、現にあるしかじかの属性を有している]ということのせいで、なかなか結婚できないようだ》

これらの名詞句の意味構造の背後には、措定命題の構造が隠れていることはいうまでもないであろう。次例も非標準的潜伏命題文である。

(102)a. 太郎は、花子が買った車の色に驚いた。
　　 b. この料理の味に感動した。
　　 c. 花子の様子から、彼女が太郎を避けたがっていることが分かった。
　　 d. その町の雰囲気に驚いた。

これらの文の下線部の潜伏命題名詞句には、その背後には指定文構造ではなく、措定文構造が隠れていることが明らかであろう。最後に次の文の曖昧性を考えよう。

(103) ぼくは、太郎の性格が気になった。

(103)は、(104)のように非標準的潜伏疑問文とも読むことができるが、(105)のように非標準的潜伏命題文とも読むことができる。

(104) ぼくは、[太郎が、どんな性格の持ち主であるか]が気になった。
(105) ぼくは、[太郎が、性格という点で、現にあるしかじか属性を有している]ことが気になった。

いずれの読みにおいても、(103)の下線部の名詞句の背後に措定文構造が隠れている点では共通しているといえる。

8. むすび

　本章では、コピュラ文や存在文以外の構文にも、意味構造の深いレベルで変項名詞句が関与しているという事実を、変化文、潜伏疑問文、潜伏命題文のケースで考察した。さらに、潜伏疑問文、潜伏命題文と言われているものには、該当する名詞句の背後に、指定文構造が隠されているばあいと、措定文構造が隠されているばあいとがあり、両者は明確に区別されなければならないことを指摘した。このような考察を通して、これらの多様な構文と指定コピュラ文や措定コピュラ文との間には意味構造上、内的に密接な関係があることがあきらかになったといえる。

＊1　この点は松尾洋氏の指摘に負う。
＊2　峯島(2007)で実際に扱われている例文は(i)である。
　　(i)　花子は、太郎の性格を知っている。
しかし、「知っている」はCQ述語として潜伏疑問名詞句を要求する意味とは別に、指示的名詞句を要求する意味もあり、曖昧である(本章(43)の例文を参照)。したがって、議論を簡単にするために、CQ述語として潜伏疑問名詞句を要求するが、指示的名詞句を要求しない述語である「尋ねる」を用いる例文(74)に変えた。
＊3　(74)の下線部を指示的名詞句とみなすわけにはいかない。今、「太郎の性格はおとなしい」が真であるとしよう。そのばあい(74)を(i)で言い換えできないのである。
　　(i)　?花子はおとなしさを尋ねた。

*4 ここで、(86)が、「よく」や「あまり＿＿＿ない」のような程度表現と共起するということは、むしろ下線部がそもそも潜伏疑問名詞句ではなくて、指示的名詞句であることを示す、という議論があるかもしれない。

(86) a. 花子は、<u>フィンランド教育の特色</u>をあまり知らない。
　　　b. 花子は、<u>フィンランド教育の特色</u>をよく知っている。

たしかに「知っている」は目的語に指示的名詞句をとりうるし、(85)で見たように、もし下線部が指示的名詞句であれば、文全体は「よく」や「あまり＿＿＿ない」のような程度表現と共起するからである。しかし、峯島（2007）が正しく指摘しているように、(86)については、下線部を指示的名詞句とみなすわけにはいかない。もし(86)の下線部が指示的名詞句であるとするならば、いったいいかなる対象を指示するといえるのであろうか。今、フィンランド教育の特色は「嫌がる生徒に強制しない」であるとすると、(86)の下線部は「嫌がる生徒に強制しない」を指示するといってよいであろうか。否である。今、(86)の下線部は「嫌がる生徒に強制しない」を指示すると仮定しよう。さらに、アイルランドの教育の特色もまた「嫌がる生徒に強制しない」であると仮定しよう。(86)の下線部が指示的名詞句であるかぎり、これらの仮定のもとでは次の推論が成立するはずである。

(i) a. 花子は、フィンランド教育の特色をよく知っている。（=(86b)）
　　b. フィンランド教育の特色は、「嫌がる生徒に強制しない」である。
　　c. アイルランド教育の特色も、「嫌がる生徒に強制しない」である。
　　ゆえに、
　　d. 花子は、アイルランド教育の特色をよく知っている。

しかし、あきらかにこれは妥当な推論ではない。したがって、(86)の下線部を指示的名詞句とみなすわけにはいかない。それにたいして、(ii)の下線部を指示的名詞句にとり、文全体の意味を(iii)と読むことは自然である。

(ii) 太郎は、<u>花子殺しの犯人</u>をよく知っている。
(iii) 《太郎は、[花子殺しの犯人 $_{Ref}$]と面識がある》

このばあい、(ii)を用いた(iv)のような推論は妥当なのである。

(iv) a. 太郎は、<u>花子殺しの犯人</u>をよく知っている。（=(ii)）
　　 b. 花子殺しの犯人は少年Aである。
　　 c. 先日の振り込め詐欺の犯人も少年Aである。
　　 ゆえに、
　　 d. 太郎は、<u>振り込め詐欺の犯人</u>をよく知っている。

*5 これは、峯島（2007）の見解に示唆を受けたものである。もっとも、峯島（2007）は(78)の構文についてとくに述べているわけではない。

*6 (78a)における「性格」のような語をわれわれは「属性範囲限定辞」と呼んだが、実は、(78a)における「性格」のような語は「側面語」として日本語学で従来から議論の対象になったものである。高橋（1975）によれば、(78a)の「性格が」を省略して(78b)としても文が成立すること、「性格」が「おとなしい」の上位語であることに注目し、(78a)の「性格」のように語を「側面語」と呼んでいる。より一般的にいえば、「AはBがC（だ）」構文において、「側面語」Bは省略可能であり、BはCの示す属性の上位概念を表す、とされている。このような意味での「側面語」と、本章で導入した文中の意味機能

としての「属性範囲限定辞」が同一概念であるかどうかはさらなる検討を要する。また、「側面語」という伝統的な概念を、本章で述べたような非標準的な潜伏疑問文の観点から再構築する可能性もあるかもしれない。

＊7 (74) や (90) の下線部の名詞句、つまり「太郎の性格」「犯人の特徴」「その町の雰囲気」「この料理の味」「彼女の様子」「こんど買う車の色」といった [AのB] を、「NP_1 の NP_2」という観点からどのようなものとみなすべきかは今後の課題とする。

第14章
変項名詞句の階層

峯島宏次

1. はじめに

　この章では、西山（2003）における変項名詞句の概念を一般化することによって、「2階の変項名詞句」という概念を導入する。この概念によってはじめて十分な理解が得られる言語現象に光を当て、名詞句が従来考えられてきたよりも豊かな意味機能をもつことを明らかにしたい。

2. 2階の変項名詞句

以下は、西山（2003）のいう倒置指定文の典型例である*1。

(1) a.　<u>洋子殺しの犯人</u>は、太郎だ。
　　 b.　<u>この部屋の温度</u>は、26度だ。

西山（2003）によれば、(1a) は、「洋子を殺した犯人は誰であるかといえば、それは太郎である」という問いと答えの関係を述べる文として理解することができる。ここで、下線部の名詞句「洋子殺しの犯人」は何らかの個体を指示する指示的名詞句ではなく、[x が洋子を殺した犯人である] という命題関数を表す非指示的名詞句であり、このような名詞句のことを西山（2003）は「変項名詞句」と呼んだ。(1a) では、この命題関数は [誰が洋子殺しの犯人であるか] という問い（Wh疑問）として機能し、文全体は、名詞句「太郎」の指示対象によってこの問いに対する答えを指定するという意味的関係を表している*2。(1b) の場合、下線部の名詞句は、[x がこの部屋の温度である] という命題関数を表す変項名詞句で

407

ある。この命題関数は(1b)において［この部屋の温度は何度であるか］という疑問の意味を表し、文全体は、この問いに対する答えを「26度」の指示対象によって指定するという意味的関係を表示している。

　一見すると、この種の例から、「AはBだ」という形の倒置指定文を次のように規定することができると思われるかもしれない。

(2) 倒置指定文：AはBだ
　　a. Aは変項名詞句であり、命題関数F(x)を表す。
　　b. Bは指示的名詞句であり、ある個体tを指示する。
　　c. 文全体は、Aが表す命題関数F(x)のxを埋める値は何かという問い（つまり、「誰（何）がFであるか」という問い）に対して、Bが指示する個体tによってその答えを指定するという意味的関係を表示する。

ところが興味深いことに、西山(2003:139)は、次のような例に基づいて、倒置指定文「AはBだ」のBの位置に現れる名詞句が、必ずしも指示的名詞句であるとは限らないと指摘した。

(3) この種の実験で一番大切なことは、その実験室の温度だ。

この文の自然な解釈は、「この種の実験で一番大切なことは何かといえば、その実験室の温度だ」という倒置指定文の解釈である。ここで、主語名詞句「この種の実験で一番大切なこと」は、倒置指定文における変項名詞句であり、［この種の実験で一番大切なことは何であるか］という問いを表している。一方、値名詞句「その実験室の温度」の方もまた、特定の温度ではなく、むしろ、［その実験室の温度は何度であるか］という問いを表している。この事実から、西山(2003)は、倒置指定文「AはBだ」における値表現Bは、必ずしも指示的名詞句である必要はなく、それ自体、疑問の意味を表す「一種の変項名詞句」(p.139)でありうると結論する。

　しかし、値表現Bもまた変項名詞句であるとすると、(3)のよ

うなタイプの倒置指定文はいったいどのような意味的関係を表しているのだろうか。この問いに答えるため、「2階の変項名詞句」という概念を導入しよう。

（1）にあるような通常の変項名詞句が表す命題関数［xが洋子を殺した犯人である］［xがこの部屋の温度である］は、太郎や26度のような個体によって充足される。このように〈個体によって充足される命題関数〉のことを1階（first-order）の命題関数と呼び、1階の命題関数を表す変項名詞句のことを「1階の変項名詞句」と呼ぶことにしよう。命題関数を問い（Wh疑問）と言い換えるならば、1階の変項名詞句とは、［洋子殺しの犯人は誰であるか］［この部屋の温度は何度であるか］のように、個体を答えとして要求する問いを表す変項名詞句に他ならない。

一方、（3）の主語名詞句「この種の実験で一番大切なこと」が表すのは、太郎や26度のような個体によって充足される命題関数ではない。むしろ、［Xがこの種の実験で一番大切である］のXを充足するのは、それ自体［xがこの部屋の温度である］のような1階の命題関数である。このような〈1階の命題関数によって充足される命題関数〉のことを2階（second-order）の命題関数と呼び、2階の命題関数を表す変項名詞句のことを「2階の変項名詞句」と呼ぶことにしよう。命題関数を問いと言い換えるならば、2階の変項名詞句とは、［この種の実験で一番大切なことは何であるか］のような、問いを答えとして要求する問いを表す変項名詞句である。ここで「問いを答えとする」という時の「問い」とは、［この部屋の温度は何度であるか］のような、個体によって充足される問いである。1階の変項名詞句と区別するため、2階の変項名詞句における変項は、［... X ...］のようにアルファベットの大文字で表すことにしよう。このXの値となるのは、個体ではなく、それ自体$F(x)$のような1階の命題関数ないしそれに対応する「何（誰）がFであるか」という問い（Wh疑問）であることに注意しよう。

以上の区別のもとで、（3）のタイプの倒置指定文は次のように分析される。

第14章 変項名詞句の階層

(4) a. 主語名詞句「この種の実験で一番大切なこと」は、[Xがこの種の実験で一番大切なことである]という命題関数を表す2階の変項名詞句である。このXの位置は値として何らかの問いを要求する。
   b. 値名詞句「その実験室の温度」は、[その実験室の温度は何度であるか]という問いを表す1階の変項名詞句である。
   c. (3)全体は、[Xがこの種の実験で一番大切なことである]のXを埋める値をさがし、その答えを[その実験室の温度は何度であるか]という問いによって指定するという意味的関係を表示する。

言い換えれば、(3)の主語名詞句は、「今度の実験で一番大切なことは何であるか」という〈問いを答えとする問い〉を表し、(3)の文全体は、その答えを値名詞句が表す「実験室の温度は何度であるか」という〈個体を答えとする問い〉によって指定するという意味的関係を述べるものと理解することができる。次のような表が以上の区別を理解する助けとなるかもしれない*3。

名詞句	名詞句が表すもの
2階の変項名詞句	2階の命題関数 [... X ...]
	例：[この種の実験で大切なことは何であるか]
	↑充足する／答えとなる
1階の変項名詞句	1階の命題関数 [... x ...]
	例：[この部屋の温度は何度であるか]
	↑充足する／答えとなる
指示的名詞句	個体
	例：26度

ここで提案したいのは、変項名詞句にはこの種の階層があるという考え方である。西山 (2003) が変項名詞句として主に扱った表現は、この階層の基底的な部分（個体を値として要求する変項名詞

句）に対応する。しかし、(3)のような構文が明らかにしていることは、変項名詞句がとる値は必ずしも個体とは限らず、変項名詞句という概念を一般化する必要があるという点である。変項名詞句の階層という考え方に基づいて、変項名詞句が関与する様々な構文の意味と解釈を再検討することが以下の課題である。

　西山（2003）が詳しく論じているように、非指示的名詞句の一種である変項名詞句は、（倒置）指定文にのみ現れる名詞句ではなく、潜伏疑問文・絶対存在文・所有文など、他の構文にも出現する。もしその値として問いを要求する2階の変項名詞句というタイプの名詞句があるのだとすれば、（倒置）指定文以外の構文にもまた、この種の2階の変項名詞句が出現してもおかしくはない。じっさいその予測通り、2階の変項名詞句は、潜伏疑問文や絶対存在文（所有文）にも出現しうる。次は潜伏疑問文の例である。

(5)　a.　太郎は、今度の実験で一番重要なことを知っている。
　　　　　（つまり、この部屋の温度である。）
　　b.　太郎は、今度の実験で重要なことを二つ指摘した。
　　　　　（すなわち、この部屋の温度と被験者の人数だ）

(5a)の自然な解釈の一つは、「太郎は、今度の実験で一番重要なことが何であるのかを知っている」という潜伏疑問文の解釈である。ここで、下線部の名詞句は、［Xが今度の実験で一番重要なことである］という命題関数を表す変項名詞句である。注意すべきは、括弧内の補足が明らかにしているように、Xを埋める値は、それ自体［この部屋の温度が何度であるか］というWh疑問であるという点である。つまり、下線部は、値として個体ではなく問いを要求する2階の変項名詞句として機能している。(5b)も同様に、下線部は、［Xが今度の実験で重要なことである］という命題関数を表す2階の変項名詞句とみなせる。そのXの値となるのは、［この部屋の温度は何度であるか］［被験者の人数は何人であるか］といった（個体によって充足される）問いである。

　今度は絶対存在文と所有文の例をみよう*4。

(6) a. 今度の実験で重要なことが二つある。(すなわち、被験者の人数と実験室の温度だ。)
　　b. 洋子には、太郎に尋ねたいことがいくつかある。(すなわち、太郎の年齢と太郎が結婚しているかどうかだ。)
　　c. 分からないことがたくさんある。

　いずれも、下線部を2階の変項名詞句として解釈することができる。その値となるのは個体ではなく、むしろ個体によって充足される問いである。例えば、(6b)は所有文であり、下線部は[Xが（洋子が）太郎に尋ねたいことである]という命題関数を表す。このXを埋める値は、[太郎の年齢はいくつであるか]や[太郎が結婚しているかどうか]といった問いであり、したがって、下線部の名詞句は2階の変項名詞句である。また、(6c)は、[Xが分からない]のXの位置を埋める値が存在することを述べる絶対存在文として解釈できるが、ここでXを埋めるのは個体ではなくそれ自体、何らかの問いであると考えるのが自然であろう。

　以上の例が示すように、西山（2003）が指摘する「変項名詞句に対する値を表す表現は必ずしも指示的名詞句ではなく、それ自体変項名詞句でありうる」という現象は、（倒置）指定文に限って現れる例外的な現象なのではない。むしろ、変項名詞句が関与する構文一般に現れるより普遍的な現象であると言えるだろう*5。

3. 潜伏疑問文が埋め込まれた2階の変項名詞句

　前節で扱った「今度の実験で重要なこと」のような名詞句は2階の変項名詞句として解釈可能である。一方、例えば、「太郎が書いた本」のような名詞句の場合、1階の変項名詞句として解釈することは容易であるが（例えば「太郎が書いた本はこの本だ」という倒置指定文や「太郎が書いた本がある」という絶対存在文を考えればよい）、これを2階の変項名詞句として解釈することはおそらく不可能である。この二つのタイプの名詞句の違いはどこから来るのだろうか。

これまでに登場した2階の変項名詞句に共通する特徴は、名詞句内部の修飾節（関係節）に、問い（Wh疑問）を意味上の項としてとる以下のような述語が埋め込まれている点である。この種の述語は、本書第Ⅳ部第13章（西山論文）のいう「CQ述語（Concealed Question述語）」である。

(7)　問い（Wh疑問）を項とする述語（CQ述語）：
　　　「―が重要だ」「―が大切だ」「―を知っている」「―を尋ねる」
　　　「―が分かる」

ここで空所が示す項位置には、「この部屋の温度は何度であるか」のような間接疑問文が現れることもあれば、潜伏疑問として解釈される「この部屋の温度」のような名詞句が現れることもある*6。CQ述語が埋め込まれた名詞修飾節の解釈を明らかにするため、まず次の形の潜伏疑問文を考えよう。

(8)　今度の実験ではこの部屋の温度が重要だ。
　　　（＝今度の実験では［この部屋の温度が何度であるか］が重要だ）

このパラフレーズが示すように、(8)の下線部の名詞句は1階の変項名詞句である。さて、この変項名詞句の位置を空所にする（すなわち、抽象する）ことで、(9a)のような修飾節を伴う名詞句が得られる。(9b)は、(9a)が主語位置に現れる倒置指定文である。この文は前節の(3)と同じく、2階の変項名詞句を伴う倒置指定文として解釈することができる。

(9)　a.　[[今度の実験でe_iが重要である] こと$_i$]
　　　b.　今度の実験で重要なことは、この部屋の温度だ。

(9a)の形の名詞句は、(9b)において2階の変項名詞句として解釈される。ここで空所e_iは、問い（Wh疑問）を値として要求する

第14章　変項名詞句の階層　413

変項 X として解釈され、(9a) 全体は、[X が今度の実験で重要である] という 2 階の命題関数を表すことになる。

一般に、2 階の変項名詞句として解釈可能な名詞句の条件を次のように述べることができるだろう。

(10) 2 階の変項名詞句として解釈可能な名詞句：
N を主要部とする修飾節を伴う名詞句 [[…e_i…] N_i] は、e_i が 1 階の変項名詞句が現れる位置であるならば、2 階の変項名詞句として解釈可能である。

ここで、[[…e_i…] N_i] が 2 階の変項名詞句として解釈される時、e_i は 1 階の命題関数（つまり、個体を答えとして要求する問い）によって充足される変項 X として解釈され、名詞句全体は、[X が…であるような N である] という内容の 2 階の命題関数を表すことになる。

以上の要点を確認しておく。(3) や (9b) のような文では、倒置指定文における変項名詞句の内部に潜伏疑問文が埋め込まれており、それにより 2 階の変項名詞句の解釈が可能となっている。このような複雑な構造をもつ例では、名詞句を変項名詞句として解釈させる言語的ファクターを注意して取り扱う必要がある。(3) や (9b) のような「A は B だ」という形の倒置指定文において、A が変項名詞句として解釈されるのは、A がまさに倒置指定文の主語位置に現れるためである。一方、値名詞句 B が (1 階の) 変項名詞句として解釈されるのは、A の内部に問いを項として要求する述語 (CQ 述語) が埋め込まれており、B がその意味上の項を表すためである。(9b) の場合、主語名詞句「今度の実験で重要なこと」の修飾節に「—が重要である」という CQ 述語が埋め込まれているがゆえに、値名詞句「この部屋の温度」を変項名詞句として解釈し、[この部屋の温度は何度であるか] という疑問の意味を与えることが可能になるわけである。

以上と対比するため、この節の冒頭に挙げた「太郎が書いた本」のような通常の名詞修飾節がどのように解釈されるのかを確認して

おこう。通常の名詞修飾節は、以下のように指示的名詞句の位置を空所にすることによって形成される。

(11) [[太郎が e$_i$ を書いた] 本$_i$]

ここで動詞「書いた」の目的語の位置は指示的名詞句が現れる位置であることに注意してほしい。この位置を空所にして得られる (11) のような形の名詞句は、指示的名詞句あるいは 1 階の変項名詞句として解釈される。

(12) a. 花子は<u>太郎が書いた本</u>を読んだ。(下線部：指示的名詞句)
  b. <u>太郎が書いた本</u>はこれだ。(下線部：1 階の変項名詞句)
  c. <u>太郎が書いた本</u>がある。(下線部：1 階の変項名詞句)

1 階の変項名詞句についても、(10) と同様の規定を与えておこう。

(13) 1 階の変項名詞句として解釈可能な名詞句：
  N を主要部とする修飾節を伴う名詞句 [[... e$_i$ ...] N$_i$] は、e$_i$ が指示的名詞句が現れる位置であるならば、1 階の変項名詞句として解釈可能である。

ここで、[[... e$_i$ ...] N$_i$] が 1 階の変項名詞句として解釈される時、e$_i$ は個体によって充足される変項 x として解釈され、名詞句全体は [x が ... であるような N である] という 1 階の命題関数を表すことになる。

　もちろん、(11) に示される構造をもつ名詞句「太郎が書いた本」がつねに 1 階の変項名詞句として解釈されるというわけではなく、(12a) にあるように、指示的名詞句としての解釈も可能である。では、(9a) に示される構造をもつ名詞句「今度の実験で重要なこと」の場合、2 階の変項名詞句以外の解釈は可能だろうか。次にこの問題を検討したい。

4. Aタイプ読みとBタイプ読みの曖昧性

次の潜伏疑問文について再考したい。

(14) 太郎は、今度の実験で一番重要なことを知っている。[＝(5a)]

実は (14) は曖昧であり、少なくとも2通りの解釈が可能である*7。いま、今度の実験で一番重要なことは実験室の温度であり、また、太郎は実験室の温度が何度であるのかを知っているとしよう。この状況を報告するために、(14) を使うことができ、その場合、この文は次のように解釈される。この解釈を「Aタイプ読み」と呼ぼう。

(15) 《太郎は、今度の実験で一番重要なこと、つまり、実験室の温度が何度であるのかを知っている》（Aタイプ読み）

Aタイプ読みの特徴は、(15) で報告されている内容が成り立つために、太郎が〈今度の実験で一番重要なことは実験室の温度である〉ということを必ずしも知っている必要はないという点にある。かりに太郎は、今度の実験そのものにはまったく関与していない（それどころかその実験が行われることすら知らない）が、たまたま実験室の空調の管理を任されているためその部屋の温度を熟知している人物だとしよう。この状況で、(14) によって、《太郎は実験室の温度を知っている》という命題を表すことができるだろう。この場合、太郎が知っているとされるのは、[実験室の温度が何度であるか] という問いへの答えであって、[何が今度の実験で一番重要であるか] という問いに対する答えではない。つまり、(14) をAタイプ読みで解釈する場合、述語「知っている」の意味上の項となっているのは、[実験室の温度は何度であるか] というWh疑問である。「今度の実験で一番重要なこと」という名詞句は、このWh疑問を間接的に提示するという役割を果たしているに過ぎない。

（14）のもう一つの解釈は、「今度の実験で一番重要なこと」を2階の変項名詞句とし、「知っている」の意味上の項を［何が今度の実験で一番重要であるか］という問いとみなす解釈である。これを「Bタイプ読み」と呼ぶ。前節の（5a）で問題にした解釈は、このBタイプ読みである。

（16）《太郎は、何が今度の実験で一番重要なことであるのかを知っている》（Bタイプ読み）

Bタイプ読みの場合、太郎が知っているとされるのは、［何が今度の実験で一番重要であるか］という問いに対する答えであり、したがってこのタイプの知識帰属が成立するためには、太郎はその実験について何も知らない人物ではありえない。ただし、Aタイプ読みの場合とは異なり、太郎は［実験室の温度が何度であるか］という問いの答えを知っている必要はないという点に注意しよう。太郎がこの問いに対する答えを知っていなくとも、今度の実験でもっとも重要な問題が被験者の人数でも実験時間でもなく、［実験室の温度が何度であるか］という問いであることさえ知っていれば、（16）のような報告が成立しうるわけである。
　（14）では、主節に「知っている」という潜伏疑問文を形成する述語が現れ、さらに、潜伏疑問として解釈される目的語の名詞句の修飾節内に「重要な」という疑問を項として要求する述語（CQ述語）が埋め込まれている。この種の、いわば二重潜伏疑問文では、Aタイプ読みとBタイプ読みの曖昧性が生じる可能性がある。もう一つ例を挙げておこう。

（17）先週から気になっていたことがやっと分かった。

ここで、「気になっている」と「分かる」はいずれもCQ述語である点に注意してほしい。（17）はやはり、Aタイプ読みとBタイプ読みで曖昧である。Aタイプ読みとは、例えば、「先週から気になっていたこと、つまり、パソコンが突然動かなくなった原因が

第14章　変項名詞句の階層　417

やっと分かった」と言い換えられる読みである。この時、「分かる」の項となっているのは、名詞句「先週から気になっていたこと」が提示する［パソコンが突然動かなくなった原因は何であるか］といった（個体によって充足される）Wh疑問である。他方で、Bタイプ読みとは、典型的には、「先週から何かが気になっていたのだが、何が気になっていたのか忘れてしまった」という状況で（17）を発話した場合に浮かび上がってくる解釈である。つまり、「先週から気になっていたことがやっと分かった。それはパソコンが突然動かなくなった原因だった」という解釈である。この読みでは、「先週から気になっていたこと」は2階の変項名詞句であり、「分かる」の意味上の項となっているのはそれが表す［先週から気になっていたことは何であるか］という問いである。この読みの場合、パソコンの動かなくなった原因が分からなくても、（17）の発話内容は真でありうる。

　実のところ、Aタイプ読みとBタイプ読みの曖昧性は、潜伏疑問文の可能な解釈としてHeim（1979）以来さかんに論じられてきた問題でもある。Heim（1979）のよく知られた例は、"John knows the price that Fred knows."というものであるが、ここでは日本語の例として、次を考えよう。

(18) 太郎は、花子が調べている価格を知っている。

いま様々な商品の価格、例えば、バターの価格、ミルクの価格、パンの価格等々が問題になっているという状況を考えよう。かりに花子が現在調べているのはミルクの価格であるとしよう。この時、(18)の発話は、次の2通りの仕方で解釈することができる。一つは、《太郎は花子が調べているミルクの価格を知っている》という解釈であり、もう一つは、《太郎は花子が何の価格を調べているのか知っている》という解釈である。前者がAタイプ読み、後者がBタイプ読みに他ならない。Aタイプ読みの場合、太郎が知っているとされるのは、［ミルクの価格はいくらであるのか］という問いに対する答えである。この報告内容は、太郎と花子が何の面識もない

という状況でも成り立ちうる。つまり、太郎は花子がミルクの価格を調べているということを知らなくてもよいわけである。

他方、Bタイプ読みの場合、太郎が知っているとされるのは、［花子が調べているのは何であるのか（何の価格であるのか）］という問いに対する答えである。この知識帰属が成立するためには、当然、太郎は花子が誰であるのかを知っている必要がある。ただし、この場合、太郎はミルクの価格そのものがいくらであるのかを知っている必要はなく、《花子がミルクの価格を調べている》ということさえ知っていればよいわけである。

5. Ａタイプ読みにおける名詞句の意味機能

これまでの説明から明らかなように、Bタイプ読みは、2階の変項名詞句が関与する読みとみなすことができる。では、Aタイプ読みの場合、(14)における「今度の実験で一番重要なこと」という名詞句の意味機能はどうなっているのだろうか。まず、これは2階の変項名詞句ではあり得ない。太郎が知っているとされるのは、［何が今度の実験で一番重要であるか］という問いへの答えではないからである。しかし、1階の変項名詞句とみなすことにも無理がある。通常の1階の変項名詞句の場合、例えば次の例では、太郎が知っていると言われるのは、［この部屋の温度は何度であるか］という問いへの答えである。

(19) 太郎はこの部屋の温度を知っている。

ここで変項名詞句「この部屋の温度」の記述内容は、問いの中身に本質的に寄与し、この問いの一部となっている。他方、(14)のBタイプ読みの場合、太郎が知っていると言われるのは、［この部屋の温度は何度であるのか］という問いに対する答えであり、この問いには「今度の実験で一番重要なこと」という記述内容は寄与していない。

残る可能性は、Ａタイプ読みされた(14)における「今度の実

験で一番重要なこと」が指示的な機能を果しているという可能性である。指示的な機能といっても、典型的な指示的名詞句とは異なり、世界の中の個体を指示するわけではなく、[この部屋の温度は何度であるか]といった疑問を提示する表現とみなすという案である*8。この案を支持する一つの論拠となるのは、Aタイプ読みの場合、(14)における名詞句「今度の実験で一番重要なこと」が、ある意味で、指示的に透明（transparent）であるという事実である。かりに、二つの名詞句「今度の実験で一番重要なこと」と「花子がいまもっとも気にかけていること」がどちらも同じ問い[この部屋の温度は何度であるか]を表すとしよう。この時、Aタイプ読みのもとでは、次のような推論が成立する。

(20) 太郎は、今度の実験で一番重要なことを知っている。
    それゆえ、太郎は、花子がいまもっとも気にかけていることを知っている。

Aタイプ読みの場合、下線部の名詞句「今度の実験で一番重要なこと」の機能はもっぱら、[この部屋の温度は何度であるか]のような何らかの問いを提示することにあり、この目的のために、話し手が「花子がいまもっとも気にかけていること」という別の記述を使うことも可能である。つまり、「今度の実験で一番重要なこと」という記述内容は、あくまで話し手の視点からの記述であり、知識が帰属される主体である太郎の視点からの記述ではない。西山(2003: 79)で詳しく説明されているように、上のような代入推論が成り立つことは、指示的名詞句の特徴であり、変項名詞句の場合はそのような代入は不可能なのであった。以上のことは、(20)の下線部がある意味で指示的な機能を担っていることを示唆する*9。

とはいえ、(20)の下線部の名詞句は、通常の指示的名詞句とは異なり、個体を指示するわけではない。よって、個体指示的な名詞句とは区別して、この種の名詞句は、[xがこの部屋の温度である]のような命題関数ないしWh疑問を（間接的に）提示するという意味機能を担う名詞句であると言うことにしよう。この〈提示する〉

420　IV 「変項名詞句」の一般化

という意味機能は、西山（2003）が論じた〈指示的名詞句が個体を指示する〉という機能とも、〈変項名詞句が命題関数（Wh疑問）を表す〉という機能とも区別されるべきである。この意味で、Aタイプ読みにおける名詞句の意味機能には、これまでの範疇には収まらない興味深い特徴があるといえるだろう。

　ここで、Aタイプの読みの語用論的な側面について論じておきたい。今井・西山（2012: 223-228）が正しく指摘するように、(14)の文に対する(15)のようなAタイプ読みを得るには、発話の文脈から「つまり」以下の情報を語用論的に補う必要がある。この場合、〈今度の実験で一番重要なことは、実験室の温度である〉という情報を参照する必要がある。今井・西山（2012）が指摘する通り、この種の語用論的解釈は、飽和化（saturation）ないし指示対象の付与（reference assignment）と呼ばれる操作として理解するのが自然な考え方であろう＊10。すなわち、「今度の実験で一番重要なこと」という名詞句が［実験室の温度は何度であるか］という問いを間接的に提示すると言う時、ここには典型的には「あいつ」や「その車」のような表現の指示対象を文脈から補う操作と同種の語用論的操作が働いていると考えられる。

　ただし、Aタイプ読みがこのような語用論的解釈をつねに要求するわけではないという点に注意しよう。話し手が、「今度の実験で一番重要なことは実験室の温度である」ということをまったく知らずに、「太郎は今度の実験で一番重要な問いの答えを知っている」という意味で(14)を発話することは可能であろう。この読みは、(14)のBタイプ読み、つまり、「太郎は、今度の実験で何が重要であるのかを知っている」という読みとは異なる。Aタイプ読みの場合、「今度の実験で一番重要なこと」という名詞句は、［実験室の温度が何度であるか］のような特定の問いを提示するとは限らないのである＊11。

　Aタイプ読みが必ずしも飽和化を必要としないということは、次のような例からも確かめることができる。

(21)a.　花子は、いま一番知りたいことを太郎に尋ねた。

　　　　　b.　<u>分からないこと</u>は図書館で調べるとよい。

　(21a) のひとつの自然な解釈は、「花子がいま一番知りたいこととして何らかの問いがあり、花子はその問いを太郎に尋ねた」という読みである。この解釈は、下線部を2階の変項名詞句とするBタイプ読みではない。花子は、［いま一番知りたいことは何であるか］という問いを太郎に尋ねたわけではないからである*12。むしろ、この解釈はAタイプ読みの一種であり、下線部は何らかの問いQを提示する機能を担っている。しかし、(21a) の発話を理解するために、具体的にこの問いQがいかなる問いであるのかを飽和化のような語用論的操作によって特定することまでは必ずしも要求されない。つまり、(21a) の自然な解釈は、飽和化を要求しないAタイプ読みの解釈である。(21b) も同様に、「分からないこと」は何らかの疑問を提示していると考えられるが、「分からないことはQである」における特定の疑問Qを文脈から補充しなくても、(21b) の文の発話を理解することは十分に可能であろう。

6. 絶対存在文が埋め込まれた2階の変項名詞句

　これまで2階の変項名詞句の例として、名詞句の修飾節内に潜伏疑問文が埋め込まれているケースを扱ってきた。これまでの考察は、修飾節を伴う名詞句にかかわるより一般的な問題を提起する。いわゆる「内の関係」と呼ばれる名詞修飾節として典型的に取り上げられるのは、「太郎が書いた本」のように、個体指示的な名詞句を除去して得られる修飾節である*13。これまでの考察は、少なくとも潜伏疑問文の場合、変項名詞句の位置を空所にして名詞修飾節を形成するという操作が可能であることを示している。ではこのような操作は、潜伏疑問文以外に、他の種類の変項名詞句が出現する構文にも適用可能だろうか。この種の操作にはどのような制約があり、またそれはどのような解釈を生み出すだろうか。これらの問いに答えることは名詞修飾節の包括的な理解のためにはぜひとも必要とされることであろう。

以下では、絶対存在文のケースを取り上げたい。まず西山(2011)および本書第III部第11章（西山論文）で取り上げられた次の例を考えよう。

(22) a. 最大の自然数は存在しない。（絶対存在文）
　　 b. [[e$_i$ が存在しない] 数$_i$]

(22a)は絶対存在文であり、下線部は1階の変項名詞句である。この下線部の位置を空所にして名詞修飾節を作り、「数」という主要部と組み合わせると、(22b)のような構造をもつ名詞句が得られる。これは2階の変項名詞句として機能しうる。次は倒置指定文の例である。

(23) 存在しない数は、最大の自然数だ。（倒置指定文）

ここで、値名詞句「最大の自然数」は特定の数を指示するわけではなく、[x が最大の自然数である]という命題関数を表す1階の変項名詞句である。一方、「存在しない数」は、2階の変項名詞句であり、[X が存在しない数である]という2階の命題関数を表す。この命題関数は、言い換えれば、[X は数に関する（1階の）命題関数であり、かつ、その命題関数を満たす対象は存在しない]という意味である。文全体は、そのXの値を（1階の）命題関数[x が最大の自然数である]によって指定するという意味的関係を述べるものとみなせる。
　同様に、(22b)の構造をもつ「存在しない数」をCQ述語「知っている」と組み合わせれば、次のような潜伏疑問文が得られる。

(24) 太郎は、存在しない数を知っている。（潜伏疑問文）

この下線部はやはり、絶対存在文が埋め込まれた2階の変項名詞句であり、[X が存在しない数である]という2階の命題関数を表す

第14章　変項名詞句の階層　　423

ものとみなせる。文全体は、太郎がこの X を埋める値が何であるのかを知っているという潜伏疑問文として解釈される。ここで、X の値となるのは、[x が最大の自然数である] のような1階の命題関数であることに注意してほしい。(24) で太郎に帰される知識は、明示的には次のように述べることができる。

(25) 太郎は、<u>存在しない数が最大の自然数である</u>ことを知っている。

ここで埋め込まれた下線部の文はまさに (23) の倒置指定文であり、ここで「最大の自然数」は1階の変項名詞句、「存在しない数」は2階の変項名詞句として機能している。

絶対存在文が埋め込まれた2階の変項名詞句でも、Aタイプ読みとBタイプ読みが生じることがある。まず次の文を見よう。

(26) ルヴェリエは、<u>水星の内側の軌道を通る惑星が存在する</u>と主張した。

下線部に埋め込まれた文の自然な解釈は、《[x が水星の内側の軌道を通る惑星である] の x を充足する値が存在する》という絶対存在文の解釈である。ここで「水星の内側の軌道を通る惑星」は、1階の変項名詞句として機能している。この1階の変項名詞句の位置を空所にして修飾節にすると、例えば次のような名詞句を作ることができる。

(27) [[ルヴェリエが e_i が存在すると主張した] 惑星$_i$]

この名詞句を含む以下の (28) のような存在文には、主節の存在述語「ある」を絶対存在文の解釈に限ったとしても、意味論的に区別すべき2通りの解釈がある。

(28) <u>ルヴェリエが存在すると主張した惑星</u>がある。

一つは、「ルヴェリエはある惑星が存在すると主張した」とパラフレーズされる読みである。事実に照らし合わせると確かにフランス人天文学者のルヴェリエは水星の内側の軌道を通る惑星が存在すると主張したことから、この読みのもとでは、(28) が表す命題は真である。この読みは、下線部を ［X がルヴェリエが存在すると主張した惑星である］ という命題関数を表す 2 階の変項名詞句と解釈することで得られ、前節の区別を使えば B タイプ読みに対応する。(28) のもう一つの解釈は、A タイプ読みに対応する解釈であり、典型的には、「ルヴェリエが存在すると主張した惑星、すなわち、水星の内側の軌道を通る惑星がある」と言い換えられる解釈である。この場合、下線部は、［x が水星の内側の軌道を通る惑星である］のような 1 階の命題関数を提示するという機能を担っている。事実としてそのような惑星は存在しないので、この読みの場合、(28) が表す命題は偽である*14。

　西山 (2003: 407) および本書第 III 部第 11 章（西山論文）で詳しく論じられているように、次の (29) には、意味論的に区別すべき二つの読みがある。

(29) <u>ない</u>ものはない。

一つは、下線部の「ない」を場所存在の述語（すなわち、場所と個体の関係を表す 2 項述語）として解釈し、主節の「ない」を絶対存在文の意味で解釈する読みである。この場合、主語名詞句「ないもの」は、場所項を補って、例えば、［x が（この店に）置いていないものである］という命題関数を表す変項名詞句として解釈される。結果として、「（この店に）置いていないものは存在しない」、つまり、「（この店には）あらゆるものがある」という読みになる。もう一つは、下線部の「ない」と主節の「ない」をいずれも場所存在の述語として解釈する読みである。その場合、主語名詞句「ないもの」は指示的名詞句であり、文全体は、「（この店に）置いていないものは（この店に）置いていない」というトートロジー的な解釈を受ける。

第 14 章　変項名詞句の階層

この二つの読みに加えて、本書第III部第11章（西山論文）で指摘されているように、(29) には、原理的には下線部の「ない」を絶対存在文の意味で解釈する読みも可能である。本章の用語を使えば、それは主語名詞句「ないもの」を絶対存在文を埋め込んだ2階の変項名詞句とみなす読みである。この読みは要するに、

(30) [$F(x)$ を満たす x の値は存在しない] を満たす F の値は存在しない

と分析される読みであり、言い換えれば、あらゆる命題関数 $F(x)$ に対して、それを充足する値が存在すること、つまり、《およそあらゆるものが存在する》ということを主張するパルメニデス的な解釈である。ここで、主節の「ない」も絶対存在文の意味で解釈されているが、これは1階の命題関数を満たす値（すなわち個体）の有無を述べるものではなく、2階の命題関数 [...F...] における F を満たす値（すなわち1階の命題関数）の有無を述べるものである点に注意しよう。つまり、この主節の「ない」は、個体を量化しているのではなく、（1階の）命題関数を量化しているのである*15。

　最後に、残された問題を一つ指摘しておきたい。3節の (10) では、修飾節を伴う [[...e_i...] N$_i$] という形の名詞句において、e_i が1階の変項名詞句が現れる位置である時、この名詞句全体は2階の変項名詞句として解釈可能であると述べた。4節で論じたように、この形の名詞句は2階の変項名詞句の解釈とは別に、何らかの問い（ないし1階の命題関数）を間接的に提示するという機能を果たす一種の指示的な名詞句として解釈することもできる。ではこの他に、この形の名詞句は、通常の指示的名詞句の機能、つまり、個体を指示するという意味機能をもつことがあるだろうか。以下は、西川 (2011) によって指摘された例を改変したものである。

(31) a. 太郎が次郎に洋子の電話番号を教えた。
　　 b. 太郎が次郎に教えた（洋子の）電話番号は、7桁である。

(31a) は潜伏疑問文であり、下線部の名詞句「洋子の電話番号」は、[x が洋子の電話番号である] という命題関数（言い換えれば、[洋子の電話番号は何番であるか] という問い）を表す1階の変項名詞句である。この変項名詞句の位置を空所にして、「太郎が次郎に教えた（洋子の）電話番号」という名詞句を作り、(31b) のような文を考えることができる*16。ここで (31b) 全体は、「7桁である」という述語をもつことから指定文とみなすのが自然であり、したがって、下線部の主語名詞句は指示的名詞句であることが予想される。しかし、この名詞句は (32) のような構造をもち、この e_i の位置は1階の変項名詞句が現れる位置のはずである。

(32) [[太郎が次郎に e_i を教えた] 電話番号$_i$]

これまでの説明によると、(32) 全体は、[... X ...] という、典型的には問い（Wh 疑問）を値とする2階の命題関数を表すか、あるいは、何らかの問いを間接的に提示するという機能をもつのであった。ところが、(31b) においては、通常の個体指示的な機能をもつようにみえる。この現象がどのような説明を受けるのかは今後に残された問題である。

---

*1　倒置指定文を含む「A は B だ」という形のコピュラ文の分類については、西山 (2003: 第3章) および本書第 II 部総論を参照のこと。
*2　西山 (2003) では、変項名詞句が表す命題関数 [... x ...] とその値を問う Wh 疑問 [何（誰）が ... であるか] とは理論的に同一視されている。ただし、概念的には「命題関数」（すなわち、「個体を項として命題を出力とする関数」という通常の意味での命題関数）と「Wh 疑問」の二つを区別することもできる。西山 (2006) では、この二つのレベルが理論的に区別されている。しかし以下本章では、西山 (2003) の枠組みに従って、命題関数と Wh 疑問（問い）を理論上同一視し、必要に応じて、変項名詞句が表すものを命題関数と言う場合もあれば、問い（Wh 疑問）と言う場合もある。この枠組みのもとでの説明は、西山 (2006) のように命題関数と Wh 疑問を区別する枠組みにも翻訳可能であろう。

*3 原理的には、より高階の変項名詞句を形成することもできる。例えば、「この種の実験で一番大切なこと」を次のように倒置指定文の値名詞句の位置に置いてみよう。

(i) 花子が知りたいことは、この種の実験で一番大切なことだ。(倒置指定文)

ここで、「この種の実験で一番大切なこと」は、〈問いを答えとして要求する問い〉を表す2階の変項名詞句である。すると、主語名詞句の「花子が知りたいこと」は、「〈問いを答えとして要求する問い〉を答えとして要求する問い」を表すことになり、これは3階の変項名詞句とみなせる。

*4 絶対存在文と所有文について詳しくは、本書第III部第11章(西山論文)を参照のこと。

*5 またこのことは、絶対存在文や潜伏疑問文という構文を変項名詞句という概念を使って一般的に規定するさいに注意が必要であることを意味する。「Aが存在する」という形の絶対存在文は、〈Aが表す命題関数を充足する値の有無を述べる文〉である。本章の議論が正しいならば、この値は必ずしも個体には限定されない。よって、絶対存在文「Aが存在する」を〈Aが表す命題関数を充足する個体の有無を述べる文〉と規定するわけにはいかない。同様に、「Aを知っている」という潜伏疑問文は、一般的にはあくまで〈Aが表す命題関数を充足する値を問う文〉であり、その値を個体に限定する必要はない。

*6 日本語の場合、潜伏疑問文を形成する述語のクラスと間接疑問文を形成する述語のクラスは一致するように思われる。英語の場合、両者は一致しないことが知られている。以下は、Grimshaw (1979) の例である。

(i) a. I wonder what answer he gave.
　　b.* I wonder the answer he gave.
(ii) a. John inquired what number of students in the class was.
　　b.* John inquired the number of students in the class.
(iii) a. I don't care what height the plants grow to.
　　b.* I don't care the height the plants grow to.

bの各例が示すように、wonder/inquire/care といった動詞については、間接疑問文に直接対応する潜伏疑問文を作ることができない。

*7 ここでは、(14)の解釈として、潜伏疑問文の解釈、つまり、動詞「知っている」をCQ述語として解釈したケースに限定して考えている。この他にも、「知っている」の意味的な項を「―こと」という形の名詞句が表す命題ないし事実(fact)とみなして、例えば、「太郎は今度の実験で一番重要なこと、つまり、部屋の温度が26度であることを知っている」と解釈することも可能であろう。

*8 この案によれば、(12)にある「太郎が書いた本」を指示的名詞句としても1階の変項名詞句としても使用することができるという事実と、「今度の実験で重要なこと」という潜伏疑問文を埋め込んだ名詞句を(問いを提示するという意味での)指示的名詞句としても2階の変項名詞句としても使用できるという事実は、どちらも同様の意味論的メカニズムに基づくものと理解することができる。

*9 また、このことは同時に、「指示的な透明性」という時の「指示」の概念

が、〈個体を指示する〉という意味だけでなく、〈問い（Wh疑問）を提示する〉という意味にも拡張する必要があることを示している。この点は、西山佑司氏の指摘による。

*10 　語用論的操作の分類について詳しくは、本書第Ｖ部を参照。

*11 　ここで問題にしているＡタイプ読みの２通りの解釈の区別は、Donnellan（1966）のいう、いわゆる確定記述の指示的用法と帰属的用法の区別と類比的にとらえることができる。例えば、話し手が「隣の部屋でさわいでいる人」という記述句を特定の人物を念頭において、その人物のことを指しているという意図を聞き手に明示して使用する場合、聞き手の側では指示対象の付与のような語用論的操作がもとめられる。これは指示的用法のケースである。他方、特定の人物を念頭に置かずに「隣の部屋でさわいでいる人」と言う場合、すなわち、この記述句を帰属的に使用する場合、そのような語用論的操作は要求されない。ただし、Nishiyama（1997）、西山（2003: 68–69）が詳しく論じているように、Donnellanの意味での指示的に使用された記述句と帰属的に使用された記述句は、どちらも西山（2003）の意味での指示的名詞句である点に注意してほしい。Ａタイプ読みにおける「今度の実験で一番重要なこと」の場合も、話し手が特定の問いを念頭においてこの表現を使用しているか否かは、コンテクスト次第であり、聞き手の側に指示対象の付与のような語用論的操作が要求される場合もあれば、そのような操作が要求されない場合もあると考えるべきであろう。

*12 　もちろんコンテクストによっては、Ｂタイプ読みも可能である。例えば、《花子は、[太郎がいま一番知りたいことが何であるのか] を太郎に尋ねた》という意味で（21a）を使うことは可能である。

*13 　名詞修飾節（連体修飾節）の解釈については、本書第Ｉ部も参照のこと。

*14 　西山佑司氏は、私的議論において、次のような文がもつ曖昧性を指摘した。

　　（i）　　太郎が読みたいと思う本はない。

この文の一つの解釈は、「太郎はどの本も読みたいとは思わない」と言い換えられる読みである。この場合、「太郎が読みたいと思う本」は変項名詞句であり、文全体は次のような絶対存在文の意味をもつとみなせる。

　　（i-A）　《[xが太郎が読みたいと思う本である]を満たすxは存在しない》

興味深いことに、（i）にはもう一つの解釈がある。いま、太郎はウィトゲンシュタインが書いた推理小説を読みたいと思っているが、事実としてそのような本は存在しない（つまり、ウィトゲンシュタインは推理小説を書いたことがない）としよう。この状況で、（i-A）の解釈は偽である。しかし、（i）を真とみなす解釈も可能であり、それは次のように言い換えられるものである。

　　（i-B）　太郎が読みたいと思う本、すなわち、ウィトゲンシュタインが書いた推理小説は存在しない。

この（i-B）の解釈は、一見したところ、（28）のＡタイプ読みとよく似ている。しかし、（28）と（i）には違いもある。つまり、（28）の場合、「ルヴェリエが存在すると主張した惑星」は絶対存在文が埋め込まれた２階の変項名詞句であるのに対して、（i）の場合、そのような変項名詞句が関与する構文は埋め込まれていないように見える。ここで、「―を読みたいと思う」という内包的な述

語（つまり、心的状態や態度を表す述語）がこの種の曖昧性をもたらす要因となっているように思われるが、「—を読む」は指示的名詞句を項として要求する述語であり、また、「—たいと思う」を付加することでその指示性が変化することがないとすれば、「—を読みたいと思う」もまた、変項名詞句ではなくむしろ指示的名詞句を項として要求する述語であることになる。ここで有望であるのは、(i-B) の解釈において、「太郎が読みたいと思う本」は個体指示的であり、ある架空の本を指示するという案である。文全体は、その本が〈実在しない〉、すなわち、〈架空のものである〉という属性をもつことを述べる文として理解することができる（また、原理的には、(28) にもこの種の実在文の解釈は可能であると思われる）。内包的な述語の解釈および架空の個体への指示はそれ自体大きなテーマであり、複雑な問題を抱えているため、詳しい議論は別の機会に譲りたい。なお、実在文については、西山（2003: 417–423）および本書第III部第11章（西山論文）も参照のこと。

*15　これとは別に、例えば、最大の自然数が存在すると言い張る人に対して、「存在しないものは存在しないよ」と言う場合の、いわば2階のトートロジー的解釈も可能であろう。この場合、主語名詞句内の「ない」と主節の「ない」はどちらも通常の絶対存在文（つまり、個体上の存在量化）の意味をもつ。この点について詳しい議論は、本書第III部第11章（西山論文）も参照のこと。

*16　この連体修飾節は、制限的にも非制限的にも解釈されうるが、ここでは制限的な解釈を念頭に置いている。「太郎が次郎に教えた洋子の電話番号」という形の場合、非制限的な解釈が目立ち、また、かりに洋子がたくさんの電話番号を所有しているという状況を考えれば、「太郎が次郎に教えた洋子の電話番号」も、「洋子の所有する電話番号のうち太郎が次郎に教えたもの」と制限的に解釈されうる。

第15章
左方転位構文と名詞句の文中での意味的・情報構造的機能

山泉実

1. はじめに

　本章では、本書、西山（2003）、今井・西山（2012: 特に3章以降）などで展開されている理論であまり考察されていなかった情報構造（Lambrecht（1994）など）について、同じく検討されていなかった左方転位*1を題材に検討する。このことを通して、本書の理論のみならず、情報構造理論、さらには日本語文法理論にも関与的な議論をしていく。

　左方転位はほとんどの言語で見られる構文である（Lambrecht 2001: 1051、Gundel and Fretheim 2004: 186）。しかし、日本語の左方転位については、生成統語論では議論されてきたものの（Saito（1985）、Hoji（1985）など）、本書のような、文中での意味機能・語用論的機能の観点からはあまり研究されてこなかった。

　本章では左方転位について日本語を中心に検討し、ゆるやかに関連する三つの主張をする。一つ目は、左方転位構文の情報構造的機能に関するものである。二つ目は、変項を含んだ命題とそれを表わす変項名詞句の情報構造理論における位置づけに関するもので、名詞句の指示性と主題性にも大いに関係がある。三つ目は、日本語の無助詞名詞句の文法的位置づけに関するものである。本節の以下では、左方転位構文を構造的に定義し、そのバリエーションを本章の主張に関係のある範囲で紹介する。本研究が依拠するもう一つの枠組みである情報構造理論（Lambrecht 1994）についても簡単に紹介する。2節から4節では、三つの主張を一つずつ述べる。5節は結論である。

1.1. 左方転位とは

本節は、通言語的な転位構文のサーベイである Lambrecht（2001）による左方転位の定義を採用し、左方転位を「述語－項の構造の中で項または付加詞として機能しうる［広い意味で（山泉注）］指示的*2 な構成素が、述語を含む節の境界を越えて、その左側に生起している文構造」(p.1050) と定義する。典型的には、「転位された構成素が表わすものが述語の項または付加詞として果たす役割は、その節の中で代名詞的要素によって表わされ、その要素は、転位された句と同一指示と解釈される」(p.1050)。これを図式化すると次のようになる。

(1) LDE$_{icl}$ [... pronominal$_i$ ...] *3

節 cl の左側に左方転位要素（Left-Dislocated Element）がある。それと同じインデックスを持つ代名詞的要素 pronominal が、左方転位されなかった場合に左方転位要素が起こったはずの位置に生起している。左方転位要素は最も典型的には NP だが、言語によっては、それ以外に PP、AP、不定の VP なども左方転位され得る。本章では、間接疑問節が左方転位されている例を後に論じる。

Lambrecht (2001: 1050) は、左方転位の基準を四つ挙げている（[ ] は筆者が補ったものである。)

(i) 節外の構成素位置［が左方転位要素によって占められる］
(ii) その代わりに節の中に [pronominal が起こる] 位置がある
(iii) [左方転位要素と pronominal が] 同じインデックスを持つ
(iv) 特別なプロソディー［具体的には、左方転位要素は常にある程度韻律的に卓立し、典型的にはポーズが後に続く］

もっとも、必要条件となるのは (i) だけで、それ以外の基準を満たさない例が多くあることも同時に述べられている。

後で議論に関わってくる重要な点として、述語―項の関係に参与するのは、左方転位要素ではなく pronominal であることが挙げら

れる（p.1050）。したがって、左方転位要素自体は、pronominal と同一指示であっても、意味役割・格を持たず、それらは pronominal が担う。日本語の左方転位要素が格助詞を伴わないのはおそらくこのためである。（もっとも、この基準は通言語的にあてはまるものではなく、日本語の左方転位の基準としても本章で採用することはない。）本書の枠組みに照らして考えると、左方転位要素自体は、たとえ名詞句であっても本書で議論しているような文中での意味機能を持ってはおらず、指示的名詞句でも変項名詞句でも叙述名詞句でもないということになる。

1.2. 通言語的に最も広く見られる左方転位

通言語的に左方転位要素として群を抜いて一般的なのは名詞句である（Lambrecht 2001: 1061）。以下に、実例として、『日本語話し言葉コーパス』（国立国語研究所、情報通信研究機構（旧通信総合研究所）、東京工業大学 2004）に見られるものを示す。

(2) 特に 原稿の締め切り日$_{\text{LDE}}$ これ$_{\text{pro}}$ を厳守として決定するということです（スペースはポーズを表わし、下線を追加した。また、フィラーを省略した。以下同様。）

(3) 勿論これを考える時にも 先程の三つの条件$_{\text{LDE}}$ これ$_{\text{pro}}$ は常に頭に置いて検討していきます

先程の四つの基準（i）–（iv）、上の2例はこれらを全て満たしている。上では pronominal として代名詞「これ」が用いられているが、代名詞以外が用いられることもある。詳しくは、中心的ではない左方転位を紹介する次節で述べる。

1.3. 左方転位のバリエーション

左方転位は、上のように名詞句が左方転位され、代名詞が pronominal としてそれを受けるものだけではない。以下では、本章の議論に関わる範囲で左方転位のバリエーションを紹介する。

まず、次の例が示すように、節も左方転位要素となり得る。

(4) That you're not coming tonight_LDE, I can't BELIEVE*4 it_pro.

(Lambrecht 2001: 1063)

文頭の補文化辞 *that* が示しているように、この例は、二つの文の並置ではない。間接疑問節も左方転位できることを後で論じる。

　Pronominal は、*it* や「それ」のような自由形態素の代名詞に限らない。日本語では次の例のように、「あの」「この」「その」のような指示形容詞が付いた名詞も pronominal になる。

(5) 結束性が成立するために必要な意味の補給_LDE、このこと_pro については後の節で論じる［後略］

(小野尚之（2005）『生成語彙意味論』p.160 くろしお出版)

左方転位構文は口語的と言われるが、実際にはこのように比較的かたい書き言葉でも見られる。

　後の議論に関わってくる重要なこととして、日本語のような pro-drop 言語では、pronominal はゼロになることが可能であることが挙げられる。非 pro-drop 言語において pronominal として典型的な強勢のない代名詞は、pro-drop の言語ではゼロ代名詞に相当することが多いことを考えると、驚くべきことではないだろう。また、指示形容詞だけを省略できる例もある（(5)はその例ではない)。その場合には、裸名詞が pronominal として機能することになる。

1.4. 左方転位と似て非なる構文　主題化構文と焦点移動構文

主題化構文（topicalization）と焦点移動構文（focus-movement）という構文は、左方転位と一見類似しているが、区別されなければならない。誤解を予防するためにこれらについて簡単に紹介しておく。(6) が主題化構文、(7) が焦点移動構文の例である。

(6) [This movie], I saw ＿ when I was a kid.

(Lambrecht 2001: 1052)

(7) [Fifty six hundred dollars] we raised ＿ yesterday.

(Lambrecht 2001: 1053)

　これらの例では、英語は pro-drop 言語ではないにも関わらず、文頭の *the movie*、*Fifty six hundred dollars* にあたるものが動詞 *saw*、*raised* の後にない。また、それらを受ける代名詞を下線部に入れることもこの場合はできない。したがって、文頭の名詞句は動詞の目的語として機能していると考えられる。この点でこれらの構文は、文頭の要素が動詞の項・付加詞として機能しない左方転位とは異なる。

　日本語のような pro-drop 言語では pronominal がゼロになることがあることを考慮に入れると、日本語では、このような構文と pronominal がゼロになっている左方転位を区別することが難しくなる。本章では、左方転位の基準として、前置された要素と同じインデックスを持つ pronominal にあたる名詞的要素が形を伴って存在していないものでも、代名詞＋格助詞を pronominal として節の中に入れようとすれば入れられるものは左方転位とみなすことにする。

　この基準に従うと、「は」による主題名詞句は、Shimojo（1995, 2010）や Gundel and Fretheim（2004: 187）の所説と異なり、左方転位要素ではないということになる。例えば、次の例の「リンゴは」「太郎は」が左方転位要素かどうかを上の基準に従ってテストしてみよう。

(8) リンゴは、太郎が食べた。
(9) 太郎は、大学院生だ。

「リンゴは」「太郎は」とそれぞれ同一指示の「これを」「彼が」を入れると容認度が明らかに落ちる。

(10) ?リンゴは、太郎がこれを食べた。
(11) ?太郎は、彼が大学院生だ。

したがって、(8) の「リンゴは」や (9) の「太郎は」は左方転位要素ではないということになる。

(10) や (11) のように「は」の付いた名詞句を左方転位要素として同じ文の後ろで代名詞で受ける例が日本語にないわけではない。ただしそれは擬古的な文章、漢文訓読調の文章、法律文 (12) などに限られており、このこと自体が、少なくとも日常的な現代日本語では、「は」の付いた名詞句は左方転位要素ではないことを物語る。

(12) 権利の濫用$_{\text{LDE}}$は、これ$_{\text{pro}}$を許さない。

(民法第1編第1章第1条第3項)

以下ではそのようなジャンルの日本語や主題化構文と焦点移動構文は扱わないことにする（左方転位との対比でのこれらの構文についての議論は Ward and Birner (2004)、Prince (1997, 1998) を参照)。

1.5. 情報構造と主題・焦点

次節で左方転位の情報構造的機能を論じる前に、情報構造、主題、焦点とは何かを明確にしておきたい。まず、情報構造とは次のように定義される。

> 文文法の構成要素で、事態の概念的表象としての命題と、[それを表わす] 語彙・文法的な構造が、対話者の心的状況に従って組み合わされる部分。対話者は、情報の単位としてその構造を特定の談話文脈において使ったり解釈したりする (Lambrecht 1994: 5、筆者訳)＊5。

情報構造は、話し手が聞き手の心的状態についてどのような想定をしているかに応じて、同じ対象・命題がどのような形で表現されるのかを扱う。また、情報構造は、文文法の一部門であり、特定の構文・語彙に密着した語用論を扱い、特定の構文・語彙には、統語・

意味についての情報と共に語用論的情報が構文の情報として含まれるという立場をとる。例えば擬似分裂文を適切に使用するには、大雑把にいうと「述語の部分は焦点を表わし、主語の部分は前提を表わす」というような知識が必要である。もちろんこの立場は、特定の構文・語彙に密着していない部分をカバーする関連性理論などの一般的な語用論が不要であるということを意味しない。個々の例の分析をめぐっては、競合する可能性があるものの、少なくとも情報構造理論の立場からは、一般的な語用論も必要である*6。また、上の定義には含まれないが、Lambrechtや本章の立場では、統語構造の中に、Topic Phrase、Focus Phraseのようなものを設けず、統語構造に意味的制約と情報構造論的制約が同時並行でかかるという文法モデルを想定する。

情報構造理論にとって中心的で、最も広く知られた概念が「主題（トピック）」と「焦点（フォーカス）」である。主題の定義は、aboutnessに基づくものを採用する。つまり、主題とは命題がそれについて語っていると理解されるものである。主題も文レベルの概念であり、「談話の話題」とは全く異なるものである。

焦点も命題に相対する概念でありLambrecht（1994）の定義に従って、「命題の要素のうちで、それが現れることでその命題が新しい情報を伝えることを可能にしている部分、つまり、節が表わす命題を新情報たらしめている部分」とする。例えば、疑問詞疑問の答えは焦点である。また、この定義では主題に対するコメントも焦点となるし、ニュース速報のような場合には、命題全体が焦点となる。

以上の定義から明らかなように主題も焦点も第一義的には言語の形式ではなくそれが表わすものの側を意味する用語であるけれども、以下では混乱のおそれが無い限り、それらを表わす言語表現も「主題」「焦点」と呼ぶことにする。

2. 左方転位の情報構造的機能

左方転位構文と左方転位要素をpronominalの位置に戻した普通

の語順の文は、意味論的にはほぼ等価である*7。両者の主な違いは、左方転位は特別な情報構造的機能を担っている点にあると言われている。本節では、左方転位の機能として通説となっている見解を紹介した後、反例を挙げて、左方転位の情報構造的機能を再考する。

2.1. 通説

まず、左方転位構文全体ではなく、左方転位要素の情報構造的性質について、先行研究の見解はかなり一致している。左方転位要素の情報構造的性質とは、左方転位要素が表わすものの心的表象の特徴として話し手・聞き手が抱いているもののことである。典型的には次のような想定を、左方転位構文を使う話し手は持っている。まず、その心的表象は聞き手にとって同定可能（identifiable）で認知的にアクセス可能である。つまり、聞き手にとって全く新規な対象ではないと想定されている。しかし、それは、そこでの話の中心と言えるほど高度には活性化しておらず、左方転位の発話時には主題として確立されていないとも想定されている。また、左方転位要素の表わす対象は、それを表わす要素が後続文脈で持続して現れる傾向（Givón 2001, vol. 1: 278）があるとも言われている。

　左方転位の通言語的にあてはまる機能についても多くの先行研究（Lambrecht（1994, 2001）、Gregory and Michaelis（2001）、Gundel and Fretheim（2004）など）の間で一致が見られる。それは、Lambrecht（2001: 1075）の言い方を借りると、主題をアナウンスすることであると言われている。左方転位要素でアナウンスした後、話者はアナウンスしたものについて続く節において pronominal で言及しながらコメントすることになる。もっとも、厳密には、上で述べたように、主題は命題に相対する概念で、命題を成り立たせる述語-項・付加詞の関係に参与するのは左方転位要素ではなく pronominal であるので、主題となるのも左方転位要素ではなく、pronominal であるということになる（Lambrecht 1994: 188）。左方転位（そして右方転位も）が主題をマークする構文であるということには、研究者の間で全体的な合意があるとまで転位構文のサー

ベイ論文で言われている（Lambrecht 2001: 1072）*8。また、左方転位要素は非焦点的な文要素であるともそこで断言されている。文のある要素が主題であれば、それは同時に焦点になることはないからである。

2.2. 反例

しかし、通説に反して、次の例のように左方転位要素は焦点をアナウンスできる。

(13) A: 誰が一郎の母ですか。
    B: 山田花子_LDE、彼女_pro が母です。
    B': ?山田花子_LDE、彼女_pro は母です。
    B'': ?山田花子_LDE、母です。

Bの発話は、形から見て明らかに左方転位でありながら、Aの疑問詞疑問に答えている。したがって、Bの「山田花子」は焦点をアナウンスする左方転位要素であり、それと同一指示の「彼女」は疑問詞疑問のAの答えであるから焦点を表わしている。この「彼女」が焦点を表わしていることは、B'とB''の容認度が低いことから裏付けられる。焦点と主題は相互排他的であるので、焦点の「彼女」を文の主題としてB'のように「は」でマークすることはできない。Aへの答えとしてB'の容認度が低いのはそのためである。また、焦点は節の伝える情報を新情報たらしめている部分なので省略されてしまうと復元不可能である。したがって、焦点を省略することはできない。Aへの答えとして「彼女」を省略したB''の容認度が低いのはそのためだろう*9。興味深いことにB''では、省略されたものと同一指示の「山田花子」が左方転位要素として既に現れているにも関わらず容認度が低い。このことはおそらく、左方転位要素はアナウンスするだけであり、それ自体は主題、あるいはこの場合のように焦点ではないということを裏付けているのだろう。左方転位要素は、pronominalと同一指示であっても、焦点の代役を務めることはできないということである。

第15章　左方転位構文と名詞句の文中での意味的・情報構造的機能　　439

このように左方転位要素で焦点をアナウンスすることができるのは日本語だけではない。韓国語でも（13）と同様の左方転位が可能である。しかも、pronominalに主題のマーカー「는(-nun)」を付けたり、あるいはpronominalを省略すると、容認度が落ちることも日本語と共通している。（幸松英恵・文彰鶴　個人談話）。(14) B′, B″の容認度が低い理由は日本語の（13）B′, B″の容認度が低い理由と同様であろう。

(14) A: 누가　　이치로　어머니예요?
　　　　誰-が　一朗　　母親-コピュラ-丁寧
　　　　「誰が一朗の母親ですか?」
　　B: 야마다　하나코_{LDE}, 그녀_{pro}가　어머니예요.
　　　　山田　　花子　　　彼女-が　母親-コピュラ-丁寧
　　　　「山田花子、彼女が母親です。」
　　B′: ?야마다　하나코_{LDE}, 그녀_{pro}는　어머니예요.
　　　　山田　　花子　　　彼女-は　母親-コピュラ-丁寧
　　　　「山田花子、彼女は母親です。」
　　B″: ?야마다　하나코_{LDE}, 　　　어머니예요.
　　　　山田　　花子　　　　　　母親-コピュラ-丁寧
　　　　「山田花子、母親です。」

　日本語、韓国語で見られる焦点をアナウンスする左方転位は、Prince（1997, 1998）が英語とイディッシュ語について指摘している言語ごとのバリエーションの現れかもしれない。しかし、Prince（1997, 1998）を含む先行研究の多くが中心的に研究している英語でも焦点をアナウンスする左方転位が可能である（John Whitman 個人談話）。

(15) A: Who is Ichiro's mother?
　　B: Yamada Hanako_{LDE}, SHE_{pro} is his mother.
　　B″: ?Yamada Hanako_{LDE}, she_{pro} is his mother.

英語には日本語の「は」に対応するような主題のマーカーがないので、(13B′)に直接対応する文は作れない。日本語のゼロ代名詞は非 pro-drop 言語の英語では強勢のない代名詞に相当すると考えると、B″ができる。これもまた容認度が低い。

また、焦点の一部だけを左方転位要素でアナウンスすることも可能である。次の例では、間接疑問節が左方転位されていて、変項名詞句「犯人」が pronominal として機能している。

(16) A: 何か悩んでいるみたいだね。どうしたの？
    B: 誰が一郎を殺したのか_{LDE}、犯人_{pro} が分からないんだ。

(相原まり子　個人談話)

(このような間接疑問節の左方転位は、次節で扱う。詳しくは山泉(2008)参照。)(16)の質問の答え、つまり B の焦点になるのは、「誰が一郎を殺したのか」だけではなく、「一郎を殺した犯人(＝誰が一郎を殺したのか)が分からない」であるから、左方転位されている部分は焦点の一部にすぎない。このような例も焦点をアナウンスする例とするかどうかは、定義の問題であるけれども、pronominal の省略可能性の点では、焦点の全部をアナウンスする(13)とは異なり、焦点の一部である pronominal を省略可能である。

2.3. 左方転位の機能再考

以上の議論から、左方転位の通言語的な機能について再考を要することが明白になった。左方転位は、焦点(やその一部)をアナウンスすることもあるので、その機能は何らかの情報構造的役割(主題や焦点)をアナウンスすることであるという仮説を提示する。焦点さえもアナウンスしていない例が可能かどうかは検討課題である。本多(2005)は左方転位について主題と関連づけて論じているものの、「対象を表象として投機することによってそれに対する共同注意を成立させ、しかる後におもむろにそれについて解説を語る」(p.251)という興味深い見解を述べている。焦点をアナウンスする場合には、後半部分(しかる後に…)が成り立たないのであれば、

左方転位には左方転位要素の表わすものに対する共同注意を成立させるという機能しかないのかもしれない。いずれにせよ確かなことは、左方転位は主題（だけ）をマークする構文であるという通説は見直される必要があるということである。

3. 変項を含む命題を表わす表現の主題性・指示性

本節では、変項を含む命題が情報構造理論においてどう位置づけられるべきか、特に主題性や指示性を持ちうるかを、左方転位を題材に検討する。変項を含んだ命題は、最も直接的には、疑問詞を含んだ間接疑問節で表わすことができる。

(17) a. 残念ながら、<u>誰が太郎を殺したのか</u>が分からない。
  b. ［xが太郎を殺した］

(17a)の下線部の間接疑問節は(17b)のような変項を含んだ命題を表わし、疑問詞が変項に対応する。間接疑問節はこのように変項を含んだ命題を類像的に表わす。一方、変項名詞句は変項を含んだ命題を潜伏させている。例えば、次のaの下線部はbのような変項を含んだ命題を表わしている。したがって、(18a)は(17a)とほぼ同じ意味を表わす。

(18) a. 残念ながら、<u>太郎を殺した犯人</u>が分からない。
  b. ［xが太郎を殺した犯人だ］

重要なことは、間接疑問節でも変項名詞句でもほぼ同じ意味の変項を含んだ命題を表わすことができるということである。

3.1. 変項を含んだ命題は主題になれないとする説

変項を含んだ命題が主題になれるかは、研究者の間で意見の一致を見ていない。この問題について明確に否定的な見解を示している研究として、西山（2003: 8章）とLambrecht（1994）が挙げられ

る*10。まずこれらの見解を紹介することにする。

　西山は、三上（1953）の下の例について、次のように述べている。

> 「到着シタノハ扁理デス」の「到着シタ」は「xが到着シタ」のように空所を含んでおり、命題としても不完全である。そのような不完全な命題がなんらかの対象を指示するとは考えられない　　　　　　　　　　　　　　　　　　　　　（西山 2003: 375）

また、次の例についても同様のことを述べている。

(19) <u>ショパンコンクールの優勝者</u>はあの男だ。　（西山 2003: 386）
　　　[xがショパンコンクールの優勝者である]

> 次のような反論があるかもしれない。たしかに、[(19)]の下線部は、変項名詞句という意味で非指示的名詞句であることは認めよう。したがって、この下線部は、世界の中のある人物を指示することはない。しかし、下線部は、「xがショパンコンクールの優勝者である」という命題関数を指示しており、この命題関数が主題であって、文全体は、この命題関数について述べている、といえる。よって[(19)]は有題文である…と。[…]しかし、この反論はあたらない。そもそも、命題関数のようなものが本来「XについてPを述べる」の「X」に該当するはずがないからである。とりわけ、openな命題関数がそれについて叙述される対象になっている、ということはおよそ考えられないであろう。　　　　　　　　　　　　　　　　　　（pp.387–388）

後半の「そもそも…」以下については、根拠が充分に述べられておらず、慎重に検討する余地が残されていると筆者は考える。

　Lambrecht（1994）は、下の例について、次のように述べている。

第15章　左方転位構文と名詞句の文中での意味的・情報構造的機能　　443

(20) a. (Who went to school?) The CHILDREN went to school.
   b. [x went to school]   (Lambrecht 1994: 122)

第一に、変項を含んだ命題［xが学校に行った］は意味的に不完全であるから、それが指示対象を持つとは言えない。したがって、断定された命題はその指示対象についてのものであると解釈することはできない。

(Lambrecht 1994: 122、筆者訳、原文の強調はスモールキャピタルによる)

まとめると、両者ともに変項を含んだ命題が主題にならない理由として、以下を挙げている：変項を含んだ命題は意味的に不完全であるから、(狭い意味で) 指示的にはなり得ない。したがって、そのような非指示的なものが表わすものについてコメントすることはできない。コメントされることができないものは主題にはなり得ない。両者がこのことを述べた際に挙げている例文は、どちらも情報構造が項焦点（argument focus）でよく似たところがある。つまり、どちらも変項を含んだ命題が語用論的に前提とされていて、変項の値がこれこれのものである、ということを断定している。以下の筆者の議論で用いられる例文はそのようなものではないことに注意しよう。

　変項を含んだ命題を表わす部分が、西山の例では主語の変項名詞句、Lambrechtの例では文の主語以外である動詞句という違いはあるものの、両者の見解は意味論的な理由に基づいているので、変項を含んだ命題がどのように表わされているかに関係なく当てはまる。つまり、変項名詞句で表わされていても、動詞句で表わされていても、間接疑問節で表わされていても、議論には影響しない。

3.2. 間接疑問節の左方転位

　変項を含んだ命題が主題になれるか、この問題を論じるにあたって、左方転位も視野に入れるべきである。既に（16）にも例を挙げたように、間接疑問節は左方転位要素になることができる*11。

(21) A: 残念ながら、誰が太郎を殺したのか_LDE、私には（その）犯人*12_pro が分からない。
　　 B: 明智さんならそれ／（その）犯人が分かるかもしれませんよ。

この例では、左方転位された間接疑問節は [x が太郎を殺した] という命題を表わし、続く節の中で [x がその犯人だ] という意味論的にほぼ等しい命題（変項を同じ値で埋めれば真理条件が等しくなる命題）を表わす変項名詞句が pronominal として間接疑問節を照応している。（既に述べたように、本章の pronominal とは左方転位要素を主節の中で受けている要素のことで、代名詞に限らない。）この例では「犯人」のパラメータは太郎を殺したことに限定される、つまり、他の事件の犯人とは解釈できない。それはこの照応関係があるからである。以下に間接疑問節の左方転位の実例を挙げる。

(22) フィリピンなんかでは　ヤシの繊維で何て言うのか_LDE 私名前_pro は知らないんですが　大統領が公式のですね　晩餐会に白い　更紗を着てきますが　あれは確かヤシの木の繊維で作ったという風に聞いております
　　　　　　　　　　　　　　　　　　　（『日本語話し言葉コーパス』）
(23) 僕がなぜ東京へ行くのか_LDE、理由_pro は簡単。
　　 (http://blog.goo.ne.jp/86taka2002/e/4ae17060af0422016cb9a3cc56477a3e)

焦点をアナウンスする左方転位と同様、間接疑問節の左方転位も日本語だけでなく韓国語や英語でも可能である。

(24) 나는　누가　이치로를　죽였는지_LDE　　　범인_pro 을
　　　私－は　誰－が　一朗－を　殺す－過去－のか　犯人－を
　　 모르겠다．　　　　　　　　（幸松英恵・文彰鶴　個人談話）
　　 分からない－モダリティ－平叙
　　「私には、誰が一朗を殺したか、犯人が分からない。」

第15章　左方転位構文と名詞句の文中での意味的・情報構造的機能　　445

(25) Who killed Ichiro_LDE, it is THAT_pro I don't know.

(John Whitman　個人談話)

　左方転位要素の前に主節の要素「나는（私は）」や、文修飾要素（「残念ながら」など）が表われることが可能であるので、これらの例は2文の並置ではないことが明らかである。

　さて、左方転位の一つの機能は主題をアナウンスすることであると前節で述べた。間接疑問節の左方転位がこの機能を果たしている以上の例では、変項名詞句がpronominalの役目を果たし、それの表わす変項含みの命題が主題になっている。もちろん、前節で主張したように、左方転位は焦点をアナウンスすることもあり、その場合には主題ではない。各例がどちらなのかを判断するにあたって、(13)が示した「焦点を表わすpronominal（とそれに後続する助詞）は省略できない」ということがテストとして使えるだろう。筆者の直観では、(21)(22)ではpronominalを省略することができ、このことはそれが主題であることを示唆する。(23)では変項名詞句「理由（は）」は何故か省略できない。しかし、この文の「理由」は、述語がいわゆる形容動詞（の語幹）であることから、それによって叙述されていると考えられる。この例において、「簡単」と言われているのは、正確には理由（例えば、お金を稼ぎたいということ）そのものではないのは明らかである。「お金を稼ぎたいということは簡単」などというのは意味をなさない。そうではなく、[xが僕が東京へ行く理由である]のxを満たす値（例えば「お金を稼ぎたい」）を埋めることが簡単であるということであるので、変項を含んだ命題についてコメントしているということである（この種のコピュラ文（潜伏疑問叙述文）については本書第IV部第13章（西山論文）参照）。

　このようにコメントをされるものは主題の定義にあてはまっている。さて、主題は指示的でなければならないと一般に合意されている（Gundel and Fretheim 2009: 150）ので、これが正しいとすると、左方転位された間接疑問節を受けるpronominalは指示的でもあるはずである。このことは明らかに、変項名詞句の表わす変項を

含んだ命題は世界の中の対象を指し示さないという意味で変項名詞句は非指示的であるという西山（2003など）の主張と両立可能ではない。

3.3. 指示的名詞句の性質と「指示性」

ここで問題になっているのは、世界の中の対象を指し示すという意味での指示性と、指示的名詞句が持つとされる性質の関係である。指示的名詞句は少なくとも次の三つの性質を持つと言われてきた。1.変項を埋める値になる。2.代入推論が成り立つ（本書第IV部第14章（峯島論文）参照）。3.叙述の対象になる。世界の中の対象を指し示す名詞句であれば、1から3は成り立つ（ただし、不透明な文脈における2は除く）。これまで、ある名詞句が指示的かどうかを考える際、1から3のどれかが成り立つ名詞句であれば指示的であるということが想定されてきたかもしれない。しかし、1から3のどれかが成り立てばその名詞句は世界の中の対象を指し示す、というわけではない。実際、以下に示すようにそれに反する名詞句が体系的に存在する。

1が成り立っても世界の中の対象を指し示さないのは、2階の変項名詞句（本書第IV部第14章（峯島論文）参照）の変項を埋める変項名詞句である（西山2003: 139）。

(26)この事件で未だに分からないことは、<u>犯人</u>だ。

2が成り立っても世界の中の対象を指し示さないのは、本書第IV部第14章（峯島論文）でAタイプ読みと言われている解釈を受ける変項名詞句である。3が成り立っても世界の中の対象を指し示さないのは、左方転位された間接疑問節を受けてpronominalとしてはたらいている変項名詞句や、潜伏疑問叙述文の主語名詞句である。文中でNPが何を表すか（世界の中の対象か、属性か、個体を値として埋められる変項を含んだ命題か、変項を含んだ命題を値として埋められる高階の変項を含んだ命題か）は、そのNPがどの述語のどの項かということが決める、ということだろう。もちろん名詞の

語彙的意味や空所化（本書第Ⅳ部第14章（峯島論文）参照）のような名詞句の成り立ちも関与的ではあるが、それらは名詞句が何を表すかの可能性を狭めるだけで、実際に文中で何を表すかを決めるのは、基本的には述語が何で、その述語のどの項であるかということであろう。本書の随所で論じられているように、述語が決まっていても名詞句が何を表わすのかが決定しない場合は少なくない。特にコピュラ文は顕著な例である。しかし、それはどちらかというと例外で、述語が複数の可能性を許容するものである場合に限られる。

　本節の議論が正しいならば、少なくとも一部の変項名詞句は指示的であるとするか、指示的でない主題があるとするか、どちらかを受け入れなくてはならなくなる*13。どちらを選ぶにしても、変項を含んだ命題の情報構造的性質やそれを表わす名詞句の指示性について再検討する必要が出てくるが、本章では、上の議論から指示性と主題性を切り離し、世界の中の対象を指し示すという意味では指示的でない主題名詞句があり得ると考える。

　そして、主題に求められる「指示性」は、世界の中の対象を指し示すという意味ではなく、discourse referent を表すという意味に解釈することにする。discourse referent とは、「現実世界に存在する事物である extralinguistic referent ではなく」「言語によって表現され我々の心的表示に登録される指示対象」（東郷 2002: 1）のことである。ある名詞句が discourse referent を確立しているかどうかは、続くディスコース、つまり名詞句を含む文より後の文において、同一指示の代名詞か定名詞句が表れ得るかどうかでテストすることができる。Karttunen（1976: 383）の例を借りると、次の (27a) では、1文目の *a unicorn* と同一指示の定名詞句 *the unicorn* が2文目に表れることができるので、この *a unicorn* は discourse referent を確立していると考えられる。一方、(27b) では同様のことができないので、1文目の a unicorn は discourse referent を確立していないことになる。

(27) a. Bill saw a unicorn. The unicorn had a gold mane.
　　 b. Bill didn't see a unicorn. *The unicorn had a gold mane.

主題変項名詞句は discourse referent を指示するという意味では「指示的」であり、主題変項名詞句が表わす変項を含んだ命題は discourse referent になると考えられる。(21B)で(21A)に出てきた変項を含んだ命題と同一指示の代名詞・定名詞句が表れていることがそれを例証している。

4. 左方転位要素としての日本語無助詞名詞句

4.1. 考察の対象

本節では日本語の無助詞名詞句を扱う。議論の対象とするのは(28)(29)の下線部のような述語との格関係から判断して格助詞を足すことが不可能ではないものの一部である。

(28)(話者の家の玄関から靴を履いて帰ろうとしている人へ)
　　くつべら使う？
(29)(家族に)郵便屋さんもう来た？

(30)の「昨日」「二回」のような格助詞を足せないものは議論の対象としない[*14]。

(30)昨日名古屋で二回うなぎを食べた。

格助詞を足すとすれば、(30)では「を」、(29)では「が」しか足せないが、足すと原文よりもいくらか不自然になってしまう。「は」を足すことも不可能ではないが、どちらかと言えば無い方が自然であろう。

このような無助詞名詞句についての研究は数多く（例えば丹羽(1989)、Suzuki(1995)、加藤(1997)）、助詞がないことは様々なやり方で説明されてきた。1.格助詞が省略されている。2.「は」が省略されている。3.何らかの機能を持ったゼロ助詞を認める。4.意味的に中立なゼロ格を認める（楠本1992）。5.元々全く助詞がないとする。上記の立場の違いはあっても、多くの研究者は、上

の「昨日」「二回」のようなもの以外の無助詞名詞句に、何らかの主題機能を果たすものと果たさないものの2種類があると考えている（黒崎（2003）、丹羽（1989、2006）、野田（1996）、長谷川（1993）など）。果たさないものは通常、助詞（主に格助詞）の省略であるとされる。筆者もこの見解に同意する。もっとも、三上（1960: 174）が既に指摘しているように、主題的機能のあるものと無いものを区別することは必ずしも容易ではない。区別が難しい原因の一つには、丹羽（2006: 301）が述べているように、無助詞・「は」・格助詞のどれが名詞句に付くのが自然でどれが不自然かを判断するのが難しいということがある*15。おそらくこのために、多くの研究者は二つのタイプを連続的なものとみなしている。ただ、両者の関係をどうとらえるかには二つの立場がある。一つの立場では、両者は連続したカテゴリーで、それぞれの性質をいくらかずつ併せ持った無助詞名詞句があると考える。もう一方の立場では、二つは別個のカテゴリーで、理論的には中間的なものは存在しないが、各例はどちらのカテゴリーに属していると（そしてもう一方には属していないと）解釈しやすいかという点において連続していると考える。本章は後者の立場をとり、以下では、主題的機能を持った無助詞名詞句だけを扱うことにする。そのタイプだけが左方転位と関係があると考えられるからである。

4.2. 主題的な無助詞名詞句

主題的無助詞名詞句がどのような場面で自然に使えるか、「は」の付いた名詞句とどのような違いがあるかなどについては、後に見るように先行研究による知見の積み重ねがある。しかし、通言語的に適用可能な文法的枠組みにそのような無助詞名詞句を位置づける試みは、筆者の知る限りほとんどなされていないようである。そこで本章は、主題的機能のある無助詞名詞句の文法的位置づけについて以下の仮説を提起する。

主題的機能のある無助詞名詞句は、pronominalがゼロになった左方転位要素である。

主題的無助詞名詞句を左方転位要素と考えると、先行研究（丸山（1995: 378）、尾上（1996）、三枝（2005: 20）など）で言われてきたその機能が自然に説明できる。その機能は主題をアナウンスするという左方転位の機能と酷似しているからである。形式上も、無助詞名詞句を含む文の構造は、左方転位の構造（1）でpronominalがゼロになったものにちょうどあてはまる。なお、主題的無助詞名詞句は焦点をアナウンスする左方転位にはなり得ない。（13）で示したように、焦点をアナウンスする左方転位ではpronominalをゼロにはできないからである。

4.2.1. 語順

以下では先行研究で指摘されてきた無助詞名詞句の特徴・機能を左方転位の観点から検討していく。第一の点は統語、特に語順に関するものである。野田（1996: 268）は、無助詞名詞句の主題性と文頭の位置には（正の）相関があると指摘している。丸山（1996: 75）も無助詞名詞句はその位置が動詞から離れて文頭に近くなるほど、主題性を帯びると（31a）、（32a）を挙げて述べている。

(31) a.　この手袋、誰が買ってくれたの？　　　（丸山1996: 74）
　　 b.　この手袋、誰がそれを買ってくれたの？
　　 c.　この手袋を、誰が買ってくれたの？
　　 d.　この手袋は、誰が買ってくれたの？
(32) a.　函館で「いかソーメン」食べるの忘れたでしょ。
　　　　　　　　　　　　　　　　　　　　（丸山1996: 74）
　　 b.　函館で「いかソーメン」を食べるの忘れたでしょ。
　　 c.　函館で「いかソーメン」それを食べるの忘れたでしょ。
　　 d.　函館で「いかソーメン」は食べるの忘れたでしょ。

丸山や筆者の判断では、(31a) 文頭の「この手袋」は主題的な無助詞名詞句、(32a) の「いかソーメン」は、そうではなく単なる格助詞「を」の省略である。(31a) の「この手袋」には元々格助詞はなく、ゼロになっているのはpronominalの方であるから、

「この手袋」に格助詞を足した（31c）よりは有形のpronominalを足した（31b）の方が（31a）に近いと感じられるだろう*16。(31c)は左方転位ではないのに対して、(31b)は（31a）と同様左方転位であるからである。一方、(32)の場合には、格助詞を補った（32b）の方が、(32a)をあたかも左方転位であるかのようにみなしてpronominalになるものを足した（32c）よりも（32a）に近いと感じられるだろう。(32b)は（31a）と同様、左方転位ではないからである。また、(31a)「この手袋」には主題性があり、(32a)の「いかソーメン」にはないと考えると、主題をマークする「は」を足しても（31d）の方が（32d）ほどには原文から乖離しないことも不思議ではない。主題性がある無助詞名詞句が文頭にあることが多いのは、左方転位要素であると考えれば、左方転位の構造から当然のことと理解できる。

4.2.2. 機能

　主題的無助詞名詞句の機能としては、多くの論者が主題をアナウンスするという左方転位の機能と酷似したものを指摘している。例えば尾上（1996）は、無助詞名詞句に関する説明全体は本章と大きく異なるものの、「助詞ゼロの文の意味が、ハを使った文、ガを使った文のいずれの意味とも異なる」例として（33）を挙げ、(34)のような助詞のある文では「感想、質問などの題目が（指示語がつく場合もつかない場合も含めて）発話の時点より前から話し手の意識の中にあらかじめあるのに対し、[(33)]など助詞ゼロの文では、発話の時点ではじめて題目を現場から切り出して来て設定するという印象がある」と述べている。

　(33) このチョコレートおいしいな。(感想)
　(34) このチョコレートはおいしいな。

この見解は、左方転位要素でアナウンスされる主題は、それまでは主題として確立されておらず、左方転位要素としてアナウンスされた時点でそれに対する共同注意*17が成立し、続く節でようやく主

題となるということを捉えたものだと解釈できる。丸山（1996）も「ハのようにあらかじめ措定してあるのではなく、発話の時点で取り出し設定するのが、無形［＝無助詞、山泉注］の「取り出し」の機能である」（p.78）と同様の所見を述べている（他にも、三枝（2005:20）、黒崎（2007:76）など）。また、大谷（1995）は、主語に「は」・「が」が使えず無助詞がふさわしい文になる場合として、「主語となる要素が、話し手・聞き手間における固有の先行文脈によって共有知識となっており、しかも聞き手の頭の中である程度活性化されている場合」（p.293）を挙げている。これも2節で紹介した左方転位要素（の指示対象の心的表象）の情報構造的性質、つまり同定可能だが、そこでの話の中心と言えるほどには活性化していないということに相当すると解釈できる。

4.2.3. 主題的無助詞名詞句の文法的位置づけ

このように、主題的な無助詞名詞句と左方転位要素は、語順の面でも情報構造の面でも非常に共通性が高く、主題的な無助詞名詞句は、pronominal がゼロになっている左方転位要素とみなすことができる。

韓国語の無助詞名詞句についても日本語の無助詞名詞句と同様のことが言われており、これが正しいとすると、韓国語の無助詞名詞句も左方転位要素であると考えられる。金（2009）は、韓国語の談話における無助詞の主語名詞句の研究で、本章でも紹介した日本語の無助詞の研究の多くに言及している。金は、韓国語の無助詞を「談話・語用レベルに特化した助詞類として助詞体型の中に定着させる」（p.(37)）つもりではあるものの、その談話・語用論レベルにおける特徴については、左方転位要素のものと解釈できる以下の見解を述べている。

〈無助詞の使用に関する仮説〉
無助詞は、会話の現場に存在する人・ものを「指差し」、それについて何かを述べるという際に用いられる。（p.(58)）［「指差し」とは、当該の名詞句が、話し手と聞き手が目の前で見て

いる、即ち、両方にとって明示的なものをこれから述部で述べる内容の対象として取り上げるということである。(p.(57))]

　また、この仮説は、日本語の左方転位要素と無助詞名詞句について本多（2005）が述べている共同注意の成立にも通じるものである。
　日本語の主題的無助詞名詞句を左方転位要素とみなす見解は、管見の及ぶ限り、これまで見られなかった。三枝（2005: 17）によると、先行研究は日本語の主題的無助詞名詞句を大体二つの方法のどちらかで扱ってきた。一つは、助詞が省略されたものとする見方である（久野（1973: 233）*18など）。もう一つの見方は、助詞がないことは別個の格（いわゆるゼロ格）を表わしているとするものである。筆者はどちらの見解にも問題があると考える。前者は、助詞が省略されなかった場合には見られないような機能が助詞が省略されると見られるようになることを説明しなければならない。後者の見解をとると、理論的に考えて日本語は以下で述べるような意味で非常に不経済な言語ということになってしまう。この立場をとると、ゼロ格でマークされた無助詞名詞句は常に他のゼロではない格でもマークすることができるということになる。そして、ゼロではない格を使うと、その名詞句の担う意味的・文法的役割が明示される一方、ゼロ格を使うと役割が明示されなくなってしまう。格の第一の機能は、述語の項のそれぞれがどのような意味的・文法的役割を担っているのかを明らかにすることだとすると、そのようなゼロ格は、常により分かりやすい方法があるにも関わらず、あえて分かりにくく表示してしまう格ということになる。日本語の格体系がこのように不経済なものであるとは考えにくい。無助詞名詞句を左方転位要素と見なす我々の見解には、両者にあるような問題はない。

5. むすび

　左方転位に関して次の3点を主張した。一つ目は、左方転位要素で主題だけではなく焦点もアナウンスできるということから、左方転位の情報構造的機能は主題のアナウンスにとどまらないというこ

とである。二つ目は、変項を含んだ命題を表わす要素も主題をアナウンスする左方転位要素となることができることから、変項を含んだ命題は、主題やその前提条件として discourse referent となることができるということである。三つ目は、主題的な無助詞名詞句と言われているものの文法的ステータスは、主節内の pronominal がゼロである左方転位要素だということである。

　本章では、機能主義的類型論の立場での転位構文のサーベイ（Lambrecht 2001）を出発点として日本語の左方転位を検討した。行き着いた知見の影響は日本語文法にとどまらず、左方転位の通言語的機能、変項を含んだ命題とそれを表わす表現の通言語的な意味論的・情報構造的役割などにも関わるものであった。名詞句の意味論・語用論的研究において、左方転位のように従来検討されてこなかった構文を視野に入れることで新たな知見が得られることは今後も少なくないだろう。

　　　　　　　　　　　付　記

　本章は Yamaizumi（2011）を元に加筆・修正した日本語版である。Yamaizumi（2011）を執筆する前に国立国語研究所の第 32 回 NINJAL サロンと第 141 回日本言語学会全国大会で同テーマで発表し、有益なコメントを多くいただいた。以下の方々（敬称略）に再び感謝の意を表わしたい：相原まり子、井上優、John Whitman、角田太作、文彰鶴、幸松英恵。特に角田先生からは Yamaizumi（2011）を書くにあたって度重なるアドバイスをいただき、感謝の念に堪えない。

---

*1　本章では「左方転位」という広く通用する名称を用いることにするが、この名称が示唆するような、何らかの基底形からの文頭への移動などによる派生は全く想定しない。
*2　この定義の「広い意味での指示的」は、本書の他の箇所で使われている「（現実または架空の）世界の中の対象を指し示す」という意味（以下、「狭い意味で指示的」）ではない。虚辞などとは違って何かを表わしているということである。
*3　Lambrecht（2001: 1051）では、cl の代わりに s が使われているが、ここ

で問題になっているのは、文ではなく節であるのでclを用いる。また、そこではLDEの代わりにXPが用いられているけれども、…Pと表記されない要素が左方転位される例も扱うので、LDEを代わりに用いる。

＊4　英語の例のスモールキャピタルは文強勢を示している。

＊5　原文は以下の通り。"[t]hat component of sentence grammar in which propositions as conceptual representations of states of affairs are paired with lexicogrammatical structures in accordance with the mental states of interlocutors who use and interpret these structures as units of information in given discourse contexts"　　　　　　　　　　　　　　　　　　　　(Lambrecht 1994: 5)

＊6　文法と語用論のインターフェイスという観点からの、情報構造と関連性理論の関係についての議論はGundel (1999)、Gundel and Fretheim (2004, 2009) を参照。

＊7　主題・焦点の違いが真理条件に影響を与えることについては、Gundel and Fretheim (2004: 2.3) を参照。

＊8　この見解に合意している研究者の一例としては、転位名詞句の指示対象は常に語用論的主題であると述べているGundel (1985: 88) が挙げられる。また、合意に対する重要な反論として、Prince (1997, 1998) がある（もちろん、筆者が本章で述べている主張を先取りしているわけではない）。Prince (1997, 1998) に対する再反論はGundel (1999)、Gundel and Fretheim (2004) を参照。

＊9　(13) の容認度が落ちる原因は、焦点を表わす要素が担わなければならないプロソディーのプロミネンスをゼロ代名詞では担えないためではないかという指摘がある（John Whitman個人談話）。この可能性は筆者の説明と必ずしも相容れないものではないが、今後の検討課題である。

＊10　逆に、変項を含んだ命題を主題と認める立場の研究としてはGundel (1985：特に5節)、Gundel and Fretheim (2004: 186) が挙げられる。前者では (i) $the\ cat\ scratched\ x$ が主題の記述と解釈できる、とされている。

　　(i)　　The cat scratched the DOG.

＊11　変項名詞句も左方転位できる。この場合pronominalはゼロか代名詞に限られるようである。

　　(i)　　残念ながら、太郎を殺した犯人$_{LDE}$、それ$_{pro}$が／はまだ分かっていません。

＊12　「(その) 犯人」の代わりに「それ」をpronominalとして用いることも可能である。しかし、その時には、「それ」は、代名詞が通常するように、「誰が太郎を殺したのか」が表わすものと全く同じもの、すなわち変項含みの命題 [xが太郎を殺した] を表わす。この点が [xが太郎を殺した犯人だ] を表わす「(その) 犯人」とは異なる。なお、上の注の例文において、「それ」が「太郎を殺した犯人」を受けるpronominalとして用いられていることは、「太郎を殺した犯人」が指示的ではないことを示す一つの証拠である。「それ」は人を指示するのに用いることができないからである。

＊13　もっとも、もう一つの解決策もあり得る。前の節で、左方転位要素は主題だけをアナウンスするのではないと述べた。したがって、間接疑問節や変項名詞句が左方転位されている例は、主題も焦点もアナウンスしていない可能性

がある。
*14　詳しくは鈴木（1972: 217–222）参照。
*15　また、先行研究の判断と筆者の判断が時に一致しないことから、個人差も小さくないと思われる。
*16　省略されているpronominalに形を与えた場合、結果としてできる文が元のコンテクストで原文よりも不自然になることがあり得る。形式が違えば機能・意味が違うのが言語の常態であるから、ゼロになっていると正しく想定されているものに形を与えた場合でさえ、ゼロのままの文とは適切に使える場面が厳密には異なってくることは当然予想されることである。
*17　共同注意と、長谷川（1993）や三上（1960: 175）が論じている無助詞名詞句の働きの関係については、本多（2005: 10.4.2）を参照。もっとも本多は無助詞格成分と左方転位をどちらも共同注意の観点から論じているが、前者を左方転位要素とは述べていない。
*18　ただし、久野（1973: 281注7）には、「は」の付いた名詞句と無助詞名詞句の違いも述べられている。

V　名詞句の語用論的解釈

第 V 部
総論

西山佑司

　われわれは、ある文 S を聞いてその内容が分かるということは、とりもなおさず S の意味を理解することにほかならない、と考えがちである。たとえば、(1a) を聞くと誰でも、(1b) の読みを頭に浮かべるであろう。では、(1b) は (1a) の意味と言ってよいであろうか。

(1) a.　ピアノの音が大きい。
　　 b.　《ピアノの鍵盤を押した時に出る音が大きい》

コンテクスト次第では、(1a) は、《ピアノを引きずった時に出る音が大きい》や《ピアノをビルの屋上から落とした時に生じる音が大きい》など他の読みも可能である。だからといって (1a) が曖昧な文だというわけではない。実は、(1b) は (1a) という文自体がもつ言語的意味ではなく、特定のコンテクストで、(1a) の話し手が相手に明示的に伝達しようとしていた内容であり、「表意」(explicature) と呼ばれる。注意すべきは、(1a) の話し手が (1b) を表意として伝えようとしている時、その話し手は同時に (2) をも伝えようとしている可能性があるという点である。

(2)《うるさいので、ピアノを弾くのをやめてください》

これは、(1a) の話し手が相手に (1b) の表意に基づいて推論させることによって暗黙のうちに伝達しようとしている内容であり、「推意」(implicature) と呼ばれる。表意と推意をあわせて「話し手の意味」(speaker's meaning) と呼ぶ。聞き手の側で話し手の意味を決定するためには話し手の伝達意図をさぐるという考慮が不可

欠である。

　コンテクストに関する情報をゼロにした時、文自体の言語的意味を問題にする分野が意味論（semantics）であるのにたいして、具体的なコンテクストのなかで文が発話された時、話し手の伝達意図をさぐることによって得られる「話し手の意味」を扱う分野は語用論（pragmatics）と呼ばれる。結局、語用論の課題は、(i) 文の言語的意味と話し手の意味との関係はいかなるものか、(ii) 話し手の意味の理解にとって、コンテクストの役割は何か、(iii) 聞き手はなぜ、多様な可能な解釈のなかから特定の解釈を話し手の意味とみなすことができるのか、といった問題に科学的に答えることである。その答えは究極的には「ことばによるコミュニケーションはいかにして可能であるか」という問いに答えることにつながるのである。

　上述のごとく、話し手の意味には、表意と推意があるが、(1)(2) のケースからも明らかなように、文の言語的意味と間違えられやすいのは表意の方である。たとえば、ある文 S にたいして複数の意味解釈が得られた時、それは S 自体の言語的意味が曖昧であると考えるべきなのか、それとも発話の表意が複数あるとみなすべきなのか、といった問題にわれわれはしばしば直面する。今井・西山（2012: 第6章）で述べたように、この問題は究極的には妥当な意味理論と妥当な語用理論がその答えを提供してくれると考えるべきであろう。

　上で述べた言語表現のもつ言語的意味と語用論的解釈の関係は、文レベルについてだけではなく、名詞句レベルについてもあてはまる。(1a) に登場する「ピアノの音」は名詞句であるが、この名詞句自体がもつ言語的意味は (3) のようなものとみなすべきである。

(3) 《ピアノと関係 R を有する音》

(3) における R は自由変項であり、発話のコンテクストのなかで、R の値が定められ、具体的な関係が指定されるのである。このように、コンテクストを参照にして自由変項の値を埋める語用論的操作

は「飽和化」(saturation)と呼ばれる。(4)のそれぞれは、(3)に飽和化を適用した例であり、それが、(1a)の発話が表す表意に寄与するわけである。

(4) a. 《ピアノの鍵盤を押した時に出る音》
    b. 《ピアノを引きずった時に出る音》
    c. 《ピアノをビルの屋上から落とした時に生じる音》

上の「ピアノの音」では、自由変項Rが表現形式には明示されず、いわば隠れていたが、(5a)の下線部は、その表現形式の意味からして、(5b)のごとく、自由変項 x, y, z が（文の論理形式に）明示されているといえる。(5b)における自由変項 x, y, z に、コンテクストから適切な値を埋めて、たとえば(5c)のような表意をつくる作業も飽和化である。

(5) a. <u>彼女</u>は、<u>昨日</u>、<u>ここ</u>にいたよ。
    b. ［<u>彼女</u>$_x$は　昨日$_y$　ここ$_z$に　いたよ］
    c. 《山田花子は、2013年6月3日、東京駅丸の内北口にいた》

こんどは(6a)の「熱」に注目しよう。

(6) a. 花子は<u>熱</u>がある。
    b. 《花子は<u>通常より高い体温</u>を有している》

花子がどんなに体温が低くても一定の熱があることには変わらないが、通常、(6a)の発話の表意は(6b)であるとみなされるのが自然である。このばあい「熱」という語がコード化している語彙概念が狭められて解釈されているのである。また、(7a)の発話の表意は(7b)であるが、このばあい「生」という語がコード化している語彙概念が文字通りではなく緩められて解釈されているのである。

第Ⅴ部　総論　463

(7) a. このハンバーガーは生だ。
b. 《このハンバーガーは食べられる程度にまで十分加熱されていない》

このように、表意を得るためには、語彙概念がコンテクストに応じて適度に調整される必要があるが、このような語用論的操作は「アドホック概念構築」(*ad hoc* concept construction) と呼ばれる。
　こんどは (8a) の「学生」に注目しよう。

(8) a. すべての学生がいなくなった。
b. 《さっきまでこの教室にいたすべての学生がいなくなった》

(8a) という文自体の意味は、《世界中のすべての学生がいなくなった》であるが、(8a) が実際に発話される時、コンテクスト次第ではたとえば (8b) のような表意を表していると解釈されうる。このばあい「学生」という語彙概念の言語的意味に《さっきまでこの教室にいた》という要素が付加されて、より限定された読みで理解されている。注意すべきは、この付加情報は、「学生」という語がコード化している語彙概念を調整して得られるものではなく、したがってアドホック概念構築によっては (8a) から (8b) の解釈は得られないという点である。このように、表現の言語的意味に新たな要素をコンテクストからつけ加えることによって、表意を構築する語用論的操作は「自由拡充」(free enrichment) と呼ばれる。
　以上見てきたように、名詞句自体が有している言語的意味と、話し手がその名詞句を用いて相手に伝えようとしている話し手の意味との間にギャップがあるのが普通である。それにもかかわらず、聞き手は瞬時にそのギャップを埋めることができるのであるが、これは考えてみれば不思議なことである。妥当な語用理論はいかにしてそれが可能であるかについての理論的説明を与えなければならない。現代の語用理論として注目されている関連性理論 (Relevance Theory) の最近の研究は、表意の導出にかかわる語用論的操作と

して、上にあげた飽和化、アドホック概念構築、自由拡充の各操作に、「曖昧性除去」(disambiguation) の操作を加えた四つのタイプがあることを仮定している。

　第Ⅴ部の各章は、このような意味論と語用論の接点という観点から、名詞句の意味と語用論的解釈の問題を扱っている。第16章、梶浦恭平の「「よい」の曖昧性とアドホック概念構築」は、(9) のような文をとりあげ、評価形容詞「よい」と名詞句の意味関係を分析する際に、名詞句「この椅子」の意味が重要な役割を果たすことを論じている。著者は、(9) は (10) のように論理形式のレベルで3通りに曖昧であることを主張している。

(9) この椅子はよい。
(10) a. 《この椅子は立派だ／高級だ》　　［上質読み］
　　 b. 《この椅子はφとしてよい》　　　［自由変項読み］
　　 c. 《この椅子［本来の機能：座る］$_i$は、φ$_i$としてよい》
　　　　　　　　　　　　　　　　　　　　［束縛変項読み］

つまり、(9) の「この机」と「よい」との間の緊張関係として、「よい」を単純な1項述語とみなす (10a)、φを自由変項とみなす (10b)、φを主語名詞句の意味の一部である《［本来の機能：座る］》によって束縛されている束縛変項とみなす (10c)、の3通りに曖昧であると考えるのである。(10b) のφは自由変項である以上、コンテクストに照らして「飽和化」によって適切な値が入り、たとえば (11) のような表意が得られるであろう。

(11)《この椅子は、部屋をバリケード封鎖するものとしてよい》

問題は (10c) の読みである。「椅子」という語の意味には、《座るための家具》という意味が含まれていると考えられるので、(10c) の読みは、「よい」の基準が「椅子」の言語的意味から与えられていると考えるのである。(9) のような文に、(10b) の自由変項読みと (10c) の束縛変項読みとがあり曖昧であるとする著者の議論

は、本書第Ⅰ部第3章（西川論文）で議論された（12）が、非飽和名詞「父親」のパラメータの意味解釈に応じて（13a）と（13b）で曖昧であるとする議論と並行的であることに注意されたい。

(12) 太郎が父親をぶった。
(13) a. 《太郎がaの父親をぶった》［a：自由変項］
　　　b. 《太郎$_i$がa_iの父親をぶった》［a：束縛変項（＝「自分」）］

このように形容詞「よい」を含む文の意味を考察するということは、形容詞と名詞の意味関係をどこまで正しく捉えられているかという問題を通して、名詞の意味の内部構造の考察にもつながるのである。著者はまた、アドホック概念構築のみで「よい」の3通りの読みを説明しようとする立場は維持できないこと、アドホック概念構築にたいしては「概念の項構造を変えることはできない」という制約が課せられるべきであるということを論じている。

　名詞の内部構造を押し進めることを試みている理論ということでいえば、近年注目されている生成語彙論（Generative Lexicon Theory）を忘れてはならない。この理論は、パステジョフスキー（Pustejovsky）によって提唱され、日本では影山（2005）、小野（2005）、由本（2011）などにより特に動詞の意味と名詞の意味の関連を捉えるのに適した枠組みとして採用されている。この理論は、従来、百科事典的知識であると考えられている情報の一部を辞書の中に含めることにより、語の意味がコンテクストに応じて多様な解釈を産む現象にたいして形式的な説明を与えようとしている。生成語彙論によれば、語彙項目の構造は、(i) 項構造（argument structure）、(ii) 事象構造（event structure）、(iii) クオリア構造（qualia structure）、(iv) 語彙階層構造（lexical inheritance structure）の四つから構成されるが、その中心となるのはクオリア構造である。クオリア構造は「語彙項目に関連した、その語をもっともよく説明する属性や事象の集合」（Pustejovsky 1995: 77）であるとされ、それぞれの語の語彙情報として、構成クオリア（Constitutive Qualia）、形式クオリア（Formal Qualia）、目的クオリア（Telic

Qualia)、主体クオリア（Agentive Qualia）の四つのタイプのクオリアが記載されている。

　生成語彙論にたいする全体的な批判としては、すでに Fodor and Lepore（1998）、Falkum（2007）、今井・西山（2012: 33-40）などがあるが、第V部第17章、梶浦恭平の「生成語彙論の問題点」は、このような生成語彙論に内在する問題点を形容詞と名詞の意味関係に焦点をあてて具体的に論じたものである。とくに、著者は、第V部第16章（梶浦論文）で提示した「よい」の曖昧性の議論を踏まえたうえで、(9) にたいする (10c) のような束縛変項読みを、生成語彙論のいう「クオリア構造にたいする選択的束縛（selective binding）」という考えではうまく説明できないことを論証している。さらに著者は、名詞の意味記述とその解釈の多様性を説明するためのモデルとして生成語彙論はどこまで妥当であるかという問題を提起し、クオリア構造は、その記載情報の範囲が明確ではないこと、生成語彙論がレキシコン（文法の語彙部門）で扱おうとしていることの多くは、レキシコンのみで処理することはできず、むしろ語用論的な説明が必要になることを説得的に論じている。

　第18章、峯島宏次の「自由拡充をどのように制約するか」は、自由拡充という語用論的操作には強い意味論的制約があることを論じたものである。上述のごとく、関連性理論は、表意の導出にかかわる語用論的操作として、曖昧性除去、飽和化、アドホック概念構築、自由拡充の四つのタイプを区別するが、西山・峯島の一連の研究［西山・峯島（2006）、Nishiyama and Mineshima（2005, 2007a, 2007b, 2010）、今井・西山（2012: 第6章5節）、Mineshima（2013: Ch.3）］は、これらの操作を (14) の意味における言語的制約という観点から再検討し、(15) のように整理した。

(14) 語用論的操作 α が言語的制約のもとにあるとは、次の二つの意味においてである。
　　a. α は言語的に義務付けられた操作である。
　　b. α を適用した結果、伝達される解釈の候補は、論理形式上の語彙概念が引き金となって得られるものである。

(15) 語用論的操作と言語的制約

語用論的操作	義務的かどうか (14a)	解釈の幅に言語的制約があるかどうか (14b)
曖昧性除去	YES	YES
飽和化	YES	NO
アドホック概念構築	NO	YES
自由拡充	NO	NO

(15)の表が示唆するところでは、自由拡充が働く際、(14)のいずれの意味でも言語的な制約はなく、語用論的な原理(関連性の原理)による制約を受けるだけである。たしかにこれが標準的な関連性理論の見解であるが、西山・峯島の一連の研究は、自由拡充の適用可能性にたいして意味論的な制約が存在することを論証し、次の仮説をたてた。

(16) a. 自由拡充は叙述名詞句の解釈において阻止される。
 b. 叙述名詞句以外の名詞句(指示的名詞句や変項名詞句)を解釈する際、自由拡充は適用可能である。

(16)の仮説によれば、自由拡充が名詞句の解釈に適用可能であるかどうかは、問題となっている名詞句が文中でどのような種類の意味機能を担っているかに依存して決まるのである。つまり、文中の名詞句が叙述名詞句のように属性を表すかどうかが、自由拡充という語用論的操作にとっては決定的に効いてくることになる。ということは、措定文「AはB(だ)」のBの位置にはそれが名詞句であれ形容詞句であれ、自由拡充が絶対に適用されないことを意味する。

　第18章の峯島論文ではこの議論をさらに押し進めて、自由拡充にたいして(16)のような意味論的制約ではなく、語用論的制約を新たにたてることによってこの問題を処理しようとするHall (2008)の試みに反論する。さらに、峯島論文では、「発話を解釈する際、なぜ(16)のような自由拡充にたいする意味論的制約があるのだろうか」という問題を提起し、それを「対象志向的な概

念」と「属性概念」という概念の意味機能上の違いが、表意を構築する際の認知プロセスに影響するとして説明している。著者によれば、自由拡充という操作は「聞き手が、話し手の指示意図を特定する過程において、対象志向的な概念をより限定する操作である」とされる。命題を構成する概念がいかなる意味機能を果たすかという著者の視点は、「語用論はどこまで意味論から自由であるか」という問題を考察する上できわめて重要であるといえる。

　本書の第II部‐第IV部のいろいろなところで強調されているように、指示的名詞句、叙述名詞句、変項名詞句といった概念は文中に登場する名詞句の意味機能上の区別から得られた重要な概念であった。このような意味論上の概念が、人間の発話解釈モジュールで働く語用論的操作をコンロールする、ということは考えてみれば不思議なことである。そもそも意味理論は言語能力を説明するモデルであり文法の一部である。一方、語用理論は発話解釈能力を説明するモデルであり、「話し手の意図を読む能力」つまり、他人の心を読む能力の特殊なケースについてのモデルである。両者とも人間の認知能力のモデルではあるが、互いにまったく別のモジュールに属することは明らかである。したがって、このような異なったモジュールの研究はそれぞれ独自の原理と規則によって支えられていることはいうまでもない。それにもかかわらず「純粋に語用論的な操作」とみなされてきた自由拡充の駆動には、文中での名詞句の意味機能の観点から強い制約が課せられているという事実は意味論研究が認知語用論（関連性理論）の研究に与える重要な理論的インパクトであるばかりでなく、人間のことばに関わる認知能力全体を考える上でもきわめて興味深いことである。このような興味深いことが仮説（16）のようなかたちで明確に主張できたのも、名詞句の意味理論研究が本書で論じられているようなかたちと方向で着実に前進したからにほかならないといえよう。

第16章

「よい」の曖昧性とアドホック概念構築

梶浦恭平

1. はじめに

この章では(1)、(2)のような文をとりあげ、形容詞と名詞の意味関係を分析する際に、名詞句の意味が重要な役割を果たすことを議論する。

(1) この椅子はよい。
(2) この石はよい。
(3) この椅子は赤い。
(4) この石は丸い。

形容詞にはいくつかのタイプがあるが、ここでは「よい」のような評価形容詞（evaluative adjective）に注目する。(3)、(4)の「赤い」や「丸い」のような形容詞は単純な1項述語と考えることができるが、(1)、(2)の解釈の多様性を説明するには「よい」は論理形式の段階で3通りに曖昧であると考える必要があることを論じる。曖昧性（ambiguity）と不明瞭性（vagueness）を区別するテストとして提案されているdo soテストの問題点を指摘し、このテストはもともと意図されていたものとしては不適切だが、別の角度から意味論と語用論の関わりに関して興味深い視点を提供することを論じる。また関連性理論の枠組みで提案されているgoodのアドホック概念構築（*ad hoc* concept construction）による分析を批判的に検討し、この操作にも重要な制約が存在することを議論する。

2.「よい」の解釈の多様性

(5)、(6) のような発話が特別な文脈なしになされた場合、聞き手は話し手が《ワインや絵が上質である》ということを述べていると解釈するだろう。

(5) このワインはよい。
(6) この絵はよい。

この場合、「よい」は「赤い」や「丸い」などと同じ通常の1項述語であると考えられ、主語の指示対象が「上質である」という属性を持っていると解釈される。この解釈をここでは「よい」の「上質読み*1」とする。(5) の「上質読み」の解釈は、(7) の論理形式 (logical form) に基づいていると考える。

(7) 《このワインはよい》

(5) は「上質読み」以外に、特定の文脈を設定することにより様々な解釈をすることができる。例えば、映画の撮影で殺傷シーンを撮影する際に、血液の代わりになるものを探しているコンテクストで (5) を発話した場合、その解釈は《このワインは血のりとしてよい》となるだろう。この場合、ワイン自身は非常に質の悪い物であってもよく、ただ《血のりとしてよい》と述べているだけである。この種の解釈の場合、「〜としてよい」の「〜」のところに何が入るかは完全にコンテクストに依存している。別のコンテクストで、絵の具を使わずにワインを使って絵を描く「ワインアート」というものについて議論している場合であれば、(5) の解釈は《このワインは絵を描くものとしてよい》となり、コンテクスト次第で様々な解釈が可能である。

この場合の「よい」は「上質である」という意味とは異なり、「ϕとしてよい」というある基準を必要としており、ϕという変項に値を付与してはじめて、世界の中のある性質を表すようになるとい

う意味で、非飽和名詞にならって、「非飽和形容詞」といってもよいかもしれない。この解釈の場合（5）の論理形式は（8）のように表示される*2。

(8)　《このワインはφとしてよい》

(8)は論理形式の段階でφという変項を含んでおり、真理条件を問うことができる命題になるためには、コンテクストを参照して飽和化（saturation）によって、このφに値を付与する必要がある。この解釈は論理形式のなかに自由変項φを含んでいることから、「自由変項読み*3」と呼ぶことにする。

次に（9）を考える。「石」という語は「ワイン」や「絵」とは異なり、一般的なコンテクストでは「上質な石」というものがどのような石のことを言っているのかが分かりにくいため、自由変項読みの解釈が自然だろう。

(9)　この石はよい。

したがって、（9）はコンテクスト次第で、《この石は泥棒に投げつけるものとしてよい》とか《この石は窓ガラスを割るものとしてよい》など様々な解釈を得る。この解釈は（10b）の論理形式をもとにして得られる。

(10) a.　《この石はよい》
　　 b.　《この石はφとしてよい》

それでは（10a）をもとにして得られる、「上質読み」はないのかというと、これも理論的には存在していると考えられる。例えば、石の愛好家の間で、絵画の鑑賞会をするように、石の鑑賞会が開かれているような場合、石の愛好家同士の間では「上質な石」というものがどのようなものであるかが共有されていると考えられるので、（9）も（10a）をもとにした「上質読み」が可能になる。したがっ

て、「よい」は「上質読み」と「自由変項読み」で曖昧であり、主語名詞句の意味によりどちらかの解釈が優先されることはあるが、論理形式の段階では曖昧である。次に(11)を考える。

(11) この椅子はよい。

(11)を特別なコンテクストなしに発話した場合、《この椅子は座るものとしてよい》という解釈が最も普通に得られるだろう。「椅子」という語は「石」とは違い、「座るためのもの」という明確な機能を持っており、「椅子」ということばの意味を理解している人は、「椅子は座るための家具である」ということを理解していると考えられる。したがって、《この椅子は、椅子本来の目的、座るものとしてよい》という解釈は、「ϕとしてよい」のϕの値がコンテクストから与えられるのではなく、主語の名詞句の言語的意味から与えられているように見える。この解釈は、これまでの「上質読み」と「自由変項読み」のどちらかに還元することができるか否かというのが、本章の中心的な問題である。

「上質読み」は「よい」を単純な1項述語であると考えるので、「ϕとして」というような基準は必要とせず、言語的意味のレベルでは「椅子が上質である」ということを述べているだけである。例えば16世紀のある王様によって使用されていた椅子は非常に上質であるが、現在それが座りやすいかどうかは分からない。このような場合、《座るものとしてよい椅子》という解釈と《上質な椅子》という解釈は乖離するように思われる。しかし多くの場合両者の区別は微妙なので、後でこの点に立ち返ることにする。

「自由変項読み」は、例えばある部屋をバリケード封鎖しようとしている場合、椅子が座りやすいかどうかは全く関係なく、《部屋をバリケード封鎖するものとしてよい》と解釈するような場合である。この「自由変項読み」の解釈は「ϕとしてよい」のϕのところに何が入るかはコンテクスト次第なので、そこにたまたま「座るもの」という値が入れば、《この椅子は座るものとしてよい》という解釈が得られる。この考えでは《座るものとしてよい》という解釈

も《バリケード封鎖するものとしてよい》も《泥棒に投げつけるものとしてよい》もすべて、自由変項∅の値に何が付与されるかの違いであって、特に質的な違いはないということになる。しかし、《この椅子は、椅子本来の目的、座るものとしてよい》という解釈は、コンテクストがなければ得られないその他諸々の解釈とは区別されるように感じられる。

　ある言語表現に複数の解釈がある場合に、それが論理形式が複数あることに由来する曖昧性（ambiguity）なのか、論理形式は単一で語用論的推論の結果として得られる表意の多様性に由来する不明瞭性（vagueness）なのか、を区別する必要がある。次に、しばしばこの両者を区別するテストと考えられてきたdo soテストを検討し、「この椅子はよい」が何通りに曖昧なのかを探る手がかりとして使えないかを考える。

3．do soテスト

　曖昧性と不明瞭性を区別するテストとして、do soなどの代用表現は先行詞の言語的意味を受けることを前提としたテストが提案されている（Lakoff 1970、Zwicky and Sadock 1975）。

(12) John went to the bank, and so did Bill.
(13) John kicked Sam, and so did Bill.

（12）は前半を《ジョンは銀行へ行った》と解釈すれば、後半も《ビルも銀行へ行った》という解釈になり、前半を《ジョンは土手へ行った》と解釈すれば、後半も《ビルも土手へ行った》という解釈になる。（12）では前半と後半でbankの意味が交差するような解釈、例えば《ジョンは銀行へ行き、ビルは土手へ行った》というような解釈は排除される。それに対して（13）では、「サムを蹴った」の解釈に関して、ジョンはサムを左足で蹴り、ビルはサムを右足で蹴ったような状況も排除されない。このテストは（14）、（15）のようにまとめられる。

(14) do so は前半と後半で述語部分の言語的意味の同一性を要求する。

(15) a.　R_1 と R_2 で交差する読みが不可能

→曖昧性（ambiguity）

　　b.　R_1 と R_2 で交差する読みが可能

→不明瞭性（vagueness）

(12) の 'went to the bank' のもつ二つの解釈《銀行へ行った》(R_1）と《土手へ行った》(R_2) は交差する読みが不可能なため、(15a) により曖昧性だと判定される。(13) の 'kicked Sam' がもつ二つの解釈《サムを左足で蹴った》(R_1) と《サムを右足で蹴った》(R_2) は交差する読みが可能なため、(15b) により不明瞭性だと判定される。

　このテストは一見うまくいっているように見えるが、Nishiyama and Kajiura（2011）は do so が受けるのは言語的意味だとする (14) がそもそも誤りであり、このテストは飽和化やアドホック概念構築が関わる多くの不明瞭性の例を曖昧性の例であると誤って判定してしまうことを議論した。

(16) a.　John bought Susan's book.
　　b.　John bought Susan's book, and so did Bill.

(16a) の 'Susan's book' は《スーザンが所有している本》以外にも、《スーザンが書いた本》、《スーザンについて書かれた本》などコンテクスト次第で様々な解釈をすることができる。この種の表現は、論理形式のレベルでは《スーザンと関係 R を有する本》となり、一般に飽和化を要求する典型的な不明瞭性の例として扱われている（Recanati 1993: 235、西山 2003: 16）。ところが、(16b) は前半を《ジョンはスーザンが書いた本を買った》と解釈したら、後半も《ビルもスーザンが書いた本を買った》という解釈しかできず、《ジョンはスーザンが書いた本を買い、ビルはスーザンについて書かれた本を買った》というような交差読みはできない。したがって、

このテストに従うと（15a）により（16a）は曖昧であると誤って判定してしまうことになる。

次に、アドホック概念構築が関わる例を見る。あるパーティーの準備をしているところで、主催者が準備したお酒の量が十分かどうかを話し合っている状況で、(17a) が発話されたとする。

(17) a. John drinks, and so does Bill.
    b. JOHN DRINK*, AND BILL DRINK*
    c. #JOHN DRINK*, AND BILL DRINK**
       （DRINK* ：drink a large amount of alcohol）
       （DRINK** ：drink a large amount of water）

この場合、(17a) は (17b) のように理解されるだろう。ここでDRINK*は《アルコールをたくさん飲む》という概念を表し、語彙的にコード化された概念であるDRINKよりも特定化した意味で使用されている。(17c) のように《ジョンはお酒をたくさん飲み、ビルは水をたくさん飲む》というような交差読みはここでも排除される。したがって、(15a) により、'John drinks' も曖昧であるという判定がなされる。しかし、アドホック概念構築は、そもそも語用論的推論によって、語彙的にコード化された意味を調整するものであり、その結果得られる解釈が曖昧、つまり語彙的にコード化された意味が複数あることであるというのは、定義上あり得ない。また、アドホック概念構築は、飽和化とは異なり、論理形式の段階では変項を含んでいない。もし、do so が言語的意味の同一性を要求するのなら、(17a) の後半は、DRINKの語彙的にコード化された意味になるはずだが、そのような解釈はこのコンテクストでは不可能である。これは、do so が言語的意味の同一性を要求するという前提 (14) 自体に問題があることを示している。

Nishiyama and Kajiura (2011) はこのような議論から、do so テストにおいて、do so は言語的意味の同一性を要求するという (14) が誤りであり、do so は表意の同一性を要求するという表意同一性条件（Explicature Identity Condition）を提案した。

第16章 「よい」の曖昧性とアドホック概念構築　477

(18) 表意同一性条件（Explicature Identity Condition）
第1文（S₁）と第2文（S₂）が連結しているとする。S₂はS₁の主語を置き換え、S₁の述語部分をdo so表現で置き換えて得られた文であるとする。[S₁, S₂]の連結文が具体的なコンテクストのなかで用いられた時、S₂におけるdo so表現は、S₁の発話が表す表意の述語部分を受ける。

(Nishiyama and Kajiura 2011、今井・西山 2012: 256)

(18)に従えば、(16b)でS₁の'Susan's book'を《スーザンが書いた本》と解釈した場合、S₂の'Susan's book'もやはり《スーザンが書いた本》と解釈されるというのは自然に説明される。S₁の表意を構築した段階で、「スーザン」と「本」との関係は定まるので、S₂も当然同じ関係で解釈するということになる。(17)のアドホック概念構築の場合も、S₁で語彙的にコード化された概念を調整してDRINK*を構築した場合、表意同一性条件により、S₂もやはり同じDRINK*を構築することになる。以上の議論から明らかなように、このような例における交差読みの不可能性は、問題となっている表現の言語的意味の曖昧性とは関係がなく、do soテストは曖昧性と不明瞭性を区別するテストとしては不適切であるといえる。

(12)のような典型的な曖昧性の場合に、このテストがうまくいっているように見えたのは、曖昧性の除去（disambiguation）というのも、表意を構築するために必要な語用論的操作の一つであることによる。表意のレベルでは必ずbankが《銀行》なのか《土手》なのかが決まっているので、S₁で《銀行》と解釈したら、必ずS₂でも《銀行》と解釈せざるをえないというだけのことで、これも表意同一性条件によって説明することができる。

ここで、「交差読み」と呼んでいたものをもう一度考えてみる。表意同一性条件は、do soテストにおいてS₁とS₂の述語部分の表意が一致することを要求しているので、もし交差読みというものが存在すれば、表意同一性条件に対する明確な反例になるのではないかと考えられる。(13)で、ジョンが左足でサムを蹴り、ビルが右足でサムを蹴った場合でも(13)を用いることができると述べたが、

これはS_1を《ジョンはサムを左足で蹴った》(R_1)と解釈し、S_2を《ビルはサムを右足で蹴った》(R_2)とそれぞれ異なる表意を構築していると考えていいだろうか。

(13) John kicked Sam, and so did Bill.

「蹴った」という述語の場合、右足で蹴ったのか左足で蹴ったのかを特に問題にしないような解釈ができる。ここで問題となる「蹴った」の解釈としては、R_0《蹴った(右足か左足かを問題にしない)》、R_1《左足で蹴った》、R_2《右足で蹴った》の3通りの可能性がある。もし交差読みが可能であるとすると、前半をR_1で解釈し、後半をR_2で解釈するとか、前半をR_0で解釈し、後半をR_1で解釈するというようなことだが、果たしてそれは可能だろうか。

前半をR_1で解釈するというのは例えば次の様な状況である。サムはある特殊な格闘技の達人で、未だかつて相手に左足で蹴られたことがない。またその格闘技は相手を左足で蹴ると非常に高いポイントがつくが、右足で蹴った場合は全く意味がないものとする。このような、ただ「蹴る」のではなく「左足で蹴る」ということに重要性があるような状況で(13)を発話した場合、聞き手は自由拡充(free enrichment)によって《左足で》を付け加えてS_1を《ジョンはサムを左足で蹴った》と解釈するだろう*4。その場合、S_2も《ビルもサムを左足で蹴った》という解釈しかできない。つまりS_1をR_1と解釈した場合、S_2もR_1と解釈する、R_1-R_1という解釈しかできない。

「交差読み」と言っていたものは、実はS_1もS_2もどちらの足で蹴ったかを問題にしていない解釈、つまりR_0-R_0と解釈している場合であり、R_0が対応する世界の事態はサムを右足で蹴る場合も、左足で蹴る場合も含んでいるというだけのことである。この場合も表意同一性条件が予想する通り、S_1とS_2の表意は一致しており、したがって、述語部分の表意がS_1とS_2で交差する読みというものは厳密に言えば存在しないと考えられる。

4. ゆるやかな同一性読み

前節で英語の do so テストに関して、do so は表意の同一性を要求するとしたが、対応する日本語に関してもほぼ同じことが成立すると考えられる。ここで先の問題、「この椅子はよい」の《椅子本来の目的、座るものとしてよい》という解釈は、「上質読み」と「自由変項読み」のいずれかに還元されるかという問題に戻る。do so に対応する日本語の表現を用いた文を作ると（19a）のようになる。

(19) a. この椅子はよい、あのベッドもそうだ。
 b. 《この椅子は∅としてよい、あのベッドも∅としてよい》

（19a）の一つのタイプの解釈は、例えばある部屋をバリケード封鎖する場合に、この椅子もあのベッドも《バリケード封鎖するものとしてよい》と解釈するような場合である。これは先に述べた「自由変項読み」にあたり、(19b) の「∅としてよい」という自由変項∅のところに文脈から適当な値を付与することによって得られる。この場合、表意同一性条件により、前半と後半で∅の値は一致することが予想される。実際に、(19a) を《この椅子はバリケード封鎖するものとしてよい、あのベッドはそこで運動するものとしてよい》のように解釈するのは不可能である。

もし、《座るものとしてよい》という解釈が「自由変項読み」に還元されるとすると、(19a) で前半を《この椅子は座るものとしてよい》と解釈したら、後半も《あのベッドも座るものとしてよい》と解釈することになる。もちろん、この解釈も文脈によっては可能だが、(19a) はこれとは別の、こちらの方がむしろ自然である解釈が存在する。つまり、《この椅子は、椅子本来の目的、座るものとしてよい、あのベッドはベッド本来の目的、そこで寝るものとしてよい》という解釈である。この解釈は、(19b) の論理形式に基づいているとすると、自由変項∅の値が前半では「そこに座るもの」、後半では「そこで寝るもの」のように変わってしまってい

ることになる。この解釈を自由変項のみで処理しようとすると、前半と後半でφの値が変わっているように見えるため、この読みをここでは（19a）の「ゆるやかな同一性読み（sloppy identity reading)」と呼ぶ。(19a)のゆるやかな同一性読みは、表意同一性条件を仮定する限り、(19b)の論理形式に基づいていると考えることはできない。したがって、《この椅子は、椅子本来の目的、座るものとしてよい》という解釈は、「自由変項読み」に還元することはできない。

　次に、「よい」自身は論理形式の段階で変項を含んでおらず単純な1項述語であると考える立場で、「ゆるやかな同一性読み」が説明できるかを検討する。Falkum（2007）は英語の'good knife'が表す様々な解釈をGOOD*（何かを切るものとしてよい）、GOOD**（人を刺すものとしてよい）などのように、アドホック概念構築で説明している。この立場は、'good'が語彙的にコード化している概念GOODは何らかの点でよいと言われ得るものをすべてその外延に含む、非常に一般的な概念であるとする。そして、コンテクストを参照し、GOOD*、GOOD**などを構築する。これを日本語の「よい」に適用して、(20a)の解釈を考える。

(20) a. この椅子はよい、あのベッドもそうだ。
　　 b. 《この椅子はよい*、あのベッドもよい*》
　　 c. #《この椅子はよい*、あのベッドもよい**》
　　　　 （《よい*》：部屋をバリケード封鎖するものとしてよい）
　　　　 （《よい**》：そこで運動するものとしてよい）

表意同一性条件はS_1でアドホック概念を構築した場合、S_2でも同じアドホック概念を構築することを要求しているため、(20b)の解釈は許すが、(20c)の解釈は排除する。このデータは(19b)のように論理形式で自由変項を想定する立場と同様、アドホック概念構築でも説明することは可能である。しかし、問題の「ゆるやかな同一性読み」をアドホック概念構築で説明しようとすると、(21)のようになる。

(21)《この椅子はよい*、あのベッドもよい**》
　　(《よい*》　：そこに座るものとしてよい)
　　(《よい**》：そこで寝るものとしてよい)

(21)は(20c)と同じく明らかに表意同一性条件に違反する。Falkumによれば、《よい》の外延を狭めて《よい*》を構築するプロセスは通常のアドホック概念構築であると考えるので、「ゆるやかな同一性読み」を表示するには、S_1とS_2で異なるアドホック概念が登場する(21)のような表意同一性条件に違反する表意を想定せざるを得ない。したがって、《この椅子は、椅子本来の目的、座るものとしてよい》という解釈は、アドホック概念構築を組み込んだ、ある種の「上質読み」に還元することもできない。それでは、「ゆるやかな同一性読み」はどのような論理形式をもとにしていると考えればよいかを次節で検討する。

5.「よい」の曖昧性

ここでわれわれが「ゆるやかな同一性読み」と呼んでいるものは、もとは英語の代名詞の解釈に関して言われていたものを形容詞に対して適用したものである。

(22) John hit his wife, and so did Bill.
(23) a.　JOHN HIT a'S WIFE, AND BILL HIT a'S WIFE
　　 b.　JOHN$_i$ HIT a_i'S WIFE, AND BILL$_j$ HIT a_j'S WIFE

(22)の一つの解釈は、《ジョンはピーターの妻をぶった、ビルもピーターの妻をぶった》というような場合で、これは(23a)の論理形式に基づいて得られる。ここで、変項aは自由変項であるので、コンテクストを参照してaの値として適切な男性が割り当てられる。ある文脈においてS_1で「ピーター」がaの値として割り当てられた場合、S_2も「ピーター」が割り当てられなければならない。《ジョンはピーターの妻をぶち、ビルはポールの妻をぶった》というよう

な解釈はできない。(23a) の自由変項の値は、表意同一性条件が予想する通り、S_1 と S_2 で同一でなければいけないので、このタイプの解釈は「厳密な同一性読み (strict identity reading)」と呼ばれている。

　もう一つのタイプの解釈は、《ジョンはジョンの妻をぶち、ビルはビルの妻をぶった》という場合である。この解釈は代名詞 his の解釈が S_1 と S_2 で一見変わっているように見えることから、「ゆるやかな同一性読み (sloppy identity reading)」と呼ばれている。この解釈は一般に (23b) の論理形式に基づいていると考えられている。ここで、変項 α は自由変項ではなく、主語によって束縛されている束縛変項である (Heim and Kratzer 1998)。Heim and Kratzer (1998: 250) は S_1 と S_2 の述語部分の関係に関して「LF同一性条件 (LF identity condition)」を提案しているが、すでに見たように do so、「そうだ」などの代用表現は論理形式もしくはLFレベルの同一性を要求しているのではなく、語用論的プロセスを経たあとの表意のレベルの同一性を要求していると考える点で、われわれの立場は異なる。しかし、ゆるやかな同一性読みは do so が受ける部分に束縛変項が存在していることによって可能になると考える点では、共通している。

　「この椅子はよい」の問題になっていた解釈、《この椅子は、椅子本来の目的、座るものとしてよい》という解釈は、(25c) のような論理形式をもとにしているというのが、ここでの提案である。《ϕとしてよい》の変項ϕを主語名詞の意味の一部が束縛していると考えることから、このタイプの解釈を「束縛変項読み」と呼ぶことにする。したがって、(24) は (25a) の上質読み、(25b) の自由変項読み、(25c) の束縛変項読みの3通りに曖昧であるということになる*5。

(24) この椅子はよい。
(25) a. 《この椅子はよい》
　　 b. 《この椅子はϕとしてよい》
　　 c. 《この椅子 [本来の機能：座る]$_i$ は ϕ$_i$ としてよい》

(25b)の論理形式に含まれる変項φは自由変項なので、コンテクストを参照して飽和化により値を付与される必要がある。それに対して、(25c)の変項は束縛変項で、主語名詞「椅子」の言語的意味の一部によって、「よい」の基準が与えられている。論理形式の段階で「椅子」と「よい」の関係はすでに定まっているため、それ以上の語用論的操作は必要としていない。

問題になっていた(26a)のゆるやかな同一性読みは、(26b)の論理形式に基づいていると考えることができる。束縛関係は表意でもそのまま保持されると考えられ、S_1もS_2も「よい」の基準には束縛変項が存在しているので表意同一性条件に反することなく、ゆるやかな同一性読みを説明できる。

(26) a. この椅子はよい、あのベッドもそうだ。
b. 《この椅子［本来の機能：座る］$_i$は$φ_i$としてよい、あのベッド［本来の機能：寝る］$_i$は$φ_i$としてよい》

「椅子」や「ベッド」などの語は、言語的意味として特定の機能や使用法があるので、「φとしてよい」の変項φが論理形式のレベルで主語名詞の意味の一部により束縛されるというのも直観的に理解できる。それに対して、「石」や「木」のような語は言語的意味として特定の機能や使用法を持っているわけではない。したがって、(27)には束縛変項読みは存在しないように思われるかもしれない。

(27) この石はよい。

確かに、「石」それ自体は明確な機能を持っていないが、石も様々な目的に使用される可能性がある。例えば、砥石はナイフの刃を鋭くするために使われる石だし、漬け物石は漬け物を作る時に重石として使われる石である。「砥石」や「漬け物石」という語は言語的意味として明確な使用法が規定されているので、「ナイフ」や「ベッド」などの語と同じような振る舞いを示すと考えられる。(28)は予想通り、《この砥石もあの漬け物石も窓ガラスを割るも

のとしてよい》というような厳密な同一性読みと、《この砥石はナイフの刃を鋭くするものとしてよい、あの漬け物石は漬け物の重石としてよい》というゆるやかな同一性読みが可能である。

(28) この砥石はよい、あの漬け物石もそうだ。

それでは、(29a) はどうだろうか。砥石と漬け物石を探している人が石屋へ行って、それぞれの目的にとってよい石がないかを尋ねたという状況を想定する。このコンテクストでは、「この石」で砥石を、「あの石」で漬け物石を指示することを意図しているとする。

(29) a. この石はよい、あの石もそうだ。
　　 b. 《この石 [本来の機能：ω]$_i$ は ϕ_i としてよい、
　　　　あの石 [本来の機能：ω]$_i$ は ϕ_i としてよい》
　　 c. 《この石* [本来の機能：刃を鋭くする]$_i$ は ϕ_i としてよい、
　　　　あの石** [本来の機能：漬け物の重石となる]$_i$ は ϕ_i としてよい》

この場合、(29a) はゆるやかな同一性読みが可能であるように思われる。つまり、《この石はナイフの刃を鋭くするものとしてよく、あの石は漬け物の重石としてよい》という解釈である。この表意は (29c) のように表示することができる。《石》はそれぞれ《石*》(ナイフの刃を研ぐために使われる石のみを外延に含むように調整されたアドホック概念)、《石**》(漬物を作る時に重石として使われる石のみを外延に含むように調整されたアドホック概念) のようにアドホック概念構築を適用され、表意の段階で明確な機能を持つ石として理解されている。それにより、「ϕ としてよい」の変項 ϕ を束縛することが可能になっている。(29c) の表意を構築するためには、(29b) のような論理形式を想定する必要がある*6。《石》のような、語彙的にコード化された意味には明確な機能や使用法がないものでも、潜在的には束縛変項読みを可能にするような論理形式を備えていると考える必要がある。したがって、(27)「この石

はよい」も理論的には 3 通りに曖昧であるということになる。
　また、石屋の主人は（29c）の表意を伝えるために（30）のように発話することも可能である。

　（30）これはよい、あれもそうだ。

砥石を指示するために「この石」ではなく、「これ」を用い、漬け物石を指示するために「あの石」ではなく「あれ」を用いると（30）ができる。（30）も（29a）と同じく、ゆるやかな同一性読みが可能であると考えられる。そうすると、同じ議論により、（31）も潜在的には「上質読み」、「自由変項読み」、「束縛変項読み」の3通りに曖昧であるということになる。

　（31）これはよい。

以上の議論が正しければ、（31）のような非常に単純な文でも論理形式の段階で 3 通りに曖昧であるという、一見すると信じがたいような結論に導かれる。次節では、このことの持つ意味を意味論と語用論の関わりという点から議論する。

6. 意味論と語用論の境界

6.1. MOR とゆるやかな同一性読み
　ある言語表現が複数の解釈を持つ時に、それを意味論、語用論のどちらのレベルで扱うべきかという問題にしばしば直面する。もし、ある現象に対して意味論的曖昧性による説明と語用論的解釈の多様性による説明の両方が可能な場合、一般的な方法論として Grice（1989: 49）の Modified Occam's Razor（言語的意味は必要以上に増やすなかれ 'Senses are not to be multiplied beyond necessity'）に従って、語用論的説明の方が好ましいと考えられているように思われる。広い意味で Grice の立場を継承する、Carston（2002）の and や not などの分析がその典型例である。もちろん、MOR は多

くの場合に従うべき一般原則としては有効だが、ここで注意したいのは、その逆の場合、つまり論理形式の複数性で説明すべき例を見逃しがちになる傾向があるということである。

do so テストに関して、曖昧性と不明瞭性を区別するテストとしては適切ではないと述べたが、ゆるやかな同一性読みの存在は、論理形式のレベルで束縛変項が介在していることを示している。したがって、少なくともここで扱っているような例に関して do so テストにおいてゆるやかな同一性読みが可能であるということは、論理形式が複数あること、つまり意味論レベルでの説明の必要性を示す証拠として使うことができる。

MOR に従う立場からすれば、(31) のような文が「よい」という語の存在により3通りの論理形式を必要とするというのは、あまり歓迎すべき結論ではないだろう。実際、すでに見たように、Falkum（2007）では good に関して、単一の論理形式にアドホック概念構築を適用して、様々な解釈を得るという分析が提案されていた。これに対しては、ゆるやかな同一性読みが説明できないという問題が生じることをすでに示したが、別の種類のアドホック概念構築によって、表意同一性条件に反することなく、MOR に従う分析を擁護する可能性はないのかを最後に検討する。

6.2. 語用論的操作による束縛変項の導入

Falkum（2007）の立場で（32a）のゆるやかな同一性読みを説明しようとすると、(32b) のようにならざるを得ず、これは明らかに表意同一性条件に反するというのが問題であった。そこで、問題となっている表意は（33）のようなものであると考えれば、表意同一性条件には抵触しない。

(32) a. This chair is good, and so is this bed.
  b. THIS CHAIR IS GOOD*, AND THIS BED IS GOOD**
   (GOOD* : good for sitting on)
   (GOOD** : good for sleeping in)
(33) THIS CHAIR IS GOOD**, AND THIS BED IS GOOD**

(GOOD** : good for its own purpose)

　ここで GOOD** は《それ自身の目的にとってよい》という概念を表している。(33) は表意のレベルでは椅子もベッドも《それ自身の目的にとってよい》といっているだけで、「座るものとして」、「寝るものとして」などは表意には含まれていない。そして《椅子》と《ベッド》それぞれの百科事典的知識を参照して、《この椅子は座るものとしてよい》、《このベッドはそこで寝るものとしてよい》という解釈が、表意ではなく推意（implicature）のレベルで得られると考える*7。このように考えれば、論理形式のレベルでの曖昧性を考える必要はなく、単一の論理形式と語用論的推論の組み合わせという MOR に従った説明が擁護できる。この議論のポイントは GOOD** というアドホック概念だが、ここではこのようなアドホック概念構築の妥当性を検討する。

　まず、アドホック概念構築で GOOD を調整して、GOOD*（good for barricading the room）というアドホック概念を構築する場合を考えてみる。この場合、GOOD* CHAIR の外延は (34) のように、椅子の集合とバリケード封鎖するためによい物の集合の共通部分をとることから得られると考えられる。

(34) GOOD* CHAIR → $\{x \mid x \text{ is a chair}\} \cap$
$\{y \mid y \text{ is good for barricading the room}\}$

もしこの考えを延長して、《それ自身の目的にとってよい》というアドホック概念構築を認めるとすると、その場合の GOOD** CHAIR の外延は (35) で与えられることになる。

(35) GOOD** CHAIR → $\{x \mid x \text{ is a chair}\} \cap$
$\{y \mid y \text{ is good for its own purpose}\}$

つまり、椅子の集合と、それ自身の目的にとってよいものの集合の共通部分をとるわけである。これは一見うまくいっているように見

えるが、詳しく見ると、(35)のような考え方ではわれわれが「束縛変項読み」と呼んでいる解釈を捉えられていないと考えられる。このことを示すために、形容詞の種類による推論パターンの違いに注目する。

まず、形容詞と名詞のそれぞれが表すものの共通部分をとることによって、形容詞と名詞の関係を捉えることができる典型的な形容詞である、female, British のような場合を考えてみる。BRITISH DANCER の外延は、イギリス人の集合とダンサーの集合の共通部分で与えられ、(36a) はメアリーがそのような属性を持っているということを述べている。

(36) a. MARY IS A BRITISH DANCER
　　 b. MARY IS A SINGER
(37) MARY IS A BRITISH SINGER

そして、メアリーは (36b) により、また歌手でもあるとすると、(36a, b) から、(37)《メアリーはイギリス人の歌手である》ということが帰結する。次に、通常のアドホック概念構築で説明可能な例を見る。

(38) a. MARY IS A GOOD* DANCER
　　 b. MARY IS A SINGER
(39) MARY IS A GOOD* SINGER
　　 (GOOD*: good for going shopping with)

ここで、メアリーは買い物の時に値切るのがうまいし、適切なアドバイスをしてくれるので、一緒に買い物に行くのにとてもいい人であるとする。(38a) の GOOD* は《一緒に買い物に行く人としてよい》という概念を表し、ダンサーであるということとは何の関係もない。この場合、メアリーがそのようなダンサーであって、さらに (38b) により歌手でもあれば、(39)《メアリーは一緒に買い物に行くのによい歌手である》が帰結する。このような解釈の GOOD*

第16章 「よい」の曖昧性とアドホック概念構築　489

は female や British と同じ振る舞いを示すことが分かる。

　次に、問題の GOOD**《それ自身の目的にとってよい》という場合を検討する。もし、(40a) がわれわれの「束縛変項読み」に対応するものであるなら、(40a) は《メアリーはダンサーとしてよい》ということを述べているはずである。そして (40b) により《メアリーは歌手である》としても、(41) が《メアリーは歌手としてよい》ということを述べているとすれば、(40a, b) から (41) は帰結しないはずである。したがってこの種の解釈は通常のアドホック概念構築で説明可能な (38a) とは質的に異なっている。

(40) a.　MARY IS A GOOD** DANCER
　　 b.　MARY IS A SINGER
(41) MARY IS A GOOD** SINGER
　　（GOOD**: good for its own purpose）

しかし、GOOD を GOOD** に調整する過程が通常のアドホック概念構築であると考える以上、(40a) が述べているのは、《メアリーはそれ自身の目的にとってよいものであり、かつダンサーである》ということであり、(40b) により《メアリーは歌手である》とすれば、(41)《メアリーはそれ自身の目的にとってよいものであり、かつ歌手である》ということが帰結してしまうことになる。これは明らかに意図されている読みとは異なる。したがって、GOOD** を通常のアドホック概念であると考える限り、束縛変項読みを捉えることはできない。

　アドホック概念構築は、純粋にその概念の外延を狭めたり広げたりすることであり、GOOD 自体は単純な1項述語であると考えるので、《それ自身の目的にとってよい》という一般的なレベルでは good の基準を dancer の言語的意味からもらうという「束縛変項読み」の関係を捉えることができない*8。また《ダンサーとしてよい》に相当するアドホック概念を作ることはできるが、そこまで特定化すると、すでに述べたように、表意同一性条件に従う限り、「ゆるやかな同一性読み」を説明することができなくなるという問

題が生じる。
　(33) が一見うまくいくように見えたのは、おそらく (42) のように「それ自身の目的にとってよい」の、「それ」を主語によって束縛される束縛変項として読んでいるからであろう。

(42) A$_i$ IS GOOD FOR ITS$_i$ OWN PURPOSE

このプロセスは、束縛変項を導入しているのと等しいわけだが、新しいタイプのアドホック概念構築としてこのような操作を認めることは現実的ではない。仮に、このような操作を認めるとしても、red や happy のような形容詞に関しては適用されず、good のような非常に限定された形容詞にのみ適用されるまさにアドホックな語用論的操作であるということになる。また、この操作はまず1項述語である good を2項述語 'good for ∅' に変えて、さらにその∅を束縛変項に変えるという操作をしていることになる。ここでは、(43) のようなアドホック概念構築に対する制約があると考え、そのような操作は排除されると考える。

(43) アドホック概念構築に対する制約*9
　　アドホック概念構築は語彙的にコード化された概念の項構造を変えることはできない。

(43) が正しければ、1項述語はアドホック概念構築を適用した後も1項述語のままでなければならず、束縛変項を導入するというような操作はアドホック概念構築からは排除される。
　最後に自由拡充によって束縛変項を導入する可能性について検討する。(44a) の発話を具体的なコンテクストにより (44b) のように解釈する場合、[IN TOKYO] のような要素を付け加える操作は、関連性理論の立場では、一般に自由拡充であると考えられている (Carston 2002)。

(44) a. It's raining.
　　 b. IT'S RAINING IN TOKYO

　Stanley（2000）は、指標主義*10（indexicalism）の立場から、一見、自由拡充が働いているように見える（44）のような場合も、実は（45）のように論理形式の段階で場所を表す隠れた変項 l があり、その変項にコンテクストから値を付与しているのであり、このプロセスは自由拡充ではなく飽和化であると主張している。Stanley は（44a）の論理形式を（45）のように考える論拠として、論理形式の段階で変項 l が存在していると仮定しなければ、（46）の曖昧性を説明できないことを論じている。（46）は（47a, b）の2通りの解釈が可能である。

(45) IT'S RAINING AT l
(46) Every time John lights a cigarette, it rains.
(47) a. 《ジョンがタバコに火をつけるといつでも、
　　　　　 ある場所 l で雨が降る》
　　 b. 《ジョンがタバコに火をつけるといつでも、
　　　　　 ジョンがタバコに火をつけたその場所 l で雨が降る》

　Stanley の立場では、（47a）の解釈は l を自由変項ととる場合で、コンテクスト次第で、東京やパリなど特定の場所が l の値として付与される。（47b）の解釈は、ジョンがタバコに火をつけた時にいる場所と連動して l の値も変化する読みであり、l を束縛変項と考えることで説明できる。それに対して、雨が降る場所を自由拡充で付け加えるとする立場では、あるコンテクストで話題になっている場所を付け加えることで（47a）の解釈は得られるが、（47b）の解釈は説明できないであろうというのが Stanley の議論である。
　これに対し、Carston（2002: 200）は、明示的に量化表現がある場合、それと結びつく束縛変項に相当するものを、表意構築の際に自由拡充で導入することは可能であるとしている。（46）に対する（47b）の解釈を説明するために、自由拡充で束縛変項を導入す

ることを認めるならば、「よい」に関しても自由拡充で束縛変項を導入するという可能性があるかもしれない。われわれの議論では(48a)の束縛変項読みは(48b)のように論理形式の段階で主語の言語的意味の一部と、「よい」の基準が束縛関係を結ぶとしていた。しかし、自由拡充によって(44a)に束縛変項を導入したのと同様に(48a)にも束縛変項が導入できれば、論理形式の段階で変項の存在を仮定する必要はなく、「よい」が曖昧であると考える必要はなくなると思われるかもしれない。

(48) a.　この椅子はよい。
　　 b.　《この椅子［本来の機能：座る］$_i$はϕ_iとしてよい》

しかし、注意深く見ると、(44a)と(48a)では束縛変項が果たす役割が大きく異なる。(44a)の場合は、〈雨が降る〉という事象がどこで起こるかということを付け加えているのであり、'raining'という述語の意味自体は、束縛変項を導入する前と後で何ら変わっていない。それに対して、(48a)で自由拡充によって「よい」の基準として束縛変項を導入すると考えると、「よい」という述語の意味自体を1項述語である上質読みから、2項述語へと変えてしまうことになる。もし「よい」が単純な1項述語のままであれば、束縛変項を導入したとしてもそれが「よい」の基準として働くことができない。したがって、(48a)は単に束縛変項を導入するだけでなく、「よい」という述語の意味も同時に変化させなければならない。自由拡充はあくまでも論理形式に別の要素を付け加えるという操作であり、元の論理形式に変更を加えるというものではないはずである。したがって、(44a)に対して束縛変項の導入を認めたとしても、(48a)の束縛変項読みを同じ操作で説明することはできない。

　さらに、本書第Ⅴ部第18章（峯島論文）は自由拡充に対する制約を提案している。それによれば、自由拡充は基本的に指示的な表現のみにかかり、叙述名詞句や形容詞など非指示的な表現にはかからないとされている。「よい」のような形容詞に対して自由拡充を適用するというのは、その制約からも排除されることになる。

以上の議論により、「よい」の束縛変項読みを説明するために、束縛変項を語用論的操作で導入するというのはアドホック概念構築でも自由拡充でも不可能であり、論理形式の段階での曖昧性を仮定するわれわれの議論が擁護できる。

7. むすび

　本章は、「この椅子はよい」のような文は「上質読み」、「自由変項読み」、「束縛変項読み」に対応して、論理形式の段階で3通りに曖昧であることを議論した。従来、曖昧性と不明瞭性を区別するとされてきたdo soテストは、もともと意図されていたテストとしては不適切だが、「ゆるやかな同一性読み」の存在は、論理形式の段階で束縛変項が介在していることを示す証拠として使えることを論じた。またアドホック概念構築のみでgoodの様々な解釈を説明しようとするFalkum（2007）のような立場は、ゆるやかな同一性読みが説明できないこと、さらにアドホック概念構築が単なるアドホックな説明に陥らないためには、ある種の制約のもとで働く操作であると考える必要があることを議論した。語用論的操作による束縛変項の導入は、無制限に可能なわけではなく、適用可能な場合とそうでない場合を慎重に見極める必要があることを論じた。

付　記

　本章は、Nishiyama and Kajiura（2011）、Kajiura（2011）、Kajiura（2012）、今井・西山（2012: 第6章4節）の内容をもとに加筆、修正したものである。

＊1 「上質読み」の場合であっても、何を上質であると考えるかはコンテクストによって異なる。(6) の解釈において、プロの画家が描いた場合と小学生の子供が描いた場合では、当然、上質さの程度は大きく異なる。しかし「よい」自体は言語的意味のレベルで「上質である」というある性質を表しているとい

う点で、次に述べる「自由変項読み」の「よい」とは異なる。
＊2　Szabo（2001）も good に関して自由変項を含む論理形式を提案しているが、その他の読みに関しては触れられていない。
＊3　「自由変項読み」の「よい」は、「ちょうどいい」、「ぴったりだ」などの表現と置き換えることができる。いずれも「〜として」という基準を必要とする。「上質読み」や後で述べる「束縛変項読み」は「ちょうどいい」などの表現と置き換えることはできない。この点は峯島宏次氏の指摘による。
＊4　この例の場合、アドホック概念構築によって《蹴る》の意味を調整して、《蹴る*》（左足で蹴る）、《蹴る**》（右足で蹴る）などを構築する可能性もあるが、自由拡充とアドホック概念構築どちらの操作を用いるとしても、ここの議論には影響しない。
＊5　「自由変項読み」と「束縛変項読み」は非飽和名詞のパラメータに関しても同様に成立する。この点に関しては、本書第I部第3章（西川論文）参照。
＊6　この議論は論理形式で自由変項であるものを束縛変項へ変えるような語用論的な操作は存在しないことを前提としている。
＊7　これは Nishiyama and Kajiura（2011）の発表に対して、Deirdre Wilson がコメントで示唆した議論である。
＊8　good や「よい」を単純な1項述語と考える立場では（40a, b）から（41）が帰結することをブロックできないというのが、「上質読み」と「束縛変項読み」を区別する根本的な論拠である。GOOD をいかに調整しようとも、（40a）は Mary という個体がそのような性質をもっていて、かつダンサーであるということを述べているので、この推論をブロックできない。われわれの立場では、束縛変項読みに関して言えば、good の基準を束縛するものが一方は dancer で、一方は singer であることから、Mary に帰される性質はそれぞれ異なったものであることが説明できる。したがって、このような問題は生じない。
＊9　西山（2003: 301）ではカキ料理構文の説明において、飽和名詞を非飽和名詞に変えるアドホック概念構築が提案されている。（43）の制約が正しければ、そのような操作も排除されることになるが、この点に関しては本章では扱う余裕はない。なお自由拡充に関しても、同様の制約が前提されていることが本書第V部第18章（峯島論文）で述べられている。
＊10　指標主義は、自由拡充やアドホック概念構築などの純粋な語用論的プロセスが発話の真理条件に影響を与えることを否定し、真理条件に影響を与えることができる語用論的プロセスは論理形式の側から要求される飽和化に限られるとする立場である。指標主義に関するより詳しい議論は、本書第V部第18章（峯島論文）参照。

第17章
生成語彙論の問題点

梶浦恭平

1. はじめに

　この章では、有望なレキシコンのモデルとして注目されている生成語彙論（Generative Lexicon Theory）の問題点について論じる。この理論はPustejovsky（1995）によって提唱され、日本では影山（2005）、小野（2005）、由本（2011）などにより特に動詞の意味と名詞の意味の関連を捉えるのに適した枠組みとして採用されている。生成語彙論に対する全体的な批判としては、すでにFodor and Lepore（1998）、Falkum（2007）などがある。ここでは、本書第V部第16章（梶浦論文）で提示した「よい」の曖昧性の議論と関連する論点に注目し、生成語彙論は形容詞と名詞の意味関係を正しく捉えられているか、また名詞の意味記述とその解釈の多様性を説明するための妥当なモデルを提供しているかを議論する。

2. クオリア構造

　生成語彙論は、一般に百科事典的知識であると考えられている情報の一部を辞書[*1]の中に含めるというのが大きな特徴で、その際中心となるのが、クオリア構造（Qualia structure）である。クオリア構造は「語彙項目に関連した、その語をもっともよく説明する属性や事象の集合」（Pustejovsky 1995: 77）であるとされ、それぞれの語の語彙情報として、以下の四つのタイプのクオリアが記載されている。

(1) クオリア構造　　　　　　（Pustejovsky 1995: 76、小野 2005: 24）
　　a. 構成クオリア（Constitutive Qualia）

　　　　物体とそれを構成する部分の関係
　　b. 形式クオリア（Formal Qualia）
　　　　物体を他の物体から識別する関係
　　c. 目的クオリア（Telic Qualia）
　　　　物体の目的と機能
　　d. 主体クオリア（Agentive Qualia）
　　　　物体の起源や発生に関する要因

具体例として、book のクオリア構造がどのようなものであるかを示したのが（2）である*2。

(2) book　　　　　　　　　　　　　　　　　　（小野 2005: 49）
　　QUALIA　=　CONST　　=　bound_pages (x)
　　　　　　　　FORMAL　 =　print_matter (x)
　　　　　　　　TELIC　　 =　read (e, w, y) *3
　　　　　　　　AGENTIVE =　write (e', z, y)

ここからは概略次のような情報を読み取ることができる。「本」は綴じられたページから構成される（構成クオリア）、印刷物である（形式クオリア）、誰かがそれを読むことを目的としている（目的クオリア）、誰かがそれを書くことによって生み出される（主体クオリア）。これらの情報は、例えば（3）のような文で 'begin the book' の解釈に際して、次のように活用されると考えられている。

(3) He began the book.

動詞 begin は補語としてモノではなく事象（event）を要求する。それに対して、book は形式クオリアの情報からある種のモノであることが分かるため、動詞が補語に対して要求するタイプとミスマッチが起こる。そこで the book をモノ－タイプではなく、事象－タイプとして解釈しなおす必要が生じる。この操作をPustejovsky（1995）はタイプ強制（type coercion）と呼ぶ。タイ

プ強制の際に読み込まれる可能性がある情報としては、目的クオリアの read（e, w, y）か主体クオリアの write（e', z, y）があり、それぞれ、(4a) の《本を読むことを始めた》、(4b) の《本を書くことを始めた》という解釈になる。

(4) a.　HE BEGAN READING THE BOOK
　　b.　HE BEGAN WRITING THE BOOK
　　c.　HE BEGAN DUSTING THE BOOK
　　d.　HE BEGAN BINDING THE BOOK

ここで直ちに浮かぶ疑問としては、(3) に対する (4a, b) 以外の解釈はどのように説明するのかというものである。確かに特別なコンテクストなしに (3) を聞いた場合、(4a, b) の解釈が一般に得られるかもしれないが、具体的なコンテクストを設定すればそれ以外の解釈も同様に得られる。例えば、しばらく掃除がされておらず、ほこりがたまっている書棚を掃除しているコンテクストで (3) が発話されれば、その解釈としては (4c) がもっとも自然だろう。また (4d) が自然であるようなコンテクストも容易に想像することができる（Falkum 2007: 226）。

(3) に対するデフォールトの解釈が (4a) または (4b) であるということは誰も異論はない。問題はそれをどのレベルで説明するかということである。Falkum は (4a–d) はすべて語用論的推論の結果として得られるものであり、(4a, b) と (4c, d) のあいだに線を引くのは恣意的であるとする。この立場では、book に関してわれわれが一般に持っている百科事典的知識として「本は読むためのものである」や「本は誰かが書くことによって作られる」という情報は非常にアクセスしやすいために、「デフォールトの解釈」という直観が得られるだけで、理論的に (4c, d) のような解釈と区別する必要はないと考える。生成語彙論の立場であっても、(4c, d) のような解釈はおそらく、コンテクストを参照して得られると考えると思われるが、(4a, b) はそれらとは質的に区別され、レキシコンのレベルで説明されるべきであるとする。

第17章　生成語彙論の問題点　　499

(3) のような例はどちらの立場でも説明することは可能であり、百科事典的知識を辞書記述のなかに取り込むことの妥当性に関しては、より幅広くデータを検討する必要がある。以下では、形容詞と名詞の意味関係に注目し、生成語彙論の分析と本書第Ⅴ部第16章（梶浦論文）で提示した分析とを比較し、生成語彙論による説明の問題点を論じる。

3. 選択的束縛と形容詞の解釈

3.1. 美しいダンサー

　この節では、形容詞と名詞の修飾関係から生じる解釈の多様性を生成語彙論の立場ではどのように分析しているかを見る。しばしば指摘されるように、(5) は《彼女は（容姿が）美しいダンサーだ》という解釈と《彼女は（踊りが）美しいダンサーだ》という2通りの解釈ができる。前者の解釈は彼女自身が美しいのであって、踊りは下手な可能性もある。後者の解釈は、踊りが美しいのであって、彼女の容姿は美しくない可能性もある。小野 (2009: 256) はこの2通りの解釈を beautiful が dancer のクオリア構造のなかで特定のクオリアを選択することにより説明できるとしている。Pustejovsky (1995) に従い、形容詞が名詞のクオリア構造の中の一部に対して意味関係を結ぶ操作を選択的束縛（selective binding）と呼ぶ。

(5) She is a beautiful dancer.
(6) dancer
　　　QUALIA　=　FORMAL　　=　human (x)
　　　　　　　　　AGENTIVE　=　dance (e, x)

(6) に示すように、ここで関与する dancer のクオリア構造は、形式クオリアの human (x) という情報と、主体クオリアの dance (e, x) という情報である。beautiful はモノに対する述語としても事象に対する述語としても働くことができる。そのため (7a) の

ように形式クオリアを選択した場合、彼女自身が美しいという解釈になり、(7b) のように主体クオリアを選択した場合、彼女がダンスをする、その事象が美しいという解釈になる*4。

(7) a.　λx [beautiful (x) & human (x)]
　　b.　λe [beautiful (e) & dance (e, x)]　　　(小野 2009: 257)

生成語彙論では、このように形容詞自身は1項述語と考え、その属性が帰される対象がモノなのか事象なのかによって (5) の曖昧性を説明する。その際に、クオリア構造に記載されている情報が重要な役割を果たすとされる。次節ではこのような説明が good に関しても成り立つかを検討する。

3.2.　よいナイフ

Pustejovsky (1995: 129) は knife のクオリア構造として (8) のようなものを想定している（ただし、表記法は小野 (2005) に従い筆者が改めた）。

(8)　knife
　　QUALIA　=　FORMAL　=　tool (x)
　　　　　　　　　TELIC　　=　cut (e, x, y)
　　　　　　　　　　　　　　　　　(Pustejovsky 1995: 129)

そして、《よく切れるナイフ》という解釈は good が目的クオリアの cut (e, x, y) を選択することで得られるとしている。dancer と beautiful の関係と同じように knife と good の関係を捉えるとすると、(9) も good が形式クオリアを選択する (10a) の場合と目的クオリアを選択する (10b) の場合があるということになるだろう。

(9)　This is a good knife.
(10) a.　λx [good (x) & tool (x)]
　　 b.　λe [good (e) & cut (e, x, y)]

第17章　生成語彙論の問題点　501

つまり形式クオリアを選択した場合は、good はモノ-タイプである〈ナイフ〉に対する述語として働き、目的クオリアを選択した場合は、事象-タイプである〈何かを切ること〉に対する述語として働いている。

本書第V部第16章（梶浦論文）で導入した呼び方で言えば、ここで good 自身は基本的に1項述語で、「何かが上質である」という性質を表している。そして形式クオリアを選択した場合は、「ナイフそのものが上質である」という「上質読み」、目的クオリアを選択した場合は、「何かを切るという事象が上質である」つまり「よく切れるナイフ」という解釈になると考えられる。

われわれの立場では、(11)の「ナイフ」と「よい」の間の緊張関係としては、「よい」を単純な1項述語とみなす（12a）、自由変項∅に対して飽和化を必要とする（12b）、∅を自由変項ではなく主語名詞の意味の一部である［本来の機能：切る］によって束縛されている束縛変項とみなす（12c）の3通りに論理形式のレベルで曖昧であると考える。

(11) このナイフはよい。
(12) a. 《このナイフはよい》
　　 b. 《このナイフは∅としてよい》
　　 c. 《このナイフ［本来の機能：切る］$_i$ は∅$_i$ としてよい》

「よい」という述語が帰される対象はすべて〈ナイフ〉というモノであり、「よい」自身が変項を含むか含まないか、また変項を自由変項と考えるか束縛変項と考えるかで (11) の解釈の多様性を説明する。

生成語彙論の立場では、自由変項読みをどのように扱うのかは明確ではないが、おそらく begin the book の場合と同じく、(11) のデフォールトの解釈としては、目的クオリアを選択した《このナイフは何かを切るものとしてよい》という解釈で、それ以外の解釈、例えば《風で飛ばされないように書類を押さえるのによい》や《家具の間にはさまったコインをとるのによい》などはコンテクストを

参照して得られると考えるのだろう。したがって、生成語彙論の立場でも、(11)は(12a)と(12b)で曖昧であると考える必要はあると考えられる*5。

　問題は、われわれが「束縛変項読み」としている(12c)である。これは生成語彙論の立場では、「よい」が「ナイフ」の目的クオリアのcut (e, x, y)を選択する場合であり、「よい」自身は上質読みと同じく単純な1項述語として、つまり(12a)の一種として扱う。以下では、束縛変項読みの「よい」を事象に対する述語として分析することの問題点を議論する*6。

　goodもbeautifulも同じようにモノに対する述語としても、事象に対する述語としても働くことができるとすると、(13a)も(13b)もこの二つの可能性で曖昧であることを予測する。

(13) a.　This is a good knife.
　　 b.　This is a beautiful knife.

(13b)はbeautifulがknifeの形式クオリアを選択して、〈ナイフ〉というモノが美しいのか、knifeの目的クオリアのcut (e, x, y)を選択して、〈何かを切る〉という事象が美しいのかで2通りの解釈ができることを生成語彙論は予想する。ここでナイフ使いの名人であるジャックが、自分のナイフさばきの見事さをアピールするために、何かを非常に見事に美しく切り裂いた状況を想定する。ナイフ自体はよく切れ、また切り方も非常に美しいが、彼の愛用のナイフ自体はそれほど上質なものではなく、しみだらけで見た目は非常に汚いものであるとする。

　このようなコンテクストでは(13b)は不自然に感じられる。つまり、ナイフ自体は美しくないが、〈何かを切る〉という事象が美しいというようには解釈できない。生成語彙論の立場では、dancerもknifeも同じようにクオリア構造の記述のなかに事象が現れているのに、なぜbeautifulはdancerの主体クオリアは選択できるが、knifeの目的クオリアは選択できないのかの説明ができない。われわれの立場では、goodが事象に対する述語になっているとは

第17章　生成語彙論の問題点　503

考えず、主語名詞の意味の一部に明確な機能や目的がある場合、それとリンクをはることで「束縛変項読み」が可能になるが、beautiful の場合は主語名詞の機能や目的と結びつくようなタイプの形容詞ではないことからこの違いが説明できる。
　またこの状況で（14）のように言うことも可能である。

(14) This is a good and not beautiful knife.

（14）では good は「よく切れる」という意味の good で not beautiful は「ナイフそれ自身が美しくない」ということを表している。生成語彙論の立場では（14）において good は knife の目的クオリアを選択し事象に対する述語として働き、beautiful は knife の形式クオリアを選択しモノに対する述語として働いていることになる。しかしこれは一般に言われている（15）のデータと矛盾する。

(15) a. *She is a blonde and fast dancer.
　　 b. She is a blonde and beautiful dancer.
　　 c. She is a fast and beautiful dancer.　　(Vendler 1967: 177)

blonde は一般に、モノ－タイプに対する述語、fast は事象－タイプに対する述語として解釈される。したがって、この両者を（15a）のように and で等位接続することはできない。beautiful はどちらのタイプに対する述語にもなり得るが、（15b）で blonde と等位接続した場合はモノに対する述語、（15c）で fast と等位接続した場合は事象に対する述語としてしか解釈できない。（15）のデータが正しいとすれば、（14）は両方ともモノに対する述語として理解するべきで、そうなると「よく切れる」という意味の good も事象に対する述語として扱うのではなく、ナイフというモノに対する述語として扱うべきである。したがって、「束縛変項読み」の「よい」を事象に対する述語として扱う生成語彙論の分析は、基本的なところで大きな問題があると考えられる。

4. 目的クオリアの問題

　生成語彙論はある語がコンテクストにより様々な解釈を示す仕組みを説明するために、辞書のなかに百科事典的知識を取り入れるのが大きな特徴である。以下では特に目的クオリアに注目し、そこに記載されるべき情報として提案されているものの妥当性を具体例に即して検討する。

4.1. よい石とよいナイフ

　由本（2011）では、「石」のクオリア構造として（16）が提示されている。

(16) 石
  QUALIA　=　CONST　　　=　鉱物からなる
       FORMAL　　=　自然物＆固体
       TELIC　　　=　建築、彫刻、道具を作る材
            料となる
       AGENTIVE　=　自然現象による
              （由本 2011: 116）

　ここで「石」の目的クオリアに「建築、彫刻、道具を作る材料となる」という情報が記載されているが、このような情報を辞書に記載するのは妥当だろうか。

　人間が何かの目的のために作った「椅子」や「ナイフ」のような人工物は明確な目的や機能があるため、その語を理解しているといえるためには、その語の指示対象の目的や機能を理解している必要がある。したがって、(17a) が (17b) を含意することを否定する人は、「ナイフ」という語の意味を理解していないと考えるのが自然な反応だろう。

(17) a.　これはナイフだ。
  b.　これは何かを切るための道具だ。

それに対して、「石」のような自然物は、それが様々な目的に使用されることはあっても、それを理解していないと「石」という語の意味を理解していないとは考えられない。

(18) a. これは石だ。
　　 b. これは建築、彫刻、道具などを作る材料だ。

つまり、(18a) は認めるが、(18b) を否定することは十分にありえる。われわれの立場では、ある語の意味のなかにその本来的な目的や機能が含まれている「椅子」や「ナイフ」のようなタイプの語と「石」や「木」のようなタイプの語は明確に区別するべきだと考える。この違いを反映するものとして、「よい」のような形容詞と結びついた場合の解釈の違いがある。

(19) このナイフはよい。
(20) a. 《このナイフはよい》
　　 b. 《このナイフはϕとしてよい》
　　 c. 《このナイフ［本来の機能：切る］$_i$はϕ_iとしてよい》

(21) この石はよい。
(22) a. 《この石はよい》
　　 b. 《この石はϕとしてよい》
　　 c. 《この石［本来の機能：ω］$_i$はϕ_iとしてよい》
　　 d. 《この石*［本来の機能：漬け物の重石となる］$_i$はϕ_iとしてよい》

本書第V部第16章（梶浦論文）で議論したように、「ナイフ」の場合は、(20c) の「束縛変項読み」が言語的意味のレベルで可能で、《切るものとしてよい》という解釈はコンテクストを参照する必要はなく、「ナイフ」の言語的意味により「よい」の基準が与えられている。それに対して「石」の場合は、言語的意味のレベルでは明確な機能がないため、(22c) のように本来の機能の部分は空

になっており、コンテクストなしには「束縛変項読み」は得られない。「石」の「束縛変項読み」が可能になるためには、具体的なコンテクストにより、ある明確な機能を持った「石」と解釈される必要がある。例えば「漬け物石」のことを意図して「石」というような場合は、(22d) のように《石》にアドホック概念構築を適用して《石*》を構築し、表意のレベルで《石*》の意味の一部により φ が束縛されると考える。

　われわれの立場では、(19) と (21) の直観的な解釈の違いをこのように束縛関係が成立するレベルの違いとして捉えることができる。それに対して、生成語彙論の立場では、「ナイフ」も「石」も辞書情報として同じように目的クオリアにその目的や機能が記載されている。(19) では「よい」が「ナイフ」の目的クオリアを選択して〈何かを切る〉という事象がよいという解釈がデフォールトで得られるとするなら、(21) でも同じように「石」の目的クオリアを選択して〈建築、彫刻、道具を作る材料となる〉という事象がよいという解釈がデフォールトで得られるはずである。しかし (21) に対する《この石は〜の材料としてよい》という解釈はやはりあるコンテクストがないと成立しないと考えられ、(21) に関して間違った予測をすることになる。

4.2. 目的クオリアの情報と語の解釈の多様性

　次に、「石」の目的クオリアの「建築、彫刻、道具を作る材料となる」という規定の仕方の妥当性を検討するために、複合語形成の例をみる。由本 (2011: 118) によれば、「N1 + N2」型の複合語形成は主要部 N2 の名詞のクオリア構造に対して、N1 が情報を付け加えるという形で説明できるとしている。例えば、「すずり」は「石を材料として作る」という情報が構成クオリアか主体クオリアにおいて与えられている。そして、「すずり石」は (23) のように「石」の目的クオリアに「すずり」が情報を付け加え、「すずりを作る材料となる」という情報が目的クオリアに記載されるとする。

(23) すずり石
　　　QUALIA = TELIC =　~~建築、彫刻、道具を作る材料となる~~
　　　　　　　　　　　　　〈すずり〉↑

　「すずり」は「石」を材料にして作られるため、このような説明も成り立つように思われるが、「漬け物石」はどうだろうか。由本 (2011: 115) では「すずり石」も「漬け物石」もともにN1が「石」の使われる目的を表しているという点で共通しており、「石」の目的クオリアに情報を提供するとしている。しかし、漬け物は石を材料にして作られるわけではないので、明らかに「すずり石」の場合とは異なる。可能性としては (24) のように、「漬け物」のクオリア構造のなかで、おそらく主体クオリアに「野菜に重石をのせて作る」という情報があり、それが「石」の目的クオリアに何らかの仕方で影響を与えて、「漬け物を漬ける時に使う」という情報が得られると考えるのだろう。

(24) 漬け物石
　　　QUALIA = TELIC =　~~建築、彫刻、道具を作る材料となる~~
　　　　　　　　　　　　　漬け物を漬ける時に使う
　　　　　　　　　　　　　?〈漬け物〉↑

　しかし、これはもとの「石」の目的クオリアの情報全体をキャンセルして別の情報と入れ替えていることになる。(23) と (24) のように大きく異なる操作をひとくくりにしてしまっていいのか疑問である。
　仮に (24) のような操作を認めるとして、「石」と「漬け物」を結びつけるためには、漬け物をどのように、また何を使って作るかというような情報を辞書に記載する必要がある。しかし、このような情報はどこまで辞書に記載すればよいのだろうか。例えば、焼き芋を焼く際に使う石を「焼き芋石」と言うとすれば「漬け物石」と同じような意味関係だろう。しかし焼き芋は必ずしも石焼芋だけではなく、落ち葉を集めて焼いてもいいし、オーブンで焼いてもよい。

そうすると「焼き芋」の主体クオリアには、「熱した石を使って焼く」、「集めた落ち葉を使って焼く」、「オーブンを使って焼く」…などと何を使って焼くかを記載しておくのだろうか。

　ある語が表す対象をどのように、何を用いて作るかという情報はその語の意味記述に加えるにはあまりにも漠然としており、一般的な仕方で記載する情報の範囲を規定することはできないと考えられる。したがって、一般にある複合語の意味をクオリア構造から予測することはできず、「この複合語はこのような意味である」という事実から、「この語のクオリア構造はこのような情報が記載されている」と述べているだけで、生成語彙論による複合語の分析は、一般性のある説明にはなっていないと考えられる。

　またクオリア構造に記載する情報に関する同種の問題として、小野（2005: 33）によれば（25）のような発話は、競馬の騎手が言った場合は《レースに臨む状態についてよい》と言っており、獣医が言った場合は《馬の健康状態についてよい》と言っているとされている。

　　(25) This horse is in good condition.

小野（2005: 33）はこの解釈の違いを、「horseに対してそれぞれ異なる目的クオリアの解釈を与えているからである」と説明している。もしこのような例を目的クオリアの記載情報の違いで説明するとすれば、辞書の記載情報は完全にコンテクストに依存していることになる。発話者が獣医であるとしても、競馬場で特定の馬に賭けるかどうかを議論しているコンテクストではおそらく《レースに臨む状態についてよい》という解釈を意図していると考えられ、また競馬の騎手でも動物病院で（25）を発話すれば《馬の健康状態についてよい》と言っていると解釈されるだろう。

　horseのような語は「石」と同じく、人工物とは異なり言語的意味のレベルで、特定の機能をもっているとは考えられない。したがって、horseを特定の機能を念頭において使用する場合もあるが、それはあくまでコンテクストを参照して語用論的推論により得られ

る解釈であり、発話者が誰であるかだけでなく、その人がどのような状況で発話するか、さらにその発話者の意図を考慮しなければ（25）の解釈は得られない。これをレキシコンで処理しようとするのは無理があると考えられる。

　辞書の記載情報がコンテクスト次第でいかようにも変わり得るとすれば、これは語の意味記述ではなく、明らかに語用論の仕事である。「石」や「馬」のような自然物もある機能や目的を持ったものとして使用されることはあるが、それは「椅子」や「ナイフ」のような人工物が言語的意味のレベルでもっている機能や目的と混同されるべきではない。後者のタイプの語は目的クオリアでその本来的な機能や目的を記述することができるかもしれないが、その同じメカニズムで「石」や「馬」も処理しようとするのは、レキシコンに過大な負担をかけることになる。もし、クオリア構造の記載情報が完全にコンテクストに依存しているとすれば、結局のところ意味論的には自由変項があり、その値をコンテクストを参照して埋めるというのと同じことになる。むしろこの種の情報はレキシコンで処理するよりも、百科事典的知識としておき、発話解釈の際にそれらを柔軟に取り込む、関連性理論のような枠組みを想定した方がより妥当な説明を与えることができると考えられる。

5．むすび

　以上の議論から、百科事典的知識を辞書の中に含めることにより、語の解釈の多様性を説明するという生成語彙論のプログラムはうまく機能していないと考えられる。クオリア構造に対する選択的束縛によって「よい」のような形容詞の「束縛変項読み」を説明することはできないこと、またクオリア構造のなかに記載すると提案されている情報は、われわれの言語的意味の直観を正しく捉えられていないこと、さらにクオリア構造の記載情報の範囲が明確ではなく、生成語彙論がレキシコンで扱おうとしていることの多くは、レキシコンのみで処理することはできず、いずれにしても語用論的な説明が必要になることを議論した。

＊1　ここでいう辞書は、母語話者の言語知識の一部として脳の中にあると考えられる心的辞書である。ここでは影山（2005）に従い、心的辞書と語形成操作や意味拡張操作を包括する部門をレキシコンと呼ぶ。
＊2　ここでは基本的に、小野（2005）の表記法に従いクオリア構造を表示する。また用語も小野（2005）に従い、「目的役割」、「構成役割」ではなく「目的クオリア」、「構成クオリア」などと呼ぶことにする。
＊3　eは事象（event）を表す変項、wは〈読む〉という事象に関わる主体、yは〈読む〉という事象に関わる対象を表す。
＊4　ここでは、beautifulに関しては、モノと事象のどちらのタイプに対する述語にもなれることから、beautiful dancerの曖昧性が説明できるという考えを一旦受け入れて議論を進めるが、この説明は必ずしもクオリア構造を必要とするわけではない。この説明のポイントはDavidsonに由来する、論理形式のなかに事象を表す変項を導入するという考えでありLarson（1998）もbeautiful dancerの曖昧性をほぼ同様の仕方で説明しているが、クオリア構造は特に仮定していない。
＊5　後に議論するように、目的クオリアの記載内容がコンテクスト次第で柔軟に変わるという可能性もある。
＊6　Kajiura（2011）ではLarson（1998）に対する批判として同様の議論を展開した。

第18章
自由拡充をどのように制約するか

峯島宏次

1. はじめに

　近年の意味論・語用論研究が明らかにした注目すべき事実の一つは、文の言語的意味と文の発話が表す命題とのあいだに従来哲学者や言語学者が認めていたものよりも大きな隔たりがあるということである。そこで、発話が表す命題はいったいどのようにして決定されるのかという問題が近年論争の的となっている。この問題へのアプローチとして、大きく分けて二つの考え方がある。一つは文脈主義と呼ばれる考え方であり、それによればもっぱら語用論的な原理によって制約される「自由拡充」と呼ばれる操作が、発話が表す命題の決定に関与する。もう一つは指標主義と呼ばれる考え方であり、それによれば自由拡充のような純粋に語用論的な操作など存在せず、文の言語的意味が要求する要素だけが発話が表す命題に寄与するとされる。本章では、このどちらの考え方も困難をかかえており、それゆえ、発話が表す命題の決定にかかわる意味論と語用論の役割について再考の余地があると論じる。議論の手がかりとなるのは、西山（2003）において展開された名詞句の意味論的分析であり、とりわけ、指示的名詞句と叙述名詞句という、西山（2003）のいう名詞句が文中で果たす意味機能に関する区別である。この区別に着目して、指標主義と文脈主義の理論的対立において中心的な争点となっている自由拡充という語用論的操作を新たな視点から捉え直すことを試みたい。そこで、まずは議論の背景にある文脈主義と指標主義の理論的対立を明らかにすることから始めよう。

2. 文脈主義と指標主義

本書第V部総論で説明されているように、文の言語的意味から話し手が伝えようとした命題にたどりつくまでには、しばしば見かけ以上に複雑な語用論的操作を要する。本節で中心的に取り上げるのは、「自由拡充（free enrichment）」と呼ばれる語用論的操作である。この操作をめぐって、文脈主義と指標主義の二つの理論的立場が区別されることになる。

2.1. 自由拡充と文脈主義

自由拡充によって説明される現象の典型例として、次を取り上げよう*1。

(1) a. 花子はすべての本を読んだ。
《花子は［村上春樹がこれまでに書いた］すべての本を読んだ》
b. やっとバスが来た。
《やっと［次の横浜駅行きの］バスが来た》
c. 太郎は昼食を食べていない。
《太郎は［今日］昼食を食べていない》

(1)の各文の発話は、適切なコンテクストにおいて、それぞれ［　］内の要素を含む命題を表すものとみなせる。例えば、花子のお気に入りの作家が村上春樹であることを話題にしている場面で(1a)を発話した場合、聞き手は［　］内の要素を自然に補って解釈することができる。同様に、横浜駅に行くためバスを待っているという状況で(1b)を発話する場合、話し手は、行き先の不明な単なるバスの到着を聞き手に伝えようとしているわけではない。むしろ、［　］内の要素を含むより特定化された命題を伝えようとしているのである。(1c)の場合、時間を表す要素を補足することで、太郎が昼食を食べていない期間をより限定して解釈するのが自然であろう。

ここで注意すべきは、この［　］内の要素は、完全な命題（すなわち、真偽を問うことのできるような命題）にたどりつくために必須の要素であるわけではないという点である。(1a) は、原理的には、文字通り《花子はすべての本を読んだ》という命題、つまり、《花子は古今東西のあらゆる本を読んだ》と言い換えられる命題を表すことも可能であろう（例えば、「グーグル社はすべての本を電子書籍化しようとしている」の場合を考えてみればよい）。(1b, c) も同様に、話し手が意図したものとは異なるだろうが、［　］内のような特定化を行わなくても、原理的には真偽を問いうる命題を表すものとみなせる。

　一つの考え方によれば、この［　］内の要素は、文の言語的意味に現れるわけではなく、むしろ文が発話されるコンテクストに応じて、文の言語的意味に新たに追加される要素とみなされる。このように文の言語的意味に新たな要素を付け加えるという操作のことを「自由拡充」という。以下では、話を具体的にするため、文の言語的意味とは、文を構成する単語が表す概念からなる意味表示（すなわち、概念表示）であり、それは語彙的・構造的な曖昧性をもたないものであると想定しよう。関連性理論の標準的な用語を採用して、この種の意味表示を「論理形式（logical form）」と呼ぶ*2。つまり、単語は何らかの概念をコード化しており、その概念を組み合わせて、文の意味表示が構築されるという考え方である。この考え方によれば、自由拡充とは、文の論理形式に新たな概念を付け加えるという操作に他ならない*3。ここでは、Recanati (2004) に従って、自由拡充という語用論的操作の存在を認める立場のことを「文脈主義（Contextualism）」と呼ぶことにしよう*4。

　文脈主義の考え方によれば、自由拡充は、様々な語用論的理由に基づいて生じる。例えば、(1a) の場合、これが字義通りに意味する《花子はすべての本を読んだ》という命題は明らかに偽であり、［　］内の要素を補足して始めて真とみなせる命題が得られる。(1b) と (1c) の場合、［　］内の要素なしでも真と判断しうる命題を表すだろうが、それはおそらく話し手が伝えようと意図した解釈でもなければ、聞き手の関心を十分に引きつける解釈でもない。

文脈主義の標準的な説明によれば、自由拡充とは、文の論理形式を起点として、話し手の意図を考慮して十分な関連性をもつ命題が得られるところまで論理形式をふくらますという操作に他ならない。

　文脈主義の考え方では、いわゆる推意（implicature）の導出だけでなく、発話が表す命題の決定にも、話し手の意図の特定を含むような語用論的な推論が関与することになる。この点を強調して、特に関連性理論では、発話が表す命題のことを、「表意（explicature）」と呼ぶ。表意は、真偽を問うことができる最小の命題ではなく、文を発話することで話し手が表現しようと意図した内容を十分に捉えるものでなければならない。とりわけ、表意は、発話に対して言語の使い手が下す直観的な真偽判断を十分に反映するような内容（真理条件）をもつものでなければならない。

　表意の構築に関与する語用論的操作として、自由拡充とは区別すべき、もう一つのタイプの操作がある。すなわち、本書第Ⅴ部第16章（梶浦論文）でも議論された「アドホック概念構築（ad hoc concept construction）」である。次の例をみよう。

(2) a.　あいつは人間じゃない。化け物だ。
　　 b.　国道が海岸線と平行に走っている。

例えば、人並みはずれた運動能力を示す人物を指して（2a）を発話する場合、「人間」「化け物」という語は、それらがコード化している語彙概念ではなく、むしろ、コンテクストを参照して適度に調節された概念を表すとみなせる。（2a）の意図された解釈はおそらく、「人間」が表す語彙概念をより狭め、また「化け物」が表す語彙概念をより緩めることで得られる。関連性理論の用語を使えば、前者は絞り込み（narrowing）、後者は緩和（loosening）という効果をもつ。（2b）の場合、「平行」を字義通りの仕方で厳密に解釈すると、この文の発話が表す命題は偽となってしまう。むしろ、「平行」という語が表す概念を適度に緩めて解釈するのが自然である。ここで起こっていることは、自由拡充の場合とは異なり、論理形式に新たな概念を付け加えるという操作ではない。むしろ、論理

形式にすでに存在する概念（語彙概念）をコンテクストに応じてなんらかの形で調整し、それを適切な概念に置き換えるという操作である。このような操作のことを「アドホック概念構築」と呼ぶ。コンテクストに応じて構築される概念は、《人間*》《化け物*》《平行*》のように「*」を付けて表される。

　アドホック概念構築は、自由拡充と同じく、語用論的な理由に基づいて生じる操作である。アドホック概念構築によらず、(2a, b) の下線部の語を字義的に解釈することは原理的には可能である。ただ、そのようにして得られる解釈は、明らかに偽であるか少なくとも聞き手にとって十分な関連性をもたない解釈であるがゆえに排除され、論理形式に含まれる一部の概念をより適切な概念へと調整するという操作が起こると考えられる。

　自由拡充とアドホック概念構築という2種類の操作は、文脈主義に立つ論者のあいだでも、それほど明確に区別されているものではない*5。しかし、西山・峯島（2006）でも指摘したように、アドホック概念構築の場合、可能な解釈の範囲はもとの語彙概念にかかわる言語的・百科事典的な知識によって制約され、あくまで一般性をもつ概念の範囲内で適切な解釈が選択されるという点に特徴がある。それゆえ、語彙概念Fを調整して得られる概念F*がどのような概念であるのかを聞き手が決定するために、話し手の意図を含むコンテクスト情報を参照することは不可欠であるものの、概念F*自体は、特定の対象への言及を含まない一般的な概念でなければならない。他方、自由拡充の場合、解釈の範囲がそのような仕方で制約されることはない。例えば、自由拡充の典型例として示した(1a) と（1b）の場合、《本》や《バス》という概念にかかわる言語的・百科事典的な知識がどんなに詳細なものであっても、ふつうそこから［村上春樹がこれまでに書いた］や［次の横浜駅行きの］という情報を引き出すことは不可能であろう。これら論理形式に新たに加えられる概念は、特定の対象（特定の人物、場所や時点）への指示を伴うものであり、この側面は概念に関する一般的な知識に基づいて予測できるものではない*6。

2.2. 指標主義とその問題点

さて、(1)の各例を文脈主義とは異なる仕方で説明しようとする考え方もある。それによれば、(1)の各文の論理形式には、[　]内の要素を値として要求するような何らかの隠れた指標詞ないし変項を含んでおり、したがって、(1)の各文の解釈は、論理形式に新たな要素を付け加えるというより、むしろ、論理形式に含まれる変項に適切な値を付与することによって得られる。このような考え方を Recanati (2004)に従って、「指標主義 (Indexicalism)」と呼ぼう*7。

指標主義とは要するに、文脈主義において自由拡充として説明されてきた現象を飽和化 (saturation) の一種として扱おうとする立場である。本書第Ⅴ部総論でも説明されているように、飽和化とは、論理形式に現れる指標的な要素（自由変項）に適切な値を付与する語用論的操作のことをいう。例えば、(3a)では、「彼」「あの日」「ここ」に対応する自由変項 x, y, z がこの文の論理形式に存在するとみなせる。また、(3b)の場合、この文の発話が表す命題を確定するには、その論理形式上に含まれる自由変項 a, R, ϕ に適切な値を付与しなければならない。

(3) a. 彼女はあの日、ここで転んだ。
　　　　［彼女${}_x$はあの日${}_y$ここ${}_z$で転んだ］
　　b. 所長の本は難しすぎる。
　　　　［aの所長とRという関係にある本はϕするのに難しすぎる］

(3b)では、自由変項 a, R, ϕ に対応する言語表現が、発話された文のなかに明示的に存在するわけではなく、いわば隠れている点に注意しよう。指標主義の考え方によれば、(1)の各例もまた隠れた変項を含んでおり、それにより、それぞれの意図された解釈が引き起こされることになる。論理形式上のどの位置に隠れた変項を用意すべきかについてはいくつかの提案がある。例えば、指標主義の立場を徹底する Stanley (2002a) によれば、あらゆる名詞的表現は

その外延を制限する隠れた変項を伴うとされる。Stanley（2002a）の提案を簡略化すれば、(1a) の場合、《領域 D における本》のように、問題となっている本の範囲を限定する変項 D が論理形式に存在し、この D の値を埋めることで意図された解釈が得られる*8。こうして、指標主義によれば、語用論的な理由に基づいて論理形式に新たな要素を付け加える自由拡充のような操作など存在せず、文脈主義の論者が自由拡充として扱ってきた現象は、文の言語的意味（論理形式）の側から要請される飽和化のようなプロセスに還元されることになる。

　このような指標主義の考え方にはすでに多くの批判がなされているが、ここでは指標主義と文脈主義の理論的な対立点をより明確にするため、指標主義がかかえる一般的な問題として次の2点を指摘しておきたい*9。まず、特に Recanati（2004）が強調するように、通常の飽和化は、(3a) のように指標的表現が明示的に現れる場合であれ、(3b) のように隠れている場合であれ、その値を文脈から特定しないことには真偽を問うことのできるような完全な命題を確定することができず、その意味で、言語的に義務づけられた操作であると言える。(3b) の場合、いかなる組織の所長であるのか、また例えば、その所長が書いた本なのか現在読んでいる本なのか、それは理解するのに難しすぎるのか、それとも英語に翻訳するのに難しすぎるのか、等々を決定しないかぎり、発話が表す命題を確定したことにはならないだろう*10。他方、すでに指摘したように、(1) の各例の場合、[　] で示した補足なしでも原理的には完全な命題を表現しうる。

　したがって、かりに指標主義の主張が正しく、(1) の各文の論理形式に何らかの「隠れた指標詞」が関与するとしても、それは従来の指標詞とは異なる性格をもつものになり、指標性の概念（ならびに飽和化の概念）を拡張することにつながる。この拡張された意味での「指標詞」とは、従来の指標詞とは異なり、完全な命題を得るためにその値の充足が必ず要求される表現というわけではないのである。よって、自由拡充として扱われる現象を飽和化に還元するという指標主義のアプローチは、この新たな意味での指標詞（およ

び義務的でない飽和化のプロセス）を認めざるを得ず、その還元の試みは成功していないと言うべきであろう。

　指標主義がかかえる第2の、より重要な問題点として、隠れた変項を論理形式に措定するという考え方は、(1) の例が示すような語用論的解釈がなぜ生じるのかという疑問に対して、なんら説明的な解答を与えないという点が挙げられる。たしかに論理形式のレベルで語用論的な補足や読み込みが可能な位置に何らかの変項（スロット）を用意しておけば、発話が表す命題としてどんな命題が可能であるのかを正しく制約できるという意味において記述的に妥当な理論が得られるかもしれない。しかし、そのような理論は、なぜ問題となる語用論的解釈が生じるのかについて原理的な説明を与えないという点で、説明的に妥当な理論とはなり得ない。ひょっとすると問題となっている表現や構文の言語的意味（論理形式）を複雑にしなくとも、何らかの独立の語用論的な原理に基づいて、なぜそのような解釈が可能なのかを説明できるかもしれないのである。

2.3.　自由拡充の適切な制約に向けて

　文脈主義は、自由拡充という概念を用いてまさにそのような説明的な理論を追求する立場として理解することができる。文脈主義の利点は、推意の説明のケースと比較するとより明らかになるかもしれない。推意を説明するために言語的意味を必要以上に複雑にする必要はないという原則は、言語学者・哲学者の間で現在広く受け入れられている原理であると言ってよいだろう*11。文脈主義の考え方によれば、推意だけでなく、表意の説明においても同様の考え方を適用すべきであり、できるかぎり言語的意味（論理形式）を複雑にせず、「単一の論理形式から語用論的な原理に基づいて多様な表意が派生される」という形で説明が試みられるべきであるとされる。

　より具体的な提案として、文脈主義の側に立つ関連性理論（Sperber and Wilson 1986/1995^2、Carston 2002）では、きわめて一般的な語用論的原理（関連性の原理）が推意の導出だけでなく、表意の導出にも作用しているとされる。基本的な考え方は、語用論的な操作（曖昧性除去、飽和化、自由拡充、アドホック概念構築

によって表意を構築するさい、聞き手は、処理コストができるだけ少ない解釈（仮説）から順に選択し、期待される関連性をもつ解釈に至った時にそのプロセスを打ち切り、その解釈を最終的な解釈として選択するというものである*12。この考え方によれば、表意が推意を構築するさいの一つの手がかりであるのと同様に、文の論理形式は、表意を構築するための証拠の一つであり、そこには推意を構築するのと同種の語用論的な推論が介在していることになる。

　こうした文脈主義の考え方で問題となるのは、この種の一般的な語用論的原理に基づく推論には、十分な制約が課されていないため、実際にはありもしない解釈が（表意のレベルで）存在すると誤って予測してしまうのではないかという点である。つまり、文脈主義の考え方は、上記の意味での説明的な妥当性を追求するあまりに、表意に関する記述的に妥当な理論となっていないのではないかという懸念である。実際、次節では、Nishiyama and Mineshima（2005, 2006, 2007a, 2007b, 2010）、西山・峯島（2006）、今井・西山（2012: 第6章1節）で提示された議論に基づいて、自由拡充の適用範囲が標準的な文脈主義が想定するよりも制限されていると論じる。また5節ではStanley（2005）による別の種類の自由拡充の「過剰生成」の例を検討する。

　もちろん、標準的な文脈主義の枠組みにおいて、表意の導出に言語的な制約がいっさい課されていない、というのは言い過ぎである。表意とは、文の論理形式に新たな要素を付加することで構築されるものである。したがって、出力となる表意は、入力となる論理形式をその一部として含むものでなければならない。つまり、表意と論理形式とあいだには、〈全体と部分の関係〉が成り立つ。関連性理論の用語を使えば、表意は発話された文の論理形式の発展形（development）でなければならない。表意には、この意味での言語的な制約が存在すると言える。一方、表意と推意のあいだには、そのような言語的な制約は存在しない。推意は表意をその一部として含む必要はなく、適切な会話の背景さえ与えられれば、もとの表意に含まれる言語的情報からは予想もつかないような推意が導出されることもありうる。

さらに、表意は論理形式をその一部として含むということから、自由拡充に対しては「論理形式に含まれる要素の意味論的タイプを保存しなければならない」という制約が課せられているとするのが自然であろう*13。例えば、(1a) の場合、《本》という概念とこれをふくらませた《[村上春樹がこれまでに書いた] 本》という概念は、どちらも意味論的には1項述語である。(1b) と (1c) も同様に、[　] 内の要素は、論理形式にすでに存在する要素の意味論的タイプを変えてはいない。この制約により、自由拡充によって論理形式の項構造を大きく変えるような操作はブロックされる。

　以上を要約して、標準的な文脈主義では、自由拡充に対して以下のような最小の言語的制約（MLC: Minimal Linguistic Constraint）が課せられていると言うことにしよう*14。

(4) 自由拡充への最小の言語的制約（MLC）
　　a. 文Sの発話の表意Pが自由拡充によって得られるのは、PがSの論理形式をその一部として含む時（すなわち、PがSの論理形式の発展形である時）のみにかぎる。
　　b. 自由拡充は、論理形式上にすでに存在する要素の意味論的タイプを変えてはならない。すなわち、論理形式上の概念Fから自由拡充によって概念F^+が得られる時、FとF^+は同じ意味論的タイプをもたなければならない。

もちろん、自由拡充がどのように適用されるのかは、「結果として得られる命題は真とみなせるものであり、また聞き手の関心を十分に引きつけるものでなければならない」といった語用論的な考慮によっても制約される。語用論的な原理を具体的にどのように定式化するかについてはここでは立ち入らず、標準的な文脈主義による自由拡充の捉え方を次のようにまとめておこう。

(5) 標準的な文脈主義における自由拡充の捉え方
　　自由拡充が適用可能であるのは、(i) 最小の言語的制約（MLC）が満たされており、かつ、(ii) 結果として得られ

る表意が一般的な語用論的な考慮と整合的である時、かつ、その時にかぎる。

すなわち、標準的な文脈主義の考え方によれば、自由拡充に課される制約は、MLCと一般的な語用論的制約に尽くされる。特に、標準的な見方では、原理的には論理形式に含まれるいかなる要素にも自由拡充によって新たな要素を付け加えることが可能である、という立場にコミットすることになる。次節では、(5) に要約される標準的な見方は誤りであり、自由拡充にはある種の意味論的な制約が課せられていると論じたい。

3. 自由拡充に対する意味論的な制約

次の (6) と (7) を比較しよう*15。

(6) a. 画家がいなくなった。
    b. 《[この村に住んでいる] 画家がいなくなった》
(7) a. 太郎は画家である。
    b. 《太郎は [この村に住んでいる] 画家である》

ある村で会合が開かれ、その会合に参加している村人の一人である画家が途中で姿を消したとする。いま、その村に住む画家をさがしていた人が、この状況を報告するために (6a) を発話した場合、その発話は、(6b) のように [ ] 内の要素を補って自然に解釈することができる。一方、村の住人について話題にしているという状況であっても、(7a) の発話を (7b) のように解釈するのは難しい*16。つまり、(6a) を発話する時、〈どのような画家がいなくなったのか〉という点については、すべてを明示的に発話する必要はなく、ある程度聞き手の推論に委ねることができる。他方、(7a) において、〈太郎はどのような画家であるのか〉という点については明示的に発話しなければならない。

以下では、これがどのような種類の制約であるのか、また前節

(5) に要約される自由拡充の標準的な捉え方ではこの種の制約をなぜ説明することができないのかを明確にしたい。ここで問題となるのは「画家」という名詞句の語用論的な解釈である。そこでまず、西山 (2003) における名詞句の意味論的分析に基づいて、名詞句が表す概念についていくつかの用語を導入することから始めたい。

3.1. 対象志向的な概念と属性概念

(6a) における「画家」は、「―がいなくなった」という述語の項位置に現れる名詞句であり、西山 (2003) のいう指示的名詞句である。これまで自由拡充が自然に生じるケースとして取り上げた、(1a) における「本」、(1b) における「バス」もまた、述語の項位置に現れ、指示的名詞句として機能している。指示的名詞句が表す概念は、典型的には世界のなかの対象（個体）を指示するという機能をもつ。このため、例えば (1b) の発話において、話し手が「バス」という表現によってどのようなバスのことを指示しようとしているのかを有意味に問うことが可能であり、また、「そのバス」のような指示表現によってここで導入された対象を照応的に指示することが可能となる。また、(1a) は「すべて」という量化表現を伴うが、この場合、「本」が表す概念は、量化される対象の範囲を限定するという機能をもつ。このようなケースでも、「すべての本」という表現によって話し手がどのような対象の集まりを問題にしているのかを有意味に問うことが可能であり、また、「それらの本」のような表現によってそこで導入されたその対象を照応的に指示することができる。こうした指示ないし量化という形で世界のなかの対象との結びつきをもつ概念のことを、「対象志向的な概念 (object-directed concept)」と呼ぶ。指示的名詞句が表す概念は、対象志向的な概念である。

他方、(7a) は、西山 (2003) のいう措定文であり、ここに現れる「画家」という名詞句は、叙述名詞句と呼ばれる*17。叙述名詞句は、世界のなかの対象を指示するわけではなく、むしろ (7a) の場合であれば、主語名詞句「太郎」が指示する対象に帰される属性を表している。(7a) を措定文として用いた場合、話し手が「画

家」という表現によってどの画家のことを指示しようとしているのかを問うことはナンセンスであろう。属性を表すという点で叙述名詞句は、「花子は健康だ」や「この花はきれいだ」における述語「健康だ」や「きれいだ」と同種の意味機能を担っているのである。叙述名詞句や形容詞が表す概念は、〈対象を指示する〉あるいは〈量化の範囲を限定する〉という対象志向的な機能をもつのではなく、むしろ、命題において何らかの対象に帰される属性として機能する。このように命題において属性として機能する概念のことを「属性概念（property concept）」と呼ぶ*18。

　ここで、指示的名詞句と叙述名詞句の違いは、名詞句そのものの特性ではなく、西山（2003）のいう名詞句が文中で果たす意味機能の違いである点に注意しよう*19。概念のレベルで言えば、対象志向的な概念と属性概念の違いは、概念そのもの特性ではなく、概念が命題のなかで果たす意味機能の違いに基づく。例えば、以下の（8a）と（8b）において、下線部の「フランス人」という名詞句そのものがコード化している《フランス人》という概念は、意味論的には1項述語として分析される概念である。

（8）a.　<u>フランス人</u>が訪ねてきた。（下線部：指示的名詞句）
　　 b.　ピエールは<u>フランス人</u>だ。（下線部：叙述名詞句）

（8a）では、名詞句「フランス人」は項位置に現れるがゆえ、指示的名詞句であり、したがって、それが表す概念は命題において対象志向的な概念として機能する。他方、（8b）では、名詞句「フランス人」は措定文の述語位置に現れるがゆえ叙述名詞句であり、したがってそれが表す概念は命題において属性概念として機能する。（6a）と（7a）における「画家」のケースも同様である。このように、ある概念Fが対象志向的な概念であるかそれとも属性概念であるかは、概念Fが命題のなかでどのような位置を占め、そこでどのような機能を果たすのかによって決まる。以下で提示したいのは、自由拡充が適用可能かどうかはこの意味での概念の意味機能に左右されるという仮説である。

第18章　自由拡充をどのように制約するか　525

3.2. 自由拡充への意味論的制約

これまでの例が示すように、対象志向的な概念に自由拡充を適用することは可能である。もう一度次の例で確認しておこう。

(9) a. <u>画家</u>がいなくなった。[= (6a)]
  b. 《画家がいなくなった》
   ⇒《[この村に住んでいる] 画家がいなくなった》

(9a) の下線部は指示的名詞句であり、それが表す概念《画家》は対象志向的な概念である。この場合、自由拡充によって［この村に住んでいる］という新たな要素を付加することができる。また、ここで自由拡充の操作は、概念を狭めるという効果、すなわち、概念をより特定化し、結果としてその外延を制限するという効果をもつことに注意してほしい。これまでに登場した名詞句の他の例においても、《[村上春樹がこれまでに書いた] 本》や《[次の横浜駅行きの] バス》のように、自由拡充がもたらす概念はいずれももとの概念を狭めている。

対象志向的な概念のケースとは異なり、叙述名詞句が表す属性概念に自由拡充を適用することは困難である。

(10) a. 太郎は<u>画家</u>である。[= (7a)]
  b. 《太郎は画家である》
   ⇏《太郎は [この村に住んでいる] 画家である》

(10a) は措定文であり、叙述名詞句「画家」が表す概念は属性概念として機能している。ここで、(10a) が表す字義通りの命題《太郎は画家である》は、聞き手に十分な情報を提供しないが、《[この村に住んでいる] 画家》のように概念を拡充すれば聞き手にとって十分な関連性をもち、かつ、[ ] 内の要素が聞き手に容易にアクセス可能であるようなコンテクストを想定することは可能であろう。しかし、そのようなコンテクストにおいても、(10a) の発話の表意を (10b) のように拡充して解釈することは困難である。

この場合、拡充された命題は字義通りの命題をその一部として含むことから、最小の言語的制約（MLC）を満たしている。したがって、2.3節の（5）に要約される標準的な文脈主義による自由拡充の捉え方に従えば、（10b）の形の属性概念の拡充が可能であることを誤って予測してしまう。

　以上の主張を補強する証拠として、自由拡充が生じるか否かがより鮮明に判別可能なケースを考えたい。最初に扱った（1a）の例において自由拡充が生じることは、その拡充によって命題の真理値が変化することから容易に見て取ることができる。すなわち、字義通りの《花子はすべての本を読んだ》という命題は明らかに偽であるが、拡充された《花子は［村上春樹がこれまでに書いた］すべての本を読んだ》という命題は真とみなしうる*20。同様に、属性概念に自由拡充が適用可能であるか否かをテストするため、もし属性概念への自由拡充の適用が可能であればそれにより真理値が変化するようなケースを考えてみよう。いま、ある二人の人物、例えば太郎と花子が市役所行きのバスを待っているという状況を考えよう。太郎はバスが近づいてきたのを見つけたが、そのバスが市役所行きのバスではないことに気づく。この状況で、（11a）を発話して（11b）の命題を花子に伝えるのは困難であろう。

（11）a.　あれはバスではない。
　　　b.　《あれは［市役所行きのバス］ではない》

花子の側から言えば、かりに太郎の発話の意図を察知したとしても、（11a）の発話の内容を（11b）のように解釈することは難しい。ここで注意すべきは、もし太郎の発話を（11b）のように解釈することができるならば、花子はその発話を真とみなすことが可能であり、したがって、その解釈には十分な語用論的動機があるという点である。しかしこの場合、太郎が指している対象はあくまでバスであるから、太郎による（11a）の発話が表す命題は偽であるとみなさざるを得ない。（11b）に示される形で属性概念に新たな要素を付加することは不可能なのである。

以上から、自由拡充に対しては以下のような意味論的制約（SC: Semantic Constraint）が課せられると考えるのが妥当である。

(12) 自由拡充への意味論的制約（SC）
    a. 自由拡充によって対象志向的な概念に新たな要素を付加することは可能である。
    b. 自由拡充によって属性概念に新たな要素を付加することは不可能である。
    c. 自由拡充は概念を狭めるという操作でなければならない。

2.3節で確認した標準的な文脈主義の見方によれば、自由拡充とは、最小の言語的制約（MLC）に反しないという条件のもとで、語用論的な理由に基づいて生じる操作であった。それによれば、MLCを満たし、かつ、適切な語用論的動機さえあれば、発話された文の論理形式においていかなる位置を占める要素に対しても自由拡充が生じうるはずである。本節で確認したことは、この標準的な見方が誤りであり、MLCに加えて、さらに（12）に要約される意味論的制約（SC）が自由拡充には課せられているということである。

3.3. 自由拡充の独立性と指標主義のさらなる問題

2節で見たように、表意の導出には、自由拡充以外にも、曖昧性除去、飽和化、アドホック概念構築といった他のタイプの語用論的な操作が関与する。自由拡充とは異なり、これらの語用論的な操作は属性概念にも適用されうる。曖昧性除去のケースは明らかであろうから、飽和化とアドホック概念構築の例を確認しておこう。

(13) a. 田中氏は議長です。《[この会議の] 議長》　　【飽和化】
    b. 花子は妹だ。《[太郎の] 妹》　　　　　　　　【飽和化】
(14) a. あいつは化け物だ。《化け物*》[cf.(2a)]
                                            【アドホック概念構築】
    b. 君は男だ。《男*》　　　　　　　　　　【アドホック概念構築】

528　V 名詞句の語用論的解釈

(13) と (14) の各例はいずれも措定文であり、下線部は叙述名詞句である。(13) では、叙述名詞句の位置に西山 (2003) の意味での非飽和名詞が現れている点に注意してほしい。これら非飽和名詞が表す概念は、《aの議長》や《aの妹》のようにスロットaを含んでおり、その値を飽和化によって埋めることで完全な命題を得ることができる。飽和化は論理形式の側から要求される操作であり、概念が対象志向的であるか否かにかかわらず適用可能である。(14) の各例は、アドホック概念構築によって属性概念の調整が行われる例である。例えば、勇敢な行動をとった人物を指して (14b) を発話した場合、叙述名詞句の位置に現れる「男」は、語彙概念をより狭めた概念を表すものとみなせる。このようにアドホック概念構築は、飽和化と同様に、概念が対象志向的であるか否かにかかわらず生じる操作である。

　また自由拡充とは対照的に、飽和化とアドホック概念構築は、叙述名詞句が否定のスコープ内に現れる場合でも適用可能であることに注意しよう。以下はいずれも措定文の否定形であり、下線部は叙述名詞句である。

(15) a.　田中氏は議長ではない。《[この会議の] 議長》【飽和化】
　　 b.　花子は妹ではない。《[太郎の] 妹》　　　　【飽和化】
(16) a.　あいつは人間ではない。《人間*》【アドホック概念構築】
　　 b.　君は男じゃない。《男*》　　　　【アドホック概念構築】

これらの例が示すように、飽和化とアドホック概念構築は、(11) の自由拡充のケースとは対照的に、否定のスコープ内であっても、(13) (14) と同様の仕方でそれぞれ適用することが可能である*21。

　以上のデータは、自由拡充とその他の語用論的操作が、「属性概念に適用可能であるか否か」という基準に基づいて区別されることを示している。このデータは同時に、標準的な文脈主義の立場だけでなく、指標主義の立場、すなわち、自由拡充を飽和化の一種として扱おうとする立場にとっても問題となる。2節で述べたように、指標主義を擁護する Stanley (2002a) の提案によれば、名詞句は

一般にその外延を制限する隠れた変項を伴っているとされる。すると、(17a)の措定文における叙述名詞句 *a painter* にもその外延を限定する変項 D が結びついていることになり、その結果、(17b)が示すような解釈が可能であることを誤って予測してしまう*22。

(17) a. John is a painter$_D$.
  b. John is a painter [living in this village].

つまり、Stanley（2002a）の提案する指標主義もまた、標準的な文脈主義と同様に、(17a)のような措定文に関して実際には存在しない読みを予測してしまい、その意味で記述的な妥当性を欠いているのである。

 同様の問題は、自由拡充というクラスの語用論的操作をアドホック概念構築（ないしそれに類する語用論的な操作）に還元しようとする立場においても生じる。例えば、Recanati（2004, 2011）は、関連性理論のいう自由拡充とアドホック概念構築の区別は明確なものではなく、したがって、発話が表す命題の構築にかかわる語用論的操作としては、曖昧性除去と飽和化に加えて、概念の調節（modulation）という操作さえ認めれば十分であるという可能性を示唆している。Recanati の提案に難点があることはすでに注 6 でもふれたが、自由拡充に対する意味論的な制約の存在はこの提案にさらなる問題を提起する。つまり、(10) と (11) が示すように属性概念に新たな要素を付け加えるのは不可能であるのに対して、(14) や (16) の各例が示すように属性概念を調整することは可能なのである。Recanati の提案では、この相違を説明するのが困難になるだろう。

 以上から、(12b) にある「属性概念に自由拡充という操作を適用することはできない」という制約の存在は、(i) 自由拡充を飽和化（変項への値の付与）に一元化しようとする試み、および、(ii) 自由拡充をアドホック概念構築（概念の調整）に一元化しようとする試みのどちらにも問題があることを示していると言える。自由拡充は、その適用可能性が概念の意味機能（すなわち、対象志向的で

あるか否か）に制約されている点に特殊性があり、それゆえ、飽和化およびアドホック概念構築とは独立の操作として認めなければならないのである。

3.4. 動詞句が表す概念に対する自由拡充

これまで名詞句の語用論的な解釈に注目してきたが、動詞句の解釈についても簡単にふれておきたい。Davidson（1967/1980）以来、広く哲学・言語学において支持されている見解によれば、動詞句は出来事（event）あるいは状態（state）への指示や量化を伴う表現として分析することができる*23。本章の用語を使えば、動詞句が表す概念は、指示的名詞句が表す概念と同様に、対象志向的な概念である。その証拠の一つに、動詞句が表す出来事や状態に対して照応代名詞による指示が可能であることが挙げられる。(18a)は出来事への照応的な指示を伴う例であり、(18b)は状態への照応的な指示を伴う例である*24。

(18) a.　Smith stabbed Jones. *It* happened at noon.
　　 b.　John was in the kitchen, but *it* didn't last long.

よって、対象志向的な概念に対して自由拡充が適用可能であるという（12a）の仮説が正しいとすれば、このような動詞句が表す概念に対しても自由拡充が生じるはずである。実際、2.1節で自由拡充の典型例として扱った（1c）における「太郎は［今日］昼食を食べていない」という例は、動詞句が表す概念に対する自由拡充の例とみなせる。この場合、《昼食を食べていない》という概念はある状態を表し、拡充された要素《今日》はその状態が成り立つ期間を時間的に限定している。また、以下の（19）の各例は、関連性理論の文献（例えばCarston 1988, 2002, 2004）でしばしば自由拡充の典型例として取り上げられるものであるが、これらも動詞句が表す対象志向的な概念に対する自由拡充の例とみなすことができる。

(19) a.　It's snowing [IN TOKYO] [AT TIME *t*].

第18章　自由拡充をどのように制約するか　531

b.　They married and [THEN] had many children.
　　c.　Mary took out her key and [THEN] opened the door [WITH THE KEY].

　それぞれ [ ] 内に示される要素は、実際に口にされなくとも、しかるべきコンテクストにおいて、表意に貢献しうる。これら拡充された要素は、出来事や状態を表す対象志向的な概念を、時間や場所、様態に関して限定している。(19b, c) では、連言 and の後に現れる動詞句が表す概念を限定するものとみなせる。なおここでも、「対象志向的な概念をより狭める」という (12c) の制約に沿った形で自由拡充が生じている点に注意してほしい。

3.5.　Hall による反論

　Hall (2008) は、関連性理論の標準的な見解を擁護して、自由拡充に対する新たな語用論的制約を立てることで、自由拡充の適用範囲を適切に制限しようと試みている。そのさい、Hall は、Nishiyama and Mineshima (2006) の議論に言及し、(12b) の制約に対する反例とされる事例を提示している。ここでは、Hall の議論の妥当性について検討したい。

　まず、Hall (2008: 431) は、十分な語用論的理由があったとしても、以下の (20a) を (20b) のように解釈することは不可能であることに同意する。

(20) a.　That guy is not a painter.
　　　　(あの男は画家ではない)
　　b.　THAT GUY IS NOT A PAINTER [LIVING IN THIS VILLAGE]
　　　　(あの男は [この村に住む] 画家ではない)

　ただし、Hall は、この例を以下の (21) の仮説と結びつけて議論し、この仮説に対する反例として後述の例を提示している。

(21) 不確定記述（すなわち、*a painter* のように不定冠詞を伴う名詞句）のような不定表現が表す概念に対して自由拡充が生じることはない。

しかし、Nishiyama and Mineshima（2006）は、(21) のような仮説は支持していない。本章のこれまでの論述からも明らかなように、(20) の例が提起する問題は、不確定記述ではなく叙述名詞句が表す概念に自由拡充が生じるか否かという問題である。ここで、名詞句が不確定記述であるかどうかは、その名詞句の形式（すなわち、不定冠詞を伴う形式であるかどうか）にのみ基づいて決まるのに対して、名詞句が叙述名詞句であるかどうかは、その名詞句が文中でどのような位置に現れるのか（特に、措定文の述語位置に現れるかどうか）にかかわる問題であることに注意してほしい。不確定記述と叙述名詞句では、そこで問題とされる現象が異なるのである。

実のところ、不定表現が指示的名詞句の位置（述語の項位置）に現れるケースを考えてみれば、(21) のような仮説が成り立たないことが分かる*25。

(22) a. A painter disappeared. [A PAINTER [LIVING IN THIS VILLAGE]]
b. She gave presents to some children but not to others. [SOME CHILDREN [AT THE PARTY]]

ここで、*a painter* と *some children* という不定名詞句は述語の項位置に出現しており、したがって西山（2003）の意味で指示的名詞句であることに注意しよう。この場合、それぞれの名詞句が表す概念が [ ] 内に示される形で拡充されるコンテクストを考えることは可能であろう*26。このデータは、(12) の仮説とは両立するが、(21) の仮説に対する明らかな反例を構成する。

さて、(21) の仮説が成り立たないことを確認した上で、Hall（2008）が指摘する事例が、(12) の仮説に対する反例であるかどうかを検討しよう。Hall（2008）が指摘する例とは、次のもので

ある。

(23) a. コンテクスト：ある学科のパーティーに教授と学生が参加している。教授たちはみな、別の大学の夜間クラスに通っており、よって彼らはみな学生でもある（またこのことは会話の参加者に知られているとする）。いま、パーティーの会場にいる人がこの学科の学生であるのか教授であるのかをみなが教え合っているという場面を考える。話し手はある教授を指して、次のb.のように発話する。
  b. 発話：He is not a student.

Hall（2008: 432）の議論は次のように進む。まず、(23a) のコンテクストにおいて、(23b) の発話を真とみなすことは可能である。しかし、もし (23b) の発話が以下の (24a) に示される字義通りの命題を表すならば、教授たちはみな夜間クラスに通っている学生でもあるという事実（及び、聞き手はそのことを承知しているという仮定）に基づいて、(23b) の発話を偽とみなさざるを得ない。

(24) a. HE$_i$ IS NOT A STUDENT
  b. HE$_i$ IS NOT A STUDENT [IN THIS DEPARTMENT]

Hallによれば、(23b) の発話を真とする直観は、この発話が (24b) のように拡充された命題を表すと想定することで自然に説明することができる。このことは、叙述名詞句が表す概念 STUDENT に自由拡充が適用可能であることを意味すると Hall は結論づける。

以上の議論の問題点は、(24b) の命題において新たに付け加えられた要素 [IN THIS DEPARTMENT] が、果たして属性概念 STUDENT に対する拡充であるのかどうかという点にかかわる*27。この要素は、(20b) において拡充された要素とは異なり、次のように文頭に置くことができる点に特徴がある。

534   V 名詞句の語用論的解釈

(25) In this department, he is not a student.

　この事実が示唆しているのは、[IN THIS DEPARTMENT] という要素を自由拡充によって付け加えることが可能であるとしても、この要素は（24b）の命題において、概念 STUDENT を限定しているわけではなく、むしろある種の副詞的な役割を果たしているのではないか、という可能性である。実は同様の例は、すでに西山・峯島（2006）、Nishiyama and Mineshima（2006, 2007a）でも論じられている。

(26) a.　私の妻は、[東京オリンピック当時] 小学生だった。
　　 b.　My husband is a gentleman [IN MY PARENT'S HOME].

(26a, b) の発話は、適切なコンテクストにおいて、[　] 内の要素を補って解釈することができる。この解釈は自由拡充によるものとみなすのが適切であろう。しかしこの場合、(27a, b) への言い換えが可能であることからも分かるように、[　] 内の要素は、《小学生》および GENTLEMAN という概念を限定しているわけではない。

(27) a.　東京オリンピック当時、私の妻は小学生だった。
　　 b.　In my parent's home, my husband is a gentleman.

むしろ意味的には、これら拡充された要素は、《小学生だった》および [is a gentleman] という、ある種の状態を表す概念に適用され、その状態をある期間や場面において成立するものとして限定していると見るのが妥当であろう。同様の説明は、(24b) のケースにも当てはまる。自由拡充によって加えられる [IN THIS DEPARTMENT] という要素は、STUDENT という概念を限定しているわけではなく、動詞句が表すある種の状態を限定する役割を果たしていると考えられる。以上から、Hall (2008) が提起した事例は、(12) の仮説に反するものではないと結論したい。

3.6. 情報構造に基づく制約の問題点

Hall（2008: 432）は、自由拡充を制約する語用論的原理として、「発話のコンテクストにおいて問われている情報（at-issue information）」という概念に基づいて、次の仮説を提案している*29。

(28) Hall の語用論的制約 (I)
 a. 発話のコンテクストにおいて問われている情報は、自由拡充によって表意に組み込むことができない。
 b. 発話のコンテクストにおいて問われていない情報（背景にある情報）は、自由拡充によって表意に組み込むことが可能である。

周知のように、「問われている情報」という概念は、様々な仕方で解釈することができる*29。Hall（2008）は、関連性理論の想定する語用論的プロセスの観点から (28) の制約が最終的に説明されるべきであると示唆するのみで、「問われている情報」という概念の明確な規定を与えていない。おそらく一つの自然な解釈は、「問われている情報」とは、発話のコンテクストで提起されている問い、すなわち、議論されている問い（QUD: Question under Discussion）に対する答えに当たる情報であり、「背景にある情報」とはそれ以外の情報であるという解釈であろう。しかしながら、このように解釈すると、Hall の仮説 (28) には明らかな反例が生じる。以下の例を見よう。

(29) QUD：〈花子はどうやってその扉を開けたのか〉
 発話：太郎が花子に鍵を渡し、花子が扉を開けた。
 表意：《花子は［太郎に渡された鍵で］扉を開けた》
(30) QUD：〈昨日の会合に誰が参加したのか〉
 発話：昨日の会合には画家が全員参加した。
 表意：《昨日の会合には［この村に住む］画家が全員参加した》

各例において、QUDに示される問いが提起されている場面でそれぞれの発話を行った時、その表意に［　］内の要素を組み込むことは可能であろう。これらは義務的な操作ではなく、自由拡充によるものであり、またいずれも対象志向的な概念に対する適用であるから、(12)の意味論的な制約とは整合的である。しかし、ここで新たに付加された［　］内の要素は、それぞれのQUDに対する答えに対応する部分となっている。よって、これは(28a)の制約に対する反例とみなすことができるだろう。

　また、これまでの議論をふまえれば、(28b)の制約に対する反例を見つけるのも難しくない。例えば、(7a)において取り上げた「太郎は画家である」という措定文の例では、〈太郎がこの村に住んでいる〉という情報がすでにコンテクストにおいて与えられているとしても、この情報を発話の表意に《太郎は［この村に住んでいる］画家である》という形で組み込むことは困難である（この点については注16も参照）。自由拡充に対する制約は、(12)に示されるような意味論的な概念を用いて定式化すべきであり、「問われている情報」といった情報構造に関する概念とは独立のものとみなすべきであろう。

4. 自由拡充の本性

　2節で述べたように、文脈主義的なアプローチが指標主義的なアプローチよりも魅力的である理由の一つは、なぜ自由拡充のような解釈が可能であるのかという問いについて、文の言語的意味を複雑化せずに、一般的な語用論的原理にのみ基づいて説明しようとしている点にある。自由拡充には意味論的な制約が課せられるべきだと主張する点で、われわれの立場は標準的な文脈主義の立場とは異なる。しかし、この主張には当然、指標主義が直面したものと同様の課題が待ちかまえている。もし(12)に要約される意味論的な制約 (SC) がそれ以上の説明なしに単に措定されたものならば、指標主義のアプローチと同様に、それは説明的な妥当性を欠いたものになってしまうだろう。以下では、概念の意味機能の違いが表意を

構築する認知的プロセスにどのような違いをもたらすのかを考察し、それにより、なぜ（12）のような意味論的制約が自由拡充の適用に課されているのかを明らかにしたい。

4.1. 自由拡充はどのように生じるのか

まず、対象志向的な概念に自由拡充が生じるケースを取り上げよう。具体例に基づいて考えたい。次のような場面を想像しよう。太郎は一匹の猫を飼っているが、その猫が最近姿を見せないことに気づいて、花子に（31a）のように言う。ここで花子は、太郎の発話を（31b）のように拡充して理解する。

(31) a. 猫がどこかへ行ってしまった。
　　 b. 《［太郎が飼っている］猫がどこかへ行ってしまった》

こうした自由拡充はどのようにして生じるのだろうか。ここには、以下のような要因が関与していると思われる。

まず、（31a）において、「猫」という名詞句は、西山（2003）の意味での指示的名詞句である。3.1節で述べたように、指示的名詞句が表す概念は、対象志向的な概念であり、それは典型的には、世界のなかの対象（個体）を指示するという機能をもつ。話し手が対象志向的な概念を表す表現を使用する時、そこには〈その表現によって話し手が問題にしている対象を（その表現が表す概念を手がかりに）聞き手に特定させる〉という、話し手の意図が関与している。例えば、太郎が（31a）を用いて（31b）の命題を花子に伝えようと意図する時、そこには当然、〈この「猫」という表現を用いて太郎が指示しようとしている対象は太郎が飼っている猫のことなのだ〉ということを花子に伝えようとする意図が関与している。このように、対象志向的な概念を表す表現（典型的には、指示的名詞句）の使用は、話し手の指示意図（referential intention）を伴うという点に特徴がある。

聞き手である花子の側では、太郎の発話を理解するために、「猫」という表現の使用に伴う太郎の指示意図、すなわち、「猫」という

表現によって太郎がどのような対象について話をしようとしているのかを(コンテクストで与えられた情報と整合的な仕方で)特定することが要求される。ここで、「話し手の指示意図を特定する」と言う時、必ずしも、聞き手の側で特定の指示対象の付与を行うことまで要求されるわけではない点に注意してほしい。もちろん、話し手が特定の対象を意図し、聞き手にその意図を明示した場合や、あるいは、指標詞のように言語的意味の側から指示対象の付与が要求される場合であれば、聞き手の側で、その表現によって話し手がどの対象を指示しようとしているのか特定することが求められる*30。しかし、そのような理由がなければ、聞き手の側で指示対象の付与を行う必要はない。

　さて、(31a)の発話に対する(31b)の解釈が成立する状況において、当然のことながら花子は、〈太郎が猫を飼っている〉ということを推論できる立場にいなければならない。典型的には、太郎が猫を飼っているということを花子はすでに知っているか、あるいは少なくとも、なにかその手がかりとなる情報、例えば、太郎はたくさんの動物をペットとして飼っているとか、あるいは単に太郎は動物が好きであるといった情報が花子の想定するコンテクストにおいて与えられている必要があるだろう*31。太郎は、花子がそのような推論を行ってくれることを期待して、「猫」という表現を選択する。ここで太郎が選択した表現は、太郎が意図した指示対象を一意的に特徴付けるような概念を表す完全な表現である必要はない。むしろ、花子の推論能力(すなわち、太郎が意図した対象がどのようなものであるのかを太郎が発したことばを手がかりに推論する能力)を前提にして、問題の対象を特徴付ける適度な情報さえ含んでいればよい。つまり、話し手が使用した表現は、話し手が意図した対象を聞き手が選び出すための手がかりの一つに過ぎないのである。

　聞き手である花子は、「猫」という指示表現を処理するさい、それがコード化がしている概念を読み取るだけでなく、太郎の指示意図を特定するのに十分な情報を提供するような概念を補う必要がある。つまり、花子はコンテクストを参照して、太郎が「猫」という表現で意図しているのは太郎が飼っている猫のことなのだと理解し、

［太郎が飼っている］という要素を（31b）のように補う必要がある。ここで提案したいのは、自由拡充という操作を、まさにこのような〈話し手の指示意図を特定するさいに生じるプロセス〉として捉え直すことである。また、話し手の指示意図を特定するという目的のためには、聞き手は、新たな概念を付け加えるという操作によって、より狭い適用範囲をもつ概念を構築する必要がある。つまり、聞き手に求められているのは、話し手の指示意図を特定するため、概念をより絞り込むことである。このことから、自由拡充という操作は、コード化された概念を狭めるものでなければならないという（12c）の制約が生じるものと考えられる。

　他方、属性概念を表す表現の場合はどうなっているのだろうか。「ティブルス」という名前の猫を飼っている太郎が以下のような文を使用する場面を考えよう。

(32) a.　ティブルスは猫だ。
　　 b.　猫のティブルスがどこかへ行ってしまった。

ここで、下線部の名詞句「猫」は叙述名詞句である。3.1節で述べたように、叙述名詞句が表す概念の機能は、対象を指示することではなく、むしろ、その概念（属性概念）を命題の他の部分で導入された対象に帰すことにある。(32a, b)では、下線部の叙述名詞句が表す《猫》という属性概念が、「ティブルス」の指示対象に帰されている。したがって、叙述名詞句や形容詞のような属性表現の使用は、指示的名詞句の場合とは異なり、話し手の指示意図を伴うわけではない。(32a, b)において、太郎が「猫」という表現によってどのような対象を指示しようとしているのかと問うことはナンセンスであろう（これは、「ティブルスはおとなしい」における形容詞「おとなしい」を使って話し手がどのような対象を指示しているのかと問うことが意味をなさないのと同様である）。よって、太郎は、指示対象にかかわる知識や推論能力を聞き手の側が発揮することを期待して「猫」という属性表現を選択するわけではない。また聞き手の側では、属性表現を処理するさい、話し手の指示意図を特

定するような推論を行うわけではなく、したがって、指示意図を特定するためのさらなる情報を与えるような要素を加える必要もない。

(32a, b)における「猫」という叙述名詞句を解釈するために聞き手が行わなければならないことは、「ティブルス」が指示する対象に太郎がどのような属性概念を帰すことを意図しているのかを特定することである。そのために求められることは、太郎が使用した「猫」という表現がコード化している概念を読み取ることであり、また必要であれば《猫》という概念にかかわる言語的・百科事典的知識が認める範囲内で何らかの概念の調整を行うことである。より一般には、話し手が意図した概念を聞き手が同定するさい、必要に応じて、曖昧性除去、飽和化、アドホック概念構築といった語用論的操作によって適切な概念を選択する必要がある。ただし、これは言語表現を処理するさい一般的に求められる作業であり、概念が対象志向的である場合にも要求されることである*32。

　もう少し広い視点から考えてみよう。話し手がある文を用いて命題を表現するという作業は、典型的には、指示表現を用いて（それが表す対象志向的な概念を介して）何らかの対象を指示し、また属性表現を用いてその対象に何らかの概念（属性概念）を帰すといった、その部分となる作業へと分解することができる。聞き手の側では、発話の表意、すなわち、話し手が発話によって表現しようと意図した命題を特定するために、話し手がどのような対象を指示しようと意図しているのか、また、その対象にどのような属性を帰すことを意図しているのかを特定する必要がある。ここで強調したいことは、このような指示意図を伴って使用される表現（すなわち、典型的には指示的名詞句）と指示意図を伴わずに属性を表すために使用される表現（すなわち、典型的には叙述名詞句）とでは、その解釈のさいに要する推論やそこに関与するコンテクスト情報は異なる、ということである。指示意図を伴う表現が使用された場合、聞き手の側では、その表現が表す概念（対象志向的な概念）に基づいて、話し手がどのような対象を指示しようとしているのかを特定する推論を行うことが求められる（また話し手の側では、聞き手がそのような対象にかかわる推論を行うことを期待して指示表現を選択す

る)。自由拡充とは、話し手の指示意図を特定する過程において、そこで用いられた概念（対象志向的な概念）をより限定するという操作として理解することができる。他方、属性表現の使用には、そのような指示意図は結びついていない。したがって、そこに自由拡充が生じる理由はないのである。

4.2. 語用論的操作の適用順序

ここで提案した自由拡充の捉え方をより明確にするために、様々な語用論的操作がどのような順序で適用されるのかについて、われわれが想定するモデルを示しておきたい。このモデルは、Nishiyama and Mineshima（2010）において提示されたものである。

このモデルによれば、表意を導出するという認知的プロセス全体を、二つの段階に分けることができる。第1の段階は、言語表現が表す概念を特定する段階であり、これを「概念決定プロセス」と呼ぶ。図1が示すようにこのプロセスに含まれるのは、曖昧性除去、飽和化、アドホック概念構築であり、これらは対象志向的な概念と属性概念のいずれに対しても生じるプロセスである。

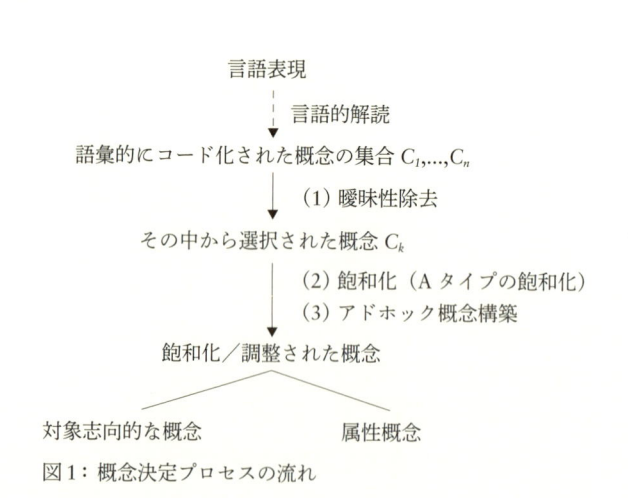

```
                    言語表現
                      │
                      │ 言語的解読
                      ▼
       語彙的にコード化された概念の集合 $C_1,...,C_n$
                      │
                      │ (1) 曖昧性除去
                      ▼
           その中から選択された概念 $C_k$
                      │
                      │ (2) 飽和化（Aタイプの飽和化）
                      │ (3) アドホック概念構築
                      ▼
               飽和化／調整された概念
                    ╱        ╲
          対象志向的な概念      属性概念
```

図1：概念決定プロセスの流れ

第2の段階は、概念決定プロセスの出力となる対象志向的な概念の指示対象を特定するプロセスであり、これを「指示対象決定プロセス」と呼ぶ。図2が示すように、自由拡充と指示対象の付与はこ

の第2の段階で適用される。このプロセスは、対象志向的な概念には適用されるが属性概念には適用されないという意味で、概念の意味機能に依存する語用論的プロセスであると言える。

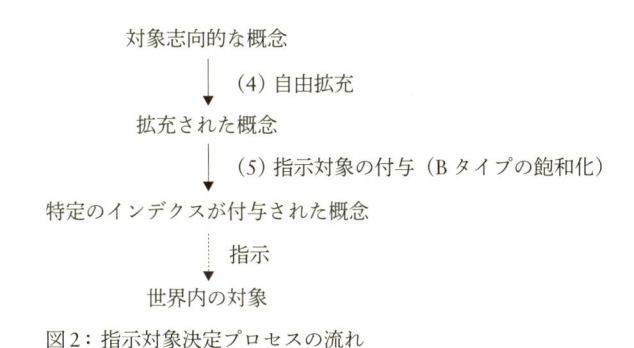

```
            対象志向的な概念
                ↓ （4）自由拡充
            拡充された概念
                ↓ （5）指示対象の付与（Bタイプの飽和化）
        特定のインデクスが付与された概念
                ⋮ 指示
            世界内の対象
```
図2：指示対象決定プロセスの流れ

　ここで、図1と図2において、飽和化（Aタイプの飽和化）と指示対象の付与（Bタイプの飽和化）をそれぞれ異なるプロセスとして扱った点に注意しよう。「飽和化」の典型例として2.2節で挙げた（3a）の例では、《彼女$_x$はあの日$_y$ここ$_z$で転んだ》という表示において、各指示表現が表す概念に伴われる自由変項（インデクス）に特定の対象を割り当てることが要求される*33。他方、(3b)の場合、《aの所長とRという関係にある本はϕするのに難しすぎる》という表示から完全な命題を得るため、まずa, R, ϕを埋める何らかの概念が補充される。つまり、(3b)のタイプの操作は、曖昧性除去やアドホック概念構築と同様に、概念決定プロセスの段階で適用される操作であるのに対して、(3a)のタイプの操作は、概念決定プロセスの終了後に、指示対象決定プロセスの一環として処理される操作とみなせる。図1と図2に示されるモデルでは、後者を「指示対象の付与（Bタイプの飽和化）」と呼び、前者のように概念の決定にかかわる「飽和化（Aタイプの飽和化）」から区別している。

5. 「過剰生成」の問題

5.1. Stanley の提起する問題

　2.3 節でふれたように、自由拡充を純粋に語用論的なプロセスと捉える文脈主義の考え方にとって問題となるのは、語用論的な考慮だけでは自由拡充を十分に制約することができず、実際にはありもしない解釈が存在すると誤って予測してしまうのではないかという点である。関連性理論を含む文脈主義の考え方がこのような「過剰生成（over-generation）」の問題をかかえているということを Stanley（2005: 225ff.）は次のような例に基づいて指摘する。

(33) a.　Every Frenchman is seated.
　　 b.　EVERY FRENCHMAN [IN THE CLASSROOM] IS SEATED
　　 c.　EVERY FRENCHMAN [OR DUTCHMAN] IS SEATED

　(33a) を発話することで (33b) の命題を表すことは可能であるが、(33c) の命題を表すことはおそらく不可能であろう。しかし、もし自由拡充が語用論的な原理にのみ制約されるプロセスだとしたら、(33c) の解釈がなぜ阻止されるか説明がつかなくなってしまう。つまり、表意を (33c) のように解釈してはじめて (33a) の発話が聞き手にとって関連性を有するようなコンテクストを想像することは可能であろう。Stanley は、ひとたび関連性理論の論者が提案する自由拡充のような純粋に語用論的プロセスを認めるならば、過剰生成の問題が生じ、現実にはあり得ない無数の解釈が存在することになってしまうと指摘する。実際、ある解釈が不可能であることを一般的な語用論的原理にのみ基づいて説明することは、非常に困難な課題であることが予想される。

　Stanley 自身が支持する指標主義の立場では、そもそも自由拡充という語用論的操作を認めないため、この種の「過剰生成」の問題は生じない。つまり、指標主義によれば、発話が表す命題に寄与する要素はみな論理形式に含まれる要素に遡ることが可能であり、この意味で発話が表す命題に影響を及ぼす語用論的操作は論理形式に

統制されるものとみなされる。しかし、すでに 2.2 節で述べたように、隠れた変項を設定するという指標主義のアプローチでは、「なぜ (33b) のような解釈が可能であるのに対して、(33c) の解釈が不可能であるのか」という疑問に対して、説明的な解答を与えているわけではない。さらに、3.3 節で指摘したように、Stanley (2002a) の理論では、叙述名詞句が関与するケースでは誤った予測を与えてしまうという問題もある。

　われわれの立場は、自由拡充という語用論的操作（つまり、論理形式に新たな要素を付加するという操作）の存在を認めるという点で、広い意味では文脈主義の側に立つ。しかし、(12) に要約される自由拡充に対する意味論的な制約（SC）を認めるという点で、標準的な文脈主義の立場とも異なる見解をもつ。さらに、前節でやや詳しく論じたように、この意味論的制約は、単に措定されたものではなく、むしろ概念の意味機能に基づいて説明されるべき原理である。

　この意味論的制約は、Stanley の「過剰生成」の問題に比較的シンプルな解決を与える。(33b) で新たに加えられた概念［IN THE CLASSROOM］は、概念 FRENCHMAN を狭めるものであるのに対して、(33c) の場合、［OR DUTCHMAN］は、FRENCHMAN を緩めるものになっている*34。(12c) の制約は、まさにこのような解釈を排除するものである。つまり、(33c) の解釈は、〈概念を狭めることで話し手が問題にしている対象を特定化する〉という自由拡充の役割に沿ったものではないのである。こうして、われわれの制約は、(33b) の解釈が可能であるが (33c) のような解釈が不可能であることを正しく予測することができる。

5.2. Hall による「過剰生成」問題への語用論的アプローチ

　Hall (2006, 2008) は、Stanley (2005) の「過剰生成」の問題を取り上げ、標準的な関連性理論の立場を擁護して、(33c) のような解釈は純粋に語用論的な考慮に基づいて排除されると主張している。Hall によれば、論理形式の発展形となっていれば原理的に

はいかなる形で自由拡充を適用することも可能である。しかし、他の語用論的プロセスと同様に、自由拡充を適用するにはそれに相応の見返り（関連性理論のいう認知効果）がなければならない。こうした語用論的な考慮にのみ基づいて自由拡充は適切に制約されるとHallは主張する。以下では、このHallの提案の妥当性を検討する*35。

まず、Hall（2006: 78ff.）は、おおよそ以下のような原則に基づいて自由拡充が語用論的に制約されるとする議論を展開している。

(34) Hallの語用論的制約（II）
与えられた前提よりも情報の少ない命題（弱い命題）を導出するような語用論的推論は、それを行う動機を欠いており、したがって一般に阻止される。

(33a)の発話が（33c）を表意として伝えることはないと結論するHall（2006: 78-79）の議論は、次のようにまとめることができる。

A1. (33a) から（33c）への推論は、選言 or の導入を伴う。
A2. 選言 or の導入において、結論となる命題 P or Q は、前提となる命題 P よりも弱い（情報が少ない）命題である。
A3. 語用論的推論を行うには、その処理コストをかけるに値する十分な動機が存在しなければならない（もしそのような動機がないならば、語用論的推論は端的に生じない）。
A4. 与えられた前提よりも情報の少ない命題（弱い命題）を導く推論は、その処理コストをかける動機を欠いている。
A5. したがって、(33a) から（33c）への推論は阻止される。

この説明でまず問題となるのは、A1における「選言 or の導入」という概念である。関連性理論で扱われる標準的な意味での「or の導入」とは、次のような形の推論規則であることに注意してほしい（Sperber and Wilson 1986/95: 96）。

546　V　名詞句の語用論的解釈

(35) orの導入
　　　前提：P　　　結論：$P\,or\,Q$

つまり、orの導入とは、命題Pを前提とし、そこに任意の命題Qを選言肢として加え、$P\,or\,Q$という形の命題を結論として導く推論である。しかし、(33c)の命題では、選言が主語名詞句の内部に埋め込まれている。さらに、ここで意図された読みのもとでは、(33c)の命題を以下のような命題の選言の形に言い換えることができない点に注意しよう。

(36) Every Frenchman is seated or every Dutchman is seated.

つまり、(33c)の命題は、orの導入の結論となる$P\,or\,Q$という命題的な選言の形には合致していないのである。したがって、(33a)から(33c)への推論は(35)の意味での「orの導入」の例とみなすことはできない。

ここで、A1における「orの導入」を次のような意味での「orによる拡充」とみなすべきだと考えられるかもしれない。

(37)「orによる拡充」とは、任意の命題Pを前提とし、Pの構成要素であるAを$A\,or\,B$と置き換えて得られる命題を結論とする推論である。Aを構成要素として含む命題を$P(A)$と表すならば、次のようになる。
　　　前提：$P(A)$　　　結論：$P(A\,or\,B)$

これにより、(33a)から(33c)への推論は「orによる拡充」の事例となり、先ほどの議論A1とA2のステップは、次の形に置き換えられる。

A1'. (33a)から(33c)への推論は、選言orによる拡充を伴う。
A2'. 選言orによる拡充において、結論となる命題$P(A\,or\,B)$は、前提となる命題$P(A)$よりも弱い（情報が少ない）命題で

ある。

　しかし、このA2'に対しては、明白な反例が存在する。いま問題にしている（33a）と（33c）が典型的な反例である。（33a）が字義通りに意味する［EVERY FRENCHMAN IS SEATED］という命題は、このFRENCHMANという概念を［FRENCHMAN OR DUTCHMAN］によって置き換えて得られる（33c）の命題を含意するが、その逆方向の含意関係は成り立たない。命題Pが命題Qよりも強い（情報が多い）ということの一般的な規定によれば、PがQを含意し、かつ、QがPを含意しない時、すなわち、PからQへの一方向の含意関係のみが成立する時、PはQよりも強い命題である。この規定を受け入れるなら、結論となる（33c）の命題は、前提である（33a）の命題よりも強い命題（情報をより提供する命題）であることになり、これはA2'に反する[*36]。つまり、Hallの説明は、A1とA2をA1'とA2'に置き換えたとしても、やはり選言的要素による「過剰生成」の問題を回避することができないのである。

　また、Hallの議論のA4のステップをこのままの形で受け入れることもできない。今度は、（33a）と（33b）を比較しよう。（33a）が字義通りに意味する命題は《あらゆるフランス人が座っている》という命題であるから、これは問題となっているフランス人の範囲をより限定した（33b）の命題を一方向的に含意する。つまり、（33b）は（33a）よりも弱い命題を表す。しかし、事実としては、（33a）の発話から（33b）を表意として導くことは可能である[*37]。要するに、A4の主張に反して、与えられた前提よりも情報の少ない命題（弱い命題）を導くような語用論的プロセスがありうるのである。したがって、Hallの議論におけるA1は維持できず、A4にも一般性が欠けることから、（34）は妥当な制約とはいえない。このように、自由拡充に対する語用論的制約の試みは成功しているとはいえず、（12）のような意味論的制約が不可欠なのである。

6. むすび

　文脈主義の考え方によれば、発話で用いられた文の言語的意味表示（論理形式）はしばしば断片的なものであり、発話者が伝えようとしている命題（表意）を不完全に提示するものでしかない。聞き手が発話の表意を特定するには、見かけ以上に複雑で膨大な語用論的操作が要求される。Carston（2002: 19-20）は、この主張を「言語的決定不十分性のテーゼ（The Linguistic Underdeterminacy Thesis）」と呼び、関連性理論を含む文脈主義の中心的な主張として位置づけている。

(38) 言語的決定不十分性のテーゼ
　　　文Sの言語的意味は、Sの発話が表す命題を完全に決定するわけではない。発話が表す命題を特定するには語用論的な推論が必要とされる。

本章の中心的な課題は、表意の構築に関与する語用論的操作のなかでも、近年の論争で争点となっている自由拡充に焦点を当て、この操作がどのように生じるのか、またそこには言語的意味の側からいかなる制約が課せられているのかを検討することであった。
　関連性理論に代表されるこれまでの文脈主義の考え方によれば、自由拡充は、表意の輪郭に過ぎない論理形式に自由に新たな要素を付け加える操作として捉えられる。そしてこの操作は、もっぱら語用論的な考慮によって制約される。つまり、話し手が伝達しようと意図し、また聞き手にとって十分な関連性をもつような命題が得られるところまで論理形式に肉付けをするという考え方である。しかしこの考え方では、事実に反して、叙述名詞句が表すような属性概念に肉付けすることが可能であることを予測してしまう。また、Stanley（2002b, 2005）のような指標主義の論者が指摘する自由拡充の「過剰生成」の問題を、純粋に語用論的な原理にのみ依拠して回避するのは難しい。
　自由拡充として問題にされてきた現象を正しく理解するには、自

由拡充が適用される概念の意味機能に注目することが不可欠である。3節では、西山（2003）における指示的名詞句と叙述名詞句の区別に基づいて、概念のレベルにおいて、指示や量化という形で世界内の対象に関与する概念（対象志向的な概念）とそれ自体として対象に関与せず命題において属性として機能する概念（属性概念）とを区別した。この区別は、自由拡充に対する記述的に妥当な制約（すなわち、3.2節の（12）に要約される自由拡充の意味論的制約）を定式化するために不可欠のものであり、また、4節で論じたように「なぜこのような形で自由拡充が生じるのか」という説明の要求に答えるための鍵となる区別でもある。

　本章で提案した考え方によれば、自由拡充の役割は、〈聞き手にとって十分な関連性をもつ命題が得られるまで論理形式に肉付けをする〉という従来の捉え方よりも特定的なものである。すなわち、自由拡充は、〈話し手がその表現を用いてどのような対象について話をしているのか〉という話し手の指示意図を特定するさいに生じる語用論的な操作として捉え直すべきである。もちろん、この操作の出力となる表意（および、その過程で構築される命題）が十分な関連性をもつのかどうかといった考慮は、関連性理論が想定するような語用論的原理に制約されていると言える。しかし、自由拡充を直接的に駆動するのは、概念が命題において果たす意味機能に即した語用論的考慮、すなわち、話し手がその概念を表す表現を用いて何を指示しようと意図し、またそこで聞き手の側にいかなる推論が要求されるのか、といった考慮である。自由拡充の適切な説明のためには、表意を決定するプロセス全体を命題を構成する概念を特定するプロセスに分解し、そのプロセスをそれぞれの概念の意味機能に基づいて分析するという視点が不可欠なのである。

　Carston（2002）は、「決定不十分性のテーゼ」が指示的表現だけでなく、属性や関係を表す表現にも当てはまることを強調している。

(39) ……自然言語の表現は、それを用いて指示しうる対象を一意的に決定しないだけでなく、それを用いて対象に述語付

けられる属性や関係をも本来的に十分に決定しないと考えられる。　　　　　　　　　　　　　　　（Carston 2002: 40）

　特にアドホック概念構築が属性や関係として機能する概念にも適用されるという点を考慮すると、(39)の主張は部分的には正しい*38。しかし、本章の議論が正しいならば、自由拡充は属性概念に適用不可能であるという点で異なるふるまいを示すのである。「決定不十分性のテーゼ」を支持する現象として取り上げられてきた多様な現象は、(i) 語用論的な操作の種類、ならびに、(ii) その操作が適用される概念の特性と意味機能に応じて、より詳細に分析される必要がある。またそのためには、問題となる表現や構文に適切な意味論的分析を与えておくことが重要である。

　西山（2003）における名詞句の意味論研究がもたらしたのは、例えば同じ「画家」という名詞句でも文中でのその位置に応じて異なる意味機能を果たすという観点である。すなわち、概念のレベルで言えば、論理形式を単なる概念の配列と見るのではなく、そのなかで概念が果たす意味機能（すなわち、指示や量化のような対象志向的な機能を果たしているのか、あるいは属性として機能しているのか）に注目するという観点である。ただし、西山（2003）が考察した名詞句の意味機能は、〈対象（個体）を指示する〉という機能や〈属性を表す〉という機能に限られるわけではない。とりわけ、本書第IV部の主題でもある「変項名詞句」はそのどちらとも異なる意味機能を担う表現であり、それが表す概念にいかなる語用論的操作が関与しうるのかについてはさらなる検討が必要である。いずれにせよ、西山（2003）で展開された言語表現が文中で果たす意味機能に着目するという観点は、文の論理形式の解明という意味論内部の問題にとどまらず、表意の構築における意味論と語用論の役割ならびに語用論的推論に関する基本想定について再考する上でも重要であり、またそこには今後考えるべき問題が豊富に含まれていると言うべきであろう。

*1　自由拡充の例としてしばしば関連性理論の論者によって取り上げられる現象として、この他にもいわゆる文断片的な発話（subsentential utterance）と呼ばれるものがある。例えば、(i) のような文断片を発話することで [　] 内の命題を伝えることができるという現象である。

　　　(i)　From France.［THIS WINE IS FROM FRANCE］

この現象の扱いについても指標主義的な見方と文脈主義的な見方のあいだで論争があるが文断片的発話にはそれ固有の複雑さがあるため、(1) の各例が提起する問題とはひとまず別の問題として扱いたい。また、(1a) や (1b) のような名詞句に対する文脈的な限定は、言語哲学においてラッセルの記述理論の文脈で Strawson (1950) 以来問題にされてきた、いわゆる「不完全な確定記述」の問題 (cf. Neale 1990: 93-102) と重なり、またより一般には、「量化子の領域制限」として問題にされてきた現象 (Stanley and Szabó 2000) でもある。本章で提示する見方が正しいならば、これら名詞句（特に確定記述や量化表現）の問題として言語哲学で伝統的に論じられてきた現象は、動詞句が文脈的に限定される (1c) のようなケースを含む、より一般的な現象として捉えるべきである。

*2　関連性理論の考え方全般について詳しくは、Sperber and Wilson (1986/1995^2)、Carston (2002, 2004)、Wilson and Sperber (2002) を参照。

*3　「拡充」という操作を別の仕方で捉えようとする見方もある。Neale (2004: 121) の提案によれば、拡充とは実際に発話された自然言語の表現（例えば、(1a) における「すべての本」）を別の表現（例えば、「村上春樹がこれまでに書いたすべての本」）に移しかえるという操作であり、その別の表現とは、「話し手がより明示的に話すことを求められたなら使ってもおかしくはないような表現」のことである。本文で前提にした関連性理論の考え方では、自由拡充とは論理形式という概念表示（心的表示）のレベルで生じる操作であるのに対して、Neale の見解によればそれはむしろ自然言語の表現レベルで生じる操作であるという点に違いがある（Neale は、この種の表現レベルでの「拡充」という操作を、統語論で論じられる削除現象とは注意深く区別している。）関連性理論の見解と Neale の見解が実質的にもたらす違いについては、Elbourne (2008) の議論も参照。以下本文では、関連性理論の見解を自由拡充の「標準的な捉え方」として議論を進める。ただし、3 節で指摘する標準的な捉え方の問題点は、Neale の見解にも当てはまる一般的な問題である。

*4　文脈主義の代表的な論者としては、Carston (1988, 2000, 2002, 2004)、Bezuidenhout (2002)、Recanati (2004, 2011)、Neale (2000, 2004)、Sperber and Wilson (1986/1995^2)、Wilson and Sperber (2002) などを挙げることができる。なお Carston (2007) は、関連性理論の立場を他の文脈主義の立場とは区別して、プラグマティシズム（Pragmaticism）と呼ぶことを提案しているが、ここではその違いに立ち入らず、自由拡充という語用論的操作を認める立場のことを文脈主義と呼ぶ。

*5　例えば、関連性理論の文献でも、Sperber and Wilson (1986/1995^2)、Carston (2002) による分類では、本章でいう自由拡充とアドホック概念構築はともに「拡充（enrichment）」と呼ばれ、同じタイプの操作として扱われて

いる。4つのタイプの語用論的操作の分類を比較的明確に提示しているのは、Carston（2004）である。ただし、西山・峯島（2006）、Nishiyama and Mineshima（2006, 2007a）は、Carston（2004）による分類基準にも不備があり、アドホック概念構築として分類されるべき現象が自由拡充の例として扱われるケースがあることを指摘している。

＊6　自由拡充とアドホック概念構築の区別を示すさらなる例として、自由拡充の例としてしばしば取り上げられる次の例を考えよう。

　　　(i)　Mary took out her key and opened the door [WITH THE KEY].
　　　　　（メアリは鍵をとって、[その鍵で] 扉を開けた。）

ここで、[　] に示される要素は、実際に口にされなくとも、文脈的に補って解釈するのが自然である。これは自由拡充の典型例である。この例についてRecanati（2004: 25）は、扉を開けた手段を表す [　] 内の要素には、理論的に2通りの分析が可能であると言う。一つは、(i) で示したように、[WITH THE KEY] という要素を自由拡充によって論理形式に新たに加えられた要素とみなすという見方である。もう一つは、一般的な概念 OPEN に対して、アドホック概念構築（特に、概念を狭めるという操作）によって、[OPEN WITH THE KEY] という概念、つまり《鍵で開ける》というより特定的な概念を導出するという見方である。しかし、Carston（2007: 46）も正しく指摘するように、(i) の発話で意図された解釈を得るために、聞き手は、"Mary took out her key" の部分で導入されたまさにその特定の鍵によって Mary が扉を開けたということを推論しなければならない。われわれの用語を使えば、概念 OPEN に関する語彙的・百科事典的な知識に基づいて、[OPEN WITH KEY]（鍵で開ける）という一般的なアドホック概念を構築することは可能であるとしても、[OPEN WITH THE KEY]（その鍵で開ける）という特定の対象への指示を含む概念を、概念 OPEN に関する一般的な知識にのみ基づいて予測することはできないのである。したがって、われわれの基準では、(i) における [OPEN WITH THE KEY] は、アドホック概念構築ではなく、むしろ自由拡充の結果であるとみなす必要がある。

＊7　指標主義を擁護する代表的な論者としては、Stanley（2000, 2002a, 2002b, 2005）、Stanley and Szabó（2000）、King and Stanley（2005）などが挙げられる。

＊8　自然言語の述語の解釈を何らかのインデックスに相対化させるという考え方は、多くの論者が採用するものである。例えば、Kuroda（1982）は、名詞句に限らず動詞や形容詞も含めた述語一般を、状況を値とするインデックスに相対化させることを提案している。また現在の形式意味論においても、述語が世界や状況、時点を値とするインデックスを伴うという考え方は、広く受け入れられているものである。以下本章の指標主義に対する反論は、こうした考え方にも部分的に当てはまるものである。先取りになるが、本章の議論のポイントは、述語の解釈が文脈依存的であるという論点は非常に広い意味では正しいにしろ、文脈依存性にいくつかのタイプがあることを区別すべきであり、また、より重要なことは、(1) の各例が示すような文脈依存性は、述語そのものではなく、むしろ述語が文中で果たす機能に由来する、というものである。

＊9　文脈主義的観点からの指標主義の批判としては、Bach（2000）、Carston

(2002)、Neale（2000, 2004)、Recanati（2004)、Wilson and Sperber（2002)、Hall（2008）を参照。3.3 節では、Stanley の指標主義の立場に対するさらなる反論を提示する。

*10　飽和化を要求する「所長」のようなタイプの名詞句は、西山（2003）のいう「非飽和名詞」である。「非飽和名詞」について詳しい議論は、本書第Ⅰ部を参照のこと。

*11　これは、「言語的意味を必要以上に増やしてはいけない」という、Grice（1989: 47ff.）のいう Modified Occam's Razor と呼ばれる原則である。この原則については、本書第Ⅴ部第16章（梶浦論文）の議論も参照。

*12　この種のいわゆる「最小労力ストラテジー（the least effort strategy)」という考え方に基づく表意の具体的な構築手続きについては、Wilson and Sperber（2002: 606-619)、Carston（2002: 142-145）などを参照。

*13　ここで、それぞれの概念には、それが個体概念であるのか１項の概念であるのか等々の意味論的なタイプが指定されていると想定している。なお、この種の制約は明示的に言及されることはまれであるが、自由拡充を認める立場では前提されていると考えられる。Recanati（2011: 11, fn.9）はこの種の制約の存在を示唆している。

*14　MLC に関連する議論として、本書第Ⅴ部第16章（梶浦論文）の6.2節も参照のこと。

*15　本節で述べる自由拡充に対する意味論的制約は、Nishiyama and Mineshima（2005）において提示され、Nishiyama and Mineshima（2006, 2007a, 2007b, 2010)、西山・峯島（2006)、今井・西山（2012: 第6章5節）において、さらに詳しく論じられている。

*16　もちろん、(6a) の発話に対する (6b) の解釈が成立するには、「画家」という表現によって話し手が問題にしている人物がこの村に住む人物であることを聞き手が推論できるという状況でなければならない。しかし、(7a) の場合、主語名詞句「太郎」によって話し手が問題にしている人物がその村に住む人物であることを聞き手が推論できたとしても、(7a) の発話が表す命題を (7b) のようにふくらませて理解することは不可能であろう。発話によって伝えられるのはあくまで《太郎は画家である》という命題である。ただし、聞き手の側では、その発話を処理した後に、《太郎はこの村に住んでいる》という情報と合わせて、《太郎はこの村に住む画家である》という命題にたどりつくことはありうる。しかし、この命題を発話の表意と混同してはならない。発話の表意とそこから得られるさらなる文脈的含意の区別については、西山・峯島（2006）も参照。

*17　措定文の特徴付けについては、本書第Ⅱ部第9章（西川論文）も参照のこと。また、「AはBだ」という形の文（コピュラ文）がつねに措定文として解釈されるわけではなく、他にも指定文、倒置指定文、同定文、同一性文など、意味論的に区別すべきいくつかの構文があることに注意が必要である。措定文と指定文の区別については、本書Ⅱ部総論を参照してほしい。また、同定文については本書第Ⅳ部第12章（熊本論文）に関連する議論がある。コピュラ文全般の詳しい分析は、西山（2003）を参照のこと。

*18　英語の場合、名詞句は典型的には、"a/every/some painter" のように、決

554　Ⅴ　名詞句の語用論的解釈

定詞（determiner）を伴う形で現れる。「決定詞＋N」という形の表現が述語の項の位置に現れる時、Nが表す概念を対象志向的な概念という。一方、この形の名詞句が叙述名詞句の位置（すなわち、措定文 "A is B" におけるBの位置）に現れる時、Nが表す概念は属性概念である。ただし、叙述名詞句の位置に出現可能なのは、"a painter" や "the painter" という形のいわゆる記述句だけであり、"every painter" のような量化表現は、措定文の叙述名詞句の位置に現れないことが知られている（Williams 1983: 425-6、Doron 1988: 297-299、Fara 2001: 17-18）。

(i) * John is every painter from New York.

よって、"every N" という名詞句において、Nが表す概念は、本文で定義した意味においてつねに対象志向的であると言うことができる。

*19 言い換えれば、指示的名詞句であるか叙述名詞句であるかは、名詞句の文中での現れ（occurrence）がもつ特性である。

*20 この場合、拡充される要素は、否定のスコープや全称量化の制限部を典型とする、いわゆる下方含意文脈（downward entailing context）に現れている。下方含意文脈とは、概念のレベルで定式化すれば以下のようになる。CとC'を概念とし、C'の外延はCの外延の部分集合であるとする。Cを含む命題φ(C) がC'を含む命題φ(C') を含意する時、Cは命題φ(C) において下方含意文脈に現れるという。以下本文で論じるテストは、属性概念が下方含意文脈に現れるケースに基づくものである。

*21 Bach (2001: 262) は、非字義的な解釈をもつ文として以下のような例に言及している。

(i) Dr. Atkins is not [what I would describe as] a physician but a quack.
（アトキンス博士は、医者［と言えるようなもの］ではなく、偽の医者だ）

この文は措定文であり、"a physician"（医者）は叙述名詞句である。われわれの基準に従えば、この［　］内の要素は、自由拡充によってPHYSICIANという属性概念に外的に付与されたものではない。むしろ、この解釈は［TRUE PHYSICIAN］とでも表現されるものであり、これは話し手の語彙的・百科事典的知識が予測する範囲内で、アドホック概念構築によって、語彙概念PHYSICIANを調整することによって得られたものとみなすのが適切であろう。また、酒井 (2012) は、以下の (ii-a) のようなトートロジーを有意味な命題として解釈するメカニズムについて論じるさい、この文を (ii-b) のように解釈する見解を検討している。

(ii) a. ねずみを捕らない猫は猫ではない。
b. ねずみを捕らない猫は真の猫ではない。

酒井 (2012: 130) は、西山・峯島 (2006) に言及しつつ、もし (ii-b) のような解釈が存在するとしたら、それは自由拡充によるものであると示唆している。しかし、本章および西山・峯島 (2006) の分類では、《真の猫》という解釈は、自由拡充によるものではなく、むしろアドホック概念構築のケースとみなすべきである。つまりこれは、《猫》という概念を一般性をもつ概念の範囲内で調整した結果得られるものであって、自由拡充のように外的に新たな要素を付け

加えて得られるものではないと考えられる。
*22 この説明は、Stanley (2002a) の提案を簡略化したものであるが、オリジナルの提案との違いは、ここでの論点には影響しない。
*23 Davidson (1967/1980) は、行為を表す動詞は、出来事への存在量化を伴う表現として分析されると論じた。この考え方はその後、Parsons (1990) らによって、状態を表す動詞を含む動詞一般へと拡張されている。
*24 他に動詞句が出来事や状態への指示（量化）を伴うという考え方を支持する議論については、Higginbotham (2000) を参照。(18b) は、Higginbotham (2000: 56) による。
*25 (22b) の例は、Robyn Carston (p.c.) による。
*26 "an F" という形式の不確定記述が自由拡充のような語用論的解釈を許容するのかについては、Bach (2000)、Stanley and Szabó (2000) における議論も参照のこと。
*27 Nishiyama and Mineshima (2010) では、Hall のデータを説明する別の案として、ここで問題となっている STUDENT という概念が、CHAIRMAN（議長）や ENEMY（敵）のようにスロットを一つ含む非飽和概念であるのか、それとも、PAINTER（画家）のようにスロットを含まない飽和概念であるのかで曖昧ではないかという可能性を指摘した。前者の場合、(24b) の表意は、(24a) のような論理形式から自由拡充ではなく飽和化によって派生されたことになり、(12b) の仮説の反例とはならない。
*28 Hall (2006) はこの他にも自由拡充を制約する語用論的制約を提案している。その妥当性については 5 節で検討する。
*29 いわゆる「新情報」と「旧情報」、「焦点」と「前提」といった情報構造にかかわる概念の規定にまつわる問題については、西山（1979）を参照。
*30 (31a) の発話で聞き手の花子に指示対象の付与が要求されるのは、典型的には、直示的な用法のケース、つまり、目の前から逃げていく猫を指して太郎が (31a) を発話した場合や、あるいは、Donnellan (1966) の意味での「指示的用法」のケース、つまり、太郎が特定の猫を念頭において、その猫のことを問題にしているという意図を花子にも分かるように (31a) を発話した場合である。
*31 とりわけ、不定名詞句や動詞を使用する時、話し手は通常、そこで導入しようと意図している対象（個体）についてそれがどのようなものであるのかを聞き手がすでに知っているということを想定するわけではない。むしろ、コンテクストにある情報、例えば話し手と聞き手が知覚的に共有している状況や先行談話で与えられた情報などに基づいて、その状況で導入された対象について聞き手が適切に推論することを期待する。「雨が降っている」という発話を即座に《[東京で] 雨が降っている》と理解し、「鍵が置いてあったので、金庫を開けた」という発話を《[その鍵で] 金庫を開けた》と自然に理解することができるのは、こうした特定の状況で導入される対象について推論する能力に基づくものと考えられる。
*32 2 節および第 V 部総論で説明されているように、曖昧性除去と飽和化は言語的に要請されるプロセスである。またアドホック概念構築は、話し手が使用することができる言語表現と話し手が有する概念とのあいだにずれがあるこ

とから不可避的に生じるプロセスであり、これは概念が命題において果たす機能とは独立の考慮によるものと思われる。アドホック概念が要請される理由については、Sperber and Wilson（1998）の議論も参照のこと。

＊33　ここでは、「彼女」「ここ」のような指標的表現に対応する概念が（論理形式を構成する心的表示のレベルで）存在すると想定している。詳しい議論は、Carston（2002: 78-83）を参照。

＊34　なお、(33b, c) の命題において概念 FRENCHMAN は対象志向的な概念として機能している。注18を参照。

＊35　以下この節の内容は、Nishiyama and Mineshima（2010）の議論に基づく。Hall（2008: 447）はまた、Stanley（2002b）が提起した連言にかかわる「過剰生成」の問題についても、独立の語用論的原理により回避することができると論じている。この Hall の連言のケースの扱いが技術的困難をかかえていることは、Nishiyama and Mineshima（2010）で詳しく論じられている。

＊36　より一般的にいえば、全称量化の制限部や否定のスコープのような下方含意文脈に現れる要素に対して「orによる拡充」を適用すると、より強い命題が得られる。

＊37　また、アドホック概念構築によって、概念を緩める場合、例えば、《太郎の顔は正方形だ》という命題から、概念《正方形》を緩めて、《太郎の顔は正方形*だ》という命題を導く場合、当然、前者の命題は後者の命題を一方向的に含意することになる。これもまた、「情報がより多い命題／強い命題」という概念を通常の含意関係で規定するという前提のもとで、A4に対する反例とみなすことができる。詳しい議論は、Nishiyama and Mineshima（2010）を参照。

＊38　この引用の箇所で Carston が取り上げているのは、"I'm tired"（疲れている）や "The table was covered with butter"（そのテーブルはバターに覆われている）といった例における「疲れている」が表す属性（どのくらい疲れているのか）や「覆われている」が表す関係（どの程度覆われているのか）がコンテクストに応じて調整されるケースである。これらは本章の分類ではアドホック概念構築の例である。

第18章　自由拡充をどのように制約するか　557

参考文献

※ [　] 内はその文献が参照されている本書章番号などを表す

Abbott, Barbara. (1993) A Pragmatic Account of the Definiteness Effect in Existential Sentences. *Journal of Pragmatics* 19: pp.39-55. [11章]
Akmajian, Adrian. (1979) *Aspects of the Grammar of Focus in English*. New York: Garland Publishing. [II部総論, 9章]
Allerton, David J. (2003) Postnominal *Of*-phrases in the English NP. Basle: Universität Basel ms. [10章]
Bach, Kent. (2000) Quantification, Qualification and Context: A Reply to Stanley and Szabó. *Mind and Language* 15: pp.262-283. [18章]
Bach, Kent. (2001) Speaking Loosely: Sentence Nonliterality. *Midwest Studies in Philosophy* XXV: pp.249-263. [18章]
Baker, Carl Lee. (1968) *Indirect Questions in English*, Doctoral dissertation, University of Illinois. [12章, 13章]
Barwise, Jon and John Perry. (1983) *Situations and Attitudes*. Cambridge, MA: The MIT Press. [12章]
Bezuidenhout, Anne. (1997) Pragmatics, Semantic Underdetermination and the Referential/Attributive Distinction. *Mind* 106: pp.375-409. [12章]
Bezuidenhout, Anne. (2002) Truth-conditional Pragmatics. *Philosophical Perspectives* 16: pp.105-134. [18章]
Carston, Robyn. (1988) Implicature, Explicature, and Truth-theoretic Semantics. In Ruth M. Kempson. (ed.) *Mental Representations: The Interface between Language and Reality*, pp.155-181. Cambridge: Cambridge University Press. [18章]
Carston, Robyn. (2000) Explicature and Semantics. *UCL Working Papers in Linguistics* 12: pp.1-44. [18章]
Carston, Robyn. (2002) *Thoughts and Utterances: The Pragmatics of Explicit Communication*, Oxford: Blackwell Publishing.（カーストン・ロビン　内田聖二・西山佑司・武内道子・山﨑英一・松井智子訳 (2008)『思考と発話─明示的伝達の語用論』研究社） [16章, 18章]
Carston, Robyn. (2004) Relevance Theory and the Saying/Implicating Distinction. In Laurence R. Horn and Gregory Ward. (eds.) *The Handbook of Pragmatics*, pp.633-656, Oxford: Blackwell Publishing. [18章]
Carston, Robyn. (2007) How Many Pragmatic Systems Are There? In María José Frápolli. (ed.) *Saying, Meaning and Referring: Essays on François*

Recanati's *Philosophy of Language*, pp.18-48. New York: Palgrave Macmillan. [18章]
Carston, Robyn. (2008) Linguistic Communication and the Semantics/Pragmatics Distinction. *Synthese* 165: pp.321-345. [18章]
Chomsky, Noam. (1972) *Studies on Semantics in Generative Grammar*. The Hague: Mouton. [4章]
鄭聖女・黒川尚彦 (2012)「現代日本語における「人がある」存在文の成立条件」『待兼山論叢（日本学篇）』46: pp.1-22. 大阪大学文学会. [11章]
Croft, William. (1990) *Typology and Universal*. Cambridge: Cambridge University Press. [4章]
Davidson, Donald. (1967/1980) The Logical Form of Action Sentences. Reprinted in Donald Davidson. *Essays on Actions and Events*, pp.105-122, Oxford: Clarendon Press. (デイヴィドソン・ドナルド　服部裕幸・柴田正良訳 (1990)『行為と出来事』勁草書房) [18章]
de Swart, Henriëtte. (2001) Weak Readings of Indefinites: Type-shifting and Closure. *The Linguistic Review* 18: pp.69-96. [11章]
Declerck, Renaat. (1988) *Studies on Copular Sentences, Clefts and Pseudoclefts*. Leuven: Leuven University Press. [7章, II部総論, 12章]
Donnellan, Keith S. (1966) Reference and Definite Descriptions. *The Philosophical Review* 75: pp.271-304. (ドネラン・キース　荒磯敏文訳 (2013)「指示と確定記述」松阪陽一編訳『言語哲学重要論文集』pp.91-129, 春秋社) [IV部総論, 12章, 14章, 18章]
Doron, Edit. (1988) The Semantics of Predicate Nominals. *Linguistics* 26: pp.281-301. [18章]
Elbourne, Paul. (2008) The Argument from Binding. *Philosophical Perspectives* 22: pp.89-110. [18章]
Falkum, Ingrid L. (2007) Generativity, Relevance and the Problem of Polysemy. *UCL Working Papers in Linguistics* 19: pp.205-234. [V部総論, 16章, 17章]
Fara, Delia Graff. (2001) Descriptions as Predicates. *Philosophical Studies* 102: pp.1-42. [18章]
Fauconnier, Gilles. (1985/1994^2) *Mental Spaces*, Cambridge, MA: The MIT Press. [IV部総論]
Fodor, Jerry A. and Lepore, Ernest. (1998) The Emptiness of the Lexicon: Reflections on James Pustejovsky's 'The Generative Lexicon'. *Linguistic Inquiry* 29: pp.269-288. [V部総論, 17章]
Givón, Talmy. (2001) *Syntax: An Introduction*. 2 vols. Amsterdam: John Benjamins. [15章]
Gregory, Michelle L. and Laura A. Michaelis. (2001) Topicalization and Left-dislocation: A Functional Opposition Revisited. *Journal of Pragmatics* 33 (1): pp.1665-1706. [15章]
Grice, Paul. (1989) *Studies in the Way of Words*. Cambridge, MA: Harvard University Press. (グライス・ポール　清塚邦彦訳 (1998)『論理と会話』

勁草書房） [16章, 18章]
Grimshaw, Jane.（1979）Complement Selection and the Lexicon. *Linguistic Inquiry* 10: pp.279-326. [13章, 14章]
Gundel, Jeanette K.（1977）Where do Cleft Sentences Come from? *Language* 53: pp.543-559. [12章, 13章]
Gundel, Jeanette K.（1985）'Shared Knowledge' and Topicality. *Journal of Pragmatics* 9（1）: pp.83-107. [15章]
Gundel, Jeanette K.（1999）Topic, Focus, and the Grammar-pragmatics Interface. In Jim Alexander, Na-Rae Han, and Michelle Minnick Fox.（eds.）*Proceedings of the 23rd Annual Penn Linguistics Colloquium. Penn Working Papers in Linguistics* 6（1）: pp.185-200. [15章]
Gundel, Jeanette K. and Thorstein Fretheim.（2004）Topic and Focus. In Laurence R. Horn and Gregory Ward.（eds.）*The Handbook of Pragmatics*, pp.175-196. Oxford: Blackwell Publishing. [15章]
Gundel, Jeanette K. and Thorstein Fretheim.（2009）Information Structure. In Frank Brisard, Jan-Ola Östman, and Jef Verschueren.（eds.）*Grammar, Meaning and Pragmatics*, pp.146-160. Amsterdam: John Benjamins. [15章]
Haiman, John.（1985）*Natural Syntax: Iconicity and Erosion.* Cambridge: Cambridge University Press. [4章]
Hall, Alison.（2006）Free Enrichment or Hidden Indexicals? *UCL Working Papers in Linguistics* 18: pp.71-102. [18章]
Hall, Alison.（2008）Free Enrichment or Hidden Indexicals? *Mind and Language* 23: pp.426-456. [V部総論, 18章]
長谷川ユリ（1993）「話しことばにおける「無助詞」の機能」『日本語教育』80: pp.158-168. 日本語教育学会. [15章]
橋本進吉（1935）『新文典別記上級用』冨山房. [9章]
速川浩（1953）「助詞は、がの英語學的考察」『人文研究』5: pp.31-52. 小樽商科大学. [9章]
Heim, Irene.（1979）Concealed Questions. In Rainer Bäuerle, Urs Egli, and Arnim von Stechow.（eds.）*Semantics from Different Points of View*, pp.51-60. Berlin: Springer-Verlag. [13章, 14章]
Heim, Irene and Angelika Kratzer.（1998）*Semantics in Generative Grammar.* Oxford: Blackwell Publishing. [3章, 9章, 16章]
Higginbotham, James.（2000）On Events in Linguistic Semantics. In James Higginbotham, Fabio Pianesi, and Achille C. Varzi.（eds.）*Speaking of Events*, pp.49-79. New York: Oxford University Press. [18章]
Higgins, Francis Roger.（1979）*The Pseudo-cleft Construction in English.* New York: Garland Publishing. [II部総論, 9章, 12章]
Hoji, Hajime.（1985）*Logical Form Constraints and Configurational Structures in Japanese.* Ph. D. dissertation, University of Washington. [15章]
本多啓（2005）『アフォーダンスの認知意味論―生態心理学からみた文法現象』

東京大学出版会. [15章]
堀川智也（2012）『日本語の「主題」』ひつじ書房. [9章]
飯田隆（2001）「日本語形式意味論の試み（3）―取り立てと否定」『飯田隆研究室』慶應義塾大学.〈http://phil.flet.keio.ac.jp/person/iida/〉2013.2.8 [9章]
飯田隆（2002）「存在と言語―存在文の意味論」中川純男編『西洋精神史における言語観の諸相』pp.5-30. 慶應義塾大学言語文化研究所. [11章]
今井邦彦・西山佑司（2012）『ことばの意味とはなんだろう―意味論と語用論の役割』岩波書店. [1章, 6章, 7章, 10章, 11章, IV部総論, 12章, 13章, 14章, 15章, V部総論, 16章, 18章]
井元秀剛（2004）「スペースと名詞句解釈」言語文化共同研究プロジェクト2003『言語における時空をめぐってII』pp.1-12. 大阪大学言語文化部・大阪大学大学院言語文化研究科. [IV部総論]
井元秀剛（2006）「コピュラ文をめぐる名詞句の意味論と語用論」『シュンポシオン―高岡幸一教授退職記念論文集』pp.13-22. 朝日出版. [IV部総論]
井上優（2010）「体言締め文と「今日はいい天気だ」構文」『日本語学』29（11）: pp.58-67. 明治書院. [5章]
庵功雄（1995）「語彙的意味に基づく結束性について―名詞の項構造との関連から」『現代日本語研究』2: pp.85-102. 大阪大学現代日本語学講座. [1章, 2章, 8章]
庵功雄（2007）『日本語におけるテキストの結束性の研究』くろしお出版. [1章]
加賀信広（1997）「数量詞と部分否定」廣瀬幸生・加賀信広『指示と照応と否定』pp.91-178. 研究社. [11章]
影山太郎（2002）「語彙と文法」斎藤倫明編『朝倉日本語講座4 語彙・意味』pp.170-190. 朝倉書店. [4章]
影山太郎（2004）「軽動詞構文としての「青い目をしている」構文」『日本語文法』4（1）: pp.22-37. 日本語文法学会. [5章]
影山太郎（2005）「辞書的知識と語用論的知識―語彙概念構造とクオリア構造の融合にむけて」影山太郎編『レキシコンフォーラムNO.1.』pp.65-101. ひつじ書房. [V部総論, 17章]
Kajiura, Kyohei. (2011) Adjective, Event and Sloppy Reading. Paper presented at the Fifth International Conference on Formal Linguistics, Guanzhou. [16章, 17章]
Kajiura, Kyohei. (2012) Adjective and *Ad Hoc* Concepts. Paper presented at Interpreting for Relevance: Discourse and Translation 6, Warsaw. [16章]
神尾昭雄（1983）「名詞句の構造」井上和子編『講座現代の言語1 日本語の基本構造』pp.77-126. 三省堂. [5章]
上林洋二（1988）「措定文と指定文―ハとガの一面」『文藝言語研究 言語篇』14: pp.57-74. 筑波大学文芸・言語学系. [II部総論, 9章]
上林洋二（2000）「固有名の意味論」『文教大学文学部紀要』14（1）: pp.44-53. 文教大学. [9章]
Karttunen, Lauri. (1976) Discourse Referents. In James D. McCawley. (ed.)

Syntax and Semantics 7: Notes from the Linguistic Underground, pp.363–386. New York: Academic Press. ［15章］
加藤重広（1997）「ゼロ助詞の談話機能と文法機能」『富山大学人文学部紀要』27: pp.19–82．富山大学人文学部． ［15章］
加藤重広（2003）『日本語修飾構造の語用論的研究』ひつじ書房． ［2章，6章］
加藤重広（2010）「日本語の連体修飾表現の類型と特性」上野善道編『日本語研究の12章』pp.151–164．明治書院． ［2章］
菊地康人（1990）「「XのYがZ」に対応する「XはYがZ」文の成立条件―あわせて、〈許容度〉の明確化」『文法と意味の間―国広哲弥教授還暦退官記念論文集』pp.105–132．くろしお出版． ［9章，10章］
菊地康人（1995）「「は」構文の概観」益岡隆志・野田尚史・沼田善子編『日本語の主題と取り立て』pp.37–69．くろしお出版． ［9章］
金智賢（2009）「現代韓国語の談話における無助詞について―主語名詞句を中心に」『朝鮮学報』210: pp.37–84．朝鮮学会． ［15章］
King, Jeffrey and Jason Stanley. (2005) Semantics, Pragmatics, and the Role of Semantic Content. In Zoltan G. Szabó. (ed.) *Semantics versus Pragmatics*, pp.111–164. New York: Oxford University Press. ［18章］
金水敏（2002）「存在表現の構造と意味」近代語学会編『近代語研究』11: pp.473–493．武蔵野書院． ［III部総論］
金水敏（2006）『日本語存在表現の歴史』ひつじ書房． ［III部総論, 11章］
岸本秀樹（2012）「日本語コピュラ文の意味と構造」影山太郎編『属性叙述の世界』pp.39–67．くろしお出版． ［6章］
岸本秀樹・影山太郎（2011）「存在と所有の表現」影山太郎編『日英対照 名詞の意味と構文』pp.240–269．大修館書店． ［11章］
北原保雄（1984）『日本語文法の焦点』教育出版． ［11章］
国立国語研究所（1951）『現代語の助詞・助動詞』秀英出版． ［7章］
Koya, Itsuki. (1992) *Subjecthood and Related Notions: A Contrastive Study of English, German and Japanese*. Basle: Birkhäuser Verlag. ［7章］
小屋逸樹（1995）「コピュラ文の意味構造―『指定』と『措定』の概念をめぐって」慶應義塾大学法学研究会編『教養論叢』99: pp.23–54．慶應義塾大学法学研究会． ［7章］
小屋逸樹（2003）「もう一つのコピュラ文―状態措定文とウナギ文の分析」『慶應義塾大学言語文化研究所紀要』35: pp.43–67．慶應義塾大学言語文化研究所． ［7章］
小屋逸樹（2005）「指示性と主語性―コピュラ文の文法関係」『慶應義塾大学言語文化研究所紀要』36: pp.121–139．慶應義塾大学言語文化研究所．
［7章，10章］
小屋逸樹（2011）「固有名とカキ料理構文」『慶應義塾大学言語文化研究所紀要』42: pp.265–287．慶應義塾大学言語文化研究所． ［10章］
久保田一充（2012）「「息子は明日運動会がある」構文―「予定」を表す「象は鼻が長い」構文の変種」『日本語文法』12 (2): pp.196–212．日本語文法学会． ［11章］
工藤真由美（2000）「否定の表現」金水敏・工藤真由美・沼田善子『日本語の

文法2　時・否定と取り立て』pp.93–150. 岩波書店. 　　　　　　　　[9章]

Kumamoto, Chiaki. (1993) The Referential/Attributive Distinction and the Classification of Copular Sentences. 福岡言語学会編『言語学からの眺望』pp.175–189. 九州大学出版会. [12章]

熊本千明（1995）「同定文の諸特徴」『佐賀大学教養部研究紀要』27: pp.147–164. 佐賀大学教養部. [7章, 12章]

熊本千明（2001）「リスト存在文の解釈について」『佐賀大学文化教育学部研究論文集』22: pp.1–14. 佐賀大学文化教育学部. [III部総論, 11章]

熊本千明（2005）「存在文と指定文の接点をめぐって」『九州英文学研究』6 (1): pp.111–127. 日本英文学会九州支部. [III部総論, 11章]

熊本千明（2006）「指定文と提示文の特徴について」『佐賀大学文化教育学部研究論文集』10 (2): pp.117–129. 佐賀大学文化教育学部. [10章]

Kumamoto, Chiaki. (2011) The Attributive Use and the Semantic Functions of Whoever-clauses.『佐賀大学文化教育学部紀要』15 (2): pp.175–187. 佐賀大学文化教育学部. [12章]

Kuno, Susumu. (1973) The Structure of the Japanese Language. Cambridge, MA: The MIT Press. [11章]

久野暲（1973）『日本文法研究』大修館書店. [II部総論, 9章, 11章, 15章]

久野暲・高見健一（2004）『謎解きの英文法—冠詞と名詞』くろしお出版. [11章]

黒田航（2009）「名詞の非飽和性はどんな特性として定義されるべきか」黒田航『黒田航のその他の仕事』⟨http://www.hi.h.kyoto-u.ac.jp/~kkuroda/others.html⟩ 2013.2.25 [I部総論]

Kuroda, Shige-Yuki. (1982) Indexed Predicate Calculus, Journal of Semantics 1: pp.43–59. [18章]

黒崎佐仁子（2003）「無助詞文の分類と段階性」『早稲田大学日本語教育研究』2: pp.77–93. 早稲田大学大学院日本語教育研究科. [15章]

黒崎佐仁子（2007）「話題提示に見られる無助詞文の条件—ニュース見出しを中心として」『早稲田大学日本語教育学』1: pp.67–80. 早稲田大学大学院日本語教育研究科・早稲田大学日本語教育研究センター. [15章]

楠本徹也（1992）「ゼロ格の確立」『日本語教育学会1992年度春季大会予稿集』pp.179–184. 日本語教育学会. [15章]

Lakoff, George. (1970) A Note on Vagueness and Ambiguity. Linguistic Inquiry 1 (3): pp.357–359. [16章]

Lambrecht, Knud. (1994) Information Structure and Sentence Form: Topic, Focus, and the Mental Representations of Discourse Referents. Cambridge: Cambridge University Press. [1章, 15章]

Lambrecht, Knud. (2001) Dislocation. In Martin Haspelmath, Ekkehard König, Wulf Oesterreicher, and Wolfgang Raible. (eds.) Language Typology and Language Universals: An International Handbook Vol. II, pp.1050–1078. Berlin: Walter de Gruyter. [15章]

Larson, Richard. (1998) Events and Modification in Nominals. In Devon Strolovitch and Aaron Lawson. (eds.) Proceedings of SALT 8, pp.145–

168. [17章]

Lumsden, Michael.（1988）*Existential Sentences: Their Structure and Meaning*. London: Routledge. [III部総論]

丸谷才一（1986）『桜もさよならも日本』新潮社. [11章]

丸山直子（1995）「話しことばにおける無助詞格成分の格」『計量国語学』19(8)：pp.365-380. 計量国語学会. [15章]

丸山直子（1996）「助詞の脱落現象」『月刊言語』25(1)：pp.74-80. 大修館書店. [15章]

益岡隆志・田窪行則（1992）『基礎日本語文法—改訂版』くろしお出版. [2章, 7章, 11章]

三上章（1953）『現代語法序説—シンタクスの試み』刀江書院（復刊1972、くろしお出版）. [4章, 9章, 11章, 15章]

三上章（1955）『現代語法新説』刀江書院（復刊1972、くろしお出版）. [9章]

三上章（1960）『象は鼻が長い—日本文法入門』くろしお出版. [4章, 9章, 15章]

三上章（1963）『文法教育の革新』くろしお出版. [9章]

Milsark, Gary L.（1974）*Existential Sentences in English*, Ph. D. dissertation, MIT. [III部総論, 11章]

Milsark, Gary L.（1976）Toward an Explanation of Certain Peculiarities of the Existential Construction in English. *Linguistic Analysis* 3 (1)：pp.1-29. [III部総論]

峯島宏次（2007）「指定疑問文に還元することができないタイプの潜伏疑問文について」（2007年6月25日、慶應義塾大学大学院における西山ゼミ発表原稿） [13章]

Mineshima, Koji.（2013）*Aspects of Inference in Natural Language*, Ph. D. dissertation, Keio University, Tokyo. [V部総論]

三矢重松（1908）『高等日本文法』明治書院. [9章]

三宅知宏（1995）「日本語の複合名詞句の構造—制限的／非制限的連体修飾節をめぐって」『現代日本語研究』2：pp.49-66. 大阪大学現代日本語学講座. [2章]

三宅知宏（2000）「名詞の「飽和性」について」『国文鶴見』35：pp.89-79. 鶴見大学日本文学会. [1章, 3章, 4章, 9章]

森田良行（2007）『助詞・助動詞の辞典』東京堂出版. [7章]

村木新次郎（1983）「「地図をたよりに、人をたずねる」という言いかた」渡辺実編『副用語の研究』pp.267-292. 明治書院. [1章]

Muromatsu, Keiko.（1997）Two Types of Existentials: Evidence from Japanese. *Lingua* 101：pp.245-269. [III部総論]

Neale, Stephen.（1990）*Descriptions*. Cambridge, MA: The MIT Press. [18章]

Neale, Stephen.（2000）On Being Explicit. *Mind and Language* 15：pp.284-294. [18章]

Neale, Stephen.（2004）This, That, and the Other. In Marga Reimer and Anne Bezuidenhout.（eds.）*Descriptions and Beyond*, pp.68-182. Oxford: Oxford University Press. [18章]

西川賢哉（2006）「もう一つの日本語存在文」『日本言語学会第133回大会発表

予稿集』pp.123–128. [11章]
西川賢哉（2008）「「象は鼻が長い」構文の意味構造について」（未公刊論文）. [11章]
西川賢哉（2010）「大島資生（2010）の批判的検討」第14回慶應意味論・語用論研究会ハンドアウト（2010年5月30日）. [10章]
西川賢哉（2011）「「太郎が調べている（洋子の）電話番号」の意味機能について」第22回慶應意味論・語用論研究会ハンドアウト（2011年2月27日）. [14章]
西山佑司（1979）「新情報・旧情報という概念について」『科学研究費研究報告：日本語の基本構造に関する理論的・実証的研究』（研究代表者：井上和子）pp.127–151. [18章]
西山佑司（1985）「措定文・指定文・同定文の区別をめぐって」『慶應義塾大学言語文化研究所紀要』17: pp.135–165. 慶應義塾大学言語文化研究所.
 [7章, 10章]
西山佑司（1988）「指示的名詞句と非指示的名詞句」『慶應義塾大学言語文化研究所紀要』20: pp.115–136. 慶應義塾大学言語文化研究所. [IV部総論]
西山佑司（1990a）「コピュラ文における名詞句の解釈をめぐって」『文法と意味の間―国広哲弥教授還暦退官記念論文集』pp.133–148. くろしお出版.
 [IV部総論]
西山佑司（1990b）「「カキ料理は広島が本場だ」構文について―飽和名詞句と非飽和名詞句」『慶應義塾大学言語文化研究所紀要』22: pp.169–188. 慶應義塾大学言語文化研究所. [1章, 3章, 8章, 10章, IV部総論]
西山佑司（1992）「役割関数と変項名詞句―コピュラ文の分析をめぐって」『慶應義塾大学言語文化研究所紀要』24: pp.193–216. 慶應義塾大学言語文化研究所. [IV部総論]
西山佑司（1994）「日本語の存在文と変項名詞句」『慶應義塾大学言語文化研究所紀要』26: pp.115–148. 慶應義塾大学言語文化研究所. [III部総論, 11章]
Nishiyama, Yuji. (1997) Attributive Use and Non-referential NPs. In Masatomo Ukaji, Toshio Nakao, Masaru Kajita, and Shuji Chiba. (eds.) *Studies in English Linguistics: A Festschrift for Akira Ota on the Occasion of his Eightieth Birthday*, pp.752–767. Tokyo: Taishukan Publishing Company. [IV部総論, 12章, 14章]
西山佑司（2000）「二つのタイプの指定文」山田進・菊地康人・籾山洋介編『日本語　意味と文法の風景―国広哲弥教授古稀記念論文集』pp.31–46. ひつじ書房. [IV部総論]
西山佑司（2001）「ウナギ文と措定文」『慶應義塾大学言語文化研究所紀要』33: pp.109–146. 慶應義塾大学言語文化研究所. [7章]
西山佑司（2002）「自然言語の二つの基本構文―コピュラ文と存在文の意味をめぐって」中川純男編『西洋精神史における言語観の諸相』pp.31–71. 慶應義塾大学言語文化研究所. [III部総論, 11章]
西山佑司（2003）『日本語名詞句の意味論と語用論―指示的名詞句と非指示的名詞句』ひつじ書房.
　　　［I部総論, 1章, 2章, 3章, 4章, 5章, 6章, 7章, 8章, II部総論, 9章, 10章, III部総論,

11章, IV部総論, 12章, 13章, 14章, 15章, 16章, 18章]

西山佑司（2004）「名詞句の意味と連体修飾」『日本語学』23（3）: pp.18–27. 明治書院. [6章]

西山佑司（2005a）「絶対存在文と帰属存在文の解釈をめぐって」『慶應義塾大学言語文化研究所紀要』36: pp.161–178. 慶應義塾大学言語文化研究所. [III部総論]

西山佑司（2005b）「コピュラ文の分析に集合概念は有効であるか」『日本語文法』5（2）: pp.74–91. 日本語文法学会. [IV部総論]

西山佑司（2006）「コピュラ文の分析に「役割-値」概念は有効であるか」『慶應義塾大学言語文化研究所紀要』37: pp.45–88. 慶應義塾大学言語文化研究所. [IV部総論, 14章]

西山佑司（2007）「名詞句の意味機能について」『日本語文法』7（2）: pp.3–19. 日本語文法学会. [9章, 13章]

西山佑司（2009）「コピュラ文、存在文、所有文―名詞句解釈の観点から（上）（中）（下）」『月刊言語』38（4）: pp.78–86, 38（5）: pp.66–73, 38（6）: pp.8–16. 大修館書店. [III部総論, 11章, IV部総論]

西山佑司（2010）「名詞句研究の現状と展望」『日本語学』29（11）: pp.4–14. 明治書院. [2章]

西山佑司（2011）「二重存在文について」第21回慶應意味論・語用論研究会ハンドアウト（2011年1月22日）. [14章]

Nishiyama, Yuji and Kyohei Kajiura. (2011) Ambiguity, Explicature and "Sloppy Readings". Paper presented at 12th International Pragmatics Conference, Manchester. [16章]

Nishiyama, Yuji and Koji Mineshima. (2005) Semantic Constraints on Free Enrichment. Paper presented at the 9th International Pragmatics Conference, Riva del Garda, Italy. [V部総論, 18章]

西山佑司・峯島宏次（2006）「叙述名詞句と語用論的解釈―自由拡充プロセスにたいする意味論的制約をめぐって」飯田隆編『西洋精神史における言語と言語観―継承と創造』pp.21–50. 慶應義塾大学言語文化研究所. [V部総論, 18章]

Nishiyama, Yuji and Koji Mineshima. (2006) Property Expressions and the Semantics-Pragmatics Interface. Paper presented at the 3rd Łódź Symposium: New Developments in Linguistic Pragmatics. Łódź, Poland, 2006. [18章]

Nishiyama, Yuji and Koji Mineshima. (2007a) Property Expressions and the Semantics-Pragmatics Interface. In Piotr Cap and Joanna Nijakowska. (eds.) *Current Trends in Pragmatics*, pp.130–151, Newcastle: Cambridge Scholars Publishing. [V部総論, 18章]

Nishiyama, Yuji and Koji Mineshima. (2007b) Contextualism and Indexicalism: The Pragmatics of Predicate Nominals. Paper presented at the 10th International Pragmatics Conference, Göteborg, Sweden. [V部総論, 18章]

Nishiyama, Yuji and Koji Mineshima. (2010) Free Enrichment

and the Over-Generation Problem. In Ewa Wałaszewska, Marta Kisielewska-Krysiuk, and Agnieszka Piskorska. (eds.) *In the Mind and Across Minds: A Relevance-Theoretic Perspective on Communication and Translation*, pp.22-42. Newcastle: Cambridge Scholars Publishing. ［V部総論, 18章］

丹羽哲也（1989）「無助詞格の機能―主題と格と語順」『国語国文』58（10）: pp.38-57. 京都大学文学部国語学国文学研究室. ［15章］

丹羽哲也（2003）「「XはYがZ」構文の意味構造について」『大阪市立大学大学院文学研究科紀要　人文研究言語文化学篇　国語国文学・中国学』54（4）: pp.57-75. 大阪市立大学大学院文学研究科. ［9章］

丹羽哲也（2004a）「名詞句の定・不定と「存否の題目語」」『国語学』55（2）: pp.1-15. 国語学会. ［IV部総論］

丹羽哲也（2004b）「コピュラ文の分類と名詞句の性格」『日本語文法』4（2）: pp.136-152. 日本語文法学会. ［IV部総論］

丹羽哲也（2006）『日本語の題目文』和泉書院. ［7章, 15章］

野田尚史（1996）『「は」と「が」』くろしお出版. ［9章, 10章, 15章］

奥津敬一郎（1978）『「ボクハウナギダ」の文法』くろしお出版. ［7章］

小野尚之（2005）『生成語彙意味論』くろしお出版. ［V部総論, 17章］

小野尚之（2009）「日本語連体修飾節への語彙意味論的アプローチ」由本陽子・岸本秀樹編『語彙の意味と文法』pp.253-272. くろしお出版. ［4章, 17章］

尾上圭介（1996）「主語にハもガも使えない文について」日本認知科学会第13回大会ワークショップ「日本語の助詞の有無をめぐって」口頭発表資料. ［15章］

尾上圭介（2004）「主語と述語をめぐる文法」尾上圭介編『朝倉日本語講座6　文法II』pp.1-57. 朝倉書店. ［9章］

大島資生（2003）「連体修飾の構造」北原保雄編『朝倉日本語講座5　文法I』pp.90-108. 朝倉書店. ［I部総論］

大島資生（2010）『日本語連体修飾節構造の研究』ひつじ書房. ［I部総論, 2章］

大谷博美（1995）「ハとガとφ―ハもガも使えない文」宮島達夫・仁田義雄編『日本語類義表現の文法（上）単文編』pp.287-295. くろしお出版. ［15章］

Parsons, Terence. (1990) *Events in the Semantics of English*. Cambridge, MA: The MIT Press. ［18章］

Partee, Barbara H. (1989/2004) Binding Implicit Variables in Quantified Contexts. Reprinted in Barbara H. Partee. *Compositionality in Formal Semantics: Selected Papers by Barbara H. Partee*, pp.259-281. Oxford: Blackwell Publishing. ［3章］

Powell, George. (1999) The Referential-Attributive Distinction: A Cognitive Account. *UCL Working Papers in Linguistics* 11: pp.101-126. ［12章］

Prince, Ellen F. (1997) On the Functions of Left-dislocation in English Discourse. In Akio Kamio. (ed.) *Directions in Functional Linguistics*, pp.117-144. Philadelphia: John Benjamins. ［15章］

Prince, Ellen F. (1998) On the Limits of Syntax, with Reference to Left-dislocation and Topicalization. In Peter W. Culicover and Louise McNally. (eds.) *Syntax and Semantics 29: The Limits of Syntax*, pp.281–302. New York: Academic Press. [15章]

Pustejovsky, James. (1995) *The Generative Lexicon*. Cambridge, MA: The MIT Press. [V部総論, 17章]

Quine, Willard Van Orman. (1960) *Word and Object*. Cambridge, MA: The MIT Press. [9章]

Rando, Emily and Donna Jo Napoli. (1978) Definites in *There*-sentences. *Language* 54: pp.300–313. [11章]

Recanati, François. (1993) *Direct Reference: From Language to Thought*. Oxford: Blackwell Publishing. [16章]

Recanati, François. (2004) *Literal Meaning*. Cambridge: Cambridge University Press. (レカナティ・フランソワ　今井邦彦訳（2006）『ことばの意味とは何か―字義主義からコンテクスト主義へ』新曜社) [18章]

Recanati, François. (2011) *Truth-conditional Pragmatics*. Oxford: Oxford University Press. [18章]

Rundle, Bede. (1979) *Grammar in Philosophy*. Oxford: Clarendon Press. [13章]

三枝令子（2005）「無助詞格―その要件」『一橋留学生センター紀要』8: pp.17–28. 一橋大学留学生センター. [15章]

Saito, Mamoru. (1985) *Some Asymmetries in Japanese and their Theoretical Implications*. Ph. D. dissertation, MIT. [15章]

坂原茂（1989）「コピュラ文と値変化の役割解釈」*études françaises*.25: pp.1–32. 大阪外国語大学フランス語学科研究室. [IV部総論]

坂原茂（1990a）「役割と解釈の多様性」『1989年度特定研究報告書：フランス文化の中心と周辺』pp.107–123. 大阪外国語大学フランス研究会. [IV部総論]

坂原茂（1990b）「役割、ガ・ハ、ウナギ文」日本認知科学会編『認知科学の発展　第3巻』pp.29–66. 講談社サイエンティフィク. [8章,9章,IV部総論]

坂原茂（2005）「［書評］西山佑司著『日本語名詞句の意味論と語用論―指示的名詞句と非指示的名詞句』」『日本語の研究』1（2）: pp.98–104. 日本語学会. [5章]

酒井智宏（2005）「役割関数の構造―コンテクストと役割解釈の可能性」『Résonances レゾナンス』（東京大学大学院総合文化研究科フランス語系学生論文集）3: pp.74–79. 東京大学教養学部フランス語部会. [IV部総論]

酒井智宏（2012）『トートロジーの意味を構築する―「意味」のない日常言語の意味論』くろしお出版. [18章]

澤田浩子（2010）「「彼は親切な性格だ」と「彼は性格が親切だ」―中国語から日本語を考える」砂川有里子・加納千恵子・一二三朋子・小野正樹編『日本語教育研究への招待』pp.251–271. くろしお出版. [5章]

Searle, John R. (1979/1991) Referential and Attributive. Reprinted in Stephen Davis. (ed.) *Pragmatics, A Reader*, pp.52–64, Oxford: Oxford University

Press. [12章]

柴谷方良（1978）『日本語の分析―生成文法の方法』大修館書店.　[9章, 11章]

柴谷方良（1990）「助詞の意味と機能について―「は」と「が」を中心に」『文法と意味の間―国広哲弥教授還暦退官記念論文集』pp.281-301. くろしお出版. [9章]

Shibatani, Masayoshi. (1990) *The Languages of Japan*. Cambridge: Cambridge University Press. [9章]

Shimojo, Mitsuaki. (1995). *Focus Structure and Morphosyntax in Japanese: WA and GA, and Word Order Flexibility*. Ph. D. dissertation, University at Buffalo, The State University of New York. [15章]

Shimojo, Mitsuaki. (2010). The Left Periphery and Focus Structure in Japanese. In Wataru Nakamura. (ed.) *Proceedings of the 10th International Conference on Role and Reference Grammar*（RRG 2009）, pp.315-335. [15章]

新屋映子（2009）「形容詞述語と名詞述語―その近くて遠い関係」『国文学　解釈と鑑賞』74（7）：pp.30-40. 至文堂. [5章]

Sperber, Dan and Deirdre Wilson. (1986/1995^2) *Relevance: Communication and Cognition*. Oxford: Blackwell Publishing.（D. スペルベル・D. ウィルソン　内田聖二・宋南先・中逵俊明・田中圭子訳（2000）『関連性理論―伝達と認知』第2版. 研究社） [18章]

Sperber, Dan and Deirdre Wilson. (1998) The Mapping between the Mental and the Public Lexicon. In Peter Carruthers and Jill Boucher. (eds.) *Language and Thought: Interdisciplinary Themes*, pp.184-200. Cambridge: Cambridge University Press. [18章]

Stampe, Dennis W. (1974) Attributives and Interrogatives. In Milton K. Munitz and Peter K. Unger (eds.) *Semantics and Philosophy*, pp.159-196, New York: New York University Press. [12章]

Stanley, Jason. (2000) Context and Logical Form. *Linguistics and Philosophy* 23: pp.391-434. [16章, 18章]

Stanley, Jason. (2002a) Nominal Restriction. In Georg Peter and Gerhard Preyer. (eds.) *Logical Form and Language*, pp.365-88, Oxford: Oxford University Press. [18章]

Stanley, Jason. (2002b) Making it Articulated. *Mind and Language* 17: pp.149-68. [18章]

Stanley, Jason. (2005) Semantics in Context. In Gerhard Preyer and Georg Peter. (eds.) *Contextualism in Philosophy: Knowledge, Meaning, and Truth*, pp.221-253, Oxford: Oxford University Press. [18章]

Stanley, Jason and Zoltan G. Szabó. (2000) On Quantifier Domain Restriction. *Mind and Language* 15: pp.219-61. [18章]

Strawson, Peter F. (1950) On Referring. *Mind* 59: pp.320-344. [18章]

杉岡洋子・影山太郎（2011）「名詞化と項の受け継ぎ」影山太郎編『日英対照　名詞の意味と構文』pp.209-239. 大修館書店. [I部総論, 4章]

Suzuki, Satoko. (1995) The Functions of Topic-encoding Zero-marked

Phrases: A Study of the Interaction among Topic-encoding Expressions in Japanese. *Journal of Pragmatics* 23（6）: pp.607–626. ［15 章］
鈴木重幸（1972）『日本語文法・形態論』むぎ書房. ［15 章］
Szabó, Zoltan G.（2001）Adjectives in Context. In István Kenesei and Robert M. Harnish.（eds.）*Perspectives on Semantics, Pragmatics, and Discourse: A Festschrift for Ferenc Kiefer*, pp.119–146. Amsterdam: John Benjamins.
［16 章］
高橋太郎（1975）「文中にあらわれる所属関係の種々相」『国語学』103: pp.1–17. 国語学会. ［13 章］
高橋太郎（2005）『日本語の文法』ひつじ書房. ［7 章］
竹沢幸一（1991）「受動文、能格文、分離不可能所有構文と「ている」の解釈」仁田義雄編『日本語のヴォイスと他動性』pp.59–81. くろしお出版. ［3 章］
Taylor, John R.（2002）*Cognitive Grammar*. Oxford: Oxford University Press.
［1 章］
寺村秀夫（1975–1978/1992）「連体修飾のシンタクスと意味―その1–4」『寺村秀夫論文集I―日本語文法編』pp.157–320. くろしお出版.
［I 部総論, 2 章］
寺村秀夫（1982）『日本語のシンタクスと意味I』くろしお出版. ［11 章］
寺村秀夫（1983/1992）「付帯状況」表現の成立の条件―「XヲYニ……スル」という文型をめぐって」『寺村秀夫論文集I―日本語文法編』pp.113–126. くろしお出版. ［1 章］
寺村秀夫（1991）『日本語のシンタクスと意味III』くろしお出版. ［7 章］
東郷雄二（2002）「不定名詞句の指示と談話モデル」『談話処理における照応過程の研究』pp.1–35. 科学研究費補助金研究成果報告書. ［15 章］
東郷雄二（2005）「名詞句の指示とコピュラ文の意味機能」『指示と照応に関する語用論的研究』pp.1–59. 科学研究費補助金研究成果報告書. ［IV 部総論］
東郷雄二（2009）「フランス語の存在文と探索領域―意味解釈の文脈依存性と談話モデル」『会話フランス語コーパスによる談話構築・理解に関する意味論的研究』pp.1–54. 科学研究費補助金研究成果報告書.〈http://lapin.ic.h.kyoto-u.ac.jp/papers/existential.pdf〉2013.3.26 ［III 部総論］
角田太作（2009）『世界の言語と日本語　改訂版―言語類型論から見た日本語』くろしお出版. ［4 章, 5 章］
Vendler, Zeno.（1967）*Linguistics in Philosophy*. Ithaca: Cornell University Press. ［17 章］
Ward, Gregory and Betty Birner.（2004）Information Structure and Non-canonical Syntax. In Laurence R. Horn and Gregory Ward.（eds.）*The Handbook of Pragmatics*, pp.153–174. Oxford: Blackwell Publishing.
［15 章］
Williams, Edwin.（1983）Semantic vs. Syntactic Categories. *Linguistics and Philosophy* 6: pp.423–446. ［18 章］
Wilson, Deirdre and Dan Sperber.（2002）Truthfulness and Relevance. *Mind* 111: pp.583–632. ［18 章］
山泉実（2008）「間接疑問と潜伏疑問が共起する構文―その意味論・談話語用

論・機能的統語論」森雄一・西村義樹・山田進・米山光明編『ことばのダイナミズム』pp.223–239. くろしお出版. [15章]

Yamaizumi, Minoru. (2009) Unsaturated Nouns and Relative Clauses in Japanese. *Proceedings of the 9th Annual Meeting of the Japanese Cognitive Linguistics Association*: pp.258–268. [1章]

山泉実 (2010)『節による非飽和名詞（句）のパラメータの補充』博士論文. 東京大学. [I部総論, 1章, 2章, 10章]

Yamaizumi, Minoru. (2011) Left-dislocation in Japanese and Information Structure Theory. *NINJAL Research Papers*. 1: pp.77–92. [15章]

由本陽子 (2011)『レキシコンに潜む文法とダイナミズム』開拓社.

[V部総論, 17章]

Zwicky, Arnold M. and Jerrold M. Sadock. (1975) Ambiguity Tests and How to Fail them. In John P. Kimball. (ed.) *Syntax and Semantics* 4, pp.1–36. New York: Academic Press. [16章]

西山佑司教授　年譜及び研究業績

【年譜】

1943年3月17日	東京、阿佐ヶ谷に生まれる。
1944年10月	父の郷里、岡山県笠岡市に疎開。
1958年3月	広島大学教育学部附属福山中学校　卒業。
1961年3月	広島大学教育学部附属福山高等学校　卒業。
1961年4月	慶應義塾大学文学部　入学。
1965年3月	慶應義塾大学文学部文学科仏文学専攻　卒業。
1965年4月	慶應義塾大学文学部哲学科哲学専攻　学士入学。
1967年3月	慶應義塾大学文学部哲学科哲学専攻　卒業。
1969年3月	慶應義塾大学大学院文学研究科修士課程（哲学専攻）修了、文学修士。
1971年4月	慶應義塾大学言語文化研究所助手。
1974年5月	マサチューセッツ工科大学（M.I.T.）大学院博士課程（哲学専攻）修了、Ph.D. 取得。
1975年3月	慶應義塾大学大学院文学研究科博士課程（哲学専攻）単位取得満期退学。
1975年4月	慶應義塾大学言語文化研究所専任講師。
1975年4月	筑波大学比較文化学類講師を兼任、1980年3月まで在任。
1975年10月	東京教育大学大学院文学研究科講師を兼任、1976年3月まで在任。
1977年4月	東京大学教養学部講師を兼任、1979年3月まで在任。
1978年4月	慶應義塾大学言語文化研究所助教授。
1980年4月	千葉大学人文学部講師を兼任、1981年3月まで在任。
1980年4月	国際基督教大学大学院講師を兼任、1982年3月まで在任。
1981年3月	ロンドン大学（University College London）音声・言語学科客員研究員、1982年8月まで在任。
1983年4月	立教大学文学部・同大学院文学研究科講師を兼任、1986年3月まで在任。
1984年4月	大阪大学人間科学部・同大学院人間科学研究科講師を兼任、1985年3月まで在任。
1985年4月	国際基督教大学大学院講師を兼任、1986年3月まで在任。
1986年10月	ニューヨーク市立大学 Graduate Center 訪問研究員（フルブライト上級研究員）、1987年3月まで在任。
1987年4月	慶應義塾大学言語文化研究所教授。

1989 年 4 月	大阪大学文学部・同大学院文学研究科講師を兼任、1990 年 3 月まで在任。
1990 年 3 月	パリ第 3 大学 Centre de Linguistique Française 訪問教授、1991 年 3 月まで在任。
1991 年 4 月	日本女子大学文学部講師を兼任、1994 年 3 月まで在任。
1993 年 10 月	東京工業大学工学部講師を兼任、1994 年 3 月まで在任。
1994 年 4 月	東北大学大学院国際文化研究科講師を兼任、1996 年 3 月まで在任。
1994 年 10 月	東京工業大学工学部講師を兼任、1995 年 3 月まで在任。
1995 年 10 月	東京工業大学工学部講師を兼任、1996 年 3 月まで在任。
1996 年 4 月	大阪大学文学部・同大学院文学研究科講師を兼任、1997 年 3 月まで在任。
1996 年 4 月	上智大学外国語学部・同大学院講師を兼任、1998 年 3 月まで在任。
1996 年 10 月	慶應義塾大学言語文化研究所副所長。
1997 年 4 月	日本女子大学文学部講師を兼任、1998 年 3 月まで在任。
1997 年 4 月	大阪大学人間科学部・同大学院人間科学研究科講師を兼任、1998 年 3 月まで在任。
1998 年 4 月	熊本県立大学文学部・同大学院文学研究科講師を兼任、1999 年 3 月まで在任。
1999 年 4 月	東京大学文学部講師を兼任、2001 年 3 月まで在任。
2001 年 4 月	大阪大学文学部・同大学院文学研究科講師を兼任、2002 年 3 月まで在任。
2001 年 5 月	東京言語研究所理論言語学講座講師を兼任。現在に至る。
2002 年 10 月	ケンブリッジ大学 Downing College 慶應フェロー、2003 年 1 月まで在任。
2003 年 11 月	平成 15 年度慶應義塾賞を受賞。[受賞対象『日本語名詞句の意味論と語用論―指示的名詞句と非指示的名詞句』(2003 年 9 月ひつじ書房刊)]
2004 年 4 月	奈良女子大学文学部・同大学院文学研究科講師を兼任、2005 年 3 月まで在任。
2005 年 4 月	九州大学文学部・同大学院人文科学府講師を兼任、2006 年 3 月まで在任。
2005 年 4 月	学習院大学大学院文学研究科講師を兼任、2009 年 3 月まで在任。
2005 年 10 月	東京大学文学部・同大学院人文社会系研究科講師を兼任、2006 年 3 月まで在任。
2006 年 3 月	慶應義塾を選択定年により退職。
2006 年 4 月	慶應義塾大学名誉教授。
2006 年 4 月	明海大学外国語学部教授。現在に至る。
2006 年 4 月	慶應義塾大学大学院文学研究科講師を兼任、2009 年 3 月まで在任。
2011 年 4 月	東京言語研究所運営委員長。現在に至る。

2012年4月　　　明海大学副学長。現在に至る。

【業績】
著書
1975年10月　　*The Structure of Propositions*, Institute of Cultural and Linguistic Studies, Keio University.

1983年10月　　『意味論』［英語学大系　第5巻］（安井稔他と共著）大修館書店.

1987年3月　　『日本人の音楽教育』［ペンネーム：西山志風］（ロナルド・カヴァイエと共著）新潮社.

1999年9月　　『談話と文脈』［岩波講座　言語の科学7］（田窪行則他と共著）岩波書店.

2003年9月　　『日本語名詞句の意味論と語用論―指示的名詞句と非指示的名詞句』ひつじ書房.

2012年10月　　『ことばの意味とはなんだろう―意味論と語用論の役割』（今井邦彦と共著）岩波書店.

編著
1996年3月　　*Keio Studies in Theoretical Linguistics I*, Institute of Cultural and Linguistic Studies, Keio University. ［共編］

2000年2月　　*Keio Studies in Theoretical Linguistics II*, Institute of Cultural and Linguistic Studies, Keio University.

論文
1968年3月　　「文法、意味、論理の接点」『哲学』52：pp.73-152. 三田哲学会.

1969年11月　　「文の分析性について」『哲学』54：pp.43-80. 三田哲学会.

1971年5月　　「チョムスキー言語理論と合理主義」『理想』456：pp.54-72. 理想社.

1972年12月　　「『事実―前提』という概念について」『慶應義塾大学言語文化研究所紀要』4：pp.125-148. 慶應義塾大学言語文化研究所.

1973年6月　　"Tacit Knowledge," (Jerrold J. Katz 他との共同論文) *Journal of Philosophy*, 70 (2)：pp.318-330.

1973年12月　　「フレーゲと前提規則」『慶應義塾大学言語文化研究所紀要』5：pp.113-125. 慶應義塾大学言語文化研究所.

1973年12月　　「心身問題の新しい動向―同一性理論をめぐって」『理想』487：pp.32-41. 理想社.

1974年3月　　「変形生成文法理論と哲学的意味論―内包主義の擁護」『科学基礎論研究』43 (Vol. 11. No. 4)：pp.1-8.

1974年12月　　「文、命題、言明、発話」『慶應義塾大学言語文化研究所紀要』6：pp.119-135. 慶應義塾大学言語文化研究所.

1975年3月　　"The Notion of Presupposition," *The Annals of the Japan*

Association for Philosophy of Science, 4（5）：pp.271–287.

1975年6月　　「チョムスキー言語理論と人間学」『現代思想』3（6）：pp.189–195. 青土社.

1975年12月　　「チョムスキーと現代哲学」『月刊 言語』4（12）：pp.34–41. 大修館書店.

1975年12月　　「生成文法と言語外の要因」『慶應義塾大学言語文化研究所紀要』7：pp.97–116. 慶應義塾大学言語文化研究所.

1976年6月　　「格文法批判の要点」『日本語文法の機能的分析と日本語教育への応用』（科学研究費研究報告：研究代表者 井上和子）：pp.97–118.

1976年8月　　「意味とは何か」『ことばの発達とその障害』（村井潤一他編）第3章第4節：pp.72–87. 第一法規出版.

1976年11月　　「言語におけるパターン」『ライフサイエンスの進歩』（日本医師会特別医学分科会編第3集）第3章：pp.80–97. 春秋社.

1976年12月　　「『言語的意味とは何か』をめぐって」『慶應義塾大学言語文化研究所紀要』8：pp.139–166. 慶應義塾大学言語文化研究所.

1977年11月　　「意義素論における「呼応の作業原則」について」『日本語の機能的分析と日本語教育への応用』（科学研究費研究報告：研究代表者 井上和子）：pp.133–159.

1977年12月　　「最近の言語哲学の動向―発話行為論を中心に」『月刊 言語』6（13）：pp.48–56. 大修館書店.

1977年12月　　「意味と指示対象―Putnam意味論の批判を中心に」『慶應義塾大学言語文化研究所紀要』9：pp.117–134. 慶應義塾大学言語文化研究所.

1978年11月　　「意味することと意図すること」『理想』546：pp.93–107. 理想社.

1978年12月　　「文法と知識」『慶應義塾大学言語文化研究所紀要』10：pp.231–248. 慶應義塾大学言語文化研究所.

1979年3月　　「自然言語における論理」『機械処理関係シンポジウム・辞書ファイル委員会活動報告書』（科学研究費研究報告：研究代表者 長尾真）：pp.15–22.

1979年6月　　"The Arguments against de Saussure's Notion of Linguistic Value," In G. Bedell, E. Kobayashi, and M. Muraki（eds.）*Explorations in Linguistics: Papers in Honor of Kazuko Inoue*, pp.393–414. Kenkyusha.

1979年12月　　「意味公準と含意規則」『慶應義塾大学言語文化研究所紀要』11：pp.91–114. 慶應義塾大学言語文化研究所.

1980年7月　　「新情報・旧情報という概念について」『日本語の基本構造に関する理論的・実証的研究』（科学研究費研究報告：研究代表者 井上和子）：pp.127–151.

1980年12月　　「前提の投影問題について」『慶應義塾大学言語文化研究所紀要』12：pp.67–96. 慶應義塾大学言語文化研究所.

1981年12月　　「遂行分析について」『慶應義塾大学言語文化研究所紀要』13：pp.137–157. 慶應義塾大学言語文化研究所.

1982年12月　　「語用論的含意」『新版　ことばの哲学』（坂本百大 編）第4

       部第3章：pp.244-260．北樹出版．
1982年12月　　「語用論的前提をめぐって」『慶應義塾大学言語文化研究所紀要』14：pp.81-105．慶應義塾大学言語文化研究所．
1983年2月　　「アイロニーの言語学」『理想』597：pp.2-15．理想社．
1983年5月　　「分析性をめぐって―言語学的意味論の観点から」『哲学』33：pp.73-90．日本哲学会．
1983年9月　　"Two Types of Entailment," In K. Inoue, E. Kobayashi and R. Linde (eds.) *Issues in Syntax and Semantics: Festschrift for Masatake Muraki*, pp.165-181. Sansyusya.
1983年11月　　「言語の構造(1)」「言語の構造(2)」「言語と論理」「発話の解釈と推論」『コミュニケーションと言語』（沢田允茂 編）第7, 8, 9, 10章：pp.80-128．旺文社．
1983年12月　　「語用理論における関連性―Wilson & Sperberのアプローチをめぐって」『慶應義塾大学言語文化研究所紀要』15：pp.161-182．慶應義塾大学言語文化研究所．
1984年10月　　「言語学は認知科学の一分野か」『理想』617：pp.349-359．理想社．
1984年12月　　「文法に対する解釈をめぐって」『慶應義塾大学言語文化研究所紀要』16：pp.163-184．慶應義塾大学言語文化研究所．
1985年3月　　「談話文法は可能か」（上林洋二との共同論文）『明確で論理的な日本語の表現』（科学研究費研究報告：研究代表者 井上和子）：pp.29-52．
1985年12月　　「措定文・指定文・同定文の区別をめぐって」『慶應義塾大学言語文化研究所紀要』17：pp.135-165．慶應義塾大学言語文化研究所．
1986年10月　　「自然言語における推論―非真理条件的意味論の観点から」『法律エキスパートシステムの基礎』（吉野一 編）第5章第3節：pp.215-227．ぎょうせい出版．
1986年12月　　「言語規約的含意にたいする再解釈」『慶應義塾大学言語文化研究所紀要』18：pp.141-159．慶應義塾大学言語文化研究所．
1987年12月　　「E-言語からI-言語への移行をめぐって」『慶應義塾大学言語文化研究所紀要』19：pp.105-132．慶應義塾大学言語文化研究所．
1988年12月　　「指示的名詞句と非指示的名詞句」『慶應義塾大学言語文化研究所紀要』20：pp.115-136．慶應義塾大学言語文化研究所．
1989年12月　　「「象は鼻が長い」構文について」『慶應義塾大学言語文化研究所紀要』21：pp.107-133．慶應義塾大学言語文化研究所．
1990年6月　　「コピュラ文における名詞句の解釈をめぐって」『文法と意味の間―国広哲弥教授還暦退官記念論文集』pp.133-148．くろしお出版．
1990年9月　　「コミュニケーション能力と関連性」『応用言語学の研究』（JACET応用言語学研究会 編）第3部1章：pp.52-64．リーベル出版．
1990年12月　　「「カキ料理は広島が本場だ」構文について―飽和名詞句と非飽和名詞句」『慶應義塾大学言語文化研究所紀要』22：pp.169-188．慶應義塾大学言語文化研究所．
1991年12月　　「「NP_1のNP_2」の曖昧性について」『慶應義塾大学言語文化

　　　　　　　　研究所紀要』23：pp.61-82．慶應義塾大学言語文化研究所．
1992年2月　　「発話解釈と認知―関連性理論について」『認知科学ハンドブック』（安西祐一郎他 編）第IX編第2章：pp.466-476．共立出版．
1992年5月　　「機能主義の潮流とプラグマティクスの発展」『月刊 言語』21（6）：pp.48-55．大修館書店．
1992年12月　　「役割関数と変項名詞句―コピュラ文の分析をめぐって」『慶應義塾大学言語文化研究所紀要』24：pp.193-216．慶應義塾大学言語文化研究所．
1993年5月　　「言語学の最新情報（語用論）―関連性理論とアイロニー研究」『月刊 言語』22（5）：pp.118-121．大修館書店．
1993年6月　　「デカルト派言語学」『言語論的転回』［岩波講座　現代思想4］（新田義弘他 編）第9章：pp.239-264．岩波書店．
1993年8月　　「コンテクスト効果と関連性―関連性理論の問題点」『英語青年』139（5）：pp.222-224．研究社．
1993年10月　　「「NP_1 の NP_2」 と"NP_2 of NP_1"」『日本語学』12（11）：pp.65-71．明治書院．
1993年12月　　「コピュラの用法とメンタルスペース理論」『慶應義塾大学言語文化研究所紀要』25：pp.49-82．慶應義塾大学言語文化研究所．
1994年5月　　「日本語の意味と思考―コピュラ文の意味と構造を手がかりに」『日本語論』2（5）：pp.70-93．山本書房．
1994年5月　　「メンタルスペース理論におけるコピュラの分析はどこまで妥当か」『認知科学』1（1）：pp.135-140．日本認知科学会．
1994年11月　　「伝康晴・三藤博両氏のコメントに答える」『認知科学』1（2）：pp.90-94．日本認知科学会．
1994年12月　　「自然言語における文の長さについて―生成文法はどこまで可能か」『科学基礎論研究』83（Vol. 22. No. 1）：pp.117-139．科学基礎論学会．
1994年12月　　「日本語の存在文と変項名詞句」『慶應義塾大学言語文化研究所紀要』26：pp.115-148．慶應義塾大学言語文化研究所．
1995年3月　　「自然言語処理と関連性理論」『言語処理学会第1回年次大会発表論文集』pp.1-10．言語処理学会．
1995年4月　　「記号解釈と創造性―楽譜解釈と発話解釈を中心に」『記号学研究15　記号の力学』（日本記号学会 編）：pp.99-110．東海大学出版会．
1995年4月　　「「言外の意味」を捉える」『月刊 言語』24（4）：pp.30-39．大修館書店．
1995年12月　　「コピュラ文の意味と変化文の曖昧性について」『慶應義塾大学言語文化研究所紀要』27：pp.133-157．慶應義塾大学言語文化研究所．
1996年7月　　「座談会　言語・心・知識」（大津由紀雄（司会）、萩原裕子、波多野誼余夫）『三田評論』982：pp.4-17．慶應義塾．
1996年12月　　「「Aが増える」構文と変項名詞句」『慶應義塾大学言語文化研究所紀要』28：pp.49-85．慶應義塾大学言語文化研究所．
1997年8月　　"Attributive Use and Non-referential NPs," In M. Ukaji, T. Nakao, M. Kajita, and S. Chiba (eds.) *Studies in English Linguistics: A*

Festschrift for Akira Ota on the Occasion of His Eightieth Birthday, pp.752-767. Taishukan Publishing Company.

1997年9月　「関連性理論から見た意味論」『月刊 言語』26（9）：pp.46-51．大修館書店．

1997年12月　「「NPが分かる」の曖昧性とコピュラ文」『慶應義塾大学言語文化研究所紀要』29：pp.111-134．慶應義塾大学言語文化研究所．

1998年3月　「「話し手が知っている文法」の意味」『科学基礎論研究』90 (Vol. 25. No. 2)：pp.7-13．科学基礎論学会．

1998年3月　「日本語の文末表現における意味解釈と音響特性」（須藤路子・岡田光弘との共同論文）『順天堂大学スポーツ健康科学研究』2：pp.12-16．

1998年12月　「言語と生成文法にたいする解釈をめぐって―心理主義　対　言語実在論」『慶應義塾大学言語文化研究所紀要』30：pp.169-199．慶應義塾大学言語文化研究所．

1999年12月　「言語的意味と表意の接点―「伊丹十三監督の映画がだんだん面白くなってきた」の曖昧性をめぐって」『慶應義塾大学言語文化研究所紀要』31：pp.185-207．慶應義塾大学言語文化研究所．

2000年2月　「二つのタイプの指定文」『日本語　意味と文法の風景―国広哲弥教授古稀記念文集』pp.31-46．ひつじ書房．

2000年2月　"Ambiguity of 'Speaker's Grammar'," In Y. Nishiyama (ed.) *Keio Studies in Theoretical Linguistics II*, pp.123-159. Institute of Cultural and Linguistic Studies, Keio University.

2000年12月　「倒置指定文と有題文」『慶應義塾大学言語文化研究所紀要』32：pp.71-120．慶應義塾大学言語文化研究所．

2001年7月　「関連性理論」『ことばの認知科学事典』（辻幸夫　編）：pp.294-303．大修館書店．

2001年12月　「ウナギ文と措定文」『慶應義塾大学言語文化研究所紀要』33：pp.109-146．慶應義塾大学言語文化研究所．

2002年3月　「自然言語の二つの基本構文―コピュラ文と存在文の意味をめぐって」『西洋精神史における言語観の諸相』（中川純男　編）：pp.31-71．慶應義塾大学言語文化研究所．

2002年12月　「シンポジウム　関連性理論との対話―関連性理論は語用論の新しいモデルになりうるか」『語用論研究』4：pp.49-53．日本語用論学会．

2002年12月　「「魚は鯛がいい」構文の意味解釈」『慶應義塾大学言語文化研究所紀要』34：pp.65-96．慶應義塾大学言語文化研究所．

2003年10月　「名詞句の諸相」『朝倉日本語講座　第5巻　文法I』（北原保雄　編）：pp.109-127．朝倉書店．

2003年11月　「音楽表現の意味と創造的解釈をめぐって」『音楽表現学』vol. 1．日本音楽表現学会．

2003年12月　「措定文読みとウナギ文読みの曖昧性をめぐって」『慶應義塾大学言語文化研究所紀要』35：pp.195-214．慶應義塾大学言語文化研究所．

2004年3月　　「意味、真理条件、認知」『西洋精神史における言語観の変遷』（松田隆美 編）：pp.31–65. 慶應義塾大学言語文化研究所.

2004年3月　　「名詞句の意味と連体修飾」『日本語学』23（3）：pp.18–27. 明治書院.

2004年6月　　「あいまい性と非あいまい性」『國文學―解釈と教材の研究』49（7）：pp.14–21. 學燈社.

2004年11月　　「語用論と認知科学」『認知科学への招待』（大津由紀雄・波多野誼余雄 編）：pp.91–105. 研究社.

2005年3月　　「絶対存在文と帰属存在文の解釈をめぐって」『慶應義塾大学言語文化研究所紀要』36：pp.161–178. 慶應義塾大学言語文化研究所.

2005年4月　　「表現の意味、真理条件、解釈の関係をめぐって―言語哲学の回顧と展望」『哲学』56：pp.113–129. 日本哲学会.

2005年6月　　「言語と哲学」『言語の事典』（中島平三 編）：pp.416–444. 朝倉書店.

2005年9月　　「コピュラ文の分析に集合概念は有効であるか」『日本語文法』5（2）：pp.74–91. 日本語文法学会.

2006年3月　　「コピュラ文の分析に「役割―値」概念は有効であるか」『慶應義塾大学言語文化研究所紀要』37：pp.45–88. 慶應義塾大学言語文化研究所.

2006年3月　　「叙述名詞句と語用論的解釈―自由拡充プロセスにたいする意味論的制約をめぐって」（峯島宏次との共同論文）『西洋精神史における言語と言語観―継承と創造』（飯田隆 編）：pp.21–50. 慶應義塾大学言語文化研究所.

2007年3月　　「変項名詞句の意味機能について」JELS 24：pp.181–190. 日本英語学会.

2007年9月　　"Property Expressions and the Semantics-Pragmatics Interface,"（峯島宏次との共同論文）In P. Cap and J. Nijakowska（eds.）*Current Trends in Pragmatics*, pp.130–151. Cambridge: Cambridge Scholars Press.

2007年9月　　「名詞句の意味機能について」『日本語文法』7（2）：pp.3–19. 日本語文法学会.

2008年3月　　"Non-referentiality in Certain Noun Phrases," In T. Sano, M. Endo, M. Isobe, K. Otaki, K. Sugisaki, and T. Suzuki（eds.）*An Enterprise in the Cognitive Science of Language: A Festschrift for Yukio Otsu*, pp.13–25. Hituzi Syobo Publishing.

2009年4月、5月、6月　　「コピュラ文、存在文、所有文―名詞句解釈の観点から（上）（中）（下）」『月刊 言語』38（4）：pp.78–86, 38（5）：pp.66–73, 38（6）：pp.8–16. 大修館書店.

2009年6月　　「意味の世界」『理大科学フォーラム』26（6）：pp.15–20. 東京理科大学.

2009年10月　　「発話解釈能力をさぐる」『はじめて学ぶ言語学―ことばの世界をさぐる17章』（大津由紀雄 編）：pp.97–113. ミネルヴァ書房.

2010年3月　　「擬似分裂文の意味解釈について」『明海大学外国語学部論

集』22：pp.77–87．明海大学外国語学部．
2010年3月　　「心のなかの二つのモジュール―文法能力と発話解釈能力」『応用言語学研究』12：pp.29–40．明海大学大学院応用言語学研究科．
2010年3月　　「比喩表現における慣用度について―アドホック概念形成の観点から」(佐々木文彦との共同論文)『応用言語学研究』12：pp.179–188．明海大学大学院応用言語学研究科．
2010年9月　　"Free Enrichment and the Over-Generation Problem," (峯島宏次との共同論文) In E. Walaszewaska et al. (eds.) *In the Mind and Across Minds: a Relevance-Theoretic Perspective on Communication and Translation*, pp.22–42. Cambridge: Cambridge Scholars Publishing.
2010年9月　　「名詞句研究の現状と展望」『日本語学』29（11）：pp.4–14．明治書院．
2010年11月　「言語学から見た哲学」『シリーズ朝倉〈言語の可能性〉9 言語と哲学・心理学』(遊佐典昭 編)：pp.9–38．朝倉書店．
2010年12月　「名詞句の意味」『ひつじ意味論講座　第1巻　語・文と文法カテゴリーの意味』(澤田治美 編)：pp.191–207．ひつじ書房．
2011年3月　　「意味機能から見た名詞の分類」(佐々木文彦との共同論文)『応用言語学研究』13：pp.129–142．明海大学大学院応用言語学研究科．
2011年6月　　「曖昧表現からことばの科学を垣間見る」『ことばワークショップ―言語を再発見する』(大津由紀雄 編)：pp.135–180．開拓社．
2012年3月　　「非飽和名詞と譲渡不可能名詞について」(佐々木文彦との共同論文)『応用言語学研究』14：pp.113–129．明海大学大学院応用言語学研究科．

学会・研究会での発表・学術講演

1969年6月8日　「自然言語における論理構造」日本言語学会第60回大会(於 法政大学)．
1975年5月18日　「真理値の担い手について」日本哲学会第34回大会．
1975年5月31日　「言語能力と言語外の知識」日本英文学会第47回大会シンポジウム『言語理論と言語行動との接点』(於 学習院大学)．
1975年8月28日　「言語発達研究の基礎的情報―生成文法理論的アプローチ意味論」東京学芸大学特殊教育研究施設公開講座．
1975年9月17日　「言語の内的意味と外的意味」神奈川大学外国語研究センター第2回講演会．
1975年11月15日「パトナム意味論の批判」日本科学哲学会第8回大会(於 福井大学)．
1975年12月9日　「言語におけるパターン」日本医師会特別医学分科会シンポジウム『生命現象におけるパターンとパターン認識』(於 経団連ホール)．
1976年11月13日「文法を「知っている」ことについて」日本科学哲学会第9回大会(於 大東文化大学)．
1976年12月25日「固有名について」論理と哲学の会(於 東京工業大学)．
1977年11月20日「現代の言語理論と哲学」日本科学哲学会第10回大会シン

ポジウム（於 南山大学）.
1978年8月30日　「言語教育に問われているもの」ICU夏季言語学会シンポジウム.
1979年1月26日　「自然言語における論理について―形式論理学の限界を中心として」科学研究費特定研究「言語」機械処理グループ（於 電子技術総合研究所）.
1979年11月17日　「プラグマティックスとは何か」日本科学哲学会第12回大会シンポジウム（於 千葉大学）.
1980年12月20日　「意味論の非真理条件的側面について」慶應言語学談話会第1回例会.
1981年10月14日　"Two Kinds of Entailment"ロンドン大学（University College London）特別講演会.
1981年11月13日　"Arguments against Meaning Postulates"ロンドン大学（University College London）音声・言語学科談話会.
1982年5月19日　"Decompositional Approach vs. Inferential Approach"ロンドン大学（University College London）音声・言語学科談話会.
1982年10月30日　「アイロニーの言語学」慶應言語学談話会第10回例会.
1982年11月14日　「語彙意味論に対する二つのアプローチ」第3回モンタギュー文法研究会（於 上智大学）.
1983年3月4日　「文の意味と発話の解釈」昭和57年度慶應義塾大学言語文化研究所総会講演会.
1983年5月29日　「分析性をめぐって」日本哲学会第42回大会（於 早稲田大学）.
1983年9月18日　「pragmaticsにおけるrelevanceの問題」科学研究費特定研究「言語」「明確で論理的な日本語の表現」会議（於 上智大学）.
1984年1月21日　「文の意味と発話の解釈について」三番町英文学会例会（於 大妻女子大学）.
1984年7月17日　「会話のRelevance」新世代コンピュータ技術開発機構「自然言語処理ワーキンググループ」例会.
1984年9月8日　「意味、解釈、論理」通産省工業技術院製品科学研究所講演会.
1984年10月7日　「曖昧性の除去―Pragmaticsの観点から」科学研究費特定研究「言語の標準化」研究発表会（於 国立国語研究所）.
1987年3月11日　"Non-truth Conditional Aspects of Sentence Meaning"ニューヨーク市立大学Graduate Center言語学・哲学講演会.
1987年11月15日　「認知科学と言語研究」日本英語学会第5回大会シンポジウム（於 名古屋大学）.
1988年9月16日　"Remarks on the Non-referential Noun Phrases"英国言語学会（LAGB）（於 エクセター大学）.
1988年11月19日　「記述句の述語的用法について」日本科学哲学会第21回大会（於 近畿大学）
1989年5月13日　「コミュニケーション能力と関連性理論」大学英語教育学会第1回応用言語学全国大会シンポジウム（於 青山学院大学）.

1989年9月16日　「関連性理論について」日本女子大学目白言語学会.
1989年10月15日　「名詞句の解釈をめぐって」日本言語学会第99回大会（於 関西学院大学）.
1989年12月8日　「名詞句の指示について」慶應義塾大学言語文化研究所特別コロキアム『日本語学への招待』.
1989年12月20日　「意味論と語用論の接点—Conventional Implicatureは存在するか」第23回待兼山ことばの会（於 大阪大学）.
1990年5月21日　"Remarks on the Non-referentiality in Certain Noun Phrases"パリ第7大学言語科学セミナー.
1990年6月22日　"Ambiguity of Copulative Sentences," Sixèmes Journées de Linguistique d'Asie Orientale（於 Ecole des Hautes Etudes en Sciences Sociales）.
1991年3月18日　"Remarques sur la non-référentialité de certains syntagmes nominaux"パリ第3大学フランス言語学センター.
1991年9月19日　"On Fauconnier's notion of role-value"英国言語学会（LAGB）（於 ヨーク大学）.
1991年10月26日　「言葉と世界の繋がりについて」MIPS 91シンポジウム（三田哲学会）.
1991年10月27日　「「その時の横綱」の曖昧性について」日本言語学会第103回大会（於 南山大学）.
1992年5月17日　「言語の起源—坂本百大氏への質問」日本哲学会第51回大会（於 甲南女子大学）.
1992年11月14日　"Aspects of pragmatics: from the cooperative principle to the principle of relevance"ブリティシュ・カウンセル主催 Applied Linguistics Conferenceシンポジウム（於 早稲田大学）.
1993年7月27日　"Characterizational and Specificational Information and Its Syntactic Realizations"第4回国際語用論学会（IPrA）ワークショップ（於 松蔭女子学院大学）.
1994年1月12日　「発話解釈における表意と推意—関連性理論の観点から」慶應義塾大学SFC言語学談話会.
1994年2月17日　「日本語の意味と思考」筑波大学第一学群（人文学類）文化講演会.
1994年6月10日　「文の長さについて—生成文法理論はどこまで可能か」日本学術会議　科学基礎論研究連絡委員会主催　故前原昭二先生追悼記念シンポジウム『形式化をめぐって』（於 日本学術会議講堂）.
1994年11月12日　「コピュラ文の分析と名詞句の解釈」日本英語学会第12回大会ワークショップ（於 東京大学）.
1994年12月2日　「名詞句の意味解釈」九州大学文学部・同大学文学研究科主催言語学講演会.
1994年12月3日　「日本語の存在文について」福岡言語学研究会例会（於 九州大学）.
1994年12月21日　「言葉と世界のつながりをめぐって—指示的名詞句と非指示的名詞句」宮城学院女子大学文学部特別学術講演会.

1995年3月30日　「自然言語処理と関連性理論」言語処理学会第1回年次大会（於 東京工業大学）.

1995年6月8日　「「分かる」の曖昧性」 Mita Cog Lunch（於 慶應義塾大学）.

1995年7月1日　「生成文法は何についてのモデルか―「言語」と「言語の知識」の区別の観点から」つくば言語文化フォーラム『言語・知識・臓器』（於 筑波大学）.

1995年7月5日　「ことばの意味と解釈」岩手大学人文社会科学部特別学術講演会.

1995年9月10日　「いわゆる認知言語学は生成文法と対立するか」TACL/TLF夏期言語学会シンポジウム『生成理論と認知言語学の対話』（於 明治学院大学）.

1996年3月26日　"Overview: Grammar and Knowledge"慶應義塾国際集会：言語知識と認知のインターフェイス（慶應義塾大学大型研究プロジェクト主催）.

1996年5月17日　「疑問の意味をもつ名詞句の働きについて」京都女子大学主催学術講演会.

1996年9月8日　"Attributive and Non-referential NPs"英国言語学会（LAGB）（於 カーディフ大学）.

1996年9月13日　"On Non-referential Noun Phrases"ハンガリー科学アカデミー言語学研究所講演会.

1996年10月11日「言語知識と認知のインターフェイス」平成6年度慶應義塾大型助成研究成果報告会.

1997年6月8日　「「話者が知っている文法」の意味」1998年度科学基礎論学会（於 北海道大学）.

1998年6月13日　「言語と認知―関連性理論の観点から」科学研究費補助金特定領域研究「心の発達：認知的成長の機構」言語発達班研究会（於 慶應義塾大学）.

1998年6月20日　「疑問の意味を表す名詞句について」第116回日本言語学会大会特別講演（於 慶應義塾大学）.

1999年8月2日　"What is a grammar a theory of?"国際応用言語学会（AILA）（於 早稲田大学）.

2000年3月18日　"Japanese Copular Sentences and their Semantic Problems"東西言語学コロキアム（於 ベルリン）.

2001年9月24日　「認知効果と関連性について」学習院大学人文科学研究所共同研究プロジェクト「認知と伝達」ワークショップ『意味の諸レベルとその発達』.

2001年12月21日「ウナギ文の解釈をめぐって」奈良女子大学英文科主催学術講演会.

2002年1月28日　「ウナギ文の意味について」龍谷大学英文科主催学術講演会.

2002年2月13日　「ウナギ文の意味と解釈」第38回認知機能言語学談話（於 北海道大学文学部）.

2002年3月24日　"An Overview: Levels of Representation Understanding

Metaphor and Irony"学習院大学人文科学研究所共同研究プロジェクト「認知と伝達」ワークショップ"Relevance Theory, Experimental Psychology and Artificial Intelligence: Levels of Representation Understanding Metaphor and Irony".

2002年4月22日 「ことばの意味と発話の解釈」慶應義塾大学言語文化研究所創立40周年記念公開講座.

2003年1月29日 「カキ料理構文と非飽和名詞」京都大学文学部特別講演会.

2003年2月18日 「文法、心、知識」(1) 慶應義塾大学COEプロジェクト「論理と言語」例会.

2003年3月13日 「アドホック概念形成に対する制約について」学習院大学人文科学研究所共同研究プロジェクト「認知と伝達」ワークショップ.

2003年5月24日 「意味、真理条件、認知」日本英文学会シンポジウム『意味論の行方』(於 成蹊大学).

2003年5月30日 「音楽表現の意味と創造的解釈をめぐって」日本音楽表現学会設立大会基調講演(於 エリザベト音楽大学).

2003年6月21日 「発話解釈に対する制約」日本言語学会シンポジウム『関連性理論―人間の認知解明に迫る語用論』(於 青山学院大学).

2003年7月17日 「文法、心、知識」(2) 慶應義塾大学COEプロジェクト「論理と言語」例会.

2004年1月24日 「発話解釈と真理条件」慶應義塾大学21世紀COEプログラム(人文科学)『心の解明に向けての統合的方法論構築』論理・言語グループ公開シンポジウム『発話解釈、真理、推論』(於 慶應義塾大学).

2004年6月12日 「言語能力、コミュニケーション能力、心を読む能力の相互関係について」国際高等研究所ワークショップ『思考の脳内メカニズムに関する総合的検討』(於 国際高等研究所).

2004年10月16日 「存在文の曖昧性について」第49回認知機能言語学談話会 (於 北海道大学).

2005年5月22日 「表現の意味、真理条件、解釈の関係をめぐって―言語哲学の回顧と展望」日本哲学会特別報告『二十世紀言語哲学の帰結と新展開』(山田友幸「動的言語観―二十世紀言語哲学の一帰結と新展開」への特定質問)(於 一橋大学).

2005年7月14日 "Semantic Constraints on Free Enrichment"(峯島宏次との共同論文) 第9回国際語用論学会(IPrA)(於 Riva del Garda, イタリア).

2005年10月29日 「コピュラ文の分析に「役割―値」概念は有効であるか」フランス語談話会シンポジウム『コピュラ文の意味と解釈をめぐって―〈名詞句の指示〉の観点から』(於 京大会館).

2005年11月26日 「生成文法と語用論」慶應義塾大学言語文化研究所公開講座『Chomsky: Aspectsの現代的意義』.

2005年12月24日 「コピュラ文および存在文における主題について」文法学研究会2005年度公開講義『主題』(於 東京大学).

2005年12月25日 「存在文の曖昧性をめぐって」津田塾大学言語文化研究所プロジェクト第38回研究会講演.

2006年3月7日　「「である」と「がある」の言語学」2005年度慶應義塾大学言語文化研究所総会記念講演．

2006年5月12日　"Property Expressions and the Semantics-Pragmatics Interface"（峯島宏次との共同論文）3rd Łódź Symposium: New Developments in Linguistic Pragmatics,（於 Łódź, ポーランド）．

2006年9月16日　"Contextualism vs. Indexicalism"（峯島宏次との共同論文）One-day Workshop on Contextualisms,（於 藤女子大学）．

2006年10月28日「文中で果たす名詞句の意味機能について」日本語文法学会第7回大会シンポジウム『名詞句の文法』（於 神戸大学）．

2006年11月4日　「変項名詞句の意味機能について」日本英語学会第24回大会（於 東京大学）．

2006年11月5日　「「metarepresentationをめぐって」に対するコメント」日本英語学会第24回大会シンポジウム（於 東京大学）．

2007年7月12日　"Contextualism and Indexicalism: the Pragmatics of Predicate Nominals"（峯島宏次との共同論文）第10回国際語用論学会（IPrA）（於 Göteborg, スウェーデン）．

2008年3月1日　「Free Enrichmentと"Over-Generation"Problem」KRG談話会（於 奈良女子大学）．

2008年6月18日　"Free Enrichment and the Over-Generation Problem"（峯島宏次との共同論文）Interpreting for Relevance: Discourse and Translation,（於 Kazimierz Dolny, ポーランド）．

2009年9月17日　"Communication and Relevance" JALT Tokyo Chapter.

2010年2月20日　"Meta-linguistic Knowledge of Japanese Particles as an Aid in Understanding English Copular Constructions" 第1回国際言語教育シンポジウム『対話能力育成のための言語教育』〈対話能力育成のための新しい英文法〉（於 グランキューブ大阪）．

2010年3月9日　「ambiguityテストと表意」KRG談話会（於 奈良女子大学）．

2010年9月9日　"Ambiguity Test and Context"（梶浦恭平との共同論文）One-day Workshop on Pragmatics: Context, Contextualization and Entextualization,（於 藤女子大学）．

2010年10月10日「名詞句の意味・機能・解釈について」日本機能言語学会秋期大会特別講演（於 新潟大学）．

2011年1月22日　「二重存在文について」第21回慶應意味論・語用論研究会（於 慶應義塾大学）．

2011年7月12日　"Ambiguity, Explicature and 'Sloppy Readings'"（梶浦恭平との共同論文）第12回国際語用論学会（IPrA）（於 Manchester, 英国）．

2011年7月31日　「高校英語教科書に見られる絶対存在文」第27回慶應意味論・語用論研究会（於 慶應義塾大学）．

2011年11月6日　「「注文の多い料理店」の曖昧性について」第30回慶應意味論・語用論研究会（於 慶應義塾大学）．

2012年4月7日　「属性表現と語用論的解釈─語用論はどこまで意味論から自由であるか」日本語用論学会第8回談話会（於 京都工芸繊維大学）．

2012年10月13日「名詞句に内在する述語性」慶應義塾大学言語文化研究所50周年記念講演会（於 慶應義塾大学）.
2013年3月17日 「関連性理論を通して初めて見えてくる文の意味」第1回奈良女子大学文学部欧米言語文化学講演会（言語学 1）」（於 奈良女子大学）.

書評

1972年12月 「Jerrold J. Katz, *The Philosophy of Language*」『慶應義塾大学言語文化研究所紀要』3：pp.179–184. 慶應義塾大学言語文化研究所.
1976年12月 「池上嘉彦『意味論』」『国語学』107：pp.55–62. 国語学会.
1976年12月 「Evans and McDowell（eds.）*Truth and Meaning*」『學鐙』73（12）：pp.62–63. 丸善.
1977年10月 「示差的特徴の批判的検討—池上嘉彦『意味論』」『英語学』17：pp.95–114. 開拓社.
1978年8月 「坂本百大『現代における言語の哲学的構図』」『科学基礎論研究』51（Vol.13. No.4）：pp.48–51. 科学基礎論学会.
1979年1月 「John Lyons, *Semantics Vol. I & II*」『英文学研究』55（2）：pp.438–442. 日本英文学会.
1986年12月 「Nobert Hornstein, *Logic as Grammar*」『英文学研究』63（2）：pp.393–398. 日本英文学会.
1987年11月 「Peter Gärdenfors（ed.）*Generalized Quantifiers*』『學鐙』84（11）：pp.64–65. 丸善.
2000年9月 「Akio Kamio, *Territory of Information*」『英文学研究』77（1）：pp.71–77. 日本英文学会.
2001年5月 「今井邦彦『語用論への招待』」『英語教育』50（2）：pp.88–89. 大修館書店.
2011年6月 「今井邦彦『あいまいなのは日本語か、英語か？』」『英語教育』60（3）：p.94. 大修館書店.

辞典、辞書、事典の項目執筆

1971年10月 安井稔 編『新言語学辞典』研究社.
1977年6月 中村初雄他 編『図書館事典』出版ニュース社.
1982年11月 荒木一雄他 編『新英語学辞典』研究社.
1986年4月 今井邦彦 編『チョムスキー小事典』大修館書店.
1995年5月 佐々木達・木原研三 編『英語学人名辞典』研究社.
1998年3月 廣松渉他 編『哲学・思想事典』岩波書店.
2001年12月 原口庄輔・今西典子 編『言語学文献解題 第5巻 文法 II』研究社.
2002年5月 坂本百大他 編『記号学大事典』柏書房.
2002年5月 北川高嗣他 編『情報学事典』弘文堂.
2002年7月 日本認知科学会 編『認知科学辞典』共立出版.
2003年7月 細野公男他 編『情報システムと情報技術事典』培風館.
2005年1月 山中桂一・原口庄輔・今西典子 編『言語学文献解題 第7

巻　意味論』研究社.

翻訳

1971年9月　　Jerrold J. Katz 著『言語と哲学』大修館書店.
1979年4月　　Noam Chomsky 著『言語論―人間科学的省察』［共訳］大修館書店.
1984年4月　　Noam Chomsky 著『ことばと認識―文法からみた人間知性』［共訳］大修館書店.
1985年12月　　Kaj Falkman 著『ロボットと人間―発展のピラミッド理論』［共訳］新潮社.
2008年3月　　Robyn Carston 著『思考と発話―明示的伝達の語用論』［共訳］研究社.

エッセイほか

1978年12月　　「ICUシンポジウム　言語教育に問われているもの（2）」『現代英語教育』15（9）：pp.10–12, 36. 研究社.
1987年7月　　「言語研究の対象について」『三田評論』883：pp.92–95. 慶應義塾.
1989年9月23日　FM音楽手帳「私と一枚のレコード」NHK–FM放送［ペンネーム：西山志風］.
1996年9月　　「日本における幼児音楽教育を考える」『げ・ん・き』［ペンネーム：西山志風］37：pp.2–10. エイデル研究所.
1998年7月　　「歌ってあげよう、こもりうたを」『ねんねんよー』［ペンネーム：西山志風］p.32. 童話館出版.
1999年8月　　「ねえ、〈はないちもんめ〉しようよ！」『はないちもんめ』［ペンネーム：西山志風］pp.54–55. 童話館出版.
2002年10月　　「言葉の意味、解釈、認知」『UP』360：pp.25–29. 東京大学出版会
2005年2月　　「妻の作った料理」『三田評論』1076：p.67. 慶應義塾.
2006年8月　　「理論言語学の本格的塾」『東京言語研究所40年の歩み』pp.15–17. 財団法人ラボ国際交流センター付設　東京言語研究所.
2008年11月7日　「単純な文ほど難しい」『言語学出版社フォーラム』〈http://www.gengosf.com/dir_x/modules/wordpress/index.php?p=120〉2013.11.3.
2013年9月　　「花子の手はだれの手？」『ラボの世界』262：p.5. 公益財団法人ラボ国際交流センター.

あとがき

　本書は、名詞句の意味と解釈の問題を理論言語学的に考察した、18篇の論考からなる論文集である。もとよりこの分野の研究は、1970年代以降、特に英語圏においていろいろな形でなされてきたが、日本語を対象とする研究はそれほど多くなく、また断片的であった。日本語名詞句の意味と解釈の問題を本格的に取り上げ、理論言語学的に深く考察したものは西山（2003）、すなわち、

　　西山佑司著『日本語名詞句の意味論と語用論―指示的名詞句と
　　非指示的名詞句』（2003年、ひつじ書房刊）

である。事実、西山（2003）によってこの分野の研究は飛躍的な進展を遂げ、体系化が進んだといっても過言ではない。本書は、西山（2003）で展開された主張と仮説―以下、「西山―意味理論」と呼ぶ―を基本的に継承しつつ、それらをさらに発展させることを目的に編まれたものである。

　本書は、研究論文集としての側面の他に、もう一つの側面、すなわち、「西山佑司教授古稀記念論文集」としての側面も併せ持つ。西山先生は、2013年3月17日、70歳の誕生日をお迎えになった。西山先生の古稀を祝い、常日頃賜っている学恩に感謝する意味を込めて、この論文集は編まれた。

　われわれ教え子たちには、「記念論文集」という名詞句から一般に想起されるタイプの論文集―弟子たちがその時点での関心に基づいて自由に執筆した論考を集め、それらを適宜配置した論文集―を作る意図は毛頭なかった。西山先生に献呈される論文集であるならば、そこに収録される論文はすべて、西山先生の学問的関心にぴったりとより沿うもの、すなわち、前掲・西山（2003）で展開され

た「西山一意味理論」の魅力を伝え、そこで提示された種々の概念装置の有用性を具体的に示すものであるべきだ、と考えた。

「編者まえがき」で触れられているように、2009年4月より、慶應義塾大学三田キャンパスで、毎月、西山先生および先生の教え子たちが数人集まって意味論・語用論研究会を行なっていたが、2011年10月の研究会において、かねてからの構想であった「西山先生の古稀記念論文集」を刊行したいという考えと、研究会メンバーによる発表論文を公にすべきだという考えが合体し、その場にいた参加者全員で論文集の基本構想を検討することとなった。

その中で西山先生は、(i) 西山（2003）における基本概念を踏まえ、その理論的発展に寄与するもの、(ii) 各章が相互に有機的に関連しあうよう構成されたもの、(iii) 学術的価値の高いもの、(iv) 幅広い読者に読んでもらえるもの、という条件を満たす論文集にしたい、というご希望を述べられた。そのような論文集の編集は非常に難しい仕事であり、それができる人物はわれわれには一人しか思い浮かばなかった。われらが師、西山佑司先生である。そこで、西山先生に本書の編者となっていただき、その立場から全体の構成の検討および個々の論文に対するコメントをお願いするばかりでなく、ご自身にも西山（2003）以降の理論展開を詳述した論考をご寄稿いただく、という話になった。結局、西山先生には、本書の編者、監修者、著者の三つの役割を果たしていただくことになったわけで、この点でも本書は一般の記念論文集と大きく異なるものといえる。要するに、教え子たちのふがいなさを師にカバーしていただいたわけだが、われわれにとって幸いなことに、このような教え子たちの身勝手な要望に関しても西山先生のご了解が得られ、さっそく数日後、西山先生から電子メールで目次案が送られてきた。ここから本書の企画が本格的にスタートした。

本書の目次をご覧いただければお分かりのように、ほとんどの寄稿者が複数の章を担当している。これは、研究論文集としてバランスの取れた内容構成にしたいという編者の意向が働いた結果である。主として時間的制約のため、当初予定されていた原稿のうち一部の寄稿がかなわなくなるという事態にも何度か見舞われたが、そのこ

とが判明した段階で、編者は論文集全体の構成を見直し、既存の原稿への議論の追加や新しい原稿の作成を、各執筆者に依頼することとなった（西山先生ご自身が新たな原稿を作成したケースもあり、結果として、西山先生の論考がもっとも多くの分量を占めることとなった）。

　本書は5部から構成されており、各部の冒頭に編者による「総論」が配置されている。読者には、これら5つの「総論」を熟読玩味されることをお勧めしたい。10ページにも満たない分量の中で、研究の背景・動向がきわめて明晰に述べられており、所収論文をより広い文脈に位置づけて読むことができるであろう。

　所収論文は注意深く配置されており、第I部第1章から順を追って読み進めるのがもっとも標準的なルートである。ただし、各論文は独立して読むこともできる（この点、編者からの要請があった）。必要と思われる個所には相互参照が施されているので、興味のある章から読み、次にそこで参照されている章に移る、という読み方も可能であろう。

　本書の性質上、西山（2003）が至る所で参照されるが、本書を読み進めるにあたり、同書の理解は前提とはされない。しかし、本書の内容に興味を持たれた読者には、この機会にぜひ西山（2003）も一読するよう強くお勧めする。同書は、今なお意味理論としての魅力を失っておらず、本書とはまた別の形での「西山―意味理論の継承と発展」も十分可能だと思われるからである。

　「編者まえがき」で述べられているように、本書に託された編者の意図は、西山先生とその仲間たち7名によって大きな作品を共同で製作することにあった。それは、大きな壁画を共同で描く仕事といえるかもしれないし、西山先生のお好きなクラシック音楽にたとえれば、壮大でしかも密度の高い交響曲を共同で書きあげるという仕事にあたるのかもしれない。その交響曲は5部からなり、そこに一貫して流れているテーマは「名詞句の意味と解釈」である。このような大きな作品の製作に西山先生と一緒に参画できたことを執筆者の一人としてうれしく思う次第である。もとより、本書のこのような狙いがどこまで達成されているかの判断は、最終的には読者に

ゆだねるしかないが、この分野での研究の進展にすこしでも役立つようなものができたとすれば幸いである（なお、各論文の学問的責任はその論文の執筆者が負うものであることは言うまでもない）。

　西山先生は現在、明海大学副学長・東京言語研究所運営委員長といった要職にあり、多忙な日々を送られているはずであるが、本書所収の「西山佑司教授年譜及び研究業績」から明らかなように、今なお精力的に研究活動を続けておられる。普段から謦咳に接している者としては、改めて古稀と言われなければ、そのことを忘れてしまうほどである。西山先生には、今後も研究を通じてわれわれを導いていただきたいと願う次第である。

　本書の企画・刊行にあたっては、ひつじ書房の方々に大変お世話になった。本書の意義をお認めくださった房主松本功氏、編集作業を担当していただいた三井陽子氏、海老澤絵莉氏、森脇尊志氏に深く感謝する次第である。

2013 年 7 月 20 日
執筆者を代表して　西川賢哉

索　引

A-Z

aboutness　437
aboutness condition　192
ADNP（attributively used definite NP）
　［→定名詞句の帰属的用法を参照］
c統御（c-command）　61
CQ述語（Concealed Question Predicate）
　375-376, 379-380, 382, 391-392,
　398-400, 413-414, 417, 423
discourse referent　339, 448-449
do soテスト　475-476［→「そうする」
　「そうだ」も参照］
M-同定文　333-334
Modified Occam's Razor（MOR）　486,
　554
NPIV（NP Involving a Variable）［→変項
　名詞句を参照］
NP$_1$のNP$_2$　5, 65, 125, 219
　　タイプA　16, 75-76, 117, 125-128,
　　　130-131, 134-138, 142, 179-181,
　　　185, 219-220, 232, 237-238,
　　　290-291
　　タイプB　112-117, 125-130, 134,
　　　182, 222-224, 234
　　タイプC　142, 182-183, 208, 220,
　　　239
　　タイプD　29, 75, 143, 178, 220, 225,
　　　237-238, 289
　　タイプD'　83-101
　　タイプE　179, 239
　　タイプF　65-82, 178, 290
　　タイプF'　83-101
　　タイプG　120-121, 136-138
pronominal［→代名詞的要素を参照］

RDNP（referentially used definite NP）
　［→定名詞句の指示的用法を参照］
「XをYに、…する」構文　17

あ

曖昧（性）　39-42, 53, 75-76, 105, 179,
　264-265, 462, 475-476
曖昧性除去（disambiguation）　465,
　467-468, 478, 541-543
値名詞句　108, 113-116, 159, 302, 408,
　410, 414, 423
「頭が痛い」構文　203-204
アドホック概念構築（*ad hoc* concept
　construction）　81, 464-468, 477,
　481-482, 488-491, 516-517, 528-530,
　542-543, 553
アナウンス　438-441, 446, 451-452
イタリア語　221-222, 228-229, 238
イディッシュ語　440
意味機能　3, 159, 171, 244-245, 397,
　525, 530, 543, 550-551
意味論（semantics）　3, 264, 462,
　486-487
内の関係　3-4, 21, 27, 33-39, 422［→連
　体修飾節も参照］
ウナギ文　100, 104-109, 124, 126,
　128-130, 135-138, 163, 198-199, 206
埋め込み　176-177
英語　62, 161, 209, 221, 228, 258-263,
　302, 332, 371, 373, 389, 428, 435,
　440-441

か

外延 6, 13, 51, 67, 215-216, 490
ガ格 22-24
カキ料理構文 14, 91, 145-149, 151-153, 163, 199, 214-217, 220-221, 224-228, 231-238, 495
　　準—— 31, 42-43
　　疑似—— 228-233
確定記述（definite description）341-345, 349, 429, 552
不確定記述（indefinite description）533, 556
下方含意文脈（downward entailing context）555
感覚描写節 4
関係節 4, 21 ［→連体修飾節も参照］
韓国語 440, 445, 453
間接疑問 374, 376-378, 382, 413, 428
　　——節 441-442, 444-447
関連性理論（Relevance Theory）47, 456, 464, 467-469, 520-521, 549, 552
緩和（loosening）516
帰属的用法（attributive use）［→定名詞句の帰属的用法を参照］
帰属性の名詞 17
基体 73-74
　　——表現 65, 74, 290
疑問詞疑問 55-56, 374-380
旧情報 556
共同注意 441-442, 452, 454
クオリア構造 497-498
言語的意味 461-462, 464, 484, 506, 515, 520, 549
言語的決定不十分性のテーゼ（Linguistic Underdeterminacy Thesis）549-551
厳密な同一性読み（strict identity reading）58, 482-483
兼務 167-168
「故郷が青森だ」構文 91, 197-199
コピュラ文 160
固有名（固有名詞）191-192, 208, 213-214, 217-222, 226-229, 305

語用論（pragmatics）3, 264-265, 462, 486-487

さ

「魚は鯛がいい」構文 205
左方転位（left-dislocation）432-442, 444-447, 451-452
　　——構文 431, 434, 437-438
　　——要素 432-433, 435-442, 444-446, 450-455
指示意図（referential intention）538-542, 550
指示対象の付与（reference assignment）421, 429, 539, 542-543
指示的透明性 420, 428
指示的名詞句（referential NP）159, 171, 193, 253, 277, 283, 310, 335, 341, 345-346, 357, 372, 381, 395, 404-405, 415, 420, 426, 446-449, 524-526, 538
指示的用法（referential use）［→定名詞句の指示的用法を参照］
実在文 245, 312, 430
指定 167-168, 342, 352-355, 357-366
指定文（specificational setnence）161, 172, 217, 232-236, 332, 345-348, 352-355 ［→倒置指定文も参照］
指定疑問文 375-377, 379, 394-395, 400
指標主義（Indexicalism）492, 513, 518-520, 528-530, 544-545, 549, 553
絞り込み（narrowing）516, 540
主語論 167, 207
主題 437-444, 446, 448, 450-455
主題論 167
主題化構文 434
述定形式 33
述定文 103
述語名詞句 42
自由拡充（free enrichment）80, 464-465, 467-468, 491-493, 513-557
　　——に対する最小の言語的制約 522, 527, 528

——に対する意味論的制約　468, 528,
　　　　530, 537-538, 545, 548, 550, 554
　　　——に対する語用論的制約　536-537,
　　　　546
　　　——の「過剰生成」問題　544-548
自由変項（free variable）　462-463, 518,
　　543
　　　ウナギ文における——　105
　　　タイプAにおける——　179, 181
　　　非飽和名詞のパラメータに対する自由
　　　　変項読み　36, 52, 186
　　　「よい」の基準に対する自由変項読み
　　　　473-475, 480, 502
焦点　27, 436-437, 439-441, 446, 451,
　　556
　　　——領域　25, 27
　　　——移動構文　434
譲渡可能名詞（alienable noun）　74
譲渡不可能名詞（inalienable noun）
　　65-82, 290
情報構造　436-438, 444, 456, 536-537,
　　556
所在文　245
助詞論　167, 198
叙述句　172, 175
叙述名詞句（predicate nominal）　104,
　　108, 113-116, 159-162, 171, 175, 333,
　　347, 380, 386, 468, 524-526, 529-530,
　　533-534, 540-541, 555
所有傾斜　77, 82
所有文　202, 245, 285-288, 296-298,
　　304-308, 411-412
　　　準——　32, 43
新情報　437, 439, 556
身体部位詞　18, 27
真理条件　72, 170, 181, 516
推意（implicature）　181, 461, 516,
　　520-521
数量詞［→量化表現も参照］
　　　強い——　266-270, 280-281, 288
　　　弱い——　266-270, 280-281, 288
　　　属性——　126, 128-130
　　　——遊離（quantifier float）　266

生成語彙論（Generative Lexicon Theory）
　　466-467, 497
ゼロ格　449, 454
全体一部分　66
選択的束縛　500
前提
　　　——内（in presupposition）　25-27
　　　語用論的——　25
潜伏疑問文　337, 348, 355, 369, 374-
　　377, 380-383, 385, 390-394, 411-414,
　　416-418, 422-424, 427-428
　　　標準的——　394-395, 400-401
　　　非標準的——　394-396, 398-403
　　　潜伏疑問叙述文　378, 386, 446-447
　　　潜伏疑問名詞句　375, 378-379,
　　　　381-384, 386, 390-396, 400, 405
潜伏命題文　337, 388-392, 402
　　　潜伏命題名詞句　388-391, 402-403
　　　非標準的——　403
総記　162, 209
「そうする」「そうだ」　58, 480-482
　　　［→do soテストも参照］
相対名詞　6
相対的補充節　4
装定
　　　——化（操作）　88, 99
　　　——表現（関係節化表現）　103, 110
「象は鼻が長い」構文　68-70, 87-88, 162,
　　167-195, 396
象鼻構文［→「象は鼻が長い」構文を参
　　照］
属性概念　525-530, 540-543, 549-551
属性範囲限定辞　397, 399-401, 405
属性数量詞［→数量詞を参照］
束縛変項　52, 106, 186, 465-467
　　　「象は鼻が長い」構文における——
　　　　185-193
　　　非飽和名詞のパラメータに対する束縛
　　　　変項読み　52, 185-189, 293
　　　「よい」の基準に対する束縛変項読み
　　　　483, 490, 503, 506-507
措定　167-168

595

措定文（predicational sentence）109, 160, 171-172, 202-203, 345, 378, 427, 468, 524-526, 529
 措定内蔵型——［→「象は鼻が長い」構文を参照］
 倒置指定内蔵型——［→「故郷が青森だ」構文を参照］
 指定内蔵型——［→カキ料理構文を参照］
 絶対存在文内蔵型——［→所有文を参照］
 ウナギ内蔵型—— 200
 潜伏疑問内蔵型—— 200-201
 値コメント内蔵型—— 201
措定疑問文 394-395, 398-400
外の関係 3-4, 27, 33-39, 387 ［→連体修飾節も参照］
存現文 245
存在文
 絶対—— 245, 254-274, 277-284, 287, 299-302, 315-324, 411-412, 423-426
 場所—— 245, 252-254, 262-265, 280-284, 286, 315-324, 425
 リスト—— 245, 299-308
 帰属—— 246, 277-284
 間スペース対応—— 313

た

代行 167-168
対象志向的な概念 524-526, 528-532, 538, 541-543, 550-551, 555
対比 198, 210
代名詞的要素（pronominal）432-435, 437-441, 445-447, 450-453, 455-456
「だけ」 57, 113, 170
中立叙述 162
直示表現（直示詞）191-192
提示文 233-235, 238
定性制限（definiteness restriction）297, 302-303
定名詞句 ［→確定記述も参照］

——の帰属的用法（attributively used definite NP, ADNP）335-336, 341-357, 360-363, 365-367, 429
——の指示的用法（referentially used definite NP, RDNP）336, 341-346, 350-352, 355-357, 360-361, 363, 365-367, 429, 556
ドイツ語 221-222, 228-229, 238
動機づけ（認知的な動機づけ）14
倒置指定文 161, 172, 255, 299-302, 332, 334-335, 371, 374, 376, 407-409, 412-414, 423-424 ［→指定文も参照］
 第一タイプの—— 335
 第二タイプの—— 335
同定（文）127, 134, 342, 345-346, 352-353, 357-366
トートロジー 320, 322, 425, 430, 555
ト格 22-24

な

内容節 4, 50
二重コピュラ文 196-203, 396-398
 非—— 203-205
二重主語文 207
二重装定形式 87-101
二重存在文 250, 316-324
「の」基底説 168-170
ノ的磁力線 68, 167-168, 177-193, 207, 209-211
認知語用論 ［→関連性理論を参照］

は

話し手の意味（speaker's meaning）461-462, 464
「鼻は象が長い」構文 68-70, 204
パラメータ ［→非飽和名詞を参照］
 ——節 29-38
非指示的名詞句 333, 346, 357, 407, 443-444

非飽和名詞（句） 6, 15, 29, 51, 67, 144, 183, 205, 214-238, 273, 289, 334, 400, 466, 529, 554
　　　——のパラメータ 6, 15, 51, 107, 144, 178, 214-217, 220-224, 236-240 [→自由変項、束縛変項も参照]
百科事典的知識（encyclopedic knowledge） 466, 497, 499, 510, 517, 541
表意（explicature） 45, 52, 181, 248, 461-465, 467, 516, 520-523, 536-537, 542, 549-551
　　　表意同一性条件（explicature identity condition） 58-59, 187, 478
部分集合文 270-274
不明瞭性（vagueness） 476
文脈主義（Contextualism） 513-523, 528, 537, 544-545, 549, 552-553
文脈的含意（contextual implication） 554
分裂文 26, 56
変項を含む命題 442-449
変項名詞句 106, 159, 171, 254, 283, 299, 331-339, 341, 346, 352-357, 359-362, 369, 371-381, 388-395, 441-449
　　　1階の—— 337-338
　　　2階の—— 337-338, 409-419, 422-426, 428-429, 447
　　　3階の—— 428
変化文 336, 369-373, 404
　　　——の変貌読み 369-370, 372-373
　　　——の入れ替わり読み 369-373
飽和化（saturation） 5, 36, 72, 80, 105, 181, 421-422, 463, 467-468, 473, 476
飽和名詞（句） 6, 31, 51, 67, 215-217, 225, 227-232, 236, 238
補文標識（complementizer） 48

ま

無助詞名詞句 449-453

命題関数 106, 159, 257, 325-326, 332, 346, 352-353, 356, 361, 407-412, 414-415, 423-428, 443
メルクマール 132-134, 136-138
メンタル・スペース理論 154, 333-335

や

役割（role） 333-336
役割関数 333
有題文 339, 443
ゆるやかな同一性読み（sloppy identity reading） 58, 481-483
「よい」
　　　——の上質読み 472-474, 502
　　　——の基準に対する自由変項読み 473-475, 480, 502
　　　——の基準に対する束縛変項読み 483, 490, 503, 506-507

ら

領域限定辞 260-262, 279
量化 127-128, 524-525, 531, 551, 556
量化表現 54-55, 169, 175, 187, 205, 524, 552, 555 [→数量詞も参照]
連言
　　　「て」による—— 174
　　　「で」による—— 115, 127-128, 175-176
　　　「と」による—— 122, 127-128, 175-176
連体修飾節 3, 270-273
　　　——の制限的用法 3, 49, 126, 132, 135-136, 138
　　　——の非制限的用法 3, 49, 126, 132, 135-138
論理形式（logical form） 291, 463, 515-523, 528-529, 544-545, 549-557
　　　——の発展形（development） 57, 521-522, 545

執筆者一覧
アルファベット順

梶浦恭平（かじうら きょうへい）
　明海大学非常勤講師
　「ノダの手続き的意味―説明のノダ文を中心に―」（『応用言語学研究』明海大学大学院応用言語学研究科紀要、2010）、"Adjective and *Ad Hoc* Concepts." Paper presented at Interpreting for Relevance: Discourse and Translation 6, Warsaw.

小屋逸樹（こや いつき）
　慶應義塾大学教授
　Subjecthood and Related Notions: A Contrastive Study of English, German and Japanese (Birkhäuser Verlag, 1992)、「トートロジーと両義性」（『慶應義塾大学言語文化研究所紀要』34、2002）

熊本千明（くまもと ちあき）
　佐賀大学教授
　「存在文と指定文の接点をめぐって」（『九州英文学研究』22、2005）、"Referentiality of the Pronouns *It* and *That* in Copular Sentences." (*Discourse and Interaction*, 5(2), Department of English Language and Literature, Masaryk University, 2012)

峯島宏次（みねしま こうじ）
　慶應義塾大学非常勤講師／専修大学非常勤講師
　『岩波講座哲学 第三巻 言語／思考の哲学』（共著、岩波書店、2009）、"A Generalized Syllogistic Inference System Based on Inclusion and Exclusion Relations."（共著、*Studia Logica*, 100, 2012）

西川賢哉（にしかわ けんや）
　理化学研究所テクニカルスタッフ
　「転記テキスト」（共著、『日本語話し言葉コーパスの構築法』国立国語研究所、2006）、「日本語名詞句「NP$_1$ の NP$_2$」の意味と名詞の意味特性」（『日本言語学会第140回大会発表予稿集』、2010）

西山佑司（にしやま ゆうじ）
慶應義塾大学名誉教授／明海大学教授
『日本語名詞句の意味論と語用論―指示的名詞句と非指示的名詞句―』（ひつじ書房、2003）、『ことばの意味とはなんだろう―意味論と語用論の役割―』（共著、岩波書店、2012）

山泉実（やまいずみ みのる）
東京外国語大学非常勤講師／
東京農工大学非常勤講師／千葉商科大学非常勤講師
「間接疑問と潜伏疑問が共起する構文―その意味論・談話語用論・機能的統語論―」（『ことばのダイナミズム』くろしお出版、2008）、「シネクドキの認知意味論へ向けて」（『認知言語学論考 No. 4』ひつじ書房、2005）

ひつじ研究叢書〈言語編〉第112巻
名詞句の世界
その意味と解釈の神秘に迫る
On Noun Phrases:
The Mystery of Meaning and Interpretation

発行	2013年12月5日　初版1刷
定価	8000円+税
編者	©西山佑司
発行者	松本功
本文イラスト	佐藤明日美
ブックデザイン	白井敬尚形成事務所
印刷所	三美印刷株式会社
製本所	株式会社シナノ
発行所	株式会社 ひつじ書房

〒112-0011　東京都文京区千石2-1-2 大和ビル2階
Tel: 03-5319-4916　Fax: 03-5319-4917
郵便振替 00120-8-142852
toiawase@hituzi.co.jp　http://www.hituzi.co.jp/

ISBN978-4-89476-659-4

造本には充分注意しておりますが、落丁・乱丁などがございましたら、
小社かお買上げ書店にておとりかえいたします。
ご意見、ご感想など、小社までお寄せ下されば幸いです。

刊行のご案内

〈日本語研究叢書　第3期第2巻〉
日本語名詞句の意味論と語用論
指示的名詞句と非指示的名詞句
西山佑司 著　定価4,700円+税

ひつじ意味論講座1　語・文と文法カテゴリーの意味
澤田治美 編　定価3,200円+税

ひつじ意味論講座2　構文と意味
澤田治美 編　定価3,200円+税

ひつじ意味論講座4　モダリティⅡ：事例研究
澤田治美 編　定価3,200円+税

ひつじ意味論講座5　主観性と主体性
澤田治美 編　定価3,200円+税

ひつじ意味論講座6　意味とコンテクスト
澤田治美 編　定価3,200円+税